Eric-Oliver Mader

Die letzten „Priester der Gerechtigkeit“

Institut für Europäische Kulturgeschichte der Universität Augsburg

Colloquia Augustana Band 20

Herausgegeben von
Johannes Burkhardt, Theo Stammen
und Wolfgang E. J. Weber

Eric-Oliver Mader

Die letzten „Priester der Gerechtigkeit“

Die Auseinandersetzung der letzten Generation von Richtern des Reichskammergerichts mit der Auflösung des Heiligen Römischen Reiches Deutscher Nation

Akademie Verlag

Gedruckt mit Unterstützung der Stadt Augsburg und aus Mitteln des Leibniz-Preises für Prof. Dr. Winfried Schulze.

Einbandabbildung: Erster Abdruck der Abdankungserklärung: Wiener Zeitung vom 9. August 1806, Ausschnitt (Österreichische Nationalbibliothek)

ISBN 3-05-004090-4

ISSN 0946-9044

Das eingesetzte Papier ist alterungsbeständig nach DIN/ISO 9706.

Einbandgestaltung: Jochen Baltzer, Berlin
Druck: MB Medienhaus Berlin GmbH
Bindung: Norbert Klotz, Jettingen-Scheppach

Printed in the Federal Republic of Germany

Vorwort

Ursprünglich sollte dies eine Studie zur politischen Theorie und Praxis in Bayern im Zeitalter des Kurfürsten Maximilian I. werden. Ein Konzept hatte ich bereits in der Tasche. Es sollte in einem Diskussionskreis über ideengeschichtliche Neuansätze zum Vortrag kommen, an dem mein Doktorvater Prof. Dr. Winfried Schulze, Prof. Dr. Reinhard Stauber, Dr. Wolfgang Burgdorf und Gerd Helm, M. A. teilnahmen. Wolfgang Burgdorf eröffnete die Runde. Er warf die Frage auf, was mit den Gesandten am Reichstag nach der Auflösung des Reichs geschehen sei. Dies schien interessant genug, um das Konzept in der Tasche zu lassen. Wir diskutierten stattdessen die Auswirkungen der Zäsur von 1806 und kamen zu dem Ergebnis, dass es hier viel ungeschriebene Geschichte gibt, die es zu erzählen lohnt. Da ich mit Dr. Stefan Breit, Dr. Manfred Hörner und Dr. Ralf-Peter Fuchs immer wieder über Fragen des Reichskammergerichts debattiert und zudem einige Aufsätze von Prof. Dr. Sigrid Jahns gelesen hatte, war mit der Bewältigung des Reichsendes durch die letzte Richtergeneration am Reichskammergericht bald das Thema gefunden, aus dem ein Forschungsprojekt wurde. Die Mittel des Leibnizpreises, den Prof. Dr. Winfried Schulze 1996 erhalten hatte, und ein Stipendium am Institut für Europäische Kulturgeschichte in Augsburg ermöglichten die Planung und erste Schritte bei der Materialaufnahme. Die längste Zeit förderte die Fritz Thyssen Stiftung diese Arbeit durch die Bewilligung einer Projektstelle und die großzügige Bereitstellung von Sach- und Reisemitteln. Sie ist im Sommersemester 2002 als Dissertation an der Ludwig-Maximilians-Universität München angenommen und für den Druck überarbeitet worden. Ein Teil der Druckkosten wurde aus den Mitteln des Leibniz-Preises finanziert, den anderen übernahm die Stadt Augsburg. Herrn Prof. Dr. Winfried Schulze und der DFG sowie der Stadt Augsburg gilt deshalb mein Dank.

Ursprünglich sah es so aus, dass diese Untersuchung schnell abgeschlossen sein könnte. Schon bald erwies sich jedoch, dass die Geschichte des Umgangs der letzten Richtergeneration des RKG mit der Zäsur von 1806 im Handumdrehen nicht erzählt sein wollte. Sie war von der Forschungslandschaft beinahe vollständig begraben. Nur die biographischen Konturen der bis 1806 am RKG verbliebenen Assessoren ragten hervor. Prof. Dr. Sigrid Jahns, die auch die Zweitkorrektur des Dissertationsmanuskripts übernahm, hat sie in ihrer Habilitationsschrift sichtbar gemacht. Ich durfte sie damals noch unveröffentlicht einsehen und verdanke ihr so manchen hilfreichen Rat. Darüber hinaus wurden zahlreiche Archive und Bibliotheken zwischen Berlin und Wien, München und Frankfurt konsultiert, unterschiedliche Methoden der Darstellung sondiert, viel konferiert und Kollegen, Familie und Freunde mit Leseproben traktiert.

Es würde zu weit führen, all diejenigen zu erwähnen, die einen Beitrag zur Entstehung dieses Buches geleistet haben. Stellvertretend für die Hilfe, die mir in Bibliotheken und Archiven durch die Übermittlung von Kopien, Filmen und wertvollen Hinweisen zu Teil wurde, möchte ich Herrn Philip Möckl und Frau Ingrid Jeschke von der mittlerweile aufgelösten Außenstelle des Bundesarchivs in Frankfurt hervorheben. Sie halfen mir, dem noch kaum erschlossenen „untrennbaren Bestand" des Reichskammergerichts seine Geheimnisse zu entlocken. Besonders verbunden bin ich der Familie Albrecht, denen die Idee gefiel, dass ein jüngerer Historiker mit Büchern des verstorbenen Regensburger Altmeisters Prof. Dr. Dieter Albrecht weiterarbeitet. Ihre großzügige Buchspende hat mir zusätzliche Wege erspart und die Fertigstellung dieser Studie in einer kritischen Phase während des Todes meiner Schwester Sandra erst ermöglicht. Prof. Dr. Eckard Hellmuth hat mir manchmal bis in die späten Abendstunden über Probleme des deutschen Naturrechts Auskunft gegeben. Den Professoren Dr. Johannes Burkhardt und Dr. Wolfgang E. J. Weber in Augsburg danke ich für ihr Interesse an dem Thema dieser Studie sowie für die Aufnahme dieses Buches in die „Colloquia Augustana".

Im Rahmen des 1999 vom Deutschen Historischen Institut in Washington ausgerichteten „Transatlantischen Doktorandenseminars" und der von Prof. Dr. Bernhard Diestelkamp organisierten Tagung „Das Reichskammergericht am Ende des Alten Reiches und seinem Fortwirken im 19. Jahrhundert" nahm die Untersuchung konkretere Gestalt an. Den Veranstaltern und Diskutanten danke ich für Hinweise und Gespräche – besonders: Dr. Andreas Daum, Prof. Dr. Volker Sellin, Dr. Cordula A. Grewe und Prof. Dr. Roger Chickering.

Mein akademischer Lehrer Prof. Dr. Winfried Schulze hat die Entstehung dieser Arbeit stets mit offenen Ohren begleitet. Noch wichtiger aber ist, dass er mich seit seiner Ankunft in München in eine Debatte über den Umgang mit Veränderungen in der Frühen Neuzeit verwickelt hat, deren Ende noch nicht abzusehen ist. Von Anfang an hierzu beigetragen hat auch eine Reihe von Freunden: Der Münchener Maler Christoph Unger, die Historiker Wolfgang Behringer, Otto Feldbauer und David Lederer. Dieses Buch ist ein vorläufiges Statement zu dieser Debatte. Die ontologischen Vorannahmen sind hoffentlich geklärt und die richtigen Fragen gestellt.

Meine Frau Sabine und mein Schwiegervater Alfred Breitenwieser, Wolfgang Burgdorf, Markus Friedrich, Gerd Helm, Franziska Heusch, Stefan Jordan, Thomas Ott, Alexander Schunka, danke ich für die Lektüre von Teilen des Textes. Otto Feldbauer hat die überarbeitete Fassung ganz gelesen, Katharina Weikl Teile davon – Martin Heise vom Institut für Europäische Kulturgeschichte danke ich für die sorgsame redaktionelle Bearbeitung des Manuskripts.

Mein Sohn Constantin wurde geboren, als die erste Idee zu dieser Studie entstand. Er und meine Frau, denen dieses Buch gewidmet ist, mussten sich immer wieder Geschichten über die letzten Richter des Reichskammergerichts anhören. Nicht immer blieb dabei Zeit für andere Geschichten. Manchmal musste der Kassettenrekorder helfen. Dann war es ein energischer Ruf aus dem Kinderzimmer, der die Arbeit unterbrach: „Umdrehen"!

Inhaltsverzeichnis

Prolog

Was ist die Zeit? Die Zeit ist tätig, sie hat verbale Beschaffenheit, sie »zeitigt«. Was zeitigt sie denn? Veränderung!

(Thomas Mann, Der Zauberberg)

Die letzte Audienz

Man schrieb den 17. Juli 1806, das ‚Kayßerliche und Reichs-Kammer Gericht' zu Wetzlar hielt Audienz. Wie immer bei dieser einzigen öffentlichen Veranstaltung des Reichsgerichts führte der Pedell die Vertreter des Richterkollegiums, des ‚Collegiums Camerale', mit dem Gerichtsstab in der Hand durch eine doppelflügelige, mit grauer Ölfarbe gestrichene Eichentüre. Mit schwarzer Amtstracht bekleidet, schritten sie vorbei an den Bänken der Parteivertreter zur linken und zur rechten Hand, an dem mit schwarzem Wachstuch und rotem Leder beschlagenen Tisch, an dem die Kanzleischreiber ihre Tätigkeit verrichteten. Dann mahnte der Pedell die Anwesenden zur Ruhe, und man machte sich bereit, zum letzten Mal in der Geschichte dieses Reichsgerichts Umfrage unter den Prokuratoren zu halten und die Endurteile im Namen des Kaisers zu verkünden.[1]

1. Ambiente

Ort dieser Veranstaltung war der große Gerichtssaal. Er befand sich im ersten Stock des Seitenflügels eines Palais in der Wetzlarer Hausergasse. Das ganz aus Holz errichtete Gebäude hatte früher einmal dem RKG-Präsidenten von Ingelheim als Wohnhaus gedient und war 1782 aufgrund dringender Raumbedürfnisse

[1] Kamptz, Chronologische Übersicht; BAF, AR 1 Misc. 497, Eintrag 17. Juli 1806. Die Sentenzen sind überliefert in BAF, AR 1 III 116, fol. 178r-193r. Zur Ausstattung des Saales: HAWZ, RKG-Baurechnung 19 II Lit. A 2, Nr. 268 (Malerrechnung), Nr. 285 (Schreinerrechnung) vgl. auch HAWZ, RKG-Baurechnung 19 II Lit. B, Nr. 460, Nr. 470, Nr. 480 (Der Tisch war 14 Schuh lang, was knapp 4,50 m entspricht). BAF, AR 1 Misc. 75. Der Tisch erwähnt in HHStA-Wien, RK, RKG Visit. 378, Konvolut Amtseinsetzung der Kammerrichter Spaur, Öttingen-Wallerstein und Reigersberg. Zum Ablauf der Audienz ungenau und teilweise fehlerhaft: Wiggenhorn, Reichskammergerichtsprozeß, S. 100-102. Zur Amtstracht der Richter Ulmenstein, Geschichte, Bd. 2, S. 610; Gesellschaft für Reichskammergerichtsforschung, Das Reichskammergerichtsmuseum Wetzlar, S. 51; Scheurmann, Frieden durch Recht, S. 206f. (Abb. S. 207).

angekauft und für die Zwecke des Gerichts umgebaut worden.[2] Die meisten Räume waren damals nur gestrichen und mit den Möbeln ausgestattet worden, die bereits in der alten Kammer am Wetzlarer Buttermarkt zum Inventar gehört hatten. Den Audienzsaal jedoch ließ man, als sichtbares Zeichen des gewachsenen Ansehens des Kammergerichts nach der letzten Visitation von 1767–1776, vollständig neu errichten. Seiner Ausstattung lag ein Konzept zugrunde, das die Sakralität des Reichsgerichts, seine Abhängigkeit von Kaiser und Reich und seine mittelalterliche Tradition betonte. Es lässt sich aus Baurechnungen, Inventarlisten, zeitgenössischen Beschreibungen und idealisierten Darstellungen von Audienzszenen, die allerdings rar sind, rekonstruieren.[3]

Friedrich von Ulmenstein, der Bruder eines RKG-Assessors, beschrieb den Audienzsaal als *hohen und lichten Raum*.[4] Tatsächlich erstreckte er sich über zwei Stockwerke und maß 53 Schuh in der Länge und 33 Schuh[5] in der Breite. Er war mit *hölzerner Lambris* ausgekleidet, 12 Fenster spendeten Licht.[6] Die Bänke, auf denen die Prokuratoren und Advokaten mit ihren Schreibern und die Anklagevertreter, der Advocatus Fisci und der Fiskalprokurator, saßen, glichen *Kirchenbänken*.[7] Die gegenüber der Eingangstür vor einem Fenster und in gehöriger Distanz aufgestellten Sitzmöbel des Kameralkollegiums unterstrichen den sakralen Eindruck. In der Mitte stand der mit karmesinrotem Samt verkleidete Sessel des Kammerrichters – leicht erhöht und unter einem mit goldenen Tressen verzierten Baldachin. Links und rechts zu den Füßen des Throns waren, ebenfalls karmesinrot, die Sessel der Assessoren aufgestellt.[8] Deutlich kam zum Ausdruck, dass es sich hier um die Sitzmöbel der *Priester der Gerechtigkeit* handelte, wie der jüngs-

---

[2] Zur Baugeschichte: Scheurmann, Mit rothem Sammet; Hausmann, Geschichte des Kameralbauwesens; BAF, FN 11 Akten, Observationes. Die Beschlüsse zum Ankauf des Hauses: BAF, FN 11 Akten, Konvolut, Votum des Kammerrichters Grf. Spaur betr. den Reichsschluß von [1782] und dessen Ausführung; BAF, FN 11 Akten, Observatio XXVI ad Tom. 3 ‚Über das Kameralbauwesen' v. a. Auszug und Nachricht über die Verhältnisse des Kameralhauses und Archivbau. Vgl. auch BAF, DB 1, 349, A 41.

[3] HAWZ, RKG-Baurechnung 19 II Lit. A und Lit. B; BAF, AR 1 Misc. 75; Inventarlisten in HHStA-Wiesbaden, Abt. 372, 221 ‚Inventarium der dem vormaligen Kaiserlichen und Reichs Kammergericht gehörigen Immobilien'; BAF, AR 1 Misc. 63; Darstellungen: Abbildung 1; Weitere Audienzdarstellungen: Scheurmann, Frieden durch Recht (1. Tuschfeder- und Pinselzeichnung eines unbekannten Künstlers um 1750, S. 178, Abb. 126; 2. Titelkupfer von Jacob Andreas Friedrich, um 1750, S. 201, Abb. 157, 2).

[4] Ulmenstein, Geschichte, Bd. 3, S. 100.

[5] 1 Schuh entspricht etwa 33 cm.

[6] HAWZ, 19 II Lit. B, Nr. 367, Rechnung Schreiner: *In den Audienzsaal zwölf Fenster Fuder nebst eichener Fenster Bretter nebst Kleidung gemacht*; HAWZ, 19 II Lit. B, NR. 460 Anlage: *In den Audienzsaal 53 Schuh Lambrie gemacht.*

[7] Ulmenstein, Geschichte, Bd. 3, S. 100.

[8] Die Beschreibung der Sitzmöbel bei der Inthronisation des Kammerrichters Öttingen-Wallerstein, in: Nationalzeitung der Teutschen 1797, S. 958. Diese Gegenstände sind in einem Inventar von 1815 als alt und unbrauchbar eingestuft: HHStA-Wiesbaden, Abt. 372, 221 ‚Inventarium der dem vormaligen Kaiserlichen Reichskammergerichte gehörigen Mobilien 1815'. Hierzu auch: Scheurmann, Mit rothem Sammet.

te Reichsabschied die Angehörigen des Kameralkollegiums, eine Wendung Ulpians aufgreifend, bezeichnet hatte.[9] Die Erhöhung des Thrones in der Mitte, die Assessorensessel links und rechts daneben verwiesen auf ein ikonographisches Konzept, das zurückgeht auf frühchristliche Darstellungen Jesu als Weltenrichter in der Mandorla im Kreis seiner Jünger.[10] In einer idealisierten Audienzdarstellung, die an ein solches Bildprogramm anknüpft – einem Stich Peter Fehrs von 1735 – werden dem Kammerrichter sogar genau zwölf ‚Apostel', anstatt der damals eigentlich 17 am RKG tätigen Assessoren zur Seite gestellt, was den sakralen Anspruch noch deutlicher unterstrich. Das von den Fenstern einströmende Licht, das auf den Kammerrichter und seine ‚Apostel' fiel, tat ein Übriges: es entrückte jeden Einzelnen der dort sitzenden schwarz gekleideten ‚Priester der Gerechtigkeit', indem für den Betrachter, der aus etwa 50 Schuh Entfernung das Geschehen von einer Galerie aus beobachtete, die individuellen Gesichtszüge verschwammen.[11]

Eng mit den Verweisen auf die Sakralität des Reichsgerichts verwoben war die Verbildlichung der spezifischen Konstruktion des RKG als einem Gericht, das von Kaiser und Reich konstituiert wurde. So brachte der erhöhte Thron zugleich das monarchische Element des Reichstribunals zum Ausdruck. Der Kammerrichter, der hierauf seine Urteile verkündete, war Stellvertreter der oberrichterlichen Gewalt des Kaisers und wurde dieser Funktion entsprechend auch vom Kaiser ernannt.[12] Die Sessel der Beisitzer dagegen, auf ihre niedrigere Stellung innerhalb des Kameralkollegiums verweisend, symbolisierten die reichsständische Komponente, die Tatsache, dass Kaiser, Kurfürsten und Reichskreise bei ihrer Besetzung im Rahmen des im 16. Jahrhundert wurzelnden Präsentationswesens mitwirkten.[13] Die Assessoren waren die eigentlichen Urteiler, der Kammerrichter hingegen war ganz im Sinne der mittelalterlichen Tradition nur für die Verkündung der Urteile zuständig. Dann gab es noch die beiden Präsidenten, die ursprünglich Assessoren mit besonderer Standesqualität gewesen waren, deren Amt sich im Laufe der Zeit jedoch mehr und mehr dem Kammerrichteramt annäherte.

---

9 Der JRA § 115 bezeichnet die Angehörigen des Kameralkollegiums als *Sacerdotes Justitiae*. Der Begriff fand auch im Kameralkollegium Verwendung, vgl. BAF, FN 11 Akten 6b, Sitzung vom 22. September 1806 Votum Assessor von Stein zu Lausnitz; N. N. [Stein zu Lausnitz], Ueber die Unterhaltung, S. 391.

10 Scheurmann, Mit rothem Sammet, S.78f.

11 HAWZ, 19 II, Lit. B, Nr. 470: *So dann zur Gallerie die Lambrie nach dem gegebenen Modell verfertigt.*

12 Smend, Das Reichskammergericht, S. 244-57 (Kammerrichter), S. 257-63 (Präsidenten); Jahns, Das Reichskammergericht, Tl. I, Kap. II, 2.2.1 und Kap. II, 2.2.2.

13 Jahns, Das Reichskammergericht, Tl. I, Kap. II, 3; dies., Das Ringen um die Reichsjustiz, S. 410-414.

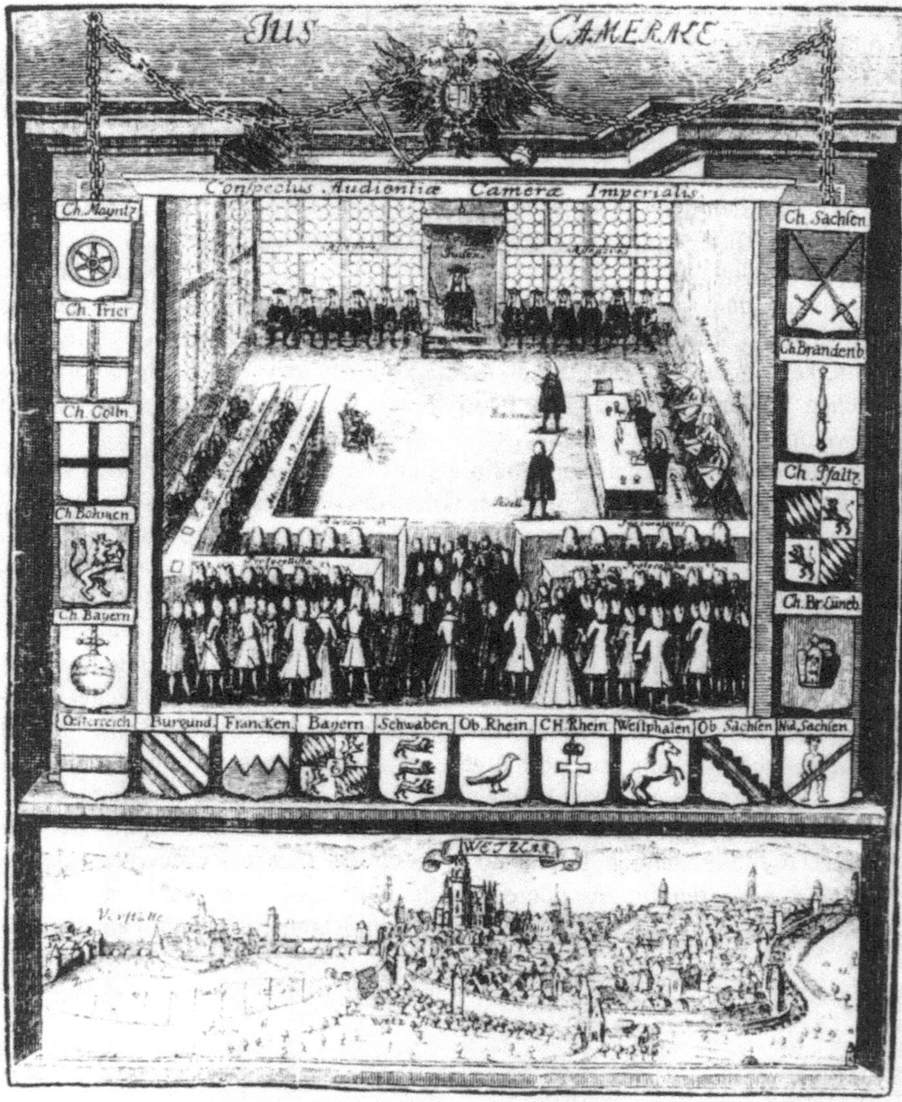

Abb. 1: Idealisierte Darstellung einer Audienzszene. Kupferstich von Peter Fehr, um 1735.

Sie waren in einer herkömmlichen Audienz nicht anwesend, es sei denn sie vertraten den Kammerrichter als Vorsitzenden der Audienz. In der unterschiedlichen Ausführung der spanischen Amtstracht von Kammerrichter, Präsidenten und Assessoren sowie der Zahl der Locken auf den Allongeperücken fand die Unterscheidung zwischen den Urteilern und den Angehörigen des Direktoriums ihre Entsprechung. Dem Kammerrichter standen drei Locken und die am aufwendigsten gearbeitete Gerichtstracht zu. Die Präsidenten trugen etwas einfacher ausgeführte Trachten, jedoch als Angehörige des Direktoriums ebenfalls dreilockige Allongeperücken, während den Assessoren nur das Tragen von zwei Locken und einer entsprechend schlichteren Kleidung zustand.[14]

Das dritte Element der Audienzsymbolik verwies auf die Tradition des Kammergerichts, auf seine Herkunft aus dem Mittelalter und seine Einrichtung auf dem Wormser Reichstag von 1495.[15] Nicht nur der Gerichtsstab war bei der letzten Audienz noch derselbe wie bei der Eröffnung des Gerichts in der Frankfurter Münze am 31. Oktober 1495. Auch die mittelalterliche Funktion des Kammerrichters als Urteilsverkünder wurde beibehalten, während in der Tradition der Urteilsverkündung unter freiem Himmel jede Audienz bei offen stehender Türe stattfand. Um der Öffentlichkeit auch einen direkten Zugang zu gewähren, war beim Umbau des Palais in der Hausergasse eine Galerie errichtet worden, die etwa 60 Personen Platz bot.[16]

Insgesamt dürfte der Audienzsaal, dessen Besichtigung auf dem zeitgenössischen Programm einer Wetzlarreise stand, den damaligen Geschmack getroffen haben. Karl Gottlob Küttner etwa empfahl in seinem 1807 veröffentlichten Reisebericht allen, die nach Wetzlar kämen, sich das Kameralhaus öffnen zu lassen:

> *Zu sehen ist da nichts, es müsste denn der Saal sein, der freilich, mit denen zu Regensburg verglichen, reinlicher, heiterer: – fast hätte ich gesagt geschmackvoller ist als alles, was man dort sieht.*[17]

2. Vollzug

Die Auflösung des Reichs stand unmittelbar bevor, als man sich am 17. Juli 1806 im Audienzsaal zusammenfand. Die vormals freie Reichsstadt Wetzlar war seit 1803 als Grafschaft dem Herrschaftsbereich des Kurfürsterzkanzlers Karl Theodor von Dalberg einverleibt worden.[18] Bereits vorher, im Frieden von Lunéville, hatte das Reich das linke Rheinufer verloren. Dies hatte eine Verringerung der Einnahmen des RKG und eine deutliche Verkleinerung seines Gerichtssprengels zur Folge, der durch die fortlaufende Säkularisierung und Mediatisierung appellabler Reichslande und die Erteilung von ‚privilegia de non appellando' noch zusätzlich eingeschränkt wurde.[19] Der Frieden von Pressburg brachte dann ‚la plénitude de la souverainité' für Bayern, Baden und Württemberg und damit die glei-

---

14 Scheurmann, Frieden durch Recht, S. 206f.

15 Hierzu: Press, Das Reichskammergericht; Seyboth, Kontinuität und Wandel, S. 68-74; Ausführlich dazu Jahns, Das Reichskammergericht, Tl. I, Kap. II, 1.

16 Ulmenstein, Geschichte, Bd. 3, S. 100f.

17 Zitiert nach: Schmidt-von Rhein, Wetzlar, S. 31.

18 Hahn, Altständisches Bürgertum, S. 215-223; ders., Reichskammergericht und Stadtentwicklung; ders., Aufbruchsversuche und Krise.

19 Zur Auseinandersetzung am RKG hiermit der Nachlass Reigersbergs: BAF, FN 11 Akten.

chen Rechte, die Österreich und Preußen für ihre deutschen Besitzungen zustanden. Seit Anfang des Jahres 1806 bereitete man unter der Führung Napoleons in Paris einen Sonderbund der Staaten des dritten Deutschlands vor,[20] der in der Unterzeichnung der Rheinbundakte am 12. Juli 1806 in Paris mündete. Zudem hatte Theodor von Dalberg noch vor Beginn der letzten Audienz den Auftrag erhalten, eine neue Verfassung für die Konföderation der sechzehn deutschen Staaten auszuarbeiten.[21]

Gleichwohl war am 17. Juli 1806 noch nicht alles geklärt. Das Ende der Reichsverfassung war noch nicht vollends besiegelt. Denn Kaiser Franz II. hatte die Krone des Heiligen Römischen Reichs Deutscher Nation noch nicht niedergelegt und auch die konföderierten Staaten hatten ihren Austritt aus dem Reich noch nicht erklärt. Dies geschah erst am 1. August 1806 beziehungsweise am 6. August 1806.[22] Weshalb verkündete das RKG seine letzten Urteilssprüche im Namen des Kaisers schon am 17. Juli 1806? War dies ein Reflex auf die Gründung des Rheinbundes und gleichsam der Vollzug der kommenden Ereignisse im voraus?

Dies könnte auf den ersten Blick so scheinen. Denn einerseits finden sich kaum zeitgenössische Zeugnisse, die helfen, diese Fragen zu beantworten. Das Wissen über den besonderen Stellenwert der letzten Audienz in der Geschichte des RKG stammt vor allem aus zwei kurzen, Ende des Sommers 1806 verfassten Notizen.[23] Andererseits gibt es Hinweise darauf, dass diese Audienz einen außergewöhnlichen Charakter hatte. Sie fiel nicht in den gewöhnlichen Rhythmus des Arbeitsalltages am RKG: Man fand sich an diesem Freitag, dem 17. Juli 1806, bereits zum dritten Mal binnen Wochenfrist zusammen,[24] obgleich ein gemeiner Bescheid vom 25. Oktober 1805 die öffentlichen Zusammenkünfte auf zwei reduziert hatte. Noch etwas anderes scheint ungewöhnlich: die überdurchschnittliche Betriebsamkeit, mit der in den Justizsenaten zu Werke gegangen wurde, um zu diesem Termin noch möglichst viele Prozesse aburteilen und veröffentlichen zu können.[25] Noch am Vormittag beschloss man, was am Nachmittag verkündet werden sollte.

---

[20] Zum Frieden von Pressburg immer noch grundlegend: Oer, Pressburg; hier auch die Edition des Friedensvertrages, S. 271-274.

[21] Bitterauf, Die Gründung des Rheinbundes; Raumer, Deutschland um 1800; Weis, Rheinbund; Hein, Der Staat von Dalberg's. Zu den Verfassungsplänen: BAF, FN 11 Akten 6a und b, Sitzungsprotokolle vom 29. Juli 1806 samt Anlagen.

[22] Zur Auflösung des Reichs ungeheuer einflussreich die Deutung von: Aretin, Heiliges Römisches Reich, Bd. 1, S. 453-506. Demgegenüber: G. Walter, Der Zusammenbruch; Kleinheyer, Die Abdankung des Kaisers.

[23] BAF, AR 1 MISC. 497, letzter Eintrag: *in Wetzlar ware die erste Audienz den 15. Maij 1693 und die letzte ware den 17. Juli 1806* Kamptz, Chronologische Übersicht, S. 465.

[24] Der gemeine Bescheid in: Vahlkampf, Miscellen, Bd. 1, Heft 1 (1805), S. 520. Vgl. auch: Wiggenhorn, Reichskammergerichtsprozeß, S. 101.

[25] Die Protokolle der drei Judicialsenate, in denen die Entscheidungen gefällt wurden, zeigen, dass die Assessoren zum Teil erst am Vormittag des Audienztermins über die publizierten Justizsachen referiert und votiert hatten. BAF, AR 1 I 401 und 405.

Wer für die Anordnung dieses zusätzlichen Termins verantwortlich war, ist unsicher. Vielleicht war es der Kammerrichter Heinrich Aloys von Reigersberg. Möglicherweise trug er einem Vorschlag eines der beiden Präsidenten Rechnung – des katholischen Adam Friedrich von Schenk zu Stauffenberg oder des evangelischen Franz Paul Christoph von Seckendorff. Sicher ist, dass die Anberaumung dieses zusätzlichen Termins in dem Bewusstsein zustande kam, dass nunmehr für eine längere Zeit keine Audienzen mehr stattfinden würden.

Allerdings verlief die Verkündung der Urteile selbst ganz und gar unspektakulär. Besonders feierlich, wie es einer letzten Audienz nach der über 300-jährigen Geschichte einer der zentralen Institutionen des Reichs angemessen gewesen wäre, beging man sie nicht. Ja es gibt nicht einen Hinweis, dass die Frage, dieses Ereignis besonders zu begehen, eine Rolle gespielt hätte.[26] Wollte man die letzte Audienz im Vorgriff auf die kommenden Geschehnisse ohne alles Aufsehen vollziehen?

Der Ablauf dieser Veranstaltung spricht dagegen. Von den insgesamt dreiundzwanzig zu diesem Zeitpunkt am RKG tätigen Mitgliedern des Kameralkollegiums wohnten der letzten Audienz lediglich zwei bei. Der Kammerrichter, Chef des Gerichts und Repräsentant der oberrichterlichen Gewalt des Kaisers, dessen Aufgabe eigentlich die Leitung der Audienzen gewesen wäre, hielt es nicht einmal für nötig, in seiner schwarzen Amtstracht zu erscheinen.[27] Ein anderer, Adam Friedrich von Schenk zu Stauffenberg[28], nahm diesmal den altehrwürdigen Gerichtsstab entgegen.[29] Der ‚Ersatzmann‘ bestieg den kammerrichterlichen Thron und verkündete, das Symbol der oberrichterlichen Gewalt des Kaisers in der Hand, insgesamt elf Endurteile und einundvierzig Auflagen[30] zu bereits beendeten oder noch nicht abgeschlossenen Reichsprozessen.[31] Als Beisitzer stand ihm der wegen der alternierenden evangelischen Kreise präsentierte Assessor Georg Gottlob von Balemann zur Seite – ein Mann von einundsiebzig Jahren, der zweitälteste des gesamten Richterkollegiums.[32]

Die spärliche Besetzung der Richterstühle, die aus den Urteilsbüchern hervorgeht, entsprach der gängigen Praxis bei den turnusmäßigen, gewöhnlichen Au-

---

26 Demgegenüber hatte drei Jahre zuvor die Einsetzung des Kammerrichters eine Fülle von Quellen hervorgebracht, die um das für diesen Anlass angemessene Zeremoniell kreisen. Siehe HHStA-Wien, RK, RKG Visit. 378, Kammerrichter, Konvolut Reigersberg; HHStA-Wien, MEKA, RKG 34; Vahlkampf, Die Amtseinsetzung des kaiserlichen Kammerrichters; zur Eröffnung des Gerichts: Jahns, Die Assessoren des Reichskammergerichts, S. 5.

27 Dagegen mussten etwa die Prokuratoren auf das Privileg, einen Zierdegen zu tragen, verzichten und fungierten in der Audienz ohne Kopfbedeckung. Zur Amtskleidung von Prokuratoren und Kameralkollegium zusammenfassend: Scheurmann, Frieden durch Recht, S. 206-207, mit Abbildungen.

28 Zu ihm: G. Wunder, Die Schenken von Stauffenberg, S. 297-311. StAS, Dep. 38.

29 So schon: Smend, Reichskammergericht, S. 253-254, v. a. FN 4.

30 BAF, AR 1 III 116.

31 BAF, AR 1 MISC. 497, 17. Juli und BAF, AR 1 III 116, fol. 178r.

32 Zu Balemann: Jahns, Das Reichskammergericht, Tl. II, Biogr. 128.

dienzen, die meist nicht vom Kammerrichter persönlich, sondern von einem der beiden Präsidenten des Gerichts geleitet wurden. Diesen Veranstaltungen wohnten meist auch nur wenige Assessoren bei. Außergewöhnlich waren auch die gesprochenen Urteile nicht: Appellations- und Zitationsurteile und auch Mandate wurden erlassen, darunter eine Klage des Abtes von Corvey gegen die Reichsstadt Köln.[33]

Tatsächlich war es ‚business as usual', das den 17. Juli bestimmte, nicht der Vollzug der kommenden Ereignisse im voraus.[34] Den entscheidenden Hinweis, weshalb dies so war, gibt das geflissentlich geführte Diensttagebuch des Kammerrichters. Er trug für den 21. Juli 1806 *ferias* ein und zeigte damit an, dass das Gericht kurz vor den großen alljährlichen Kameralferien stand. Deshalb wurde unüblicher Weise der bereits dritte Gerichtstag in einer Woche einberufen, wurden noch rasch die Urteile zur Verkündung vorbereitet. Man stand vor der jährlich wiederkehrenden Periode bis Ende August, in der keine öffentlichen Audienzen abgehalten wurden.[35]

Die Nachricht von der Gründung des Rheinbundes war dagegen am 17. Juli noch nicht eingetroffen. Sie gelangte erst zu Beginn der darauf folgenden Woche nach Wetzlar.[36] Erst als zur gleichen Zeit bekannt wurde, dass die Reichsverfassung durch die Besitznahme von *Hoheitsrechten in braunfelsischen und oranischen Landen durch weilburgische Kommissare und durch den Herzog von Cleve* außer Kraft gesetzt worden sei, und die Nachricht Verbreitung fand, die im Rheinbund konföderierten Staaten planten aus dem Reich auszutreten, reagierte man. Am 29. Juli 1806 rief der Kammerrichter die in Wetzlar verbliebenen Mitglieder des Kameralkollegiums zu einer geheimen Sitzung zusammen. Nun wurde deutlich, wie bedrohlich die Lage war, und auch unter den übrigen Kameralen breitete sich Angst um die eigene Existenz aus.[37]

Noch war das Kammergericht jedoch nicht aufgelöst. Es ließ sich, wie Reigersberg bemerkte, nicht berechnen, *welche Folgen diese Staats Veränderungen*

---

33 Kamptz, Chronologische Übersicht.

34 Sogar die Einleitung eines neuen Reichsprozesses in *Sachen Ickelsheim wider Würzburg* erlebte dieser Tag noch, vgl. Kamptz, Chronologische Übersicht, S. 464. Auch finden sich zahlreiche Hinweise auf eine geplante Fortsetzung noch nicht vollständig erledigter Prozesse. BAF, AR 1 III 116, fol. 184r, 189v (Sententiae); auch in den Senaten wurde die Erledigung von Prozessen auf die Zeit nach den Ferien verlegt. Vgl. BAF, AR 1 I 405, fol. 125r (16. Juli 1806) *Da der Herr Turnarius Frhr. v. Branca keine Judicialsachen vorräthig hatte, die noch vor den Ferien beendigt werden könnten.*

35 BAF, FN 11 Diensttagebuch pro anno 1806.

36 Dies dürfte erst nach dem 24. Juli 1806 geschehen sein, denn erst an diesem Tag erfuhr man am Regensburger Reichstag durch den französischen Gesandten von den Pariser Ereignissen. Vgl. Wetzlarer Gemeinnütziges Wochenblatt, XVIII. Jg., 159 St., Mittwoch 6. August 1806; ferner: Albini an Reigersberg, Regensburg 30. Juli 1806, in: BAF, FN 11 Korrespondenz. BAF, FN 11 Akten 6a und 6b, Sitzungsprotokoll v. 29. Juli 1806 und Anlagen Nr. 1-5a.

37 BAF, FN 11 Akten 6b, Sitzungsprotokoll v. 29. Juli 1806; BAF FN 11 Akten 6a, Anlagen 1a-5.

für das Reichs Kammer Gericht haben würden.[38] Dies bedeutete, dass zunächst der verminderte Ferienbetrieb einsetzte und die Judicial- und Extrajudicialsenate sowie der Bescheidtisch noch zusammentraten: Die Assessoren verlasen noch Relationen über anhängige Reichsprozesse und erließen Dekrete, kurz nachdem die im Rheinbund konföderierten Staaten aus dem Reich ausgetreten waren und der Kaiser seine Abdankung erklärt hatte.[39]

---

[38] BAF, FN 11 Akten 6a, Sitzungsprotokoll v. 29. Juli 1806, Anlage 1a.

[39] BAF, AR 1 V A 15 *Protocollum extrajudiciali der am Bescheidtische ergangenen Decrete de anno 1806*. Das letzte Dekret erging am 13. August 1806.

Einleitung

I. Perspektiven auf das Ende des Alten Reichs

1. Zeitgenössische Prognosen seines Endes

Die Wende von 1989/90, der rasche Zusammenbruch der Sowjetunion, die Veränderungen in anderen ehemaligen Ostblockstaaten und die Wiedervereinigung Deutschlands haben die Zeitgenossen überrascht. Niemand, so scheint es, hat den gravierenden Umbruch vorausgesehen. Für die Zäsur von 1806 gilt das Gegenteil. Zahlreiche zeitgenössische Äußerungen antizipierten das bevorstehende Ende des Reichs. Bekannt ist die Diagnose des rheinischen Publizisten Joseph Görres, der am 7. Januar 1798 in einer Rede vor der Patriotischen Gesellschaft in Koblenz den Tod des Reichs feststellte:

> *Am dreißigsten Dezember 1797, am Tage des Übergangs von Mainz, nachmittags um 3 Uhr starb zu Regensburg in dem blühenden Alter von 955 Jahren, 5 Monaten, 28 Tagen sanft und seelig an einer gänzlichen Entkräftung und hinzugekommenen Schlagflusse bei völligem Bewusstsein und mit allen heiligen Sakramenten versehen das heilige römische Reich, schwerfälligen Andenkens.*[1]

Vergleichbares trug am selben Tag ein unbekannter Zeitgenosse in einem Schreiben dem Gesandten in Rastatt Franz Xaver von Zwackh vor:[2]

> *Daß dem alten Gebäude der teutschen Reichsverfassung der Einsturz drohe, fällt jedem in die Augen, ein neuer Bau oder eine aufs nämliche hinauslaufende Totalreparatur sind unvermeidbar.*[3]

---

1 Der Text in: Raab, Joseph Görres, S. 91. Die Rede wurde am 7. Januar 1798 gehalten. Zitiert etwa auch bei: Burgdorf, Reichskonstitution und Nation, S. 512 und Neuhaus, Das Ende des Alten Reiches, S. 191.

2 Zwackh war damals Gesandter von Solms, Salm-Kyrburg, Anhalt und der Rhein- und Wildgrafen auf dem Friedenskongress von Rastatt. Zu ihm: A. Becker, Die Wiedererstehung der Pfalz.

3 Landesarchiv Speyer, V 29, 199. Den Namen des Schreibers konnte ich nicht ermitteln. Der Absender überschrieb es: *...g, in Westphalen, 7. Jänner 1798.*

Wenige Jahre später sah der Kurfürsterzkanzler Karl Theodor von Dalberg die Vernichtung von Reichsverfassung und Reichsstaatsrecht drohen, als er an seine Reichsmitstände die Frage richtete:

> *Sollten Landfrieden, Reichstags- und Reichs- Gerichts- Ordnungen, Reichsverfassung, goldene Bulle, westphälischer Frieden, Wahlcapitulation, nebst so vielen Reichsschlüssen, vernichtet werden, die seit Jahrhunderten Werke der Weisheit unserer Väter waren, unter deren Schutz die deutsche Nation sich auf eine biedere rühmliche Weise in sehr oft glücklichen und mehreren glänzenden Zeiträumen auszeichnete?*[4]

Trugen solche Deutungen dem sich vollziehenden Prozess der Auflösung des Reichsverbandes Rechnung und werden verständlich vor dem Hintergrund der im Rastatter Friedenskongress beschlossenen Abtretung der linksrheinischen Reichsgebiete an Frankreich sowie der drohenden Säkularisierung des Großteils der Germania Sacra bzw. der Situation unmittelbar vor dem Frieden von Pressburg, so lässt sich bereits früher feststellen, dass sich die Zeitgenossen der Bedrohung des Reichs durch eine neu heraufziehende Zeit bewusst waren. Schon während der Fürstenbundwirren schien der Publizist Wilhelm Ludwig Wekhrlin die Zukunft vorauszuahnen, als er schrieb:

> *Ach wie sehr bedauere ich die schöne Sammlung von Reichsabschieden, von Schlüssen, von Privilegien, welche unnütz werden wird, wenn meine Vision eintreffen sollte! Wie viel Publizistenwitz und Professorensprüche werden alsdann verloren gehen! Wie leid ist's meinem Geist um die schimmernden Ausgaben von Lehrbüchern und Kompendien über die deutsche Reichsverfassung, über die Vortrefflichkeit, Weisheit und Ewigkeit derselben!*[5]

Der Reichspublizist Friedrich Karl von Moser formulierte nach der zweiten Teilung Polens:

> *Wenn erst Polen vollends geteilt ist, dann kommt die Reihe des Fressens auch an uns. Adieu alsdann Jus publicum! Adieu Moser, Reuß, Mohl, Adieu Staatskanzlei usw.*[6]

Nicht nur die Publizisten, auch die Praktiker des Reichsstaatsrechtes verliehen früh ihren Befürchtungen Ausdruck. So kommentierte der niedersächsische Kreisassessor am RKG Franz Dietrich von Ditfurth 1786 die seiner Ansicht nach kritische Lage des Gerichts mit den Worten:

---

4 Kamptz, Reminiscenzen, S. 466.

5 Wekhrlin, Das Triumvirat, S. 313. Zur Reichspublizistik in der Fürstenbundzeit: Burgdorf, Reichskonstitution und Nation, S. 256-351. Zum Fürstenbund: Aretin, Höhepunkt und Krise; Wangermann, Deutscher Patriotismus; Stievermann, Der Fürstenbund von 1785.

6 Renner, Die nationalen Einigungsbestrebungen, S. 98.

> *Dieses Höchste Reichsgericht besteht in seiner dermaligen Hauptverfassung 287 Jahr. Es ist bekannt, daß sich seit Maximiliani, dessen Stifters, Tode die Reichsverfassung in dieser ungeheueren Zeitperiode dergestalt verändert hat, daß man die alte, die wir in der Geschichte erblicken, gegen die heutige nicht mehr kennet; und was könnte ich dagegen, wann die gesetzgebende Macht die Existenz eines in alten Zeiten nöthig gefundenen Gerichts der heutiger Verfassung nicht angemessen fände und für die Justiz andere Vorkehrungen machen wollte.*[7]

Solche Äußerungen bringen zweifellos das Bewusstsein der Zeitgenossen über die Fragilität der politischen Ordnung in Deutschland zum Ausdruck und stehen damit im Widerspruch zu Forschungen, die den Eindruck erwecken, gerade die Eliten des Reichs in Regensburg und Wetzlar hätten die Vorgänge überhaupt nicht bemerkt oder verdrängt.[8]

Andererseits scheint dieses Bewusstsein angesichts der Forschungslage in merkwürdigem Kontrast zu den Reaktionen der Zeitgenossen auf die Gründung des Rheinbundes und die Abdankung Kaiser Franz II. im Sommer 1806 zu stehen. Es herrscht die Ansicht vor, dass diese Vorgänge nicht kommentiert worden seien. Illustriert wird dies gerne mit dem Beispiel des unpolitischen Goethe, den der Streit seines Kutscher mehr als die Auflösung des Reichs interessiert haben soll.[9] Auch wenn gegen diesen Topos eingewendet wurde, dass Goethe so unpolitisch nicht gewesen sei, und anhand seiner Tagebücher eine intensive Beschäftigung mit den Ereignissen im Sommer 1806 aufgezeigt werden konnte, blieben unmittelbare publizistische Reaktionen zunächst aus. Der Protonotar des Kammergerichts Joseph Anton von Vahlkampf, stellte im Herbst 1806 ein tiefes *Stillschweigen der deutschen Schriftsteller* fest, das im Kontrast zu den früher ausufernden Kommentaren jeder kleinsten Veränderung der Reichsverfassung stehe. Dies habe seine Ursache in der *hohen Wichtigkeit der Auflösung der bisherigen Reichsverfassung*, die tiefen *Eindruck* auf *uns Deutsche* mache. [10] Nach einem kurzem Moment im Sommer 1806, in dem der Atem angehalten wurde, beschäftigte man sich jedoch intensiv mit der Auflösung des Reichs und ihren Folgen: In der Publizistik des Rheinischen Bundes, an den deutschen Fürstenhöfen und den vormaligen Reichsinstitutionen war man nun mit der Abwicklung des Reichs be-

---

7 Zitat nach: Jahns, Das Reichskammergericht, Tl. I, Kap. IV, 1.

8 Diesen Eindruck erweckt etwa Karl Härter, wenn er teleologisch zuspitzend die Endphase des Reichs im Bild des Untergangs der Titanic zu fassen versucht: „Das RKG-Orchester spielte ungerührt weiter, obwohl das Reichs-Schiff bereits am Sinken war – ja es spielte besonders fleißig, laut und innig – und es erhielt viel Beifall aus dem Publikum, das zudem ständig neue Musikwünsche äußerte." Härter, Soziale Unruhen und Revolutionsabwehr, S. 49.

9 Nipperdey, Deutsche Geschichte, Bd. 1, S. 14. So zuletzt auch Hufeld, Der Reichsdeputationshauptschluss, S. 1.

10 Vahlkampf, Politische und historische Ansichten, Vorwort, S. 3.

schäftigt, und Reaktionen kamen nicht zuletzt auch vom Reichskammergericht.[11] Im selben Sammelband, in dem Vahlkampf das Schweigen der Schriftsteller diagnostizierte, schrieb Karl Albert von Kamptz, der von Kurbrandenburg ans RKG präsentiert worden war, er bedauere sehr, dass bei der Niederschrift seiner Abhandlung über die Pensionsansprüche der Angehörigen des RKG der im ersten Heft des Rheinischen Bundes erschienene *trefliche Aufsatz: ‚Ueber die Reichsdienerschaft und das Reichsschuldenwesen' noch nicht erschienen war.*[12] Etwa gleichzeitig, im Herbst 1806 erschienen, markieren die von Peter A. von Winkopp herausgegebene Zeitschrift sowie der genannte Sammelband den Beginn der publizistischen Auseinandersetzung mit dem Ende des Alten Reichs. Im Vorwort von Winkopps Blatt hieß es, das Ziel der Zeitschrift bestehe darin, über die Mitglieder des Rheinischen Bundes und die übrigen deutschen Reichsstände Nachricht zu geben, *damit man wisse, was aus der alten deutschen Eidgenossenschaft geworden ist.*[13]

2. Die Erforschung eines Untergangs

Obgleich die gegenläufigen Tendenzen in Hinsicht auf Kontinuitäten[14] und Transformationen[15] und der Bruch für die Zeit um 1800 auf unterschiedlichen Feldern herausgearbeitet wurden, hat die Forschung die Frage der Auseinandersetzung der Zeitgenossen mit der Auflösung des Reichs bisher nicht adäquat thematisiert.[16]

---

11 Zur Rheinbundpublizistik den Topos des Schweigens der Schriftsteller wiederlegend: Schuck, Rheinbundpatriotismus; zur Abwicklung des Alten Reichs: Burgdorf, Der Untergang der Reichskirche; für eine Neuperspektivierung des Endes des Alten Reichs plädierend Mader, Das Alte Reich in neuem Licht; ders., Heilige Schulden.

12 Kamptz, Auch ein Scherflein, S. 52.

13 Der Rheinische Bund, Bd. 1, Heft 1-3, 1806, S. 48.

14 Vgl. dazu die Forschungsberichte in: Demel, Vom aufgeklärten Reformstaat, S. 57-128; Fehrenbach, Ancien Régime, S. 133-194; Jörn Garber: Politische Spätaufklärung und vorromantischer Frühkonservativismus. Aspekte der Forschung. Nachwort, in: Valjavec, Die Entstehung der politischen Strömungen, S. 543-578. Mußgnug, Wendemarken in der deutschen Verfassungsgeschichte. Darin vor allem die Beiträge von Hans-Peter Ullmann: Staatsverwaltung an der Wende vom 18. zum 19. Jahrhundert, S. 123-138 und Thomas Würtenberger: Staatsverfassung an der Wende vom 18. zum 19. Jahrhundert, S. 85-109. Zur Bürgertumsforschung stellvertretend: Gall, Vom alten zum neuen Bürgertum; als früher Ausdruck, die Kontinuitäten Zeitraumes betonend Weis, Reformen im rheinbündischen Deutschland; ferner: Sheehan, Der Ausklang des alten Reiches; zur Herausbildung der Föderalismusidee als Element des modernen Staatsrechtes: Grzeszick, Vom Reich zur Bundesstaatsidee.

15 Bei Fehrenbach, Ancien Régime, gilt der Zeitraum von 1789–1815 als „Übergangszeit". Ferner: Aretin, Vom Deutschen Reich zum Deutschen Bund; Berding/Ullmann, Veränderungen in Deutschland.

16 Die unterschiedlichen Makroperspektiven zusammenfassend: Nolte, Gibt es noch eine Einheit der Neueren Geschichte?

Während für die Veränderung des Zeit- und Geschichtsbewusstseins um 1800[17] sowie die sozialpsychologischen Wirkungen der napoleonischen Erschütterungen wahrnehmungsgeschichtliche Ansätze entwickelt wurden,[18] wird das Ende des Alten Reichs vorwiegend im Kontext eines Topos thematisiert, nach dem der Untergang des Reichs bereits vor seiner Auflösung besiegelt war und Kaiser Franz II. mit seiner Abdankung am 6. August 1806 lediglich das längst Geschehene in einem papierenen Akt nachvollzogen habe.

Dieser Topos entstand im Rückgriff auf die Prognosen des Reichsendes der Reichspublizistik des 18. Jahrhunderts und entfaltete sich zunächst vor allem im Kontext eines Geschichtsbildes, das die kleindeutsch-borussische Historiographie im Zuge der Entstehung des deutschen Nationalstaates von 1871 konstruierte.[19] Die borussischen Historiographen des 19. Jahrhunderts hielten das Heilige Römische Reich Deutscher Nation nicht für geeignet, um das 1871 entstandene Kaiserreich zu legitimieren, sondern knüpften an den preußischen Partikularismus an. Ihm gestanden Droysen, Sybel und Treitschke modernisierende Wirkung zu.[20] Dies hatte zur Konsequenz, dass lediglich nach den Gründen für den Untergang des Reichs gefragt wurde und eine vorurteilsfreie Beschäftigung ausblieb. Heinrich Zwingmann, ein Schüler Max Lehmanns, brachte dies auf den Punkt, wenn er gegen die kleindeutsche Perspektive der Historiographie einwandte: „Ist es nicht wirklich ein betrübender Anblick, die freie Wissenschaft durch kleinliche konfessionelle oder nationale Rücksichten und fremdartige Nebenabsichten gebunden und dogmatisch stilisiert zu sehen?“[21] Demgegenüber wollte er das Alte Reich aus sich selbst heraus verstanden wissen und forderte seine Historisierung. Seiner 1913 veröffentlichten Arbeit wurde von der Forschung jedoch kaum Beachtung geschenkt. Sie blieb bis zum Beginn einer grundlegenden Revision der Reichsgeschichte seit den 1960er Jahren solitär in der historiographischen Landschaft stehen.[22]

Eine andere Kritik am borussischen Geschichtsbild kam von Heinrich Ritter von Srbik. Er stellte ihm ein großdeutsch-österreichisches entgegen und deutete die Endphase des Reichs als Beginn des Konfliktes zwischen der kleindeutschen und großdeutschen Lösung, die 1866 zu ihrem vorläufigen Ende kam. Zwar the-

---

17 Koselleck, Vergangene Zukunft; E.-W. Becker, Zeit der Revolution; Brendecke: Die Jahrhundertwenden.

18 Blessing, Umbruchskrise und Verstörung.

19 Auch außerhalb der kleindeutsch-borussischen Geschichtsschreibung hatte das Verfallsparadigma Konjunktur. So bei der in der angelsächsischen Welt wohl einflussreichsten Geschichte des Alten Reichs von Bryce, The Holy Roman Empire.

20 So Sybel, Die Deutsche Nation und das Kaiserreich; ders., Die Begründung des deutschen Reiches; Treitschke, Deutsche Geschichte im 19. Jahrhundert. Zur Entwicklung der Reichshistoriographie seit dem Kaiserreich: Moraw/Press, Probleme der Sozial- und Verfassungsgeschichte; Press, Das römisch-deutsche Reich; Schulze, Von den grossen Anfängen des neuen Welttheaters, S. 3-18; Burgdorf, Reichskonstitution und Nation, S. 15-20.

21 Zwingmann, Der Kaiser, Vorwort.

22 Bitterauf, Die Gründung des Rheinbundes.

matisierte Srbik am Beispiel Goethes auch den wohl prominentesten Kommentator der Vorgänge des Sommers 1806, jedoch trug auch er, ähnlich wie die preußischen Historiographen, länger wirkenden Kontinuitäten vom Reich über den Rheinbund zum Deutschen Bund keine Rechnung, sondern verwies lediglich auf die Rolle, die das „Reich“ in den nationalen Träumen späterer Generationen spielte.[23] Dass in seinem Umfeld das Jahr 1806 vor allem als Zäsur thematisiert wurde, zeigen die heute noch grundlegenden Arbeiten seiner Schüler über den Reichshofrat und die Reichskanzlei, die mit der Auflösung des Reichs enden und allein die Zäsurwirkung von 1806 betonen.[24]

Der großdeutsche Ansatz wurde nach 1933 von den Nationalsozialisten vereinnahmt. Zugleich produzierte die Geschichtswissenschaft eine Fülle von Legitimationsschriften zur Bedeutung und geschichtlichen Entwicklung der Reichsidee. Nicht nur setzten sie bereits in der Zeit der Völkerwanderung an, bei einem altgermanischen Zusammengehörigkeitsgefühl, das von Einflüssen des Römischen Imperiums streng unterschieden wurde, sondern sie betonten im Einklang mit der NS-Ideologie die germanische Lebensraumvorstellung, den Totalitäts- und Führungsanspruch der Germanen als Komponenten der Reichsidee seit dem Frühmittelalter. In der Zeit nach dem Westfälischen Frieden galt das Interesse den Partikularstaaten, die als „Territorialreiche altgermanischer Konzeption“ charakterisiert wurden. An die Verfassung des Alten Reichs freilich knüpfte man nicht an.[25]

Nach 1945 war nicht nur der großdeutsche Ansatz, sondern auch die altgermanische Reichsidee diskreditiert. Die Forschung konzentrierte sich zunächst auf die Erklärung des „deutschen Sonderwegs“, der zum Nationalsozialismus geführt haben soll, wofür das Alte Reich wenig Erklärungspotential zu bieten schien.[26] Zu einem neuen Interesse am Alten Reich kam es nach 1945 zunächst im Wege einer Rückbesinnung auf abendländische Traditionen, wie es die Arbeiten zu den europäischen Einigungsplänen der Frühen Neuzeit von Heinz Gollwitzer und Rolf Hellmut Förster zum Ausdruck brachten.[27] Während hier jedoch die Reichsverfassung an sich nicht im Vordergrund stand, änderte sich dies erst in den 1960er Jahren, als eine grundlegende und bis heute andauernde Revision des Geschichtsbildes vom Alten Reich begann.

Die Auseinandersetzung mit dem Ende des Alten Reichs intensivierte sich im Umfeld Kurt von Raumers, der über das Gutachten Hügels zur Niederlegung der Kaiserkrone publizierte und seine Schülerin Rudolfine Freiin von Oer zu einer Untersuchung über den Pressburger Frieden veranlasste.[28] Ihren entscheidenden

[23] Srbik, Deutsche Einheit; ders., Schicksalsstunde des alten Reiches; ders., Goethe und das Reich.

[24] Gschliesser, Der Reichshofrat; Gross, Die Geschichte der deutschen Reichshofkanzlei.

[25] Zitat: Thorsten, Rîche, S. 167; vgl. auch Eckrich, Die Idee des Reiches.

[26] Schulin, Traditionskritik; Schulze, Deutsche Geschichtswissenschaft.

[27] Gollwitzer, Europabild; Foerster, Europas Geschichte.

[28] Raumer, Hügels Gutachten; ders., Deutschland um 1800; ders., Préfecture française; Oer, Pressburg.

Anstoß erhielt sie dann durch die Habilitationsschrift Karl Otmar von Aretins. In deutlicher Abgrenzung zum kleindeutsch-borussischen Geschichtsbild, die Gedanken Heinrich Zwingmanns aufgreifend, geht er der Frage nach, „was am Ende des 18. Jahrhunderts vom Alten Reich als politischer Realität noch lebendig war". Aretin kommt zu dem Ergebnis, dass „schon um die Mitte des 18. Jahrhunderts eine säkular gewordene Welt mit den traditionellen Werten des Reichs nur mehr wenig oder gar nichts anfangen konnte".[29] Das Reich scheint ihm längst vor seiner Auflösung von den Zeitgenossen aufgegeben.

Insgesamt kann gelten, dass sich die neuere Reichsforschung seit den 1970er Jahren zwar um eine sozialgeschichtliche Fundierung der zunächst primär verfassungsgeschichtlichen Perspektive bemühte[30] und sich auch verstärkt für die Institutionen des Reichs (Kammergericht, Reichshofrat, Reichstag, Reichskreise und Reichskanzlei) interessierte, gleichwohl aber teleologisch auf das Ende des Reichs hin ausgerichtete Deutungen dominant blieben.[31] Zwar gilt nun die Zeit nach 1648 nicht mehr per se als Verfallszeit, gleichwohl erscheint der Untergang des Reichs spätestens mit dem Frieden von Lunéville als besiegelt.[32] Hinzu kommt, dass der 6. August 1806, an dem Franz II. die Kaiserkrone niederlegte, meist unhinterfragt als entscheidender Epochenbruch hingenommen wird, mit dem Darstellungen beginnen oder enden.[33] Wenn diese Zäsur in den Blick gerät, so geschieht dies vorwiegend in Form einer Suche nach den Gründen für die Auflösung des Reichs. In diesem Zusammenhang wird dann auf ein Zusammenspiel

---

29 Aretin, Heiliges Römisches Reich, S. 3.

30 Moraw/Press, Probleme der Sozial- und Verfassungsgeschichte; Press, Das römisch-deutsche Reich; Schulze, Von den grossen Anfängen des neuen Welttheaters; Burgdorf, Reichskonstitution und Nation, S. 15-20. Ein Literaturüberblick auch bei Klueting, Das Reich und Österreich. Zur inzwischen umfangreichen und verzweigten RKG-Forschung, die ‚Schriftenreihe der Gesellschaft für Reichskammergerichtsforschung' sowie die ‚Quellen und Forschungen zur höchsten Gerichtsbarkeit im Alten Reich', hg. von Friedrich Battenberg, Bernhard Diestelkamp, Ulrich Eisenhard, Adolf Laufs und Wolfgang Sellert. Forschungsüberblicke bei Diestelkamp, Das Reichskammergericht in der deutschen Geschichte; sehr knapp zum Verhältnis von Reichsjustiz und Aufklärung in der Endphase des Reichs Neugebauer-Wölk, Reichsjustiz und Aufklärung, S. 5-9; ferner: Jahns, Das Reichskammergericht, Tl. I, Kap. I; Diestelkamp, Tendenzen und Perspektiven; Fuchs, The Supreme Court of the Holy Roman Empire. Zur Erforschung des Reichshofrates Sellert, Reichshofrat und Reichskammergericht; Westphal, Zur Erforschung der obersten Gerichtsbarkeit; Ehrenpreis/Westphal, Stand und Tendenzen der Reichsgerichtsforschung. Für das RKG am Ende des Reichs zentral: Diestelkamp, Das Reichskammergericht am Ende des Alten Reiches.

31 Weiterführend Sailer, Richterliches Selbstverständnis.

32 Härter, Soziale Unruhen und Revolutionsabwehr.

33 Neuhaus, Das Reich. Auch die Darstellungen von Schmidt, Geschichte des alten Reiches, sowie Aretin, Das Alte Reich 1648–1806, sind erzähltechnisch auf das Ende des Reichs 1806 hin ausgerichtet. Gleiches gilt für einen Großteil der anlässlich des 200. Jahrestages des Reichsdeputationshauptschlusses erschienenen Literatur. Etwa Hufeld, Der Reichsdeputationshauptschluss; in ähnlicher Perspektive allerdings das Fortwirken des RDH über 1806 hinaus betonend: H.-J. Becker, Umbruch in Mitteleuropa, S. 32-34; neuerdings etwas vorsichtiger argumentierend: Härter, Der Hauptschluß der außerordentlichen Reichsdeputation.

von endogenen und exogenen Faktoren verwiesen, die auf ein strukturell zu schwaches Reich trafen und dann zwangsläufig sein Ende herbeigeführt hätten: die Auswirkungen der Französischen Revolution, das Souveränitätsstreben der deutschen Fürsten und der preußisch-habsburgische Dualismus – all dem war die alte und strukturell schwache Ordnung Deutschlands nicht mehr gewachsen.[34]

Thomas Nipperdey führt die wesentlichen Elemente zusammen, die die topische Beschäftigung mit dem Ende des Alten Reichs charakterisieren:

> „Der Kaiser legte am 6. August 1806, zuletzt unter dem ultimativen Druck Napoleons, die Krone des Reiches nieder und erklärte mit einer recht papierenen Proklamation das Reich für beendet. Es war damit sang- und klanglos, fast und ohne viel Aufhebens auch formal untergegangen, der Totenschein war ausgestellt. Bekannt ist die Bemerkung Goethes, ein Streit seines Postkutschers habe ihn mehr interessiert als diese Nachricht."[35]

Bilder eines seit längerem kranken Reichs und des unpolitischen Goethes als Gewährsmann für das Desinteresse der Zeitgenossen an den Ereignissen des Sommers 1806 sind Ornamente, mit denen das Ende des Reichs in den historischen Metaerzählungen ausgeschmückt wird. Zugleich wird vielfach der vollständige Bruch mit den gesellschaftlichen und politischen Strukturen betont, der sich aufgrund der Vorgänge von 1806 vollzogen habe. Während bei Thomas Nipperdey Napoleon und nicht das Alte Reich am Beginn der Moderne steht, beginnt Heinrich August Winkler seine Studie zwar mit den Worten: „Im Anfang war das Reich". Dennoch gilt ihm seine Auflösung als „notarielle Beurkundung seines Ablebens, das sich allzu lang hingezogen hatte".[36] Ein Nachleben entdecken beide lediglich im „Traum vom Reich", der in der Geschichte des 19. und 20. Jahrhunderts eine ungeheuere Wirkung entfaltet habe.[37]

3. Neue Perspektiven

Können zeitgenössische Vorwegnahmen des Endes des Alten Reichs tatsächlich als Belege für das Herabsinken des Reichs zur Bedeutungslosigkeit lange vor seiner Auflösung gelten, wie es im Zusammenhang mit der Untergangsthese erscheint? Viele davon scheinen gerade im Gegenteil eine intensive Teilnahme der Zeitgenossen am politischen Geschehen zu belegen: sie verweisen darauf, dass

---

34 Härter, Reichstag und Revolution, S. 643-654. Zusammenfassend: Neuhaus, Das Ende des Alten Reiches, S. 185-209; vgl. auch: Press, Der Untergang des Heiligen Römischen Reiches.

35 Nipperdey, Deutsche Geschichte, Bd. 1, S. 14. Ähnlich: Neuhaus, Das Ende des Alten Reiches, hier: die Auflösung des Reichs wurde „ohne Überraschung zur Kenntnis genommen, wie das Ableben eines seit langem Todkranken", S. 191.

36 Winkler, Der lange Weg nach Westen, Bd. 1, S. 51. Ähnlich auch Schmidt, Geschichte des alten Reiches, S. 346.

37 Sontheimer, Antidemokratisches Denken in der Weimarer Republik; Hildebrand, Das vergangene Reich; Hermand, Der alte Traum vom neuen Reich.

das Reich in den Köpfen durchaus noch existierte und die Zeitgenossen die mit der Reichsverfassung vorgehenden Veränderungen genau registrierten. Dies betonen auch einige jüngere Arbeiten. So legt Wolfgang Burgdorf anhand einer Fülle von Schriften den vor allem in der zweiten Hälfte des 18. Jahrhunderts ungeheuer lebendigen Diskurs über die Reform des Reichs frei, der sich bezeichnenderweise immer dann intensivierte, wenn das Reich in eine Krise geriet oder seine Existenz zur Disposition stand.[38] Andere Arbeiten verweisen gegen die These vom sang- und klanglosen Untergang des Reichs auf Überhänge, die vom Alten Reich in den Rheinbund und Deutschen Bund ragten. Hier ist ein 1990 erschienener Aufsatz von Heinz Angermeier zu nennen, der die Zäsur von 1806 explizit außerhalb eines Paradigmas von Aufstieg und Fall untersucht. Seine gegen Friedrich Meinecke formulierte These ist, dass es in der Deutschen Geschichte des 19. Jahrhundert nicht darum gehe, einen Auflösungsprozess abzuschließen und einem neuen Staatsideal den Weg zu bereiten, sondern darum, die alten Strukturen sinnvoll für die Selbstbehauptung Deutschlands einzusetzen.[39] In eine ähnliche Richtung zielen die letzten Forschungen von Volker Press. Er stellt die Frage, ob der Deutsche Bund wirklich so vollkommen neu sei oder ob sich bei allen Diskontinuitäten nicht doch Kontinuitäten ausmachen lassen.[40] Darüber hinaus ist auch der Rheinbund in letzter Zeit wieder verstärkt zum Gegenstand der Forschung geworden.[41] Gerhard Schuck hat auf die Bedeutung eines am Reich orientierten Kontinuitätsdenkens zur Bewältigung der Diskontinuität in der Rheinbundzeit hingewiesen und den Topos des unbemerkten Untergangs des Reichs widerlegt.[42] Nicht zuletzt ist in diesem Zusammenhang jüngst die von Heinrich Ritter von Srbik entwickelte These aufgegriffen worden, dass Goethe so unpolitisch nicht war – mit dem neuerlichen Ergebnis, dass er sich tatsächlich in jenen Tagen mit der Gründung des Rheinbundes und der Auflösung des Reichs beschäftigt habe.[43]

Wenn an diese neueren Forschungen anknüpfend das Jahr 1806 den Ausgangpunkt dieser Studie bildet, wird in die bestehende Lücke der Wahrnehmung und Bewältigung dieses Ereignisses oder – besser gesagt – des Bündels von Einzelereignissen im Sommer 1806 vorgestoßen. Es geht darum, die Defizite zu beheben, die sich aus der Thematisierung zeitgenössischer Auseinandersetzung mit dem Ende des Alten Reichs im Kontext der Untergangsthese ergeben – und zwar in mehrfacher Hinsicht: Um der teleologischen Zuspitzung auf das Ende des Reichs hin zu entkommen, ist es nötig, die Auseinandersetzung der Zeitgenossen mit den Ereignissen von 1806 als einen Prozess mit offenem Ergebnis zu betrachten. Dies

38 Burgdorf, Reichskonstitution und Nation.
39 Angermeier, Deutschland zwischen Reichstradition und Nationalstaat; Meinecke, Weltbürgertum und Nationalstaat.
40 Press, Alternativen zur Reichsverfassung.
41 Schmidt, Der napoleonische Rheinbund.
42 Schuck, Rheinbundpatriotismus.
43 Srbik, Goethe und das Reich; Schmidt, Goethe; Burgdorf, Reichsnationalismus gegen Territorialnationalismus.

hat zur Folge, dass es, entgegen einer verbreiteten Forschungspraxis, genau zwischen dem nachträglich herauspräparierten historischen Prozess und der zeitgenössischen Wahrnehmung zu unterscheiden gilt. Hier kann eine wahrnehmungsgeschichtliche Perspektive eine korrigierende Funktion übernehmen.[44] Indem diese Studie den Verlauf der Geschichte, der im Moment der Diskontinuität von 1806 entstand, als offen und als Problem betrachtet, das von den Zeitgenossen erst bewältigt werden musste, eröffnet sich ein neuer Blick auf die Zeit um 1800: Es wird möglich, die Eigendynamik zu untersuchen, die sich aus der Auflösung des Reichs ergab und die Bedeutung des ‚Alten' für die Ausbildung des ‚Neuen' zu würdigen.[45]

II. Eine Geschichte gruppenspezifischer Auseinandersetzung mit dem Ende des Alten Reichs

Der Ansatz, mit dem dies geleistet wird, lässt sich am besten als eine Mischung aus prosopographischen, geistes-, politik- und wahrnehmungsgeschichtlichen Zugriffen beschreiben. Entlang von drei konkreten Einzelbereichen – der unmittelbaren Reaktion auf die zunächst drohende und dann vollzogene Auflösung des Reichs 1806, der Frage der Abwicklung des RKG und seines Personals sowie der Nachkarrieren der vormaligen Wetzlarer Richter – entwickelt diese Arbeit eine Großperspektive auf die Auseinandersetzung der letzten Generation von Richtern des RKG mit dem Ende des Alten Reichs, die auch Rückschlüsse auf die Bewältigung dieses grundstürzenden Vorgangs durch andere politisch-administrative Eliten zulässt. Es gibt mehrere Gründe, zu diesem Zweck eine Gruppe von 24 Personen in den Mittelpunkt zu stellen, die den Vorgängen in einer weitgehend gleichförmigen Lebenslage und vor dem Hintergrund ganz ähnlicher Ausgangsbedingungen ausgesetzt waren, und nicht etwa ein Individuum oder ein größeres Kollektiv. Während sich gegenüber Studien zu grösseren Kollektiven der Vorteil ergibt, eine größere Tiefenschärfe herstellen zu können, weil der Personenkreis überschaubar bleibt, ist es andererseits möglich, Aussagen zu treffen, die über die individualbiographische Ebene hinausreichen. Hinzu kommt, dass der Zugriff auf die mittlere Ebene der Gruppe eine scharfe Abgrenzung gegenüber anderen juristischen oder politisch-administrativen Eliten erlaubt. Dies schärft den Blick für die verschiedenen Ausgangslagen, vor deren Hintergrund sich jeweils die Frage nach der Auseinandersetzung mit dem Ende des Reichs stellte. So ergaben sich

---

44 Zu diesem Zusammenhang Mader, Das Alte Reich in neuem Licht.

45 In Hinsicht auf die Offenheit der Geschichte ist seit 1989 eine deutliche Sensibilisierung unter Historikern festzustellen. Vgl. etwa: Stiftung des Historischen Kollegs, Über die Offenheit der Geschichte.

beispielsweise für die Reichstagsgesandten und ihre Legationssekretäre in Regensburg, die Angehörigen des Reichshofrates oder der Reichskanzlei jeweils andere Probleme. Ja selbst die rund 900 Personen, die 1806 in unterschiedlichen Funktionen zur Kameralgesellschaft am Kammergericht in Wetzlar gehörten, hatten die Auflösung des Reichs unter ganz verschiedenen Voraussetzungen zu bewältigen.

Wenn nun unter all den von der Auflösung des Reichs besonders betroffenen Angehörigen der zentralen Institutionen des Reichs gerade die letzte Generation von Richtern des Reichskammergerichts ins Zentrum gerückt wird, so liegt dies daran, dass sich diese Gruppe besonders dazu eignet, die Probleme zu verdeutlichen, die dieser Vorgang verursachte. Dies hängt vor allem mit der singulären verfassungsrechtlichen Konstruktion des Richterkollegiums zusammen: Dieses Reichsgericht war diejenige zentrale Institution des Reichs, die aufgrund des komplizierten Präsentationsverfahrens sowie der Finanzierung des Richterpersonals durch die Kammerzieler am engsten mit der Reichsverfassung verbunden war. Aus dem Zusammenwirken von Kaiser und Reichsständen auf dem Wormser Reichstag von 1495 entstanden und den Beschlüssen des Reichstags unterworfen, hätte das Kammergericht konsequenterweise auch nur im Zusammenwirken des ganzen Reichs aufgelöst werden können. Da dies nicht geschah und auch sonst keine verbindlichen Beschlüsse hinsichtlich des Kammergerichts gefasst wurden, ergab sich für das Richterkollegium eine spezifische Situation, die sich von derjenigen der anderen Kameralgruppen dadurch unterschied, dass das Kollegium als Gesamtheit Rechtsansprüche an ihre Konstituenten geltend machen konnte, die vormaligen Stände des Reichs. Jenseits dieses für die ganze Gruppe prägenden Zusammenhangs geht es auch darum, individuell verschiedene Bewältigungsmuster herauszuarbeiten.

1. Prosopographische Grundierung

Mit dem Verhältnis von Individuum und Gruppe auf der einen und dem Verhältnis zu anderen Gruppen auf der anderen Seite sind Probleme angesprochen, die sich für jede prosopographisch grundierte Untersuchung stellen. Im Unterschied zur Biographie – dies wird sowohl in Studien betont, die sich dem in der Mittelalterforschung entstandenen personengeschichtlichen Ansatz verpflichtet fühlen, als auch in kollektivbiographischen Studien, die sich an die angelsächsische Richtung der ‚interpretierenden Prosopographie' anlehnen – geht es bei der Untersuchung eines Kollektivs darum, anhand von persönlichen Daten der Gruppenmitglieder ein ‚Set' von möglichst gleichförmigen Faktoren zu ermitteln, um daraus regelmäßig vorkommende biographische Muster zu weben. Inhaltlich handelt es sich dabei meist um die Rekonstruktion familiärer und freundschaftlicher Verbindungen, um einen Vergleich von Karriereverläufen und Ausbildungshintergrund, um die Konfessionszugehörigkeit und manchmal um die politischen Überzeugungen der untersuchten Gruppe. Die Beteiligten sind also Konstituenten der Gesamtgruppe und die Rekonstruktion von Ähnlichkeiten und Verschiedenheiten der ermittelten Daten ermöglicht es, Aussagen über das Profil des Kollektivs zu treffen.[46] Die Erkenntnisse, die sich mit einem solchen Vorgehen erzielen lassen, sind jedoch begrenzt. Das prosopographische Instrumentarium reicht gerade für Untersuchungen von Gruppen in Zeiten beschleunigter Veränderung nicht aus, um die Motivationen und Handlungsspielräume der Akteure sowie ihre Wahrnehmungen und Selbsteinschätzungen analysieren zu können, mit denen sie dem Wandel begegneten. Gerade deshalb ist eine Annäherung an die Biographik nötig. Neuere kollektivbiographische Forschungen haben zwar durchaus eine Sensibilität für diese Problematik entwickelt und das komplexe Verhältnis von Individuum und Gruppe thematisiert, doch bleibt es oft schon aufgrund der Größe der untersuchten Kollektive schwierig, eine adäquate Lösung zu finden. Auf der anderen Seite etablierte sich eine Darstellungspraxis, die das Individuum in biographischen Anhängen zu seinem Recht kommen lässt. Dies hat den Vorteil, dass die empirische Grundlage offengelegt wird, auf der die Gesamtanalyse beruht. Demgegenüber tragen standardisierte Kurzbiographien dem Spannungsverhältnis zwischen Individuum und Kollektiv kaum Rechnung, und es bleibt schwierig, Motivationen, Handlungsspielräume, Wahrnehmungen und Selbsteinschätzungen konkreten Verhaltens zu klären.[47]

Stefan Brakensiek hat diesem Problem jüngst durch das ‚Hineinmontieren' von biographischen Miniaturen in die Gruppenanalyse Rechnung getragen. Zugespitzt auf ein bestimmtes Moment, öffnen seine kurzen biographischen Abrisse niederhessischer Ortsbeamter den Blick auf Spielräume zeitgenössischen Handelns und vermögen gelebte Alternativen wie individuelle Aneignungen von Problemlagen am konkreten Beispiel vorzustellen.[48] Allein bei der Größe der von Brakensiek untersuchten Gruppe, bleibt es schwierig, das Schicksal des Einzelnen zu verfolgen.

Bei kleineren Gruppen ist dies anders. Hier kann mit diesem Mittel auch in individueller Hinsicht Transparenz erzeugt werden. Sigrid Jahns hat dieses Problem

---

46 Der Begriff ‚interpretierende Prosopographie' fasst die mittelalterliche ‚Personenforschung' einerseits und die kollektivbiographischen Ansätze andererseits zusammen und dient zur Unterscheidung zu den rein datenorientierten prosopographischen Arbeiten. Zur Diskussion über Gegenstand und Methode der Prosopographie: Tellenbach, Zur Bedeutung der Personenforschung; Nicolet, Prosopographie et histoire sociale; Stone, Prosopography; Moraw, Personenforschung, S. 9; Carney, Prosopography; Prosopographie als Sozialgeschichte?; Bulst, Zum Gegenstand; Hillbrandt- Grill, Ein neues Forum der Personengeschichte; E. Henning, Sozialgenealogie; Wernicke, Zur Prospographie der Hansezeit; Brakensiek, Fürstendiener, S. 18-20. Prosopographische Ansätze verfolgt auch das von der Gerda Henkel Stiftung geförderte Mainzer Forschungsprojekt zum Elitenwandel um 1800, zusammenfassend hierzu A. V. Hartmann/Morawiec/Voss, Eliten um 1800; vgl. auch: A. V. Hartmann, Kontinuitäten oder revolutionärer Bruch?

47 Vgl. etwa: Lanzinner, Fürst, Räte und Landstände; Heydenreuther, Der landesherrliche Hofrat; Henker, Prosopographie der Pfalz-Neuburgischen Zentralbehörden.

48 Brakensiek, Fürstendiener.

für die Zeit bis 1806 überzeugend gelöst. Aufbauend auf ihren grundlegenden 128 Individualbiographien der in der Wetzlarer Zeit des RKG auf ein Beisitzeramt präsentierten Assessoren, schreibt sie eine systematische Abhandlung zur Sozial- und Verfassungsgeschichte des Kammergerichts und des Alten Reichs zugleich und zeichnet darüber hinaus ein Gruppenprofil der ans RKG präsentierten Juristen. Dieses Profil wird auf drei verschiedenen Ebenen greifbar: einer individuellen, einer teilgruppenspezifischen, sowie auf der Ebene der Gesamtgruppe.[49]

2. Darstellungsweise

Obgleich es in der vorliegenden Untersuchung eher um einen Beitrag zu einer sozial- und geistesgeschichtlichen Deutung des Wandels um 1800 geht als um eine prosopographische Beschreibung der letzten Generation von Richtern des Kammergerichts, muss das Profil der Gruppe in einem ersten Schritt konturiert werden. Erst dann kann sie als Vehikel genutzt werden, um den mit der Auflösung des Reichs verbundenen Problemen auf die Spur zu kommen. An die Arbeit von Sigrid Jahns wird angeknüpft, indem die von ihr ermittelten biographischen Daten in die Untersuchung eingespeist werden. Sie spielen eine wesentliche Rolle für den ersten Teil dieser Arbeit, der die Gruppe als Produkt eines unter Anpassungsdruck geratenen Präsentationssystems sowie hinsichtlich ihrer personellen Vernetzung und der geistigen Horizonte ihrer Angehörigen konturiert. Mit dieser Annäherung an die Gruppe schafft dieser Teil zugleich die Voraussetzung, um in die eigentliche Analyse der Auseinandersetzung mit der Auflösung des Reichs einzutreten.

Von der Gruppe wendet sich sodann der Blick zu den unmittelbaren Reaktionen der Richter auf die sich zuerst drohend am Horizont abzeichnende und später tatsächlich vollzogene Auflösung des Reichs. Es geht um die Analyse der Handlungsstrategien und Denkkonzepte, mittels derer der fundamentale Wandel bewältigt wurde. Ausgangspunkt ist die Beschreibung der Entwicklungen und Deutungen nach dem Pressburger Frieden. Dann liegt der Fokus auf einem Zeitraum von rund zwei Monaten, der etwa von Juli bis September 1806 reichte. Die Darstellung schaltet hier eine Reihe von Momentaufnahmen hintereinander, um den Umgang der Zeitgenossen mit der Auflösung des Reichs in einer Perspektive der Zeitlupe sichtbar machen zu können:[50] Zunächst werden die Reaktionen der Angehörigen des Kameralkollegiums auf die Erklärungen der konföderierten Staaten und des Kaisers thematisiert. Sodann stehen die Eindrücke von dem dramatischen Wandel sowie ideelle Bewältigungskonzepte im Vordergrund. Indem hier nach

[49] Jahns, Das Reichskammergericht und seine Richter. Tl. I: Darstellung (Druck in Vorbereitung), Tl. II: Biographien, Bd. 1 und 2 (2003). Da Teil I derzeit von der Verfasserin für den Druck überarbeitet wird und die endgültigen Seitenzahlen noch nicht feststehen, wird daraus im Folgenden nicht nach Seitenzahlen, sondern nach Kapiteln zitiert.

[50] Suter, Theorien und Methoden.

der staatsrechtlichen Bedeutung gefragt wird, welche die Zeitgenossen den Vorgängen beimaßen, ergeben sich Anknüpfungspunkte an universitäts-, rechts- und ideengeschichtliche Forschungen[51] sowie an die im ersten Teil entwickelte stärker strukturell ausgerichtete Beschreibung der Gruppe.

Der dritte Teil der Untersuchung thematisiert die Auseinandersetzung mit dem Ende des Alten Reichs in einer Längsschnittperspektive, anhand des Problemfeldes der Abwicklung des Kammergerichtspersonals. Entlang der Teilfragen nach der Diskussion und Praxis der Entschädigung der pensionierten Kameralen wird die Auseinandersetzung der Richter mit den Folgen der Auflösung des Reichs von 1806 bis in die Zeit des Deutschen Bundes hinein verfolgt.

In einem abschließenden Teil wird mit den Nachkarrieren von immerhin sechzehn vormaligen Wetzlarer Richtern in unterschiedlichen deutschen Fürstenstaaten noch einmal ein neues Thema aufgegriffen. Neben den Bedingungen des Übertritts, die wesentlich mit der Abwicklung des Kameralkollegiums verbunden waren, werden hier vor allem Überhänge und Transformationen von Erfahrungen und Ideen, die im Kontext der Existenz des Alten Reichs entstanden sind, hinsichtlich ihrer Geltung im veränderten Umfeld analysiert.

Da die drei Teile einerseits vor dem Hintergrund der politischen Rahmenbedingungen entwickelt und die Reaktionen anderer politisch-administrativer Eliten miteinbezogen werden, lässt diese Studie auch Rückschlüsse zu, die über den engeren Rahmen der Gruppe hinausweisen. Andererseits werden von der mittleren Ebene der Gruppe immer wieder Bewegungen zum Individuum hin vollzogen. Insgesamt geht es also darum, durch die Vereinigung von methodischen Zugriffen verschiedenster Art auf ein reichhaltiges Quellenmaterial, eine neue, wahrnehmungsgeschichtliche Großperspektive auf das Ende des Alten Reichs und die Folgen seiner Auflösung zu entwickeln.

---

[51] Valjavec, Die Entstehung der politischen Strömungen; Klippel, Politische Freiheit; Dann/Klippel, Naturrecht – Spätaufklärung – Revolution; Schlumbohm, Freiheit; Hammerstein, Jus und Historie; Hellmuth, Naturrechtsphilosophie und bürokratischer Werthorizont; Maier, Ältere deutsche Staatslehre und westliche politische Tradition; ders., Die ältere deutsche Staats- und Verwaltungslehre; Stolleis, Geschichte des öffentlichen Rechts; Dreitzel, Monarchiebegriffe in der Fürstengesellschaft; ders., Absolutismus und ständische Verfassung in Deutschland; Preu, Polizeibegriff und Staatszwecklehre; zur Lage der katholischen Universitäten im Reich: Hammerstein, Zur Geschichte und Bedeutung; Braubach, Die erste Bonner Hochschule; Hammerstein, Aufklärung und katholisches Reich: S. 33-73 (Würzburg), S. 159-169 (Bamberg) und S. 170-209 (Wien); ein Überblick bei Dickerhoff, Die katholischen Universitäten; nach der Politisierung von Studenten an den Universitäten Heidelberg, Mainz und Würzburg fragend Schweigard, Aufklärung und Revolutionsbegeisterung.

Teil I: Voraussetzungen: Annäherungen an die Gruppe

Welche Auswirkungen hatte das Ende des Alten Reichs auf die Richter des RKG? Wie verarbeiteten sie die Zäsur von 1806, die nicht nur den Verlust ihrer Stellen bedeutete, sondern zugleich die bisher gültigen Wissensbestände in Frage stellte? Was wurde aus ihnen nach der Auflösung des Reichs und wie fanden sie sich unter den Bedingungen der neu geschaffenen politischen Ordnung während der Zeit des Rheinbundes und des Deutschen Bundes zurecht?

Um die Leitfragen dieser Studie zu beantworten, ist es nötig, sich über die Beschaffenheit der Gruppe zu vergewissern und zunächst einige für die Bewältigung der Auflösung des Reichs wichtige Rahmenbedingungen zu klären. Dies ist das Thema des ersten Teils dieser Studie, dessen Ausgangspunkt ein Blick auf die Konjunkturen der Beschäftigung mit den hier im Mittelpunkt stehenden Personen bildet. Erkenntnis leitend ist die Frage, ob der hier untersuchten Gruppe bereits eine Kontur verliehen worden ist und wenn ja welche. Im Anschluss daran folgt die Klärung eines methodischen Problems, das sich aus dem Design des Ansatzes ergibt. Wer ist weshalb zur letzten Generation von Richtern des RKG zu rechnen?

Ist damit die Gruppe konstituiert, so widmen sich die folgenden Kapitel der Analyse des letzten Kameraljahrganges. Zuerst steht die besondere Zusammensetzung im Vordergrund: Das Kollegium wird als Produkt des unter Beteiligung von Kaiser, Kurfürsten und Reichskreisen ausgeklügelten Vorschlagsverfahrens zu den Assessoraten betrachtet. Dem Anpassungsdruck, dem das Präsentationssystem in den letzten Jahren der Existenz des Reichs ausgesetzt war, wird Rechnung getragen.[1] Darüber hinaus ist es nötig, auf die Finanzverfassung des Gerichts einzugehen, da beides wichtig ist, um die Bewältigung der Auflösung des Reichs zu verstehen.

Im Anschluss daran steht das Problem der am Kammergericht bestehenden personellen Netzwerke im Vordergrund.[2] Sie werden anhand von zwei Fragenkomplexen thematisiert: (1) Im Kontext einer Analyse von Faktoren, die für die Wege der Assessoren ans RKG eine Rolle spielten. Dieser Zugriff ist deshalb be-

[1] Jahns, Die Personalverfassung des Reichskammergerichts; dies., Das Reichskammergericht, Tl. I, Kap. IV; zum Präsentationssystem zeitgenössisch noch immer wichtig Kamptz, Darstellung des Präsentations-Rechts. Grundlegend hierzu: Jahns, Das Reichskammergericht, Tl. I, Kap. II, 3.

[2] Unter den inzwischen zahlreichen Studien über Verflechtungen und Netzwerke nur die aus der soziologischen Literatur konzeptionellen Überlegungen bei Reinhard, Freunde und Kreaturen.

sonders aussagekräftig für die Frage der personellen Netzwerke, weil nach den Reichsgesetzen Juristen aus allen Teilen des Reichs am RKG tätig sein sollten und die ans RKG präsentierten Juristen darauf angewiesen waren, Nähe zu ihrem Präsentanten herzustellen, wofür ein ganzes Bündel von Faktoren, vor allem auch verwandtschaftliche Verflechtungen, eine Rolle spielten. (2) Während dieser erste Schritt Aufschluss über die vor der Tätigkeit am RKG bestehenden Verbindungen gibt und im Hinblick auf das Gesamtthema dieser Studie für die Frage der Kontinuität von Netzwerken über die Zäsur von 1806 hinaus relevant ist, werden im zweiten Schritt gesellschaftliche Verbindungen und Abgrenzungen zu anderen Kameralgruppen in den Blick genommen. In diesen Zusammenhang gehört auch die Frage nach der Zugehörigkeit von Angehörigen des Kameralkollegiums zu aufgeklärten Gesellschaften und insbesondere zum Geheimbund der Illuminaten, die in den letzten Jahren von der RKG-Forschung intensiv diskutiert wurde.[3] Insgesamt geht es also in diesem Kapitel darum, einen Überblick über die am RKG bestehenden Verbindungen und Netzwerke zu gewinnen, die für die Bewältigung der Auflösung des Reichs eine zentrale Rolle spielten.

Ein weiteres Kapitel beschäftigt sich mit dem geistigen Profil der Gruppe und spürt den Wissensinhalten nach, welche die Reichsjuristen im Rahmen von Ausbildung und Vorkarriere erworben hatten, in Publikationen zum Ausdruck brachten und in Bibliotheken speicherten. Hier steht jedoch nicht so sehr das für die Erfüllung der richterlichen Funktionen im engeren Sinne nötige Expertenwissen im Vordergrund, vielmehr geht es um die Frage der politischen Ideen der Reichsrichter, darum, mit welchen Konzepten sie das Reich erfassten.

Wenn dabei nicht an einen Strang der Forschung angeknüpft wird, der sich mit der Rolle der Illuminaten am RKG beschäftigt und den Prozess der Politisierung im engeren Umfeld der Französischen Revolution[4] verortet, so gibt es dafür gute Gründe. Denn einerseits blieb die Zugehörigkeit von Richtern des Kammergerichts zu dem von Adam Weishaupt gegründeten Geheimbund der Illuminaten nur eine Episode in der Geschichte des Kammergerichts, die für die Bewältigung der Auflösung des Reichs allenfalls in Hinblick auf Verbindungen und Netzwerke eine bedeutende Rolle spielte. Andererseits kann man die Angehörigen des Kameralkollegiums bereits früher als politisiert betrachten, wenn man den Begriff der Politisierung neutral fasst und hierunter zunächst lediglich eine aktive Parteinahme am politischen Geschehen versteht. Dies zeigt sich einerseits an der Einflussnahme auf politische Vorgänge in Form von Denkschriften, die im 18. Jahrhundert zum traditionellen Betätigungsfeld eines Assessors gehörte. Ähnlich den

---

[3] Neugebauer-Wölk, Reichsjustiz und Aufklärung; Vorsichtig und nur für den Fall des Fürsten von Neuwied argumentierend Werner Trossbach: Illuminaten am Reichskammergericht, in: Diestelkamp, Die politische Funktion des Reichskammergerichts, S. 135-156. Weiterführend und forschungskritisch zuletzt Härter, Soziale Unruhen und Revolutionsabwehr; ferner: Jahns, Das Reichskammergericht, Tl. II, v. a. Biogr. 123 (Ditfurth).

[4] So zuletzt Schweigard, Aufklärung und Revolutionsbegeisterung.

Konjunkturen des Reichsreformdiskurses[5] intensivierte sich mit dem Ausbleiben von Reichjustizreformen die Diskussion hierüber. Spätestens seit der 1749 erschienenen Abhandlung Johann Stephan Pütters über den Zustand der Reichsgerichte, die mehrere Auflagen erlebte und eine Reichsjustizreformdebatte anstieß, die sich im Umfeld der letzten Visitation des Kammergerichts noch einmal deutlich intensivierte,[6] blieb die eminent politische Frage nach einer Reform des Kammergerichts auf der Tagesordnung. Auf der anderen Seite waren die Angehörigen des Kameralkollegiums schon deswegen politisiert, weil sie dem Kammergericht vorstanden und – ähnlich einer reichsunmittelbaren Herrschaft – die Justiz- und Policeygewalt über die Kameralen ausübten, zu denen um 1800 rund 900 Personen gehörten.[7]

Es wird im weiteren Verlauf dieser Studie auf die Traditionen des Staatsdenkens, die sich am Kammergericht ausprägten, auf die Konfigurationen, die das politische Denken im Kontext der Auseinandersetzung mit dem Ende des Reichs annahm und die Transformationen, denen es im Prozess des enorm beschleunigten Wandels unterlag, noch einzugehen sein. In diesem Teil geht es darum, ein geistiges Profil des letzten Kameraljahrgangs zu zeichnen sowie Grundelemente des politisch-staatsrechtlichen Denkens vorzustellen.

Ein letzter Abschnitt thematisiert das Selbstverständnis des Kameralkollegiums. Er zeigt, wie sich in Auseinandersetzung mit dem Wandel, vor dem Hintergrund der Rezeption von Staatsdienervorstellungen sowie im Kontext der Bewältigung der Fülle von Dienstentlassungen, mit denen auf der Ebene des Reichs und in den sich wandelnden Territorialstaaten zu kämpfen war, eine neue, moderne Auffassung am Kammergericht durchzusetzen begann. Das Bewusstsein, Diener des Reichs zu sein, konfligierte mit der in der Reichsverfassung verankerten Konstruktion einer Richterschaft, die als Träger von Rechten des Kaisers, der Kurfürsten und der Reichskreise im Kameralkollegium saß.

Diese unterschiedlichen Zugriffe auf die Gruppe erlauben es nicht nur, ein Profil des letzten Kameraljahrganges zu zeichnen. Zugleich sind damit wichtige Vorbedingungen geklärt für die Frage der unmittelbaren Reaktionen auf die Gründung des Rheinbundes und die Abdankung des Kaisers sowie für die Debatte um die Abwicklung des Kammergerichts. Insofern kommt diesem ersten Teil eine

---

5 Hierzu Burgdorf, Reichskonstitution und Nation.

6 Zur letzten Visitation: Aretin, Kaiser Joseph II. und die Reichskammergerichtsvisitation 1766–1776; Burgdorf, Reichskonstitution und Nation, S. 236-247; Jahns, Das Reichskammergericht, Tl. I, Kap. II, 3.4; eine grundlegende Darstellung der RKG-Visitation stellt ein Desiderat dar.

7 Da das in Wetzlar angesiedelte Kammergericht ein gleichsam autonomer Herrschaftsbereich in der Reichsstadt war, neben der Kameralhoheit aber auch reichsstädtische Rechte bestanden, waren gerade auf der policeylichen Ebene immer wieder Verhandlungen mit den reichsstädtischen Obrigkeiten von Nöten. Am Kammergericht beschäftigte sich ein spezieller Ausschuss mit diesen Fragen. Hierzu: BAF, FN 11 Akten. Die entsprechenden Konvolute, die über die in diesem Ausschuss verhandelten Gegenstände Aufschluss geben, fasste Reigersberg unter dem Rubrum ‚Observationes Politiae'.

doppelte Funktion zu: Er klärt die Voraussetzungen für die Bewältigung des Endes des Alten Reichs und er konturiert die Gruppe. In diese doppelte Funktion eingeschrieben sind zugleich die individuellen Lebenswege der letzen Generation von Richtern. Da für die meisten Protagonisten bereits intensive Studien von Sigrid Jahns vorliegen[8], kann dies anhand von Übersichten und Einspeisungen biographischer Miniaturen geschehen, die bestimmte, jeweils durch das Thema des Kapitels vorgegebene Situationen im Blick haben. Weitere Substanz wird das Bild von den Richtern erst im weiteren Verlauf dieser Studie annehmen, im Zusammenhang mit der Leitfrage nach der Wahrnehmung und Bewältigung des Endes des Alten Reichs durch die letzte Richtergeneration am RKG.

I. Konjunkturen der Beschäftigung

1. Vahlkampfs ‚Biographische und literarische Notizen'

Schon einmal waren die Biographien der letzten Generation von Angehörigen des Kameralkollegiums Gegenstand der Darstellung: Im Herbst 1806 veröffentlichte Joseph Anton von Vahlkampf eine Sammlung ihrer Viten unter dem Titel ‚Biographische und literarische Notizen über das, zum hohen Reichskammergerichts–Collegio gehörige, jetzt lebende Personale'. Sichtlich um Publizität bemüht, veröffentlichte der Protonotar des RKG dieses letzte Gruppenbild des Richterkollegiums kurz nach der Auflösung des Reichs gleich zweimal unmittelbar nacheinander: im letzten Band der 1804 ins Leben gerufenen ‚Reichskammergerichtlichen Miscellen' und in dem anlässlich der Auflösung des Reichs herausgegeben Sammelband ‚Politische und historische Ansichten bey Veränderung der teutschen Reichsverfassung'.[9] Er wollte damit die Regenten Deutschlands und ihre politisch administrativen Eliten erreichen.

8 Jahns, Das Reichskammergericht, Tl. II, Bd. 1 und 2.

9 Erreichten die ‚Miscellen' *Geschäftsmänner* im justizpolitischen Bereich wie Nachwuchsjuristen und waren Ausdruck jenes Reformbewusstsein unter den Kameralen in der Endphase des Reichs, so waren die ‚Ansichten' den Regenten Deutschlands gewidmet. Einen Hinweis auf den Leserkreis der ‚Miscellen' gibt: Vahlkampf, Miscellen, Bd. 1, Vorerinnerung; Vgl. auch: HHStA-Wien, MEKA, RKG 254. Vahlkampf schreibt dem Kurfürsterzkanzler, dass seine Publikation bis Wien Verbreitung gefunden habe und der Reichsreferendär Frank sie lesen würde. Exemplare hiervon finden sich in allen großen Bibliotheken Deutschlands, während die ‚Ansichten' kaum mehr vorhanden sind. Das einzige mir bekannte Exemplar befindet sich in der Sammlung des BAF (jetzt Bundesarchiv Koblenz). Offenbar waren die ‚Ansichten' schon unter den Zeitgenossen kaum verbreitet. Denn Karl Kamptz rechtfertigte einen Neuabdruck eines darin erschienenen Aufsatzes damit, dass die ‚politischen und historischen Ansichten' nicht in den Buchhandel gelangt seien. Kamptz, Reminiscenzen bei der Auflösung des Kaiserlichen und Reichs - Kammergerichts (1815), in: ders., Beiträge zum Staats- und Völkerrecht, S. 165 Anm.

Vahlkampf fertigte insgesamt 24 Biographien mit dem Wissen des Insiders an: Er gehörte seit 1785 zum Kanzleipersonal, war einer von drei Protonotaren und protokollierte die Sitzungen der Plenarversammlung des Kameralkollegiums. Das Material für seine Porträts hatte er aus den persönlichen Daten zusammengestellt, die im Rahmen des Generalexamens erhoben worden waren. Dieses Examen war Teil des vom Richterkollegium selbst durchgeführten Prüfungsverfahrens, das der Aufnahme in ein Assessorat voranging.[10] Die Akten waren nie zuvor veröffentlicht worden, sondern bis 1806 im engeren professionellen Kontext ihrer Erhebung verblieben. Als Ergänzung zu diesen Beständen zog Vahlkampf persönliche Auskünfte von Angehörigen des Kollegiums sowie zeitgenössische biographische Lexika heran.[11]

Wie stellte Vahlkampf seiner Zielgruppe, den Regenten und *Geschäftsmännern* Deutschlands, seine Vorgesetzten in dieser ersten biographischen Veröffentlichung eines gesamten Kameraljahrgangs in der Geschichte des Kammergerichts dar? Welches Profil verlieh er ihnen? Entsprechend der Vorlage, den im Generalexamen erhobenen Daten, die im Kameralarchiv lagerten, orientierte er sich an der Rangfolge der einzelnen Präsentationen. Dies verwies auf die Hierarchie innerhalb des Kameralkollegiums, die sich in der Sitz- und Votierordnung in den Justizsenaten wie in der Plenarversammlung spiegelte. Zugleich war damit deutlich, dass die Assessoren als Träger von Rechten der Präsentationsberechtigten im Kameralkollegium saßen.[12] Dementsprechend begann Vahlkampf mit den Laufbahnen der Angehörigen des Direktoriums, die dem Präsentationssystem nicht unterworfen waren, sondern allein vom Kaiser ernannt und zugleich mit der Aufschwörung am Kammergericht kaiserliche Räte wurden. Der Vita des erst 36-jährigen Kammerrichters Heinrich Aloys von Reigersberg folgten die Biographien der beiden Präsidenten in der Reihenfolge ihres Dienstalters – des evangelischen Franz Paul Christoph von Seckendorff, der 1800 am Kammergericht aufschwor und des katholischen Adam Friedrich von Schenk zu Stauffenberg, der 1804 die Nachfolge des vom Präsidenten zum Kammerrichter aufgestiegenen Reigersberg angetreten hatte. Dann kamen die Biographien der Assessoren: die Präsentati der geistlichen Kurfürstentümer zuerst, sodann die der weltlichen Kurfürsten und schließlich folgten die von den Reichskreisen präsentierten Beisitzer. Vahlkampf bildete also in seinem letzten „Gruppenbild vor dem Auseinandergehen“, das Präsentationssystem als „Scharnier“, die diese Gruppe zusammenfügte und ihre Struktur prägte, mit ab.[13]

---

[10] Vgl. hierzu: Jahns, Das Reichskammergericht, Tl. I, Kap. II, 3; dies., Das Generalexamen.

[11] Zu Vahlkampfs Darstellung kurz: Jahns, Das Reichskammergericht, Tl. I, Kap. I. Zitiert werden vor allem: Hamberger/Meusel: Das gelehrtes Teutschland; Strieder, Hessische Gelehrten- und Schriftsteller-Geschichte.

[12] Zur Votierordnung in der Plenarversammlung: Vahlkampf: Übersicht der nach dem Reichsschlusse von 1777 und 1788 gemachten Senatseinrichtungen (1803 und 1806), in: BAF, AR 1 Misc. 613.

[13] Jahns, Das Reichskammergericht, Tl. I, Kap. I und Kap. II, 2.3.2.

Die 24 Einzelbiographien waren weitgehend standardisiert und auf die zum Kammergericht hinführende Karriere zugespitzt. Verzeichnet waren jeweils die typischen Ausbildungsorte und Praktika, wo das Reichsstaatsrecht erlernt und vertieft wurde, sowie die Vorkarrieren im Dienst eines Territoriums, wo die Kandidaten meist schon mit Belangen des Reichs in Berührung gekommen waren. Unter den Studienorten dominierte Göttingen. Dort lehrte der wohl bedeutendste Reichsstaatsrechtslehrer in der zweiten Hälfte des 18. Jahrhunderts, Johann Stephan Pütter. Verzeichnet waren auch die mehrheitlich durchgeführten Praktika in der Schreibstube eines Assessors in Wetzlar. Sie vertieften die ‚Collegia Practica', die Pütter in Göttingen als Einführungsveranstaltungen in die Praxis des Reichsstaatsrechts abhielt.

Ähnlich wie hinsichtlich der Ausbildungsorte folgte Vahlkampf auch in Bezug auf die soziale Herkunft der Richter der Vorlage aus dem Kameralarchiv. Ihr wurde eine untergeordnete Rolle insofern zugemessen, als die tatsächlich bestehenden Unterschiede zwischen Aufsteigern, welche selbst die Energie aufgebracht hatten, um erstaunliche Karrieren zu machen, Neuadligen, deren Väter oder enge Verwandte bereits in den Zentralbehörden eines der Territorien saßen, und Altadeligen verschwammen. Die Abstammung des fränkischen Kreisassessors Joseph Ullheimer von einem Pedellen des kaiserlichen Landgerichts in Bamberg etwa oder das bäuerliche Milieu, dem Christian Weidenfeld entstammte, wurden nicht deutlich.[14] Alle Assessoren wurden entweder mit *von*, *v.* oder als *Freyherrn* betitelt, ohne eine Unterscheidung zwischen altem und neuem Adel zu treffen. So firmierte der kurbrandenburgische Präsentatus, obgleich er zur altadeligen Mecklenburger Ritterschaft gehörte, unter der einfachen Bezeichnung Karl von Kamptz und damit äußerlich dem gleichen Titel, den sich der aus einer schleswig-holsteinischen Juristen- und Theologenfamilie stammende Georg Gottlob von Balemann erst am 20. August 1804 in Wien besorgt hatte.[15]

Die Vernachlässigung der Standesunterschiede unterstrich die Professionalität der Assessoren, die sich selbst mehr als Leistungs- denn als Standeselite begriffen. Dieser Tendenz kam auch die Beifügung von Publikationslisten entgegen. Sie verweisen auf die schriftstellerische Bedeutung einiger Richter im Bereich der Verfassung und Rechtsprechung im Reich oder in der Debatte um die Entstehung des modernen Beamtentums. Insgesamt vermittelten Vahlkampfs Biographien den Eindruck einer Gruppe von hervorragend qualifizierten Spitzenjuristen, und es stellt sich die Frage nach der Intention, die hinter der Publikation dieses biographischen Abgesangs auf das Kammergericht stand.

Die Motivlage lässt sich aus der Begründung klären, zu der sich Vahlkampf bezeichnenderweise und wohl nicht zuletzt auch deshalb, weil seine Notizen das

---

[14] Jahns, Das Reichskammergericht, Tl. II, Biogr. 76 (Joseph Ullheimer), Biogr. 17 (Christian Weidenfeld).

[15] Jahns, Das Reichskammergericht, Tl. II, Biogr. 37 (Kamptz), Biogr. 128 (Balemann).

erste biographische Portrait eines gesamten Kameraljahrganges in der Geschichte des Kammergerichts darstellten, genötigt sah:

> *Diese biographische Notizen scheinen mir in mehr als einer Rücksicht eine Stelle in dieser Sammlung zu verdienen. Nicht blos in literarischer; indem es interessant ist, die näheren Staatslaufbahne derjenigen Männer kennen zu lernen, in deren Händen Teutschlands Fürsten die oberste teutsche Gerechtigkeitspflege mit so großem als gerechtem Zutrauen anvertrauet hatten, – deren, so wie ihrer Vorgänger, eines von Albini, von Globig, von Fahnenberg u. a. m. Werk der hohe Ruf dieses Gerichts größtentheils ist, – deren edles und wohlthätiges Wirken in einer so eminenten, so gemeinnützigen Sphäre durch die plötzliche Veränderung der teutschen Verfassung gehemmt wird.*[16]

Zweifellos sprach diese sichtlich von der Auflösung des Reichs bewegte Vorbemerkung die Bedeutung des Kammergerichts für die Rechtsprechung in Deutschland und zugleich die besondere Befähigung der dort tätigen Richter explizit an. Sie unterstrich damit nicht nur den Eindruck, der sich aus den in Viten vorgestellten Laufbahnen ergab. Vahlkampf wendete seine Expertise sogar noch allgemeiner, wenn er die Behauptung stützen wollte, dass das Kammergericht eine *Pflanzschule großer Minister* sei. Diese These hatte Karl Albert von Kamptz in einem Aufsatz geprägt, der in den selben Bänden veröffentlich wurde wie Vahlkampfs Biographien. Darauf gekommen war dieser im Rahmen seiner heute noch grundlegenden systematischen ‚Darstellung des Präsentations-Rechts', die den mecklenburgischen Adeligen 1802 für ein Assessorrat am Kammergericht empfehlen sollte.[17] Kamptz war auf die Präsentationsdaten von 489 Assessoren gestoßen[18] und hatte offenbar nicht zuletzt vor dem Hintergrund eigener Karriereerwägungen damit begonnen, sich mit den Laufbahnen gerade derjenigen zu befassen, die dem Kameralkollegium in der Zeit um 1800 angehört hatten oder noch angehörten.

Die Auflösung des Reichs und die Rückerinnerung an die Bedeutung des RKG während der 311-jährigen Geschichte seines Bestehens boten dann den Anlass, die These von der Bedeutung des Kammergerichts als ‚Seminar' für hochrangige Nachkarrieren aufzustellen. Im Rahmen der Einzelbiographien führte Vahlkampf nun den Beleg, indem er jeweils die Vorgänger eines jetzt tätigen Assessors aufführte, die nach dem Assessorat auf einen anderen Posten berufen worden waren.[19] Der Protonotar konnte insgesamt auf zehn Richter verweisen, welche die Nachfolge eines Assessors bzw. des Kammerrichters angetreten hatten, der einem anderem Ruf gefolgt war.[20]

---

16 Vahlkampf, Biographische und literarische Notizen, Zitat S. 487.

17 Kamptz, Darstellung des Präsentations-Rechts, Vorwort.

18 Kamptz, Reminiscenzen, S. 470 Anm.

19 Vahlkampf, Biographische und literarische Notizen.

20 Zu den Nachkarrieren von Assessoren: Jahns, Durchgangsposten oder Lebensstellung? Zu den Biographien der einzelnen ausführlich: dies., Das Reichskammergericht, Tl. II.

Vor diesem Hintergrund wird die Intention von Vahlkampfs ‚biographischen Notizen' deutlich: Es ging ihm darum zu zeigen, dass die durch die Auflösung des Reichs geschäftslos gewordenen Richter ebenso wie Ihre Vorgänger auch unter den veränderten politischen Bedingungen leitende Funktionen im Dienst eines deutschen Fürstenstaates übernehmen könnten. Im Kontext der Auflösung des Kammergerichts wertete Vahlkampf die Stellen von Kammerrichter, Präsidenten und Assessoren, die eigentlich Lebensstellen gewesen waren, zu einem Durchgangsposten um, der als ideale Vorbedingung für eine weitere hochrangige Karriere erschien. Unterstützte er damit die von vielen Richtern gehegte Hoffnung auf eine Karriere nach der Auflösung des Kammergerichts, so konnten die Biographien auch helfen, die Ansprüche der Angehörigen des Kameralkollegiums auf Pensionen in die Regierungsetagen zu vermitteln. Hier wirkte der Text, indem er eine Identität der Karrieren der Reichsrichter mit den Karrieren leitender Minister herstellte: Wer wollte verdienten Männern, deren Karrieren denen von Spitzenfunktionären in den deutschen Fürstenstaaten ähnelten, die Pension für den unverschuldeten Verlust ihrer Stellen verweigern?

Tatsächlich wurden Vahlkampfs Biographien auch in diesem Sinne verwendet. Dies zeigt sich einerseits daran, dass die im Vorwort namentlich genannten vormaligen Assessoren Albini, Fahnenberg und Globig zu den Ansprechpartnern im Abwicklungsgeschäft des Kammergerichts gehörten.[21] Andererseits kann dies am konkreten Beispiel einer Mission nachgewiesen werden, die der Kammergerichtsassessor Franz Joseph von Linden in Württemberg übernahm. Nachdem er im September 1806 mit dem württembergischen Minister Normann-Ehrenfels über die Zahlung von Pensionen bzw. die Übernahme einiger Assessoren in die Dienste des Stuttgarter Hofes verhandelt hatte, sandte Linden einen Entwurf der ‚Biographischen Notizen' nach Stuttgart. Er wollte damit einerseits das Missverständnis ausräumen, dass man von Württemberg die Entschädigung aller damals rund 140 Amtsträger am RKG erwarte, zu denen neben den Angehörigen des Kameralkollegiums die Prokuratoren und Advokaten sowie das Kanzleipersonal als die wichtigsten Kameralgruppen gehörten. Andererseits begann damit die Phase der Werbung für eine Übernahme von vormaligen Reichsrichtern in die Dienste Württembergs, an der sich Graf Normann-Ehrenfels höchst interessiert zeigte.[22]

2. Nachbilder

Zwar blieb Vahlkampfs Aufsatz die einzige Veröffentlichung, in der alle Angehörigen der letzten Generation von Richtern des RKG samt ihrer Publikationen und Vorkarrieren verzeichnet waren. Gleichwohl finden sich in den wichtigsten und

[21] Jahns, Das Reichskammergericht, Tl. II, Biogr. 48 (Hans Ernst von Globig), Biogr. 60 (Aegid Joseph von Fahnenberg), Biogr. 75 (Franz Joseph von Albini).

[22] Vgl. hierzu Teil IV dieser Studie.

meistgelesenen Zeitschriften der Rheinbundpublizistik immer wieder Informationen zu Nachkarrieren einzelner oder mehrerer Wetzlarer Richter.[23] So gehörte eine diesbezügliche Berichterstattung zum festen Bestandteil der von Peter A. von Winkopp herausgegebenen Zeitschrift ‚Der Rheinische Bund'.[24] Der Eintritt von vormaligen Richtern in neue Dienste wurde ebenso vermerkt wie Todesfälle, und der frühere RKG-Assessor Franz Joseph von Stein, der zusammen mit Karl Albert von Kamptz zu den aktivsten Autoren während der Rheinbundzeit gehörte, erhielt sogar eine Biographie.[25] Gegenstand war darüber hinaus das vormalige Kameralkollegium, dessen Angehörige als einzige Gruppe unter den vormaligen Kameralen legitime Rechtsansprüche auf Pensionen geltend machen konnten. Gerade gegenüber den Anwälten wurde dies scharf herausgestellt.[26] Während diese Thematik in den Jahren 1806 bis 1808 öffentlich verhandelt wurde und eine beachtliche Resonanz fand, nahm die öffentliche Beachtung danach zwar ab, gleichwohl blieben die Angehörigen des Kameralkollegiums als Gruppe bis in die Zeit des Deutschen Bundes im Gedächtnis präsent.

Für diese Präsenz, die immer auch eine Präsenz der Biographien der vormaligen Reichsrichter bedeutete, sorgten die Angehörigen des Kameralkollegiums selbst. Im Zusammenhang mit der provisorischen Abwicklung der Pensionsansprüche während der Rheinbundzeit hatte sich in Wetzlar nämlich das Kammerzielerwesen und mit ihm eine genaue Kassenlegung der eingegangenen und rückständigen Pensionszahlungen erhalten.[27] Während alle vormaligen Reichsstände bzw. ihre Nachfolgestaaten Schuldner der sogenannten Sustentationskasse des RKG waren, bildete das frühere Kameralkollegium die wichtigste Gruppe der Gläubiger. In der Rechnungslegung, die halbjährlich durch den Pfennigmeister an alle deutschen Staaten, die französisch besetzten Gebiete und sogar an Schweden erfolgte, tauchten die Namen aller vormaligen Reichsrichter unter Erwähnung der früheren Funktion wieder auf.[28] Insgesamt kann somit bis zur Zeit des deutschen Bundes zumindest von einer intergouvernementalen Bekanntheit dieser Gruppe gesprochen werden.

Nach der Eröffnung der deutschen Bundesversammlung, als die Pensionsansprüche der vormaligen Reichsrichter auf die Tagesordnung gesetzt wurden, lässt sich noch einmal eine Intensivierung der Beschäftigung mit den Angehörigen der

[23] Zur Rheinbundpublizistik: Schuck, Rheinbundpatriotismus; Fratzke-Weiß, Europäische und nationale Konzeptionen; Siemann: Die französische Revolution in der Publizistik.

[24] Zuerst: Der Rheinische Bund, Bd. 1, Heft 1, 1806, S. 48ff.

[25] Der Rheinische Bund, Bd. 23, Heft 69, 1813, S. 465-68.

[26] Etwas: Der Rheinische Bund, Bd. 2, Heft 5, 1807, S. 296 und Bd. 3, Heft 7, 1807, Weitere Nachrichten von der Lage der Mitglieder des vormaligen kaiserlichen Reichskammergerichtes, S. 170-172; Bd. 3, Heft 9, 1807, Weitere Nachrichten vom Unterhalt des gesammten Personals des ehemaligen Reichs-Kammer-Gerichts, S. 480-484. Ähnliche Artikel erschienen etwa auch in: Germanien, 1808ff.

[27] Mader, Heilige Schulden.

[28] Hierzu die Serie BAF, DB 2.

Gruppe nachweisen. Sie findet in den Akten einer speziell eingerichteten Kommission zur Klärung dieser Angelegenheit ihren Niederschlag und die Protokolle der deutschen Bundesversammlung geben noch ein unvollständiges Bild von der durch die Ereignisse auseinandergerissenen Gruppe.[29]

In den 1820er Jahren wurde es stiller. Nun stellten sich bestenfalls noch „Nachbilder" ein, flüchtige Effekte der Erinnerung an die letzte Richtergeneration des RKG.[30] Meist auf die einstige Tätigkeit verweisend, stets im Kontext mit der Abwicklung des Kammergerichts bleibend, finden sie sich in Kassenbüchern der souveränen Staaten, in Bittgesuchen von Hinterbliebenen[31], in Todesanzeigen und Nekrologen[32] sowie in familiengeschichtlichen Sammlungen und Veröffentlichungen.[33]

Ende des 19. Jahrhunderts war das Wissen um die Zusammensetzung der letzten Generation von Richtern des RKG fast völlig verloren gegangen. Die bis auf die immer noch grundlegende Arbeit von Rudolf Smend schwach ausgeprägte Forschung zum RKG kümmerte sich kaum um das Personal dieser Institution. Die im Zusammenhang mit dem Generalexamen entstandenen Akten, die zum so genannten untrennbaren Bestandes des RKG gehören, verstaubten zunächst in Wetzlar, gelangten 1925 nach Frankfurt und wurden erst jüngst in das Bundesarchiv nach Koblenz überführt.[34] Lediglich im Kontext der Ahnenforschung während der Zeit des Nationalsozialismus wurden einzelne Akten herangezogen, wie das Beispiel des damaligen Staatsministers Neurath zeigt, der sich für seine beiden bis 1806 am RKG tätigen Vorfahren, Johann Friedrich Albert von Neurath und dessen Sohn Constantin Franz Fürchtegott, interessierte.[35]

Erst die neuere Forschung hat sich im Zuge des in den 1970er Jahren erwachten Interesses an der Sozialgeschichte des Alten Reichs und des RKG auch mit den Angehörigen des Kameralkollegiums beschäftigt. Aufbauend auf ersten Untersuchungen von Heinz Duchhardt[36] hat Sigrid Jahns hier entscheidende Arbeit

---

29 BAF, DB 1, 343.

30 Zur Darlegung und Visualisierung dieses Effektes: Wittrock, Christoph Unger – Nachbild.

31 Etwa: BayHStA, MF 37218 (Reigersberg), MF 37377 (K. A. Seckendorff), MF 36419 (von der Becke), MF 38348 (Cramer/Witwe), MF 54301 (Hueber von der Wildau), MF 54098 (Cramer).

32 Mader, Reigersberg.

33 Etwa: Kamptz, Die Familie von Kamptz; G. Wunder, Die Schenken von Stauffenberg; Völderndorff, Harmlose Plaudereien. Stadtarchiv Aschaffenburg, J. Kittel: Die Freiherrn und Grafen von Reigersberg, 1898; Vgl. auch die Nachlässe in: GStA-PK, Rep. 92, 17 (Kamptz), HStAS, Q 3/11 (Neurath), HStAS, Q 1/7 (Linden) und StAS, Dep. 38 (Schenk von Stauffenberg).

34 Vgl. E. Müller, Die Auflösung des Preußischen Staatsarchives; Schenk, Archive in Frankfurt am Main; Bundesarchiv Koblenz löst Außenstelle in Frankfurt auf, in: Frankfurter Sonntagszeitung, 23. April 2000, Nr. 16, S. 9f.; vgl. auch: Entwurzelter Metternich. Am 30. Juni verspielt Frankfurt einen wichtigen Aktenbestand, in: FAZ vom 31. Mai 2000.

35 HStAS, Q 3/11, Bü. 17.

36 Duchhardt: Die kurmainzischen Reichskammergerichtsassessoren; ders., Franz Adolf von Ingelheim; ders: Nicht-Karrieren.

geleistet. In mehreren Aufsätzen und vor allem in ihrer Habilitationsschrift hat sie eine neue Grundlage geschaffen,[37] die mittlerweile Vorbildfunktion für eine sich intensivierende personengeschichtliche Erforschung nicht nur von Angehörigen des RKG,[38] sondern auch für die Untersuchung anderer Institutionen im Alten Reich erlangt hat.[39]

II. Die Gruppe

1. Die letzte Richtergeneration

So selbstverständlich es scheinen mag, sich an der von Vahlkampf getroffenen Auswahl sowie an der Berichterstattung in den Rheinbundzeitschriften zu orientieren und 24 Personen zur letzten Generation von Richtern zu rechnen, erfordert dies doch eine Begründung. Denn genau betrachtet ist die Frage, wer zur letzten Generation von Richtern des RKG gerechnet werden kann, problematisch, nämlich aufgrund der Struktur der Personalverfassung des Kameralkollegiums, der Veränderungen der Reichsverfassung nach dem Frieden von Lunéville, der sich im Sommer 1806 überstürzenden Ereignisse und wegen der Modalitäten des langwierigen Präsentationsverfahrens zu den Assessoraten.

Um die Gruppe zu bilden, bieten sich mehrere Möglichkeiten an: Zum einen könnte man der Unterscheidung zwischen Direktorialpersonen und Beisitzern Rechnung tragen und lediglich die Assessoren in den Blick nehmen. So wäre entlang des Präsentationssystems ein hinsichtlich Ausbildung, Vorkarriere und des bis 1806 ausgeübten Amtes sehr homogener Personenkreis gebildet, die vom Kaiser ernannten Kammerrichter und Präsidenten wären jedoch ausgeblendet und der kaiserliche Anteil an dem im Zusammenwirken mit den Reichsständen aufgerichteten Gericht bliebe unzureichend reflektiert.

Während aus diesem Grund das gesamte Kameralkollegium in die Betrachtung mit einbezogen wird, scheint es sinnvoll einen Stichtag zu wählen, an dem die Richter im Amt sein mussten, um zum letzten Kameraljahrgang gerechnet zu wer-

---

37 Jahns, Das Reichskammergericht, Tl. II.

38 Stellvertretend etwa der Sammmelband von Baumann u. a., Reichspersonal; Jörn, Stockholm – Greifswald – Wetzlar; ders., Johann von Ulmenstein und Christian von Nettelbla; diese Biographien basieren, abgesehen von Ergänzungen aus schwedischen Archiven, auf Jahns, Das Reichskammergericht, Tl. II, Biogr. 108 (Nettelbladt/Nettelbla), Biogr. 120 (Ulmenstein).

39 Etwa das in Greifswald unter der Leitung von Michael North durchgeführte Forschungsprojekt ‚Das Wismarer Tribunal. Politische Wirksamkeit und personelle Strukturen des Oberappellationsgerichts in den schwedischen Reichsterritorien 1653–1815'. Vgl. hierzu: Jörn, Gerichtstätigkeit; vgl. auch den Tagungsbericht von Nils Jörn: Integration durch Recht. Das Wismarer Tribunal im Spannungsfeld zwischen Schweden und dem Alten Reich, in: http://hzokult.geschichte.hu-berlin.de/tagungsberichte/id=226.

den. Der 6. August 1806, der Tag, an dem Kaiser Franz II. seine Abdankung erklärte und das Reich gemeinhin als aufgelöst gilt, würde sich anbieten. Selbstverständlich blieben dann diejenigen ausgespart, die das Kammergericht aufgrund der Zeitumstände oder aus Karrieregründen vor 1806 verlassen hatten[40] sowie die von Kaiser, Kurfürsten und Reichskreisen zwar ans Kammergericht präsentierten Juristen, deren Aufschwörung vor diesem Stichtag aber nicht mehr erfolgt war.[41] Auf dieser Basis käme man auf insgesamt 23 Personen, davon 20 Assessoren.

---

40 Hierzu gehörten Franz Joseph von Albini, Hans Ernst von Globig, Johann Sebastian von Zillerberg und Aegid von Fahnenberg, die alle zu Gesandten am Reichstag aufstiegen. Hinzu kamen der Kammerrichter Karl Philipp von Öttingen-Wallerstein, der 1801 resignierte, um die schlechter dotierte, aber allein vom Kaiser abhängige Stelle eines Präsidenten des Reichshofrates in Wien anzutreten, sowie der Beisitzer Hammerstein. Jahns, Das Reichskammergericht, Tl. II, Biogr. 75 (Albini), Biogr. 60 (Fahnenberg), Biogr. 48 (Globig), Biogr. 79 (Zillerberg). Zu Phillipp Karl von Öttingen-Wallerstein: Gschliesser, Der Reichshofrat, S. 511f.; BAF, FN 11 Diensttagebuch, anno 1801 und Anlagen. Für zwei Assessoren lässt sich belegen, dass sie ihren Dienst am RKG quittierten, weil sie um den Bestand des Reichs fürchteten: 1. für den kurbrandenburgischen Beisitzer Friedrich August Philipp von Dalwigk, der 1804 die Stelle eines geheimen Rates und Präsidenten des Oberappellationsgerichts im Fürstentum Nassau antrat, 2. für August Karl Freiherr von Schüler (gen. von Sehnden), der 1784 als niedersächsischer Kreisassessor aufgeschworen hatte. Schüler hatte noch 1797 ein Angebot aus Hessen-Kassel abgelehnt und hoffte in preußische Dienste zu gelangen. Nachdem sein Gesuch in Berlin ungehört geblieben war, nahm er 1804 den Ruf Hessen-Darmstadts an und wurde außerordentlicher Gesandter am Berliner Hof. Zu Dalwigk von Lichtenfels: Jahns, Das Reichskammergericht, Tl. II, Biogr. 36; Mees, Freiherr von Dalwigk, S. 83-89. Treichel, Der Primat der Bürokratie, S. 90-95, 153f.; GStA-PK, I. HA, Rep. 18, 29g1, Fasz. 31. Zu Schüler: Jahns, Das Reichskammergericht, Tl. II, Biogr. 126; GStA-PK, I. HA, Rep. 18, 22b, Fasz. 2; ferner: GStA-PK, I. HA, BPH, 192, (NL Wittgenstein) VI, 9, 3, Nr. 4. Von Senden an Wittgenstein, Berlin, 25. Mai 1825, fol. 5r-v.

41 Außerhalb der Betrachtung bleiben deshalb: 1. Der letzte kaiserliche Präsentatus, der Reichs- und RHR-Agent Philipp Maria von Goetz, dessen Präsentationsschreiben im April 1806 ausgefertigt wurde, der jedoch auch mit der Ausarbeitung seiner Proberelation nicht mehr begonnen hatte. Jahns, Das Reichskammergericht, Tl. II, S. 509-511 und S. 605 mit Anm. 6. – 2. Georg Ludolf Heinrich Maximilian von Avemann, der auf das niedersächsische Kreisassessorat präsentiert worden war, hatte es in den fünf Monaten zwischen seiner Zulassung zum schriftlichen Spezialexamen (26. Februar 1806) und der Abdankung des Kaisers nicht mehr geschafft, seine Proberelation fertig zu stellen. Jahns, Das Reichskammergericht, Tl. II, Biogr. 127. V. Noch drei weitere Präsentati hatten die Proberelation zwar schon abgelegt, rückten jedoch aufgrund von Auflagen der Zensoren, und weil die Zahl der Assessorenstellen infolge des Friedens von Lunéville reduziert werden musste, vor dem 6. August 1806 nicht mehr in eine der Beisitzerstellen auf: der wegen der evangelischen Stände des fränkischen Kreises ans RKG präsentierte Johann Ernst Ferdinand von Spies, Johann Gottlieb Aemilius Langsdorff, der Träger des Präsentationsrechtes des evangelischen Teils des schwäbischen Kreises war und Kaspar Philipp Freiherr von Spiegel zum Diesenberg, den der Erzbischof von Salzburg wegen der bayerischen Kreises ans RKG präsentiert hatte. Die Biographien in Jahns, Das Reichskammergericht, Tl. II, Biogr. 68 (Spies), Biogr. 87 (Spiegel zum Diesenberg), Biogr. 92 (Langsdorff).

2. Ein verspäteter Assessor

Wenn sich diese Studie dennoch an der Vorgabe Vahlkampfs orientiert und 24 Personen in den Mittelpunkt der Betrachtung rückt, so ist dies durch die Sonderstellung begründet, die der von Kurbrandenburg präsentierte mecklenburgische Adelige Karl von Kamptz im letzten Kameraljahrgang einnahm. Obgleich er niemals als Assessor am RKG tätig wurde, muss er mit zu dieser Gruppe gerechnet werden, da er das selektive Prüfungsverfahren mit der schwierigen Proberelation nicht nur erfolgreich und ohne Auflagen durchlaufen hatte, sondern bereits am 25. Mai 1805 seine Einberufung auf das kurbrandenburgische Beisitzeramt erhielt. Er hatte sich damit das Recht erworben, am Kammergericht aufzuschwören, und lediglich eine Kette unvorhersehbarer Umstände, deren nähere Betrachtung sich lohnt, verhinderte seinen Dienstantritt vor dem 6. August 1806.[42]

Als Kamptz seine Einberufung aus Wetzlar erhielt, war er als von der mecklenburgischen Ritterschaft präsentierter ordentlicher Assessor des mecklenburgischen Hof- und Landgerichts in Güstrow tätig.[43] Als solcher hatte ihn zwar der Herzog von Mecklenburg am 16. September 1805 entlassen, die Ritterschaft jedoch noch nicht. Offensichtlich wollte man vor der Beendigung des Mecklenburger Landtages, der für den Winter 1805/06 bevorstand, nicht auf ihn verzichten. Deshalb musste Kamptz dem Kammerrichter im Oktober 1805 mitteilen, dass sich seine Einrückung verzögere.[44] Daraufhin wurde ein Termin im Frühjahr 1806 in Aussicht genommen, an dem ihn die Ritterschaft auch entließ. Allerdings verzögerte sich seine Abreise aufgrund der Geburt seines dritten Kindes. Kurz darauf sandte Kamptz dann sein Mobiliar nach Wetzlar, konnte selbst jedoch aufgrund eines *Übels am Fuße* nicht folgen. Es wurde August, bis er Güstrow mit der Hoffnung verließ, als Beisitzer am RKG aufschwören zu können.[45] Als er am 18. August 1806 in Wetzlar eintraf, waren die letzten Dekrete am RKG bereits

---

42 BAF, AR 1 IV B 12, Notificationsschreiben an Se. königliche Majestät von Preußen, Wetzlar, den 29. Mai 1805.

43 Vahlkampf, Biographische und literarische Notizen, S. 497; Kamptz, Die Familie von Kamptz, S. 329-35; Wippermann, Artikel Kamptz; Baumgart, Artikel Kamptz; Jahns, Das Reichskammergericht, Tl. II, Biogr. 37 (grundlegend). Teilweise fehlerhaft die Biographien von Buchholz, Karl von Kamptz; Kleinheyer, Deutsche Juristen aus fünf Jahrhunderten, S. 334, Nr. 53a; Jeserich/Neuhaus, Persönlichkeiten der Verwaltung, S. 518; Grewolls: Wer war wer in Mecklenburg-Vorpommern?, S. 218. Vgl. auch: DBA I 624, 315-318 und 321-338.

44 BAF, AR 1 IV B 12, fol. 135v-136r. Kamptz an Kammerrichter, Güstrow, 13. Oktober 1805.

45 BAF, AR 1 IV B 1/12, fol. 134r-148v; vgl. auch: BAF, FN 11 Akten 6a, Sitzungsprotokoll vom 26. August 1806, Anlage Nr. 26a.

verstattet[46] und der dortige Stadtdirektor Adam von Mulzer hatte den Kameralen verboten, sich zu Sitzungen im Kameralhaus zu versammeln.[47]

Kamptz versuchte daraufhin, seinem Recht aufzuschwören Geltung zu verschaffen. Das Kameralkollegium jedoch hielt sich hierzu unter den obwaltenden Umständen nicht mehr für befugt. Sein Anliegen wurde am 22. August 1806 im Plenum der Wetzlarer Richter verhandelt, am gleichen Tag, an dem sich das Kollegium entschied, die Gerichtstätigkeit einstweilen bis auf weiteres einzustellen. Um Kamptz zu beruhigen, entschloss man sich zu dem Versuch, ihm zu einer Pension zu verhelfen, auf die er sich durch die erfolgte Vokation auf das kurbrandenburgische Beisitzeramt einen Anspruch erwirkt habe.[48] Zweifelnd, ob sich dieser Anspruch durchsetzen lassen würde, sandte man entsprechende Bitten an den Berliner Hof und den Fürstprimas. Die Bewilligung erfolgte im Oktober 1806 zugleich mit der Zusage des preußischen Königs, die kurbrandenburgischen Kammerzieler einstweilen weiter zu bezahlen.[49] Die Pension wurde Kamptz rückwirkend zum 26. August 1806 bewilligt, dem ersten Termin nach seiner Ankunft in Wetzlar, an dem er am Kammergericht hätte aufschwören können, weil dies der erste reguläre Arbeitstag nach Beendigung der großen Ferien gewesen wäre. Wie die anderen Assessoren konnte er Ansprüche von 4 800 fl. jährlich geltend machen, das volle Gehalt für eine Beisitzerstelle.[50]

Weil der zu spät gekommene mecklenburgische Adelige damit also, ohne am RKG aufgeschworen zu haben und als Reichsrichter tätig geworden zu sein, in die Stelle eines pensionierten Assessors des vormaligen Kammergerichts aufgerückt war und zugleich an den Sitzungen der Plenarversammlung des Kameralkollegiums teilnehmen durfte, die sich mit der Abwicklung des Gerichts beschäftigten, scheint es sinnvoll, ihn mit in diese Untersuchung einzubeziehen. Die Auflösung des Reichs markierte eine ebenso deutliche Zäsur in seiner Biographie wie für die anderen 23 hier im Mittelpunkt stehenden Reichsrichter: Wenn auch nachträglich in die Klasse der Reichsgerichtspensionäre aufgenommen, so gilt für ihn, dass er sich wie alle anderen Mitglieder der letzten Generation von Richtern des RKG unmittelbar mit den spezifischen Folgen konfrontiert sah, die der Zusam-

46 BAF, FN 11 Akten 6a Anlage Nr. 26c.

47 BAF, FN 11 Akten 6a Anlage Nr. 20; vgl. den Plenarbeschluss: *daß vor heute festgesetzt, bis nicht nähere Nachrichten dem hohen Pleno mit Nutzen vorgelegt werden könnten, nicht auf die Kammer aufgegangen, sondern, wenn dringende Tutelar – Depositen – oder sonst öconomische Gegenstände eine Berathung erheischten, diese in der Privatbehausung des Directorii vorgenommen werden sollte.*

48 BAF, FN 11 Akten 6a, Anlage Nr. 26g. Fürstprimas an Kammerrichter: *Was endlich das Einrücken des vorhinig churbrandenburg*[ischen] *Praesentati von Kamptz betrifft, so scheint mir allerdings dieser brave Mann alle billige Rücksicht zu verdienen, es gebühret jedoch mir allein nicht, hierüber zu entscheiden, sondern werde ich mich auch hierüber mit den andern deutschen Fürsten zu benehmen suchen.*

49 BAF, FN 11 Akten 6a, Anlage Nr. 22, ad 27. Jahns, Das Reichskammergericht, Tl. II, Biogr. 37, Kap. V mit ausführlicher Dokumentation.

50 Besoldungsübersichten etwa in: BAF, DB 2, 38 und BAF, DB 1, 342.

menbruchs des Alten Reichs mit sich brachte. Mehr noch ist gerade sein singuläres Schicksal für diese Untersuchung interessant, provoziert es doch die Frage, wie die bei ihm feststellbare Mentalität des Beharrens auf dem angestrebten Karriereziel in einer Zeit, als ein Assessorrat am Kammergericht kaum noch Perspektiven zu bieten schien, sich in der Auseinandersetzung mit dem Ende des Reichs niederschlug.

III. Strukturelle Prägungen

1. Das Präsentationssystem zu den Assessoraten

Die Biographien Vahlkampfs haben es bereits verdeutlicht: Das Präsentationssystem spielte für die Struktur des Kameralkollegiums eine bedeutende Rolle. Die Assessoren saßen dort als Träger von Präsentationsrechten des Kaisers, der Kurfürsten und der Reichskreise, die in einem ausgeklügelten Präsentationsschema festgelegt worden waren und einem genauen Proporz unterlagen. Sigrid Jahns hat die Wirkung dieses Vorschlagsverfahrens zu den Assessoraten als „Transformator" zwischen dem Reich und dem Kameralkollegium betont und seine Funktion herausgestellt, immer wieder aufs Neue ein Abbild von der Verfassung und den politisch-sozialen Strukturen des Reichs ins Kameralkollegium zu vermitteln.[51] Um diese Funktion zu erfüllen, musste sich das Präsentationsschema stets auf der Höhe der politisch-rechtlichen Verhältnisse im Reich befinden und zwar sowohl hinsichtlich der Norm wie der tatsächlichen Besetzungspraxis. Meist entsprach dies jedoch mehr der Intention der Schöpfer als der Wirklichkeit, denn die längste Zeit in der Geschichte des Kammergerichts herrschte eine Diskrepanz zwischen dem reichsgesetzlich fixierten Präsentationsschema und der Präsentationspraxis vor. Erst nach dem Reichsschluss von 1775 gelang es nach langwierigen Diskussionen, ein System zu schaffen, das für die knapp 20 Jahre zwischen 1782 und 1801 den Zustand der Reichsverfassung beinahe identisch abbildete. Das Präsentationswesen war damals zu seiner voll entwickelten Form gekommen, was darin seinen Ausdruck fand, dass die tatsächlich besetzbaren Assessorenstellen mit den de jure existierenden weitgehend zur Deckung gebracht werden konnten. In den letzten Jahren der Existenz des Reichs jedoch sah sich das bis 1806 nicht mehr veränderte Präsentationsschema einem Anpassungsdruck ausgesetzt, der seine Spuren in der Zusammensetzung der letzten Generation von Richtern hinterließ.

Die damals gültigen Vorschriften für das Vorschlagsverfahren zu den Assessoraten waren in ihrer Grundstruktur durch zwei Charakteristika geprägt, die auf

---

[51] Zum Gesamtzusammenhang auch im Folgenden grundlegend Jahns, Das Reichskammergericht, Tl. I, Kap. II, 3, hier: Kap. II, 3.1.

Entwicklungen des 16. und 17. Jahrhunderts beruhten: Prägend blieb zum einen die im Zuge der Ausdifferenzierung des Präsentationssystems während des 16. Jahrhunderts getroffene Unterscheidung zwischen den Präsentationsrechten der Kurfürsten, dem Kaiser und der habsburgischen Erblande, Österreichs und Burgunds einerseits und den Rechten der Reichskreise andererseits.[52] Während erstere dadurch gekennzeichnet waren, dass die Nomination eines Kandidaten mit der Präsentation zusammenfiel (virile Präsentationsrechte), bestand bei den Kreispräsentationen ein Unterschied zwischen der Nomination eines Kandidaten und seiner Präsentation (kuriate Präsentationsrechte). Dies war vor allem aufgrund der Auswirkungen auf die Präsentationspraxis wichtig: während die kurfürstlichen und kaiserlichen Präsentationen ebenso wie die für den österreichischen und den burgundischen Reichskreis immer eindeutig waren, kam es in manchen Reichskreisen häufig zu Mehrfach-Präsentationen, weil keine klaren internen Regelungen hinsichtlich der Nominationsberechtigung getroffen worden waren.

Zum anderen war das Präsentationswesen bis 1806 durch das 1648 (IPO 1648 Art. V § 57) von den evangelischen und im Jüngsten Reichsabschied (JRA 1654, § 169) von den katholischen Ständen ausgeklügelte System des konfessionellen Proporzes geprägt, das sich an der in den Westfälischen Friedensverhandlungen festgesetzten, jedoch niemals erreichten Zahl von 50 Assessoren orientierte.[53] Obgleich die evangelische Partei seit 1555 immer wieder die Forderung einer numerisch gleichen Besetzung erhoben hatte und die Parität der Konfessionsparteien 1648 zum Verfassungsprinzip erhoben worden war,[54] konnte dies damals in bezug auf das Präsentationssystem nicht vollständig durchgesetzt werden. Vielmehr musste die evangelische Partei, um den Ausgleich zwischen den Religionsparteien zu Stande zu bringen, kurz vor Schluss der Verhandlungen von 1648 Zugeständnisse machen und die dem Kaiser zustehenden Präsentationen aus der Konfessionsarithmetik herausnehmen. Die numerische Parität erstreckte sich also nur auf die 48 damals vorgesehenen reichsständischen Präsentationen mit der Folge, dass nur 24 evangelischen Präsentationsrechten 26 katholische gegenüberstanden.

Vergleichsweise einfach war im Instrumentum Pacis die grundsätzliche Verteilung der Präsentationsrechte festgelegt worden: Kaiser, Kurfürsten und die habsburgischen Erblande erhielten je zwei Präsentationen, während die Reichskreise dem RKG je vier Assessoren vorschlagen sollten. Da allerdings vier Kurfürsten zur katholischen Partei und nur drei zur evangelischen gehörten, fehlten letzterer 2 Präsentationen. Weil damit der Proporz nicht gewahrt war, schuf man 1648 zwei alternierende evangelische Kreispräsentationen, die zwischen dem

52 Die Reichskreisforschung hat die Bedeutung des Präsentationswesens für die Reichskreise bislang kaum gewürdigt. Einen guten Überblick über die Reichskreisforschung bei: Wüst, Reichskreis und Territorium.

53 Jahns, Das Reichskammergericht, Tl. I, Kap. II, 3.1.

54 Heckel, Staat und Kirche; L. Weber, Die Parität der Konfessionen; Dickmann, Das Problem der Gleichberechtigung; zum Paritätsproblem nach 1648: Haug-Moritz, Kaisertum und Parität.

Ober- und Niedersächsischen Kreis sowie den evangelischen Ständen der vier gemischtkonfessionellen Reichskreise wechseln sollten.

Nachdem sich in einer wechselvollen Geschichte bis 1782 zwischen diesem Schema und der Wirklichkeit am Kammergericht eine ernorme Kluft aufgetan hatte – zu Beginn des 18. Jahrhunderts stand das Gericht aufgrund des Mangels an Beisitzern teilweise still und während der gesamten Zeit bis 1782 waren niemals mehr als 17 Beisitzer gleichzeitig im Kameralkollegiums tätig – änderte sich dies nach dem Reichsschluss von 1775. Dieser sah neben der Erhöhung der wirklich amtierenden Assessoren auf 25 auch eine neue Geschäftsordnung für das Kammergericht und eine Vermehrung der Kammerzieler vor. Die Lösung von 1648/54 blieb hier im Prinzip insofern grundlegend, als die Präsentationen von Kaiser, Kurfürsten und Reichskreisen halbiert wurden. Allerdings waren aufgrund der Veränderungen der Reichsverfassung, die bis dahin nicht ins Präsentationsschema eingearbeitet worden waren, Korrekturen notwendig geworden. Von publizistischen Debatten begleitet konnten sie erst 1781 bzw. 1782 durchgeführt werden.[55] Zum einen mussten die nach dem Westfälischen Frieden neu hinzugekommen Präsentationen Kurböhmens und Kurhannovers, die schon seit 1715 bzw. 1719 ausgeübt wurden, in das neu geschaffene Präsentationsschema integriert werden. Zum anderen galt es, blockierte Präsentationen wieder in Gang zu bringen und die Paritätsarithmetik nicht außer Acht zu lassen.[56] Schließlich debattierte man über die evangelische Präsentation des seit 1685 katholischen Pfälzer Kurfürsten, der seit langem auf die katholische Seite wechseln wollte und 1775/82 die katholische Kurpräsentation erhielt.[57]

Wie 1648/1654 wurde das Präsentationsschema dann in Corpus evangelicorum und catholicorum getrennt und ohne Einmischung der anderen Konfessionspartei in ein Schema umgesetzt. Während die Ausnahme der kaiserlichen Präsentation aus der Arithmetik fortgeschrieben wurde, existierten 1781/82 bei einem Verhältnis von 13 (ev.) zu 14 (kath.) de jure 27 Vorschlagsrechte. Neu war eine zwischen den evangelischen Kurfürsten alternierende Präsentation, die die weggefallene Neupfälzer 8. Kurpräsentation ersetzte.

---

[55] Zur zeitgenössischen Diskussion hierüber: Rau, Abhandlung von den Präsentationen des Obersächsischen Kraises.

[56] So wurde das de jure bestehende Präsentationsrecht des katholischen und evangelischen Teil des Niederrheinischen Kreises, das seit Beginn des 17. Jahrhunderts ruhte, wieder in Gang gebracht. Jahns, Das Reichskammergericht, Tl. I, Kap. II, 3.4.

[57] Zeitgenössisch hierzu Pütter, Uiber das Präsentationswesen am Cammergerichte; Reuß, Erlöschung des wilhelminischen Mannsstamms; [ders.], Unpartheiische Prüfung; Hueber, Von dem Unterschied. Hierzu ausführlich: Jahns, Das Reichskammergericht, Tl. I, Kap. II. 3.4.2.

Übersicht 1: Präsentationsberechtigungen nach dem Doppelschema von 1781/82

	Präsentanten	Kath. Beisitzer	Ev. Beisitzer	
	Kurmainz	1		
	Kurtrier	1		
	Kurköln	1		
	Kurböhmen	1		Seit 1708 existent, jedoch erst 1781/82 ins PS integriert
12 virile Präsentationsrechte (8 kath. u. 4 ev.)	Kurpfalz (Altpfälzische 5. Kur)	1		
	Kursachsen		1	
	Kurbrandenburg		1	
	Kurbraunschweig		1	Seit 1708 existent, jedoch erst 1781/82 ins PS integriert
	Kursachsen, Kurbrandenburg, Kurbraunschweig (alternierende ev. Kurpräsentation)		1	1781/82 neu geschaffen
	Kaiser	1		
	Österreichischer Kreis	1		
	Burgundischer Kreis	1		
	Fränkischer Kreis	1	1	
	Bayerischer Kreis	2		
	Schwäbischer Kreis	1	1	
	Oberrheinischer Kreis	1	1	
15 kuriate Präsentationsrechte (6 kath. u. 9 ev.)	Niederrheinischer-Westfälischer Kreis	1	1	vorher blockiert
	Obersächsischer Kreis		2	
	Niedersächsischer Kreis		2	
	Ober- u. Niedersächsischer Kreis und ev. Stände der 4 gemischten Kreise (alternierende evangelische Kreispräsentation)		1	vorher blockiert
Gesamt		**14**	**13**	

Mit dem Doppelschema von 1781/82 und der am 1. Juni 1782 noch vor der kaiserlichen Ratifikation erfolgten Einberufung von acht neuen Assessoren begann eine kurze Phase der Blüte des Kammergerichts: Von zwei de Jure bestehenden Präsentationen abgesehen, für die keine Planstellen vorhanden waren, war das Reichssystem vollständig im Kameralkollegium repräsentiert. Schon bald jedoch geriet das Präsentationswesen unter Anpassungsdruck und konnte mit dem tatsächlichen Zustand des Reichs, der sich immer rascher zu verändern begann, nicht mehr zur Deckung gebracht werden.

Im letzten Kameraljahrgang schlug sich nicht nur die Umgestaltung des Präsentationssystems infolge des Reichsschlusses von 1775 vielfältig nieder, sondern auch fast alle der dienstälteren Assessoren des Jahrganges von 1806 waren direkte Nutznießer der Veränderungen des Präsentationssystems von 1781/82. Lediglich die Präsentationen von Franz Dietrich von Ditfurth, Friedrich von Schmitz zu Grollenburg und Karl Georg von Riedesel zu Eisenbach kamen im Kontext des alten Systems vor 1781/1782 zustande. Schmitz zu Grollenburg hatte sich bereits 1763 um eine Präsentation bemüht, musste aber bis 1773 auf seine Aufschwörung warten.[58] Dies hing einerseits damit zusammen, dass sich mehrere Kompräsentati um die oberrheinische Kreispräsentation beworben hatten. Andererseits waren damals nur 17 besoldbare Planstellen vorhanden und der rezipierte Präsentatus hatte sich in eine Warteschleife einzureihen. Nicht ganz so lange dauerte es bei dem vom König von Preußen wegen des obersächsischen Kreises präsentierten Karl Georg von Riedesel, der 1775 für assessoratsfähig erklärt wurde und 1778 aufschwor.[59]

Diese Beispiele verweisen auf den deutlichen Unterschied der Ausgangsbedingungen vor und nach der Veränderung des Präsentationssystems. Wenngleich 1782 Wartezeiten zwischen der Annahme als Assessor und der Aufschwörung nicht vollständig verhindert werden konnten, da bei 27 bestehenden Präsentationsrechten immer nur 25 Assessoren gleichzeitig im Kameralkollegium saßen, so wurden sie doch deutlich reduziert. In den 1780er und 1790er Jahren kamen beinahe alle angenommenen Präsentati rasch ans Kammergericht. Dies änderte sich erst wieder mit der allerletzten Generation von Präsentati, die bereits unter Bedingungen des erneuten Anpassungsdrucks Ende der 1790er Jahre für ein Assessorat vorgeschlagen worden waren. Hinsichtlich der Wartezeit bildete Franz Dietrich von Ditfurth unter den älteren Assessoren eine Ausnahme. Zwischen seiner Annahme als Assessor und der Aufschwörung vergingen nur drei Monate. Dies hing damit zusammen, dass er an die Stelle des 1771 zurückgetretenen niedersächsischen Kreispräsentati Karl Friedrich von Gemmingen-Guttenberg-Bonfeld rückte.[60]

Sein Fall macht deutlich, dass trotz der generellen Tendenz jede Präsentation individuellen Bedingungen unterlag. Dies galt auch für die 1806 noch am Kammergericht tätigen Georg Gottlob Balemann, Johann Friedrich Neurath und Johann Daniel Hueber von der Wildau, die bereits unter den neuen Bedingungen zusammen mit fünf anderen Assessoren am 1. Juni 1782 ihren Eid auf die Reichsverfassung leisteten.[61] Sie alle waren Nutznießer des neuen Schemas. Georg Gott-

---

[58] Jahns, Das Reichskammergericht, Tl. II, Biogr. 103 (Schmitz).

[59] Jahns, Das Reichskammergericht, Tl. II, Biogr. 109, Kap. V.

[60] Jahns, Das Reichskammergericht, Tl. II, Biogr. 122 (Gemmingen-Guttenberg-Bonfeld), Biogr. 123 (Ditfurth).

[61] Vgl. hierzu auch: BAF, FN 11 Akten, Konvolut: Votum des Kammerrichters Grf. Spaur betr. den Reichsschluss von [1782] und dessen Ausführung 1782. Die Biographien bei Jahns, Das Reichskammgericht, Tl. II, Biogr. 24 (Hueber v. d. Wildau), Biogr. 104 (Neurath

lob Balemann und Johann Friedrich von Neurath kam zupass, dass die zwischen den Ständen der gemischt konfessionellen Kreise alternierende Präsentation und die niederrheinisch-westfälische Kreispräsentation wieder in Gang gebracht werden konnten, die seit dem jülich-kleveschen Erbfolgestreit ruhten bzw. im Zuge des Westfälischen Friedens beschlossen worden waren, jedoch 1782 erstmals im Kameralkollegium vertreten waren.[62] Johann Daniel Hueber von der Wildau gelangte aufgrund der Tatsache zur Aufschwörung, dass der katholische Besetzungsanspruch auf die fünfte Altpfälzer Kur durchgesetzt werden konnte und die 8. Neupfälzer Kur, die kurz zuvor noch mit dem lutherischen Beisitzer Vulpius besetzt worden war, erlosch.[63] Die Behauptung des katholischen Besetzungsanspruches, die von heftigen Debatten begleitet war, an denen sich Hueber selbst beteiligt hatte, wirkte sich auch insofern aus, als sie die Einrichtung einer Präsentation hervorrief, die unter drei evangelischen Kurfürsten alternierte. Sie wurde von Carl August von Seckendorff besetzt, der diese Präsentation als zweiter und letzter erlangen sollte.[64]

Während also insgesamt sechs bis 1806 amtierende Assessoren vor bzw. im Zuge der Ausgestaltung des neuen Präsentationsschemas ans RKG gelangten, waren für elf Angehörige des letzten Kameraljahrgangs, die während einer letzten Hochphase des Gerichts herrschenden Bedingungen maßgeblich. Sie schworen zwischen 1784 und 1798 auf, in einer Zeit, die nicht nur dadurch charakterisiert war, dass früher aufgrund der Unterbesetzung unerledigt gebliebene Prozesse abgeurteilt werden konnten, sondern auch dadurch, dass alle 25 vorhandenen

---

sen.), Biogr. 128 (Balemann). Die Biographien der fünf Assessoren, die 1782 aufgeschworen hatten, jedoch nicht zum letzten Kameraljahrgang gehörten: Biogr. 23 (Johann Ludwig Frohn), Biogr. 44 (Friedrich Alexander v. Wenckstern), Biogr. 60 (Aegid Joseph v. Fahnenberg), Biogr. 98 (Karl Kaspar v. Hertwich), Biogr. 117 (Heinrich Friedrich v. Authenried).

62 Balemann, der als Subdelegierter bei der Visitation des Kammergerichts fungierte, hatte sich mit zwei Veröffentlichungen einen guten Namen gemacht: Beyträge zur Revision des Concepts der Kammergerichtsordnung, Lemgo 1775 und Sammlung der Visitationsschlüsse. Aufgrund mangelnder Vorqualifikationen (die praktische Erfahrung im Dienste einer Zentralbehörde eines Territoriums fehlte) wurde er nicht sofort für rezeptionsfähig erklärt, sondern musste noch einen zwei- bis dreijährigen Dienst in einer Zentralbehörde eines Territoriums nachweisen. Hierzu: Jahns, Das Reichskammergericht, Tl. II, Biogr. 128. Zur geforderten Vorqualifikation an den zentralen Justizstellen auch: Johann Paul von Hofmann an Kurfürst von Sachsen, Wetzlar, den 21. Dezember 1779. SHStA, Loc. CLXXXIII, 1779, Vol. X (Jetzt: Loc. 5094).

63 Jahns, Das Reichskammergericht, Tl. I, Kap. II, 3, grundlegend zum Präsentationswesen. Vgl. dazu auch den Bericht des Prokurators von Hofmann an den kursächsischen Hof, der 1776 die Befürchtung äußerte, dass die Stelle der 5. Kur künftig mit einem katholischen Beisitzer besetzt werden würde. SHStA, Vol. VIII, 1774–1778, Loc. VII. Johann Paul von Hoffmann an Kurfürsten von Sachsen, Wetzlar, den 23. Januar 1776.

64 Hierzu im einzelnen Jahns, Das Reichskammergericht, Tl. I, Kap. II, 3; dies., Das Reichskammergericht, Tl. II, Biogr. 24 (Hueber), Kap. V; vgl. auch Biogr. 48 (Globig), Kap. V. Hans Ernst von Globig war der erste Präsentatus, der dieses neu geschaffene Präsentationsrecht genoss.

Planstellen besoldet und so die Wartezeiten von der Annahme bis zur Aufschwörung verkürzt werden konnten.[65]

Die übrigen Assessoren schworen unter den Bedingungen eines Präsentationssystems auf, das aufgrund der finanziellen Situation und der beschleunigten Veränderung der Reichsverfassung nach dem Frieden von Lunéville bereits zunehmend unter Anpassungsdruck geraten war. Damals hatte auch eine Verjüngung der Präsentati um sich gegriffen, mit der eine geringere Vorqualifikation einherging. Dies führte dazu, dass das Kameralkollegium 1806 mit einer Reihe von Juristen besetzt war, die 1806 die Mitte Dreißig gerade überschritten hatten.[66] Mit der Verjüngung des Präsentationsalters ging einher, dass vielen der um 1800 ans RKG gelangten Juristen die verlangte längere Erfahrung im Justiz- und Verwaltungsdienst eines Territoriums fehlte. Manche blickten erst auf einen ein- oder zweijährigen Dienst in einer der Zentralbehörden der Justizverwaltung zurück, während als Norm etwa fünf Jahre angesetzt wurden. In den Klagen der Zensoren über die mangelnde Referierfähigkeit ist dies ablesbar, auch wenn man sich dennoch für eine teils mit Auflagen versehene Annahme der jungen Juristen entschied, falls das Potential zu einem guten Richter erkennbar war.[67]

Diese Entwicklung ist vor dem Hintergrund der Zersetzung der Reichsverfassung zu erklären. Wer nach dem Frieden von Basel als Assessor ans RKG gelangte, musste schon ein besonderes Bewusstsein mitbringen, um den weitaus sichereren Posten in der Zentralbehörde niederzulegen und sich in den Dienst von Kaiser und Reich zu begeben. Auf der anderen Seite bot sich aber für jüngere Juristen in dieser Umbruchzeit die Chance eines raschen Aufstiegs. Dies ist an den hochrangigen Nachkarrieren ablesbar, die Vahlkampf vermerkte und wird in den Studien von Sigrid Jahns deutlich herausgestellt, in denen auch die erfolglosen Präsentati berücksichtigt sind.[68]

---

[65] Jahns, Das Reichskammergericht, Tl. II, Biogr. 5 (Ignaz v. Gruben), Biogr. 13 (Peter Melchior v. Hommer), Biogr. 17 (Christian Franz Weidenfeld), Biogr. 20 (Franz Joseph Ignatz v. Linden), Biogr. 28 (Friedrich August v. Leutsch), Biogr. 56 (Maximilian Joseph v. Martini), Biogr. 76 (Joseph Ullheimer), Biogr. 81 (Karl Ludwig v. Branca), Biogr. 86 (Heinrich Aloys v. Reigersberg) (Reigersberg war vor seinem Aufstieg zum katholischen Präsidenten und Kammerrichter von Salzburg präsentierter Assessor des bayerischen Kreises), Biogr. 101 (Johann Albrecht Cramer), Biogr. 107 (Franz Arnold von der Becke).

[66] Vgl. Übersicht 2.

[67] Jahns, Das Reichskammergericht, Tl. II. Hier die Biographien der letzten Präsentati des jeweils präsentationsberichtigten Kreises.

[68] Grundlegend Jahns, Das Reichskammergericht, Tl. I; auch dies., Durchgangsposten oder Lebensstellung; dies., Assessoren des Reichskammergerichts.

2. Die finanzielle Lage des Kammergerichts am Ende des Alten Reichs

Die Zusammensetzung des letzten Kameraljahrganges, der dem Präsentationsschema von 1781/82 nicht mehr voll entsprach, obgleich es für die Präsentationen maßgeblich blieb, lässt sich nur erklären, wenn man die finanzielle Lage des Kammergerichts in der Endphase des Reichs berücksichtigt. Strukturelle Voraussetzung war hier die Tatsache, dass die Angehörigen des Kameralkollegiums ihr Gehalt aus der Sustentationskasse bezogen, weshalb sie als besoldete Kameralen bezeichnet wurden.[69] In diese Kasse flossen die Kammerzielerbeiträge, die nach einem reichsgesetzlich festgelegten Schlüssel auf den Kammerrichter, die Präsidenten und die einzelnen Assessoren verteilt wurden.[70] Damit waren die Richter finanziell nicht von den einzelnen Reichsständen, sondern vom gesamten Reich abhängig. Konkret konnte sich dies so auswirken, dass, wenn nicht genügend Vorrat in der Sustentationskasse vorhanden war, um die Gehaltsdistributionen zu bezahlen, die Besoldung aller im gleichen Verhältnis gekürzt wurde.

Damit ist ein Unterschied zu den übrigen Amtsträgern des Kammergerichts markiert, die von den Zeitgenossen als ‚unbesoldete' Kameralen bezeichnet wurden, da sie keine Bezüge aus der Sustentationskasse erhielten. Charakteristisch für die unbesoldeten Kameralen war, dass sie den größten Teil ihres Einkommens nur dann bezogen, wenn das Reichstribunal tätig war. Insofern stand diese Gruppe von RKG-Angehörigen anders als die Richter nur in einer mittelbaren Abhängigkeit von Kaiser und Reich: Die Advokaten und Prokuratoren lebten vorwiegend von Einkünften aus Prozessvertretungen oder Bezügen, die sie für die Verferti-

---

69 Smend, Das Reichskammergericht, S. 243-311. Jahns, Das Reichskammergericht, Tl. I, Kap. II, 1. Im einzelnen gehörten zu den besoldeten Kameralen im Herbst 1806: Der Kammerrichter (21 120 fl.), die zwei Präsidenten (je 13 161 fl. 36 kr.), 21 pensionsberechtigte Assessoren (je 4 800 fl.). Ferner: 1. Der kaiserliche Reichsfiskal (3 200 fl.), 2. der fiskalische Advocat (1 828 fl. 48 kr.), 3. der Botendeputierte (490 fl. 24 kr.), 4. die beiden Kameralärzte (je 912 fl.), 5. der Botenmeister (490 fl. 24 kr.), 6. der Pfennigmeister (1 100 fl. 48 kr.), 7. der Gegenschreiber zum Pfennigmeister (80 fl.), 8. der Botenmeister (80 fl.), 9. die zwölf reitenden Boten (je 104 fl.), 10. die beiden Pedelle (je 576 fl.) und 11. die Leserei (pauschal 80 fl.). Alles in allem waren Besoldungen in Höhe von 145 637 fl. 36 kr. zu bestreiten. Davon entfielen 135 081 fl. 36 kr. auf die 24 Mitglieder des Kameralkollegiums, auf die restlichen besoldeten Kameralen dagegen 10 556 fl. Die Bezüge sind auch im Folgenden immer in Rheinischen Gulden (24 fl.-Fuß) angegeben. Für eine Übersicht der aus der Sustentationskasse besoldeten Kameralen vgl. BAF, DB 1, 343, 25, Anlage Nummer 6; BAF, DB 2, 36. Plan zur provisorischen Vertheilung der kammergerichtlichen Sustentations-Gelder nach der Verfügung Se. Hoheit des Herrn Fürsten Primas vom 7. Oktober 1807.

70 Eine umfassende Darstellung des Kammerzielerwesens und der Finanzverfassung des RKG fehlt. Dazu bisher v. a.: Angermeier, Gemeiner Pfennig; F.-W. Henning: Kammerzieler; Ott/Schulze, Wormser Matrikel; Schulze, Reichskammergericht und Reichsfinanzverfassung; J. Müller, Veränderungen im Reichsmatrikelwesen, S. 115ff.; Press, Steuern, Kredit und Repräsentation; Götte, Der jüngste Reichsabschied, S. 16-30. Zeitgenössisch: Ludolf, Historia sustentationis; Gumpelzhaimer, Die Reichs-Matrikel aller Kreise.

gung von Schriftsätzen erhielten.[71] Zwar muss für die Anwälte einschränkend betont werden, dass rund drei Viertel auch fixe Gehälter bezogen, die aus Anstellungen bei einem oder mehreren Reichsständen herrührten. Gleichwohl beliefen sich derartige Bezüge bei keinem der im Herbst 1806 am RKG akkreditierten 34 Anwälte auf mehr als ein Viertel des Gesamteinkommens.[72] Demgegenüber mussten die Schreiber sowie die am Kammergericht immatrikulierten kaiserlichen Notare, die teils in den Schreibstuben der Anwälte beschäftigt waren, teils als freie Schreiber ihren Unterhalt verdienten, auf zusätzliche fixe Gehälter fast ausnahmslos verzichten.[73] Sie wurden für Abschreibe- und Ausfertigungstätigkeiten bezahlt und verdienten sich mit Botengängen für das Gericht ein Zubrot. Deshalb waren sie auch in noch stärkerem Maße als die Advokaten und Prokuratoren vom Geschäftsanfall am Kammergericht abhängig.[74] Ähnliches gilt für die untersten Chargen des Gerichts, die Boten und insbesondere die Fußboten, die ihr Salär je nach Botengang erhielten, während die reitenden Boten etwa die Hälfte ihres Verdienstes als Besoldung aus der Sustentationskasse bezogen.[75]

Als dritte Klasse zählten zu den unbesoldeten Kameralen die Kanzleipersonen. Auch ihr Einkommen hing von der Gerichtstätigkeit ab. Zwar war die Höhe der Besoldung im Gegensatz zu den Prokuratoren fixiert. Letztere konnten je nach der Menge Prozesse mehr oder weniger verdienen. Gleichwohl kamen die Gehälter nicht aus der Sustentations-, sondern aus der so genannten Taxkasse, in die vor allem Gerichts- und Abschreibegebühren flossen. Hinzu kam in der Endphase des Reichs ein geringer Teil an Mitteln, die der Kurfürsterzkanzler zur Verfügung stellte. Dies waren Zinsen eines Kapitals, das zur Ergänzung der chronisch unterfinanzierten Taxkasse angelegt worden war.[76]

---

71 Zur Stellung der Anwälte in der Personalverfassung des RKG: Smend, Reichskammergericht, S. 341-358. Jahns, Das Reichskammergericht, Tl. I, Kap. II, 2; Die Anwaltschaft des RKG ist bisher nicht systematisch erforscht. Ansätze hierzu: Jahns, Die Universität Gießen und das Reichskammergericht; Weitzel, Anwälte am Reichskammergericht; ders., Damian Ferdinand Haas; Baumann, Das Reichskammergericht in Wetzlar und seine Prokuratoren; dies., Anwälte am Reichskammergericht; Klass, Standes- oder Leistungselite? und Stein, Advokaten und Prokuratoren.

72 Zum Einkommen der 34 am RKG tätigen Advokaten und Prokuratoren: BAF, DB 2, 36, Darstellung der Verhältnisse der bey dem kaiserlichen Reichs Kammergericht zu Wetzlar angestellten Herrn Procuratoren und Advocaten. [Herbst 1806].

73 Mader, Soldateske des Reichskammergerichts.

74 Die Gruppe der Gehilfen in den Schreibstuben der Anwälte wurde von der Forschung bisher nicht behandelt. Sie ist in den Kameralkalendern nicht erwähnt und fehlt auch bei Smend, Das Reichskammergericht. Hierzu: Mader, Soldateske des Reichskammergerichts.

75 Zur Stellung der Boten in der Personalverfassung des RKG problematisch: Smend, Reichskammergericht, S. 363-369; Mader, Soldateske des Reichskammergericht.

76 Zur Kanzlei: Smend, Reichskammergericht, S. 311-340. Zur prekären Unterhaltssituation der Kanzleipersonen vor der Auflösung des Reichs: Krauß, Über die Sustentation der Cammergerichts-Canzley; N. N., An die hohe Reichsversammlung unterthänigstes Memoriale; N. N.: An die hohe Reichsversammlung fernerer unterthänigster Nachtrag; Kreker, Pro Memoria.

Ähnlich wie die Kanzleipersonen gerieten um 1800 alle Amtsträger am Kammergericht zunehmend unter finanziellen Druck, was eine Fülle von Petitionen und von den Anwälten auch Klagen am RKG zur Folge hatte. Während andere Kameralgruppen und insbesondere die Boten bereits seit längerem litten, war die Lage der Sustentationskasse in den 1780er Jahren ausgesprochen gut. Dies hing damit zusammen, dass die Reichsstände die im Reichsschluss von 1775 erhöhten Kammerzieler schon vor der Einberufung der acht neuen Assessoren am 1. Juli 1782 bezahlt hatten. Dies und eine verbesserte Zahlungsmoral während der Fürstenbundzeit führten dazu, dass die Sustentationskasse, in welche die von den in einer Matrikel erfassten Reichsständen zu zahlenden Kammerzieler flossen, einen Überschuss auswies, der sich bis 1785 auf etwa 120 000 fl. belief. Bis zum Jahr 1788 kamen noch einmal 20 000 fl. hinzu.[77] Konnte man damals noch beschließen, die Überschüsse der Kasse gegen Zinsen an den Ritterkanton Odenwald (120 000 fl.) und die Familie von Loew von und zu Steinfurt und Staden (20 000 fl.) auszuleihen, so war die Zeit des Überflusses bald vorbei. 1789 begann sich die Lage zu ändern. Damals wurde die Zahlung der burgundischen Kammerzieler eingestellt. Die kurböhmischen Zieler und die Beiträge für die habsburgischen Erbländer wurden zum letzten Mal 1796 entrichtet.[78] Zusätzlich begannen sich in den 1790er Jahren die Sonderausgaben des RKG aufgrund des französischen Krieges und der Okkupation Wetzlars zu erhöhen. Zwar konnte man noch einige Zeit von den gebildeten Rücklagen zehren, doch geschah bereits die Einberufung des im November 1796 von Kurböhmen präsentierten Assessors von Linden aufgrund der Kassenlage nur unter Bedenken.[79] Im Jahr 1798 fielen die Einnahmen aus Kammerzielern erstmals deutlich unter die Schwelle der Besoldungsausgaben. Einnahmen in Höhe von 85 100 fl. standen Besoldungsforderungen in Höhe von 88 236 fl. und außerordentliche Ausgaben von knapp 4 000 fl. gegenüber.[80] All dies führte dazu, dass das Richterkollegium einen erhöhten Zeitaufwand für die Eintreibung von Kammerzielern hatte. Reichsfürsten, Reichsstände und der Kaiser mussten immer wieder an ihre Pflichten erinnert, die

---

[77] Kaiserliches Kommissionsdekret, 5. Dez. 1788, Anlagen, Abschrift des an Ihro kaiserliche Majestät von dem collegio Camerali untern 6. Oct. 1788 erlassenen allerunterthänigsten Berichts. Die aus der kammergerichtlichen Sustentationskasse fernerweit ausgeliehenen zehentausend Stück Konvertionstaler betreffend, Regensburg 1788.

[78] BAF, FN 11 Akten, Konvolut böhmische Rückstände; HHStA-Wien, RK, RKG Visit. 378, KR Öttingen-Wallerstein an Reichserzkanzler, Wetzlar 4. Mai 1799; ebd.: Verzeichnis, was des heiligen Römischen Reichs Churfürsten, Fürsten und Stände an des kaiserlichen Reichs Kammer-Gerichts Unterhaltung [1798]. Hier auch weitere Verzeichnisse.

[79] BAF, FN 11 Akten, Konvolut Böhmische Kammerzieler-Rückstände 1801.

[80] HHStA-Wien, RK, RKG Visit. 378. Zur Deckung der negativen Bilanz genügten die Zinsen der ausgeliehenen Kapitalien nicht, man war gezwungen, an die Reserven zu gehen und verliehene Kapitalien aufzukündigen. Zwar verbesserte 1798 die Rückzahlung eines Teils der Kapitalien, die der Kanton Odenwald ausgeliehen hatte, die negative Bilanz, doch gingen nur 10 000 fl. ein. Zur Rückzahlung der gesamten Summe sahen sich die Schuldner aufgrund des Krieges außer Stande.

Rückstände durch die Kassendeputierten und den Pfennigmeister aufgestellt und der Plenarversammlung vorgelegt werden. Mit den zunehmenden Kriegsbelastungen schwanden die Hoffnungen, dass eine Mehrheit der Reichsstände künftig ihre Kammerzieler pünktlich entrichten würde.[81]

Als während des Friedenskongresses von Rastatt die Abtretung der linksrheinischen Gebiete an Frankreich zur Debatte stand und erneut eine Verminderung der Einnahmen anstand, die diesmal beträchtliche Ausmaße annahm, kam es zu Überlegungen einer Reform des kammergerichtlichen Finanzwesens. Die Kassendeputation des Kameralkollegiums nahm sich der Sache an und berichtete dem Kaiser im Juni 1798 von den Folgen, die eine Abtretung der linksrheinischen Gebiete auf den Sustentationsfonds haben würde.[82] Zugleich trug der fränkische Kreisassessor Joseph Ullheimer unter dem Pseudonym Riphelius von Solemnel die trüben Aussichten an die Öffentlichkeit und rechnete vor, dass der Verlust der linksrheinischen Reichsgebiete Einbußen von Kammerzielern in Höhe der Besoldung von vier Assessorenstellen nach sich ziehen würde.[83] Er mahnte die Reichsstände, mit den vorgehenden Veränderungen nicht das RKG zu belasten, und schlug vor, den drohenden finanziellen Verlust durch die Säkularisierung eines Klosters zugunsten des RKG zu kompensieren. Dies trug ihm scharfe Kritik in der damals geführten Debatte um die Säkuliarsierung der Germania Sacra ein.[84]

Nachdem die von Österreich im Frieden von Campo Formio insgeheim bereits gegebene Zusage bezüglich der Rheingrenze am 9. Februar 1801 in Lunéville bestätigt worden war, noch bevor die von Kaiser Franz II. zögerlich einberufene Reichsdeputation in Regensburg zu tagen begann, reagierte das RKG. Am 15. Februar 1802 versammelte sich das Plenum, um die von Ullheimer bereits vorhergesagte, nunmehr notwendig gewordene Verringerung der Zahl der Assessoren provisorisch zu verfügen.[85] Damit war das Reichssystem mit dem Präsentationssystem nicht mehr zur Deckung zu bringen. Doch nicht nur verlängerte sich bei nunmehr noch 21 tatsächlich amtierenden Assessoren die Wartezeit der angenommenen Präsentati erheblich, sondern es drohte auch die Paritätsarithmetik durcheinander zu geraten. Viel entscheidender war noch, dass manchem Assessor durch die Abtretung der linksrheinischen Gebiete und die 1803 beschlossenen Entschädigungen der Präsentationshof entzogen wurde. Franz Joseph von Stein zu Lausnitz, den Kaiser Franz II. als Herzog von Burgund 1799 ans Kammergericht präsentiert hatte, als die Abtretung der linksrheinischen Gebiete bereits eine be-

---

81 HHStA-Wien, RK, RKG Visit. 378; BAF, FN 11 Akten.

82 HHStA-Wien, RK, RKG Visit. 378, Votum Sehnden v. 15. Feb. 1802.

83 Solemnel [Ullheimer], Entschädigungsplan, S. 20-24; vgl. auch: N. N., Wie könnte das Kaiserliche und Reichskammergericht.

84 Solemnel [Ullheimer], Antikritik.

85 Die Plenarsitzungen sind erwähnt in: BAF, FN 11 Diensttagebuch 1802, Einträge vom 15. Februar, sowie vom 12., 13., 16. und 22. März 1802, Materialien dazu auch in: BAF, FN 11 Akten, Observationes. Die Plenarprotokolle mit den dazugehörigen Voten und Anlagen in: BAF, AR 1 IV C 68, fol. 25a-52.

schlossene Sache gewesen war,[86] ging es hier nicht anders als dem 1796 wegen Kurtrier ans Kammergericht gelangten Peter Melchior von Hommer (Aufschwörung 1796) und dem kurkölnischen Assessor Christian von Weidenfeld (Aufschwörung 1793).[87] Weiterer Anpassungsdruck wirkte auf das reformbedürftige Präsentationssystem in der Endphase des Reichs durch die Verleihung der Kurwürde an Baden, Württemberg, Hessen-Kassel und Salzburg bzw. Würzburg. Die neuen Kurfürsten hätten durch ihre Standeserhöhung eigentlich ein viriles Präsentationsrecht erworben, das jedoch auch nicht mehr ausgeübt wurde.

Während der mit all den Veränderungen durcheinandergeratene konfessionelle Proporz als geringeres Problem betrachtet wurde – man beschloss in der provisorischen Verfügung von 1802 je zwei Stellen der beiden Konfessionsparteien unbesetzt zu lassen[88] – wurden Forderungen nach einer Reform des Präsentationssystems sowie einer Umgestaltung der Kammerzielermatrikel laut. *Um dem Gericht pro futuro seine Besoldung zu sichern, ist eine ganz neue Einrichtung der Matrikul nötig*, mahnte der niedersächsische Kreisassessor Johann Friedrich von Neurath. Da man aus der Vergangenheit jedoch wisse, dass *eine geraume Zeit* vergehen werde, *bis ein mit so vielen Schwierigkeiten verbundenes Werk zu Stande* komme, ahnte er nichts Gutes. Vielleicht, meinte er, würde *das jetzige Personale des Gerichts* die Einrichtung einer neuen Matrikel gar nicht mehr erleben.[89]

Tatsächlich verpflichtete der Reichsdeputationshauptschluss zwar die Fürsten und Stände, die Reichsschulden für die ihnen als Entschädigung zufallenden Reichslande und *insbesondere die der Unterhaltung des kaiserlichen Reichskammergerichts gewidmeten Beiträge* auch ferner zu bezahlen. Auch stellte er in Aussicht, den Unterhalt des Kammergerichts auf eine neue Grundlage zu stellen und die Kammerzielermatrikel an die im Reich vorgegangenen Gebietsveränderungen anzupassen.[90] Allerdings sollte Neurath recht behalten: Die Zeitgenossen erlebten die Anpassung der Kammerzieler vor der Auflösung des Reichs ebenso wenig wie die in der Reichspublizistik diskutiere Umgestaltung des Präsentationssystems.[91]

---

86 Jahns, Das Reichskammergericht, Tl. II, Biogr. 62 (Franz Joseph v. Stein zu Lausnitz).

87 Jahns, Das Reichskammergericht, Tl. II, Biogr. 13 (Hommer), Biogr. 17 (Weidenfeld).

88 HHStA-Wien, RK, RKG Visit. 378; BAF, FN 11 (Nachlass Reigersberg), Akten. Vgl. auch: Jahns, Das Reichskammergericht, Tl. I, Kap. II, 3.4.3.

89 HHStA-Wien, RK, RKG Visit. 378, Votum Assessoris a Schüler, 15. Februar 1802 und Kammerrichter Reigersberg an Reichsvizekanzler Colloredo, Wetzlar 28. Februar 1802.

90 (RDH, §§ 47 und 86 bis 89). Leicht zugänglich nun bei Hufeld, Der Reichsdeputationshauptschluss, S. 69-119, hier: S. 104f. (§ 47), 118f. (§§ 86 bis 89). Vgl. auch ebd., S. 120-125 die Umsetzung des RDH mittels des Reichsgutachtens vom 26. März 1803 und das kaiserliche Ratifikationsdekret vom 28. April 1803.

91 So entwarf etwa Nikolaus Thaddäus Gönner, Teutsches Staatsrecht, S. 817f. und S. 713, noch ein revidiertes Präsentationsschema, in das die Veränderungen der vergangenen Jahre eingeschrieben waren. Um das entstandene Untergewicht der katholischen Kurpräsentationen zu kompensieren dachte Gönner an die Schaffung zweier zwischen Mainz, Böhmen, Kurpfalz-Bayern und Salzburg alternierenden katholischen Kurpräsentationen, während er

Vor dem Hintergrund dieser Entwicklungen gelangten nicht nur die Assessoren Stein zu Lausnitz, Karl Levin von Hohnhorst, Carl August Seckendorff und Constantin Franz von Neurath ans Kammergericht. Sie bilden auch die Folie, vor der die Zusammensetzung des letzten Kameraljahrgangs insgesamt charakterisiert werden kann: Die Assessoren saßen dort als Träger von Rechten entsprechend dem 1781/1782 geschaffenen Präsentationssystem, das provisorisch und nur teilweise den Verhältnissen nach dem Verlust des linken Rheinufers angepasst worden war. In diesem System wirkten als Tiefenstruktur die während des 16. Jahrhunderts geschaffenen unterschiedlichen Präsentationsrechte sowie die im Westfälischen Frieden festgelegte weitgehende konfessionell-paritätische Besetzung. Die Tatsache, dass einschließlich Karl von Kamptz' nur 21 Assessoren zum letzten Kameraljahrgang gehörten, war dem Rückgang an Kammerzielern in Höhe von vier Assessorenstellen nach dem Frieden von Lunéville geschuldet. Ferner waren drei Assessoren der 1803 de facto erloschenen Kurpräsentationen Köln und Trier sowie des burgundischen Kreises im Kameralkollegium noch repräsentiert, während die neu geschaffenen Kurfürstentümer Baden, Hessen-Kassel, Württemberg und Salzburg (bzw. ab 1805 Würzburg) ihre Rechte nicht mehr ausübten. Hinzu kam, dass Präsentanten bzw. Nominanten von zwei Kreispräsentati säkularisiert worden waren: Zum einen der Kurfürst von Köln, der als Bischof von Münster und in seiner Funktion als katholischer Kreisdirektor des Niederrheinisch-Westfälischen Kreises Franz Arnold von der Becke ans Kammergericht präsentiert hatte. Zum anderen der Kurfürst von Trier, der Friedrich Joseph Schmitz zu Grollenburg nicht nur als Bischof von Worms auf das oberrheinische Kreisassessorat präsentiert, sondern auch gemeinsam mit den Bischöfen von Speyer und Straßburg nominiert hatte.[92] Insgesamt hatte sich auch die Konfessionsarithmetik zuungunsten der katholischen Seite verändert: zum letzten Kameraljahrgang gehörten 11 evangelische und 10 katholische Assessoren.

3. Kammerrichter und Präsidenten

Während sich die Assessoren, um ans RKG zu gelangen, einem selektiven Präsentationsverfahren unterwerfen mussten, an dem Kaiser, Kurfürsten und Reichskreise beteiligt waren, galt dies nicht für die Inhaber der Direktorialämter, die beiden Präsidenten und den Kammerrichter. Dem Kaiser kam bis zum Schluss die Besetzung dieser Stellen aus eigener Machtvollkommenheit und ohne vorgängiger Prüfung durch das Kameralkollegium zu. Darüber hinaus musste der Kandidat für ein Direktorialamt im Gegensatz zu den Präsentati für ein Bei-

---

aufgrund des Zuwachses der evangelischen Kurfürsten (Baden, Hessen, Württemberg) die alternierende evangelische Kreis- wie die Kurpräsentation streichen wollte.

92 Jahns, Das Reichskammergericht, Tl. II, Biogr. 107 (von der Becke), Biogr. 103 (Schmitz zu Grollenburg). Vgl. auch: Übersicht 2 und Übersicht 3 (S. 66 bzw. 71).

sitzeramt eine Standesqualifkation erfüllen. Dies war in den Reichsgesetzen festgelegt und trug der besonderen Funktion dieser Ämter Rechnung.[93]

Während der Kammerrichter, den es bereits zu Zeiten des königlichen Kammergerichts im 15. Jahrhundert gab, die oberrichterliche Gewalt des Kaisers bzw. Königs repräsentierte und Oberhaupt des Gerichts war, war das Präsidentenamt eine Fortentwicklung der anfangs als ‚Assessores Generosi' bezeichneten zwei Urteiler, die über besondere Standesqualitäten verfügten. Schon deshalb wurde der Kammerrichter mit viel größerer Notwendigkeit durch das Reichsoberhaupt ernannt als die beiden Präsidenten.[94] Um der Würde dieses höchsten Richteramtes im Alten Reich gerecht zu werden, legten die Kameralordnungen eine Reihe von Voraussetzungen fest, die ein Kammerrichter zu erfüllen hatte. Hinsichtlich der standesgemäßen Besetzung hieß es, der Kammerrichter müsse *eyn fürst, geystlich oder weltlich, oder aufs wenigst ein graff oder Freiherr* sein, wobei den weltlichen vor den geistlichen Fürsten der Vorzug eingeräumt wurde.[95] Diese Standesqualifikation sicherte den Amtsinhabern Autorität und entsprang der Vorstellung der Ebenbürtigkeit des alten Fürstenrechts. Der Kammerrichter sprach in den auf Repräsentation ausgerichteten öffentlichen Audienzen auch Urteile über hochadelige Territorialfürsten. Anders als bei den Präsidentenstellen gelang es dabei nicht, die Kammerrichterstelle zu paritätisieren, trotz der Forderungen der evangelischen Religionspartei.[96] Sie wurde bis zuletzt immer mit einem katholischen Kandidaten besetzt.

Die geforderte Standesqualifikation unterlag im 18. Jahrhundert einer Professionalisierung,[97] die am Beispiel des letzten Kammerrichters Heinrich Aloys Graf von Reigersbergs, der erst in unmittelbarem Zusammenhang mit seiner Ernennung 1803 in den Reichsgrafenstand erhoben worden war, überdeutlich zum Ausdruck kommt. Es war ein für den Wandel am Kammergericht in der Endphase des Reichs bezeichnender Vorgang, dass mit Reigersberg der Spross einer Familie in das einst von hohen Reichsfürsten bekleidete Kammerrichteramt aufrückte, die erst im 17. Jahrhundert in den Reichsadelstand erhoben worden war. Zwar konnte Reigersberg einen bis ins 11. Jahrhundert zu den Grafen Plain und Reigersberg zurückreichenden Stammbaum aufweisen, doch handelte es sich hier um eine Adelslegende, die im 17. Jahrhundert als Beleg der Standesqualität der Reigersbergs erfunden worden war.[98] Auch wenn bereits zuvor eine Tendenz der Standes-

---

93 Grundlegend zu den Präsidialämtern: Jahns, Das Reichskammergericht, Tl. I, Kap.II, 2.2.1 und 2.2.2; vgl. auch Duchhardt, Franz Adolf von Ingelheim; Smend, Das Reichskammergericht, S. 244-257 (Kammerrichter) und 257-263 (Präsidenten).

94 Smend, Das Reichskammergericht, S. 245.

95 KGO 1555, Tl. I, Tit. 1 § 1.

96 Duchhardt, Der Kampf um die Parität im Kammerrichteramt; Jahns, Das Ringen um die Reichsjustiz, S. 414-420.

97 Jahns, Das Reichskammergericht, Tl. I, Kap. II, 2.2.1.

98 Jahns, Das Reichskammergericht, Tl. II, Biogr. 86, Kap. II; J. Kittel: Geschichte der Grafen und Freiherrn von Reigersberg (StA Aschaffenburg), tradiert die Legende weiter. Man kann

abwertung des Kammerrichteramtes beobachtet werden kann, war dies ein in der Geschichte des Kammergerichts einmaliger Vorgang – ebenso einmalig wie Reigersbergs Aufstieg vom bayerischen Kreisassessorat über das katholische Präsidentenamt in die höchste Richterstelle.[99] Zwar wurde die katholische Präsidentenstelle im Laufe des 18. Jahrhunderts zu einem Rekrutierungsfeld für spätere Kammerrichter, ein dreistufiger Aufstieg jedoch war bisher nicht vorgekommen.

Die hier zum Ausdruck kommende Professionalisierung lässt sich in ähnlicher Weise bei den beiden Präsidentenstellen beobachten, die sich als zweite eigenständige Direktorialfunktion neben dem Kammerrichteramt im Laufe des 16. Jahrhunderts herausgebildet hatte. Die Vorläufer der Präsidenten, die ‚*Assessores Generosi*', wurden anfänglich noch durch Kaiser und Reichsstände auf dem Reichstag bestimmt. 1521 hatte sich dann das alleinige Benennungsrecht des Kaisers durchgesetzt.[100] Im Anschluss daran wuchsen den vormaligen Urteilern mit besonderer Standesqualifikation mehr und mehr Direktorialaufgaben zu, sodass ihre Funktion in der Wetzlarer Zeit des RKG stark an die Aufgaben des Gerichtsvorstandes angelehnt war.[101]

---

annehmen, dass Reigersberg hieran glaubte, da hiervon auch die auf seinen mündlichen Erzählungen beruhende Biographie seines Enkels Otto von Völderndorff und Waradein ausging. Völderndorff, Harmlose Plaudereien, S. 4-15.

99 Tatsächlich entstammten die Kammerrichter mit Ausnahme des Grafen von Spaur, der landsässiger Graf war, des Freiherrn von Ingelheim und Heinrich Aloys von Reigersberg seit 1495 immer dem Hochadel. Dabei legten die Reichsgesetze zwar eine Reihe von persönlichen Eigenschaften fest, die für das Kammerrichteramt erforderlich waren, doch hatten diese zunächst keine spezifischen Anforderungen beinhaltet. Hinsichtlich der Befähigung galt nur allgemein das Postulat, der Kammerrichter müsse *redlich, verständig, geschickt* sowie *des Herkommens, der löblichen Gebräuche und guter Gewohnheiten des Reichs deutscher Nation wohl erfahren* sein.

100 Jahns, Das Reichskammergericht, Tl. I, Kap. II, 2.2.2.

101 Darüber hinaus übernahmen die beiden Präsidenten und der Kammerrichter den Vorsitz in je einem der infolge des Reichsschlusses von 1775 eingeführten drei stabilen Justizsenate sowie in je einem der Extrajudicialsenate, in denen über die Rechtmäßigkeit von Klagen mittelbarer bzw. unmittelbarer Parteien entschieden wurde. Hier waren sie vom Prozess der Urteilsfindung ausgeschlossen. Demgegenüber verwies jedoch die Votierordnung in der Plenarversammlung bis 1806 auf ihre frühere Stellung als altadelige Beisitzer: Die Präsidenten waren im Gegensatz zum Kammerrichter an den Entscheidungen über die Verfassung des Gerichts als erste und letzte Votanten im Abstimmungsprozess beteiligt. Wie die der Assessoren trug ihre Stimme also dazu bei, die erforderliche Mehrheit für eine Entscheidung über alle inneren Angelegenheiten des Gerichts herzustellen. BAF, AR 1 Misc. 613, Übersichten (1803 und 1806). Über die Pflichten des Präsidenten nach Reichsgesetzen, Observanz und Herkommen aufschlussreich: HHStA-Wien, MEKA, RKG 413 (Die Vereinbarlichkeit der Reichs Kammergerichts Präsidenten Stelle mit jener eines Ritterhauptmanns betr.), hierin: Weitere Ausführung die Vereinbarlichkeit der Kammergerichts Praesidentestelle [...], Erste Abtheilung.

Übersicht 2: Der letzte Kameraljahrgang[102]

	Name	Präsentanten (kath.)	Präsentanten (ev.)	Geburtsort Jahr	Am RKG seit
Direktorium v. Kaiser ernannt	Heinrich Aloys v. **Reigersberg**	Kaiser (Kammerrichter)		Würzburg 1770	1796
	Franz Paul Christoph v. **Seckendorff**		Kaiser (ev. Präsident)	Amberg 1750	1800
	Adam Fr. v. **Schenk zu Stauffenberg**	Kaiser (kath. Präsident)		Bamberg 1767	1804
Kurfürstliche Präsentationen besetzt nach PS von 1781/82	Ignatz v. **Gruben**	Kurmainz		Bonn (Kurköln) 1763	1793
	Peter Melchior v. **Hommer**	Kurtrier		Koblenz (Kurtrier) 1743	1796
	Christian Franz v. **Weidenfeld**	Kurköln		Neukirch (Kurköln) 1757	1793
	Joseph Franz v. **Linden**	Kurböhmen		Mainz 1760	1796
	Johann Daniel Clemens v. **Hueber von der Wildau**	Kurpfalz (5. Kur)		Mannheim 1737	1782
	Friedrich August von **Leutsch**		Kursachsen	Sangershausen (kurs. Thüringen) 1757	1791
	Karl Albert v. **Kamptz**		Kurbrandenburg	Schwerin 1769	1806
	Karl Levin v. **Hohnhorst**		Kurbraunschweig	Celle (Kurhannover) 1772	1802
	Carl August v. **Seckendorff**		Altern. ev. Kurfürsten	Burliswang (Franken) 1774	1800

[102] Daten nach Vahlkampf, Biographische und literarische Notizen. Fehler in Vahlkampfs Darstellung wurden überarbeitet nach den Biographien in: Jahns, Das Reichskammergericht, Tl. II, sowie Rechter, Die Seckendorff, S. 282 (zu Franz Paul Christoph von Seckendorff) und G. Wunder, Die Schenken von Stauffenberg, S. 297-311 (zu Adam Friedrich von Schenk zu Stauffenberg).

Erbländische Präsentationen besetzt nach PS von 1781/82	Maximilian v. **Martini**	Österreichischer Kreis		Wien 1758	1784
	Franz Joseph v. **Stein zu Lausnitz**	Burgundischer Kreis		Neudenau (Kurmainz) 1770	1799
Reichskreis-Präsentationen besetzt nach PS von 1781/82	Joseph v. **Ullheimer**		Fränkischer Kreis	Bamberg 1746	1789
	Karl Ludwig v. **Branca**	Bayerischer Kreis		Lüttich 1763	1791
	Friedrich Joseph v. **Schmitz zu Grollenburg**	Oberrheinischer Kreis		Hildesheim 1732	1774
	Johann Albrecht v. **Cramer**		Oberrheinischer Kreis	Ulm 1745	1787
	Johann Albert v. **Neurath**		Niederrheinisch-Westfälischer Kreis	Alsfeld (Oberhessen) 1739	1782
	Franz Arnold **von der Becke**	Niederrheinisch-Westfälischer Kreis		Herborn 1754	1798
	Karl Georg v. **Riedesel zu Eisenbach**		Obersächsischer Kreis	Wetzlar 1746	1778
	Constantin Franz v. **Neurath**		Obersächsischer Kreis	Darmstadt 1777	1804
	Franz Dietrich v. **Ditfurth**		Niedersächsischer Kreis	Rittergut Dankersen 1738	1773
	Georg Gottlob v. **Balemann**		Altern. ev. Kreisstände	Eutin 1735	1782
	3 Direktorialpers. 21 Assessoren	KR u. Kath. Präs. 10 Assessoren	Ev. Präs. 11 Assessoren	Gesamt: 24	

Sichtbarstes Zeichen der Professionalisierung war das im Laufe des 18. Jahrhunderts bei katholischen wie evangelischen Präsidenten Kontur gewinnende Rekrutierungsfeld der Ritter- und Gelehrten-Bank des kaiserlichen Reichshofrates. Nicht nur die beiden letzten Präsidenten – der katholische Adam Friedrich von Schenk zu Stauffenberg und der evangelische Franz Paul Christoph von Seckendorff – dienten vor ihrer Aufschwörung am RKG als Reichshofräte in Wien, sondern auch ihre Vorgänger Johann Siegmund Karl von Thüngen, der von 1772 bis 1800 evangelischer Präsident in Wetzlar gewesen war,[103] und Karl Philipp von Öttingen-Wallerstein, der 1797 vom katholischen Präsidenten zum Kammerrichter befördert wurde.[104]

Entscheidend ist, dass sich die Präsidenten durch eine ähnliche – wenn auch etwas hochrangigere – Vorkarriere wie die Assessoren auszeichneten. Trotz der unterschiedlichen Besetzungspraxis, die es im Auge zu behalten gilt, können sie, wenn es im folgenden um eine Analyse des Netzwerkes der Reichsrichter geht, gemeinsam mit den Assessoren behandelt werden, zumal der letzte Kammerrichter früher ein Assessor gewesen war.

IV. Rekrutierungsprinzipien und gesellschaftliche Verflechtung

Die Beziehungen, die unter den im Kameralkollegium vereinigten Kammerrichter, Präsidenten und Assessoren bestanden und gepflegt wurden, waren vielfältig. Gesellschaftliche Veranstaltungen, in deren Rahmen sich Freundschaften anbahnen konnten oder nur ein kollegiales Verhältnis gepflegt wurde, spielten eine Rolle, verwandtschaftliche Verbindungen innerhalb der Richterschaft, die in der Endphase des Reichs zunahmen, waren wichtig. Darüber hinaus lässt sich eine Verflechtung mit Familienverbänden innerhalb der territorialen Funktionseliten feststellen. Hinzu kommen die aufgeklärten Gesellschaften in Wetzlar, in denen

---

[103] Zu Stauffenberg: G. Wunder, Die Schenken von Stauffenberg, S. 297; auch: StAS, Dep. 38; zu Franz Paul Christoph von Seckendorff: Rechter, Die Seckendorff; Eine Kurzbiographie Thüngens, in: Wetzlarer Zeitung, 14. Stück, 25. Februar 1800, S. 53-54. BAF, FN 11 Dienstagebuch 1800. Johann Siegmund Karl Freiherr von Thüngen, Erbherr von Zeitlofs, Burgsinn, Rossbach, Tetter, Weisenbach, heilig Kreutz, Höllerrich, Hessdorf etc. Erbkuchenmeister des Bistum Würzburg, wurde in Zeitlofs am 30. Aug. 1730 geboren. Er studierte 4 Jahre in Göttingen, begann seine Karriere als Regierungsrat in Brandenburg-Ohnolzbachischen Diensten, trat anschließend als Kammerherr und Hofrat in fürstlich würzburgische Dienste. Danach war er fünf Jahre Hofmarschall in Sachsen-Gotha, um 1767 von Joseph II. an den RHR in Wien berufen zu werden. Am 24. Januar 1772 erhielt er seine Ernennung zum wirklichen Geheimen Rat des Kaisers und zum Präsidenten des Reichskammergerichts, schwor jedoch erst am 16. Dezember 1772 auf. Nach 38 Dienstjahren am RKG starb er am 19. Februar 1800 in Wetzlar. Franz Paul Christoph von Seckendorff wurde sein Nachfolger.

[104] Jahns, Das Reichskammergericht, Tl. II, Biogr. 10, Kap. VI., Tl. I, Kap. II, 2.2.3.

sich die durch die Reichsverfassung strikt voneinander geschiedenen Gruppen der Richter und Anwälte begegnen konnten. Die Illuminaten sind hier zu erwähnen, obgleich es nicht gelang, ein „Netzwerk“[105] über das RKG zu legen, aber auch andere masonische Vereinigungen in Wetzlar ermöglichten Begegnungen. Darüber hinaus konnten Assessoren im Rahmen der Ausbildung von Praktikanten in ihren Schreibstuben Beziehungen knüpfen oder im Vorfeld einer geplanten Präsentation auf bereits bestehende Verbindungen zurückgreifen, die während des eigenen Praktikums am RKG, das etwa die Hälfte der hier im Mittelpunkt stehenden Richter abgeleistet hatten, geflochten worden waren. Mit dem Studium und der Vorkarriere im Dienst eines Territorialstaates sind weitere Orte der Kontaktaufnahme bezeichnet, die im Laufe einer Assessorenkarriere in Freundschaft verwandelt und in den Verbund der verlässlichen Partner eingewoben werden konnten.

Entscheidend für eine Karriere am Kammergericht war zunächst die Herstellung von Nähe zum Präsentanten. Davon und einem ganzen Bündel weiterer Beziehungsfaktoren, die auf eine Präsentation einwirken konnten, ist zunächst zu sprechen. Gehörte man zum Kameralkollegium, so unterlag die Pflege und Anbahnung neuer Kontakte bestimmten Regeln, die mit dem besonderen Status des Kammergerichts innerhalb der Stadt Wetzlar und reichsgesetzlichen Vorschriften über den Umgang und die Stellung der Richter den verschiedenen Kameralen gegenüber sowie mit dem Verhältnis zu den städtischen Eliten zusammenhingen.

Wie Sigrid Jahns überzeugend herausgearbeitet hat, bestand zwischen den auf die verschiedenen Gebiete des Reichs verteilten Präsentationsrechten und der geographischen Herkunft bzw. dem Studium und der Vorkarriere eines künftigen Assessors ein enger Zusammenhang. Dies ist darauf zurückzuführen, dass die Kameralgesetzgebung von Anfang an eine Besetzung des Gerichts mit Urteilern aus allen Regionen des Reichs gefordert hatte, damit die partikularen Ordnungen, Statuten und Gewohnheiten in der Rechtsprechung angemessen berücksichtigt werden könnten. Die historisch gewachsene Verteilung der Präsentationsrechte trug dem Rechung. Von der Norm her galt seit 1556 dabei das Herkunftsprinzip, wonach die Juristen in dem Kreis oder Gebiet des Reichstandes geboren, erzogen und den entsprechenden Rechten erfahren sein mussten, der sie präsentierte. Nur in Ausnahmefällen – wenn ein Mangel an qualifizierten Personen bestand – konnten die Juristen aus Nachbarkreisen rekrutiert werden.[106]

Auch wenn die Praxis nicht immer mit der Norm übereinstimmte, kann für die letzte Generation von Richtern – ähnlich wie für alle Präsentati seit 1740[107] – ein hohes Maß an Entsprechung des geforderten Herkunftsprinzips in der Praxis fest-

---

[105] Neugebauer-Wölk, Reichsjustiz und Aufklärung.

[106] Smend, Das Reichskammergericht, S. 282f.; KGO 1500 Vorrede, in: CJC, S. 12; KGO 1555 Tl. I, Tit. 4 (Laufs, Die Kammergerichtsordnung, S. 78f.); Visitations Abschied 1556, § 19 (CJC, S. 202).

[107] Vgl. hierzu: Jahns, Das Reichskammergericht, Tl. I, Kap. III, 1.

gestellt werden. Dies zeigt Übersicht 3 anhand von drei Faktoren: Studium, Praktikum und Vorkarriere. Sie geben einerseits Aufschluss über die Voraussetzungen für die Berufung ans Kammergericht und stellen andererseits die Stationen dar, an denen sich die nötige Nähe zum Nominanten bzw. Präsentanten herstellen ließ.

Nimmt man – wie hier geschehen – die Präsidenten und den Kammerrichter hinzu, so fand das Herkunftsprinzip in direkter Form im Rahmen einer längeren Vorkarriere im Umfeld des späteren Präsentanten oder Nominanten bei 14 der insgesamt 24 Personen Anwendung. Zu dieser Gruppe kann man zwei weitere Assessoren rechnen, den von Kurmainz präsentierten Ignaz von Gruben, der seine Vorkarriere in den kurkölnischen Zentralbehörden absolvierte, und Karl von Kamptz, der in mecklenburgischen Diensten gestanden hatte. Beide waren in einem Nachbarterritorium des späteren Präsentanten sozialisiert worden. Ausnahmen von dem Herkunftsprinzip bildeten dagegen Linden, Schmitz zu Grollenburg, Neurath sen. , Balemann, Neurath jun. und Riedesel zu Eisenbach.

1. Ein Bündel von Rekrutierungsfaktoren

Obgleich das gesetzlich festgelegte Herkunftsprinzip also in den meisten Assessorenkarrieren seine Entsprechung fand, war es nicht nur bei den genannten Ausnahmefällen nicht der für das Rekrutierungssystem der Präsentati ausschlaggebende Faktor. Eine Präsentation war immer eine individuelle Angelegenheit. In jedem Fall wirkte ein ganzes Bündel von im einzelnen nicht trennbaren und nur schwer zu gewichtenden Elementen zusammen: Empfehlungen und verwandtschaftliche Verflechtungen mit der Führungsschicht um den Präsentanten waren wichtig – wie im Fall Karl Levin von Hohnhorsts, der neben einer Vorkarriere in den Zentralbehörden Kurbraunschweigs als Auditor in der Justizkanzlei und als Hofgerichtsassessor beim lüneburgischen Hofgericht in Celle Karriere machte und als Angehöriger der regierenden Aristokratie Kurhannovers den Kontakt zu seinem Präsentanten hergestellt haben dürfte.[108] Günstlingswirtschaft konnte eine Rolle spielen, was zweifellos bei Maximilian von Martini, dem Sohn des bekannten österreichischen Staatsrechtlers und Staatsmannes Karl Anton von Martini zutraf. Martini, der Kreisdirektor des Viertels Unterwald und von 1780 bis 1784 Appellationsrat beim Appellationsgericht für Böhmen und Mähren war, erhielt die österreichische Kreispräsentation nicht aufgrund seiner Leistungen, sondern nachweislich wegen der hervorragenden Verdienste seines Vaters.[109]

---

[108] Jahns, Das Reichskammergericht, Tl. II, Biogr. 47 (Hohnhorst).
[109] Jahns, Das Reichskammergericht, Tl. II, Biogr. 56 (Martini).

Übersicht 3: Nähe zum Präsentanten/Vorkarriere[110]

Name	Präsentant	Ausbildung	Praktika (Schreibstube)	Vorkarriere
Heinrich Aloys v. **Reigersberg**	Kaiser	Bonn (1784), Salzburg 1787–1790	Salzburg RKG 1790 (Spaur)	1791–1796 fstl. Salzb. Kämmerer u. Hofrat, seit 1794 auch Pfleger in Staufeneck b. Reichenhall, 1796 RKG-Ass., 1797 kath. Präs. am RKG, 1801–1803 KR Amtsverweser, 1803 KR
Franz Paul Christoph v. **Seckendorff**	Kaiser	Erlangen (1768–72)		1772 Herzogl. Sachsen-Weimar. Kammerher u. Hofrat, 1773 Reg. Ass. ebd., 1775 Reg. Rat, Hofrat ebd., 1785 geh. Hofrat ebd., 1785 RHR in Wien, 1800 ev. Präsident am RKG
Adam Fr. v. **Schenk z. Stauffenberg**	Kaiser	Bamberg, Göttingen 1788	RHR	1790 füstbs. Bambergischer Kammerherr u. Reg. Rat, geh. Rat ebd. 1795, 1797–1799 bamberg. Hofmarschall, Direktor d. Chaussebauwesens u. d. allg. Krankenhauses, 1792 Kürköln. Wahlbotschafter, seit 1797 Ritterhauptmann d. Kanton Gebirg, 1803 kath. Präsident am RKG
Ignatz v. **Gruben**	Kf. v. Mainz	Bonn 1777–82	RKG 1784 (Albini) RHR 1785	Syndikus d. kurköln. Ritterschaft 1781–93; kurköln. Hofrat 1785–91; Kommissär f. d. Kurköln. Schulwesen, Landtags-kommis. a. d. westph. Landtag in Arnsberg, k. k. Legations-rat auf Wahlkonv. in Fft. 1790; OApp.Ger. Rat 1791–93
Peter Melchior v. **Hommer**	Kf. v. Trier	Heidelberg 1761 Würzburg 1763/64		Kurtr. Hofrat und Hofstaatsekr. 1766–72; kurtr. gel. Hof- und Reg.Rat 1772–96; Stadtschulheiß in Koblenz 1777–96; auch geh. und wirkl. Geh. Rat 1785–1796
Christian Franz v. **Weidenfeld**	Kf. v. Köln	Köln 1774–82 Bonn 1781–82 Göttingen 1782–85	RKG 1785 (Albini)	Hofratsreferendär 1786–1790; Hofkammeradv. u. Hofkam-merrat 1787–96; kurköln. gel. Hof u. Reg. Rat 1791–96
Joseph Franz v. **Linden**	Kaiser wg. Kurböh-men	Mainz 1774–83	RKG 1783–94 (Weinbach)	Domizellarkanoniker in Aschaffenburg 1769–85; Kurmainz. gel. Hofrat, Beis. d. kfl. Reg.-Justizsenats 1785–1796; Leg. Sekr. b. kfl. Wahlbotschaft in München, Wien u. Prag 1790 u. 92; Organisationskommissär i. Mainz nach Mainzer Republik 1793
Johann Daniel Clemens v. **Hueber v. d. Wildau**	Kf. Karl Theodor v. Pfalz-Bayern wg. altpfälzischer 5. Kur	Heidelberg 1752–1757		Reg. u. Hofger. Adv. i. Mannheim 1758–60; ebd. Stadtger. u. Pupillen- amtsekr., kurpf. Tit. Rat, 1760–68; Kriminalref., Hofger. Rat 1768–70; gel. Reg. Rat u. Landesvisit. Komm. 1770–1779; Subdel. d. RKG Visit. Komm. 1772–76; kurpf. Geh. Rat 1773–82, Dep. f. Ausw. Angeleg. Mannheim 1776–79; Vizedir. d. bayer. Hofrates i. München 1779–82

[110] Daten nach Jahns, Das Reichskammergericht, Tl. II; Rechter, Die Seckendorff, S. 282 (Seckendorff); G. Wunder, Die Schenken von Stauffenberg, S. 297-311 (Stauffenberg).

Name	Präsentant	Ausbildung	Praktika (Schreibstube)	Vorkarriere
Friedrich August v. **Leutsch**	Kf. v. Sachsen	Wittenberg 1774–78		2 Jahre Assessor, dann 10 Jahre Hof- und Justizrat b. d. Reg. In Dresden 1778–90, kursächs. R.Vik. Hofger. Ass. 1790
Karl Albert v. **Kamptz**	Kf. v Brandenburg	Bützow 1787–78 Göttingen 1788–90		Ass. b. d. hzgl. mecklb.-strelitz. Justizkanz. 1790–92; Rat ebd. 1792–94; ebd. Ref. d. geh Rates 1793–94; v. d. mecklenb. Ritterschaft präs. Ass. am mecklb. Hof- und Landgericht/Güstrow 1798–1806; kgl. preuß. Kammerherr 1805
Karl Levin v. **Hohnhorst**	Kf. v. Braunschweig	Lüneburg 1786–90 Göttingen 1790–93		Kgl. Großbritt.-kurbraunschw. Auditor b. d. lüneb. Justizkanzlei u. b. Hofger. in Celle, Hof- u. Kanzleirat u. Hofger. Ass. 1790–1802
Carl August v. **Seckendorff**	Kf. v. Brandenburg wg. alt. ev. Kurpräs.	Stuttgart 1782–1794	RKG 1794–95	Kgl. Preuß. Ref., dann Ass. am KGer. i. Berlin 1795–98; kgl. preuß. Reg. Rat bei der Südpreuß. Regierung in Warschau 1798–1800
Maximilian v. **Martini**	Kaiser als Erzherzog v. Österreich	Ritterakad. Wien 1773–78	böhm. öst. Hofkanzlei 1774 79 RHR	k. k. Kreisdirektor des Viertels Unter-Wienerwald (N. Ö.) 1779; k. k. App.Rat beim App.Ger. für Böhmen und Mähren in Brünn 1780–84
Franz Joseph v. **Stein zu Lausnitz**	Kaiser als Herzog v. Burgund	Würzburg 1790–96 Erlangen 1796 Würzburg 1797	Würzburg 1797 RKG 1797–8 RHR 1799	Fstbfl. würzb. Hof- u. Reg.Rat, auch fstbl. würzb. Sollizitant am RKG u. RHR 1797–99; Mitgl. d. fstbl. würzb. Ges. a. d. Rastatter Kongreß 1799, fstbl. würzb. Hofkav. 1797–99 u. Kämmerer 1798
Joseph v. **Ullheimer**	Fstbf. v. Bamberg als kreisa. Fürst d. fränk. Kreises	Bamberg 1759–1763, Göttingen 1772 /73		Ass. d. kaiserl. Landger. in Bamberg 1772; a. o. Prof. iur./Univ. Bamberg, dann o. Prof. iur. für Staatsrecht, auch Ass. d. Jur. Fak. 1774–1789; wirkl. Gel. Hof- u. Reg. Rat, Hofger. Ass. 1778–1789; Konsulent der Obereinnahme u. Hofkriegsrat u. Hofkammerkonsulent u. Prokurator Fisci 1779–89
Karl Ludwig v. **Branca**	Kf. Karl Th. als Herzog v. Bayern	Bamberg 1780–83	RKG 1783–84 (Hueber)	Kurpf.-bay. adel. Hofrat i. München 1784–90; adel. Oberlandesrat 1790–91

Name	Präsentant	Ausbildung	Praktika (Schreibstube)	Vorkarriere
Friedrich Joseph v. **Schmitz zu Grollenburg**	Nom.: Bfe. Worms, Speyer, Straßburg, Präs.: Kf. v. Trier als Bf. v. Worms	Heidelberg 1748–50 Wetzlar u. Mainz, Göttingen 1754 Gießen 1773	RKG 1756–1758	kurmainz. Hofger. Rat 1758–1772; Hof u. Reg. Rat ebd. 1763–74; wirkl. Geh. Rat 1774
Johann Albrecht v. **Cramer**	Kf. Karl Th. als Pfgf. v Simmern	Marburg 1762–66	RKG 1766–68	fstl. Anhalt-bernburg. Reg.Rat 1768–1772; kurpf.bay.-pfalz-sulzbach. Reg.Rat in Sulzbach 1772–86
Johann Albert v. **Neurath**	Herzog v. Cleve als ev. nieder.-westph. Kreisdirektor	Gießen 1757–58 Göttingen 1759–61	1761 Alsfeld RKG 1762–66 (Zwierlein)	Rechtslehrer v. RKG-Praktik. 1764–66; fstl. isenb.-birst. Ass. b. d. Reg. u. b. Hofger. i. Offenbach, Sollizitant am RKG 1765–66; Reg. u. Hofger. Rat b. isenb. Reg. Kollegium 1766–68; ysenb.- büd. Kanzleidir. 1768–1776; hess.-darmst. Oapp. Ger. Rat 1776–1782
Franz Arnold **von der Becke**	Kf. v. Köln als Bf. v. Münster, kath. Kreisdir., Nieder.-West Kreis	Münster 1771–3 Göttingen 1774–76 Heidelberg 1798		Adv. am fstbfl. münster. Lger. u. Ref. b. Uger. 1776–82; Sekr. b. d. kurköln. fstbfl. münster. Staatsm., Leiter d. Schulwesens, speyer. Hof u. Reg. Rat in Bruchsal 1778–82; geh. Rat u. Hofkammerdir. ebd. 1782–98
Karl Georg v. **Riedesel zu Eisenbach**	Kf. v. Brandenburg wg. Cammin	Halle 1763–65 Tübingen 1765–69 Wien 1769–70	RHR 1769 RKG 1770 (bei Vater)	hzgl. württ. adeliger Reg.Rat in Stuttgart a. hzgl. württ. Kammerherr u. Kammerjunker 1769–1778
Constantin Franz v. **Neurath**	Grafen d. obers. Kreises	Marburg, Göttingen bis 1799	RKG 1799 (bei Vater)	Leg.Sekr. b. d. Ges. d. fstl. nassau. Gesamthauses a. d. Rastatter Kongreß 1797–99; nassau-using. Reg. U. Hof Ger.Ass. Wiesbaden 1799–1800; Reg. u. Hofger. Rat ebd. 1800–1804
Franz Dietrich v. **Ditfurth**	Kf. v. Braunschw.-Wolfenb., nieders. Kreis	Rinteln 1754 Marburg 1757–60 Göttingen 1760–62		Hzgl. braunschw.-wolfenbüttel. Kanzl. Ass. Justizkanzlei Wolfenbüttel. 1762–65; Hofrat ebd. 1765–73
Georg Gottlob v. **Balemann**	Obers. Kreis wg. d. alt. ev. Kreispräs. u. a. Fst. v.Anhalt-Köthen	Göttingen 1755–1758	RKG 1758	Adv., Sollizant u. Konsulent am RKG 1758–67; LegSek. b. d. RKG Visitation 1767–76, nach Aufl. d. Visit. in Wetzlar, sachs.-cob. Hofrat, anhalt-köthen. Geh. Rat 1776–80; fstl. Anhalt-bernb. Reg. u. LegRat 1780–82

Auf der anderen Seite ermöglichte das System auch eine erstaunliche soziale Mobilität, wie im Falle Joseph Ullheimers, des Pedellensohns, der als Professor für Staatsrecht und in den Bamberger Zentralbehörden Karriere machte und sicherlich auf keine familiären Verbindungen zurückgreifen konnte, die ihm bei seiner Präsentation halfen. Er dürfte seinen späteren Präsentanten ähnlich wie Weidenfeld, der aus einer immerhin reichen Bauernfamilie stammte, vor allem durch die eigenen Leistungen überzeugt haben. Demgegenüber konnten auch bei Bewerbern, die sich im Laufe ihrer Vorkarriere Verdienste erworben hatten, Kriterien von Verwandtschaft und Begünstigung eine Rolle spielten. Ein Beispiel hierfür ist die Präsentation Heinrichs Aloys von Reigersberg, der, nachdem er als 15-jähriger den Militärdienst quittiert hatte, in die Pagerie des Erzbischofes von Salzburg eintrat, am dortigen Gregorianum studierte und als Pfleger und Hofrat Karriere machte. Er fand in Erzbischof Hieronymus Graf Colloredo einen von seinen Leistungen überzeugten Gönner, der ihn auf das bayerische Kreisassessorat präsentierte.[111] In die Vorgeschichte dieser Präsentation spielte trotz der unbestreitbaren Befähigung des Kandidaten auch seine Heirat mit der ihm standesmäßig überlegenen Theresia Gräfin Lodron-Laterano hinein. Sie stammte aus einer altgräflichen Familie, die einen Salzburger Erzbischof unter ihren Ahnen hatte, das Erbmarschallamt des Erzbistums besaß und Hieronymus Colloredo verbunden war. Förderlich dürfte auch die Tatsache gewesen sein, dass Reigersberg Praktikant in der Schreibstube seines Vorgängers, Joseph Philipp Graf von Spaur, war. Ebenfalls von Salzburg präsentiert, stammte dieser aus dem landsässigen alten Tiroler Adel und war Sohn des bis 1797 amtierenden Kammerrichters.[112]

2. Assessorensöhne

In ähnlich gelagerte Bündelungen von Faktoren, die zur Präsentation führten, wirkte eine sich in der Endphase des Reichs verdichtende Versippung unter den Kameralen verstärkt ein. Diese konnte als Substitut für die mangelnde Nähe zum Präsentanten fungieren. So lassen sich die nicht dem Herkunftsprinzip entsprechenden Ernennungen von Friedrich Joseph von Schmitz-Grollenburg[113], Karl Ge-

---

[111] Jahns, Das Reichskammergericht, Tl. II, Biogr. 86; Grundlegend bisher: Alzheimer/Resch, Reigersberg; Völderndorff, Harmlose Plaudereinen, S. 4-52; Der Rheinische Bund, Band 3, Heft 7, Weitere Nachrichten von der Lage der Mitglieder des vormaligen kaiserlichen Reichskammergerichtes, S. 170-172, hier: S. 172; Das bayerische Staatsministerium der Justiz. Eine Rückschau. Hrsg. vom Reichsministerium Abt. Bayern, München 1934 (allerdings mit problematischer Bewertung Reigersbergs), S. 4-6; Quellen: BayHStA, MJu 19005 (ausführlichster Personalakt); BayHSta, Staatsrat 3153; BayHStA, Geheimes Staatsarchiv, Abt. II (=MA) 4073/1; BayHStA, MA 6161 Abt. II. Mader, Reigersberg.

[112] Jahns, Das Reichskammergericht, Tl. II, Biogr. 85.

[113] Jahns, Das Reichskammergericht, Tl. II, Biogr. 103, zu seinem Vater Johann Christoph Joseph von Schmitz Biogr. 77.

org von Riedesel zu Eisenbach[114] und Constantin Franz Fürchtegott von Neurath erklären. Sie alle waren wie Johann Albrecht Cramer[115] Assessorensöhne, der jedoch mit seiner 14-jährigen Tätigkeit als Regierungsrat in kurpfalzbayerischen Diensten in Sulzbach das Herkunftsprinzip erfüllte. Damit waren sie nicht nur von Haus aus mit dem Kammergericht vertraut, sondern verfügten durch ihre Väter über hervorragende Kontakte zu potentiellen Präsentanten. Constantin Franz Fürchtegott von Neurath etwa, der bei den Fürsten von Nassau unter anderem als Legationssekretär tätig war und später Assessor und Rat am nassau-usingischen Hofgericht in Wiesbaden wurde, verhalf die Empfehlung seines Vaters zur Präsentation durch die Grafen des obersächsischen Kreises. Der in Württemberg sozialisierte Karl Georg von Riedesel konnte neben dem Vater auf verwandtschaftliche Beziehungen zu seinem Präsentanten, dem Kurfürsten von Brandenburg bauen. Ganz ähnlich wirkten die väterliche Unterstützung und familiäre Bande zusammen im Falle des vor seiner Präsentation an den Mainzer Zentralbehörden tätigen Schmitz von Grollenburg, den der Kurfürst von Trier auf das oberrheinische Kreisassessorat präsentierte.

3. Kameralsippen

Neben der direkten Verwandtschaft, die zweifellos einen Heimvorteil im Ringen um eine Präsentation mit sich brachte, spielten die sich intensivierenden familiären Bande unter den Assessoren durch Kameralehen oder Einheirat in die gleichen Verbände regional bedeutender Familien eine bedeutende Rolle im Bündel der Rekrutierungsfaktoren. So saß der erwähnte Assessorensohn Friedrich Joseph von Schmitz-Grollenburg als zentrale Figur in einem Netz, das verwandtschaftliche Beziehungen im Kameralkollegium wie zu Angehörigen der neuadeligen Mainzer Funktionseliten gleichermaßen umspannte. In diesen Verband Clemens Hueber von der Wildau und Franz Joseph von Linden ein. Die ersten beiden Frauen Lindens stammten aus den kurmainzer Beamtenfamilien Gedult von Jungenfeldt und von Benzel-Sternau, die ebenfalls mit Schmitz zu Grollenburg versippt waren. Zu einer bis ins 16. Jahrhundert zurückverfolgbaren Kameralsippe gehörte auch Peter Melchior von Hommer[116], der zwei Töchter mit Franz Joseph von Stein zu Lausnitz und Carl August Maximilian von Seckendorff verheiratete.

Obgleich viele erst nach der Aufschwörung am Kammergericht in die Kameralverbände einheirateten, dürften die meisten Ehen bereits vorher angebahnt worden sein. Eine gute Gelegenheit bot ein Praktikum am Kammergericht, das

---

[114] Jahns, Das Reichskammergericht, Tl. II, Biogr. 109, die Biographie seines Vaters Johann Wilhelm von Riedesel zu Eisenbach Tl. II, Biogr. 39.

[115] Jahns, Das Reichskammergericht, Tl. II, Biogr. 101, die Biographie seines Vaters Johann Ulrich von Cramer Biogr. 65.

[116] Jahns, Das Reichskammergericht, Tl. II, Biogr. 13. Vgl. auch dies., Das Reichskammergericht, Tl. I, Kap. III, 2, Verwandtschaftstafel II.

auf den unter Zeitgenossen sprichwörtlichen Heiratsmarkt in Wetzlar führte.[117] Franz Joseph von Stein zu Lausnitz dürfte bei dieser Gelegenheit seine Gattin Maria Anna von Hommer kennen gelernt haben, die er nur einen Tag nach seiner Aufschwörung als Assessor am 18. Oktober 1799 zum Altar führte. Zwar dürfte Seckendorffs erst 1801 erfolgte Heirat mit Maria Elisabeth von Hommer kaum in einem direkten Zusammenhang mit seiner Karriere gestanden haben, wohl dürfte diese jedoch durch seine weitläufige Verwandtschaft mit anderen Assessoren unterstützt worden sein: zu Seckendorffs Verwandten gehörten Karl Georg von Riedesel, August Bernhard Schüler (gen. von Sehnden) und Eberhard Christoph von Oetinger. Oetinger, dessen Schwester mit einem Onkel Seckendorffs verheiratet war, kannte Seckendorff bereits als achtjährigen Jungen und war bei der Zensursitzung, in der über die Aufnahmefähigkeit ins Kameralkollegium entschieden wurde, sein „besonderer Fürsprecher".[118]

Etwas anders lag der Fall beim letzten Kurmainzer Assessor Iganz von Gruben, einem Enkel des kurkölnischen RKG-Assessors Vogelius. Gruben war zudem seit 1789 mit Maria Katarina von Deel zu Deelsburg verheiratet, einer Enkelin des von 1733 bis 1739 als kaiserlicher Beisitzer in Wetzlar amtierenden Nikolaus von Deel zu Delsburg. Ihr Vater Philipp Karl war einst erfolgloser burgundischer Kreispräsentat gewesen und hatte in Kurmainz Karriere als Direktor der Hofkanzlei und Konferenzminister gemacht. Er dürfte letztlich den Ausschlag gegeben haben, dass Gruben als kurkölnischer Hofrat die kurmainzische Präsentation erhielt.[119]

Zu den Assessoren des letzten Kameraljahrgangs, die verwandtschaftliche Verbindungen zu Angehörigen des Kameralkollegiums hatten, gehörte schließlich auch Karl Ludwig von Branca. Obgleich er von 1783 bis 1784 für zehn Monate ein Wetzlarer Praktikum ableistete, ist kaum wahrscheinlich, dass er die damals erst 13-jährige Tochter des katholischen RKG-Präsidenten Adolf Freiherr von Trott zu Solz bei dieser Gelegenheit bereits als künftige Gattin auserkoren hatte. In seinem Fall dürfte die Heirat allein der sozialen Integration in das immer stärker durch Verwandtschaftsverhältnisse geprägte Kameralkollegium gegolten haben.[120]

4. Präsentationen ohne verwandtschaftliche Beziehungen

Ganz ohne verwandtschaftliche Beziehungen scheinen demgegenüber die Präsentationen Christians von Weidenfeld, Franz Arnolds von der Becke, Joseph Ull-

[117] Burgdorf, Die reichsrechtliche Peregrinatio academica; vgl. die Bemerkungen bei Maucler, Aus meinem Leben, S. 120-124.

[118] Jahns, Das Reichskammergericht, Tl. II, Biogr. 49.

[119] Jahns, Das Reichskammergericht, Tl. II, Biogr. 5.

[120] Jahns, Das Reichskammergericht, Tl. II, Biogr. 81.

heimers sowie die nicht eindeutig dem Herkunftsprinzip zuzuordnenden Benennungen des aus Eutin stammenden Georg Gottlob Balemanns und des in Alsfeld geborenen Johann Albert von Neuraths zu Stande gekommen zu sein. Balemann war während seiner Vorkarriere als freier Advokat und Solliziant am RKG tätig, später als Legationssekretär und Subdelegierter bei der letzten Visitation in Wetzlar. In diesem Rahmen stellte er nicht nur Kontakt zum Kammergericht, sondern auch zum fürstlichen Haus Anhalt her, das er 1776 als Subdelegierter bei der 4. Klasse der RKG-Visitation vertreten sollte. Zwar kam die 4. Klasse nicht mehr zustande, da die Visitation aufgelöst worden war, gleichwohl war damit die Grundlage geschaffen, um sich selbst bei seinen drei Präsentanten für die turnusgemäß vom obersächsischen Kreis ausgeübte alternierende evangelische Kreispräsentation zu bewerben.[121]

Wie demgegenüber Johann Albert von Neurath an seine Präsentation durch König Friedrich II. von Preußen als Herzog von Cleve kam, muss offen bleiben. Betrachtet man seine Vorkarriere, so fällt eine nur geringe Berührung mit den Verhältnissen im niederrheinisch-westfälischen Kreis und seinen späteren Präsentanten auf. Von 1762 bis 1766 in Wetzlar zunächst als Praktikant, später als Lehrer für den Kameralprozeß, war Neurath in isenburg-birsteinischen, isenburg-büdingischen und in hessen-darmstädtischen Diensten und konnte die fraglichen Kenntnisse lediglich durch ein halbjähriges Praktikum, das er 1760 bei seinem Vater in der bergischen Unterherrschaft Broich absolvierte hatte, nachweisen.[122] Um so erstaunlicher ist es, dass sich Neurath nicht nur in das soziale System am Kammergericht vollständig integrierte, sondern auch seinem Sohn zu einer Assessorenkarriere verhelfen konnte.[123]

Insgesamt zeigen die Beispiele Riedesels zu Eisenbach, Cramers, Grubens, Hommers, Neuraths (jun.), Seckendorffs, Steins zu Lausnitz, Schmitz zu Grollenburgs, Lindens, Huebers von der Wildau jedoch die Relevanz verwandtschaftlicher Verbindungen am RKG für die Rekrutierungspraxis der Assessoren. Insgesamt zeigt sich auch, dass die meisten Angehörigen des letzten Kameraljahrgangs intensive Kontakte zu einer Fülle von Vertretern der Führungsschicht hatten, die meist aus ihrem Präsentationsgebiet stammten. Dass einflussreiche Freunde, die sich beinahe in jedem Fall nachweisen lassen, eine Rolle spielten, versteht sich von selbst. Hier fallen einige auf, die ein erstaunliches Maß an sozialer Mobilität aufwiesen, dafür aber ein geringeres Maß gesellschaftlicher Vernetzung sowohl zum Präsentanten als auch innerhalb des Kammergerichts: Martini, Neurath (sen.), Ullheimer, Weidenfeld, Balemann und von der Becke.

---

[121] Dies waren: Anna Amalia Prinzessin von Preußen als Äbtissin von Quedlinburg, Herzog Karl II. von Braunschweig-Wolfenbüttel wegen Walkenried und Fürst Karl Georg Lebrecht von Anhalt-Köthen als ältester regierender Fürst des Hauses Anhalt wegen Gernrode. Dazu Jahns, Das Reichskammergericht, Tl. II, Biogr. 128.

[122] Jahns, Das Reichskammergericht, Tl. II, Biogr. 104, Kap. 2. Vgl. auch: HStAS, Q 3/11.

[123] Neurath, Von der Regredienterbschaft, Vorwort.

Um keinen falschen Eindruck vom Kammergericht zu erwecken, muss in Hinsicht auf die Frage nach dem Rekrutierungsprinzip festgehalten werden, dass neben all den ‚weichen‘ Faktoren gesellschaftlicher Verbindungen, die auf das Zustande kommen einer Präsentation bzw. den Erfolg beim Examen einwirkten, eine Reihe von unumgänglichen, ‚harten‘ Qualifikationsvoraussetzungen dazu gehörte, die jeder künftige Assessor mitbringen musste: Studium, Vorkarriere in den Zentralbehörden eines Territoriums und Erfahrung in der praktischen Justizpflege. Als Zusatzqualifikation gerne gesehen war darüber hinaus die Publikation von reichsrechtlichen Abhandlungen.

5. Beziehungen zu den Prokuratoren

Hatte man das Präsentationsverfahren erfolgreich durchlaufen, das trotz aller Verbindungen und Empfehlungen insgesamt die Leistungsfähigkeit der Rechtsprechung des Kammergerichts am Ende des Alten Reichs garantierte,[124] fand man Aufnahme in die höchste Klasse unter den Kameralen, deren gesellschaftlicher Umgang bestimmten Mechanismen unterlag. Reichsgesetzlich festgelegt war zunächst das Verbot, mit den Anwälten in gesellschaftlichen Kontakt zu treten. Dies diente der Vorbeugung einer missbräuchlichen Justiz, der Verhinderung einer anwaltlichen Einflussnahme auf die richterliche Entscheidung und entsprach dem Anspruch der unabhängigen Justizpflege am Kammergericht. Trotz einer in der Endphase des Reichs feststellbaren Intensivierung des Kontaktes der Richter mit der Anwaltschaft, die im Falle des Sohnes von Peter Melchior Hommer sogar zu einer Versippung führte,[125] bestand auch Ende des 18. Jahrhunderts ein Distinktionsbedürfnis der Richter gegenüber den Anwälten, das intensive gesellschaftliche Kontakte verhinderte.

Gewiss kam es gerade im Zusammenhang mit den aufgeklärten Gesellschaften sowie im Zuge eines am RKG beobachtbaren Reformstrebens zur Zusammenarbeit und auch zu gesellschaftlichen Kontakten von Assessoren und Prokuratoren. So gingen etwa die Assessoren Hueber und Riedesel zu *Gastereyen* der Zwierlein oder der Hofmann.[126] Auch zog der damalige Kammerrichteramtsverweser Reigersberg den Prokurator Haas 1802 als Gutachter heran, um den in eine wahrhafte Existenzkrise geratenen Boten zu helfen.[127] Gleichwohl beschränkten sich die

---

[124] Hierzu unter Heranziehung der Zensuren der Proberelation: Sailer: Richterliches Selbstverständnis. Grundlegend die jeweiligen Biographien der letzten Generation von Assessoren bei Jahns, Das Reichskammergericht, Tl. II

[125] Hommers Sohn Friedrich heiratete in die Prokuratorenfamilie Sachs ein, die – ebenso wie die Familie Zwierlein und Hofmann – von den RKG-Assessoren als sozial gleichrangig eingestuft wurde. Auch zu den Zwierlein knüpften Assessorensöhne bzw. -töchter Heiratsverbindungen. Jahns, Das Reichskammergericht, Tl. II, Biogr. 13 (Hommer), v. a. Kap. II. Ebd.

[126] Kaiserliches Kammer Gericht zu Wetzlar, Reichtags Handlungen, wegen besserer Einrichtung des kammergerichtlichen Justizwesens, in specie wegen Wiederherstellung der Ordinari Kammer Gerichts Visitationen betr., 1791, HHStA-Wien, RK, RKG Visit. 374.

[127] Mader, Soldateske des Reichskammergerichts.

Kontakte der Angehörigen des Kameralkollegiums auf die angeseheneren Prokuratorenfamilien. Andererseits verliefen Kontakte zwischen Prokuratoren und Angehörigen des Kameralkollegiums nicht immer konfliktfrei, wie der Fall des Prokurators Damian Ferdinand Haas verdeutlicht.[128] Haas hatte es in den 1780er Jahren in einer Justizreformschrift am nötigen Respekt gegenüber den Richtern fehlen lassen und Bemerkungen über Einladungen von Assessoren in Prokuratorenhäusern gemacht.[129] Der damalige Kammerrichter Graf von Spaur und mit ihm viele Assessoren empfanden mehrere Stellen in seiner Schrift als *beleidigend* und *anzüglich,*[130] entsetzten Haas seines Amtes und stutzten ihn auf die Stufe eines Advokaten zurück.

Das Einschreiten gegen einen respektlosen Prokurator, wie es in diesem Beispiel zum Ausdruck kommt, war den strengen Ehrbegriffen geschuldet, die das Kameralkollegium prägten. Als entscheidungsbefugtes Gremium achteten die Richter schon bei der Aufschwörung neuer Prokuratoren und Advokaten genau darauf, dass die künftigen Anwälte einen intakten Ruf hatten, sonst wurden sie zum Examen nicht zugelassen oder konnten nicht vom Advokaten zum Prokuratoren aufsteigen. So schrieb der RKG-Assessor Schüler an den damaligen katholischen Präsidenten des RKG Reigersberg:

> *Auch unter die Zahl der Procuratoren werde ich mit meiner Stimme niemals einen Mann aufnehmen, dessen Moralität mir nicht von einer guten Seite bekannt ist. Daher habe ich schon anno 1785 den Dr. Trunk wegen der gegen seine Moralität vorgekommenen Zweifel nicht wollen ad examen kommen laßen. Zu des L*[icentiaten] *Feller Aufnahme habe ich zwar freylich anno 1787 mit gestimmt, weil ich damals noch nichts nachtheiliges von ihm wusste. Da aber in wohl geordneten Staaten ein Mann der nicht integer Fama ist, der aber, weil ihn kein Delictum förmlich zu überweisen stehet, nicht renomieret werden kann, im Fall eines blos auf erheblichen Gründen beruhenden Verdachts nicht zu weiterer Ehrenstellen befördert zu werden pfleget, so konnte ich auch zu des L*[icentiaten] *Feller Beförderung zur Procuratur meine Stimme nicht geben. Ich folgte hierüber älteren Beispielen.*[131]

Wird vor diesem Hintergrund deutlich, wo die Grenzlinien des Kontaktes zwischen Prokuratoren und Richtern verliefen, so boten aufgeklärte Gesellschaften, deren es neben dem Geheimbund der Illuminaten eine Reihe von Freimaurerlogen

[128] Weitzel, Damian Ferdinand Haas.

[129] Weitzel, Damian Ferdinand Haas, S. 8-9.

[130] HHStA-Wien, RK, RKG Visit. 374, Kaiserliches Kammer Gericht zu Wetzlar, Reichtags Handlungen, wegen besserer Einrichtung des kammergerichtlichen Justizwesens, in specie wegen Wiederherstellung der Ordinari Kammer Gerichts Visitationen, Lit D., Kammerrichterliche Bemerkungen, Wunsch und Rath, in Betreff des Umgang mit Prokuratoren, Advokaten, insonderheit der Gastereyen bey diesen, 25. Oktober 1787.

[131] BAF, FN 11 Diensttagebuch pro anno 1799, Beilagen, Schüler an Reigersberg, Wetzlar, den 29. März 1799.

in Wetzlar gab, die Möglichkeit eines intensiveren Austausches jenseits der am Kammergericht wirkenden gesellschaftlichen Schranken. Gleichwohl zeitigten die masonischen Aktivitäten in Wetzlar nur wenig und bestenfalls eine indirekte Auswirkung auf die Bewältigung der Zäsur von 1806.

6. Aufgeklärte Gesellschaften

Zweifellos befand sich unter der letzten Generation der Angehörigen des Kameralkollegiums eine Reihe von Mitgliedern maurerischer Vereinigungen. Unter diesen ragt Franz Dietrich von Ditfurth besonders hervor, der seit dem Ende der 1770er Jahre nicht nur im Zentrum der Wetzlarer Freimauer stand, sondern in der Freimaurerei wie im Illuminatenbund eine über die lokale Bedeutung hinausgehende Rolle spielte. Zur Maurerei gekommen war Ditfurth 1776, als er in die nach dem System der ‚strikten Observanz' organisierte Braunschweiger Loge ‚Ordo ab equestres' eintrat. Ein Jahr später wurde er ‚Meister vom Stuhl in der während der letzten Visitation gegründeten Wetzlarer Loge ‚Joseph zu den drei Helmen'. Als die im selben Gradsystem wie die Braunschweiger Loge organisierte Wetzlarer Vereinigung im Sommer 1777 zur Direktorialloge des Rheinischen Präfekturkapitels unter dem Namen ‚Joseph zum Reichsadler' erhoben worden war, wurde Ditfurth ihr Präfekt. Er begann eine fleißige Werbetätigkeit unter den Kameralen und spielte bei einigen Logengründungen im hessisch-rheinischen Bereich eine Rolle. Nachdem er 1780 für den von Adam Weishaupt in Ingolstadt 1776 gegründeten Illuminatenbund geworben worden war, entfaltete er auch hier seine Aktivitäten und bemühte sich um eine Reform der Maurerei.

Ditfurth vertrat sicherlich eine antidespotische Haltung, die man, vermittelt durch die Berichte des kaiserlichen Assessors Maurer von Kronegg, in Wien zur Kenntnis nahm.[132] Auch gelang es ihm, in den 1780er Jahren einige Mitglieder für den Illuminatenorden zu werben. Unter den Assessoren der letzten Generation gehörten hierzu mit Sicherheit Karl Georg von Riedesel,[133] womöglich auch Friedrich Schmitz zu Grollenburg[134] sowie einige andere Assessoren, die 1806

[132] HHStA-Wien, RK, RKG Visit. 380b.

[133] Neugebauer-Wölk, Reichsjustiz und Aufklärung, S. 10, S. 14-16, S. 22, S. 25f., S. 32f., S. 88 Anm. 164. Riedesel gehörte seit 1772 der Wetzlarer Freimaurerloge ‚Joseph zu den drei Helmen' an. Vgl. hierzu: Ebertz, Geschichte des Orients Wetzlar, hier bes. S. 52 Nr. 12 (Liste von 1772). Becker-Hagendorff, 225 Jahre Freimaurer in Wetzlar, S. 60. Freudenschuss/Pohlner, Die Mitglieder der Loge Joseph, S. 23f., Nr. 102. Ditfurth warb ihn 1782 als Mitglied des Illuminatenordens. Dülmen, Der Geheimbund der Illuminaten, S.60 und S. 449. Agethen, Geheimbund und Utopie, S. 154 Anm. 125 und S. 227. Kreutz, Die Illuminaten des rheinisch-pfälzischen Raums, S.127; Schüttler, Die Mitglieder des Illuminatenordens, S.126, 226. Zu seiner masonischen Karriere: Jahns, Das Reichskammergericht, Tl. II, Biogr. 109, Kap. VIIIb.

[134] Neugebauer-Wölk, Reichsjustiz und Aufklärung, S.10, 13-16, 22. Vgl. auch Schüttler, Die Mitglieder des Illuminatenordens, S.138 und 226. Vgl. hierzu treffend: „Neugebauer-Wölk nimmt auf Grund einiger Indizien als wahrscheinlich an, daß Friedrich Joseph v. Schmitz zu

nicht mehr am RKG tätig waren. Gleichwohl gingen von der am Kammergericht bestehenden illuminatischen Verbindung keine nachweisbaren Impulse aus, die im Kontext mit der Bewältigung der Auflösung des Reichs relevant geworden wären. Dies hing einerseits damit zusammen, dass die illuminatischen Verbindungen nur vorübergehend einige Wirkung zeitigen konnten, und sich andererseits Ditfurth mit zunehmendem Alter nicht mehr ernsthaft für masonische Ideen engagierte. Johann Nikolaus Becker, Verfasser der dreibändigen ‚Kritik der deutschen Reichsverfassung',[135] wusste als Praktikant am RKG 1796 zu berichten:

> *Ditfurth war weiland einer der geschicktesten Assessoren am Kammergericht. Liebe und Wein haben ihn nach der Zeit so verdorben, dass er jetzt beinahe unbrauchbar ist. Bei dem ersten Aufenthalte der Franzosen in Wetzlar, ging er in den Wirtsheusern herum, tranck Brüderschaft mit den Sansculotten und schimpfte auf den Kaiser.*[136]

Tatsächlich trat Ditfurth im Kontext der Auflösung des Reichs kaum in Erscheinung, sodass seine von Becker konstatierte Unbrauchbarkeit durchaus plausibel wirkt. Gingen von ihm keine Impulse mehr aus, so fand Riedesel bereits 1787 kritische Worte für den damals bereits verbotenen Illuminatenorden:

> *daß man hie und da zu viel und bedencklichen politischen Einfluß gesucht habe, ist auch nicht zu läugnen.*[137]

Auch in den Berichten des kaiserlichen Assessors Maurer von Kronegg nach Wien spielten die Illuminaten seit den 1790er Jahren keine Rolle mehr. Demgegenüber hatte das Verbot des Illuminantenordens einen indirekten Effekt dadurch, dass Franz Xaver von Zwackh, dessen Haus in Landshut im Zuge der Verfolgung des Geheimbundes durchsucht und dessen Schriften beschlagnahmt wurden, nach Wetzlar floh und dort bis zur Auflösung des Reichs blieb. Er wurde 1799 bayerischer Sollizitant am RKG und hatte intensive Kontakte vor allem zu Franz Arnold von der Becke und dem Kammerrichter Heinrich Aloys von Reigersberg und spielte, wie noch zu zeigen sein wird, eine maßgeblich Rolle für die Bewältigung der Auflösung des Kammergerichts. Er half bei der Vermittlung einer Reihe von Angehörigen des Kameralkollegiums in bayerische Dienste und war ein Fürspre-

---

den illuminatischen RKG-Asessoren um den Niedersächs. Kreis-Ass. Ditfurth gehörte. Wirklich stichhaltige Beweise für diese Qualifizierung von Schmitz als überzeugter Illuminat sowohl in der Blütezeit des Illuminatenbunds als auch noch nach dessen Verbot bis in die neunziger Jahre des 18. Jhdts. hinein liegen jedoch bisher nicht vor". Jahns, Das Reichskammergericht, Tl. II, Biogr. 103, Kap. VIII.

[135] Zur ‚Kritik der Reichsverfassung': Burgdorf, Reichskonstitution und Nation, S. 475-501. Hier noch als anonymer Autor. Dass es sich bei dem Verfasser der ‚Kritik der Reichsverfassung' um Johann Nikolaus Becker handelte, wird gezeigt in: ders., Die Geschichte der Versuche, S. 273f.

[136] Zitiert nach: Neugebauer-Wölk, Reichsjustiz und Aufklärung, S. 77f.

[137] Riedesel an seinen Logenbruder Franz Wilhelm Frhn. v. Spiegel zum Diesenberg, 18. Februar 1787. Zitiert nach Neugebauer-Wölk, Reichsjustiz und Aufklärung, S.22 mit Anm. 75.

cher des Kollegiums, als es um die Sicherung der Pensionen ging.[138] Allerdings gilt es darauf hinzuweisen, dass diese Mitwirkung nicht vor dem Hintergrund einer bestehenden Solidarität mit früheren Mitgliedern des Illuminatenordens erklärt werden kann.

7. Verbindungen zu Spitzenfunktionären im Reich und den Territorien

Wichtiger als die Verbindungen, die innerhalb der aufgeklärten Gesellschaften geschlossen wurden, waren Beziehungen der Richter zu hohen Funktionären im Reich. Sie bestanden teils aufgrund verwandtschaftlicher Verflechtung, gingen teils auf die bei Vahlkampf betonte Funktion des Kammergerichts als *Pflanzschule hoher Minister* zurück, konnten aber auch im Rahmen des Besuchs der gleichen Universität oder während des Aufenthaltes als Praktikant am RKG geschaffen werden. Wie erwähnt war eine Reihe von vormaligen RKG-Assessoren um 1800 zu Reichstagsgesandten aufgestiegen: Der Kurmainzer Direktorialgesandte Franz Joseph von Albini,[139] der fürstlich salzburgische Direktorialgesandte Sebastian von Zillerberg,[140] der sächsische Gesandte Hans Ernst von Globig[141] und Aegid von Fahnenberg.[142] Verbindungen zu anderen Reichstagsgesandten bestanden aufgrund verwandtschaftlicher Beziehungen. Edmund von Schmitz Grollenburg, der Aremberg, Hohenzollern, Schwarzenberg, Auersperg und Fürstenberg am Reichstag vertrat, war Sohn des RKG-Assessors Friedrich Joseph von Schmitz Grollenburg. Der evangelische Präsident Franz Paul Christoph von Seckendorff und der Beisitzer Carl August von Seckendorff, die untereinander nur weitläufig verwandt waren, verfügten durch eine noch weitläufigere Verwandtschaft über Beziehungen zu zwei weiteren Reichstagsgesandten – zu Christoph Albrecht von Seckendorff, der zeitweise Württemberg, Anhalt, Sachsen-Coburg und Baden vertrat, und zu Johann Carl Christoph von Seckendorff, dem Vertreter Württembergs.[143]

---

[138] Noch immer A. Becker, Die Wiedererstehung der Pfalz. Eine neuere Biographie über Zwackh muss als Desiderat betrachtet werden.

[139] Nicht immer frei von Problemen ist die Biographie von Menzel, Albini; grundlegend: Jahns, Das Reichskammergericht, Tl. II, Biogr. 75.

[140] Jahns, Das Reichskammergericht, Tl. II, Biogr. 79.

[141] Jahns, Das Reichskammergericht, Tl. II, Biogr. 48.

[142] Jahns, Das Reichskammergericht, Tl. II, Biogr. 60.

[143] Zu den Vertretungen der Reichsstände: Härter, Reichstag und Revolution, S. 662 (Johann Carl Christoph von Seckendorff), S. 666 (Christoph Albrecht von Seckendorff). Zu Carl August von Seckendorff: Rechter, Die Seckendorff, S. 211-217, S. 245-248. Jahns, Das Reichskammergericht, Tl. II, Biogr. 49. Zu Franz Paul Christoph von Seckendorff: BAF, AR 1, IV B 2/29, fol.14r-16v/1800 (GE und Aufschwörung 19. September 1800); HHStA-Wien, RHR und RK, Verf.-A. 31; Vahlkampf, Miscellen, Bd. 2, S. 489; Gschliesser, Reichshofrat, S. 498; Rechter, Die Seckendorff, S. 279-281.

Darüber hinaus bestanden enge Verbindungen nach Wien. So war der Präsident des Reichshofrates Karl Philipp von Öttingen-Wallerstein bis 1801 Kammerrichter gewesen. Während dieser Kontakt vor allem durch Reigersberg aufrechterhalten wurde, war der RKG-Präsident Seckendorff zuvor auf der adeligen Bank des RHR gesessen. Stauffenberg verfügte über verwandtschaftliche Beziehungen zur Familie Stadion. Denn nicht nur saß mit Friedrich Lothar von Stadion ein Vertreter dieser Familie als kurböhmischer Gesandter im Reichstag, sein Bruder, Johann Philipp von Stadion, gehörte zu den einflussreichsten politischen Ratgebern am Kaiserhof.[144]

Alles in allem war das Kammergericht damit in ein breites Netz eingewoben, das von den Territorialeliten vor allem in Mainz und Württemberg über die Verbindungen einzelner Assessoren zu Spitzenfunktionären an ihren Präsentationshöfen bis hin zur Führungsschicht an den Institutionen des Reichs und dem Kaiserhof in Wien reichte. Zusätzlich war mit Franz Xaver von Zwackh ein einflussreicher Vertreter Bayerns, das die höchsten Kammerzielerbeiträge zu bezahlen hatte, vor Ort. Hinsichtlich des personellen Netzwerkes kann deshalb die Ausgangslage für die Bewältigung der Vorgänge von 1806 als besonders gut bezeichnet werden. Das RKG war nicht nur in verfassungsmäßiger, sondern auch in sozialer Hinsicht eng mit dem Gefüge des Reichs verwoben.

V. Geistiges Profil

Wie bereits angedeutet hatte sich hinsichtlich der ‚harten' Voraussetzungen im Laufe des 18. Jahrhunderts eine Art idealer Weg ans Kammergericht herausgebildet, der sich, mit individuellen Abweichungen, in den Einzelbiographien eingeschrieben hat. Er führte meist an zwei oder mehrere Universitäten, unter denen Göttingen bevorzugt wurde, wo insgesamt elf Angehörige der letzten Generation studiert hatten. Daran schloss sich für gewöhnlich zunächst ein Praktikum an den Behörden des Heimatterritoriums an. Es folgte die Reise nach Wetzlar, wo die Schreibstube eines Assessors die beste Möglichkeit bot, die praktischen Kenntnisse des Reichsrechts anhand von Originalakten zu vertiefen. Idealerweise stand nach einer fünfjährigen Tätigkeit bei einer zentralen Justizbehörde, der Veröffentlichung einer Abhandlung zum Reichsstaatsrecht, die immerhin zehn Assessoren aufweisen konnten, der Präsentation und dem erfolgreichen Durchlaufen des Examens nichts mehr im Wege.[145]

Ausgehend von der Frage, was es bedeutete, in Göttingen oder einer anderen Reformuniversität im Reich studiert[146] und ein reichsrechtliches Praktikum in

---

[144] Zu den Brüdern Stadion: Rössler, Österreichs Kampf, S. 17ff. Zu den verwandtschaftlichen Beziehungen: G. Wunder, Die Schenken von Stauffenberg, S. 297-311.

[145] Hierzu die Biographien bei Jahns, Das Reichskammergericht, Tl. II.

[146] Die katholischen Universitäten im Reich hatten in dem hier relevanten Zeitraum begonnen, ihre Rückständigkeit aufzuholen. Zu ihrer Lage im 18. Jahrhundert Hammerstein, Aufklä-

Wetzlar absolviert zu haben, wird im Folgenden der Horizont politisch-reichsstaatsrechtlichen Denkens entwickelt, über den ein Angehöriger der letzten Generation von Richtern verfügen konnte.[147] Dieser wird dann anhand von Publikationen der letzten Generation von Richtern hinsichtlich seiner Konkretisierung im aktuellen politischen Kontext untersucht.

1. Die Bedeutung Pütters

Zunächst gilt es festzuhalten, dass die Ausbildungswege der Richter denen von Spitzenfunktionären in den Territorien, aber auch der Eliten an den Institutionen des Reichs glichen. So hatten die Schule Johann Stephan Pütters, des wohl bedeutendsten Reichsstaatsrechtlehrers in der zweiten Hälfte des 18. Jahrhunderts, insgesamt 6 000 Studenten durchlaufen, darunter auch Fürstendiener in der Niederjustiz.[148] Sein Biograph Ebel hat seine überragende Bedeutung auf den Punkt gebracht und betont: „Fast alle bedeutenden Männer, die im letzten Drittel des 18. Jahrhunderts eine führende Stellung im deutschen politischen und Staatsleben einnahmen, sind Pütters Schüler gewesen."[149] Maßgeblich waren Göttingen und insbesondere Pütter auch als Vorbild sowohl für die aufgeklärten protestantischen Universitäten als auch für die neu gegründeten katholischen Universitäten, wie etwa Bonn oder Heidelberg, wo mit Georg Friedrich Zentner ein Schüler Pütters als Reichsstaatsrechtslehrer tätig war.[150] Darüber hinaus lässt sich die Anziehungskraft Pütters an zahlreichen Beispielen verdeutlichen. So betonte beispielsweise der kurtrierische Wahlbotschafter Hügel, der spätere kaiserliche Konkommissar am Reichstag, zwar Pütters Lehrvorträge nicht gehört zu haben, gleich-

---

rung und katholisches Reich; ders., Zur Geschichte und Bedeutung, S. 287-328; Stolleis, Geschichte des öffentlichen Rechts, Bd. 1, S. 225-265; zu Bonn, wo 1777 eine neue, nach den Prinzipien der Aufklärung errichtete Akademie entstand: Braubach, Die erste Bonner Hochschule (Ausbildungsstätte von Reigersberg, Gruben und Weidenfeld), zu Würzburg: Hammerstein, Aufklärung und katholisches Reich, S. 33-73, zu Bamberg: ebd., S. 159-169, Wien: ebd., S. 170-209 (Martini). Ein Überblick bei Dickerhoff, Die katholischen Universitäten. Nach der Politisierung von Studenten an den Universitäten Heidelberg, Mainz und Würzburg fragend Jörg Schweigard, Aufklärung und Revolutionsbegeisterung.

147 Diese Frage ist in der Forschung bisher nicht thematisiert worden. Ein Überblick zur Kameralliteratur, der jedoch kaum über Fahnenberg, Litteratur, hinausgeht, bei Holthöfer, Die Literatur der Kameraljurisprudenz.

148 Pütter lehrte bis 1805, zwei Jahre vor seinem Tod, insgesamt 60 Jahre in Göttingen. Zu ihm: Link, Johann Stephan Pütter; Hammerstein, Jus und Historie; Ebel, Pütter; Jahns, Das Reichskammergericht, Tl. I, Kap. III, 2; Burgdorf, Die reichsrechtliche Peregrinatio academica; Brakensiek, Fürstendiener, S. 59-77; vgl. auch die Anmerkungen Pütters in seiner Selbstbiographie, wo er diejenigen Studenten vermerkte, die seine reichsrechtlichen Praktika besuchten. Pütter, Selbstbiographie, Bd. 1.

149 Ebel, Pütter, S. 53; Stolleis, Geschichte des öffentlichen Rechts, Bd. 1, S. 312.

150 Schweigard, Aufklärung und Revolutionsbegeisterung, S. 246-250; Dobmann: Georg Friedrich Zentner, S. 5. Zum Gesamtzusammenhang: Hammerstein, Aufklärung und katholisches Reich; ders. , Universitäten und Aufklärung; Klueting, Katholische Aufklärung.

wohl aber als Schüler des Wiener Hofrates Frank sein literarischer Enkel zu sein.[151] Auch der kurbrandenburgische Wahlbotschafter Goertz hob Pütters Bedeutung 1790 hervor und titulierte ihn als einen *Hauptpfeiler der Theorie der deutschen Verfassung.*[152] In der Tat war das Pütter'sche System der Erfassung des Reichs ungeheuer attraktiv und man wird sich dem Urteil Willoweits anschließen können, der als Pütters Leistung seinen Beitrag zur „besonderen Prägung jener Juristengeneration" würdigte, die „in der Zeit der Spätaufklärung ihre Ausbildung erhielt und den Übergang zu neu geordneten staatsrechtlichen Verhältnissen im frühen 19. Jahrhundert vorbereitete und vollzog".[153]

Was machte den Erfolg des Göttinger Lehr- und Ausbildungsprogramms aus?[154] Zum einen war hier das Pütter'sche Lehrgebäude maßgeblich. Zwar war Göttingen „ein Kind" Halles,[155] gleichwohl begann sich, durch den älteren Moser, durch Estor und seinen Schüler Pütter maßgeblich beeinflusst, in Göttingen eine Richtung des Reichstaatsrechtes durchzusetzen, die die Verfassung des Reichs anhand eines stark vom Kontraktualismus des deutschen Naturrechts geprägten Denkens diskutierte – das Pütter'sche System. Pütters Leistung war es, den Kontraktualismus des älteren Naturrechts, wie ihn Pufendorf, Wolff, der Lehrer Pütters, Thomasius und später vor allem Nettelbladt, Darjes und Achenwall, Pütters Kollege in Göttingen, weiter entwickelten,[156] mit dem historisch gewachsenen positiven Reichsstaatsrecht zu verbinden, das er mittels der Subdisziplin der Reichshistorie aufspürte. Das Reichsstaatsrecht thematisierte er also als Subdisziplin von Naturrecht und Rechtsphilosophie, als spezifischen Teil des allgemeinen Staatsrechts,[157] wobei im Zentrum des Pütter'schen Denkens die Frage nach dem Staat und der Regierung des Reichs stand. Konzeptionell gefasst wurde das Reich dabei als kontraktualistisches System der doppelten Staatlichkeit, wobei das Reich jene staatlichen Aufgaben übernahm, die die Territorien nicht zu erledigen vermochten. Insbesondere die Rechts- und Friedenswahrung, die die Reichsgerichte und vor allem das RKG garantieren sollten, lag Pütter dabei als Kernaufgabe, als Staatszweck des Reichs am Herzen, was zweifellos zur Attraktivität seines Denkens unter den Angehörigen der Reichsinstitutionen und nicht zuletzt des RKG beitrug. Sein Denken war überdies von der Annahme geleitet, dass das Reichsrecht dem Staatsrecht der einzelnen Territorien übergeordnet sei. Da Pütter die

[151] Pütter, Selbstbiographie, Bd. 1, S. 815.

[152] Goertz, Memoiren, S. 118. Für diesen Hinweis danke ich Wolfgang Burgdorf, München.

[153] Willoweit, Artikel Pütter.

[154] Der einstige Einfluss Halles schlug sich unter den Angehörigen der letzten Richtergeneration allein in der Ausbildung Karl Georgs von Riedesel zu Eisenbach nieder. Jahns, Das Reichskammergericht, Tl. II, Biogr. 109.

[155] Hammerstein, Jus und Historie, S. 17-42; Stolleis, Geschichte des öffentlichen Recht, Bd. 1, S. 98-308.

[156] Zu den genannten Naturrechtsdenkern: Hellmuth, Naturrechtsphilosophie und bürokratischer Werthorizont; Klippel, Politische Freiheit; zu Thomasius: Hammerstein, Jus und Historie, insb. S. 43-148; Luig, Christian Thomasius.

[157] Zum naturrechtlichen Staatsrecht: Schelp, Das Allgemeine Staatsrecht.

Überordnung des Reichs als festgeschrieben in Kontrakten betrachtete, die im Zusammenwirken von Kaiser, Kurfürsten und Reichsständen zustande gekommen waren, stellte der naturrechtliche Rahmen, der sein System zusammenhielt, einen Ersatz für die nicht geschriebene Verfassung des Reichs dar. Sein System, in dem das Reich als Monarchie galt, war unter den Zeitgenossen ein feststehender Begriff[158] und unterschied sich deutlich von der Reichsstaatsrechtslehre Johann Jakob Mosers, die gegen die theoretische Anreicherung des positiven Reichsstaatsrechts weitgehend resistent blieb.[159] Anders als das historisch-empirische Reichsstaatsrecht in der Moser'schen Prägung, war Pütters Ansatz bestens dazu geeignet, Sollzustände der Reichsverfassung zu formulieren und bestehende Defizite des als Staat gedachten Reichs aufzuspüren. Dies äußerte sich besonders in der für die Angehörigen des Kameralkollegiums wohl wichtigsten Schrift, seiner 1749 erstmals veröffentlichten Abhandlung über den Zustand der Reichsgerichte.[160]

In dieser Schrift, deren nähere Betrachtung lohnt, arbeitete Pütter die Gebrechen der Reichsjustiz und vor allem des RKG konkret heraus: Die zunehmende Einschränkung des Gerichtszwanges durch Erteilung von *Privilegia de non appellando*, die Langwierigkeit der Prozesse, die Problematik des *Rekurses an den Reichstag*, der mangelnde Unterhalt der Richter, der Sollizitaturmissbrauch, der unmittelbar mit der Verschleppung der Prozesse zusammenhing, die Unterbesetzung des Richterkollegiums, die mangelnde Visitation. Gegen all diese Mängel wollte Pütter *Remedia* entwickeln[161] und forderte darüber hinaus eine Verbesserung der Aufsicht der Richter über die Anwälte am Kammergericht sowie eine Reform der juristischen Ausbildung.[162] Damit lieferte er gleichsam die Blaupause für die während und nach der letzten Visitation des RKG durchgeführten Reichsjustizreformen, die einen Reformwillen der Angehörigen des Kameralkollegiums freisetzte, der trotz aller Widrigkeiten bis 1806 prägend blieb. Das Vorhandensein einer *reichspatriotischen* Gesinnung, die Pütter als Voraussetzung für die Reichs-

---

[158] Vgl. etwa das Gutachten zur Lage des Reichs vom Mai 1806 durch den Wiener Legationssekretär Haas, der ganz selbstverständlich vom Pütter'schen System als dem verbreitetsten zur Erfassung des Reiches spricht. Abgedruckt bei G. Walter, Der Zusammenbruch, Anhang I; Stolleis, Geschichte des öffentlichen Rechts, Bd. 1, S. 309-316, spricht allgemeiner vom „Göttinger System".

[159] Zu Johann Jakob Moser: Laufs, Johann Jacob Moser; Rürup, Johann Jakob Moser; Schömbs, Das Staatsrecht Johann Jakob Mosers.

[160] Pütter, Patriotische Abbildung. Für die Angehörigen des RKG, die, auch wenn sie nicht in Göttingen studiert hatten, die Schriften Pütters zweifellos kannten, war Pütter nicht in seiner Rolle als reiner Naturrechtslehrer entscheidend, in die er in dem gemeinsam mit Achenwall 1750 veröffentlichten Kompendium schlüpfte. Vielmehr wirkte er vor allem als Reichsstaatsrechtslehrer. Dies zeigt schon die rein quantitativ häufigere Zitierung der ‚Institutiones Iuris publici Germani' in den Publikationen der Angehörigen des Kameralkollegiums.

[161] Pütter, Patriotische Abbildung.

[162] Zur Bedeutung dieser Forderung, die in Pütters ‚Collegia Practica' an der Göttinger Universität mündete: Jahns, Das Reichskammergericht, Tl.1, Kap. III, 2.

justizreform postulierte, lässt sich an einer Fülle von Beispielen von Publikationen von Richtern am RKG belegen. Karl von Kamptz knüpfte hieran noch in seinen im Sommer 1806 verfassten ‚Reminiscenzen bey der Auflösung des kaiserlichen und Reichskammergerichts' an, hatte sich aber bereits in seiner Darstellung des Präsentationsrechts, sowie auch in seiner Göttinger Dissertation hieran orientiert.[163] Ganz ähnliches gilt für die im Zuge der Visitation entstandenen Arbeiten von Georg Gottlob Balemann[164] und vor allem für die ‚Reichskammergerichtlichen Miscellen', die der Protonotar des RKG Vahlkampf seit 1805 herausgab und in der eine Reihe von Assessoren Aufsätze veröffentlichten.[165]

2. ‚Patriotische Abbildung des Zustandes der beyden Reichsgerichte'

Anhand von Pütters Reichsjustizreformschrift kann noch einmal genauer verdeutlicht werden, von welcher Art sein System der Interpretation der Reichsverfassung war, an das die Angehörigen des RKG anknüpften. Entscheidend ist einerseits, dass der Wolff-Schüler Pütter sich hier an Pufendorf anlehnte, dessen Worte er seiner Abhandlung als Motto voranstellte.[166] Prägend war dabei nicht nur der Rückgriff auf den Pufendorf'schen Kontraktualismus, sondern auch die Anknüpfung an dessen voluntaristische Bestimmung des Staates.[167] Allerdings

---

[163] Kamptz, Reminiscenzen; ders., Darstellung des Präsentations-Rechts, insb. Vorrede; ders., Observationes quaedam de legum. Vgl. auch: Neurath, Von der Regriedenterbschaft, Vorrede; Vorher etwa: Balemann, Revision; Vahlkampf, Miscellen; vgl. die Vorrede im ersten Band; zu diesem Kontext Teil III dieser Studie.

[164] Balemann: Revision. Vgl. dazu die bei Jahns, Das Reichskammergericht, Tl. I, Kap. II, 3.4 ausgewertete Literatur.

[165] Die Titel in: Vahlkampf, Biographische und literatische Notizen.

[166] Pütter zitiert aus: Monzambano, Cap. 8 § 1 *Facilem, spero, dabunt cordati veniam innoxiae libertati hominis a studio partium remoti, cui post patriae incolumitatem nihil magis in Votis, quam ut florentissimio statu gaudeat intergerrima nationum.* Darüber hinaus schrieb Pütter etwa zur selben Zeit zusammen mit Gottfried Achenwall an den ‚Elementa iuris naturae'. Pütter hatte schon 1747 betont, mit Achenwall zusammenarbeiten zu wollen, *da dieser ohnedem das jus naturae et gentium mit seinen historischen Arbeiten zu verbinden Willens* sei. Zitiert nach Stolleis, Geschichte des öffentlichen Rechts, Bd. 1, S. 315; Pütter/Achenwall, Elementa Juris naturae. Achenwall gab die Neuauflagen des Kompendiums später alleine heraus. Zur Verbreitung der von Pütter und Achenwall zusammen entwickelten Naturrechtslehre an deutschen Universitäten seit 1750–1789: J. Schröder/Pielemeier, Naturrecht als Lehrfach, S. 261. Zum Gesamtzusammenhang Hammerstein, Jus und Historie; Klippel, Politische Freiheit. Zu Pütter: Ebel, Pütter; Michael Stolleis: Pütter, in: ders., Staatsdenker; ders., Geschichte des öffentlichen Recht, Bd. 1; Preu, Polizeibegriff und Staatszwecklehre.

[167] Nach Pufendorf war der Staat zwar an den Willen des einzelnen zurückgebunden, jedoch nur in vermittelter Weise. Vom Einzelnen ausgehend beschrieb er den Vorgang der Gründung des Staates durch einen Beschluss und zwei Verträge. Pufendorf, De Jure Naturae, VII, 2, 7, übersetzt Bei Luig, Samuel von Pufendorf, S.165. Nach diesem Beschluss erklärte die Gemeinschaft ihren Willen darüber, wie sie zu regieren sei, dann folgte der Unter-

war Pütters Argumentation stärker als die Pufendorfs mit historischen Fakten unterlegt, die er durch die Subdisziplin der ‚Reichshistorie' gewonnen hatte.[168] Darüber hinaus rückte Pütter nicht die Diskussion um die *Forma imperii* ins Zentrum seiner Abhandlung, sondern gruppierte den reichsstaatsrechtlichen Rahmen um die Reichsgerichte und vor allem das RKG, das er als wahres *Kleinod* der Reichsverfassung bezeichnete:[169]

> *Die höchsten Reichsgerichte enthalten das Justizwesen in Ansehung des ganzen Reiches und der Reichsstände selber; und davon ist hier eigentlich die Rede. Diese Reichsgerichte sind so angeordnet, daß sich darin das ganze Band aller einzelnen Teutschen Länder und Einwohner unter dem Schutze und Ansehen eines allgemeinen allerhöchsten Oberhauptes vereinigen soll. Da soll auch unmittelbaren Mitgliedern oder Ständen des Reichs Recht erteilt werden; da soll der geringste gegen den mächtigsten sein Recht ausführen können; da soll endlich ein jeder Unterthan auch noch gegen beschwerende Urtheile oder Verfahren seiner Obrigkeit seine Beschwerden einbringen können, und zu deren rechtmäßiger Erörterung noch Hoffnung haben* [...] *Wie mag eine glückseeligere Einrichtung eines Staats erdacht werden, als diese, da ein Mitglied des Reichs in Erhaltung des Seinigen sicher, gegen anderer Beleidigungen geschützet, und mit gewisser Beybehaltung seiner Freyheit ein Unterthan ist? So sehr auch die sonst vielerley kleine Staaten, die erst zusammen genommen das ganze Teutsche Reich ausmachen, unterschieden, und so wenig dieselben einzeln im Stande sind, ihre gemeine Wohlfahrt und Sicherheit zu befördern; so glückseelig und so sicher kann ein jeder leben, so lange dieses Band der höchsten Gerichte die Einheit des Staates erhalten wird.*[170]

Dies ist zweifellos eine Interpretation des Reichs in naturrechtlichen Bahnen. Deutlich kommt auch das Konzept der doppelten Staatlichkeit zum Ausdruck: Die kleinen Staaten, die Territorien, sind einzeln nicht im Stande, *Wohlfahrt* und *Sicherheit* zu erhalten. Dies ist erst dann möglich, wenn die Reichsgerichte die Rechte der Untertanen garantieren. Die Reichsgerichte sind es auch, die das Ganze zusammenhalten und Wohlfahrt und Sicherheit garantieren sollen. Mit anderen

---

werfungsvertrag. Pufendorf, De Jure Naturae, VII, 2, 8; Hammerstein, Samuel Pufendorf, S. 182; Denzer, Moralphilosophie und Naturrecht; Palladini, Samuel Pufendorf.

168 Hierzu Pütters reichshistorisches Kompendium: Grundriß der Staatsveränderungen des teutschen Reichs.

169 Mit diesem Begriff knüpfte Pütter an eine Votum Costnitzs auf dem Frankfurter Deputationstag von 1643 an, der es damals für nötig hielt: *dem kaiserlichen Reichskammergericht, als dem höchsten Kleinod des heil. Römischen Reiches zuförderst zu helfen.* Vgl. Pütter, Patriotische Abbildung, S. 30 Anm.

170 Pütter, Patriotische Abbildung, §§ 5 und 6. Hervorhebungen von mir, um die naturrechtliche Anlage der Argumentation zu verdeutlichen.

Worten besteht der Staatszweck des Reichs nach Pütter in der Sicherung der Rechte der Untertanen. Wie stark er die Rolle des RKG für die Erfüllung dieses Zweckes einschätzt, wird deutlich, wenn er schreibt, die Einsetzung des RKG auf dem Wormser Reichstag von 1495 hätte das *Unglück* beendet, das *Teutschland*[171] über Jahrhunderte heimgesucht habe. Wenn man sich klarmacht, dass dieses Unglück seiner Ansicht nach darin bestand, dass das Faustrecht anstelle von ordentlichen Richtern Entscheidungen herbeiführte, so wird der naturrechtliche Denkrahmen in seiner Theorie deutlich:[172] Das Reich im Mittelalter galt ihm als Vereinigung im Naturzustand, die durch das Faustrecht der *mittleren Zeiten* regiert war. Die *Anordnung* des RKG aus dem Zusammenwirken von Kaiser und Reichsständen von 1495 war der Kontrakt, der gewährleisten sollte, den Staatszweck der *Glückseeligkeit* zu erreichen, indem die Rechte der einzelnen nicht mehr durch das Faustrecht, sondern durch den unabhängigen Richter gesichert werden. Entsprechend den zeitgenössischen Eudaimonielehren war dabei *Glückseeligkeit* der Zustand, der aus der Sicherung der Rechte der Untertanen entsprang. Dies ist die reichsstaatsrechtliche und auf die Reichsgerichte bezogene Variante des naturrechtlichen Denkens, die stärker säkular aufgeladen war als Pufendorfs Vorstellung.

Dass Pütter in seiner Theorie der Entstehung des Staates die Vorsehung, die bei Pufendorf ein zentraler Begriff ist, nicht ganz hinausdefiniert, zeigt folgende Passage seiner Reichsjustizreformschrift:

> *Aber leider lehret uns die Erfahrung, dass sich dieser Vortheile* [der Einheit des Staates, EOM] *Deutschland nicht rühmen kann. Zwey Reichsgerichte sind zwar vorhanden, und ein erlauchtes Oberhaupt beseelt noch ihre tägliche Bemühung für das gemeine Beste; aber ihr Ansehen nimmt ab, ihre Verfassung ist nicht in der gehörigen Vollkommenheit, und ihr Zerfall scheint unvermeidlich, wenn nicht bald die Vorsehung anderen Anstalten Nachdruck gibt.*[173]

Deutlich klingt hier Pufendorfs Definition der ‚Vorsehung' als die im Menschen angelegte göttliche Vernunft an, die letztlich dafür verantwortlich ist, dass ein Staatsvertrag geschlossen wird: Aus Gründen der Selbsterhaltung entschließen sich die mit einer von der Vorsehung angelegten Vernunft begabten Menschen dazu, ihre eigene beziehungsweise die Schwäche von vorstaatlichen Formen der Vergesellschaftung zu überwinden. Deshalb schließen sie einen Vertrag aller mit allen, den Staatsvertrag, der die sicherste Form des Zusammenlebens darstellt. Während Pufendorf bei seiner Bestimmung des Vorsehungsbegriffs am Naturzustand ansetzt, thematisiert ihn Pütter im Zusammenhang mit einem bestehenden

---

[171] Vor 1495 ist für Pütter *Teutschland* bezeichnenderweise noch kein Staat, was die naturrechtliche Konstruktion unterstreicht.

[172] Pütter, Patriotische Abbildung, § 2; vgl. auch die Anmerkung c.

[173] Pütter, Patriotische Abbildung, § 7.

Staat, dem Reich, dessen Labilität er deutlich vor Augen hat. Die *Vollkommenheit* des Staates als Zielkategorie ist in letzter Konsequenz ein Produkt der *Vorsehung* im Sinne einer von Gott angelegten Vernunft. Die pufendorfisch gedachte Vorsehung gebietet eine Reform der angeschlagenen, weil chronisch unterfinanzierten Reichsgerichte, damit die Sicherung des Staatszweckes gewährleistet ist und das Reich seine Existenzberechtigung beibehält. Damit stand also die Vorsehung als Beweger hinter dem Reformwillen und die Reform der Reichsgerichte schien deshalb nötig, weil ein unvollkommener Staat sich nicht selbst erhalten könne. Er würde unvermeidlich zerfallen.[174]

Während damit die Abhängigkeit Pütters von der älteren Naturrechtslehre Pufendorf'scher Prägung aufgezeigt ist, kristallisierte er einen Gedanken heraus, der sich vor allem für die Angehörigen des Kammergerichts als attraktiv erwies. Entscheidend war dabei die bereits angesprochene These Pütters, dass von der Erhaltung der Reichsgerichte nichts weniger abhänge als die Einheit des Reichs. Er erklärte die Folgen, die es haben würde, wenn die von ihm geforderte Reform der Reichsgerichte nicht durchgeführt würde:

> *Nun erwäge man nur noch die üblen Folgen von allen diesen betrübten Umständen unserer höchsten Gerichtsverfassung. Der Kayser, der einzige allerhöchste Richter in ganz Teutschland, wird außer Stand gesetzt, seine höchstrichterliche Gewalt mit eigener Würkung auszuüben. Seine Reichsgerichte werden nicht geachtet. Er wird von den Bedrängten vergeblich angerufen, und von den Mächtigen nur dem Namen nach als das höchste Oberhaupt geehrt. Der größte Theil seines Ansehens, und das vornehmste Stück, was er noch von der sonst schon so sehr eingeschränkten höchsten Gewalt übrig behalten, wird ihm entzogen. Nach diesem Abzuge behält er also vollends nichts als nur noch den Namen, so lange es dauret, übrig* [...] *Teutschland behält demnach in der That kein gemeinsames Oberhaupt mehr. Und mit dessen höchstrichterlicher Gewalt gehet die Einheit des teutschen Staatskörpers, worauf unser ganzes Staatsrecht beruhet, zu Grunde. Man siehet ohnedem von dieser Einheit des Reichs kaum mehr einige Spuren, als an Reichsgerichten, am Kayserlichen Lehnhofe und am Reichstage. So bald aber jene fallen, vermag alles übrige nicht mehr zu bestehen, geschweige dann den Zusammenhang des Teutschen Staatskörpers noch zu erhalten.*[175]

Deutlich kommt in diesen Äußerungen das Bewusstsein um die Fragilität des als Staat konzipierten Reichs zum Ausdruck. Vor dem Hintergrund des fehlenden

---

[174] Eine Arbeit, die den Begriff der Selbsterhaltung in der politischen Theorie in Deutschland verknüpft mit der Gleichgewichtstheorie im Natur- und Völkerrecht, stellt ein Desiderat dar. Martin Mulsow hat die Bedeutung dieser Vorstellung, die von Aristoteles ausgeht, für die Naturphilosophie der Renaissance herausgearbeitet: Mulsow, Frühneuzeitliche Selbsterhaltung. Zur Selbsterhaltung als zentralem Begriff des Naturrechtsdenkens in Frankreich: Schmale, Das Naturrecht in Frankreich, S. 13.

[175] Pütter, Patriotische Abbildung, §§ 65, 66, S. 23f.

Willens zur Erhaltung der Reichsgerichte stand der *Reichs-Staat* am Rande seiner Auflösung. Ohne die Reichsgerichte hielt es Pütter nicht für möglich, die *Glückseeligkeit* durch Gewährung von Rechten herzustellen. Mit dem vollständigen Verfall der Reichsgerichte, würde gleichsam wieder der Zustand des Faustrechtes der *mittleren Zeiten* eintreten:

> *Mit einem Worte: Das Reich zerfällt; ein Faustrecht tritt an die Stelle einer mit der grössten Mühe eingeführten Gerichtsverfassung; die Freyheit geht zu Grunde; die Schwächeren werden ein Opfer der Grossen; Adeliche, Städte, Grafe, Prälaten u. d. g. dürfte die Reyhe am ersten Treffen; aber wer ist sicher, daß sie nicht auch an ihn komme? Und wer will Bürge seyn, daß nicht zuletzt ganz Teutschland ein Raub der Fremden werde?*[176]

Pütter war sich im Klaren darüber, dass mit der Abschaffung der Reichsgerichte das gesamte Staatsrecht, das auf der Annahme beruhte, *Teutschland* sei ein Staat, zugrunde gehen würde. Sein Reichsverständnis war geprägt von dem Bewusstsein, dass das Reich ein unvollständiger Staat sei, dem aufgrund des mangelnden Willens der Reichsstände, die Reichsgerichte zu reformieren und entsprechende Reformen durchzuführen, der Verfall drohe.[177] Dass die Rechte der Untertanen gesichert werden müssten, um diesen Verfall aufzuhalten, war der Dreh- und Angelpunkt seiner Argumentation. Ohne das eudämonistische Staatsziel der älteren Naturrechtslehre aufzugeben, wurde die Betonung der Rechtssicherheit, die das RKG gewähre, zu einem zentralen Element in Pütters Lehre vom Zweck des Reichs.[178]

3. Praktika

Während sich Pütters Variante des Reichsstaatsrechtes deshalb als außerordentlich attraktiv für die Richter des RKG erwies, weil sie das Naturrechtsdenken, das den Juristen von ihrem philosophischen Vorstudium her bekannt war, mit dem positiven Reichsstaatsrecht verband und zugleich die Blaupause für die Reform des Kammergerichts lieferte, war Göttingen als Studienort für Juristen darüber hinaus auch wegen der von Pütter durchgeführten ‚Collegia Practica' interessant.

---

[176] Pütter, Patriotische Abbildung, § 75.

[177] Pütter, Patriotische Abbildung, § 81: *Wer überhaupt den Grund der üblen Beschaffenheit des Reichs-Justizwesens im Mangel guter Gesetze suchen wollte, der würde sich sehr betriegen* [...]; § 82: *Aber leider werden diese fürtreflliche Ordnungen nicht gehörig befolget, noch weniger, wo es etwa nötig wäre, immer gebessert* [...] *Davon besteht leider der erste Grund darin, daß eben die weisen Gesetze und Anstalten unserer Vorfahren, von den wenigsten eingesehen und erkannt werden.*, § 83: *Kommen vollends böse Rathgeber dazu, die entweder selbst so wenig gegründete Einsicht, als guten Willen, oder bey einer verbleibenden Einsicht die Gabe, anderer Unwissenheit zu misbrauchen, haben, so können die beste Gesetze nicht anders als ohne Wirkung seyn und Misdeutungen und Verdrehungen nicht entgehen.*

[178] Pütter, Patriotische Abbildung, § 69.

Hier wurde man in die für die spätere praktische Tätigkeit als Jurist nötige praktische Arbeit anhand von gedruckten Sammlungen von Rechtsfällen aus dem Reich eingeführt. Man verließ also Göttingen bereits mit Kenntnissen des Reichsprozesses, der paradigmatisch für den Prozess in den einzelnen Territorien studiert wurde. In einem anschließenden Praktikum am RKG, das für die politisch-administrativen Eliten ebenfalls ein vertrauter Ausbildungsort war (die Praktikantenmatrikel zählt in der Zeit von 1773 bis 1806 rund 650 Praktikanten)[179] konnten diese Kenntnisse dann an Originalakten vertieft werden, zu denen man nur in der Schreibstube eines Assessors Zugang erhielt. Während die meisten der hier im Mittelpunkt stehenden Juristen ein solches Praktikum absolvierten, war die Praktikantenausbildung bei RKG-Anwälten, wie sie etwa Bostell oder Zwierlein leisteten, weniger konkret und zielte stärker auf einen allgemeinen Überblick über die Tätigkeit des Kammergerichts.

Hinsichtlich der vermittelten Inhalte bezeichnet Wetzlar den Ort der Spezialisierung im Reichsstaatsrecht. Nur in Wetzlar wurde der Reichsprozess in seiner strengen Form gelehrt, während man im Rahmen eines Praktikums am Reichstag in Regensburg oder in Wien der Ausbildung ein stärker politisches Profil verleihen konnte.[180] Die Angehörigen der letzten Richtergeneration hatten fast alle ein Praktikum am RKG absolviert, während Wien als Ort des Praktikums nur dreimal und Regensburg überhaupt nicht vertreten ist.[181]

Das Praktikum in Wetzlar, über dessen Ausbildungsinhalte eine Reihe von Praktikantenbriefen, Tagebüchern, Memoiren und Studienanleitungen Rechenschaft geben,[182] verweist noch einmal zurück auf die Bedeutung der Reichskammergerichtsstadt als Ort, an dem Kontakte geknüpft wurden, die im Kontext der Auflösung des Reichs wichtig werden konnten. Ein gutes Beispiel hierfür ist Eugen von Maucler, der 1805 in die Dienste Württembergs trat und am 17. März

---

179 Vgl. Schmidt-Scharff, Die Matrikel der Praktikanten.

180 Pütter, Selbstbiographie; Jahns, Das Reichskammergericht, Tl. I, Kap. III, 2.3; Burgdorf, Die reichsrechtliche Peregrinatio academica. Zum Praktikum in Wetzlar vgl. auch Klass, Standes- oder Leistungselite?, S. 159-171. Die Ausführungen von Klass beruhen im Wesentlichen auf einem Referat von: Bergsträßer, Briefe über das Studium. Zu den im Rahmen eines Praktikums bei einem Advokaten oder Prokuratoren vermittelten Lehrinhalten: Stein, Advokaten und Prokuratoren, S. 10-98.

181 Tatsächlich besuchten nur vier der hier im Mittelpunkt stehenden Juristen Wien, um ein Praktikum zu absolvieren, während Regensburg als Ausbildungsort ganz fehlt. Praktika in Wien hatten abgeleistet: Stein zu Lausnitz, Riedesel und Martini. Auf Vorkarrieren in Wien konnten die letzten Präsidenten des RKG Stauffenberg und Seckendorff als Reichshofräte verweisen. Vgl. Übersicht 3 (S. 71).

182 Bürgel, Der Wetzlarische Praktikant; Bostell, Von der Methode die kammergerichtliche Rechtsgelahrtheit zu studiren; Becker, Fragmente aus dem Tagebuch eines reisenden Neu-Franken; Bergsträßer, Briefe über das Studium; Maucler, Aus meinem Leben, S. 120-124; Heyderhoff, Johann Baptist Fuchs, Kap. 6. Die Thematik ist von der Forschung ausführlich behandelt worden, so dass hier darauf verzichtet werden kann: Jahns, Das Reichskammergericht, Tl. I, Kap. III, 2.3; Burgdorf, Peregrinatio academica; Klass, Standes- oder Leistungselite?, S. 159-171; Stein, Advokaten und Prokuratoren, S. 10-98.

1806 zweiter Rat beim Oberjustizkollegium des I. Senates in Esslingen wurde. Seit 1807 saß er zusammen mit dem vormaligen Assessor von Linden, seinem *alten Bekannten*, dessen geistvolle Frau er besonders schätzte, im Kollegium des Esslinger Oberjustizsenates.[183] Aber auch Karl Freiherr von Eberstein, der spätere Minister unter dem Fürstprimas, der bei der Abwicklung des Kammergerichts eine wichtige Rolle spielte, hatte 1782 ein Praktikum in Wetzlar absolviert.[184]

Mit der reichsstaatsrechtlichen Spezialisierung und dem Einfluss Pütters sind bereits zwei für das politische Denken der Richter bedeutende Elemente angesprochen. Doch wie lässt sich der Horizont politischen Wissens beschreiben, über den die Angehörigen des Kameralkollegiums am Ende des Reichs verfügten? Hier scheint mir ein Blick auf die Bibliotheken der Kameralen hilfreich, bei dem es nicht darum gehen kann, das gespeicherte Wissen in den Büchersammlungen des Kammergerichts und der Assessoren im einzelnen auszubreiten. Allein der Katalog der als nicht besonders gut bestückt geltenden Gerichtsbibliothek umfasst 220 Folioseiten und damit mehr als 2 000 Titel.[185] Eine Reihe von Assessoren dürfte über weitaus größere Bibliotheken verfügt haben,[186] allerdings sind die meisten Kataloge verloren. Für das Verzeichnis der Bibliothek der Assessorenfamilie Neurath gilt dies nur teilweise. Weil die Neuraths zugleich wohl eine der größten Büchersammlungen unter den Assessoren Wetzlars hatten, lässt sich an diesem Beispiel zumindest idealiter ein einigermaßen vollständiges Bild des Horizontes politisch-reichsstaatsrechtlichen Wissens rekonstruieren.

4. Die Bibliothek der Assessorenfamilie Neurath

Johann Friedrich von Neurath hatte den Grundstock seiner Sammlung bereits in den 1770er Jahren gelegt und auch seiner ersten Frau Johanna Magdalena du

---

[183] Maucler, Aus meinem Leben, S. 120-124.

[184] Schmidt-Scharff, Die Matrikel der Praktikanten, die Einträge Eberstein, S. 312, und Maucler, S. 317. Die Matrikel ist von Schmidt-Scharff fehlerhaft ediert. Eine Neuedition, am besten als prosopographisch aufbereitete Datenbank, wäre wünschenswert. Unter den bayerischen Spitzenfunktionären waren etwa Christoph von Aretin, Zentner und Stichaner Praktikanten in Wetzlar. Vgl. Henker u. a., Bayern entsteht, S. 130, S. 133, S. 137.

[185] BAF, AR 1 Misc. 993. Zur Nachgeschichte der Kameralbibliothek: Scheurmann, Wetzlarische Beiträge; vgl. hierzu auch BAF, DB 1, 348 und 356.

[186] Vgl. BAF, DB 1, 348, ad 20, Anlage Nr. 7. Aus Teilankäufen der Kammergerichtsbibliothek, späteren Bemerkungen und Versteigerungskatalogen kann erschlossen werden, dass die Assessoren Harprecht, Reinhard, Leipziger, Authenried, Ulmenstein, Maurer von Kronegg, von Balemann und Ditfurth über bislang nicht ausgewertete Büchersammlungen verfügten. Vgl. auch die Bemerkungen bei Scheurmann, Die Wetzlarer Rechtsschule, S. 378. Ob es sich bei dem von Scheurmann als „von Hammer" geführten Assessor um Peter Melchior von Hommer handelte oder um Hammerstein ist unklar. Hert jedenfalls, den Scheurmann falsch als Assessor bezeichnet, gehörte zum Kanzleipersonal.

Pasquier[187] eine eigene Abteilung angeschafft.[188] Er katalogisierte seine Bibliothek in den Jahren 1806 und 1807 zusammen mit einem Gehilfen namens Opitz, der möglicherweise mit dem vormaligen Kopisten am RKG Carl Opitz verwandt war.[189] Alles in allem dürfte die Büchersammlung rund 6 000 Titel umfasst haben, worunter sich 2 384 Dissertationen befanden und zwischen 3 500 und 4 000 Monographien, Werkausgaben und Bände schöner Literatur.[190] Auf die Bedeutung dieser Bibliothek weist eine Äußerung des Assessors Ditfurth hin, der selbst beträchtliche Summen in die eigene Sammlung gesteckt hatte, jedoch bemerken musste, dass Neuraths Bibliothek vollständiger sei als seine. Die Tatsache, dass Johann Friedrich von Neurath der Bibliothekskommission am RKG angehörte, ist ein Indiz für seinen Sachverstand als Bibliothekar.[191] Wenn nicht nur sein Sohn Constantin Franz Fürchtegott und sein Ziehsohn Karl Friedrich von Savigny sich aus dieser Bibliothek bedienten, sondern Neurath (sen.) darüber hinaus auch Praktikanten in Wetzlar ausbildete, weist dies auf die überlokale Bedeutung seiner Sammlung hin.[192]

Die beiden von Opitz 1806 gefertigten Kataloge, die Neurath überarbeitet hatte, lassen einen deutlichen Schwerpunkt der Sammlung im Reichsstaatsrecht er-

---

187 Jahns, Das Reichskammergericht, Tl. II, Biogr. 104, Kap. 2. Zu Johanna Magdalena Pasquier HStAS, Q 3/11, Bü. 17, Lebensgeschichte J. F. A. C. Neurath; HStAS, Q 3/11, Bü. 18, Briefwechsel (Liebesbriefe) Neurath (sen.) und Johanna Magdalena Du Pasquier.

188 HStAS, Q 3/11, Bü. 18, Johanna Magdalena Du Pasquier an J. A. F. C. Neurath, Couvillant, den 23. September 1775; Johanna Magdalena Du Pasquier an Johann A. F. C. Neurath, Couvet, den 20. Sept. 1775. Hier: *Die für mich bestimmte Bibliothek ist wie ich sehe allerliebst eingerichtet, ich glaube selbsten, daß sie vermögend sein wird, meinen Geschmack am lesen zu vermehren* [...] *heils Himmel welche Pracht und welche Bücher Menge bezaubern das Gesicht! Der Platz scheint fest zu sein, vortrefflich eingerichtet, nur eins verwundert mich sehr: der Bücherschrank ist voll, und Dein Gehirn ist leer. Die französischen Bücher* [...] *sind* [...] *vollkommen gut ausgesucht. Ich habe unterschiedliche davon schon gelesen, unter andern Grandison, welche Geschichte mir außerordentlich wohl gefalle, Les Sermons de Chatellain finde auch sehr gut.* Auf die Bücherleidenschaft Neuraths verweist auch HStAS, Q 3/11, Bü. 18, Christiane von Solms an Neurath, Laubach, den 26. Nov. 1775.

189 Carl Opitz kann es nicht gewesen sein. Dieser wurde am 12. April 1800 durch Kurfürsterzkanzler von Erthal zum Supernumerarii-Notar ernannt und am 8. Juni 1805 zum wirklichen kaiserlichen Kammergerichtsnotar (BAF, AR 1 Misc. 909). Doch er diktierte seinen letzten Willen am 20. Juni 1806. Vgl. BAF, AR 1 Misc. 872.

190 HStAS, Q 3/11, Bü. 22, Dissertationenverzeichnis der Bibliothek Neuraths; HStAS, Q 3/11, Bü. 22, Literaturverzeichnis L-Z. Die Schätzung ergibt sich aufgrund einer Hochrechnung des nur vom Buchstaben L überlieferten Verzeichnisses.

191 Zu seiner Tätigkeit in der Bibliothekskommission: BAF, DB 1, 348, ad 20, Anlage Nr. 4, Bericht J. F. A. v. Neuraths, Wetzlar, den 4. September 1806; BAF, FN 11 Akten 6b, Sitzungsprotokolle, 16. März 1806, Votum Ditfurth. Zur Nachgeschichte der Bibliothek des Kammergerichts Scheurmann, Die Wetzlarer Rechtsschule.

192 Savigny wuchs nach dem Tode seines Vaters, einem früheren Vorgesetzten Johann Friedrich Neuraths, zusammen mit Constantin Franz Fürchtegott auf. Bis sich 1799 die Wege trennten, verband beide eine enge Beziehung. Vgl. hierzu HStAS, Q 3/11, Bü. 17 und Bü. 28, Briefe Savignys an C. F. F. von Neurath.

kennen. Selbstverständlich verfügte Neurath über die maßgeblichen Werke der beiden wohl wichtigsten Reichstaatsrechtslehrer des 18. Jahrhunderts, Johann Jakob Mosers und Johann Stephan von Pütters.[193] Hinzu kamen reichstaatsrechtliche und reichshistorische Abhandlungen seit dem 17. Jahrhundert. Hierzu gehörten etwa Titel von Limnaeus, Pufendorf und Reinkingk, Paurmeister sowie der Hallenser Ludewig und Gundling. Darüber hinaus finden sich Gesetzessammlungen und -texte wie das preußische Allgemeine Landrecht, aber auch eine Fülle von Abhandlungen zum RKG und seiner Verfassung, zum Reichsprozess, den Reichsgrundgesetzen, einzelnen Wahlkapitulationen seit 1740, zur Reichsritterschaft und den Reichskreisen, den Kurfürsten, dem Kaiser und dem Reichstag. Unter den Dissertationen fällt die Dominanz Hallenser Disputationen auf, Neurath hatte aber auch alle Disputationen seiner Kollegen am RKG. Als weitere Schwerpunkte der Bibliothek lassen sich Reisebeschreibungen und Topographien vor allem deutscher Länder sowie Abhandlungen antiker Autoren und schöne Literatur ausmachen.

Es kommt hier nicht darauf an, die einzelnen Sammelgebiete genau zu erschließen. Entscheidend ist, dass zu Neuraths Sammlung eine Fülle von politiktheoretischen Werken gehörte. Dabei handelte es sich nicht nur um Abhandlungen zum jüngeren Naturrecht wie etwa das Einführungsbuch von Leisler, vielmehr war gleichsam der gesamte Kanon natur- und völkerrechtlicher Literatur des 17. und 18. Jahrhunderts vertreten. Sowohl die deutschen Naturrechtsdenker Pufendorf, Christian Thomasius, Christian Wolff und Daniel Nettelbladt finden sich im Katalogausschnitt L–Z, als auch, wenn auch nicht im engeren Sinne naturrechtlich, Justus Mösers patriotische Phantasien. Hinzu kommen Werke italienischer, spanischer, englischer und französischer Denker: Machiavellis ‚Principe‘, denen die ‚Vindiciae contra Tyrannos‘ beigebunden waren, die ‚Defensio Populi‘ und Saavedra Fajardos ‚Idea principis Politico-christiano‘, eine Gesamtausgabe der Werke John Lockes und Montesquies ‚De l'esprit de loi‘. Vor allem aber zeigt sich, dass auch Jean Jacques Rousseau gelesen wurde, der mit 19 Titeln den größten Anteil eines einzelnen Autors in der politiktheoretischen Abteilung Neuraths hatte. Zu den nachgewiesenen Namen dürfte in der ersten Hälfte des Katalogs noch eine ganze Reihe hinzukommen. Sicherlich gehörten Thomas Hobbes' ‚Leviathan‘ und seine Abhandlung ‚De Cive‘ ebenso zu den Beständen der Bibliothek wie die Naturrechtslehren des Wolff-Schülers Darjes.[194]

Es kann also insgesamt festgehalten werden, dass Neurath über einen Kanon von Werken zur politischen Theorie verfügte, der bis zu Machiavelli zurückreichte und daneben die maßgeblichen Arbeiten zum Reichsstaatsrecht, zur Reichs-

---

[193] Mit 24 (Moser) bzw. 39 (Pütter) Titeln machten die Werke der beiden Reichstaatsrechtler den größten Bestand eines einzelnen Autors in der nur zur Hälfte überlieferten Übersicht über die Monographien aus. HStAS, Q 3/11, Bü. 22.

[194] Ein Beispiel für die Hobbes-Rezeption unter den Angehörigen der letzten Generation von Richtern: Solemnel [Ullheimer], Entschädigungsplan, S. 3.

historie und eine Fülle von Gesetzen umfasste. Hinsichtlich der politiktheoretischen Werke fällt das Fehlen der Machtstaatslehren auf, die um 1600 im Gefolge der Lipsiusrezeption und der Auseinandersetzung mit Machiavellis ‚Principe' ihre große Zeit hatten.[195] Sie sind deutlich unterrepräsentiert – ja, die Klassiker der Politiktheorie um 1600 sind überhaupt nicht vertreten.[196] Demgegenüber lässt sich eine starke Repräsentation der Tradition des deutschen Naturrechtsdenkens von seiner älteren Ausprägung bis hin zum neueren Naturrecht beobachten. Auch die Theorien westlicher politischer Denker sowie die stärker empirische Richtung der Reichsstaatsrechtslehre mit den Werken des älteren Mosers gehörten zu den Beständen. Da Ditfurth auf die Vollständigkeit seiner Sammlung verwiesen hatte, dürfte sie weitgehend repräsentativ für die Lektüregewohnheiten anderer Angehöriger des Kameralkollegiums gewesen sein.

Die Sammlung Neurath zeigt, dass die Richter des RKG auf der Höhe der Literatur der Zeit standen. Besonders bemerkenswert ist, dass sich hier die überragende Bedeutung des Naturrechts in der zweiten Hälfte des 18. Jahrhunderts bestätigt, die die Forschung im Kontext universitäts- und rechtsgeschichtlicher Untersuchungen herausgearbeitet hat.[197] Niederschlag finden dabei auch die Konjunkturen deutschen Naturrechtsdenkens: Während bis zum Ende der 1780er Jahre meist noch nach der älteren Naturrechtslehre Vorlesungen in den Universitäten gehalten wurden,[198] orientierten sich die Vorlesungen seit der Zeit unmittelbar nach der französischen Revolution am jüngeren Naturrecht. Zunächst wurde vor allem nach Hufeland, später auch nach Kant gelesen, die gewiss im fehlenden Teil des Kataloges der Neuraths präsent waren. Entscheidend ist, dass im Rahmen des jüngeren Naturrechts einerseits eine erkenntnistheoretische Kritik an den älteren Ansätzen formuliert und andererseits ein materieller Neuaufbau des Naturrechts vollzogen wurde, der enorme Konsequenzen zeitigte. Für diesen Zusammenhang ist die innerhalb der jüngeren Naturrechtslehre feststellbare Konzentration auf politische Freiheitsrechte und Volkssouveränität zentral, die Die-

---

[195] Bireley, The Counter-Reformation Prince; Stolleis, Lipsius-Rezeption.

[196] Hierzu Dreitzel, Protestantischer Aristotelismus; W. Weber, Prudentia gubernatoria; sowie die Arbeiten von Gerhard Oestreich, Antiker Geist; ders., Geist und Gestalt des frühmodernen Staates, und seinen Schülern zur Lipiusrezeption. Ferner Stolleis, Lipsius-Rezeption.

[197] Die ältere Forschung ist etwa repräsentiert durch Welzel, Naturrecht, insb. S. 162-182; Thoman, Christian Wolff et son temps, S. 14: „L'école allemande du droit naturel [...] fut étuffé par les codifications et le positivisme juridique." Dagegen die Bedeutung des Naturrechts am Ende des 18. Jahrhunderts betonend Klippel, Politische Freiheit; Dann/Klippel, Naturrecht – Spätaufklärung – Revolution.

[198] Das ältere Naturrecht ist mit den Namen der Gründerväter Grotius und Pufendorf, den Vertretern der Halleschen Aufklärung Heineccius, Wolf, Darjes und Nettelbladt verbunden, darüber hinaus mit Achenwall und Höpfner. Zu den meistgelesenen Naturrechtskompendien an deutschen Universitäten vgl. die Übersicht bei J. Schröder/Pielemeier, Naturrecht als Lehrfach, S. 261. Zu Christian Wolff und seinen Schülern Nettelbladt und Darjes und ihrer Bedeutung für das Denken preußischer Bürokraten im 18. Jahrhundert: Hellmuth, Naturrechtsphilosophie und bürokratischer Werthorizont; Hammerstein, Jus und Historie; Klippel, Politische Freiheit, S. 124ff.; vgl. auch J. Schröder, Naturrecht bricht positives Recht.

thelm Klippel herausgearbeitet hat. Dies waren die Substrate, an denen sich eine unter den Assessoren beobachtbare Denkrichtung entzündete, die in die Nähe einer dogmatischen Staatsauffassung verweist. Wichtig ist ferner, dass das jüngere Naturrecht zahlreiche aktuelle politische Themen als spezifische Themen des Naturrechts begriff. Dazu gehörten die amerikanische Revolution, der Sklavenhandel, die Abschaffung von Leibeigenschaft, Folter und Todesstrafe, Zensur, geheime Gesellschaften, das Preußische Landrecht und freilich auch die Französische Revolution, wie etwa die Einladungsschrift zeigt, die Karl Ignaz Wedeking 1793 zu seinen Vorlesungen verfasste.[199] Vor dem aktuellen Zeithintergrund argumentierte auch Karl Friedrich von Savigny 1799, der im Hause der Assessorenfamilie von Neurath aufgewachsen war:

> *Jetzt, wo den alten Formen allgemein Zerstörung droht, ist es nöthiger als je, sich einen Standpunct zu suchen, der unabhängig von dem positiven und conventionellen in uns gegründet ist.* [200]

Dieser Standpunkt war für ihn das Naturrecht, das er dem jungen Constantin von Neurath vor seinem Assessorat am RKG *mit Ernst und Achtung* zu studieren ans Herz legte. Er empfahl ihm dazu das naturrechtliche Kompendium von Leisler, das sich in der Bibliothek der Neuraths befand.[201] Man wird daher vor diesem Hintergrund davon ausgehen können, dass Savigny sein Konzept des Staates als ‚juristischer Person‘, in dem die Rechtsfähigkeit auch auf künstliche durch bloße Fiktion angenommene Subjekte ausgedehnt wurde, vor dem Hintergrund einer intensiven Auseinandersetzung mit dem jüngeren Naturrecht entwickelte.[202] Unter den Assessoren lehnte sich besonders Franz Arnold von der Becke an Theorien des jüngeren Naturrechts an, während andere einem naturrechtlichen Denken Göttinger Prägung verhaftet blieben.

---

[199] Klippel, Naturrecht und Rechtsphilosophie in der ersten Hälfte des 19. Jahrhunderts, in: Dann/Klippel, Naturrecht – Spätaufklärung – Revolution, S. 270-292, hier: S. 270.

[200] Savigny an Constantin von Neurath, o. J., o. O. [wohl 1799], in: HStAS, Q 3/11, Bü. 28. Vor diesem Hintergrund wird auch gegen Welzel, Naturrecht, S. 162, davon ausgegangen werden können, dass sich Savigny intensiv mit dem Naturrecht auseinandergesetzt hat.

[201] HStAS, Q 3/11, Bü. 28, Literaturverzeichnis L–Z.

[202] Savignys Verhältnis zum Naturrecht ist in der rechtshistorischen Forschung umstritten. So R. Schröder, Naturrecht und soziale Reform, pointiert S. 186f.: „naturrechtliches Denken musste Savigny nach der ganzen Anlage seiner historischen Methode und seines ‚Systems‘ ablehnen.“ Grundlage dieses Urteils ist die Wendung in Savignys ‚Vom Beruf unserer Zeit für Gesetzgebung und Rechtswissenschaft‘, S. 13, wo Savigny meint, er spreche vom natürlichen Recht *in einem anderen Sinne als unser Naturrecht*. Edition bei Stern, Thibaut und Savigny. Anders dagegen Rückert, Idealismus, Jurisprudenz und Politik, S. 310; Klippel, Das natürliche Privatrecht, S. 225. Mit Grund wird hier betont, dass das Verhältnis von historischer Rechtsschule und Naturrecht neu überdacht werden muss.

5. Die Richter als politische Autoren

Gibt der Blick auf die maßgeblich durch die Rezeption des Pütter'schen Systems geprägte Ausbildung sowie die Betrachtung des in einer bedeutenden Kameralbibliothek vertretenen Literaturkanons Aufschluss über den Theoriepool, auf den die Wetzlarer Richter zurückgreifen konnten, so lassen sich an ihren Publikationen die Relevanz bestimmter Theoriekonzepte und die Frage nach dem Innovationspotential politischen Denkens am RKG klären. Um dies zu leisten, scheint es sinnvoll, sich einen Überblick über das publizistische Oeuvre der letzten Richtergeneration zu verschaffen und sodann diejenigen Publikationen zu betrachten, die zu aktuellen politischen Themen Stellung nahmen. Dazu werden die Veröffentlichungen zuerst hinsichtlich der literarischen Formen auf der einen und den inhaltlichen Bezugsfeldern auf der anderen Seite unterschieden. Die Richter äußerten sich in akademischen Qualifikationsschriften, Denkschriften, systematischen Abhandlungen, aber auch in Rezensionen und Aufsätzen. Die Themenfelder waren unterschiedlich. Behandelt wurden Fragen des Kirchenrechts, des Römischen Rechts, des Zivil-, Territorial- und Reichsstaatsrechts sowie insbesondere – und quantitativ am häufigsten – der Geschichte, der Spruchpraxis und der Verfassung des RKG. Letzteres geschah im Rahmen eines Genres der Reichspublizistik, das als Kameralliteratur bezeichnet wird.[203] Daneben verfassten Reichsrichter allgemeinere politische Stellungnahmen, oft in der Form von Denkschriften, die in das aktuelle politische Geschehen eingreifen sollten,[204] sowie systematische Abhandlungen, die zum politisch-öffentlich-rechtlichen Diskurs Stellung nahmen.

Die hier getroffene Unterscheidung zwischen literarischer Form und Inhalt ist vor allem als methodisches Raster zur Erfassung der Literatur zu verstehen. Es kann vorkommen, dass Veröffentlichungen von Angehörigen der letzten Richtergeneration in zwei oder mehr Kategorien verortet werden können. Insgesamt kommt es nicht auf Vollständigkeit in der Erfassung der Gesamtzahl der zum Teil sehr entlegenen Publikationen an, sondern vor allem darauf, einen Überblick über die bearbeiteten Themenfelder zu gewinnen.

Wie die folgende Übersicht zeigt, haben rund zwei Drittel der Angehörigen der letzten Richtergeneration des RKG publiziert. Gänzlich fehlen Veröffentlichungen lediglich bei sieben Personen. Während dies auf eine hohe Publikationsquote hindeutet, muss einschränkend betont werden, dass von Friedrich Joseph von Schmitz-Grollenburg lediglich die akademische Qualifikationsschrift gedruckt vorliegt[205] und eine ganze Reihe von Assessoren fast ausschließlich zu Spezialthemen aus dem Bereich der Kameralliteratur publizistisch Stellung ge-

---

203 Holthöfer, Die Literatur der Kameraljurisprudenz, S. 193f.

204 Zur Denkschrift als literarische Gattung vgl. den instruktiven Aufsatz von Stammen, Denkschrift als literarische Form.

205 Schmitz-Grollenburg/Gatzert: Dissertatio de restitutionis in integrum effectu nonnumquam declaratio in supremis imperii judiciis, Giessae 1773.

nommen hat. So hat Franz Dietrich von Ditfurth am RKG verhandelte Rechtsfälle herausgegeben, darunter einen eigenen Prozess.[206] Johann Daniel Clemens Hueber von der Wildau nahm, um seine eigene Präsentation zu befördern, zur Debatte um die Integration der Altpfälzer Kur ins Präsentationsschema Stellung.[207] Diese Schriften waren vor allem im unmittelbaren Kontext ihrer Veröffentlichung relevant und wurden später kaum noch rezipiert.

Zwar veröffentlichten auch Balemann und Kamptz, um sich für ein Assessorat am RKG zu empfehlen. Doch gehören sie insofern in eine andere Kategorie von Publizisten als die übrigen Assessoren, als sie darüber hinaus systematische und viel beachtete Abhandlungen über das Präsentationswesen schrieben.[208] Damit nahmen sie zu allgemeineren Themen der Kameralverfassung Stellung, während eine Reihe von Assessoren erst im Rahmen der ‚Reichskammergerichtlichen Miscellen' Aufsätze über die Kameralverfassung oder den Reichsprozess veröffentlichten.[209] Wieder andere, vor allem der kurkölnische Assessor Weidenfeld, diskutierten Fragen des Staatskirchenrechts.[210] Nur eine Reihe von Angehörigen der letzten Richtergeneration beschäftigte sich mit mehreren Themenfeldern zugleich. Sie publizierten einerseits Beiträge zur Kameralliteratur im engeren Sinne, nahmen aber andererseits auch zur aktuellen politischen Debatte um das durch die deutsch-französischen Kriege unter Druck geratene Reich Stellung. Darüber hinaus behandelten sie Fragen des Territorialrechts oder spezifische Rechtsprobleme. Hierzu gehörten Linden, Kamptz, Stein zu Lausnitz, Ullheimer und von der Becke.[211]

---

[206] [Ditfurth, Franz Dietrich], Pro-Memoria von Seiten der Hochst. Hessen-Casselischen Gesandtschaft.

[207] Hueber, Von dem Unterschied.

[208] Balemann: Revision; Kamptz, Darstellung des Präsentations-Rechts.

[209] Etwa: [Hohnhorst], Ob ein von dem K. K. Gerichte zu Abhörung von Zeugen angeordneter Commisair; Die Veröffentlichungen der Assessoren in den Miscellen sind aufgeführt bei: Vahlkampf: Biographische und literarische Notizen.

[210] So vor allem Weidenfeld, De eo, quod circa decimas novales in Germania ac praecipue in diocesis, et territorio Coloniensis iustum est; ders., Gründliche Entwicklung der Dispens- und Nuntiatur-Streitigkeiten.

[211] Linden, Sind die Stände des teutschen Reichs verbunden, an dem gegenwärtigen Kriege Frankreichs gegen den König von Hungarn und Böhmen Teil zu nehmen?; ders., Flüchtige Betrachtungen über die kurbraunschweigische Ministerialnote; Kamptz, Observationes quaedam de legum; ders., Beiträge zum Mecklenburgischen Staats- und Privatrechte; ders., Civilrecht der Herzogthümer Mecklenburg; Stein zu Lausnitz, Auch ein Wort zu seiner Zeit, über das Entschädigungswesen weltlicher Fürsten mit geistlichen Landen; [ders.]: Ueber das Fundament alles Rechts, in: Waffenträger der Gesetze Bd. VIII, Nr. 1 (1801); Solemnel [Ullheimer], Entschädigungsplan; ders., Antikritik; von der Becke, Von Staatsämtern und Staatsdienern. Weitere Titel sind angegeben in: Vahlkampf: Biographische und literarische Notizen, S. 494 (Linden), S. 497f. (Kamptz), S. 502 (Stein zu Lausnitz), S. 503f. (Ullheimer), S. 509 (von der Becke).

Übersicht 4: Veröffentlichungen der Angehörigen der letzten Richtergeneration bis 1806

Autoren	**Dissertationen**	**Denkschriften**	**System. Abhandlungen**	**Rez., Aufsätze, Flugschriften**	**Kirchen-rechtl. Traktate**	**Kameralliteratur**	**Terri.-, Zivil-, Röm. Recht, Erbr., Strafr., Zunftrecht**	**Staatsdiener-theorie, reichsr. Fragen**
Heinrich Aloys v. **Reigersberg**		1				1		1
Franz Paul Christoph v. **Seckendorff**								
Adam Fr. v. **Schenk zu Stauffenberg**								
Ignatz v. **Gruben**	1			1		1	1	
Peter Melchior v. **Hommer**								
Christian Franz v. **Weidenfeld**	1		1	1	1	1		
Joseph Franz v. **Linden**	1	2			1			2
Johann Daniel Clemens v. **Hueber von der Wildau**	1	2				2		1
Friedrich August v. **Leutsch**				1		1		
Karl Albert von **Kamptz**	1	2	7	mehrere		3	7	4
Karl Levin v. **Hohnhorst**				1		1		
Carl August v. **Seckendorff**								
Maximilian v. **Martini**								
Franz Joseph v. **Stein zu Lausnitz**	1	1		mehrere			1	
Joseph v. **Ullheimer**	1	3		mehrere		6	2	4
Karl Ludwig v. **Branca**								
Friedrich Joseph v. **Schmitz zu Grollenburg**	1					1		
Johann Albrecht v. **Cramer**								
Johann Albert v. **Neurath**	1			4		3	1	1

Autoren	**Dissertationen**	**Denkschriften**	**System. Abhandlungen**	**Rez., Aufsätze, Flugschriften**	**Kirchen-rechtl. Traktate**	**Kameralliteratur**	**Terri.-, Zivil-, Röm. Recht, Erbr., Strafr., Zunftrecht**	**Staatsdiener-theorie, reichsr. Fragen**
Franz Arnold **von der Becke**	1	1	1			1		2
Karl Georg v. **Riedesel zu Eisenbach**	1			1		1	1	
Constantin Franz v. **Neurath**								
Franz Dietrich v. **Ditfurth**				3		3		
Georg Gottlob v. **Balemann**			1	2		3		

6. Von der Beckes Staatsdienertraktat

Während von der Säkularisationsdebatte bereits die Rede war, zu der Ullheimer und Linden beigetragen haben, ist vor allem ein Werk besonders hervorzuheben: Franz Arnold von der Beckes systematische Abhandlung über Staatsdiener und Staatsämter.[212] Sie steht im Kontext der Rezeption von Theorien des jüngeren Naturrechts[213] und bildet einen wichtigen Beitrag zur Diskussion um die Entstehung des modernen Berufsbeamtentums. Von der Beckes Traktat ist ein Beispiel dafür, dass die Ausbildung des modernen Beamtentums nicht nur im Kontext der Territorien erklärt werden kann – in Preußen, wie die Forschung betont[214] oder in Bayern, wo auf die Haupt-Landespragmatik von 1805 hingewiesen wird[215] – sondern die zeitgenössische Staatsdienerdebatte auch im Umfeld des RKG virulent war. Während damit der allgemeine Zusammenhang angesprochen ist, in dem von

[212] Von der Becke, Von Staatsämtern und Staatsdienern.

[213] Zur Rolle des jüngeren Naturrechts für die moderne Staatsdienertheorie, jedoch ohne Berücksichtigung der Abhandlung von der Beckes: Klippel, Staatsamt und bürgerliche Gesellschaft.

[214] Thiele, Die Entwicklung des deutschen Berufsbeamtentums; G. Schubert, Der preußische Staatsdiener.

[215] B. Wunder, Privilegierung und Disziplinierung; ders., Die Entwicklung der Alters- und Hinterbliebenenversorgung; B. Becker, Öffentliche Verwaltung, S. 818f. Mit den Studien von Eibach, Der Staat vor Ort; Brakensiek, Fürstendiener; B. Wunder, Die Reform der Beamtenschaft in den Rheinbundstaaten; ders., Die badische Beamtenschaft zwischen Rheinbund und Reichsgründung, verfügen wir ferner über eine Reihe von Regionalstudien zur Entstehung des modernen Berufsbeamtentums. An anderer Stelle (Geschichte der Bürokratie in Deutschland, S. 20 und 66) spricht Bernd Wunder allgemeiner vom Berufsbeamtentum als „politische Schöpfung der konstitutionellen Monarchie". Gleichwohl ist die gesamtdeutsche Perspektive in diesem Zusammenhang weitgehend ausgeblendet.

der Beckes Staatsdienertraktat zu verorten ist, spielte seine Abhandlung auch eine wichtige Rolle für einen in der Endphase des Reichs am RKG beobachtbaren Wandel des Gruppenverständnisses des Kameralkollegiums. Darüber hinaus war die Abhandlung von ‚Staatsämtern und Staatsdienern' die Blaupause nicht nur für die Debatte um die Durchsetzung von Pensionsansprüchen der Kameralen nach der Auflösung des Reichs, sondern sie bildete auch noch während der Nachkarrieren derjenigen Reichsrichter einen Orientierungsrahmen, die wie Franz Arnold von der Becke selbst in den bayerischen Staatsdienst übernommen wurden.[216]

Wie lässt sich der Entstehungs- und Geltungszusammenhang dieses Werkes beschreiben? Entscheidend ist zunächst, dass sich von der Becke unter dem Eindruck der damals beginnenden Zersetzung der Reichsverfassung und unter dem Einfluss des jüngeren Naturrechts von Pütter'schen Vorstellungen, wie sie an den Universitäten des Reichs gelehrt wurden und im Umfeld des RKG kursierten, zu lösen begann. Er kam spätestens 1797 mit Überlegungen in Kontakt, wie sie Hufeland entwickelt hatte, und promovierte sicher nicht zufällig 1798 an der Universität Heidelberg, wo Karl Ignaz Wedeking lehrte.[217] Damals tobte mit einer Fülle von Plänen die Debatte um die Säkularisierung, die Abtretung des linken Rheinufers schien unvermeidlich.[218]

Eines der anvisierten Ziele in der Schrift von der Beckes war, einer Reform ‚von oben' mittels eines professionalisierten Beamtentums, das sich aus dem Gelehrtenstand rekrutieren sollte, zum Durchbruch zu verhelfen. Es ging ihm um eine grundlegende Bestimmung des Status' von Staatsdienern innerhalb des Staates und um eine systematische Entwicklung ihrer Rechte und Pflichten gegenüber den Regenten. Seine Überlegungen entwickelte er direkt vor der Folie der aktuellen politischen Situation, der Französischen Revolution und des deutsch-franzö-

---

216 Hierzu die Teile III und IV dieser Arbeit.

217 Jahns, Das Reichskammergericht, Tl. II, Biogr. 107, Kap. III. Zu Wedeking und Huefland Klippel, Politische Freiheit, S. 181f., 190f., 192 (Wedeking); S. 114, 118, 122, 125-128, 131, 138, 182, 185, 192, 195 (Hufeland). Von der Becke soll im Begriff gestanden haben, zu den Friedensverhandlungen nach Rastatt zu reisen. Jahns, Das Reichskammergericht, Tl. II, Biogr. 107, Kap. IV. Ein Aufenthalt als Gesandter des Hochstifts Speyer lässt sich anhand der Gesandtschaftslisten jedoch nicht nachweisen. Demgegenüber wurde Speyer durch Hompesch (Domstifter von Speyer und Eichstätt und durch Oehl, Regierungsrat von Bruchsal (Gesandtschaftsrat) und durch Dollhofen, dem hochfürstlich speyerischen Geheimen Kannzellisten (Gesandtschaftssekretär) vertreten. Vgl. Liste des in Rastatt sich befindenden hohen Gesandtschafts-Personals bei dem dasigen Reichs- Friedenskongreß, 27. Dezember 1797, in: Landesarchiv Speyer, V 29, 52. Von den Angehörigen der letzten Generation waren in Rastatt: Constantin Franz Fürchtegott von Neurath, für das Gesamthaus Nassau vgl. ebd. Von Zwackh vertrat Solms, Solms-Kyrburg, Anhalt und die Rhein- und Wildgrafen, deren Geschäfte er zuvor als Sollizitant am RKG vertreten hatte.

218 Beispiele für solche meist anonym publizierten Entschädigungspläne, die damals in Massen auftraten: N. N., Plan einer billigen Entschädigung; N. N., Unvorgreifliche Fragen [...] zur näheren Prüfung; N. N., Über die Pacification und Indemnisation oder Plan zur Entschädigung der Reichsstände; vgl. auch die Entschädigungspläne von Riphelius von Solemnel alias Assessor Joseph Ullheimer.

sischen Krieges. Dabei wollte er sich einerseits von dem Verdacht befreien, einem Aufstand ‚von unten' das Wort zu reden. Dies betonte er im Vorwort ausdrücklich.[219] Andererseits verdeutlichte er, dass gerade die *reine Philosophie in allen Wissenschaften, welche auf das Wohl des Staates einen näheren unmittelbaren Einfluss* habe, in die Krise geraten sei.

Es besteht kein Zweifel, dass hiermit die ältere Naturrechtslehre gemeint war, die den eudämonistischen Staatszweck absolut setzte. Dies zeigt sich an der Gegenüberstellung, die von der Becke vornimmt. Hätten Regenten und Minister vor der Französischen Revolution geglaubt, sie könnten durch die Anwendung von *geläuterten Grundsätzen* auf der Höhe der Zeit die Menschheit beglücken, und hätten bereits *die goldne Zeit* herannahen sehen, so erwiesen die Ereignisse in Frankreich etwas anderes. *Unwissende, Schmeichler, Hab- und Regierungssüchtige* hätten die Fürsten zu einer *Willkürherrschaft* überredet und dazu, dass die *Pflichten des Regenten und Rechte des Volkes Chimäre seyen.*[220] Der Autor knüpfte damit an den jüngeren Naturrechtsdiskurs an, den er vor allem über Hufeland rezipierte.[221] Entschieden forderte er eine *weise Regierung*, die dem Menschen den Genuss seiner Rechte und seines Eigentums garantieren müsse. Franz Arnold von der Becke argumentierte auch nicht mehr im Sinne der historischen Entwicklung des Staates vom Naturzustand über verschiedene Formen der Vergesellschaftung und den Staatskontrakt – für ihn war klar, dass der Naturzustand des älteren Naturrechts eine Fiktion ist. Demgegenüber wurde die menschliche Natur selbst zum Kernargument seiner Lehre:

> *Die menschliche Natur selbst würde sich verläugnen, wenn glücklich, ungekränkte, bey dem Genusse ihrer Rechte und ihres Eigenthums geschätzte Menschen sich nach Neuerungen sehnen, und einen veränderten Zustand wünschen sollten.*[222]

Während damit der Entstehungskontext dieser Staatsdienerlehre vor dem Hintergrund der Reaktionen auf die Französische Revolution in Deutschland und im Kontext der Theorien des jüngeren Naturrechts aufgezeigt ist, gilt es darüber hinaus festzuhalten, dass Franz Arnold von der Becke seine Argumente an der Staatsdienerlehre eines anderen Autors schärfte, die kurz zuvor erschienen war.[223] Geschrieben hat diese Abhandlung, die zusammen mit von der Beckes Traktat zu den ersten modernen systematischen Staatsdienerlehren gerechnet wird,[224] der

[219] Von der Becke, Von Staatsämtern und Staatsdienern, Vorrede, S. XI.

[220] Von der Becke, Von Staatsämtern und Staatsdienern, Vorrede, S. V-VI.

[221] Zum Gesamtzusammenhang Klippel, Politische Freiheit, S. 113-191.

[222] Von der Becke, Von Staatsämtern und Staatsdienern, Vorrede, S. X.

[223] Seuffert, Von dem Verhältnisse des Staats.

[224] In den Traktaten des jüngeren Naturrechts finden sich immer wieder Passagen, in denen Überlegungen zu einer Staatsdienertheorie präsentiert wurden. Etwa bei Pörschke, Vorbereitungen zu einem populären Naturrechte, S. 287; Hufeland, Lehrsätze des Naturrechts, S. 188. Autoren wie Seuffert und von der Becke oder mit stärker praktischer Ausrichtung

Würzburger Rat Johann Michael Seuffert. Dieser nun hatte nicht nur erklärt, dass jedes Staatsmitglied verpflichtet sei, dem Staat besondere Dienste zu leisten, sondern hatte zugleich betont, dass jeder Staatsbürger ein ihm angetragenes Staatsamt auch übernehmen müsse. Von der Becke widersprach seiner Theorie vehement, weil er sie mit der Staatszwecklehre des jüngeren Naturrechts nicht für vereinbar hielt. Wenn der Staat *die Vereinigung aller Kräfte einer größeren Gesellschaft* unter einer *obersten Gewalt* sei und der Zweck des Staates das allgemeine Beste sei, kritisierte er Seuffert, so ist *darin die Verbindlichkeit zu besonderen Staats-Diensten* für jeden Staatsbürger nicht enthalten.[225] Auch betonte er, dass der Staatsbürger alle nicht vertraglich veräußerten Rechte im Zustand der Staatlichkeit beibehalte und dem Bürger sprach er entsprechend dem jüngeren Naturrecht unveräußerliche Menschenrechte zu.[226]

Die Charakteristika der Staatsdienerlehre von der Beckes lassen sich ganz so entwickeln, wie es Diethelm Klippel allgemein für die Theorien des jüngeren Naturrechts beschreibt: Aus dem Gedankengang, das Amt des Staatsbeamten müsse auf einen bestimmten Staatszweck hin geordnet sein und nicht auf die höchste Staatsgewalt wie im älteren Naturrechtsdenken, resultierte zum einen die Verobjektivierung und Entpersonalisierung, zum anderen die Vereinheitlichung und schließlich auch die Professionalisierung der Staatsdienstbeziehungen.[227]

Obgleich von der Becke das *allgemeine Beste* als Staatszweck setzte, kam es ihm für die Entwicklung seiner Staatsdienerlehre nicht auf eine Konkretisierung der Staatszwecklehre an. Grundlegend war vielmehr die Annahme, der Staatszweck könne *verschiedentlich ausgedrückt* werden.[228] Da der Staat aus Menschen bestehe, hätten diese grundsätzlich die Wahl, die Anordnung und den *Gebrauch derjenigen Mittel* zu wählen, die es ermöglichten, den Endzweck zu erreichen. Dies bedeutete, dass dem Volk die Souveränität zukam, oder wie es von der Becke ausdrückte: *Das heist ihnen* [den Menschen, EOM] *gehört die Regierung des Staates.*[229] Auf die Rezeption Rousseau'schen Gedankenguts verweisend, dachte der Autor den Akt der Veräußerung der Rechte des Volkes unabhängig von der Staats- und Regierungsform: Da der Staat zu einem Endzweck geschaffen worden sei, müsse der Regent oder die Regierung des Staates alle Mittel anwenden, um

---

relativ früh: Malacord, Dissertationes de publicis officiis. Explizit die Dienstentlassungen behandelnd: Rönneberg, Über Dienstentlassungen und Dienstaufkündigungen. Zu den Naturrechtstraktaten: Klippel, Staatsamt und bürgerliche Gesellschaft; zu Seufferts Traktat kurz, allerdings mit problematischer Verortung im zeitgenössischen Diskurs: W. Müller, Die Aufklärung, S. 53f.

225 Die treffende Zusammenfassung der Überlegungen Seufferts vollzieht von der Becke in der Einleitung: von der Becke, Von Staatsämtern und Staatsdienern, Einleitung, §§ 1-14, Kurze Darstellung des Seuffertischen Systems, §§ 16-37, Dessen Prüfung, hier: § 17.

226 Von der Becke, Von Staatsämtern und Staatsdienern, Zitate: § 17, S. 7; S. 30f. mit Anmerkungen.

227 Klippel, Staatsamt und bürgerliche Gesellschaft, hier v. a. S. 84 f.

228 Von der Becke, Von Staatsämtern und Staatsdienern, Erster Theil, § 1.

229 Von der Becke, Von Staatsämtern und Staatsdienern, Erster Theil, § 2.

diesen Zweck zu erfüllen. Die Auswahl der jeweiligen Mittel differenzierte er nicht mehr nach der Geschichte, wie im empiriebezogenen reichsstaatsrechtlichen Denken, sondern nach Kenntnissen und Sitten, nach der Lebensart der *Nation* sowie nach der erreichten Kulturstufe eines Volkes, nach der Menge der Nachbarn und der Bedürfnisse der Staatsbürger. Je nach Einfachheit oder Kultiviertheit der *Nation* fielen unterschiedliche Aufgaben in den Staaten an. Um diese Aufgaben zu erledigen, sei es nötig, dass der Regent Staatsdiener einstelle und genau auf die Einteilung der Staatsgeschäfte achte. Weil Verwirrung drohe, müssten ungleichartige Geschäfte getrennt, gleichartige aber zusammengefasst werden.[230] Dies bedeutete die Trennung von Justiz und Verwaltung.

Von der Becke entwickelte ein klares Profil für einen Staatsbeamten, das im deutlichen Gegensatz zum Höfling, aber auch zu solchen Geschäftmännern herausgearbeitet wird, die nur für eine gewisse Zeit angestellt sind, um einen kurzfristigen Staatszweck zu erledigen. Dauerhaftigkeit und Einheitlichkeit waren die Kriterien für jene Staatsdiener, die vor allem zur Verwaltung der Finanzen und zur Rechtspflege angestellt werden sollten. Dies seien die Kerngeschäfte, ohne die kein Staat überleben könne. Wer als Staatsdiener dauerhaft Handlungen im Sinne des gesetzten Staatszweckes vollziehe, der war, so die Konsequenz, Träger eines Staatsamtes:

> *Ein Staats-Amt ist daher der Innbegriff aller der Handlungen einer und derselben Art, welche zu einem bestimmten Staats-Zweck verrichtet werden müssen – und ein Staats-Beamter oder Staats-Diener diejenige Person, welche ein Staatsamt bekleidet.*[231]

Selbstverständlich gehörte zu einem Staatsamt die Übertragung durch die oberste Gewalt und die Festlegung eines Dienstvertrages, der die Rechte und Pflichten von Staatsdienern und Regenten regelte.[232] Wer einen solchen Vertrag nicht vorweisen könne, betreibe Amtsanmaßung. Dabei schaffe der Dienstvertrag ein neues Verhältnis zwischen Regenten und Staatsdiener, obgleich der Amtsträger seine staatsbürgerlichen Rechte behalte.[233] Da mit einem Staatsamt Verantwortung übernommen werde und das eigene sowie das Wohl der Familie zurückgestellt werden müsse, forderte von der Becke eine lebenslängliche Besoldung der Staats-

---

[230] Von der Becke, Von Staatsämtern und Staatsdienern, Erster Theil, §§ 5, 6.

[231] Von der Becke, Von Staatsämtern und Staatsdienern, Erster Theil, § 9. Interessant ist die Fußnote, in der die Unterscheidung zum Hofamt getroffen wird, weil hier eine Entscheidung des Kammergerichts zitiert wird.

[232] Von der Becke gebrauchte die Begriffe *Regent* und *oberste Gewalt* synonymisch, reflektierte den Unterschied allerdings. Von der Becke, Von Staatsämtern und Staatsdienern, Erster Theil, S. 36 Anm. zu § 13.

[233] Von der Becke, Von Staatsämtern und Staatsdienern, Erster Teil, § 16. Eine Ausnahme bilden ausländische Staatsdiener, die von der Becke extra behandelt.

diener, die ein Recht auf Pension mit einschloss.[234] Dies müsse nicht ausdrücklich festgelegt sein, sondern entspringe der Natur des Staatsdieneramtes.[235]

Die Pflichten des Regenten dem Staat gegenüber bei der Auswahl der Staatsdiener und die Pflichten des Regenten gegenüber dem Staatsdiener unterschied von der Becke zwar systematisch, gleichwohl hingen sie eng zusammen. Die Wahl der rechten Anzahl von Amtsträgern, das Verbot des Ämterhandels, die Einführung einer Beamtenlaufbahn mit vorgängiger standardisierter Staatsprüfung waren insofern Pflichten des Regenten, weil sich eine schlechte Bestellung der Staatsämter in zweifacher Hinsicht auf die Erfüllung des Staatszweckes auswirke: Die Qualität und die Zufriedenheit der Staatsdiener würden mit dem Resultat einer mangelhaften Verwaltung der Staatsämter sinken.

Der Teil, in dem von der Becke die Pflichten der Regenten behandelte, war auch der Ort, an dem er die Aufgaben der Reichsgerichte bestimmte; und die Erfahrungen, die er im Kontext seiner niederrheinisch-westfälischen Kreispräsentation am RKG gemacht hatte, gehören zum engeren Entstehungskontext seiner Staatsdienerlehre. Als fürstlich speyerischer Hof- und Regierungsrat (1782–1798) Mitte 1797 vom Kurfürsten von Köln ans RKG präsentiert, hatte von der Becke sehr rasch seine Proberelation abgelegt und war Zeuge einiger der damals in der Öffentlichkeit heftig diskutierten Dienstentlassungsprozesse geworden, die als Folge der Reaktionen auf die Auswirkungen der französischen Revolution in Deutschland zugenommen hatten.[236] Von der Becke dürfte nicht nur Kenntnis der Dienstentlassungsprozesse gehabt haben,[237] die am RKG anhängig gemacht worden waren, als er seine Schrift verfasste, seine Staatsdienerschrift erweist sich auch als Produkt der unmittelbaren Erfahrung der Illuminatenverfolgung. Der RKG-Präsentus kannte sogar einen Betroffenen, Franz Xaver von Zwackh, der

---

[234] Von der Becke, Von Staatsämtern und Staatsdienern, Erster Teil, § 63. Die Besoldung sollte so bemessen sein, dass sie zum Lebensunterhalt genüge, aber auch ein standesgemäßes Leben, dem bekleideten Rang entsprechend, erlaube und dem Staatsdiener genügend Geld bleibe, um in Notfällen Ersparnisse zu haben. Eingeschlossen war ein Recht auf Pension und zugleich ein ewiges Recht auf das Amt, auch wenn der Zweck entfalle, um dessen Willen das Amt ausgeübt worden sei. In diesem Kontext zitiert von der Becke Malacord, Dissertationes de publicis officiis.

[235] Von Staatsämtern und Staatsdienern, Erster Teil, §§ 72, 73. Auch die Dispensierung vom Dienst aus Altersgründen oder wegen Überforderung der Staatsdiener durch ihre Aufgaben rechtfertigten nach von der Becke den Verlust der Besoldungsansprüche nicht.

[236] Vgl. hierzu kurz: Härter, Soziale Unruhen und Revolutionsabwehr, S. 81-83; Schweigard, Aufklärung und Revolutionsbegeisterung.

[237] Eine Übersicht über alle von 1495 bis 1806 in den Judizialsenaten des RKG verhandelten Dienstentlassungsprozesse befindet sich in: BAF, DB 1, 349, A 43. Karl von Kamptz hatte sie im Zuge der Gesetzgebungsreformen in der preußischen Rheinprovinz anfertigen lassen. Aufsehen erregte in den 1790er Jahren die Entlassung Friedrich Ludwigs von Berlepsch durch König Georg III. von Großbritannien und Kurfürst von Braunschweig-Lüneburg als Herzog zu Calenberg und Göttingen. Der Prozess wurde 1798 als Mandatsprozess am RKG anhängig, ging aber bereits vorher durch die Presse.

sich seit 1786 in Wetzlar aufhielt und in den 1790er Jahren unter anderem mit der Dokumentation des Unrechts der Illuminatenverfolgung beschäftigt war.[238]

Wenn von der Becke betonte, dass die Angehörigen des Kameralkollegiums am RKG befugt seien, Regenten zu zwingen, Handlungen gegen ihre Staatsdiener zu unterlassen, wenn sie der Landeswohlfahrt zuwiderliefen, so zeigt sich hier nicht nur deutlich, dass sich von der Becke an Pütters Definition der Aufgaben des RKG orientierte. Sichtbar wird auch, dass er den Staatsdiener nicht mehr über sein Verhältnis zum Regenten bestimmte, sondern weitgehend verobjektiviert und entpersonalisiert dem Staatszweck als Erfüllungsgehilfen zuordnete.

Dementsprechend schrieb er dem Staatsdiener weitgehende Rechte zu, die er als Schutz gegen Despoten dachte. So durfte der Beamte nicht nur die Mittel zur Erfüllung des Amtes fordern, sondern auch Instruktionen prüfen, nach seinem Gewissen entscheiden und seine Amtsverrichtungen nach der inneren Überzeugung ausrichten. Insbesondere die Notwendigkeit einer unabhängigen Justiz betonte von der Becke in diesem Zusammenhang, er sprach dem Staatsdiener aber auch das Recht zu, sein Staatsamt niederzulegen, wenn er gezwungen sei, gegen sein Gewissen zu handeln.[239] Hinzu kam als Konsequenz der Ausgangsbedingung, dass der Staatsdiener seine Bürgerrechte behalte, das Recht auf Freiheit in den Privathandlungen (§ 106), das Eigentumsrecht (§ 107), aber auch das Recht auf Schonung des Ehrgefühls (§ 109).[240]

Insgesamt formulierte diese Staatsdienerlehre also ein Programm, dass sich in seinen Konsequenzen für die Organisation des Staates durchaus mit dem ‚Ansbacher Mémoire' Montgelas', das freilich praktischer ausgerichtet war, messen lassen konnte.[241] Von der Becke ging mit der Forderung einer unabhängigen Justiz und mit der Reziprozität der Rechte von Staatsdienern und Regenten, die nur bei aller Gehorsamspflicht in ihren Amtshandlungen frei sein sollten, sogar weiter als Montgelas. Ohne es zum Zeitpunkt der Veröffentlichung ahnen zu können, sollte er nicht nur die theoretische Grundlage für die Diskussion um die Pensionsansprüche der Kameralen, sondern auch die Grundlage für ein Reformprogramm

---

[238] Von der Becke wurde am 2. Juni und am 5. Juli 1797 ans RKG präsentiert. Jahns, Das Reichskammergericht, Tl. II, Biogr. 107, Kap. V.

[239] Von der Becke, Von Staatsämtern und Staatsdienern, §§ 80-87.

[240] Diese Rechte korrespondierten mit einer Reihe von Pflichten, die sie teilweise einschränkten. Vgl. Ebd. Hierzu gehörten die Unterwerfungspflicht unter die Gesetze (§ 113), die Steuerpflicht (§ 114), die Pflicht zum Dienst an der Waffe (§ 115), die Subordinations- und Gehorsamspflicht (§ 120), die Pflicht, Instruktionen zu befolgen (§ 121), die unverbrüchliche Treuepflicht gegen den Regenten und den Staat (§ 124) sowie die Verpflichtung auf gleiche Gerechtigkeit in den Amtshandlungen (§ 125). Hinzu kam die Pflicht des Staatsdieners Amtsmissbrauch zu verhindern (§ 126), eine Schadensersatzpflicht (§ 131) und die Rechensschaftpflicht (§ 133). Allgemein verpflichtete von der Becke die Staatsdiener auch zu einem tugendhaften Lebenswandel (§ 134).

[241] Eine Übersetzung des ‚Ansbacher Mémoires' in: Henker u. a., Bayern entsteht, S. 22-36; zu Montgelas grundlegend: Weis, Montgelas; zum ‚Ansbacher Mémoire': ders., Montgelas' innenpolitisches Reformprogramm.

in der bayerischen Justizverwaltung liefern, das er später gemeinsam mit Heinrich Aloys von Reigersberg zu verwirklichen suchte. Darüber hinaus wird anhand dieser Abhandlung deutlich, dass sich im Umfeld des RKG in den 1790er Jahren Ideen Pütters mit Vorstellungen des jüngeren Naturrechts verbinden konnten. Für von der Beckes Lehre charakteristisch ist, dass zwar noch eine Verbindung mit dem Naturrecht besteht, jedoch der Kontraktualismus bereits zurückzutreten beginnt – zugunsten einer Konzentration auf einen abstrakt formulierten Staatsbegriff. Indem die Verpflichtungen des Regenten nicht nur gegenüber dem Staatsdiener, sondern auch dem Staat bestanden, den von der Becke als souveränes Volk charakterisierte, das seine Rechte an den oder die Regenten zur Erfüllung des Staatszweckes übertragen hatte, trat der Staat gleichsam in ein abstraktes Verhältnis zum Regenten. Der Regent war dem Staat verpflichtet und nicht mehr nur einseitig auf die Erfüllung des Staatszweckes festgelegt.

Insgesamt argumentierte von der Becke damit in eine Richtung, die nach der Jellinek'schen Unterscheidung den limitierenden Staatszwecken zugeordnet werden kann. Wenn er sich nach dem Urteil der Zensoren seiner Proberelation am RKG mit seiner Abhandlung über die Staatsdiener einen guten Ruf verdient habe, so belegt dies, dass man am RKG durchaus aufgeschlossen für solche Positionen war. Seine Schrift gab nicht zuletzt auch den Ausschlag dafür, dass er trotz zugegebener Mängel in der Proberelation von der Mehrheit der Zensoren als niederrheinisch-westfälischer Kreisassessor am RKG angenommen wurde.[242]

VI. Das Selbstverständnis der Gruppe

Die Theorie des entpersonalisierten und zur Erfüllung des Staatszweckes abgeordneten Staatsdieners, der dauerhaft sein Amt verrichtet, Gehalts- und Pensionsansprüche sowie eine Reihe anderer unveräußerlicher Rechte hat, trug zusammen mit jenen Entwicklungen im Reich, die dazu führten, dass das Reichssystem und das Präsentationssystem nicht mehr zur Deckung gebracht werden konnten, dazu bei, dass sich unter den Kameralen in der Endphase des Reichs ein neues Bewusstsein ausbildete. Die Assessoren definierten ihren Status zunehmend in Abstraktion von der reichsgesetzlichen Lage. Bildeten zuvor die KGO von 1555, die Reichsgesetze und das Herkommen die Grundlage für das Selbstverständnis der Angehörigen des Kameralkollegiums als Träger von Rechten des Kaisers, der Kurfürsten und der Reichskreise, die durch die Reichsstände bezahlt werden, so begriff sich das Kammergericht in der Endphase des Reichs zunehmend als eigenständige Behörde.

---

242 Jahns, Das Reichskammergericht, Tl. II, Biogr. 107, Kap. V und Kap. IX. Zu den Hintergründen der Diskussion um eine Verschiebung der Aufschwörung von der Beckes aufgrund der politischen Situation vgl. auch: BAF, FN 11 Geschäftstagebuch 1798, Eintrag vom 9. Januar 1798 sowie Anlage Lit A.

Die Transformation, die sich hierbei vollzog, angestoßen durch das Übermaß an Veränderungen der Reichsverfassung, konnte mit dem theoretischen Instrumentarium der jüngeren Naturrechtslehre sowie der in den 1790er Jahren entwickelten modernen Beamtenlehren in eine verständliche Form gebracht werden. Nicht zuletzt auch unter dem Eindruck der Verfügungen für die Staatsdiener und Geistlichen im RDH, definierten sich die Richter des RKG zunehmend als Staatsdiener des Reichs, die in den selben Verhältnissen gegenüber Kaiser und Reich stünden wie die Diener eines Territoriums zur Landesobrigkeit. Dabei blendeten sie die komplizierte, historisch gewachsene und angesichts der Veränderungen kaum mehr überschaubare Personalverfassung des Kammergerichts zugunsten der einfacheren, homogeneren Interpretation ihres Status aus. Die Naturrechts- und Staatsdienertheorie spielte also die Rolle eines Werkzeuges, mit dem die Komplexität reduziert und auf die Ebene einer vermittelbaren, allgemein verständlichen Definition gebracht werden konnte.

Wie anders hätte man die komplizierten Verhältnisse in der Öffentlichkeit vermitteln können? – etwa die Frage, in welchem Verhältnis zu Kaiser und Reich die wegen Kurtrier und Kurköln präsentierten Assessoren Hommer und Weidenfeld oder der burgundische Kreispräsentatus von Stein zu Lausnitz standen, nachdem ihnen ihr Präsentationsgebiet nach dem Frieden von Lunèville buchstäblich entzogen worden war.[243] Konkret reagierte man hierauf, indem das Kameralkollegium als ein Ganzes mit Ansprüchen und Rechten dem gesamten Reich gegenüber charakterisiert wurde, während die Rechtsverhältnisse der einzelnen Assessoren vernachlässigt wurden. Zum Ausdruck kam eine solche Auffassung etwa 1803, nachdem die freie Reichsstadt Wetzlar als Grafschaft in den Herrschaftsbereich des Mainzer Kurfürsten eingegliedert worden war:

> *Das Kammergericht ist nämlich ein für sich bestehendes unmittelbares Corpus im Reich, welches von jeder anderen, als kayserlichen Majestät Botmäßigkeit völlig unabhängig ist. Seine Glieder sind nicht im einzelnen privilegierte Personen, sondern Theile eines Ganzen. In dieser Eigenschaft gebührt ihnen das Recht, für die Bedürfnisse seiner Angehörigen zu sorgen* [...] *und wenn dieses Recht durch gesetzliche Bestimmungen eingeschränkt ist, so geht diese Einschränkung nicht weiter, als sie in den Gesetzen und Verträgen ausdrücklich bestimmt ist.*[244]

In dieser Definition des Kammergerichts als ein *für sich bestenendes unmittelbares Corpus des Reiches*, mit der pars pro toto das Kameralkollegium gemeint war, sind die komplizierten Verhältnisse nivelliert, in denen die Assessoren und das Direktorium zu ihren Präsentanten standen. Deutlich wird betont, dass die

---

[243] Vgl. Jahns, Das Reichskammergericht, Tl. II, Biogr. 13 (Hommer), Biogr. 17 (Weidenfeld), Biogr. 62 (Stein zu Lausnitz).

[244] BAF, FN 11 Akten, Konv. Politiae, Entwurf Schreiben des Kammerrichters an den Wetzlarer Stadtdirektor von Mulzer, [Juli] 1803.

Rechte der Angehörigen des Kameralkollegiums nicht auf Privilegien beruhen, die einzelnen Personen verliehen worden waren, sondern die Gesamtheit das Recht habe für die Bedürfnisse seiner Angehörigen zu sorgen. Auch wenn hier von den Beziehungen des RKG zur Grafschaft Wetzlar die Rede ist, wird deutlich, dass das RKG als eine Behörde des Reichs verstanden wurde, in der das Kameralkollegium den anderen Kameralen übergeordnet ist. Beschreibungen des Kameralkollegiums und des übrigen Gerichtspersonals, die in eine ähnliche Richtung verweisen, finden sich um 1800 zuhauf. So ist in Reisebeschreibungen und Praktikantenbriefen die Rede davon, das RKG habe gleichsam reichsunmittelbaren Status, der Kammerrichter wird im Duktus moderner Behördensprache immer wieder als ‚Chef' bezeichnet, vom *Corps de Esprit* einzelner Kameralgruppen ist sogar im Zusammenhang mit den nur teilweise durch einen reichsgesetzlichen Status abgesicherten Boten die Rede.[245]

An das hier zu beobachtende veränderte Bewusstsein des Kameralkollegiums konnte dann im Zuge der Abwicklungsdebatte am RKG angeknüpft werden. Einen ersten Beitrag hierzu lieferte der letzte Kammerrichter im März 1806, als er betonte, dass alle Amtsträger am Kammergericht als Diener des Reichs zu betrachten seien und ihnen deshalb genauso wie den Staatsdienern und Geistlichen im § 59 des RDH[246] Pensionen für ihre Demissionen zugesprochen worden seien.[247] In seiner Denkschrift zur Lage des Kammergerichts, die unmittelbar nach dem Pressburger Frieden erschien, findet der Umdefinitionsprozess im Selbstverständnis der Gruppe seinen Höhepunkt vor der Auflösung des Reichs. Nicht zuletzt mit dem Ziel zu verhindern, dass die Präsentationshöfe für die Versorgung der Assessoren nach der Auflösung des Kammergerichts verantwortlich gemacht würden, betonte der Kammerrichter, dass die Angehörigen des Kameralkollegiums als gesamter Körper Ansprüche und Rechte dem Reich gegenüber hätten. Von dieser Schrift, in der das RKG als eine moderne Behörde mit quasi verbeamtetem Personal erscheint, wird noch die Rede sein – vor allem auch deshalb, weil sie für die Abwicklungsdebatte am Kammergericht eine wichtige Rolle spielte.

---

245 Burgdorf, Die reichsrechtliche Peregrinatio academica; Mader, Soldateske des Reichskammergerichts.
246 Hufeld, Der Reichsdeputationshauptschluss, S. 108
247 N. N. [Reigersberg], Ein Wort über die Lage.

Teil II: Momentaufnahmen im Jahr 1806 – Zeitgenössische Deutung historischer Gegenwart

I. Die Krise des Sommers 1806 und ihre Beschreibung

Wie keine andere Institution des alten Reichs war das RKG seit seiner Gründung auf dem Wormser Reichstag von 1495 abhängig von dem „Grundkonsens", der die Reichsverfassung ausmachte – ein Konsens, der als „Zusammenspiel divergierender Kräfte" charakterisiert werden kann, als Zusammenspiel von Kaiser und Reichsständen.[1] Da Kaiser, Kurfürsten, Reichskreise und Reichsstände an der Besetzung der Richterstellen beteiligt waren, die Finanzierung der besoldeten Kameralen durch die Kammerzieler leisteten und der Reichstag die Normen für das Gericht setzte, hatte die Aufkündigung dieses Konsenses durch die Rheinbundstaaten und den Kaiser im August 1806 besondere Auswirkungen auf das Gericht, sein Personal und dessen Angehörige.

Alle rund 900 Personen, die damals zum Kreis der Kameralen gehörten, waren von den Ereignissen des Sommers 1806 existenziell betroffen.[2] Einerseits erlebten

---

1 Jahns, Das Reichskammergericht, Tl. I, Kap. I. Der Begriff des „Grundkonsenses" geht zurück auf Peter Moraw. Moraw: Bestehende, fehlende und heranwachsende Voraussetzungen. Demgegenüber sprechen Georg Schmidt und Wolfgang Burgdorf auf die Begrifflichkeit der Traktate der *teutschen Reichs-Staatsrechtslehre* rekurrierend vom Reichs-Staat. Zum Konzept des „komplementären Reichs-Staates": Schmidt, Geschichte des alten Reichs, S. 33-52; ähnlich auch Burgdorf, Das Reich geht mich nichts an; Schilling, Reichs-Staat und frühneuzeitliche Nation; Ott, Das Alte Reich im späten 16. Jahrhundert; Wolfgang Reinhard: Frühmoderner Staat und Deutsches Monstrum. Die Entstehung des modernen Staates und das Alte Reich, in: ZHF 29 (2002), S. 339-357; vgl. auch den Tagungsband von Schnettger, Imperium Romanum; zur Entstehungsgeschichte des 1415 erstmals erwähnten kaiserlichen bzw. königlichen Kammergerichts: Lechner, Reichshofgericht und königliches Kammergericht; Smend, Das Reichskammergericht, S. 1-144; Diestelkamp, Vom königlichen Hofgericht zum Reichskammergericht; Seyboth, Kontinuität und Wandel; ein Gesamtüberblick: Press, Das Reichskammergericht.

2 Eine Zählung der Kameralen nach der Übernahme der Stadt Wetzlar durch Karl Theodor von Dalberg ergab 893 Angehörige des Kammergerichts. Vgl.: BAF, AR 1 Misc. 891. Vgl. auch: HHStA-Wiesbaden, Abt. 372, 182, Kurze Darstellung der statistischen Verhältnisse

sie, je nach ihrer Stellung in der Personalverfassung des Kammergerichts, die Vorgänge aus gruppenspezifisch unterschiedlichen Perspektiven, die verschiedene Möglichkeiten der Bewältigung eröffneten. Alle – gleich ob es sich um das vom Kurfürsterzkanzler bestellte Kanzleipersonal, die Anwaltschaft oder um die in der Hierarchie des Kammergerichtspersonals am niedrigsten angesiedelten Kammerboten handelte – hatten nur wenig Einfluss auf die Vorgänge.[3] Die Angehörigen des Richterkollegiums dagegen bildeten hier nicht nur insofern eine Ausnahme, als die Entscheidungen der Plenarversammlung für die übrigen Kameralen bisher maßgeblich gewesen waren, sondern auch weil sie es verstanden, die im Sommer 1806 in Bezug auf das Gericht getroffenen Regelungen mit zu gestalten.[4] Die Prokuratoren und Advokaten, die sich Anfang August 1806 zu einem Ausschuss zusammenschlossen, versuchten zwar ebenfalls, die Entwicklung zu ihren Gunsten zu beeinflussen, doch ging es ihnen im Wesentlichen darum, einen Pensionsanspruch geltend zu machen und an den Kassen des Reichsgerichts zu partizipieren.[5]

Gegenüber den Funktionären am Reichstag, am Reichshofrat und der Reichskanzlei in Wien war die Position der Richter des Kammergerichts zunächst insofern eine spezifische, als die Wetzlarer Richter nicht im selben Maße auf die große Politik einwirken konnten wie die Gesandten in Regensburg oder Amtsträger an den Reichsbehörden in Wien. Darüber hinaus wurden sie aufgrund der besonderen Konstruktion des Reichstribunals vor andere Bewältigungsaufgaben gestellt.[6] So konnte Franz II. den Reichshofrat, das andere höchste Gericht im Reich mit konkurrierender Gerichtsbarkeit zum Kammergericht, aus eigener Machtvollkommenheit auflösen, da es eng mit der Person und der Residenz des Kaisers verbunden und reichsständischen Zugriffen entzogen war.[7] Andererseits war die Reichshofkanzlei mit der Person des zweiten Mannes im Reich verbunden, dem

---

der Stadt Wetzlar im Jahr 1810. Hahn, Reichskammergericht und Stadtentwicklung, S. 9, gibt für das Jahr 1805 901 Personen an.

3 Smend, Das Reichskammergericht, S. 243-374; Jahns, Das Reichskammergericht, Tl. I, Kap. II, 2.1

4 Mader, Heilige Schulden, S. 116-22.

5 Hierzu Teil III dieser Studie.

6 Srbik, Schicksalsstunde des alten Reiches, S. 53-56; Härter, Reichstag und Revolution. Künftig auch die in Vorbereitung befindliche Studie von Wolfgang Burgdorf unter dem Arbeitstitel: Ein Weltbild verliert seine Welt. Die Bewältigung des Reichsende durch die Funktioneliten des Heiligen Römischen Reiches Deutscher Nation, unter besonderer Berücksichtigung der ehemaligen Gesandten des Regensburger Reichstages.

7 Zum RHR immer noch grundlegend: Gschliesser, Der Reichshofrat; Ehrenpreis, Der Reichshofrat im System der Hofbehörden; Press, Der Reichshofrat im System des frühneuzeitlichen Rechts; ders., Die kaiserliche Stellung im Reich. Die Erforschung der Auseinandersetzung der Angehörigen des RHR mit der Auflösung des Reichs stellt ein Desiderat dar. Zur Abgrenzungsproblematik zwischen RHR und RKG: Jahns, Die Reichsjustiz als Spiegel der Reichs- und Religionsverfassung; Sellert, Reichshofrat und Reichskammergericht. Ein Überblick bei: Diestelkamp, Reichskammergericht und Reichshofrat im Spannungsfeld.

Kurfürsterzkanzler, der am 1. August 1806 aus dem Reich austrat und den Titel des Fürstprimas annahm.[8]

Bestanden für diese beiden Institutionen klare Zuständigkeiten, so folgte weder aus dem Austritt der im Rheinbund konföderierten Staaten aus dem Reich noch aus der Abdankungserklärung des Kaisers die unmittelbare Auflösung des Kammergerichts. Denn weder in der Konföderationsakte noch bei der Lossagung der Rheinbundstaaten wurden Beschlüsse über das Schicksal des Gerichts gefasst.[9] Daher konnten diese Erklärungen als unvollständige Aufkündigung des Konsenses, auf dem die Reichsverfassung beruhte, gedeutet werden. Noch, so schien es manchem Zeitgenossen Ende Juli und Anfang August 1806, waren nur 16 Staaten der Rheinischen Konföderation beigetreten, der Rest des Reichs hatte sich nicht erklärt. Der Kaiser hatte zwar verfügt, dass in seinem Namen nicht mehr Recht gesprochen werden dürfe. Auch verlor das Kammergericht durch seine Abdankung und die Lossagung der habsburgischen Gebiete einen weiteren wichtigen Konstituenten. Gleichwohl war nicht eindeutig klar, ob zu einer vollständigen Auflösung des Gerichts die Aufkündigung des Konsenses aller an der Konstruktion des Kammergerichts Beteiligten nötig sei. Den Richtern des RKG war die zweifelhafte reichsrechtliche Lage bewusst. Deshalb wurde die Verfassung des Kammergerichts in der unmittelbaren Reaktion auf die Ereignisse des Sommers 1806 noch einmal eingehend diskutiert: Zur Debatte stand die Frage, ob das Gericht noch existiere.

Vor diesem Hintergrund ist die Perspektive zu analysieren, aus der die Angehörigen des Kameralkollegiums die Auflösung des Reichs erlebten.[10] Zunächst

---

8 Gross, Die Geschichte der deutschen Reichshofkanzlei.

9 Missverständlich hierzu: Flender, Die Auflösung des Reichskammergerichts, S. 280: „Diese (die Abdankungserklärung des Kaisers, EOM) [...] enthielt praktisch die sofortig Auflösung des Reichskammergerichts und die fristlose Entlassung aller seiner Bediensteten".

10 Während die kleindeutsch-borussische Geschichtsschreibung Reichsgeschichte vor allem auf der Grundlage von brandenburg-preußischen Akten geschrieben hat, wurde anknüpfend an die Forschungen von Srbik für die Auflösung des Alten Reichs vor allem die kaiserlich-österreichische Perspektive berücksichtigt. Zusätzlich fanden die Politik Napoleons, der Rheinbundsstaaten sowie die Reaktionen am Reichstag Berücksichtigung. Vgl. etwa Srbik, Das österreichische Kaisertum und das Ende des Heiligen Römischen Reichs (1804–1806), in: Archiv für Politik und Geschichte 1927: Diese Studie erschien im gleichen Jahr auch als selbständige Schrift. Später wurde sie noch einmal in gekürzter Fassung und ohne Anmerkungen veröffentlicht: Srbik, Die Schicksalsstunde des alten Reiches; Rössler, Österreichs Kampf; Huber, Dokumente; Raumer, Hügels Gutachten; ders: Deutschland um 1800; ders., Préfecture française; Aretin, Heiliges Römisches Reich. Aus der Perspektive des Reichstags: Härter, Reichstag und Revolution; Weis, der Durchbruch des Bürgertums; Sheehan, German History; ders., Der Ausklang des alten Reiches; Neuhaus, Das Ende des Alten Reiches; Aretin, Das Alte Reich 1648–1806, Bd. 3; Schmidt, Geschichte des alten Reiches. Dazu künftig auch die aus dem Münchener Fritz Thyssen Projekt ‚Die Wahrnehmung und Bewältigung des historischen Wandels um 1800 durch Funktionseliten des Alten Reiches' hervorgehende Studie von Wolfgang Burgdorf unter dem Arbeitstitel: Ein Weltbild verliert seine Welt. Die Bewältigung des Endes des alten Reiches durch die

jedoch sollen die Vorgänge geschildert werden, die zu den Erklärungen des Sommers 1806 führten.[11] Dabei geht es nicht um eine Klärung der strukturellen Bedingungen des Zusammenbruchs des Alten Reichs, sondern vielmehr darum, die kurzfristigeren Entwicklungen zu schildern und durch die Analyse des zeitgenössischen Gegenwartshorizontes eine neue Perspektive auf das Ende des Alten Reichs zu gewinnen. Die Erklärungen der konföderierten Staaten und des Kaisers im Sommer 1806 werden deshalb zunächst innerhalb der Entwicklungen seit dem Frieden von Pressburg kontextualisiert.[12] Zwei Ebenen wird dabei Rechnung getragen: der Ebene der politischen Veränderungen und der Ebene zeitgenössischer Interpretation der Lage des Reichs durch die neuen Souveräne, den Wiener Hof und nicht zuletzt durch die Angehörigen des RKG. Es wird gezeigt werden, dass viele Zeitgenossen den Frieden von Pressburg noch nicht für die Besiegelung der Auflösung des Reichs hielten.[13]

In einem zweiten Schritt werden die Eindrücke und Handlungsoptionen nachgezeichnet, wie sie seit Bekanntwerden der Gründung des Rheinbundes von den Richtern des RKG entwickelt wurden. Es gilt zu erklären, wie sich die Auffassungen und Handlungsweisen, die unter den Bedingungen der Existenz des Kammergerichts Gültigkeit hatten, in der neu entstandenen Situation nach der Auflösung des Reichs veränderten. Welchen Eindruck machten die Veränderungen? Welche Konzepte zur Thematisierung der Zeit standen zur Verfügung? Wie wurde die Gegenwart erfasst? Welche Techniken zur Analyse der entstandenen politischen Situation setzen die Angehörigen des Kameralkollegiums ein? Wie interpretierten sie den Zustand?

Die Analyse der Auseinandersetzung mit dem Wandel eröffnet zugleich den Blick auf die Entstehungsbedingungen einer mehr als zehn Jahre währenden Nachgeschichte des Kammergerichts, das weder durch die Erklärungen der konföderierten Staaten noch durch die des Kaisers im Zuge seiner Abdankung vollständig aufgelöst wurde. Die Phase der unmittelbaren Auseinandersetzung mit dem Ende des Alten Reichs gilt dabei als Zeitraum, in dem Weichen gestellt wurden: ‚Altes‘ wurde entwertet oder musste unter den sich verändernden Bedingungen seine Gültigkeit behaupten. ‚Neues‘ kam hinzu, trat in Verbindung mit vorher

---

Reichstagsgesandten am Regensburger Reichstag. Bei P. C. Hartmann, Kulturgeschichte des Heiligen Römischen Reiches, fehlt eine Thematisierung des Endes des Alten Reiches.

11 Dies ist angesichts der Forschungslage nötig. Aufgrund der teleologischen Zuspitzung auf das Ende des Alten Reiches hin ist die Zeit zwischen dem Frieden von Pressburg und der Abdankung Kaiser Franz II. einseitig thematisiert worden. Vgl. hierzu die Einleitung zu dieser Studie.

12 Aretin, Heiliges Römisches Reich, Bd. 1, S. 497-504; Härter, Reichstag und Revolution; Nipperdey, Deutsche Geschichte, Bd. 1, S. 14; Weis, Rheinbund; Fournier, Napoleon, Bd. 2; Bitterauf, Die Gründung des Rheinbundes; Schmidt, Der napoleonische Rheinbund.

13 So schon Srbik, Schicksalsstunde des alten Reiches, S. 52. Im Wesentlichen zutreffend: G. Walter, Der Zusammenbruch; Kleinheyer, Die Abdankung des Kaisers. Eine andere Auffassung vertritt Burgdorf, Reichsnationalismus gegen Territorialnationalismus, S. 157, der von der „staatsrechtlichen Auflösung“ des alten Reiches am 6. August 1806 spricht.

gültigen Deutungskonzepten. Impulse für vielfach überraschende Entwicklungen wurden freigesetzt.[14] Zugleich wurde in dieser Periode der Grundstein für die Entscheidung vieler, vor allem jüngerer Richter des Kammergerichts gelegt, Karrieren in einem anderen Umfeld anzustreben, in einem der souveränen deutschen Staaten. Spätere politische Einstellungen der Angehörigen des Kameralkollegiums, begannen sich in dieser Zeit der unmittelbaren und existenzbedrohenden Konfrontation mit dem Wandel bereits abzuzeichnen. Diese Phase kann deshalb als Transformationsphase von politischen Deutungskonzepten gelten.

Gleich welche Stellung die Angehörigen der letzten Richtergeneration des Kammergerichts gegenüber der Vergangenheit einnahmen: nach den Ereignissen des Sommers 1806 war nichts mehr so, wie es früher gewesen war. Auch wenn an frühere Verhaltensweisen angeknüpft werden konnte, so ist dies nicht als deren einfache Fortführung zu verstehen, die sich im Rahmen eines Konzeptes der „longue durée",[15] als deren stabiles Element, deuten ließe. Vielmehr ist davon auszugehen, dass die Ereignisse des Sommers 1806 eine fundamentale Gewalt hatten. Früher selbstverständliche Verhaltensweisen und Denkmuster wurden in Frage gestellt und zum Teil entwertet. Gleich wie die jeweilige Deutung der Ereignisse ausfiel, konnten die Betroffenen Deutungskonzepte nicht mehr vor der Folie weitgehend stabiler Strukturen entwickeln, die die Lebenswelt bisher geprägt hatten.[16] Denken und Handeln war der identitätsverbürgende Rahmen abhanden gekommen, der vor der Auflösung des Reichs noch bestand.

Zwar bestand auch in der Endphase des Reichs keine völlige Sicherheit, da die zunehmende Aushöhlung der Reichsverfassung bewältigt werden musste. Insgesamt aber schienen sich die Bedrohungen nur am Horizont abzuzeichnen. Sie konnten durch eine Versicherung über den gegenwärtigen Zustand, die Versicherung, dass das Reich noch existiere und das Kammergericht noch tätig sei, aufgefangen werden. Die Ereignisse des Sommers 1806 stellten genau diesen Rest an Sicherheit zunächst in Frage, bis im Herbst 1806 klar wurde, dass die ‚bisherige' Verfassung und mit ihr das Kammergericht nicht mehr bestehen werde.

Der gesetzte zeitliche Rahmen von rund drei Monaten, in dem die 24 Angehörigen der letzten Richtergeneration des Kammergerichts jeweils ihre Position den Ereignissen gegenüber bestimmten, vereinfacht die Analyse. Tatsächlich währte er für den einen länger, den anderen kürzer. Gleichwohl ist er so konturiert, dass sich darin die Ausformung der wichtigsten Positionen und Bewältigungsstrategien beobachten lässt, die auch in der Folgezeit Grundorientierungen und Handlungsmuster mitbestimmten. Da dieser Zeitraum durch die Unsicherheit des Ver-

---

14 Während die ältere Forschung den Pressburger Frieden als Vorwegnahme der Auflösung des Reiches interpretierte (etwa: Fournier, Napoleon, Bd. 2, S. 134), wird in der neueren Forschung betont, dass der Friede das Reich noch nicht aufgelöst habe: Oer, Pressburg; vgl. auch: Härter, Reichstag und Revolution, S. 632-637.

15 Reichardt, Zur Sozialgeschichte der französischen Aufklärung; Gumbrecht/Reichardt/Schleich, Für eine Sozialgeschichte der Französischen Aufklärung.

16 Zum Lebensweltkonzept: Schütz/Luckmann, Strukturen der Lebenswelt.

haltens der Richter des RKG näher charakterisiert werden kann, kann er zunächst als weitgehend offene Re- und Neuformationsperiode von Grundeinstellungen betrachtet werden. Der Sommer 1806 war eine Phase der Entwertung der Vergangenheit und der enormen Vergrößerung des Abstandes zwischen „Erfahrungsraum" und „Erwartungshorizont", deren Folge die Ausbildung einer blinden Stelle war: Für eine kurze Zeit schien die Gegenwart nicht mehr fassbar, nicht mehr begreifbar.[17]

II. Die Lage des Reichs nach dem Frieden von Pressburg: Entwicklungen und zeitgenössische Perspektiven

„Im einzelnen bedeutet es eine Verschiebung des Bedeutungsakzents, wenn man die Auflösung des Deutschen Reichs allzu sehr von ihrem Schlussakt 1806 her sieht, und nicht von den Ereignissen her, die im Grunde schon alles entschieden haben".[18] Man wird dieser Beobachtung Kurt von Raumers, der unter den entscheidenden Ereignissen die Friedenschlüsse von 1801 und 1805, die Anerkennung der von Napoleon usurpierten Kaiserkrone sowie die Schaffung des österreichischen Erbkaisertums 1804 verstand, nicht uneingeschränkt zustimmen können. Zweifellos verschiebt sich der „Bedeutungsakzent", wenn das Jahr 1806 als die unmittelbare Vorgeschichte des Zusammenbruchs des Alten Reichs in den Blick genommen wird. Auch lässt sich beobachten, dass sich seit 1804 die Befürchtungen der Zeitgenossen verstärkten, es könne bald zu einer gänzlichen Auflösung der Reichsverfassung kommen.[19] Doch auch vor dem Hintergrund solcher

---

17 Koselleck, Erfahrungsraum und Erwartungshorizont. Darauf aufbauend für eine formale Beschreibung von Auseinandersetzungsmöglichkeiten mit „Krisen" in der „Moderne": Imhof/Romano, Die Diskontinuität der Moderne. Indem ich mich an die hier vorgetragenen Konzepte anlehne, soll explizit nicht an die Großthesen angeknüpft werden wie sie in Bezug auf die Entstehung von Öffentlichkeit erst im 18. Jahrhundert (Habermas, Strukturwandel der Öffentlichkeit) bzw. hinsichtlich der Entstehung eines Zukunftsbewusstseins in der „Sattelzeit" formuliert werden: E.-W. Becker, Zeit der Revolution; Hölscher, Die Entdeckung der Zukunft. Zur Kritik an Habermas' Konzept zur Entstehung von Öffentlichkeit: Burgdorf, Reichskonstitution und Nation, S. 502f.; Behringer, Die Veränderung der Raum-Zeit-Relation; Hinweise zu einer früheren Entdeckung der Zukunft: in dem geplanten Quellenband von Winfried Schulze, „Mutatio" – „Innovatio". Eine Arbeit zum Zukunftsbegriff vor der Sattelzeit steht noch aus.

18 Raumer, Deutschland um 1800, S. 166.

19 So hatte der Historiker Niklas Vogt 1804 die französische mit der deutschen Verfassung verglichen und war zu dem Schluss gekommen, dass das erbliche Kaisertum der Franzosen dem deutschen Wahlkaisertum überlegen sei. Deshalb vermutete er, die Reichsverfassung werde sich wahrscheinlich bald gänzlich auflösen. Zu Vogt Peters, Niklas Vogt und das rheinische Geistesleben; Berg, Niklas Vogt; kurz zusammenfassend auch Burgdorf, Chimäre Europa, S. 88.

Befürchtungen kann nicht davon ausgegangen werden, dass im Jahr 1806 nur noch der „Schlussakt“ in jenem „Drama“ vollzogen werden musste, dem vorherige Ereignisse bereits eine unausweichliche Richtung aufgedrückt hätten.[20] Dies hat eine Reihe von Gründen.

Zum einen ist in der Forschung die These umstritten, Napoleon habe bereits seit dem Reichsdeputationshauptschluss „konsequent an der Auflösung des Reiches“ gearbeitet und seit 1803 die Vernichtung des Reichs geplant.[21] Zwar glaubten viele Zeitgenossen in Deutschland, er würde die ‚Karlskrone‘ anstreben, auch nährte Napoleon zu Zeiten solche Vorstellungen. Seine Deutschlandpolitik jedoch und der Einfluss, den vor allem Talleyrand darauf nahm, scheint eher für die Annahme zu sprechen, dass der Auflösung des Reichs kein langfristig vorbereitetes Konzept zugrunde lag.[22] Hinzu kommt, dass die verbündeten Staaten des südlichen Deutschlands über Napoleons Absichten nicht genau informiert waren. Im Gegenteil lässt sich aus einer Fülle von Stellungnahmen in einer kurzen Phase unmittelbar nach Abschluss des Friedens von Pressburg eine Unsicherheit der Zeitgenossen über den künftigen Verlauf der Geschichte feststellen: Ungewiss war, was mit dem Reich im Strudel des sich immer rascher beschleunigenden Wandels geschehen werde. Viele Äußerungen dokumentieren den Willen der Zeitgenossen, an dem festzuhalten, was vom Reich noch übrig geblieben war. Der Friede von Pressburg galt dabei nach seinem Buchstaben mit der Reichskonstitution als durchaus vereinbar.[23]

Zum anderen verweist die seit 1804 erörterte Idee zur Gründung eines Bundes unter der Führung Frankreichs nicht zwangsläufig auf das Ende des Alten Reichs. Denn die der Gründung des Rheinbundes vorausgehenden Pläne sowie die Allianz der Staaten des dritten Deutschlands mit Frankreich ließen sich im Rahmen der bündischen Traditionen im Reich deuten.[24] Weder der erste Rheinbund von

---

[20] Raumer, Deutschland um 1800, S. 160-175; So auch: Berding/Ullmann, Veränderungen in Deutschland, S. 182f.; Schmidt, Geschichte des alten Reiches, S. 343-346: „Der Friede von Pressburg läutete endgültig die Todesstunde des Alten Reiches ein“ (S. 343).

[21] Zitiert nach Neri, Anton Freiherr von Cetto, hier S. 208 Anm. 7. Dagegen: Lefebvre, Napoléon, v. a. S. 153. In Anschluss an ihn auch: Weis, Rheinbund, S. 57; ferner: Oer, Pressburg; zum Reichsdeputationshauptschluss grundlegend Hömig, Der Reichsdeputationshauptschluss; Härter, Reichstag und Revolution, S. 592-595; ders., Der Hauptschluß der außerordentlichen Reichsdeputation; H.-J. Becker, Umbruch in Mitteleuropa.

[22] Aretin, Heiliges Römisches Reich; Faber: Die Rheinlande zwischen Restauration und Revolution, S. 14; Burg, Die deutsche Trias, S. 18f.; Schuck, Rheinbundpatriotismus, S. 287f.; Burgdorf, Chimäre Europa, S. 87-91. Problematisch dazu auch: Rössler, Napoleons Griff. Dem von Eberhard Weis (Rheinbund, S. 71 Anm. 37) formulierten Urteil, dass Rössler keinen einzigen Beleg, sondern nur Gegenbeweise für seine im Titel zum Ausdruck gebrachte These bringe, ist uneingeschränkt zuzustimmen. Zur kritischen Auseinandersetzung mit Rössler vgl. auch: Raumer, Préfecture française, S. 637-639 und Botzenhart, Metternichs Pariser Botschafterzeit, S. 27-72 und 101-109.

[23] Oer, Pressburg; G. Walter, Der Zusammenbruch.

[24] Hierzu die Aufsätze von Moraw, Carl, Lanzinner, Gotthard, Langer, in: Press, Alternativen zur Reichsverfassung.

1658, ein Zusammenschluss deutscher Fürsten, die sich an Frankreich anlehnten,[25] noch die Triasidee, die nach dem Siebenjährigen Krieg konzipiert worden war und im Fürstenbund von 1785 ihren Höhepunkt fand,[26] hatten die Reichsverfassung gesprengt. Eine solche Intention kann auch innerhalb der bis ins Spätmittelalter zurückverfolgbaren Bündnistradition nicht beobachtet werden.[27]

Obgleich in der Erklärung vom 6. August 1806 das Ultimatum Napoleons bewusst ausgespart wurde, spricht daher nichts dagegen, sie zunächst nicht nur als formales Dokument längst vollzogener Ereignisse zu betrachten. Vielmehr muss der darin zum Ausdruck gebrachte Wille, das Reich nach dem Frieden von Pressburg noch erhalten zu wollen, ernst genommen werden. Ausdrücklich betonte der Kaiser, er habe nach dem Friedensschluss versucht, seinen aus der Wahlkapitulation resultierenden Verpflichtungen nachzukommen. Erst im Laufe der Zeit und aufgrund einer falschen Interpretation mehrerer Artikel des Friedens von Pressburg durch die neuen Souveräne sei er zu der Überzeugung gekommen, dass es unter den eingetretenen Umständen unmöglich sei, die durch den Wahlvertrag eingegangenen Verpflichtungen zu erfüllen. Auch die im Frühsommer 1806 noch gehegte Hoffnung, die Lage könne sich ändern, sprach er in seiner Abdankungserklärung an. Erst die Gründung des Rheinbundes und die gänzliche Trennung der konföderierten Stände vom Reich sowie das Ultimatum Napoleons, die Kaiserkrone niederzulegen, hatten ihm keine andere Wahl mehr gelassen.[28]

In der kaiserlichen Erklärung können drei Phasen der Haltung gegenüber dem Reich unterschieden werden. Sie geben nicht nur die Stimmung in Österreich wieder, sondern können paradigmatisch für eine Fülle zeitgenössischer Äußerungen des Jahres 1806 stehen. Einige der Gesandten am Reichstag, die meisten Richter des RKG, viele der Publizisten des Reichsstaatsrechts und sogar Funktionäre der drei neuen Souveräne interpretierten den Pressburger Frieden zunächst seinem Buchstaben nach. Erst in der Dynamik der Ereignisse des Jahres 1806 gewannen andere Argumente die Oberhand. Gleichwohl wurden in dieser Phase die Entscheidungen von den Plänen Napoleons abhängig gemacht.

---

[25] Zum Rheinbund von 1658: Schindling, Der erste Rheinbund und das Reich.

[26] Zum Fürstenbund: Ranke, Die deutschen Mächte und der Fürstenbund; Aretin, Heiliges Römisches Reich, S. 162-240; ders., Höhepunkt und Krise; Blanning, Reform and Revolution, 277ff. Vor allem die Publizistik berücksichtigend: Gagliardo, Reich and Nation; Wangermann, Deutscher Patriotismus; Burg, Die Deutsche Trias, S. 14-22; Stievermann, Der Fürstenbund von 1785; Burgdorf, Reichskonstitution und Nation, S. 256-351.

[27] Stellvertretend für die Erforschung der bündischen Tradition im Reich sei hier auf den Sammelband von Press, Alternativen der Reichsverfassung verwiesen.

[28] Leicht zugänglich bei Hufeld, Der Reichsdeputationshauptschluss, S. 134-137 (Rheinbundakte), S. 138-140 (Austritterklärung der Rheinbundstaaten), S. 141-143 (Erklärung Kaiser Franz II. über die Niederlegung der deutschen Kaiserkrone). Zeitgenössisch ediert bei: Vahlkampf, Politische und historische Ansichten, S. 16. Da sich in Vahlkampfs Edition auch die anderen hier relevanten Erklärungen des Kaiser befinden, wird im Folgenden nach dieser Edition zitiert.

1. Der Buchstabe des Friedens

Den entscheidenden Ansatzpunkt für eine Interpretation des Pressburger Friedens im Rahmen der Reichsverfassung bildete Artikel XIV. Demnach war Bayern, Württemberg und Baden zwar *la plenitude de la souveraineté* zuerkannt worden, gleichwohl war dies mit der Einschränkung versehen worden, dass diese Souveränität nur derjenigen entsprach, die Preußen und Österreich für ihre zum Reich gehörenden Gebiete genossen.[29] Vor diesem Hintergrund hatte der Jenaer Reichsstaatsrechtler Andreas Joseph Schnaubert, der eine der letzten reichsstaatsrechtlichen Abhandlungen nach dem System der Göttinger Schule verfasste, keine Schwierigkeiten die *confoederation germanique* nach der *teutschen Staatsconstitution* zu beschreiben.[30] Er verwies auf die durch die Reichsverfassung eingeschränkte Souveränität der drei neuen Souveräne und betonte zusätzlich, dass der Friede ihr Ausscheiden aus dem Reichsverband nicht vorsehe.[31]

Ganz ähnlich sah dies im Vorfeld des Friedens der bayerische Gesandte von Gravenreuth. Er hatte am 8. Dezember 1805 betont, dass es dem Kaiser gefallen habe, ein Schattenbild des Reichs zu erhalten.[32] Kurz nach dem Friedenschluss schien es, als wolle auch Württemberg an der Reichsverfassung und den Reichsgerichten festhalten. So schränkte der König von Württemberg zwar den Wirkungskreis seines Agenten in Wetzlar, des RKG-Prokurators Hofmann, ein. Er instruierte ihn, seine Geschäfte künftig *blos* darauf zu beschränken, alle sich bei *Gericht ereignenden Vorfälle zu berichten* sowie *in Commissions- Kreyß-Exekutions und anderen solchen Fällen das nötige zu veranlassen*. Auch wies er ihn an, vom Kammergericht *durchaus nichts mehr anzunehmen*. Allerdings sollte diese Anweisung nur diejenigen Angelegenheiten betreffen, die mit den *seit dem neuesten Friedensschlusse eingetretenen neuen Verhältnissen im Widerspruch* stünden.[33]

Während man sich also in Württemberg der Reichsgerichtsbarkeit nicht vollständig entziehen zu können glaubte, beharrte der seit 1786 in Wetzlar ansässige

---

[29] Grundlegend: Oer, Pressburg. Hier auch die Edition des Friedensvertrages, S. 275. Auch im Vertrag von Brünn wurde das Reich noch garantiert. Zum Gesamtzusammenhang weitgehend zutreffend G. Walter, Der Zusammenbruch, S. 3-91.

[30] Zu Schnaubert als Vertreter einer Reichsstaatsrechtslehre nach dem System der Göttinger Schule: Stolleis, Geschichte des öffentlichen Rechts, Bd. 1, S. 59, S. 154. Schnaubert, Lehrbuch des teutschen Staatsrechts, Jena 1806.

[31] Schnaubert verwies hier auf Artikel VII des Friedenschlusses: *Les Electeurs de Bàvière et de Wurtemberg ayant pris le tritre du roi, sans néanmois cesser d'appartenir a la Confedération Germanique, Sa Majesté l'Emperur d' Allemagne et d' Autriche les reconnaît en cette qualité*, zitiert nach Oer, Pressburg, S. 273. Eine ähnliche Interpretation auch bei Häberlin, in: Staatsarchiv, Heft 60, Nr. 1.

[32] Raumer, Hügels Gutachten, S. 392 mit Verweis auf die damals noch nicht erschienene Studie von Oer.

[33] HHStA-Wien, RK, RKG Visit. 378, Reigersberg an Colloredo, Wetzlar, Februar 1806, Anlage, Abschriften.

bayerische Rat Franz Xaver von Zwackh im Januar 1806 darauf,[34] dass die Souveränität des Königreichs nach wie vor beschränkt sei. Er hatte den Auftrag erhalten, die neuen Verhältnisse Bayerns gegenüber den Reichsgerichten zu erforschen, und kam dabei zu folgendem Schluss:

> *Euer königliche Majestät würden als nach obigen Beispiele (i. e. Österreichs und Preußens, EOM) und dem Reichsherkommen als Kuhrfürst in den Verbindlichkeiten mit Entrichtung der Kammerzieler, und mit Erkennung der reichsgerichtlichen Jurisdiktion, Allerhöchst dieselbige mögen als Kläger oder Beklagter erscheinen, forthin bleiben, aber auch alle bisherigen Gerechtsame an Praesentationen, Visitationen und Schirmung des Gerichts ausüben. Nur Allerhöchst dero Titel muß von der Reichskanzley jetzt geändert werden.*[35]

Zwackhs Auffassung nach änderte also der Pressburger Frieden die Verhältnisse Bayerns gegenüber den Reichsgerichten nur formal. Einige der Geschäftsträger am Reichstag sahen dies ähnlich. So wies Aegid von Fahnenberg,[36] der erzherzoglich-österreichische Fürstenratsdirektorialgesandte am Reichstag in Regensburg am 30. Januar 1806 nachdrücklich darauf hin, dass die *Stände des Reichs* Untertanen des Kaisers und ihrer *Landeshoheit ohngeachtet* abhängig von der obersten Staatsgewalt bleiben würden.[37] Die Auffassung des früheren RKG-Assessors, der seine Gesandtenstelle 1795 angetreten hatte, verweist auf die Bedeutung, welche die Interpretation des Reichs nach dem System der Göttinger Schule auch unter den Praktikern des Reichsstaatsrecht hatte.[38] Ähnlich wie für Schnaubert und Zwackh bildete die Existenz des Reichs den verbindlichen Rahmen für die Interpretation der mit dem Frieden von Pressburg eingeleiteten Veränderungen, die gleichwohl den Reichsverband nicht sprengten, sondern der obersten Staatsgewalt des Kaisers, an der die Reichsstände beteiligt waren, nur mehr Rechte abgetrotzt hatten.

Es überrascht vor diesem Hintergrund kaum, dass auch die Angehörigen des Kameralkollegiums mehrheitlich von der weiteren Gültigkeit der Reichsverfassung ausgingen. Noch 1806 versuchten sie von den Reichsständen rückständi-

---

[34] Eine moderne Biographie über Franz Xaver von Zwackh-Holzhausen (1756–1849), die seine Bedeutung als Illuminat, sein Wirken in Wetzlar und später als bayerischer Gesandter beim Fürstprimas in Frankfurt, seine publizistische Tätigkeit und seine Bedeutung für die Integration der Pfalz in den bayerischen Herrschaftsbereich würdigt, stellt ein Desiderat dar. Grundlegend zu ihm immer noch: A. Becker, Die Wiedererstehung der Pfalz; zu seiner Rolle für die bayerische Pressepolitik: Piereth, Bayerns Pressepolitik, v. a. S. 106-114, 117-119, 122-124. Zu seiner Zeit in Wetzlar vgl. die Bemerkungen bei: Neugebauer-Wölk, Reichsjustiz und Aufklärung, S. 44; Hahn, Die Stadt Wetzlar, S. 91 und 138. Der Nachlass von Zwackhs in: Landesarchiv Speyer, V29.

[35] BayHStA, MA 4064, Nr. 2, Zwackh an König Max I., Wetzlar, den 15. Jan. 1806.

[36] Jahns, Das Reichskammergericht, Tl. II, Biogr. 60.

[37] Zitiert nach: Härter, Reichstag und Revolution, S. 635.

[38] Jahns, Das Reichskammergericht, Tl. II, Biogr. 60. Auch Fahnenberg hatte in Göttingen studiert.

ge Kammerzieler einzutreiben. Auch das Präsentationswesen fand durch die Ereignisse keine Unterbrechung.[39] Höchstrichterliche Urteile im Namen des Kaisers ergingen noch und die Justizsenate waren damit befasst, sie auszuarbeiten.[40] In einer anonymen Veröffentlichung vom März 1806 stellte der Kammerrichter Heinrich Aloys von Reigersberg kategorisch fest: *Deutschlands Verfassung war bisher und bleibt, solange das Staatsgebäude nicht ganz umgeworfen ist, monarchisch.*[41] Er betonte die Notwendigkeit, die Reichsgerichte zu erhalten, wenn nicht *Anarchie und Faustrecht* in Deutschland Einzug halten sollten. Damit knüpfte auch er an die Konzepte an, wie sie in dem von Johann Stephan Pütter maßgeblich beeinflussten Reichsjustizreformdenken in der zweiten Hälfte des 18. Jahrhunderts gängig waren.[42] Wenn Reigersberg aber zugleich betonte, dass die künftige Entwicklung des Reichs von der Absicht der *pazifierenden Mächte* abhängig sei,[43] so brachte er seine Befürchtung zum Ausdruck, der Reichsverband werde den politischen Veränderungen nicht standhalten. Er wusste genau, dass alles darauf ankommen würde, ob die drei süddeutschen Höfe die gewährten Hoheitsrechte im Sinne einer unteilbaren Souveränität interpretierten, und versuchte diese Deutungsmöglichkeit in seiner Denkschrift zurückzuweisen. Reigersberg wies nachdrücklich auf den Unterschied zwischen Landeshoheit und Souveränität hin und betonte, dass man für die deutschen Verhältnisse in Frankreich nur ein Wort nämlich *souveraineté* kenne, das sowohl Landeshoheit als auch vollständige und unteilbare Souveränität ausdrücken könne.[44] Für den Fall, dass die neuen Souveräne nicht nur die Landeshoheit, sondern eine vollständige Souveränität beanspruchten, hielt er die Auflösung des Reichs und des RKG für denkbar. Deshalb entwickelte er einen ersten Plan zur Abwicklung des Kammergerichtspersonals, der im Sommer 1806 eine wichtige Rolle spielen sollte.[45]

Trotz dieser Befürchtungen versuchte Reigersberg den Kaiser für den Erhalt des RKG zu gewinnen. Dies bringt eine Reihe von Briefen an einflussreiche Funktionäre Habsburgs zum Ausdruck. Man könne in dieser Situation nicht sicher sein, dass die neuen Souveräne den *nexus imperii* beibehalten, schrieb er am 21. Februar 1806.[46] Gerade deshalb sei es *wichtig und wünschenswert*, dass Öster-

---

39 Dazu insbesondere: BAF, FN 11 Akten. HHStA-Wien, RK, RKG Visit. 378.

40 Vgl. den Prolog zu dieser Studie.

41 So die Interpretation bei N. N. [Reigersberg], Ein Wort über die Lage, S. 8. Zu Reigersbergs Schrift ohne Angabe der Verfassers kurz: Oer, Pressburg, S. 206 Anm. 118; Mader, Heilige Schulden, S. 116-121.

42 Das Reich interpretierte auch der Kanzleidirektor der Prinzipalkommission Josef Haas nach Pütters System: Skizze über die dermalige Lage des deutschen Reichs, Mai 1806, in: HHStA-Wien, Ministerium des kaiserlichen Hauses, Titel und Wappen, Karton 3. Druck in: G. Walter, Der Zusammenbruch, S. 132-144.

43 N. N. [Reigersberg], Ein Wort über die Lage, S. 8.

44 N. N. [Reigersberg], Ein Wort über die Lage, S. 8, mit Hinweis auf Artikel 11 des Friedensschlusses.

45 Vgl. Teil III in dieser Arbeit.

46 HHStA-Wien, RK, RKG Visit. 378; BAF, FN 11 Akten.

reich seine rückständigen kurböhmischen Kammerzieler bezahle, da sein Verhalten von anderen Reichsgliedern *zur Richtschnur dürfte gewählt werden*. Reigersbergs Schreiben lassen den Plan erkennen, den Wiener Hof zu einer gleichförmigen politischen Linie und zum Einsatz für das Reich zu bewegen und zugleich die Besoldungsprobleme am RKG zu lösen. Den Präsidenten des Reichshofrates, den früheren Kammerrichter Karl Philipp von Öttingen-Wallerstein, drängte er, die zu erwartenden Kollisionen mit den neuen Souveränen an den beiden Reichsgerichten gleichförmig zu behandeln.[47]

Reigersbergs Hoffnung, den Wiener Hof zu einem Einsatz für den Fortbestand der Reichsgerichte zu bewegen, war nicht ganz unbegründet. Ähnliche Versuche lassen sich bereits seit dem Ende der 1790er Jahre beobachten, als sich die finanzielle Lage am RKG zu verschärfen begann und die besoldbaren Assessorenstellen von 25 auf 21 Planstellen reduziert werden mussten.[48] Obgleich der Wiener Hof vor allem hinsichtlich der kurböhmischen Kammerzieler hohe Rückstände hatte auflaufen lassen, sandte der Kaiser Signale aus, die als Einsatz für das Kammergericht gewertet werden konnten. Die Ernennung Reigersbergs zum Kammerrichter erschien als ein solches Signal, wie der evangelische Präsident Franz Paul Christoph von Seckendorff in seiner Rede zum Ausdruck brachte, die er anlässlich der Amtseinsetzung des Gerichtsvorstandes hielt. Er griff die alte Einsetzungsformel auf und bewertete die Handlungen des Kaisers vor dem Hintergrund der Zeit.[49]

---

47 HHStA-Wien, RK, RKG Visit. 378, Reigersberg an Öttingen-Wallerstein, Wetzlar, Februar 1806.

48 BAF, FN 11 Akten, Abschriften der Plenarversammlung, vom Februar und März 1802; HHStA-Wien, RK, RKG Visit. 378; Vgl. hierzu auch: Jahns, Das Reichskammergericht, Tl. I, Kap. II, 3.4. Während die Angehörigen des Kameralkollegiums gleichwohl bis 1805 ihre vollen Distributionen beziehen konnten, mussten Prokuratoren und Advokaten Einbußen hinnehmen. Zwar verdienten viele der angeseheneren Prokuratoren, etwa die Zwierleins, die Hoffmans oder die Bostells immer noch mehr als die Assessoren, doch waren Reigersberg und seine Richterkollegen insofern mit ihren Problemen konfrontiert, als zunehmend Klagen gegen Parteien eingingen, die – inzwischen säkularisiert oder mediatisiert – ihre Prozessvertreter nicht mehr bezahlen wollten (Zum Durchschnittseinkommen der Prokuratoren und Advokaten in den letzten zehn Jahren der Existenz des Gerichts: BAF, DB 2, 36, Übersicht über die Advocaten und Procuratoren. Zum beschriebenen Zusammenhang: BAF, FN 11 Diensttagebuch, 1802–1806). Wesentlich schlimmer sah die finanzielle Lage beim Kanzleipersonal aus, deren Besoldung seit mehr als hundert Jahren nicht mehr aufgebessert worden war. In die Diskussion um eine Reform der Finanzierung des Kanzleipersonals war Reigersberg intensiv verwickelt (vgl. hierzu die Konvolute in: BAF, FN 11 Akten und HHStA-Wien, RK, RKG Visit. 378). Er half auch die drückende Lage der unteren Chargen des Kanzleipersonals etwas zu verbessern. Am schlimmsten traf die zunehmende Aushöhlung der Reichsverfassung die Kammerboten. Mader, Soldateske des Reichskammergerichts.

49 Vahlkampf, Amtseinsetzung des kaiserlichen Kammerrichters, S. 102f. Zur Amtseinsetzung Reigersberg auch: HHStA-Wien, RK, RKG Visit. 378, Konvolut Reigersberg; ebd. auch die Konvolute zur Einsetzung seiner Amtsvorgänger: Spaur und Öttingen-Wallerstein. Ferner

Auch die kurz darauf erfolgte Berufung des Nachfolgers Reigersbergs auf das katholische Präsidentenamt, Adam Friedrich von Schenk zu Stauffenbergs, bezeugte das kaiserliche Interesse am RKG, sandte er damit doch abermals einen hochqualifizierten und bereits in kaiserlichen Diensten am RHR stehenden Juristen.[50] Hinzu kam ferner, dass Franz II. die kaiserliche Präsentation nach dem Tod des Assessors Maurer von Kronegg noch auszuüben versuchte. Die österreichischen Hofbehörden standen hierüber bis April 1806 mit dem Kammergericht in Korrespondenz.[51]

Vor diesem Hintergrund ist es verständlich, dass Reigersberg, als die Reichsstände ihrer Zahlungsverpflichtung zur Ostermesse 1806 nur schleppend nachkamen, noch einmal versuchte, den Kaiser zur Zahlung der kurböhmischen Rückstände zu bewegen. Allerdings unterschritt die bis zum 21. Mai 1806 eingegangene Frühjahrsdistribution der Kammerzieler um rund 22 194 fl. die für die Besoldung der Kameralen nötige Summe.[52] Reigersberg verfasste deshalb weitere Schreiben an Wiener Funktionäre, in denen er die Bezahlung rückständiger Beiträge anmahnte und auch hier darauf verwies, dass das Benehmen des kaiserlichen Hofes *anderen in Deutschland entstandenen, mit Oesterreich gleichgestellten Königen als Richtschnur dienen dürfte.*[53] Zugleich sah er sich zu der Hoffnung berechtigt, der Kaiser habe seine *reichsväterliche Fürsorge* noch nicht aufgegeben. Dies glaubte Reigersberg aus der Tatsache ablesen zu können, dass mit dem Freiherrn von Goetz ein neuer Kandidat auf die kaiserliche Assessorenstelle präsentiert worden war.[54]

Aus Wien kam hierzu zunächst wenig Konkretes. Zwar schrieb Ferdinand von Müller am 16. April 1806 an Reigersberg, er habe die Behörden informiert und für seine *Gesinnungen* geworben. Auch versicherte er, das Anliegen des Kammer-

---

die Dokumentation der Einsetzung der letzten drei Kammerrichter in: HHStA-Wien, ME-KA, RKG Akten 254.

50 Vgl. hierzu Teil I.

51 Zu Maurer von Kronegg: Jahns, Das Reichskammergericht, Tl. II, Biogr. 52. Der Versuch einer kaiserlichen Präsentation ist auch erwähnt in: BAF, FN 11 Akten, Obs. LVII, T. III., Schriften über einen zur Betreibung rückständiger Kammerzieler erhaltenen Auftrag, [Entwurf] Reigersberg an Stadion, Wetzlar, den 6. April 1806.

52 BAF, FN 11 Akten, Obs. LVII, T. III, Schriften über einen zur Betreibung rückständiger Kammerzieler erhaltenen Auftrag, Abschrift: Kammergerichtliches Collegialschreiben an Kaiser, Wetzlar 21. Mai 1806. Entwurf: Reigersberg an Colloredo, Wetzlar (Exp.) 23. Mai 1806. Auch ebd., Vortrag über die Oesterreichischen Kammerzieler.

53 BAF, FN 11 Akten, Obs. LVII, T. III, Schriften über einen zur Betreibung rückständiger Kammerzieler erhaltenen Auftrag, Reigersberg an Stadion, Wetzlar 6. April 1806 (Zitat); Reigersberg an Müller, Wetzlar 6. April 1806. Hier heißt es: *und erlaube mir die Bemerkung, daß die in Deutschland gewordenen mit Oesterreich hinsichtlich des Reichsverbandes einigermaßen gleichgestellten Könige hierin einen den Verfall des K. Gerichts vorbringenden Aufruf zur pünktlichen Entrichtung der Reichs und Kreis Leistungen finden dürften.*

54 BAF, FN 11 Akten, Obs. LVII, T. III, Schriften über einen zur Betreibung rückständiger Kammerzieler erhaltenen Auftrag, Reigersberg an Stadion, Wetzlar, den 6. April 1806.

richters würde bearbeitet.[55] Tatsächlich jedoch behandelte man die Angelegenheit dilatorisch, da sich unterdessen eine Ansicht durchzusetzen begann, nach der man nicht mehr unter allen Umständen am Reichsverband festhalten wollte. Diese Haltung trug der immer rascher voranschreitenden vollständigen Aushöhlung der Reichsverfassung durch die neuen Souveräne Rechnung.

2. Verletzung der Reichsverfassung

Der ersten klaren Signale, dass sich die neuen Souveräne nicht an den Buchstaben des Friedens halten würden, gab es im Februar 1806. Bayern, Württemberg und Baden wollten ihre bereits im Vorfeld der Reichsdeputation von 1803 begonnenen Versuche, die fränkische Ritterschaft zu mediatisieren, zum Abschluss bringen.[56] Wenige Jahre zuvor hatte die fränkische Ritterschaft schon einmal vor dem Reichshofrat gegen den Versuch der Mediatisierung ihrer Herrschaften geklagt.[57] Hierauf hatte das Wiener Reichsgericht am 13. Januar 1804 ein ‚Conservatorium' für die Ritterschaft beschlossen, das kurz darauf im Reichstag verkündet wurde. Bei Androhung der Exekution, die der Kurfürsterzkanzler, Baden, Kursachsen und das Erzhaus Österreich vornehmen sollten, war den Mediatoren auferlegt worden, den Besitzstand vom 1. Dezember 1802 wiederherzustellen und aus den besetzten Gebieten abzuziehen. Nachdem die Exekutoren mit unterschiedlichem Elan an Maßregeln zum Schutz der Ritterschaft gearbeitet hatten, stellten sich überraschend Erfolge ein: Bayern unterwarf sich dem ‚Conservatorium' und Württemberg zog seine Soldaten ab. Damit war die Ritterschaft vorläufig zwar gerettet, gleichwohl gaben Bayern und Württemberg ihre Mediatisierungspläne nicht auf. Im November und Dezember 1805 wurden die Gebiete der fränkischen Ritterschaft erneut besetzt. Die Souveräne hatten diesmal die Billigung Napoleons, dessen Politik der Ritterschaft vorher noch einen gewissen Schutz geboten hatte.[58]

In diesem Kontext zeigte sich dann im Februar und März 1806, dass die Mediatisierungswünsche nur mit einer Politik des vollständigen Entzugs von der oberrichterlichen Gewalt der Reichsgerichte durchgesetzt werden konnten. Hatte die fränkische Ritterschaft zunächst erfolglos versucht, durch eine Delegation bei Napoleon für ihren Erhalt und gegen die Pläne seiner Verbündeten zu wirken, so wandte sie sich nun an das Kammergericht und den Reichstag. Es war dies gleichsam ein letzter Testfall der Bedeutung des Reichs nach dem Pressburger Frieden.[59]

---

55 BAF, FN 11 Akten, Obs. LVII, T. III, Müller an Reigersberg, Wien, den 16. April 1806.

56 Eberlein, Bayerns Anteil, S. 80-129; vgl. auch: Stetten, Die Rechtsstellung, S. 117-152.

57 Zur Bedeutung der Reichsritterschaft und zur geographischen Verteilung: Press, Die Reichsritterschaft; vgl. allgemein auch die Sammlung von Vorträgen und Aufsätzen von Press, Adel im alten Reich.

58 Eberlein, Bayerns Anteil, S.105-129; Stetten, Die Rechtsstellung, S. 153-174.

59 Eberlein, Bayerns Anteil, S. 129-156; Härter, Reichstag und Revolution, S. 633f.

Am 31. Januar 1806 sandte die fränkische Ritterschaft ihr ‚Petitum' um Hilfe gegen den neuerlichen militärischen Überfall Bayerns nach Wetzlar. In den Herrschaften, die das Königreich beanspruchte, waren die reichsritterschaftlichen Hoheitszeichen abgenommen und durch das bayerische Wappen ersetzt worden. Die Untertanen und Beamten wurden bedroht, in alle Zweige der Zivilverwaltung eingegriffen. Darüber hinaus führte man die bayerische Prozessordnung ein und belegte die Reichsritter mit einer Steuer. Württemberg, Baden und Leiningen gingen, wenn auch weniger hart, ähnlich vor.[60]

Das ‚Petitum' wurde am 5. März 1806 in der Plenarversammlung der Richter des RKG verhandelt. Die Mehrheit der Richter wollte für die Wahrung der Rechte des Reichs eintreten.[61] Der katholische Präsident von Stauffenberg, der vor seiner Aufschwörung am RKG Ritterhauptmann des Kantons des fränkischen Ritterkreises Gebirg gewesen und damit unmittelbar von den Mediatisierungen betroffen war,[62] sah nicht ein, wie sich ein *höchstes Justiztribunal* der vorgetragenen Bitte entziehen könne. Andere von der Mediatisierung nicht persönlich betroffene Assessoren teilten seine Auffassung.

Der wegen Kurböhmen präsentierte Beisitzer Franz Joseph von Linden, der Sohn eines neuadeligen Kurmainzer Funktionärs,[63] sprach von *Vergewaltigungen* an der Ritterschaft. Der burgundische Kreisassessor Franz Joseph von Stein zu Lausnitz – von altem Adel, wenngleich kein Reichsritter[64] – verwies auf den Buchstaben des Friedens. Er bezog sich auf Artikel 14, wenn er meinte, dass die am 25. Dezember 1805 gewährten Souveränitätsrechte lediglich denen von Preußen und Österreich glichen. Es gab darüber hinaus Stimmen im Kollegium, welche die *Existenz* der Ritterschaft durch die Reichsverfassung für garantiert hielten und betonten, dass der Pressburger Frieden nicht einmal zur *legalen Kenntnis* gelangt sei.[65] Sie spielten darauf an, dass eine Annahme des Friedens durch den Reichstag bis dato noch nicht erfolgt war. Nicht zuletzt wurde darauf hingewiesen, dass man *wohl kaum voraussetzen* könne, der Kaiser wolle als Reichsoberhaupt Reichsrechte ohne Einwilligung des Reichs preisgeben.[66]

---

60 BAF, FN 11 Akten, Plenarprotokolle, Abschrift: Sitzung vom 3. März 1806, Anlagen.

61 Direktoren der unmittelbaren und freien Reichsritterschaft in Franken an Kammerrichter, Nürnberg, den 31. Januar 1806 und Anlagen, in: BAF, FN 11 Akten, Plenarprotokolle, Abschrift: Sitzung vom 3. März 1806, Anlagen.

62 StAS, Dep. 38, I. Ac 24, Ernennungsdekret zum RKG-Präsidenten; zu seinen Konflikten im Mediatisierungsgeschäft StAS, Dep. 38, I. Ac 23.

63 HStAS, Q 1/7, Bü. 4, hier v. a. Wilhelm von Linden: Kurzbiographie unseres Vorfahren. Hier wird die Familienlegende bis auf Karl den Großen unkritisch fortgeführt. Dazu: Jahns, Das Reichskammergericht, Tl. II, Biogr. 20, Kap. II.

64 Jahns, Das Reichskammergericht, Tl. II, Biogr. 62, Kap. II.

65 Das kaiserliche Kommissionsdekret fehlte bei der Ratifikation des Friedens von Pressburg. Hierzu Oer, Pressburg, S. 222-242.

66 BAF, FN 11 Akten, Plenarprotokolle, Abschrift: Sitzung vom 3. März 1806 und Anlagen. Auch im Folgenden.

Während die Mehrheit der Richter gewillt war, für die Wahrung der Rechte der Ritterschaft einzutreten, vertrat der kursächsische Beisitzer Friedrich August von Leutsch[67] eine Außenseiterposition: Er hielt das Kammergericht in dieser Angelegenheit für nicht zuständig. Die *Protestation* der Ritterschaft sei eine *Protestation wider den Pressburger Frieden,* betonte er und folgerte daraus, dass *sich ein Gericht füglich nicht damit befassen* könne. Allein den Reichstag hielt Leutsch für das in dieser Angelegenheit kompetente Gremium. Diese Position konnte auf der Basis geltenden Rechts nicht formuliert werden, denn tatsächlich enthielt der Pressburger Friede kein Wort über die Mediatisierung der Ritterschaft.[68] Da dieser Widerspruch angesichts der Rechtslage unbegründet war, schritt das RKG gegen die Verletzung des Reichsrechts durch die neuen Souveräne ein und stellte ein *Decretum sub Aquila* aus.[69]

Eine ähnliche Haltung hatten zuvor einige Gesandte am Reichstag in Regensburg vertreten. Franz Joseph von Albini, der als Staatsminister des Kurfürsten von Mainz zugleich die Stelle des Reichstagsdirektorialgesandten in Regensburg versah,[70] wollte nach den Beschwerden der Ritterschaft im Januar 1806 die Protokolle des Reichstags eröffnen lassen. Fahnenberg und Johann Eustachius Graf Goertz von Schlitz, der wohl einflussreichste Mann am Reichstag, der neben Brandenburg auch Sachsen-Weimar und Nassau am Reichstag vertrat,[71] unterstützten Albini. Die Mehrheit des Reichstages stimmte zu. Fahnenberg forderte für die *laut vor den Augen des ganzen Reiches* geführte Klage der Ritterschaft gegen *unerhörte Ungerechtigkeiten* schleunige Abhilfe und *Remedur*. Von *Anarchie* und offener Gewalt, die in Deutschland herrsche, war auch in Regensburg die Rede. Obgleich der Reichstag dagegen nicht einschritt und das im Namen des Kaisers erlassene Dekret des Kammergerichts letztlich keine Konsequenzen zeitigte, so war damit doch ein Widerspruch formuliert, der den neuen Souveränen anzeigte, dass das Reich ihren Mediatisierungsplänen widerstehen wollte.[72]

Vor dem Hintergrund der Erfahrungen, die im Zusammenhang mit dem ‚Conservatorium' 1804 gemacht wurden, stand außerdem zu befürchten, dass das Reich, sollte sich das Kräfteverhältnis ändern, noch einmal intensiver eingreifen könnte. Unter solchen Umständen war es wenig wahrscheinlich, dass sich der Vorschlag Zwackhs, das Königreich Bayern solle sich einer *reichsgerichtlichen*

---

67 Jahns, Das Reichskammergericht, Tl. II, Biogr. 28.

68 Vielleicht war das Votum des kursächsischen Assessors politisch motiviert und er wollte seinen Präsentationshof Kursachsen, der bereits 1804, als der RHR und der Reichstag das ‚Conservatorium' verkündeten, die Teilnahme an einer Exekution gegen Bayern und Württemberg in Frage gestellt hatte, durch ein erneutes Urteil nicht in Verlegenheit bringen. Zu Sachsens Haltung 1804: Stetten, Rechtsstellung, S. 157; Eberlein, Bayerns Anteil, S. 129-156.

69 BAF, FN 11 Akten, Plenarprotokolle, Abschrift: Sitzung vom 3. März 1806 und Anlagen.

70 Jahns, Das Reichskammergericht, Tl. II, Biogr. 75; nicht immer zuverlässig Menzel, Albini.

71 Zu Goertz, der teilweise 13 Stimmen am Reichstag führte, Härter, Reichstag und Revolution, S. 660. Ferner: ADB, Bd. 9, S. 393-395; NDB, Bd. 6, S. 538f..

72 Härter, Reichstag und Revolution, S. 633f.

Jurisdiktion nicht ganz entziehen, durchsetzen würde. Reigersberg hielt dies denn auch für wenig wahrscheinlich.[73] Tatsächlich gewann noch während der Verhandlung der ritterschaftlichen Klage am RKG eine andere als die Auffassung Zwackhs in Bayern die Oberhand. Sie wurde vor allem von Zentner, Krenner und dem bayerischen Gesandten in Paris, Anton von Cetto, propagiert[74] und fand ihren ersten Niederschlag in einem Gutachten über die *Verhältnisse zur bisherigen Reichsgerichtsbarkeit* vom 3. März 1806.

3. Bayerische Gutachten

Der Verfasser des Gutachtens, Johann Nepomuk von Krenner, orientierte sich hier zunächst am Wortlaut des Pressburger Friedens und betonte, dass *vor der Hand noch nicht wohl von einer vollends unbedingten Souveraineté ausgegangen* werden könne, sondern von jenem Zustand, den Österreich und Preußen hinsichtlich der Reichsgerichte genossen.[75] Im Weiteren jedoch behandelte er die Frage, welche Maßnahmen ergriffen werden müssten, um sich der Reichsgerichtsbarkeit entziehen zu können, falls diese den Mediatisierungen Einhalt gebieten wolle. Krenner entwickelte seine Überlegungen vor dem Hintergrund der Frage, wie auf eine Kritik von Seiten der Vertreter des Reichstages und eines Eingreifens der Reichsgerichte zu reagieren sei. Sie waren ein Abwehrplan gegen das Einschreiten des Reichs.

Einerseits schlug er vor, damit zu drohen, sofort alle an den Reichsgerichten anhängigen Prozesse zu beenden und in einer anderen Gerichtsform, dem neu geschaffenen Schiedsgericht, zur Entscheidung bringen zu lassen. Damit stellte er sich auf den Boden der in der Münchener Allianz vom 16. Januar gefassten Beschlüsse. Zum anderen empfahl Krenner, darauf zu verweisen, dass die bayerischen, schwäbischen und fränkischen Reichsprovinzen bereits seit dem Baseler Frieden von 1795 berechtigt seien, aus dem Reich auszutreten, da Preußen damals die Reichsverfassung verletzt habe. Es sei *eine Grossmuth der drei Höfe, Bayern,*

---

73 HHStA-Wien, RK, RKG Visit. 378.

74 Eine moderne Biographie zu Krenner muss, wie für viele andere bayerische Spitzenfunktionäre während der Reformzeit, als Desiderat gelten. Biographisch aufgearbeitet sind bisher vor allem Montgelas: Weis, Montgelas; Zentner: Dobman, Georg Friedrich Zentner; Rechberg: Klemmer: Aloys von Rechberg; Cetto: Neri, Anton Freiherr von Cetto, hier: S. 212-220. Ferner auch Schärl, Die Zusammensetzung der bayerischen Beamtenschaft; Demel, Der bayerische Staatsabsolutismus; Weis, Die höfische Gesellschaft; Volkert, Bayerns Zentral- und Regionalverwartung. Einige Kurzbiographien, aber öfter fehlerhaft: Henker u. a., Bayern entsteht, S. 123-138. Neue Aufschlüsse lassen sich von dem durch Reinhard Stauber durchgeführten Projekt zum bayerischen Staatsrat erwarten, das in der Historischen Kommission an der bayerischen Akademie der Wissenschaften angesiedelt ist.

75 BayHStA, MA 4064, Nr. 11, Des geheimen Rat Krenners Bemerkungen über die königlichen, und churfürstlichen Häuser, Baiern, Württemberg und Baden im XIV Artikel des Pressburger Friedens anerkannt wordenen Souveränitäten [...], München, den 3. März 1806.

Württemberg und Baden, sich mit einer Souveränität zu begnügen, wie sie Österreich und Preußen zukomme.[76]

Krenners Vorschlag lief insgesamt auf eine Interpretation des Friedens von Pressburg hinaus, die mit dem Buchstaben des Vertrages nicht vereinbar war. Die Befürchtungen, die der Kammerrichter hegte, bestätigten sich.[77] In seinem Gutachten wird klar formuliert, dass die Zugehörigkeit Bayerns zum Reich aufs Spiel gesetzt werden könne, um die Gebietserweiterungen durchzusetzen.[78] Noch konsequenter war die Auffassung des bayerischen Gesandten in Paris, Anton Freiherr von Cettos. Am 20. März 1806 schrieb er an König Max I. Joseph:

> *Erst gestern habe ich ihn* [Talleyrand, EOM] *darauf aufmerksam gemacht, daß die Gerichte des Reichs und auch der Reichstag durch den Vertrag von Pressburg jede Art von Autorität gegenüber Euer Majestät, dem König von Württemberg und dem Großherzog von Baden verloren haben. Das eigentliche Interesse der dem Reich untergeordneten Glieder verlange, daß man sofort eine Ordnung errichtet, die ihren politischen Status bestimmt und festlegt* [...].[79]

Die Konsequenz aus dem Frieden von Pressburg war für Cetto also eine Umbildung der Reichsverfassung nach Maßgabe der neuen Verhältnisse. Talleyrand stimmte ihm zu, dass der momentane Status unhaltbar sei und eine neue Ordnung hergestellt werden müsse. Zugleich verwies er jedoch darauf, dass Napoleon erst dann einen endgültigen Entschluss fassen könne, wenn die Rolle Preußens geklärt sei. In Frankreich kursierten unterdessen unterschiedliche Vorschläge zur Lösung der süddeutschen Angelegenheit.[80]

Am 10. April 1806 teilte Zentner Zwackh die neue Haltung Bayerns gegenüber den Reichsgerichten mit. Er ging nun davon aus, dass *Wir* [...] *als beklagter Teil in keiner Sache mehr schuldig sind, vor einem der Reichsgerichte zu Recht zu stehen.* Zugleich erhielt Zwackh den Auftrag zu überprüfen, ob die anhängigen Rechtsstreite am Kammergericht und am Reichshofrat abgezogen werden könnten. Vor dem Hintergrund der Mediatisierungen ging es darum, Vorbereitungen zu treffen, die anhängigen Streitsachen den Reichsgerichten zu entziehen und dem Schiedsgericht zu übergeben, das in den Beschlüssen der Münchener Allianz vorgesehen war.[81]

Wenn Zwackh auf der anderen Seite den Auftrag erhielt, die von Österreich und Preußen an den Reichsgerichten anhängigen Prozesse zusammenzutragen, so

---

[76] BayHStA, MA 4064, Nr. 11.

[77] Reigersberg, der mit Zwackh eng befreundet war und sich mit ihm in politischen Angelegenheiten vertraulich austauschte, dürfte zumindest im Wesentlichen über den Inhalt von Krenners Gutachten informiert gewesen sein.

[78] BayHStA, MA 4064, Nr. 11 Des geheimen Rat Krenners Bemerkungen [...].

[79] BayHStA, MA 2086, Cetto an Max I. Joseph. Zitiert auch bei Neri, Anton Freiherr von Cetto, S. 216.

[80] Bitterauf, Die Gründung des Rheinbunds, S. 350ff.

[81] BayHStA, MA 4064, Nr. 12, Zentner an Zwackh, München, den 10. April 1806.

zeigt dies, dass Bayern nicht ausschließlich auf Napoleon setzte, sondern auch andere Möglichkeiten überprüfte. Offensichtlich hatte man sich noch nicht entschieden. Interessant ist in diesem Zusammenhang eine Bemerkung Montgelas', die er nachträglich dem Gutachten über die Verhältnisse Bayerns gegenüber den Reichsgerichten hinzufügte. Erst im Jahr 1807 meinte er, dass nunmehr, da die Reichsgerichte nicht mehr existierten, die Sache auf sich beruhen könne. Diese Stellungnahme bestätigt die These, dass eine klare Entscheidung Bayerns gegen das Reich in der ersten Hälfte des Jahres 1806 noch nicht gefallen und das Königreich Bayern nicht mit beiden Füssen in den Rheinbund gesprungen war.[82]

4. Ein letzter Reichsreformplan

Vor dem Hintergrund des bayerischen Versuchs, das Staatsgebiet zu erweitern und dabei nicht allein auf Napoleon zu setzen, war es sicherlich kein Zufall, dass just im April 1806 ein Plan für eine künftige Verfassung Deutschlands am Reichstag kursierte, in dem das Konzept einer Umgestaltung des Reichs nach dem Souveränitätsprinzip vertreten wurde.[83] Verfasst hat ihn Georg Kayser, der offenbar bayerischen Regierungskreisen nahe stand.[84] Um eine den veränderten Verhältnissen nach dem Pressburger Frieden entsprechende und zeitgemäße politische Ordnung herzustellen, forderte er die Errichtung eines deutschen Staatenbundes aus einzelnen großen *Nationalstaaten*, den souveränen deutschen Staaten. Ihm schwebte die Schaffung eines deutschen Föderativsystems vor, dessen Verfassung er zwar in Anlehnung, gleichwohl aber in deutlicher Abgrenzung zur bisherigen Reichsverfassung entwickelte.

Einen Kaiser als Reichsoberhaupt hielt Kayser nicht mehr für nötig, doch meinte er, man könne ihn als *Primus inter pares* behalten.[85] Seine Aufgabe könne darin bestehen, die Gesamtheit des Bundes in gewissen Fällen zu repräsentieren, sämtliche reichsoberhauptlichen Rechte jedoch sollten ihm genommen werden. Ins Amt sei der Primus von sämtlichen souveränen Staaten zu wählen und er sei auf Lebenszeit an eine Wahlkapitulation zu binden. Mit dieser Forderung spann Kayser die in den 1790er Jahren sich intensivierende Diskussion um die ‚Perpetua' fort, wobei er der Kapitulation nicht den Charakter einer dauerhaften Ver-

---

[82] Doeberl, Rheinbundverfassung, S. 1.

[83] HHStA-Wiesbaden, Abt. 150, Nr. 1036 (Grafschaft Nassau-Weilburg, Reichstagsakten und dahin gehörige Relationen, de anno 1806) Relation Nr. XII, Regensburg, den 2. April 1806. Diesen Hinweis verdanke ich Wolfgang Burgdorf.

[84] Biographische Daten zu Kayser lassen sich in DBA, ADB und NDB nicht ermitteln. Eine Anfrage bei der bayerischen Akademie der Wissenschaften, für deren Beantwortung ich Stefan Jordan danke, blieb ebenfalls erfolglos. Die Vermutung ergibt sich aus dem Text.

[85] N. N. [Georg Kayser], Von den höchsten Interessen des deutschen Reiches, Heft 3, S. 31 und 44. Vgl. auch die Zusammenfassung dieses Textes in der Relation des Nassau-Weilburgischen Gesandten am Reichstag: HHStA-Wiesbaden, Abt. 150, Nr. 1036 (Grafschaft Nassau- Weilburg, Reichstagsakten und dahin gehörige Relationen, de anno 1806) Relation Nr. XII, Regensburg, den 2. April 1806.

fassung zusprach, sondern sie bei jedem Wahlakt revidieren und neu ausgehandelt sehen wollte.[86] Kayser sah darin ein Mittel, das den raschen Veränderungen der politischen Verhältnisse gerecht würde.

Auch eine Reichsversammlung hielt Kayser in dem neuen Bund nicht mehr für nötig. An ihre Stelle setzte er eine Versammlung der Abgesandten der konföderierten souveränen Staaten, die als Gesandte erster und zweiter Ordnung mit Instruktionen versehen werden sollten. Der Immerwährende Reichstag, dessen Gesandte eine durchaus eigene, mit dem Willen der vertretenen Reichsstände nicht immer zur Deckung kommende Reichspolitik betrieben, sollte durch einen *perpetuierlichen Kongreß* abgelöst werden.[87] Alle alt- und neufürstlichen Häuser, sämtliche Mitglieder des Reichsgrafenstandes sollten mediatisiert und die Reichsjustiz gänzlich abgeschafft werden. Nach diesem Plan hätte der Reichstag also nur noch zwei anstatt der drei Kurien gehabt. Er wäre zu einem Gremium geworden, in dem lediglich größere deutsche Souveräne vertreten gewesen wären.

Ein Reflex auf die aktuelle Diskussion nach dem Preßburger Frieden scheint Kaysers Forderung gewesen zu sein, dass keiner dieser souveränen Staaten einer höheren Gerichtsbarkeit unterworfen sein könne. Anstelle der Reichsgerichte sollten die höchsten Appellationsgerichtshöfe der souveränen Glieder des Staatenbundes treten, an die Schaffung eines Schiedsgerichts für die Streitigkeiten untereinander dachte er nicht. Auch die bisherige Reichskriegsverfassung schien Kayser mit dem zu schaffenden Staatenbund nicht vereinbar: Die alten Kreise müssten abgeschafft, die Mindermächtigen geographisch den großen Staaten zugeordnet und nach diesem Prinzip neue Kreise gebildet werden. Das Prinzip der Souveränität, dem Kayser alle seine Vorschläge unterordnete, tangierte auch die Religionsverfassung: kein Corpus evangelicorum und catholicorum sollte es mehr geben, keine itio in partes – das Religionswesen sollte ganz in der Disposition des jeweiligen Souveräns stehen. Nicht zuletzt plädierte der Autor auch für eine Abschaffung der landständischen Verfassungen. Einerseits seien sie nur auf einige privilegierte Stände begrenzt, andererseits könne man sie nicht auf andere Stände ausdehnen, da sie zu träge seien, um einen raschen Gang der Geschäfte zu ermöglichen. Gleichsam als Ersatz für die ständischen Einrichtungen, die immerhin ein gewisses Maß an Herrschaftskontrolle ermöglicht hatten, forderte er leidenschaftlich Pressefreiheit ein.

Da Kaysers Plan im April 1806 am Reichstag kursierte und schon im Titel deutlich wurde, dass er im Sinne der neuen Souveräne und insbesondere Bayerns sprach, dürfte spätestens zu diesem Zeitpunkt klar gewesen sein, dass an eine buchstabengetreue Interpretation des Pressburger Friedens nicht mehr gedacht

---

[86] Grundlegend: Kleinheyer, Wahlkapitulationen. Zur Diskussion um die Perpetua: Burgdorf, Reichskonstitution und Nation, S. 384-443.

[87] Präzisiert werden müsste vor dem Hintergrund dieser Forderung die Charakterisierung des Immerwährenden Reichstages als ständiger „Kongress der reichsständischen Gesandten" bei Lanzinner, Das Heilige Römische Reich, S. 29, Sp. 1.

war.[88] Wie die Autoren früherer Reformpläne versuchte auch Kayser das Reich umzugestalten.[89] Doch dachte er an einen modernen Staatenbund, der sich mit dem Pütter'schen System nicht mehr als ‚Staat' interpretieren ließ. Für solche Pläne jedoch fand sich im Reichstag keine Bereitschaft.

5. Wiener Gutachten

Vor dem Hintergrund dieser Entwicklungen und unter dem zusätzlichen Eindruck der Zerstörung des Reichspostwesens entstanden die Gutachten der habsburgischen Funktionäre Haas, Hügel und Stadion vom Mai 1806. Sie deuteten den Umschwung in der österreichischen Politik an – von einer Haltung des Beharrens auf der Existenz des Reichsverbandes hin zu Plänen, in denen die Niederlegung der Kaiserkrone denkbar wurde. Doch noch bestand Hoffnung, dass die Lage sich ändern und das Reich weiterbestehen könne. Angesichts der Pläne ist es nicht verwunderlich, dass in die gleiche Zeit fallende Versuche Reigersbergs, den Kaiser für eine aktive Politik zugunsten des RKG zu gewinnen, in Wien dilatorisch behandelt wurden. Unter den habsburgischen Spitzenfunktionären scheint es allein Fahnenberg gewesen zu sein, der sich nachdrücklich für die Erhaltung des Reichs einsetzte.

Das früheste der drei Gutachten, welche die Niederlegung der Kaiserkrone thematisierten, stammt von dem Legationsrat Haas.[90] Es war ein Aufriss der Probleme, mit denen sich der Kaiser im Reich konfrontiert sah. Ausgehend von der Frage, wo *künftig die Oberherrlichkeit des deutschen Kaisers noch erkannt* würde, zeichnete Haas ein trauriges Bild von den Hoheitsrechten, die das Reichsoberhaupt tatsächlich noch ausübte. Wenn er sie in 21 Punkten in der Ordnung des *Pütter'schen Lehrbuches* zusammenfasste, weil es das verbreitetste sei, so zeigt sich auch hier der maßgebliche Einfluss des Göttinger Staatsrechtslehrers auf die politische Führungselite dieser Zeit. Zugleich wird sichtbar, dass dieses System nicht mehr griff. Haas behandelte zwar im Wesentlichen jene Punkte, die auch Pütter thematisierte, doch er tat dies in konträrer Perspektive.

Sein Befund war eindeutig: Eine kaiserliche Oberaufsicht über Reichsritterschaft und Reichsstädte existiere kaum mehr. Die gesetzgebende Gewalt sei schwach, das kaiserliche Reservatrecht der Standeserhöhung außer Kraft gesetzt und Exekutionen gegen Verletzungen des Reichsrechts seien nicht mehr durchsetzbar. Über Einnahmen verfügten Kaiser und Reich kaum mehr. Einerseits seien die Gefälle aus dem Reich versiegt, zum anderen Reichssteuern fast gänzlich verloren. *Jus Eminens* und richterliche Gewalt, peinliche wie Zivilgerichtsbarkeit würden kaum mehr anerkannt. Das Reichspoliceywesen sei zerstört, Zoll-, Münz-

---

88 HHStA-Wiesbaden, Abt. 150, Nr. 1036 (Grafschaft Nassau-Weilburg, Reichstagsakten und dahin gehörige Relationen, de anno 1806) Relation Nr. XII, Regensburg, den 2. April 1806.

89 Zum Reichsreformdiskurs seit 1648: Burgdorf, Reichskonstitution und Nation.

90 Das Gutachten ist veröffentlich in: G. Walter, Der Zusammenbruch, Anhang I (auch im Folgenden).

und Postregal entfremdet und nicht einmal das Recht des Kaisers, den Universitäten Privilegien zu erteilen, würde anerkannt. Von einem Reichskrieg gegen Frankreich, wie er 1792 erklärt worden sei, könne keine Rede sein, das Recht des Reichs Frieden zu schließen werde nicht eingehalten. Darüber hinaus sei auch das Reichslehenswesen der Zerstörung nahe und das kaiserliche Schutzrecht der katholischen Kirche außer Kraft gesetzt.

Insgesamt hielt Haas die Verhältnisse der Religionen bereits seit 30 Jahren für eine *Antiquität* und hinsichtlich der Kaiserkrone stelle sich die Frage: Welcher Fürst wird künftig die Krone Europas übernehmen? Während hier die Befürchtung aufschien, Napoleon wolle sich zum Kaiser des Heiligen Römischen Reichs aufschwingen, war die Antwort des Legationsrates auf die Frage, wo die Oberhoheit des Kaisers noch gelte, resignierend:

> *Höchstens in den Besitzungen des Kurfürsten Erzkanzlers, in Vorpommern, Mecklenburg und den Hansestädten – solange diese Länder ihre dermaligen Herren behalten.*

Hügel, dessen Gutachten auf diesen Erörterungen aufbaute, mochte unter den vorherrschenden Umständen an eine *fernere Erhaltung der Verfassung* nicht mehr glauben. Er rechnete die Vor- und Nachteile auf, die eine Beibehaltung der Kaiserkrone für Österreich mit sich bringe und kam zu dem Schluss, es sei besser, Franz II. danke ab. Obgleich er bereits über die Folgen einer Abdankung des Kaisers für die Reichsbediensteten nachdachte, wollte er, bevor ein endgültiger Schritt erfolge, noch Erkundigungen über die Pläne Napoleons eingezogen wissen.

Dies kann als Ausdruck einer politischen Strategie gewertet werden, die darauf setzte, Vorteile für Österreich im Auflösungsgeschäft zu erlangen, illustriert jedoch zugleich die in der Abdankungserklärung vom 6. August 1806 formulierte Hoffnung, eine Veränderung der Umstände könne das Reich noch retten.[91] Nachdrücklicher als bei Hügel kam diese Hoffnung in dem Gutachten Friedrich Lothars von Stadion zum Ausdruck. Für ihn erforderte die Frage der Niederlegung der römisch-deutschen Kaiserkrone nicht nur ein Abwägen zwischen Vor- und Nachteilen dieses Schrittes für Österreich, sondern auch ihre Erörterung in Abhängigkeit von der politischen Lage.[92]

Franz II. bekam die Gutachten Hügels und Stadions erst am 17. Juni 1806 zu Gesicht – in Form einer Zusammenfassung Phillip von Stadions, dem Bruder Friedrich Lothars. Als Randnotiz schrieb er hinzu:

---

[91] Das Gutachten ist publiziert bei Raumer, Hügels Gutachten, hier: Anhang (auch im Folgenden). Die Abdankungserklärung ist zeitgenössisch ediert in: Vahlkampf, Politische und historische Ansichten, S. 10-13.

[92] Das Gutachten vom 24. Mai 1806 ist ediert in: Aretin, Heiliges Römisches Reich, Bd. 2, Aktenstück 63.

> *Der Zeitpunkt zur Abtretung der Kaiserwürde ist jener, wo die Vorteile, die für Meine Monarchie entspringen, durch die Nachteile, die durch eine fernere Beibehaltung derselben entspringen können, überwogen werden, wo Ich meine beschworenen kaiserlichen Pflichten nicht mehr zu halten im Stande sein sollte, und wo eine solche Einschränkung der Kaiserlichen Würde und Vorrechte vorauszusehen ist, daß deren Abtretung und Verlust, ohne eigenen Vorteil für Meine Monarchie zu erhalten, ebenfalls notwendig und unausweichlich werden müsste.*[93]

Sowohl die Vor- und Nachteile der Abtretung der Kaiserwürde wurden hier erwogen, als auch der Zeitpunkt, an dem dies geschehen sollte. Der Kaiser wandte hier ein Entscheidungsfindungskonzept an, das in seinen Wurzeln auf die ‚discorsi' Machiavellis zurückgeht.[94] Wenn er das entscheidende Gewicht auf die Notwendigkeit und Unausweichlichkeit legte, so machte er seine Abdankung von der Situation abhängig, die sich noch ändern könne. Dass diese situative Option im politischen Kalkül Priorität genoss, zeigt sich daran, dass der Kaiser erst reagierte, als der Rheinbund gegründet worden war, die konföderierten Staaten aus dem Reich ausgetreten waren und das Ultimatum, das Napoleon am 22. Juli 1806 dem österreichischen Diplomaten Graf Vincent zugestellt hatte, abzulaufen drohte.[95]

6. Die Gründung des Rheinbundes

Kann unter bayerischen Spitzenbeamten seit März 1806 die Idee beobachtet werden, sich der Reichsgerichtsbarkeit gänzlich zu entziehen, so wollten Württemberg und Baden die reichsgerichtlichen Sprüche erst im unmittelbaren Vorfeld der Gründung des Rheinbundes nicht mehr anerkennen. So verbat man sich in Stuttgart Ende Juni 1806 die Annahme kammergerichtlicher Urteile, während man aus Karlsruhe ein letztes Mandat des Kammergerichts, das ein Bote am 20. Juni 1806 insinuieren wollte, ungelesen wieder zurücksandte. Es kam auf dem Postweg nach Wetzlar – in einem Paket, welches das Siegel des Kurfürsten von Baden trug, kommentarlos und ohne Begleitschreiben. Der mit der Insinuation beauftragte Kammerbote schrieb in seinem Botenbericht, dass ihm eine ordentliche Zustel-

---

93 Zitiert nach Aretin, Heiliges Römisches Reich, Bd. 1, S. 504.

94 Hierzu künftig die im Sommersemester 2003 als Dissertation an der Ludwig-Maximilians-Universität München angenommene Studie von Cornel Zwierlein, Discorso und Lex.

95 Hügel scheint der Verfasser der Abdankungserklärung vom 6. August 1806 gewesen zu sein: vgl. dazu: BAF, AR 1 Misc. 616. Hügel an Boehmer, Frankfurt am Main, den 6. Oktober 1815: *Die Allerhöchste Verwendung vom 6. August 1806 – und dieses letzte Wort des Römischen Kaisers ist mir übrigens um so gewisser bekannt, da ich selbst von dieser und anderen allerhöchsten Erklärungen von diesem Tage der Verfasser war.* Zum Gesamtzusammenhang: Raumer, Hügels Gutachten; ders., Deutschland um 1800; Aretin, Heiliges Römisches Reich; Oer, Pressburg; Braubach, Von der Französischen Revolution zum Wiener Kongress, S. 41-45; Neuhaus, Das Ende des Alten Reichs; Huber, Dokumente, Nr. 3, S. 34-36, Austrittserklärung der Rheinbundstaaten, und Nr. 5, S. 37-38, Niederlegung der Kaiserkrone.

lung, wie sie in der Botenordnung vorgesehen war,[96] nicht möglich gewesen sei. Der geheime Rat Brauer habe ihm bei Androhung einer Gefängnisstrafe mitgeteilt, es sei ein Befehl des Kurfürsten ergangen, keine Urteile des Kammergerichts mehr anzunehmen, weil *Höchstderselbe nun Souverän* sei.[97] Zweifellos weisen diese beiden Reaktionen aus, dass nun der Anspruch von Baden und Württemberg auf volle Souveränität geltend gemacht wurde, doch wurde diese strikte Haltung erst eingenommen, als klar war, dass es eine Konföderation süddeutscher Staaten unter dem Protektorat Napoleons geben würde und die Mitglieder dieses Bundes aus dem Reich austreten mussten.

Es ist bereits angedeutet worden, dass der am 16. Januar 1806 in München geschlossene Allianzvertrag zwischen Bayern, Württemberg, Baden und dem Königreich Italien zwar eine Verletzung der Reichsverfassung darstellte,[98] den Austritt der neuen Souveräne aus dem Reich jedoch noch nicht zwangsläufig vorbereitete. Neben dem Schiedsgericht, dem Streitigkeiten zwischen den Bündnispartnern vorgelegt werden sollten, verbot das Bündnis die Teilnahme an einem Reichskrieg. In Bayern befürchtete man, durch die Allianz zu sehr in die Abhängigkeit Frankreichs zu geraten. Die Ratifikation des Vertrages scheiterte jedoch am Widerstand Württembergs.[99] Darüber hinaus war die Allianz durch die konkurrierenden Gebietsansprüche zwischen Baden, Bayern und Württemberg belastet, die unter anderem daraus resultierten, dass weder der Vertrag von Brünn noch der Friede von Pressburg festgelegt hatten, wer welche Territorien mediatisieren dürfe.[100]

Während man von Seiten Bayerns hoffte, nicht zuletzt durch die Verbindung der bayerischen Prinzessin Auguste Amalie mit Napoleons Stiefsohn Eugen Beauharnais, im Mediatisierungsgeschäft Vorteile herauszuschlagen, bemühten sich Baden und Württemberg gemeinsam ihren Besitz auf Kosten Bayerns zu erweitern. Mehrere Pläne wurden vorgelegt. Seit April 1806 tagten die Minister der drei süddeutschen Staaten Cetto, Reitzenstein und Winzingerode in einer gemeinsamen Konferenz. Sie versuchten die strittigen Fragen zunächst ohne Mitwirkung Napoleons zu lösen. Noch während man verhandelte, wurde jedoch immer deutlicher, dass der Imperator den drei neuen Souveränen die Neuordnung Süddeutschlands nicht überlassen werde.[101]

Darauf schien bereits die Wahl von Napoleons Onkel, Kardinal Fesch, zum Koadjutor des Kurfürsterzkanzlers zu deuten, die im Reich allgemein für große Überraschung sorgte und in Bayern die Befürchtung schürte, man würde nun auf

---

96 Sellert, Die Ladung des Beklagten vor Gericht.

97 HHStA-Wien, RKG Visit. 378, Kammerrichter an Reichsvizekanzler Colloredo, 25. Juli 1806, samt Anlagen.

98 Hierzu kurz: Wierichs, Napoleon und das Dritte Deutschland, S. 46–50.

99 Doeberl, Rheinbundverfassung, S. 1; dagegen Bitterauf, Die Gründung des Rheinbundes; mit ähnlicher Wertung Weis, Rheinbund; Neri, Anton Freiherr von Cetto, S. 212-220.

100 Oer, Pressburg, S. 131-140.

101 Bitterauf, Die Gründung des Rheinbundes; Doeberl, Rheinbundverfassung, S. 1-25.

das beanspruchte Regensburg verzichten müssen. Dann wurde diese Vermutung durch Talleyrands Konzept zur Neuordnung Süddeutschlands bestätigt, das Napoleon in Auftrag gegeben hatte. Sein Plan sah ein Bündnis der süddeutschen Staaten unter Führung Frankreichs vor und wurde in bewährter Manier zunächst in Bayern bekannt gemacht, um mit seiner Hilfe andere Staaten zur Mitgliedschaft zu bewegen. Dies war im Wesentlichen das Konzept auf dem die Rheinbundakte beruhte.[102]

Die meisten Vertragsbestimmungen waren identisch mit den Beschlüssen vom 16. Januar 1806. Von daher waren keine großen Schwierigkeiten von Seiten Bayerns zu erwarten. Auch die Forderung, dass sich nun nicht nur Bayern, Württemberg und Baden, sondern auch der Kurfürsterzkanzler, Hohenzollern, Darmstadt, Luxemburg, Salm, Nassau, Aremberg, Kleve und Leyen zu einer *Confédération de la haute Allemagne* zusammen schließen sollten, war unproblematisch. Demgegenüber bereiteten die Artikel Schwierigkeiten, die den Mitgliedern der *Confédération* die Trennung vom Reich sowie den Verzicht auf alle Reichstitel und Reichsämter vorschrieben. Die Gesandten mussten deshalb neue Instruktionen von ihren Höfen einholen. Darüber hinaus war in dem Vertrag vorgesehen, dass das Bündnis durch einen Kongress repräsentiert werden sollte, dessen Vorsitz dem Reichserzkanzler Karl Theodor von Dalberg zugesprochen wurde. Zusätzlich abgesichert werden sollte das Bündnis durch einen Vertrag der Confédération mit Frankreich und Italien, in dem die Rechte und Besitzungen gegenseitig garantiert wurden.[103]

Diesen Plan sandte Cetto am 12. Juni 1806 nach München, zugleich verfasste er eine Note an Talleyrand, in der er betonte, dass er sich nicht ermächtigt sehe, den Hauptvertrag zu unterschreiben, wenn die Gebietsverteilung, die für Bayern nachteilig sei und Baden und Württemberg bevorzuge, nicht noch einmal überarbeitet werde. Talleyrand ließ diese Frage darauf hin offen und teilte Cetto mit, Napoleon habe sich noch nicht entschieden. Dies veranlasste den bayerischen Hof, Cetto die Vollmacht zur Unterzeichnung des Vertrages zu erteilen, die an zwei Bedingungen geknüpft war: Einerseits musste er dafür sorgen, dass seine Instruktion ganz oder zumindest größtenteils erfüllt werde, andererseits musste er eine Verlegung des Sitzes des Kurfürsterzkanzlers von Regensburg, das Bayern beanspruchte, nach Frankfurt erreichen.[104]

Während Cetto auf seine Instruktionen wartete, liefen die Verhandlung mit Baden und Württemberg um die Gebietsverteilung zunächst solange ergebnislos weiter, bis Württemberg versuchte, Bayern zu einem gemeinsamen Widerstand gegen Frankreich zu bewegen, weil es um seine Souveränität fürchtete. Der württ-

---

[102] Etwa: Nürnberger, Das Zeitalter der Französischen Revolution, S. 128; zum Gesamtzusammenhang auf der Grundlage der Korrespondenz Cettos mit Max I. Joseph und Montgelas ausführlich: Neri, Anton Freiherr von Cetto, S. 208-228; Wierichs, Napoleon und das Dritte Deutschland, S. 51-85.

[103] Zum Gesamtzusammenhang Weis, Rheinbund; Doeberl, Rheinbundverfassung.

[104] Neri, Anton Freiherr von Cetto, S. 208-228.

tembergische Minister Graf Taube reiste nach München und konnte den bayerischen König davon überzeugen,[105] dass man einer freiwilligen Trennung vom Reich nicht zustimmen werde. Max I. Joseph widerrief nun die Vollmacht, die er Cetto am 19. Juni 1806 erteilt hatte und sprach sich gegen einen Beitritt Bayerns zum Rheinbund aus. Als der König Gravenreuth mit neuen Instruktionen versehen nach Paris sandte, war es jedoch bereits zu spät.[106]

Noch während Graf Taube in München weilte, hatte Talleyrand unter der Drohung den Gebietszuwachs zu verringern und französische Truppen in Bayern stationieren zu lassen, die Paraphierung der Rheinbundakte am 12. Juli 1806 durch Cetto erzwungen. Winzingerode zögerte die Unterschrift noch bis zum 19. Juli hinaus. Dem bayerischen Gesandten in Paris brachte dies massive Vorwürfe von Gravenreuth ein. Dieser betonte, dass Bayern durch die Bindung an Frankreich seine Souveränität einbüßen würde und hielt damit einen Verbleib in dem zur Ruine verkommenen Reichsverband für die bessere Alternative. Auch König Max I. Joseph gab sich bestürzt über die Unterzeichnung der Rheinbundakte. Er schrieb an Kronprinz Ludwig:

> *Der infame Cetto hat gegen seine Vollmacht und gegen seine Instruktionen gehandelt, wenn er mir wäre unter die Augen gekommen, ich hätte ihm eine Kugel durch den Kopf gejagt. Das Übel ist geschehen, zu verhindern war es nicht mehr, vorzüglich wegen dem Frieden mit Russland und weil wir 150 000 Franzosen im Land haben.*[107]

Während der bayerische König die Schuld für die Unterzeichnung der Rheinbundakte nachträglich Cetto zugewiesen hatte, erhielt dieser von Montgelas und Kronprinz Ludwig Rückendeckung.[108] Karl Theodor von Dalberg musste der Zerstörung der Reichsverfassung durch seine Unterschrift selbst zustimmen. Wie der mecklenburgische Gesandte am Reichstag Plessen in einem Brief äußerte, weigerte er sich zunächst, indem er betonte, es sei gegen seine *Pflicht, Ehre und Gewissen.* Der Kurfürsterzkanzler erwog abzudanken. Franz Joseph von Albini scheint ihn dann zur Unterzeichnung überredet zu haben. Er argumentierte damit, dass seine Abdankung die Lage nicht verbessern würde. Daraufhin unterschrieb Karl Theodor am 26. Juli 1806. Nachdem man in München im Haus des Marschalls Berthier die Ratifikationsurkunden ausgetauscht hatte, wurde die Austrittserklärung der 16 konföderierten Staaten am 1. August 1806 durch den französi-

---

[105] Hierzu: Raumer, Préfecture française.

[106] Sicherheitshalber riegelte Frankreich die Grenze ab. Gravenreuth wurde in Straßburg festgehalten, um die Unterzeichnung der Rheinbundakte nicht zu stören. Vgl. auch: Berthier de Sauvigny, Metternich, S. 81f.

[107] Zitiert nach Neri, Anton Freiherr von Cetto, S. 244f. Vgl. auch: Doeberl, Rheinbundverfassung.

[108] Zum Gesamtzusammenhang, die einzelnen Argumente des Streites zwischen Cetto und Gravenreuth analysierend, Neri, Anton Freiherr von Cetto, S. 223-246.

schen Geschäftsträger Bacher auf dem Reichstag zu Regensburg zur Diktatur gegeben.[109]

Ist damit deutlich, dass der Rheinbund nur unter massivem Druck Frankreichs zustande kam, so zeigen die Erklärungen der im Rheinbund konföderierten Staaten, dass man sich auch der rechtlichen Probleme bewusst war, die der Austritt aus dem Reich verursachte. Da eine Auflösung des Reichs von der Reichsverfassung nicht vorgesehen war, argumentierte man, der Reichsverband sei de facto bereits zerstört. Man bediente sich also jener Argumentationsfigur, die auch Krenner im Frühjahr 1806 herangezogen hatte, um die Gebietserweiterungen Bayerns vor der Kritik des Reichs zu rechtfertigen. Bereits seit dem am 5. April 1795 in Basel vereinbarten Sonderfrieden zwischen Preußen und Frankreich sei das *Interesse am gemeinsamen Vaterland* geschwunden und der Norden Deutschlands habe sich de facto von der Reichsverfassung abgetrennt. Zwar sei im Frieden von Lunéville und durch den Reichsdeputationshauptschluss versucht worden, der Reichsverfassung noch einmal Leben einzuhauchen. Allein dies sei vor dem Hintergrund der jüngsten Ereignisse gescheitert. Deshalb sei die Gründung des neuen Bundes gerechtfertigt. Dieser allein würde den *Zeitumständen* entsprechen.[110]

Die Argumentationsstrategie in der Rheinbundakte basierte im Wesentlichen auf zwei Grundlagen: der These, dass das gemeinsame Interesse am Vaterland geschwunden sei, die auf der Feststellung geschehener Verletzungen der Reichsverfassung beruhte; und der These, dass die Konföderation und nicht das Reich den Zeitumständen angemessen sei. Dass sich diese Argumentation mit den Interessen der Konföderierten nicht vollständig deckte und der Rheinbund letztlich unter dem Druck Napoleons zustande kam, wurde gezeigt. Deutlich wurde auch, dass Bayern, wenn es ihm geholfen hätte, durchaus dem Reichsverband weiter hätte angehören wollen. Vor dem Hintergrund der Mission Gravenreuths zeigt sich darüber hinaus die Rolle, die das ‚Timing' bei der Auflösung des Reichs spielte. Wäre er mit der neuen Instruktion nur wenige Tage früher nach Paris aufgebrochen, hätte die Geschichte einen anderen Verlauf nehmen können. Hätte Graf Taubes Mission in München früher Erfolg gehabt, hätte auch dies zu einer anderen Wendung führen können. Schon vor diesem Hintergrund scheint es verfehlt, von einer Besiegelung des Endes des Alten Reichs bereits vor 1806 zu sprechen.

Betrachten wir die Abdankungserklärung Kaiser Franz II.: In der Proklamation vom 6. August 1806 sah sich der von *Gottes Gnaden erwählte römische Kaiser, zu allen Zeiten Mehrer des Reiches*, unter den obwaltenden Umständen und trotz gegenteiliger Bemühungen nicht mehr im Stande, den Verpflichtungen nachzukommen, die ihm als Reichsoberhaupt durch die Wahlkapitulationen auferlegt

---

[109] Hein, Der Staat von Dalberg's, S. 80.

[110] Huber, Dokumente, Nr. 3. S. 34-36, Austrittserklärung der Rheinbundstaaten (auch im Folgenden).

worden waren. Merklich flossen die Gutachten von Haas, Hügel und Stadion ein, wenn betont wurde, dass der Friede von Pressburg, die darauf folgenden Ereignisse und insbesondere die Gründung des Rheinbundes dies unmöglich gemacht hätten.[111] Auch für den Kaiser war die Frage des ‚Timings' entscheidend. Bis zuletzt hoffte er darauf, dass sich die politische Lage noch verändern könne.

Zugleich mit der Abdankung erklärte Kaiser Franz II. das reichsoberhauptliche Amt für erloschen, ohne das Ultimatum Napoleons zu erwähnen. Mit diesem eklatanten Verstoß gegen die Reichsverfassung dürfte er auch den Befürchtungen Rechnung getragen haben, der Imperator wolle sich zum römischen Kaiser krönen lassen und die Karlskrone übernehmen. Zugleich entband Franz II. *Kurfürsten, Fürsten und Stände sowie alle Reichsangehörigen und insonderheit auch die Mitglieder der höchsten Reichsgerichte und die übrige Reichsdienerschaft* von den Pflichten, in denen sie ihm gegenüber standen. Dies kam einer Abdankung gleich, nach der entsprechend der Reichsverfassung ein Interregnum hätte eintreten müssen. Die darüber hinaus erklärte Ablösung der *sämtlichen deutschen Provinzen und Reichsländer* von allen Verpflichtungen dem Reich gegenüber und ihre Vereinigung mit dem ganzen österreichischen Staatskörper bildete ebenso einen Vorstoß gegen die Reichsverfassung.[112]

III. Solidarität unter Leitung des Kammerrichters

Die ersten Maßnahmen wurden bereits ergriffen, bevor der Kammerrichter die Plenarversammlung der Richter des RKG am 29. Juli 1806 zu einer Lagebesprechung zusammenrief. Kurz nachdem am 17. Juli 1806 die letzte Audienz des ‚Kayßerlichen und Reichs-Kammer Gerichts' vollzogen worden war, hatte man in Wetzlar von der Gründung des Rheinbunds und der Inbesitznahme von Hoheitsrechten in braunfelsischen und oranischen Landen durch weilburgische Kommissare und durch den Herzog von Kleve erfahren. Heinrich Aloys von Reigersberg und der katholische RKG-Präsident Adam Friedrich von Stauffenberg schrieben besorgte Briefe an die Staatsregierungen in Mainz und Wien, sie wussten noch nicht, ob die Gründung des Rheinbundes zur Auflösung des Gerichts führen würde. Die *vorgehenden Staatsveränderungen* schienen nicht berechenbar. Gleichwohl erkannten sie sofort, dass die Existenz des Gerichts auf dem Spiel stand.[113]

---

[111] G. Walter, Der Zusammenbruch, Anhang I (Gutachten Haas); Raumer, Hügels Gutachten, Anhang. Aretin, Heiliges Römisches Reich, Bd. 2, Aktenstück 63 (Gutachten Stadion).

[112] Erklärung Se. kaiserlichen Majestät über die Niederlegung der reichsoberhauptlichen Würde und der damit verbundenen Kaiserkrone, Wien, 6. August 1806, in: Vahlkampf, Politische und historische Ansichten, S. 10-13. Die Agenten des RHR blieben bei der Auflösung des Reiches unversorgt. Zu dieser Gruppe, deren Erforschung ein Desiderat darstellt, Ehrenpreis, Die Reichshofratagenten.

[113] BAF, FN 11 Akten 6a (Anlagen zu den Konferenzprotokollen der Sustentationskonferenz) und 6b (= Konferenzprotokolle der Plenarversammlung bzw. Sustentationskonferenz v. 29. Juli 1806 – August 1807). Obgleich die Protokolle und Anlagen der Sustentationskonferenz

Mit den Schreiben nach Wien und Aschaffenburg sollte zunächst die Betroffenheit des Kammergerichts und seines Personals in Erinnerung gerufen und ein günstiges Klima für weitere Schritte geschaffen werden. Reigersberg empfahl dem vormaligen Kurfürsterzkanzler Karl Theodor, seinem Staatskanzler Albini sowie dem Reichsvizekanzler Colloredo das Gericht und die Reichsjustizdiener zum *Schutz* und zu ihrer *Fürsorge*. Stauffenberg wollte den österreichischen Staatsminister Phillip von Stadion dafür gewinnen, sich für das *Beste des Gerichts* einzusetzen.[114] Er konnte dabei auf verwandtschaftliche Verbindungen bauen und darauf zurückgreifen, dass er zu Gunsten eines Stadions 1789 von seiner Domherrenstelle in Trier resigniert war.[115] Andere Vorstellungen an deutsche Fürstenhöfe blieben vorerst noch aus: Am Kammergericht wollte man erst die Entwicklung der Situation und die Voten der Plenarversammlung abwarten.

1. Plenarbeschlüsse

Als man am 29. Juli 1806 nicht wie gewöhnlich im Kameralhaus, sondern im Wohnhaus des Kammerrichters zu einer geheimen Sitzung zusammen kam, schlug Reigersberg eine Strategie zur Bewältigung der existenzbedrohenden Krise vor. Er stellte klar, dass der Kurfürsterzkanzler, dem die Abfassung einer künftigen Konstitution übertragen worden sei, und der Kaiser auch künftig die wichtigsten Ansprechpartner für das Gerichtspersonal bleiben würden. Dann schlug er vor, in Wien und Aschaffenburg durch Privatvorstellungen *wo nicht für die Erhaltung des Gerichtes, doch wenigstens zum Besten der Gerichts Individuen* zu wirken. Darüber hinaus bot er an, selbst nach Regensburg zu reisen, um auch die Vertreter der auf dem Reichstag versammelten Stände ansprechen zu können. Er wolle dem Gericht *mit Rath und That an die Hand gehen* und sich bei seiner Reise die *unverkennbare Wahrscheinlichkeit* vor Augen halten, dass die *unmittelbare Auflösung* oder *mittelbare Erlöschung* des Gerichts durch die Abtrennung des südlichen Deutschlands vom Reichsverband bevorstehe.[116]

Um die Existenz des Tribunals zumindest vorläufig zu sichern und nicht durch eigenes Verschulden aufs Spiel zu setzen, drängte Reigersberg auf die Fassung eines Beschlusses, der einstimmig angenommen wurde. Das Gericht solle sich solange als unaufgelöstes Reichstribunal betrachten, bis es die *Reichsregierung in*

auch in BAF, DB 2 (Alte Signatur: RKG in Liqu.) überliefert sind, wird im Folgenden vor allem der Nachlass des Kammerrichters herangezogen. Dieser ist erstens ausführlicher und enthält zweitens auch Konzepte des Kammerrichters sowie Schreiben, die in der Überlieferung BAF, DB 2 fehlen.

114 BAF, FN 11 Korrespondenz, Reigersberg an Kurfürsterzbischof von Mainz, Wetzlar, den 27. Juli 1806. Abschrift, in: BAF, FN 11 Akten 6a, Anlage Nr. 1b. Vgl.: auch: BAF, FN 11 Akten 6a, Sitzung v. 29. Juli 1806, Anlage Nr. 1.

115 G. Wunder, Die Schenken von Stauffenberg, S. 297.

116 BAF, FN 11 Akten 6a und b, Sitzungsprotokolle v. 29. Juli 1806 und Anlage Nr. 1a.

gehöriger Form aufhebe.[117] Dazu sei der Eid zu erneuern, den die Assessoren und Präsidenten und der Kammerrichter gleichermaßen auf Kaiser und Reich geleistet hätten. Dieser Eid war in der Kammergerichtsordnung von 1555 festgeschrieben und beinhaltete eine Verpflichtung des Kollegiums auf die am Reichstag getroffenen Beschlüsse.[118] Dieser Beschluss war für die Gerichtsmitglieder von enormer Bedeutung: Zum einen deshalb, weil damit das zur Entscheidung über Gerichtsangelegenheiten kompetente Gremium, die Plenarversammlung, beibehalten wurde. Zum anderen war damit festgelegt, dass die Entscheidung, das Gericht sei aufgelöst, nur dann akzeptiert werden könne, wenn ein Beschluss des Reichstags zugrunde liege. Insgesamt konnten damit die Rahmenbedingungen geschaffen werden, um die Veränderungen in einer Solidargemeinschaft der Wetzlarer Reichsrichter zu bewältigen. Dies hatte einen nicht zu unterschätzenden informationspolitischen Effekt – sowohl in der Hinsicht, dass man über einen Ort verfügte, an dem die Informationen zusammenflossen, diskutiert wurden und Entscheidungen getroffen wurden, als auch in Bezug auf die Informationsbeschaffung. Einige der 23 Richter verfügten über gute Kontakte zu leitenden Funktionären deutscher Regenten.[119] Zum anderen konnte im Rahmen der Solidargemeinschaft der Richter auch mehr Druck auf die einzelnen Reichsstände ausgeübt werden, sei es dadurch, dass unterschiedliche Wege beschritten werden konnten, um auf offiziellen wie inoffiziellen Kanälen zu wirken oder dadurch, dass die Untätigkeit einzelner relativiert wurde. Man schrieb weiterhin im Namen von Kammerrichter, Präsident und Assessoren, wobei das Majoritätsprinzip für die Beschlussfassung beibehalten wurde.

Darüber hinaus hatte die Erneuerung des Eides den Effekt, noch einmal die verfassungsmäßigen Verhältnisse des Kameralkollegiums zu verdeutlichen – die Tatsache, dass Kaiser und Reich gemeinsam das Kammergericht konstituierten. Dabei bildete der Beschluss, so lange zusammen zu bleiben und sich als unaufgelöst zu betrachten, bis das gesamte Reich eine andere Verfügung getroffen habe, einen Rahmen, innerhalb dessen sich bestimmte Deutungsmöglichkeiten der Ereignisse auftaten. Schließlich beruhte auf diesem Beschluss eine mehr als zehn Jahre währende Nachgeschichte der Plenarversammlung des Kameralkollegiums. Die nach der Auflösung des Reichs in Wetzlar verbliebenen Richter tagten im formalen Gewand der Plenarversammlung bis zur Eröffnung der Deutschen Bundesversammlung in Frankfurt.

---

117 BAF, FN 11 Akten 6a, Sitzung v. 29. Juli 1806, Anlage Nr. 1a.

118 KGO 1555, Tl. I § LVII. ‚Von deß kaiserlichen cammerrichters und der beisitzer eydt', editiert bei: Laufs, Die Reichskammergerichtsordnung, S. 151.

119 BAF, FN 11 Akten 6b, Sitzungsprotokolle v. 12 Januar 1807, Akten 6a, Anlagen, Nr. 87-92; BAF, FN 11 Korrespondenz, insbesondere die Korrespondenz mit Linden. BAF, FN 1, Korrespondenz; StAS, Dep. 38, I. Ac 59; Landesarchiv Speyer, V29; HHStA-Wien, RK, RKG Visit. 378, Schreiben Reigersbergs an Stadion vom Juli und August 1806; HHStA-Wien, RK, RKG Visit. 378, Seckendorff an Kaiser, Dezember 1806.

In der Plenarversammlung des 29. Juli 1806 herrschte ein mehrheitlicher Konsens darüber, dass in dieser ersten Phase der Reaktion, in der man auf Prognosen angewiesen war, die sich auf Gerüchte und Privatinformationen stützten, alles getan werden müsse, um die Situation offen zu halten und die materielle Existenz der Gerichtsmitglieder nicht zu gefährden. Nicht zuletzt deshalb konnte sich Reigersberg mit seinem Vorschlag durchsetzen, nach Regensburg und Wien zu reisen. Dagegen votierte allein der kursächsische Assessor von Leutsch. Zwar hielt auch er *persönliche Vorstellungen* für nötig, glaubte jedoch auf die *Gegenwart des Chefs des Gerichtes* in Wetzlar nicht verzichten zu können. Deshalb schlug er vor, den katholischen Präsidenten Stauffenberg zum Reichstag nach Regensburg zu senden und ihn mit einer Instruktion zu versehen. Dies hätte eine Verpflichtung des Abgesandten auf den internen Beschluss des Kameralkollegiums bedeutet, nur eine Entscheidung des Reichstages zu akzeptieren,[120] die Stauffenberg gegenüber den in Regensburg anwesenden Gesandten vertreten hätte müssen. Das RKG wäre in eine schwierige Situation manövriert worden, die dadurch vermieden wurde, dass Reigersberg ohne Instruktion, jedoch mit dem Vertrauen der Assessoren abfuhr, weil er selber am besten wisse, wie für das *Beste des Gerichts* zu wirken sei.

Da Reigersberg zu diesem Zeitpunkt mit einer mittelbaren Erlöschung des Gerichts bereits rechnete und die Sicherung seiner Existenz als Maximalforderung, die finanzielle Sicherung des Gerichtspersonals aber als Minimalposition vertreten wollte, war dies die flexiblere, offenere Variante, den Veränderungen zu begegnen. Eine ähnliche Strategie wurde in den Kameralschreiben verfolgt, die nun nicht nur an den Kurfürsterzkanzler und den Kaiser, sondern zusätzlich auch an den König von Preußen versandt wurden. Am 29. Juli abgesandt, enthielten die drei Schreiben die Bitte, für die Erhaltung des Gerichts zu wirken, sowie das Ansuchen, wenigstens für den Unterhalt der Kameralen zu sorgen.[121] Dabei trug man nicht nur der de facto geschaffenen Dreiteilung Deutschlands in Österreich, den Rheinbund und Norddeutschland Rechnung,[122] sondern hielt sich auch die Option auf eine Fortexistenz des Gerichts offen. Mit dem Hinweis in *rastloser Tätigkeit* [...] *in allen Stürmen des verwichenen gefahrvollen Dezenniums das Amt erfüllt* zu haben, forderte das Kammergericht vom Kaiser, er solle gegen die vorgehenden Veränderungen einschreiten, damit die Erfüllung des Richteramtes nicht gestört werde. Noch einmal setzte man die Hoffnungen also auf den Einsatz des Kaisers. Noch einmal bat man auch um seine Hilfe bei der Versorgung der Kameralen,[123] hoffte darauf, dass er die laufenden Kammerzieler für seine Gebiete und die rückständigen böhmischen Zieler bezahlen würde. Von dem Ultimatum,

---

[120] BAF, FN 11 Akten 6a, Sitzung vom 29. Juli 1806, Votum Leutsch.

[121] BAF, FN 11 Akten 6 und 6a, Sitzung vom 29. Juli 1806, Sitzungsprotokolle und Anlagen, Nr. 4, 5 und 6.

[122] Burg, Die deutsche Trias; Andreas, Politischer Briefwechsel, S. 10ff.

[123] BAF, FN 11 Akten 6 und 6a, Sitzung vom 29. Juli 1806, Sitzungsprotokolle und Anlagen, Nr. 4.

das Napoleon dem Kaiser gestellt hatte und den Plänen, die in Wien zur Niederlegung der Kaiserkrone entwickelt wurden, wusste man in Wetzlar nichts.[124] Doch bangten die Angehörigen des Kameralkollegiums, der Kaiser könne das Reichsgericht nicht mehr retten.

Eine ähnliche Strategie wurde auch gegenüber dem König von Preußen verfolgt. Auch ihn baten die Richter des RKG um *Beywürkung* zur *ungestörten Ausübung des Amtes* und, falls dies *mit der neuen Ordnung der Dinge nicht im Einklange stehen sollte*, wenigstens um eine Bezahlung der Kammerzieler wie bisher. Wenn dabei argumentiert wurde, der König von Preußen würde ein Beispiel für andere Reichsfürsten geben, so wurde damit seiner politischen Vormachtstellung im Norden Deutschlands, wo seit Juli 1806 die Gründung eines eigenen Bundes diskutiert wurde, Rechnung getragen.[125]

Karl Theodor[126] hoffte man im Ernstfall für eine Fortexistenz des RKG unter veränderten Bedingungen gewinnen zu können. Das Kameralkollegium appellierte an seinen *teutschen Patriotismus* und verwies auf die Bedeutung des RKG für die Stadt Wetzlar. Dies ist ein Hinweis darauf, dass zumindest gerüchteweise bekannt war, dass die Rheinbundstaaten sich vom Reich lossagen würden und Karl Theodor von Dalberg mit der Abfassung einer Rheinbundverfassung beauftragt war. Man wollte ihn veranlassen, einen zentralen Bundesgerichtshof in seinen Verfassungsentwurf aufzunehmen. Wenn darüber hinaus Karl Theodor als *Beschützer des Gerichts* angesprochen und der Anspruch des RKG-Personals auf einen lebenslangen Fortgenuss ihrer Gehälter geltend gemacht wurde, so war dies vor allem auch ein Ansuchen zugunsten des Kanzleipersonals am RKG, deren Stellen zu besetzen ein Vorrecht des Kurfürsterzkanzlers gewesen war.[127] Zusätzlich hatte Karl Theodor von Dalberg als Souverän der vormaligen Reichsstadt Wetzlar eine besondere Verpflichtung gegenüber allen rund 900 Kammergerichtspersonen. Denn im Falle einer Auflösung des Gerichts und einer Aufkündigung des Sonderstatus der Kameralen wurden sie zu seinen Untertanen.[128]

---

124 Raumer, Hügels Gutachten. Zum Ultimatum: ders., Préfecture française; Aus der Wiener Perspektive Aretin, Heiliges Römisches Reich, S. 504f.

125 BAF, FN 11 Akten 6 und 6a, Sitzung vom 29. Juli 1806, Sitzungsprotokolle und Anlagen, Nr. 5. Zu diesen Plänen: Andreas, Politischer Briefwechsel, S.11f.

126 Zu Karl Theodor sei stellvertretend auf die Dalbergbiographie von Beaulieu-Marconny, die Arbeiten Freys, Färbers, Robs und Spies' hingewiesen sowie auf die Bände, die im Zuge des Dalberg-Jubiläums 1994 erschienen sind. Zusammenfassend jetzt: Luttenberger, Karl Theodor von Dalberg.

127 BAF, FN 11 Akten 6 und 6a, Sitzung vom 29. Juli 1806, Sitzungsprotokolle und Anlagen, Nr. 6.

128 Hahn, Altständisches Bürgertum. Zur Übernahme der Souveränität durch die Stadt Wetzlar aus der Perspektive des Kameralkollegiums und den Friktionen, die sich bezüglich der früheren Policey- und Justizhoheit des Kameralkollegiums über die Kameralen ergaben: BAF, FN 11 Akten, Konvolut Politiae.

2. Reigersbergs Reise nach Regensburg und Wien

Kurz nach der geheimen Sitzung des Kameralkollegiums am 29. Juli 1806 brach der Kammerrichter nach Regensburg auf. Dort gab inzwischen der französische Geschäftsträger Bacher die Austrittserklärung der Rheinbundstaaten zur Diktatur.[129] Albini hatte dies dem Kammerrichter bereits einen Tag vorher in einem Schreiben bedeutet, das jedoch erst Anfang August in Wetzlar ankam.[130] Die trotz der Ferien in Regensburg noch anwesenden Reichstagsgesandten nahmen diese Erklärung teils mit Stillschweigen, teils mit Empörung zur Kenntnis. Reigersberg, der am 3. August in Regensburg angekommen war, berichtete:

> *Bestürzung ist auch hier an der Tagesordnung, und ihrer Stelle veraltete Männer theilen mit den jüngeren weniger durch Erfahrungen abgehärteten Männern ein ihr innerstes erschütterndes Gefühl. Die edlen und rechtlichen Männer zu nennen, gehöret nicht zur Sache.*[131]

Tatsächlich zeigte sich der Fürstenratsgesandte Dänemarks Adolf Gottlieb von Eyben erschüttert, *weil es einem Deutschen immer weh tun* müsse, *seine alte wenngleich fehlervolle und nicht mehr auf den Geist der Zeit passende – ehrwürdige, mit dem Blute der Vorfahren erkaufte Konstitution zu Grabe tragen zu sehen.*[132] Aegid Joseph von Fahnenberg hielt die Austrittserklärung der konföderierten Staaten für eine *beispiellose Misshandlung des deutschen Reichs.*[133] Der Legationsrat Haas sprach von einer rechtswidrigen *Anmaßung einer fremden Macht und einzelner Reichsstände.*[134] Graf Goertz war gleichfalls tief berührt von der Gründung des Rheinbundes. Am 28. Juli 1806 berichtete er Herzog Carl August von Sachsen-Weimar *mit erschüttertem Gemüt und in dem tiefsten Schmerzgefühl* von dem zu Paris gegründeten Rheinbund. Die deutsche Verfassung hielt er bereits für aufgelöst,[135] riet aber gleichwohl von vorschnellen Schritten ab. Er wollte erst die Reaktionen der größeren Höfe abwarten.[136]

---

129 Huber, Dokumente, Nr. 5.

130 BAF, FN 11 Akten 6a, Anlage Nr. 9, Albini an Reigersberg, Regensburg, den 31. Juli 1806.

131 Reigersberg an Schenk von Stauffenberg, Regensburg, den 3. August 1806. BAF, FN 11 Akten 6a, Anlage Nr. 11.

132 HHStA-Wiesbaden, Abt. 1097, Nr. A 35, fol. 45, Eyben an Minister Marschall, den 2. August 1806. Zitiert auch bei Hein, Der Staat von Dalberg's, S. 80.

133 Zitiert nach Härter, Reichstag und Revolution, S. 639.

134 Zitiert nach G. Walter, Der Zusammenbruch, S. 70. Zu den Reaktionen am Reichstag auch: Srbik, Schicksalsstunde des alten Reiches, S. 65f.; Epstein, Die Ursprünge des Konservativismus, S. 770f.; Schulze, Regensburg, S. 271-275.

135 Goertz an Carl August, Regensburg, den 28. Juli 1806, in: Andreas, Politischer Briefwechsel, Aktenstück 400, S. 309. Die Erschütterung des Reichstagsgesandten Goertz, kommt auch zum Ausdruck in BAF, FN 11 Korrespondenz, Goertz an Reigersberg, Regensburg, den 15. September 1806. Hier schreibt er Reigersberg mit niedergebeugtem *Geist und Hertzen* und spricht vom *Unglücklichsten Ereignis* seines *Vaterlandes.*

136 Härter, Reichstag und Revolution, S. 640.

Ähnlich unsicher war die Beurteilung der Lage des Reichs und des RKG durch die Angehörigen des Kameralkollegiums. Dies hing nicht zuletzt mit der Ungewissheit über die eigene berufliche Zukunft zusammen. So schien es für Constantin Franz Fürchtegott von Neurath im August 1806 sicher, dass er sich eine neue berufliche Existenz suchen müsse, weil das Gericht aufgelöst werde. Zugleich aber stellte er fest, dass sich das Kammergericht noch an die Reste des Reichs klammerte:

> *Die letzte Stunde für die deutsche Reichsverfaßung und hiermit auch für die nur durch sie bestehenden Reichsgerichte hat geschlagen, eine neue Ordung der Dinge tritt ein, und wer durch die ältere seine politische Existenz hatte, muß sich eine neue suchen, wenn er nicht als exput mortuum im regenerierten Staat vegetieren will. Noch lehnt sich zwar das Kammergericht an den übrigen Theil des morschen Gebäudes, – daß aber auch dieser sehr bald einstürzen und so die bisherige Wirksamkeit des Gerichts ganz aufhören werde, ist mit Gewißheit vorauszusehen.*[137]

Der Ungewissheit über die eigene berufliche Zukunft verliehen auch Reichstagsgesandte Ausdruck, wie das Beispiel Fahnenbergs zeigt. Er schrieb im Oktober 1806 an Reigersberg:

> *Über meinem künftigen Schicksal schwebt auch noch Ungewissheit. Was aus mir werden soll weis ich nicht. Dieser schwankende Zustand quält und martert mich. Dabey leidet meine Gesundheit und Gemüthsruhe. Möchten doch nach so vielen trüben Tagen endlich einmal frohere Zeiten eintreten. Noch sind aber dazu keine Aussichten vorhanden.*[138]

Vor dem Hintergrund solcher Bewertungen, die der Ungewissheit der Situation Ausdruck verleihen, konnte aus den Versicherungen des Fürstprimas Hoffnung geschöpft werden. Dem Kammerrichter versprach er, alles ihm Mögliche veranlassen zu wollen, um *den künftigen Wohlstand* der *verdienstvollen teutschen Männer* sicher zu stellen.[139] Konkret bedeutete dies, dass Karl Theodor versicherte, auch künftig so viel beizutragen, wie er bisher von seinen *sämtlichen Besitzungen an Kammerzielern* entrichtet habe. Darüber hinaus wollte er den Kanzleipersonen als künftige Pension die gleiche Summe bezahlen, die sie bisher an Gehalt bezogen hätten. Schließlich verpflichtete er sich, auch diejenigen Prokuratoren,

---

[137] Ebd., [Entwurf] Neurath an N.N, o. O. Das Schreiben wurde vor dem 13. August 1806 verfasst.

[138] BAF, FN 11 Korrespondenz, Fahnenberg an Reigersberg, Regensburg, den 2. Oktober 1806.

[139] Karl Theodor an Kammerrichter Reigersberg, Wörth bei Regensburg, den, 1. Aug. 1806. BAF, FN 11 Akten 6a, Anlage Nr. 11.

die in seinen Landen *als bevollmächtigte Sachwalter angestellt waren*, zu versorgen.[140]

Während also materielle Zusicherungen gegeben wurden, konnte der Kammerrichter bei Karl Theodor in Erfahrung bringen, dass dieser bei der Ausarbeitung der Rheinbundverfassung für die Schaffung eines zentralen Gerichtshofes eintreten wolle. Der Fürstprimas, schrieb Reigersberg am 3. August 1806 nach Wetzlar, gehe davon aus, *der neue Bund müsse durch ein stabiles und permanentes Gericht gegen innere Streitigkeiten der Souveraine gesichert werden, welches bundesbrüchige und ruhestörende Handlungen sogleich summarisch entscheide.*[141] Auch wenn der Kammerrichter glaubte, die übrigen Souveräne würden diesen Vorschlag *kaum goutieren*, so wurde damit doch die Hoffnung einiger Kameralen genährt, sie könnten unter leicht veränderten Bedingungen weiterhin einem obersten deutschen Gerichtshof angehören.[142]

Der bayerische Agent in Wetzlar Franz Xaver von Zwackh teilte Reigersbergs Skepsis. Er glaubte an den Nutzen der Reise des Kammerrichters nach Wien, gleichwohl hielt er am 8. August 1806 die *Auflösung des ganzen Reichsverbandes* für besiegelt. Seiner Ansicht nach ging es jetzt vor allem um die Pensionszahlungen für die Kameralen und eine Fortentrichtung der Kammerzieler. Er hoffte auf eine Entscheidung des künftigen Bundestages der Rheinischen Konföderation in Frankfurt und eine Einvernahme mit den *nördlichen Fürsten*. Eine *modifizierte Fortdauer des Gerichts*, also die Schaffung eines Bundesgerichtes, hielt er für ein *erwünschtes Ereignüß*.[143] Tatsächlich spielte Zwackh eine wesentliche Rolle für die später erfolgende provisorische Fortzahlung der Kammerzielerbeiträge durch Bayern.

Während also erste finanzielle Zusicherungen gegeben worden waren und Hoffnungen auf eine Fortsetzung des Kammergerichts in der veränderten Gestalt eines Rheinischen Bundesgerichts keimten,[144] war sich der Großteil der Richter am RKG über die künftige Entwicklung noch nicht klar. Reigersberg und der Fürstprimas erwogen offensichtlich auch den Fall, dass der Austritt der Rheinbundstaaten nicht zum Zusammenbruch des Reichs führte. Karl Theodor befürchtete, dass er dem Kammergericht, wenn es seine *Würksamkeit* behalten sollte, *in seinen Staaten die Ausübung seines Amtes* nicht mehr gestatten könne.[145]

---

140 Karl Theodor an Kammerrichter, Regensburg, den 30. Juli 1806. BAF, FN 11 Akten 6a, Anlage Nr. 10.

141 Reigersberg an Schenk von Stauffenberg, Regensburg, den 3. August 1806. BAF, FN 11 Akten 6a, Anlage Nr. 12.

142 Sichtbar wird dies vor allem an der von Kamptz und Stein zu Lausnitz in der Rheinbundpublizistik vorangetriebenen Debatte um die Schaffung eines Rheinischen Bundesgerichtes. Zu diesem Zusammenhang ausführlicher Teil III dieser Studie.

143 BAF, FN 11, Zwackh an Reigersberg, Wetzlar, den 8. August 1806.

144 Zu dieser Diskussion, jedoch den Entstehungszusammenhang unzureichend reflektierend und einzelne Pläne nur pauschal vorstellend: Müller-Kinet, Die höchste Gerichtsbarkeit, S. 9-43.

145 BAF, FN 11 Akten 6a, Anlage Nr. 11.

Reigersberg hielt die Gründung eines Norddeutschen Bundes unter der Führung Preußens für möglich. Den Angehörigen des Kameralkollegiums empfahl er, ihre Tätigkeit zunächst nicht einzustellen. Die *Sache* sei *zu neu, zu eilend* und man könne nicht wissen, welche der *durchkreuzenden Ideen* zur Ausführung gebracht würden, betonte er. Weil überdies *keine feyerliche Audienzen* gehalten und *keine Urtheile publiziert* würden, könne man die *Sessionen* fortsetzen.[146]

Wenn auch die künftige Entwicklung Deutschlands noch in der Schwebe war, so konnte Reigersberg doch unter allen in Regensburg anwesenden Reichstagsgesandten[147] und einigen Funktionären die Bereitwilligkeit finden, für das Beste des Reichskammergerichts zu wirken. Neben Zwackh hatten ihm vor allem Albini, Goertz, Rechberg sowie der Fürstenratsgesandte Franz Edmund von Schmitz zu Grollenburg, ein Sohn des Kammergerichtsassessors,[148] ihre Bereitschaft signalisiert, bei ihren Regierungen dafür einzutreten, die Kammerzielerbeiträge auch bei einer Auflösung des Gerichts einstweilen weiter zu bezahlen.[149] Auch der französische Geschäftsträger Bacher versprach, sich für die Angehörigen des RKG einzusetzen und betonte, dass Napoleon dies *zum Gesetz gemacht* habe.[150]

Am 4. August 1806 verließ Reigersberg Regensburg mit der Zuversicht *für die momentanische ungestörte Ruhe der Reichskammergerichts Angehörigen in Wetzlar* außer Sorge zu sein.[151] Er hoffte, die finanzielle Vorsorge des Fürstprimas würde auch andere Bundesmitglieder zu ähnlichem Verhalten bewegen. Ferner hielt er die Auflösung des Gerichts noch nicht für *entschieden*. Er glaubte dies ohne Wissen über die Pläne der nicht konföderierten Staaten nicht beurteilen zu können. Eben deshalb wollte er seine Reise nach Wien fortsetzen und zugleich beim Kaiser die Zahlung der seit langem rückständigen kurböhmischen Kammerzieler erwirken. Wahrscheinlich schiffte sich Reigersberg noch am 4. August nach Wien ein, wo er spätestens am 7. August 1806 eintraf.[152]

---

[146] BAF, FN 11 Akten 6a, Anlage Nr. 11.

[147] Auch der Reichstag hatte Ferien, weshalb nur wenige Gesandte im Sommer 1806 anwesend waren. Hierzu künftig: Burgdorf, Ein Weltbild verliert seine Welt.

[148] Zu Franz Edmund von Schmitz zu Grollenburg, der von 1801–1806 Komitialgesandter am Reichstag war und das Herzogtum Ahremberg (1801–1804), die Fürstentümer Hohenzollern, Schwarzenberg (1802–1806) sowie Auersberg vertrat: Härter, Reichstag und Revolution, S. 665. Grundlegend Jahns, Das Reichskammergericht, Tl. II, Biogr. 103, Kap. II d. Der Sohn des Assessors Schmitz zu Grollenburg war mit der Tochter von Johann Sebastian von Zillerberg verheiratet, der vom Assessor des bayerischen Kreises ebenfalls zum Komitialgesandten am Reichstag in Regensburg aufstieg. Zu Zillerberg ausführlich: Jahns, Das Reichskammergericht, Tl. II, Biogr. 75.

[149] BAF, FN 11 Korrespondenz, Rechberg an Reigersberg, September 1806; BAF, FN 1, Schreiben an Reigersberg.

[150] BAF, FN 11 Akten 6a, Nr. 10, Reigersberg an Stauffenberg, Regensburg, den 4. August 1806.

[151] BAF, FN 11 Akten 6a, Anlage Nr. 11.

[152] Sicher ist, dass Reigersberg am 7. August 1806 bereits in Wien war, da der Kaiser an diesem Tag ein Handbillet an den Kammerrichter absandte. Da Franz II. bereits wusste, wo er Logis genommen hatte, ist es wahrscheinlich, dass der Kammerrichter bereits am 6. August

Obgleich zu diesem Zeitpunkt die Abdankungserklärung des Kaisers bereits abgefasst war, erfuhr Reigersberg erst am 8. August 1806 davon. An diesem Tag erreichte ihn ein Handbillet Kaiser Franz II., dass dieser am 7. August aus Baden bei Wien ins Gasthaus *zum Goldenen Ochsen* geschickt hatte, wo der Kammerrichter Unterkunft gefunden hatte:

> *Lieber Graf Reigersberg! Sie erhalten in Anlage meine Erklärungen vom 6. dieses Monats, durch welche Ich bei nunmehriger Auflösung der Verfassung des deutschen Reichs die reichsoberhauptliche Würde und damit verbundene Kaiserkrone niedergelegt, und Kurfürsten, Fürsten, Stände und Angehörige des Reichs, die höchsten Reichsgerichte und übrige Reichsdienerschaft den Pflichten, mit denen Sie mir verhaftet waren, entlassen habe.*[153]

In diesem kaiserlichen Handbillet trug Franz II. ihm zugleich auf, seine *vollbrachte Entschließung* den *Mitgliedern des kaiserlichen und Reichs Kammergerichts* bekannt zu machen. Der Kaiser bezeugte seine Zufriedenheit mit den geleisteten Diensten und versprach, sich *eigens* für das künftige Schicksal der Angehörigen des RKG zu verwenden.[154]

Zwar betonte Franz II., es als letzten Ausfluss seiner Sorgfalt und als unerlässliche Pflicht bei seiner Abdankung zu betrachten, dass für den *Unterhalt des Personals der kaiserlichen und Reichsdiener* gesorgt werde. Auch verwies er auf die Regelungen für die entlassenen Staatsdiener und Geistlichen im RDH, die als Vorbild für die Entschädigung der *Reichsdiener* herangezogen werden sollten. Allerdings sicherte er nur den *Reichsdienern* den vollen Bezug einer Besoldung zu, die *bisher aus dem kaiserlichen Kammeraerario* bezahlt worden waren – und dies nur unter dem Vorbehalt, dass sie in erbländischen Diensten verwendet werden könnten. Damit waren die Pensionen für die Richter am Wiener Reichshofrat, die zugleich kaiserliche Räte waren, gesichert; und es ist ein Beispiel für die Einsetzbarkeit vormaliger kaiserlicher Reichsdiener, wenn der letzte Präsident des Reichshofrates Karl Philipp von Öttingen-Wallerstein später österreichischer Justizminister wurde.[155] Für die Pensionen der Angehörigen der Reichshofkanzlei

---

1806 eingetroffen war. Hierfür spricht auch der Hinweis des württembergischen Gesandten in Wien Hartmann vom 13. August 1806: *Seit voriger Woche befindet sich der Kammerrichter Graf Reigersberg hier.* HStAS, E 50/2, Bü. 2, Bericht des Gesandten Hartmann aus Wien, Nr. 62.

[153] BAF, FN 11 Akten 6a, Anlage 20a.

[154] Original in: BAF, FN 11 Akten 6a, Anlage 20a. Zeitgenössisch ediert mit den Anlagen A (Erklärungen Sr. Kaiserlichen Majestät über die Niederlegung der reichsoberhauptlichen Würde und der damit verbundenen Kaiserkrone) und B (Weitere Erklärungen wegen des nämlichen Betreffs) sowie einer Note des dirigierenden Staatministers der auswärtigen Angelegenheiten, Graf Stadion in: Vahlkampf, Politische und historische Ansichten, S. 9-16. Die Angabe in Henker u.a, Bavaria, Germania, Europa, S. 364, das kaiserliche Handbillet an Reigersberg sei in Wien ausgefertigt worden, ist falsch.

[155] Zu Öttingen-Wallerstein die Artikel in DBA und ADB. Eine Untersuchung der Auseinandersetzung der Richter des RHR mit der Auflösung des Reiches stellt ebenso ein Desiderat

wurde der für ihren Unterhalt vorhandene Fond bestimmt,[156] für die Angehörigen des Kameralkollegiums stellte sich die Lage problematischer dar. Lediglich die beiden Präsidenten und der Kammerrichter, die direkt und ohne Mitwirkung des Kameralkollegiums vom Kaiser auf ihre Stellen präsentiert worden waren und zugleich den Titel eines kaiserlichen Rates trugen, hätten Anspruch auf eine Pension von Seiten Österreichs gehabt, die vom Kaiser in verschiedenen Funktionen präsentierten Assessoren jedoch nicht, da alle Beisitzer vor der Aufschwörung am Kammergericht ihre vorherigen Dienste niederlegen mussten. Sie waren mit der Leistung des in der Kammergerichtsordnung von 1555 festgeschriebenen Eides in den Dienst von Kaiser und Reich getreten. Hinzu kam, dass die Kammerzielerbeiträge, die auf habsburgischen Gebieten hafteten, nicht direkt an die von Österreich präsentierten Assessoren bezahlt wurden, sondern wie alle anderen Matrikularbeiträge in die Sustentationskasse flossen. Dabei wurde jeweils die Gesamtsumme auf die am Gericht tätigen Assessoren, Präsidenten und Kammerrichter sowie einige andere so genannte besoldete Kameralen verteilt. Aus diesem Grund war auch der Anspruch umstritten, den Kammerrichter und Präsidenten gegenüber Habsburg hätten geltend machen können.

Tatsächlich überwies Franz II. die Mitglieder des Kameralkollegiums der Fürsorge der Kurfürsten, Fürsten und Reichsstände. Er gab seiner Hoffnung Ausdruck, sie möchten die *für das ganze unbedeutende Summe*, eine sich mit jedem Jahr mindernde Last, bereitwillig übernehmen.[157] Damit war die Frage der Entschädigung der Angehörigen des RKG bis auf die Kanzleipersonen und die in den Diensten des vormaligen Kurfürsterzkanzlers stehenden Prokuratoren ungelöst.[158]

Reigersberg hatte damit außer den Zusicherungen einiger Reichstagsgesandter, sich bei ihren Ständen für eine Fortzahlung der Kammerzieler einzusetzen, nichts in der Hand. Am Kammergericht war unterdessen die Erklärung des Großherzogs Ferdinand aus Würzburg eingetroffen, er wolle zum Unterhalt der Angehörigen des Kameralkollegiums beitragen.[159] Obschon sich auch in der Folgezeit andere vormalige Reichsstände zumindest zu einer provisorischen Fortzahlung der Kammerzieler bereit fanden, befasste sich der Reichstag mit dieser Problematik nicht mehr. Da der geplante Rheinische Bundestag nicht zustande kam, konnte das Pro-

---

dar wie eine Untersuchung der Gruppe der Agenten am Reichshofrat. Zu einzelnen Reichshofräten liegen Kurzbiographien vor. Gschliesser, Der Reichshofrat, S. 507-511 (teilweise mit Nachkarrieren). Zu Friedrich Graf zu Solms-Laubach vgl. Prössler, Friedrich Graf zu Solms-Laubach; Klein, Friedrich Graf zu Solms-Laubach.

[156] Weitere Erklärung vom 6. August 1806, in: Vahlkampf, Politische und historische Ansichten, S. 15. Auch die Reaktionen der Angehörigen der Reichshofkanzlei auf das Ende des alten Reiches sind nicht untersucht.

[157] Weitere Erklärung vom 6. August 1806, in: Vahlkampf, Politische und historische Ansichten, S. 15.

[158] Den Kanzleipersonen wurde ihre Übernahme auf die Staatskasse des Fürstprimas am 6. August 1806 mitgeteilt. Vgl.: BAF, FN 11 Akten 6b, Auflösungsprotokolle, Conclusum der Sitzung vom 6. August 1806.

[159] BAF, FN 11 Akten 6a, Anlage Nr. 18.

blem der Entschädigung der Angehörigen des RKG bis zur Eröffnung der Deutschen Bundesversammlung nur provisorisch gelöst werden.[160] Allerdings gelang es Reigersberg noch während seines Aufenthaltes in Wien, die Zahlung der seit 1796 rückständigen böhmischen Kammerzieler in Höhe von 14 166 fl. zu erwirken und damit zumindest für die erste Zeit die Finanzierung der Angehörigen des Kameralkollegiums sicherzustellen.[161]

So unsicher die künftige Finanzierung des Kameralkollegiums war, so vage war die Anweisung, die Reigersberg als zweite Anlage zum kaiserlichen Handbillet am 8. August 1806 empfing. Der österreichische Außenminister Graf Phillip von Stadion formulierte in einer Note, er sei nach der Niederlegung der Reichsregierung durch den Kaiser beauftragt worden, Reigersberg in *allerhöchstem Namen* zu erkennen zu geben,

> *daß diesem Reichsgerichte wegen Sistirung der im allerhöchsten Namen geführten Justizpflege, Ordnung und Aufbewahrung der Acten, Behandlung der Depositen und sonstiger etwaig vorfindlicher Gelder, die den Umständen angemessene Verfügung zu treffen, lediglich überlassen bleibe.*[162]

Diese Formulierung ließ Spielraum für Interpretationen. Zwar war damit ein Handlungsauftrag erteilt. Klar war auch, dass die Rechtsprechung des Kammergerichts im Namen des Kaisers nicht mehr erfolgen konnte. Gleichwohl blieben die zu treffenden Verfügungen dem Ermessen des Kameralkollegiums überlassen. Konkreter war demgegenüber die Anweisung, die mit dem *Haus- und Oesterreichischen Monarchie-Wappen versehenen Siegel* zu Händen Stadions nach Wien zu senden.[163] Damit wurde unterstrichen, dass die oberrichterliche Gewalt des Kaisers dem Kammergericht nunmehr entzogen war.

Der Kammerrichter sandte die kaiserlichen Verfügungen am gleichen Tag mit der Bitte nach Wetzlar, zwei Referenten zu benennen. Am 18. August 1806 traf sein Brief in Wetzlar ein.

3. Exkurs: Die Verbreitung der Erklärung vom 6. August 1806

Die Tatsache, dass Reigersberg erst am 8. August 1806 von der Abdankung des Kaisers informiert wurde, sowie der erst zehn Tage später erfolgte Empfang der

---

160 Vgl. hierzu Teil IV dieser Arbeit.

161 BAF, FN 11 Akten 6a, Anlage 21a, Stadion an Reigersberg, Wien, den 11. August 1806. Die Auszahlungsquittung wurde am 25. August 1806 nach Wetzlar versandt. Vgl. auch: HStAS, E 50/2, Bü. 2, Bericht des Gesandten Hartmann aus Wien, Nr. 62. Er wusste auch von den Zusicherungen des Fürstprimas, der noch am 13. August 1806 als Kurfürsterzkanzler angesprochen wurde.

162 Note Graf Stadions, Wien, den 8. August 1806, zeitgenössisch ediert in: Vahlkampf, Politische und historische Ansichten, S. 16.

163 Ebd.

offiziellen Nachricht durch das Kameralkollegium werfen die Frage auf, wie die kaiserlichen Erklärungen kommuniziert wurden. Ausgehend von der Schlussbemerkung in Karl Otmar von Aretins Habilitationsschrift, fand die öffentliche Verkündigung der Abdankung des Kaisers in einem dekorativen Bild Eingang in der Forschung:

> *In den Vormittagsstunden des 6. August ritt durch die Kaiserstadt Wien der Zug der prächtig gekleideten Herolde des Reiches. Von der Balustrade der Kirche Von den neun Chören der Engel verkündete der Reichsherold unter den Klängen der silbernen Fanfaren die letzte Erklärung eines römisch-deutschen Kaisers. In gekünstelter Kanzleisprache gab Franz II., von Gottes Gnaden erwählter römischer Kaiser, zu allen Zeiten Mehrer des Reiches, durch den Herold dem rasch zusammenlaufenden Volk seiner Hauptstadt kund, daß er sich entschlossen habe, die Kaiserkrone niederzulegen und das Heilige Römische Reich für beendet zu erklären.*[164]

Mangels zeitgenössischer Darstellungen ist man versucht, diese öffentliche Verkündigungsszene mit einer aktuellen Fotografie zu illustrieren: Man glaubt den Reichsherold mit seinen Trompeten auf der Balustrade der Kirche zu sehen und könnte sich vorstellen, wie sich das Volk auf dem Platz davor versammelt.

Allerdings muss betont werden, dass eine solche Form der Verkündung der kaiserlichen Erklärung jeglichen Nachweises in den Quellen entbehrt. Weder der Kammerrichter wusste hiervon noch der württembergische Geschäftsträger in Wien von Hartmann. Letzterer schrieb noch am 6. August 1806 nur von Gerüchten einer bevorstehenden Niederlegung der Kaiserkrone nach Stuttgart.[165] Auch am 8. August hatte er keine gesicherten Informationen. Er konnte lediglich melden, dass sich ein *Gerücht* zu bestätigen scheine. Er hatte gehört, es sei ein *Erlaß* an die *Hofstellen ergangen* und ein Teil des Personals der Reichshofkanzlei sei nachmittags noch einmal zusammengekommen. Darüber hinaus wusste er, dass ein Kurier nachmittags zwischen *2 und 3 Uhr* mit Depeschen nach Regensburg abging und der Reichshofrat seine Sitzung *mit der ahndungsvollen Vorempfindung* aufgehoben habe, *daß dieselbe vielleicht die letzte gewesen seyn möchte.*[166] Die tatsächliche Bestätigung, dass Kaiser Franz II. abgedankt habe, meldete er erst am 9. August nach Stuttgart. Die entsprechenden Patente schickte er dem König von Württemberg per *Estaffette*, also auf dem schnellstmöglichen Weg.

---

[164] Aretin, Heiliges Römisches Reich, Bd. 1, S. 506.
[165] HStAS, E 50/2, Bü 2, Bericht des Gesandten Hartmann aus Wien, Nr. 59.
[166] HStAS, E 50/2, Bü 2, Berichte des Gesandten Hartmann aus Wien, Nr. 60.

Abb. 2: Kirche Von den Neun Chören der Engel, Wien.

Die darin enthaltenen kaiserlichen Erklärungen hielt er für einen den *meisten ganz unerwarteten Schritt*, der *Sensation* veranlasste und von dem viele glaubten, er sei eine mit dem französischen Hof *conzertierte* Aktion.[167]

Der 9. und nicht der 6. August 1806 war auch der Tag, an dem die Öffentlichkeit in Wien von der Niederlegung der Kaiserkrone erfuhr, von deren Versammlung vor der Balustrade an der Kirche Von den neun Chören der Engel die Zei-

[167] HStAS, E 50/2, Bü 2, Berichte des Gesandten Hartmann aus Wien, Nr. 61.

tungen nichts wissen. Die Wiener Zeitung druckte an eben diesem Tag, dem 9. August, die Entschließung Kaiser Franz II., einen Nachtrag zu der Erklärung sowie die nun notwendig gewordenen Änderungen in Titulatur und Wappen des österreichischen Kaisers. Angaben über die Umstände der Verkündigung der Erklärung enthält sie nicht.[168]

In zeitgenössischen Zeitschriften außerhalb Wiens fehlt ebenfalls jeglicher Hinweis auf eine öffentliche Verkündigung der Abdankung des Kaisers. Zwar schwiegen sie, anders als der Topos der stillschweigenden Hinnahme des Endes des Alten Reichs vermuten lässt, über dieses Ereignis nicht. Im Gegenteil fanden die Nachrichten weite Verbreitung: Nach der Wiener Zeitung vom 9. August 1806 gehörten die ‚Augsburgische Ordinari-Postzeitung' und die ‚Allgemeine Zeitung' zu den ersten Blättern, welche die Nachricht bekannt machten.[169] Sie veröffentlichten die kaiserliche Erklärung am 13. August 1806, während andere Zeitungen die Nachrichten aus Wien erst zwei Tage später verbreiteten. Interessant ist, dass die deutsche Presse nicht direkt aus Wien berichtete, sondern die Nachrichten aus Regensburg bezog, wo die Abdankungserklärung am 11. August 1806 eingetroffen war.[170] Die ‚Nationalzeitung der Teutschen', die Wochenblätter sowie die monatlich erscheinenden Zeitschriften druckten die Erklärungen erst später. Das ‚Wetzlarer Gemeinnützige Wochenblatt' meldete die Niederlegung der Kaiserkrone am 18. August 1806, am gleichen Tag, als das Kameralkollegium das Schreiben des Kammerrichters vom 8. August 1806 erhielt und damit offiziell von den Vorgängen unterrichtet war. In all den Blättern konnte man von einer öffentlichen Verkündung der kaiserlichen Erklärung durch den Reichsherold ebenfalls kein Wort lesen.

Vor diesem Hintergrund ist es mehr als wahrscheinlich, dass die von Aretin gezeichnete Auflösungsszene eher im Bereich historischer Mythen anzusiedeln ist als im Kontext einer detailgetreuen Rekonstruktion der Vergangenheit. Demgegenüber scheint angesichts der Quellenlage vielmehr folgendes Bild zuzutreffen: Sicher ist zum einen, dass die Erklärung am 6. August 1806 ausgefertigt wurde. Zum anderen wurde am 7. August 1806 das Handbillet an den Kammerrichter gesandt, das ihn am 8. August erreichte. Der Kaiser befand sich an diesem Tag in Baden bei Wien. Am gleichen Tag dürften die Erklärungen dem Reichshofrat sowie der Reichshofkanzlei zugegangen sein.[171]

---

168 Vgl.: K. auch k. k. priviligierte Wiener Zeitung, Nr. 64, Sonnabend, den 9. August 1806, S. 4001-4004. Die Ausgabe Nr. 63 vom 6. August enthält noch keine Nachricht über die Erklärung des Kaisers.

169 Zur Entwicklung des Zeitungswesens im 17. Jahrhundert: Behringer, Die Veränderung der Raum-Zeit-Relation. Grundlegend jetzt: ders., Im Zeichen des Merkur.

170 Für Hinweise danke ich Sebastian Fischer, München.

171 Wie der württembergische Gesandte Hartmann am 16. August 1806 berichtet, habe sich *der Reichshofrat* sogleich nach Eingang der Nachricht als *völlig aufgelöst* betrachtet und am *vorvergangenen Samstag* [8. August 1806, EOM] die letzte Sitzung abgehalten. HStAS, E 50/2, Bü. 2, Berichte des Gesandten Hartmann aus Wien, Nr. 63.

4001

No 64.

Kaiserl. Königl. privilegirte

Wiener Zeitung.

Sonnabend, den 9. August 1806.

Inländische Begebenheiten.

Wien.

Ihro Oesterreichisch-Kaiserl. auch Königl. Apostol. Majestät haben am 6. dieses, folgende Allerhöchste Entschliessung zu fassen geruhet:

Wir Franz der Zweyte, von Gottes Gnaden erwählter Römischer Kaiser, zu allen Zeiten Mehrer des Reichs, Erbkaiser von Oesterreich ꝛc., König in Germanien, zu Hungarn, Böheim, Croatien, Dalmazien, Slavonien, Galizien, Lodomerien und Jerusalem; Erzherzog zu Oesterreich ꝛc.

Nach dem Abschlusse des Preßburger-Friedens war Unsere ganze Aufmerksamkeit und Sorgfalt dahin gerichtet allen Verpflichtungen, die Wir dadurch eingegangen hatten, mit gewohnter Treue und Gewissenhaftigkeit das vollkommenste Genügen zu leisten, und die Segnungen des Friedens Unsern Völkern zu erhalten, die glücklich wieder hergestellten friedlichen Verhältnisse allenthalben zu befestigen, und zu erwarten, ob die durch diesen Frieden herbeygeführten wesentlichen Veränderungen im deutschen Reiche, es Uns ferner möglich machen würden, den nach der Kaiserl. Wahlcapitulation Uns als Reichs-Oberhaupt obliegenden schweren Pflichten genug zu thun. Die Folgerungen, welche mehreren Artikeln des Preßburger-Friedens gleich nach dessen Bekanntwerdung und bis jetzt gegeben

Abb. 3: Erster Abdruck der Abdankungserklärung: Wiener Zeitung vom 9. August 1806.

In Wien ging das Ereignis am 9. August 1806 durch die Presse. Im Reichstag wusste man am 11. August 1806 über die kaiserlichen Erklärungen Bescheid, vier Tage später wurde dann die Nachricht am fränkischen Kreistag verbreitet[172] und am Kammergericht erhielt man das Schreiben des Kammerrichters erst am 18. August 1806. Während sich der Reichshofrat bereits am 11. August 1806 mit seiner Auflösung und Abwicklung zu befassen begann, führte das RKG seine Geschäfte noch bis zum 13. August 1806 weiter, dem Tag als die wichtigsten Zeitungen im Reich über die Abdankung des Kaisers berichteten.[173] Dagegen entschied sich das Kameralkollegium erst am 16. August 1806, *ferias repentinas* anzusagen, Sitzungen im Ingelheimischen Palais zu vermeiden und *bis zur weiteren eingekommenen Nachricht von Seiten des Herrn Kammerrichters* keine Handlungen zu unternehmen.[174]

Insgesamt ist demnach also die Erklärung des Kaisers zunächst über die Reichsbehörden, die Reichskanzlei, den Reichshofrat, das RKG in Person des Kammerrichters und den Reichstag in Form des Sondergesandten verbreitet worden. Sodann erfuhren die in Wien anwesenden Geschäftsträger, darunter von Hartmann, offiziell von der Abdankung des Kaisers. Nachdem die Wiener Zeitung bereits am 9. August 1806 die Erklärung abgedruckt hatte, griff die deutsche Presse die Nachricht auf und hatte sie bis zum 18. August im gesamten Reich verbreitet. Dies war der Tag, an dem die Fürbitte für Kaiser und Reich aus den Kirchengebeten weggelassen wurde. Auch Metternich, der damalige österreichische Gesandte in Paris, wusste noch nichts von der Abdankungserklärung des Kaisers, als er am 10. August 1806 eine Audienz bei Napoleon erhielt. Erst am Vorabend wurde er davon unterrichtet, dass ihn der französische Kaiser nur unter dem Titel eines Botschafters des Kaisers von Österreich empfangen würde. Er entschloss sich selbständig, den Text seiner Beglaubigungsschreiben abzuändern, sodass er den Anforderungen Napoleons entsprach.[175]

Vor diesem Hintergrund kann zum einen die Rolle verdeutlicht werden, die Napoleon und Talleyrand für das Ende des Alten Reichs spielten. Letztendlich waren sie nicht nur für den Austritt der Rheinbundstaaten aus dem Reich verantwortlich, sondern auch für die Abdankungserklärung des Kaisers. Franz II. zögerte bis zum letzten Augenblick, den entscheidenden Schritt zu tun, denn das Ultimatum lief zum 10. August 1806 ab, einen Tag bevor der Reichstag die Nachricht erhielt. Zum anderen zeigt sich, dass die französische Politik dem Reich gegenüber einem genauen ‚Timing‘ folgte, das zusätzlichen Druck ausübte. Die am 1. August 1806 erfolgte Austrittserklärung der Rheinbundstaaten wurde der Öffentlichkeit spätestens am 6. August 1806 bekannt,[176] an jenem Tag, als Franz II.

[172] BayHStA, MA 4225, Nr. 23, Nuremberg ce 15. Auot 1806.

[173] Vgl. Prolog.

[174] BAF, FN 11 Akten 6b, Sitzungsprotokoll vom 16. August 1806, Zitat: Votum Ulmenstein.

[175] Berthier de Sauvigny, Metternich, S. 83-84.

[176] Wetzlarer Gemeinnütziges Wochenblatt, 6. August 1806. Die Angehörigen des Kameralkollegiums verhandelten ebenfalls erst am 6. August 1806 die Folgen des Austritts der

seine Abdikation beurkundete. Wenn man davon ausgeht, dass ein Kurier von Regensburg etwa zwei Tage brauchte, um die Nachricht vom Reichstag nach Wien zu bringen, so blieben dem Kaiser drei Tage Zeit, um seine Entscheidung rechtzeitig vor Ablauf des napoleonischen Ultimatums zu treffen. Dass Franz II. dieses Zeitfenster bis zuletzt ausnützte, ist ein Hinweis auf die Bedeutung der kaiserlichen Glosse am Rand des von Stadion zusammengefassten Gutachtens, wonach die Abdankung *notwendig und unausweichlich werden müsste.*[177]

Aus dieser verzögerten Verbreitung der Nachricht ergeben sich zum anderen eine Reihe von Konsequenzen hinsichtlich der Auseinandersetzung mit der Auflösung des Reichs. Eine Position, für welche die Fortexistenz des RKG noch nach dem Austritt der Rheinbundstaaten eine – wenn auch wenig wahrscheinliche – Option darstellte, wird verständlich.[178] Deutlich wird ferner die enorme Unsicherheit der Nachrichtenlage in Deutschland. Würde sich ein Norddeutscher Bund konstituieren? Würden weitere vormalige Reichsstände dem Rheinbund beitreten? Würde Napoleon die Kaiserkrone übernehmen? Dies waren Fragen, die sich für die Zeitgenossen in dieser Phase enorm beschleunigten Wandels stellten und deren Beantwortung von der Nachrichtenlage maßgeblich beeinflusst war.

Darüber hinaus zeigt sich, dass Thesen und Topoi wie sie in Hinsicht auf das Ende des Reichs formuliert werden, nicht haltbar sind. So scheint nicht nur die klangvolle öffentliche Verkündung der Abdankung des Kaisers von der Kirche Von den neun Chören der Engel höchst unwahrscheinlich, sondern auch der oft zitierte Satz Johann Wolfgang von Goethes, der Streit seines Bedienten mit dem *Kutscher auf dem Bocke* habe ihn mehr interessiert als die *Spaltung Deutschlands*, der aus einem Tagbucheintrag vom 7. August 1806 stammt, muss anders gedeutet werden, als dies vielfach geschieht. Dieser Satz kann sich vor dem Hintergrund der Nachrichtenlage nicht auf die Niederlegung der Kaiserkrone bezogen haben. Vielmehr formulierte ihn Goethe als Reflex auf die Austrittserklärung der Rheinbundsstaaten aus dem Reich, von der er am 6. August 1806 erfuhr.

Rheinbundstaaten aus dem Reich. BAF, FN 11 Akten 6b, Sitzungsprotokoll, 6. August 1806.

177 Zitiert nach Aretin, Heiliges Römisches Reich, Bd. 1, S. 504.

178 Nicht nur der Kammerrichter hielt dies für denkbar, aber wenig wahrscheinlich. Auch bei den Angehörigen des Kameralkollegiums überwog bereits vor Bekanntwerden der Kaiserlichen Erklärung der Zweifel an ihrer Fortexistenz. Dies wird in den Schreiben deutlich, die sie am 6. August 1806 an die Kurfürsten des Reiches, exklusive den vormaligen Kurerzkanzler, Kurhessen und Kurwürzburg verfassten. Hier hieß es: *Die Zubereitungen, die wir in unserer Nähe zu der gänzlichen Auflösung der Reichsverfassung in Thätigkeit sehen, und alle Nachrichten, die dieselbe bestätigen, müssen uns nothwendig in die bangste Erwartung der Zukunft um so mehr setzten, als unser Gericht bey der neuen Ordnung der Dinge überflüssig zu werden bedroht wird. Schon traurig genug würde unser Loos seyn, wenn wir uns aus der gewohnten Tätigkeit herausgerissen sehen sollen, in der wir unsere Pflicht redlich erfüllt, und der Erwartung unserer h*[öchsten] *u*[nd] *h*[ohen] *Präsentanten entsprochen zu haben glauben, und wir wünschen vielmehr nichts angelegentlicher als unsere Bestimmung ferner fortsetzten zu können, und mit uns nicht das Gericht absterben zu sehen.* BAF, FN 11 Akten 6a, Anlage Nr. 7.

In Hinblick auf die weitere Auseinandersetzung des Kammergerichts mit den kaiserlichen Erklärungen ist der 18. August 1806 von Bedeutung. Dies war der Termin, mit dem man den Beginn der offiziellen Auseinandersetzung der Plenarversammlung mit der Abdankung des Kaisers ansetzen kann. An diesem Tag erfolgte die Ernennung der Assessoren Franz Arnold von der Becke und Karl Levin von Hohnhorst zu Referenten in der Auflösungsangelegenheit. In Kenntnis aller kaiserlichen Verfügungen hatten sie nun so lange Zeit ihren gemeinsamen Vortrag auszuarbeiten, bis der Kammerrichter aus Wien zurückgekehrt war. Zu einer Erörterung der Lage und zu einem Beschluss, wie man am RKG weiterhin zu verfahren gedachte, kam es erst am 26. August 1806.[179]

IV. Die Zäsur und die Frage nach ihren Ursachen

Bevor die weitere Auseinandersetzung der Plenarversammlung mit den kaiserlichen Erklärungen thematisiert wird, scheint es geboten, einen Blick auf die Konzeptualisierung von Veränderungen zu werfen und danach zu fragen, wer in den Augen der Richter des RKG als Verursacher des dramatischen Wandels galt. Dabei wird der eingangs geschilderte Prognosendiskurs über das Ende des Alten Reichs vor 1806 mit Konzepten zur Erfassung des dramatischen Wandels in Beziehung gesetzt, als das Ende des Reichs tatsächlich bevorstand. Dies ist wichtig, um die Ausgangsposition zu verstehen, mit der die Richter dem Wandel begegneten. Angeknüpft wird an Forschungen zur veränderten Konzeption von Zeit- und Zukunftswahrnehmung infolge der Französischen Revolution.[180] Es geht jedoch nicht darum, bestimmten Zeitvorstellungen unterschiedliche politische Anschauungen zuzuordnen,[181] sondern vielmehr um die Beschreibung des Wahrnehmungs-

---

[179] BAF, FN 11 Akten 6b, Sitzungsprotokoll vom 26. August 1806, Akten 6a Anlagen, Nr. 26.

[180] Reinhart Koselleck hat darauf hingewiesen, dass die mit der Französischen Revolution einsetzende Beschleunigungserfahrung zur Herausbildung eines neuen Erwartungshorizontes „mit perspektivischen Fluchtpunkten" beigetragen habe, wobei sich „je nach Partei und/oder Standort" die Relationen von „Vergangenheit und Zukunft" verändert hätten. Kosellecks These ist ferner, dass die Fülle von Veränderungen dazu führten, dass die Zeitgenossen historische Erfahrungen nicht mehr auf die Zukunft applizieren konnten, sondern sich zugleich mit einem neuen, verzeitlichten Geschichtsverständnis ein Bewusstsein ausprägte, für das die Offenheit und Gestaltbarkeit der Zukunft prägend war. Vgl. Koselleck, Vergangene Zukunft, darin: Geschichte, Geschichten und formale Zeitstrukturen, S. 130-143, Standortbindung und Zeitlichkeit, S. 176-210, insb. S. 186-195, Historia Magistra Vitae. Über die Auflösung des Topos im Horizont neuzeitlich bewegter Geschichte, S. 38-66, Erfahrungsraum und Erwartungshorizont, S. 349-374. Vgl. auch: Hölscher, Die Entdeckung der Zukunft.

[181] Ernst-Wolfgang Becker charakterisiert das Zeitverständnis um 1800 als eine „fatalistisch wahrgenommene Fortschrittsbewegung", die „weder in einen Zirkel eingebettet noch auf eine kontrollierbare Reform hin verlagert werden konnte". Dabei sei das Ereignis der französischen Revolution als Auslöser der Veränderungen in den 1790er Jahren zugunsten der

horizontes der Angehörigen des Kameralkollegiums, darum, wer in ihren Augen als Verursacher der Gründung des Rheinbundes und der Auflösung des Reichs galt.[182] Um dies zu leisten, werden zunächst allgemein zeitgenössische Ansichten über die Ursachen des Wandels vorgestellt, die sodann in Hinsicht auf ihre Funktion für das Zeitbewusstsein gedeutet werden. Im Anschluss daran wird die Erklärung zu explizieren sein, die das Kameralkollegium für die Ursache des Wandels gefunden hat.

1. Die Urheber des Wandels im Verständnis der Zeitgenossen

Betrachtet man zunächst den Diskurs über die Vorgänge des Sommers 1806, so lassen sich idealtypisch zwei unterschiedliche Grundhaltungen in Hinsicht auf die Frage nach dem Verursacher des Wandels feststellen. Weit verbreitet war eine Form der Reduktion des komplexen Geschehens, die man als Personifizierung des Wandels anhand der Gestalt Napoleons charakterisieren kann. Sie kommt etwa in den Tagebuchnotizen Johann Wolfgang von Goethes zum Ausdruck. Als er sich im Anfang August 1806 mit seiner Reisegesellschaft in Hof befand, notierte der Geheimrat: *Nachricht von der Erklärung des Rheinischen Bundes und dem Protektorat. Reflexionen und Diskussionen.* Kurz darauf trug er in sein Diarium ein: *Unterwegs politisiert und neue Titel Napoleons ersonnen. Spaß von subjektiven Prinzen. Fichtes Lehre in Napoleons Thaten und Verfahren wiedergefunden.*[183]

Goethe ging zweifellos von einer überragenden Bedeutung Napoleons für die Gründung des Rheinbundes aus, stand jedoch den Vorgängen, über die er politisierte, mit der ironischen Distanz des Dichters gegenüber. Doch der Geheimrat sprach in seinem Tagebuch noch einen anderen Zusammenhang an, der im Kontext der Frage nach den Ursachen des Wandels eine Rolle spielte. In einem Eintrag betonte er, man habe es in Frankfurt als schlechtes *Omen* betrachtet, als der Name des Kaisers in einer Rauchwolke verschwand. Damit verwies er auf den lebendigen und irrational aufgeladenen Prognosediskurs, in dem letztendlich nicht mehr eine Person für den Wandel verantwortlich gemacht wurde, sondern die Veränderungen eingeordnet waren in ein kosmisches Gesamtgeschehen.

Diese beiden in Goethes Notizen nur angedeuteten Ursachen des Bruches in der deutschen Geschichte erweisen sich als zentral in der Diskussion über die Vorgänge vom Sommer 1806. So hieß es in einem Artikel, der im August 1806 in der von Wilhelm Bendict von Schirach in Hamburg herausgegebenen Zeitschrift ‚Politisches Journal' erschien:

Person Napoleons in den Hintergrund getreten. E.-W. Becker, Zeit der Revolution, S. 89-107, Zitat S. 102.

182 So Fratzke-Weiß, Europäische und nationale Konzeptionen, S. 216-227; ein ähnliches Vorgehen auch bei E.-W. Becker, Zeit der Revolution, S. 89-107.

183 Die Tagebucheinträge Goethes nach: Srbik, Goethe und das Reich, S. 8.

> *In unserem Zeitalter des Außerordentlichen hat das Wundervolle und Außerordentliche bereits sehr angefangen an Reiz zu verlieren. Eine merkwürdige Begebenheit folgt auf die andere – und die neue Ordnung der Dinge fängt erst an. Das Ganze ist ein Beweis von dem, was ein Mensch, was ein Genie, vom Glück begünstigt, über Staaten, über Millionen von Menschen, über sein Zeitalter vermag.*[184]

Es besteht kein Zweifel, dass mit diesem Beweger der Zeit, von dem die Gestaltung der Veränderungen erwartet wurde, Napoleon gemeint war. Die Personifizierung des Schicksals in seiner Gestalt schien auch aufgrund von Belegen aus der jüngeren Geschichte bestätigt werden zu können. Im ‚Politischen Journal' wurde nicht nur die in Reaktion auf die Krönung Napoleons erfolgte Annahme der österreichischen Kaiserkrone 1804 durch Franz II. als Vorbote der Abdikation Franz II. gewertet, die bereits damals vorausgesehen worden sei.[185] Auch die Austrittserklärung der konföderierten Staaten aus dem Reich am 1. August 1806 schien eine frühere *Ahnung* zu bestätigen. In einem Kommentar hierzu rekurrierte der Verfasser auf eine Note, die Karl Theodor am 8. November 1805 durch Franz Joseph von Albini im Reichstag verlesen ließ, nachdem sich die österreichische Armee bei Ulm ergeben hatte.[186] Während Karl Theodor in dieser Note tatsächlich noch die Hoffnung auf eine Fortexistenz der Reichsverfassung zum Ausdruck brachte, wurde dies in der Perspektive des Augusts 1806 unterschlagen. Der Autor konnte nur hinzufügen: *Wie bald haben sich die damaligen Äußerungen des gewesenen Churerzkanzlers, nunmehrigen Fürsten Primas realisiert!* Damit waren die Worte des Erzkanzlers für Deutschland im Nachhinein zu einer Prognose umgedeutet und in den aktuellen Erfahrungskontext eingefügt.[187]

Während diese Deutung des Wandels kein retardierendes Moment im vorhersehbaren Verlauf der Geschichte kennt, der in der Auflösung des Reichs münden musste, behandelte die ‚Nationalzeitung der Teutschen' den Zusammenhang zwischen Napoleon und den Prognosen des Endes des Reichs mit etwas anderer Gewichtung. Zentral war zunächst der Rückbezug auf den Frieden von Campo Formio.[188] Damals sei das Gebäude des *teutschen Reichs* bereits in seinen Grundfesten erschüttert worden. Allerdings räumte der Verfasser ein, danach habe die *Verbindung der teutschen Staaten immer noch als ganzes* angesehen werden können. Denn *in ihrer Grundverfassung, ihrem wechselseitigen Gerechtsamen und gewissen Gesamtangelegenheiten* sei das Reich noch *der Aufsicht und Leitung eines selbstgewählten Oberhauptes* untergeordnet gewesen. Es habe als *Korps der*

---

184 Politisches Journal, II. Band, 8. Stück, August 1806, S. 171f.
185 Politisches Journal, II. Band, 8. Stück, August 1806, S. 851f.
186 Politisches Journal, II. Band, 8. Stück, August 1806, S. 172f.
187 Zur Bewertung dieser Note Karl Theodors: Hein, Der Staat von Dalberg's, S. 69f.
188 Nationalzeitung der Teutschen, 34. Stück, den 21. August 1806, S. 705-727, hier S. 705. Ein ähnliches Vorgehen etwa auch bei Voigt, Feldzug von 1806 in Teutschland.

Reichsstände auf dem Reichstage, mit dem Kaiser vereinigt, die *höchste Gewalt* ausgeübt.

Was hier als Reflex auf die Lage des Reichs nach dem Frieden von Pressburg formuliert wurde, schränkte jedoch erstaunlicher Weise die Finalität des Ablaufes der Geschichte ebenfalls nicht ein. Die Existenz des Reichs in seiner *Grundverfassung* bis zum Sommer 1806 schien mit seinem antizipierten Ende nicht in Widerspruch zu stehen. In der gleichen Ausgabe hieß es: *Was man schon lange ahnden konnte, und seit dem unglücklichen Ausgange des letzten Kriegs mit vieler Wahrscheinlichkeit vermuthen konnte, ist nun erfolgt.*[189]

Solche nachträglich konstruierten Kausalitätsabläufe bilden nicht nur den Grundstoff, aus dem die Forschung ihre teleologische Perspektive generierte, sie sind auch Ausdruck eines allgemein feststellbaren Zeitbewusstseins um 1800: Einerseits wurde erlebte Geschichte als ein nicht mehr kontrollierbarer Prozess verstanden, der im Unterschied zu früheren Zeiten aus den Fugen geraten war. Zum anderen suchte man die unbegreifbar scheinende Gegenwart, die kaum überschaubare Lage auf den einen, allerdings reduzierten, Begriff zu bringen. Dies geschah mittels der Personifizierung des Wandels anhand der Gestalt Napoleons, durch den Rekurs auf den Prozess, der Veränderungen selbständig generierte, sowie durch Verschränkung dieser beiden Verursacher des beschleunigten Wandels.[190] Insofern können die im zeitgenössischen Diskurs angegebenen Ursachen für das Ende des Alten Reichs als Hilfskonstrukte mit stark reduktionistischer Eigenschaft charakterisiert werden.

Hinsichtlich ihrer Wirkung hatten die zwei hier unterschiedenen Thematisierungen der Ursachen des Wandels – Napoleon und der Prozess schlechthin – ähnliche Bedeutung. Einerseits wurde es möglich, den Vorgängen des Sommers 1806 mit der Feststellung zu begegnen, das prognostizierte Schicksal des Reichs habe sich erfüllt und gegen den sich vollziehenden Prozess sei man machtlos.[191] Dies konnte, wie im Fall von Goethes Mutter, von einem Gefühl der Trauer über

---

189 National-Zeitung der Teutschen, 34. Stück, den 21. August 1806, S. 705-727, hier S. 705.

190 Eine Möglichkeit, den beschleunigten Prozess und Napoleon als personifizierte Ursache der Veränderung in Einklang zu bringen, war, ihn als Bändiger der Geschichte zu beschreiben, etwa wenn in der rückblickenden Perspektive des Augusts 1806 darauf verwiesen wurde, dass der Sieg der französischen Armee in Ulm entscheidend für den unausweichlichen Untergang des Reiches gewesen war. Zu diesem Kontext, allerdings Quellenbelege zwischen 1805 und 1812 in einem chronologisch wenig differenzierten Diskurszusammenhang mischend: Fratzke-Weiß, Europäische und nationale Konzeptionen, S. 216-227. Zeitgenössisch etwa auch N. N., Politische Gedanken über den jüngst geendeten Krieg, S. 4: *Einziger Mann vieler Jahrhunderte, Napoleon! Dir ist es ohne Zweifel vorbehalten, der Retter und Schutzgott Deutschlands zu seyn! Du wirst mit Deiner herkulischen Macht und deiner Weisheit jene eisernen Fesseln zertrümmern, die Deutschland in der Sklaverey halten. Dir wird Europa Glück, Ruhe und Wohlstand zu danken haben, und nach Jahrtausenden wird dein Name noch dankbar genannt werden.* In diesem Zusammenhang auch Fehrenbach, Ancien Régime, S. 102f.; Neumüller, Liberalismus und Revolution, S. 102; E.-W. Becker, Zeit der Revolution, S. 89-107.

191 E.-W. Becker, Zeit der Revolution; Koselleck, Erfahrungsraum und Erwartungshorizont;

das Ende des Reichs begleitet sein. Auf der anderen Seite schien man auch gegen den personifizierten Vollstrecker der Geschichte Napoleon machtlos. Beides konnte das Gefühl der eigenen Ohnmacht der Zeitgenossen unterstützen, dem Wandel nichts entgegensetzen und in den Lauf des Schicksals nicht mehr eingreifen zu können. Allerdings lehnten sich manche, die von den Vorgängen in besonderer Weise betroffen waren, gegen das Schicksal auf und entwickelten in Reaktion auf die Auflösung des Reichs eine enorme Aktivität.

Dieses Motiv kehrt in unterschiedlichen Schattierungen bei vielen Zeitgenossen wieder: Bei vormaligen Gesandten des Reichstags, bei Funktionären der Fürstenstaaten und in besonderem Maß bei den hier im Mittelpunkt stehenden Richtern des RKG, deren Erklärungsmodelle für die Ursache des Wandels es nun zu beschreiben gilt.[192]

2. Der Begriff der ‚Vorsehung' im kammergerichtlichen Kontext

Es ist bezeichnend, dass sich kein einziger Text im Umfeld des RKG finden lässt, der sich explizit mit den Ursachen der Auflösung des Reichs auseinandersetzt. Dies hängt erstens mit dem Grad der Betroffenheit der Wetzlarer Kameralen zusammen, die ja zunächst als Verlierer des historischen Prozesses dastanden: Nicht nur stellten die Gründung des Rheinbundes und die Auflösung des Reichs das Wissen über das Reich, das Reichsstaatsrecht und den Reichsprozess massiv in Frage, das bisher ihre Identität und Existenz verbürgte. Zugleich schienen die beruflichen Zukunftsperspektiven vage, ja bei manchen war nicht einmal klar, ob der bisherige Lebensstandard, den sie und ihre Angehörigen in Zeiten der Existenz des Reichs genossen hatten, in Zukunft noch gesichert sein würde. Dies hatte auf eine Personengruppe, die überdies durch besondere Ehrbegriffe geprägt war, eine spezifische Wirkung: Viele der Richter des RKG erlebten sich, ähnlich wie andere Kameralgruppen, aber auch die Bewohner der Reichskammergerichtsstadt Wetzlar, als Opfer. Sie beschäftigten sich mehr mit ihrer eigenen Lage, als mit den Ursachen der erlebten Veränderungen.

Zum anderen hatten der Austritt der Rheinbundstaaten aus dem Reich und die Wiener Erklärungen vom 6., 7. und 8. August alles andere als eine eindeutige Situation geschaffen. Vielmehr bestand hinsichtlich des RKG ein Regelungsdefizit und die Veränderungen waren im Fluss. Nicht nur war in der ersten Zeit, unmittelbar nach den Erklärungen, die künftige Existenz des Gerichts und die Pensionsfrage ungelöst, auch wurde dem Richterkollegium durch die Note des Grafen Stadion der Auftrag gegeben, die der Lage angemessenen Verfügungen selbst zu treffen. Wie sollte man bei der Fülle von Gegenständen, die jetzt zu regeln waren,

[192] Zu den Reichstagsgesandten: Härter, Reichstag und Revolution; Srbik, Schicksalsstunde des alten Reiches. Künftig auch Wolfgang Burgdorf, der über die Reichstagsgesandten und deren Bewältigung des historischen Wandels um 1800 arbeitet.

bei der Unübersichtlichkeit der politischen Lage in Deutschland und bei dem Maß an Betroffenheit durch die Veränderungen noch Zeit und Gedanken finden für eine theoretische Reflexion über die Ursachen des Wandels?

Obschon die Angehörigen der letzten Richtergeneration des RKG also die Gründe für den Wandel weder intern noch öffentlich explizit thematisierten, so taten sie dies doch implizit in einer gemeinsam unterzeichneten Erklärung an den Kaiser. Hier wurde der gemeinschaftlich abgesegnete Beschluss bekannt gegeben, die Tätigkeit des Kammergerichts einzustellen. Am 26. August 1806 schrieb das Kollegium an den Kaiser von Österreich:

> *Das Bewußtseyn unter einem gerechten, und redlich angestrengten Dienste mit Zufriedenheit lohnenden allerhöchsten Oberhaupte die Reichs Justiz mit Eurer Kaiserlichen Majestät Reichs Hofrathe zu verwalten, war in uns ein stets reger Antrieb, uns dem allerhöchsten Beyfall zu erhalten, und eine alle Kräfte belebende Aufmunterung in den mühseligsten Arbeiten unseres Amts. Wie glücklich würden wir gewesen seyn, wenn wir in unserm erhabenen Berufe Eurer Kayserlichen Majestät und den durch Unrecht leidenden Reichsbürgern zu dienen hätten fortarbeiten können! Allein dieses Loos war uns nicht beschieden; die Vorsehung beschloß es anders, Sie heißt uns tief gebeugt ein Amt niederlegen, in dem wir andere glücklich machten, in dem wir selbst glücklich waren. Nichts gleicht unserm Schmerz. Nur der allgemein verehrten Herzens Güte Euerer Kayserlichen Majestät war es vorbehalten, war es möglich, ihn wo nicht zu heben, doch zu lindern.* [...] *Mit derselben empfehlen wir uns zu ferneren allerhöchstem Schutz, Huld und Gnaden, und ersterben in tiefster Erniedrigung.*[193]

Die Vorsehung wurde hier also als Ursache für den Wandel angegeben. Sie lähmte die Kräfte, mit denen die Amtsaufgaben versehen worden waren. In einem Zusammenhang mit Schmerz und Trauer gestellt, veränderte man die Unterwürfigkeitsformel, die man dem vormaligen Reichsoberhaupt entgegenzubringen hatte. Das Ersterben in *Unterwürfigkeit* mutierte in diesem letzten Schreiben an den Inhaber der oberrichterlichen Gewalt zu einem Ersterben in *tiefster Erniedrigung*. Zweifellos sind die Begriffe *Vorsehung*, *Loos* und *Schicksal*, die hier als Ursachen für den Wandel angegeben werden, nicht personalisiert. Man könnte den Eindruck gewinnen, dieses Verständnis verweise auf jene Thematisierungen, die den Prozess selbst zum Beweger des Wandels erklären. Dies scheint jedoch wenig überzeugend. Der Vorsehungsbegriff, den die Angehörigen des RKG hier anwendeten, lässt sich nämlich hinsichtlich seiner Herkunft und Bedeutung kontextualisieren: Er wurde seit Pufendorf immer wieder im deutschen Naturrechtsdenken aufgegriffen und tauchte insbesondere in Pütters ‚Patriotischer Abbildung

---

[193] BAF, FN 11 Akten 6a, Anlage, Nr. 26.; vgl. auch HHStA-Wien, Titel und Wappen, Karton 3. Kurzer Auszug auch in: Scheurmann, Frieden durch Recht, S. 341.

des Zustandes der beyden Reichsgerichte‘ auf.[194] Während die Vorsehung als die im Menschen von Gott angelegte Vernunft zum Zusammenschluss von Kaiser, Kurfürsten und Reichsstände führte, war sie in der Situation von 1806 umgekehrt für die Auflösung des Reichsverbandes verantwortlich.

Für diese These sprechen eine Reihe guter Gründe. Erstens waren die Angehörigen der letzten Richtergeneration des RKG im Rahmen ihrer Ausbildung und Tätigkeit am Kammergericht intensiv mit eben jener Schrift Pütters konfrontiert worden und verfügten, wie gezeigt wurde, über das Theoriepotential des gesamten deutschen Naturrechtsdenkens. Zweitens verweist die Selbstbeschreibung im Schreiben vom 26. August 1806, Diener des *durch Unrecht leidenden Reichsbürgers* zu sein, auf Pütters ‚Patriotische Abbildung‘. Dies gilt nicht nur für die im Reichsbürger-Begriff transportierte Auffassung, dass das Reich ein Staat sei und der Zweck des RKG darin bestehe, die Rechte der Untertanen-Bürger zu hüten – bis in die Wendung hinein ähnelt die Begrifflichkeit derjenigen Pütters. Drittens gibt der Diskussionszusammenhang der Plenarsitzung vom 26. August 1806, als dessen Ergebnis dieser Brief formuliert ist, Aufschluss über den Kontext, in dem der Begriff stand. An diesem Tag wurde im Rückgriff auf die zeitgenössische Staatslehre die Frage erörtert, ob das Reichskammergericht als aufgelöst zu betrachten sei oder nicht. Dass Pütters ‚Patriotische Abbildung‘, in der das RKG und der Zusammenhalt des Reichs in einen Zusammenhang gestellt worden waren, eine unmittelbare Assoziation der Beteiligten gewesen sein dürfte, liegt auf der Hand. Viertens verfasste Karl von Kamptz zur gleichen Zeit seine ‚Reminiscenzen bey der Auflösung des kaiserlichen und Reichskammergerichts‘,[195] die sich ebenfalls an Pütters Interpretation des RKG orientierten.

3. Individuelle Aneignungen des Schicksalsbegriffes

Betrachtet man dagegen die Begriffe *Schicksal* und *Loos*, so fällt eine weitgehende Identifikation des *Schicksals* des Reichs mit dem persönlichen Schicksal auf. Dies kommt in Äußerungen zum Tragen, wie sie in den Verhandlungen des Kameralkollegiums und in Korrespondenzen von Kammerrichter, Präsidenten und Assessoren zu Tage treten. Angesichts der existentiellen Betroffenheit der Wetzlarer Reichsrichter und aufgrund der Verwobenheit des Kammergerichts mit Kaiser, Kurfürsten und Reichsständen ist dies wenig erstaunlich.

Wendet man sich der Art und Weise zu, wie die Thematisierung von *Schicksal*, *Loos* und *Vorsehung* mit der Haltung Einzelner korrespondiert, so wird geradezu paradigmatisch deutlich, dass manche auf einen abstrakt gedachten Schicksalsbegriff Bezug nahmen, um damit eine Haltung der Passivität zu chiffrieren. Dies gilt nicht nur in Hinblick auf die Wahrnehmungsmuster der Richter im unmittelbaren Auflösungsprozess des Sommers und Herbstes 1806. Auch später blieb

[194] Vgl. Teil I, Kapitel V.

[195] Kamptz, Reminiscenzen, S. 466-486, Zitate S. 466 und 467.

dies ein zentraler Aspekt, wie im Zusammenhang mit der Diskussion um die Entschädigung der Reichsdiener für den Verlust ihrer Stellen noch gezeigt wird.[196] Während sich einige darauf zurückzogen, im Verlust ihrer Stellen eine abstrakte Schicksalsfügung zu sehen, und dies mit dem Gefühl der eigenen Ohmacht dem dramatischen Wandel gegenüber verbanden, griffen andere aktiv in den Lauf der Dinge ein. Sie begegneten den Veränderungen mit einer ungeheuren Aktivität, wie dies am Beispiel des letzten Kammerrichters Reigersberg bereits anklang. Explizit oder implizit wurde dabei die aktivere Grundhaltung mit einem Wahrnehmungsmuster verbunden, in dem konkrete Personen als Akteure des Wandels galten. Der Prozess der Veränderungen wurde dabei als Interaktion gedacht, die man selbst beeinflussen konnte; die anderen Akteure des Wandels fungierten als Ansprechpartner. Damit unterschied sich die Auseinandersetzung dieser Gruppe von den personifizierten Schicksalsvorstellungen, wie sie in der Presse der Zeit kursierten.

Während damit zwei äußere Pole von Wahrnehmungsmustern des Wandels bezeichnet sind, die mit einem jeweils unterschiedlichen Schicksalsbegriff verbunden werden konnten, lässt sich die Haltung einer dritten, der wohl größten Gruppe als eine Mischform dieser beiden Wahrnehmungsweisen charakterisieren. Vor diesem Hintergrund gilt es im Folgenden zwei damit verbundene unterschiedliche Handlungsweisen zu erklären und nach ihren strukturellen Bedingungen zu fragen.

V. Zwischen Ohmacht und Auflehnung: Deutungs- und Bewältigungszusammenhänge

Die zweifellos deutlichste Äußerung eines dem Schicksal ergebenen Assessoren kam bereits in der Sitzung der Plenarversammlung vom 27. Juli 1806 zum Ausdruck. Als die Pläne des Kammerrichters, nach Regensburg und Wien zu reisen, diskutiert und seine Vorschläge beinahe einstimmig angenommen worden waren, meinte der kurkölnische Assessor des RKG von Weidenfeld, ihm als *Subalternen* bleibe in den *Stürmen dieser Zeitepoche* nichts anderes übrig, als sich *leidend, ruhig und in der Erfüllung seiner Pflichten zu erhalten.*[197] Der hier zum Ausdruck gebrachte Rückzug auf die Erfüllung der Pflichten ging mit einer beinahe vollständigen Lähmung seiner Handlungsfähigkeit einher: Weidenfeld konnte es nur dem Kammerrichter überlassen, die geeigneten Schritte zu tun. Im Gegensatz zu anderen Assessoren sah er sich außer Stande, eigene Vorschläge zur Bewältigung des Wandels zu formulieren. Zusätzlich unterstrich er seine Ohnmacht gegenüber den *Stürmen der Zeit*, indem er sich selbst als *subaltern* bezeichnete.

[196] Teil III dieser Arbeit.

[197] BAF, FN 11 Akten 6b, Sitzungsprotokoll vom 27. 7. 1806, Votum Weidenfeld.

Während dieser Begriff in der Kameralsprache herkömmlicher Prägung die Stellung der rangniedrigeren Gruppen von Kameralen gegenüber der Richterschaft charakterisierte, brachte Weidenfeld damit sein Inferioritätsbewusstsein gegenüber dem Kammerrichter, aber auch den anderen Assessoren zum Ausdruck. Er reihte sich ein in die niedrigeren Chargen des Gerichtspersonals. Er verzichtete weitgehend auf sein Mitspracherecht in der Plenarversammlung. Dies war ein Recht, dem die Assessoren immer wieder dadurch Nachdruck verliehen hatten, dass sie gegen Alleingänge des Kammerrichters eingeschritten waren, die sie als Amtsanmaßung werteten.[198]

Weidenfelds Ohnmacht gegenüber dem Wandel korrespondierte mit seinem Abstimmungsverhalten in der Plenarversammlung. An den Abwicklungsgeschäften beteiligte er sich beinahe überhaupt nicht, sondern votierte nur ab und an bei weniger wichtigen Gegenständen.[199] Dies ist deshalb erstaunlich, weil Weidenfeld zum Zeitpunkt der Auflösung des Reichs erst 49 Jahre alt war.[200] Zum einen hätte er sich in diesem Alter noch Hoffnungen auf eine Nachkarriere machen können. Zum anderen hätte er aus einer Position, die von Anfang an ein Pensionärsdasein als Zukunftsperspektive einkalkulierte, zumindest versuchen müssen, das Beste für seine Zukunft herauszuschlagen. Doch an der Fassung der Bittschreiben an die Fürsten Deutschlands, die Kammerzieler fortzuzahlen, sowie an den mündlichen und schriftlichen Vorstellungen an die Funktionäre verschiedener deutscher Höfe, beteiligte er sich im Sommer und Herbst 1806 ebenso wenig wie an der öffentlich ausgetragenen Debatte um die Pensionsberechtigung des Kammergerichtspersonals. Andere, zunächst vor allem der Kammerrichter, ergriffen die Initiative.

Erst nach einiger Zeit, als die wesentlichen Einleitungen für die Versorgung der Kameralen getroffen waren, nahm Weidenfeld an der Debatte über die Verteilung der Kammerzieler teil. Er vertrat dabei eine strikt am Reichsrecht orientierte Position, die ihm seitens seines früheren Beisitzerkollegen von Gruben das Etikett eintrug, dass er zwar *geschickt*, aber auch *politisch unklug* sei und gemessen an den *heutigen Verhältnissen höchst eigensinnig* handle.[201] Weidenfeld nahm eine Haltung ein, die 1813 nur noch wenige Assessoren teilten. Dazu gehörte insbesondere der vom alternierenden evangelischen Kreis ans RKG präsentierte Beisitzer Georg Gottlob von Balemann, der im Zuge der letzten Visitation des RKG durch Abhandlungen zur Reform der Kameralverfassung hervorgetreten war.[202] Während der 1735 geborene Balemann 1806 ein alter Mann war und sich deshalb ähnlich wie die Assessoren Schmitz zu Grollenburg, Hueber von der Wildau, Ditfurth, Hommer und Cramer nur wenig Hoffnung auf eine neue Stellung machen konnte, findet sich unter den jüngeren Assessoren nur ein einziger ähnlich

---

198 HHStA-Wien, RK, RKG Visit. 380.

199 BAF, FN 11 Akten 6b, Belege von Weidenfelds Voten.

200 Jahns, Das Reichskammergericht, Tl. II, Biogr. 17, Kap. I; Vahlkampf, Biographische und literarische Notizen, S. 493.

201 BAF, DB 2, 45, Gruben an N. N. [Mulzer], Aschaffenburg, den 4. August 1813.

202 Jahns, Das Reichskammergericht, Tl. II, Biogr.128.

passiver Beisitzer wie Weidenfeld, der 1758 geborene österreichische Kreisassessor Martini.[203] Beide fanden nach 1806 keine neue Stelle mehr.

Welche Gründe lassen sich für ein solches Verhalten anführen? Sowohl bei Weidenfeld wie bei Martini sind sie jeweils individuell spezifisch. Gemeinsam war ihnen zwar die fehlende Einbindung in ein Netzwerk einflussreicher Personen, das sie hätten aktivieren können, um den Veränderungen etwas entgegenzusetzen. Allerdings hatten sich ihre Möglichkeiten 1806 aus unterschiedlichen Gründen erschöpft.

1. Aufsteiger und Außenseiter

Ein ganzes Bündel von Ursachen, individuellen Verhaltensweisen, sozialen und wirtschaftlichen Hintergründen, strukturellen Bedingungen, die sich aus der Kameralverfassung ergaben, sowie die sich immer rascher verändernde politische Landschaft in Deutschland können herangezogen werden, um Weidenfelds Passivität zu erklären. Weidenfeld war ein sozialer Aufsteiger, der unfähig war, sich in die am RKG bestehenden Familienverbände einzuweben oder dauerhafte Verbindungen zu den rheinischen Eliten herzustellen. Der unverheiratete Weidenfeld gehörte zu den wenigen RKG-Beisitzern, die von einem niedrigen sozialen Niveau aus, dem bäuerlichen Milieu, den Aufstieg zunächst in landesherrliche Zentralbehörden und dann ans RKG geschafft hatten.[204] Wie ein Großteil der Angehörigen der letzten Richtergeneration hatte er in Göttingen studiert und die ‚Collegia Practica' Pütters besucht. Er hatte darüber hinaus ein Praktikum in Wetzlar absolviert und galt, als er seine kirchenrechtliche Dissertation 1782 in Bonn vorlegte, als einer der begabtesten Studenten.[205] Seine Hofratskarriere in Kurköln, die er durchlief, bevor er von dem damaligen Kölner Kurfürsten, Erzherzog Maximilian Franz I. von Österreich, ans RKG präsentiert wurde, belegt, welche Aufstiegschancen das Kammergericht einem fähigen Juristen in der Endphase des Reichs bot.

---

[203] Jahns, Das Reichskammergericht, Tl. II, Biogr. 56.

[204] Jahns, Das Reichskammergericht, Tl. II, Biogr. 17. Weidenfeld scheint gleichzeitig eine Zeit lang Professor für deutsches Staatsrecht in Bonn gewesen zu sein. Er wurde von seinem Landesherrn am 18. Februar 1793 auf das kurkölnische Assessorat präsentiert. Es ist fraglich, ob die bei Jahns, ebd., Kap. IV, FN 2 von Max Braubach, Die erste Bonner Hochschule, S. 152f.) übernommene Deutung stimmt, Weidenfeld habe auf seine Professur verzichtet, weil ihn der Kurfürst Maximilian Franz als Hofkammeradvokaten für unentbehrlich hielt. Weidenfelds Kollege Ignaz Friedrich von Gruben, der als von Kurmainz präsentierter Assessor am RKG saß, betonte demgegenüber 1813, dass Weidenfeld immer noch Kollegien als Professor halten wolle, wie früher. Vgl. BAF, DB 2, 45, Gruben an N. N. [Mulzer], Aschaffenburg 4. Aug 1813. Gruben war über die Lage der Universität in Bonn auch deshalb gut informiert, weil sein Vater unter anderem von 1777–1788 Direktor des Akademierates der Akademie und späteren Universität in Bonn war. Jahns, Das Reichskammergericht, Tl. II, Biogr. 5, Kap. II.

[205] Das Urteil über seine Qualität als Student bei: Braubach, Die erste Bonner Hochschule, S. 152f. und S. 270.

Einen vergleichbaren Aufstieg vollzogen unter den Angehörigen des letzten Kameraljahrganges nur Georg Gottlob Balemann, Johann Friedrich Neurath und Joseph Ullheimer. Sie stammten ebenfalls aus Familien, die nicht über entsprechende Verbindungen verfügten, um eine Reichsjuristen-Karriere zu befördern, sondern allenfalls erste Anstöße geben konnten, indem sie ein juristisches Studium und ein Praktikum auf der Ebene der Niederjustiz oder der Verwaltung ermöglichten.

Während Balemann[206] und Neurath (sen.)[207] Nutznießer der Reform des Präsentationsschemas von 1781/82 waren, ging es Weidenfeld, der 1793 ans RKG präsentiert und noch im gleichen Jahr für assessoratsfähig erklärt worden war, nachgerade umgekehrt. Er gehörte zu jenen Assessoren, deren Präsentationshof (Kurköln) bereits seit 1793 drohte, das Opfer des Entschädigungsgeschäfts zu werden, und deren Präsentationsrecht im Zuge der Säkularisierung 1803 erlosch.[208] Damit war ihm ein Teil der Basis genommen, von der er im Laufe der Karriere Kontakte hätte knüpfen können, die ihm bei der Bewältigung der Ereignisse geholfen hätten.

Doch nicht nur dies war mitverantwortlich dafür, dass Weidenfeld weitgehend isoliert war, sondern er versäumte auch durch eigenes Verschulden die Kontakte, die er während Ausbildung und Tätigkeit geknüpft hatte, 1806 zu aktualisieren. Dass Weidenfeld über ein ansehnliches Vermögen verfügte und deshalb auf eine Pension nicht angewiesen war, spielte darüber hinaus eine nicht zu unterschätzende Rolle.[209] Sein weitgehendes Heraushalten aus den Abwicklungsgeschäften des Kameralkollegiums wurde freilich von anderen Assessoren wahrgenommen, was ihn zusätzlich in die Isolation trieb. Auch der fürstprimatische Staatskanzler Albini, in dessen Schreibstube Weidenfeld sein Praktikum in Wetzlar absolviert hatte, half ihm nicht.[210]

---

206 Jahns, Das Reichskammergericht, Tl. II, Biogr. 128; dies., Das Reichskammergericht, Tl. I, Kap. II, 3.

207 Neurath wurde nicht unumstritten durch König Friedrich II. von Preußen als Herzog von Kleve und ev. Kreisdirektor am 9. Mai 1780 als niederrheinisch-westfälischer Kreispräsentatus nominiert. Zu den strittigen Kreispräsentationen: Jahns, Das Reichskammergericht, Tl. I, Kap. III, 3.3 Zu seiner Nomination: dies., Das Reichskammergericht, Tl. II, Biogr. 104, Kap. V; ferner: HStAS, Q 3/11. Neurath wurde am 12. Juni 1780 *suo periculo et salva iure cuiuscumque ad Examina* zugelassen, sollte aber so lange nicht zur Zensur gelassen werden, bis er ein gemeinsames von *allen Ausschreibenden Herrn Fürsten* ausgefertigtes Präsentationsschreiben beigebracht habe. Ebd., Extractus Protocolli Pleni, 12. Juni 1780.

208 Aretin, Heiliges Römisches Reich, Bd. 1, S. 278.

209 Vgl. hier den Hinweis bei Jahns, Das Reichskammergericht, Tl. II, Biogr. 17. Einstufung Weidenfelds bei der Immatrikulation als *divus*. Vgl. auch Teil III in dieser Arbeit.

210 Sein Praktikum in Wetzlar leistete Weidenfeld in der Schreibstube von Franz Joseph von Albini. Jedoch enthält der Nachlass Albini nicht einen Brief Weidenfelds. Vgl.: BAF, FN 1, Korrespondenz. Auch mit den vormaligen Assessoren, die später Geschäftsträger unterschiedlicher Reichsstände am Reichstag in Regensburg wurden, pflegte er keinen Kontakt.

Während Weidenfeld erst nach 1806 passiv wurde, vorher jedoch zu den fähigeren Assessoren zu rechnen ist,[211] war der Fall Martini anders gelagert. Maximilian von Martini war durch die Protektion seines Vaters, des berühmten Wiener Staatsrechtlers, ans RKG präsentiert worden[212] und nahm von Anfang an eine Außenseiterrolle im Kameralkollegium ein. *Es ist ein Unglück, daß Freiherr von Martini sein Vertrauen ganz sonderbaren Leuten schenkt und ehrlicher Männer* [...] *Warnungen kein Gehör schenkt*, schrieb der 1805 verstorbene kaiserlich präsentierte RKG-Assessor Maurer von Kronegg bereits 1786 an den Reichsvizekanzler nach Wien. Er berichtete auch, dass Martini bei Prokurator Zwierlein und der Witwe Ruland auf *Schulden kontrahiert* habe und seine erste Gattin, Marianne von Wagner, gegen *Geldverpflichtungen* und *häusliche Unordnung* beim Kammerrichter geklagt habe.[213] Dies war ein Lebenswandel, der angesichts der am Kammergericht für Assessoren geltenden Verhaltenskodizes am Rande der Ehrlosigkeit stand. Sogar die Wetzlarer Freimaurer überlegten, ob sie Martini aufgrund seines Verhaltens ausschließen sollten.[214] Hinzu kam, dass Martini auch während der Wetzlarer Zeit nicht gerade als fleißiger Assessor galt.[215] Sein Kollege Gruben brachte den Eindruck, den Martini im Kameralkollegium hinterlassen hatte, 1813 zum Ausdruck, als er bemerkte, er sei der *schmutzigste Mensch von der Welt*.[216]

Verfehlungen, die außerhalb des für die Richter geltenden Ehrkodexes lagen, waren bei Martini an der Tagesordnung: So lag er 1802 im Streit mit dem obersächsischen Kreispräsentatus Reitzenstein,[217] was ihm den Tadel Reigersbergs einbrachte. Martinis Benehmen, betonte der damalige Kammerrichteramtsverweser, missfalle dem *Ehrgefühl* und er lasse die Sache nur deshalb auf sich beruhen, weil hier *zwey Individuen* mit zweifelhafter *fama* aufträten.[218] Charakterschwäche zeigte Martini auch im Konflikt mit seiner zweiten Ehefrau Katharina

[211] Maucler, Aus meinem Leben, S. 109: *Unter den Assessoren galten für die ausgezeichneteren Balemann, Duttfurth* [Ditfurth], *Neurath* [...], *Weidenfeld, von der Becke, Riedesel und Gruben.*

[212] Jahns, Das Reichskammergericht, Tl. II, Biogr. 56.

[213] BAF, FN 11 Geschäftstagebuch pro anno 1803, Eintrag 7. Juli 1803.

[214] HHStA-Wien, RK, RKG Visit. 380. Maurer [wohl an den Reichsvizekanzler], Wetzlar, den 23. Dezember 1786. Zu Maurer von Kronegg: Jahns, Das Reichskammergericht, Tl. II, Biogr. 52.

[215] Vgl. etwa die Bemerkungen des vormaligen RKG-Assessors Schmitz zu Grollenburg: *Martini wegen gewohnter Untätigkeit abwesend.* BAF, DB 2, 45, Schmitz an N. N. [wohl an Stadtdirektor von Mulzer], Wetzlar, Dezember 1812. Ferner: BAF, FN 11 Diensttagebuch 1802, Martini an Kammerrichter, Wetzlar, den 17. Dez. 1802 (wegen unerledigter Extrajudicialsachen.); Ebd., Eintrag v. 22. Oktober 1802. Martini besuchte während des Herbstes und Winters 1802 kaum die Kammer.

[216] BAF, AR 1 Misc. 616, Gruben an Mulzer, Wetzlar, den 14. April, 1813.

[217] Jahns, Das Reichskammergericht, Tl. II, Biogr. 119. Zu seiner erfolglosen Präsentation vgl. die Biographien der beiden Compräsentati: ebd., Biogr. 118 (C. F. F. v. Neurath) und ebd., Biogr. 68 (Johann Ernst Ferdinand von Spies).

[218] BAF, FN 11 Akten, Varia. Mitschrift Reigersbergs von der Sitzung des Prädeliberationssenates vom 16. Juli 1803 mit Anlagen.

Maria Fischer.[219] Am 4. Juli 1802 sprach sie bei Reigersberg vor und beklagte sich über das *harte ungestüme Betragen ihres Mannes*, der sie mit *Schlägen* behandle und *nebst ihren Kindern zum Hause hinausgeworfen* habe. Ferner monierte sie die Neigung ihres Gatten zur Frau des Wetzlarer Posthalters Werle und beschrieb, dass er an den *Nerven* und *krämpfigten Zufällen* leide.[220] Möglicherweise war Martini tatsächlich gemütskrank, wie die Beschreibung seiner zweiten Gattin nahe legt, eine psychische Auffälligkeit wird man ihm auf jeden Fall konstatieren dürfen. Besonders problematisch war, dass er seine eigenen Leistungen maßlos überschätzte. Dies wurde seit 1786 deutlich, als er den österreichischen Staatskanzler von Kaunitz um eine Expektanz auf die Stelle des österreichischen Direktorialgesandten am Reichstag, Ägidius Valentin von Borié, ersuchte. Martini glaubte, für eine solche Stelle wären, abgesehen von dem *geschickten negoziieren*, nicht mehr Fähigkeiten erforderlich als für einen RKG-Assessor. Als er nach Boriés Tod 1793 eine abschlägige Antwort von Kaunitz bekam, wurden seine Maßstäbe wieder zurecht gerückt. Seither unterließ es Martini, sich um eine andere Stelle zu bewerben.[221]

Es lag in der Konsequenz seiner Außenseiterrolle im Kameralkollegium, dass sich der österreichische Kreisassessor im Zuge der unmittelbaren Auseinandersetzung mit dem Zusammenbruch des Heiligen Römischen Reichs Deutscher Nation kaum an den Debatten beteiligte und sich auch später lieber mit der Gründung eines *bürgerlichen Casinos* in Wetzlar beschäftigte[222] als mit den Problemen, die mit der Abwicklung des RKG verbunden waren. Im Gegensatz zu Weidenfeld, der sich ob der Fülle von Veränderungen ohnmächtig zeigte und erst 1806 in weitgehende Passivität verfiel, gleichwohl aber seine Pflichten erfüllen wollte, findet sich von Martini kein einziges Zeugnis, das ein Engagement bei der kollektiven Bewältigung der Veränderungen im Sommers 1806 belegt.[223] Wahrscheinlich verließ er sich darauf, dass seine Kollegen, die ihn auch bisher trotz seiner Auffälligkeit mittrugen, schon eine Lösung, die auch ihm zuträglich wäre, finden würden.

Während sich Weidenfeld und Martini bis zum Ende der Debatten um die Pensionen der Angehörigen des Kammergerichts durch weitgehende Passivität auszeichneten, begannen sich die anderen Assessoren, mit wenigen Ausnahmen,[224] nach und nach in die Diskussion um die Folgen der Auflösung des Reichs einzuschalten und wichtige Beiträge zum Abwicklungsgeschäft zu leisten. In der ersten

---

219 Jahns, Das Reichskammergericht, Tl. II, Biogr. 56, Kap. IIc. Jahns verweist in der Anmerkung auf die zwischen Martini und seiner Frau entstandenen Misshelligkeiten.

220 BAF, FN 11 Diensttagebuch 1802, Einträge vom 4., 7. und 12. Juli 1802.

221 Jahns, Das Reichskammergericht, Tl. II, Biogr. 56.

222 Vgl. dazu Teil III dieser Arbeit.

223 BAF, FN 11 Akten 6b, Sitzungsprotokolle vom 29. Juli und 26. August 1806 mit jeweils spärlichen Voten Martinis.

224 Hierzu gehörten vor allem Franz Dietrich von Ditfurth, Johann von Cramer und Joseph Mechior von Hommer.

Phase der Auseinandersetzung mit der Abdankung des Kaisers bestimmte der Einsatz des Kammerrichters Heinrich Aloys von Reigersberg die Diskussion jedoch wesentlich.[225]

2. Auflehnung gegen das Schicksal

Zwar provozierten die Ereignisse auch bei Reigersberg zeitweise eine ähnlich resignative Haltung wie bei Weidenfeld. Dem bayerischen Agenten am RKG Franz Xaver von Zwackh beschrieb er im Dezember 1806 die Geschehnisse als *schrökliche* Katastrophe, die seine *glückliche Existenz* vernichte, und verwies auf die *Unbilde der Zeit* als deren Verursacher. Auch glaubte der außer Dienst gesetzte Kammerrichter zuweilen den *quälenden Besorgnissen* über die *eigene Zukunft* wie *dem gerechten Kummer* über sein *Missgeschick* zu unterliegen, während er in *jedem Gesichte* las, dass *Sorge und trübe Ahndungen* die Kameralen drückten.[226] Gleichwohl blieb diese resignative Bezugnahme auf die Veränderungen, die mit einer konkreten Angst vor der eigenen Zukunft und einer Betroffenheit vom Schicksal der anderen RKG-Angehörigen verbunden war, bei Reigersberg nur Episode. Derartige Wahrnehmungsmuster prägten seine Auseinandersetzung mit den Ereignissen des Sommers 1806 nicht von vorneherein. Reigersbergs erste Reaktion nach Bekanntwerden der Gründung des Rheinbundes stand noch nicht im Zeichen der Hoffnungslosigkeit. Im Gegenteil, es ging ihm um die Erforschung der Ansichten deutscher Funktionäre und Herrscher. Auch wollte er bei ihnen für das *Beste des Gerichts* wirken. Wie er am 29. Juli 1806 betonte, reiste er nach Regensburg und Wien, um mehr über das künftige *Schicksal* des Kammergerichts zu erfahren.[227] Der Kammerrichter versuchte die undurchsichtige Situation durch konkrete Nachforschungen aufzuhellen. Darüber hinaus entwickelte er eine Strategie, die unter den gegebenen Umständen zwar nicht mehr auf eine vollständig offene Gestaltung der Zukunft zielen konnte, jedoch geeignet war, der unmittelbaren Bedrohung zu begegnen. Die Maximalposition durchzusetzen und das RKG zu retten gelang ihm nicht, allerdings trug Reigersberg wesentlich zur Sicherstellung des Unterhalts der Kameralen bei.[228]

Die Anflüge von Resignation, die Reigersberg im Herbst und Winter 1806/07 ereilten, blieben Episode. Sie erklären sich vor dem Hintergrund einer persönli-

---

[225] Dies gilt im Wesentlichen auch für die Entschädigungsdebatte bis Anfang/Ende August 1806, vgl. Teil III dieser Arbeit.

[226] BAF, FN 11 Korrespondenz, Reigersberg an Zwackh, Wetzlar, den 5. Dezember 1806 [Entwurf]. Statt *Missgeschick* hatte Reigersberg ursprünglich *unverschuldetes Leyden* geschrieben. Diese Formulierung hat er jedoch verworfen, wohl mit dem Gedanken nicht allzu passiv zu wirken, da er sich von Zwackh Hilfe bei seinem Weg aus dem Pensionärsdasein erhoffte.

[227] BAF, FN 11 Akten 6a, Nr. 1; Dies kommt auch zum Ausdruck in: Zwackh an Reigersberg, Korrespondenz, Wetzlar, den 8. August 1806.

[228] Hierzu: Teil III in dieser Arbeit.

chen Krise, die er jedoch tatkräftig überwand. Nachdem die wichtigsten Einleitungen zur Abwicklung des Kammergerichts getroffen waren, schrieb Reigersberg am 30. August 1806 nach Wien, er strebe nun, nachdem er mit all seinen *Kräften* zum Besten der *Reichsjustizdiener* gewirkt habe, einen anderen *Wirkungskreis im Dienste seiner Majestät* an. Dabei berief er sich auf seine Stellung als früherer kaiserlicher Repräsentant und betonte, dass sich sein *Ehrgefühl* gegen die Vorstellung empöre, *unter die Zahl der zu Pensionierenden* gewiesen zu werden.[229] Tatsächlich hörte der Kammerrichter wegen seines Stellengesuchs nichts vom Wiener Hof, musste aber seit Herbst 1806 beobachten, wie die ersten Angehörigen des Kameralkollegiums Wetzlar verließen, um neue Stellen anzutreten.[230]

Ein Brief vom Februar 1807 an den vormaligen Assessor Linden, von dem ein Konzept erhalten ist, auf dem die Streichungen und Unsicherheiten in der Wortwahl ihrerseits den problematischen Zustand Reigersbergs spiegeln, erlaubt Einblicke in die Gefühls- und Bewusstseinslage des pensionierten Kammerrichters:

> *Gewiß fühlte ich es nur zu sehr, daß ein längerer Aufenthalt an dem Ort, wo ich vorher eine so glückliche Existenz genoß, meine physischen Kräfte aufgezehret*[231] *und daß ich um mich wieder ganz zu ermannen den Ort, wo so viele schuldlos unglücklich gewordene Menschen und mit banger Erwartung ihrer Zukunft entgegen sehen, verlassen zu können suchen muß.*[232] *Ein unthätiger Pensionist zu bleiben, war und konnte nicht meine Absicht seyn, und selbst das von der Gesamtheit der Gerichts Mitglieder adoptierte System*[233] *sichert mich dagegen.*[234] *Allein ich wollte meine Stelle erst*[235] *dann verlassen, wenn hier die übrig bleibenden versorgt* [sind]. *Stärkend war für mich das Bewußtseyn, Glück und Unglück mit Männern zu theilen, die ich achtete und die mich gerne als ihren Chef kannten.*[236]

Deutlich kommt hier zum Ausdruck, dass für Reigersberg die Sorge um das Schicksal der Gerichtsangehörigen Priorität genoss, während er dem sein eigenes Schicksal zunächst unterordnete. Zugleich verweist seine Korrespondenz mit Zwackh und Linden darauf, wie begrenzt die Handlungsspielräume im Herbst und Winter 1806/07 für Angehörige des Kameralkollegiums geworden waren. Für all diejenigen, die sich wie Reigersberg ein Pensionärsdasein in Wetzlar nicht vor-

---

229 HHStA-Wien, RK, RKG Visit. 378, Reigersberg an Colloredo, Wetzlar, den 30. August 1806.

230 Dazu Teil IV dieser Arbeit.

231 BAF, FN 11 Korrespondenz. Entwurf Reigersberg an Linden, (exp.) 20. Februar 1807 (gestr.: *ich überzeugte mich auch längst für das ganze von keinem weiteren Nutzen*).

232 Gestr.: *Die Ueberzeugung, daß ich bei einem längeren Ausharr*[en]; danach gestr.: *ich werde daher*; danach gestr.: *Unthätigkeit zu bl*[eiben].

233 Gestr.: *sprach.*

234 Gestr.: *Auch durfte ich.*

235 Gestr.: *nicht.*

236 BAF, FN 11 Korrespondenz, Reigersberg an Linden, exp. 20. Feb. 1807 (rekonstruierter Entwurf).

stellen konnten, sondern eine neue Karriere anstrebten, lag das Schicksal in der Hand der deutschen Fürsten. Alle Biographien der Angehörigen der letzten Richtergeneration des RKG, die später in den Dienst eines der deutschen Souveräne traten, belegen dies.[237] Es wird noch zu zeigen sein, welche Kriterien im Einzelnen dazu beitrugen, dass insgesamt 15 Angehörige dieser Gruppe noch Nachkarrieren durchliefen. Das Beispiel Reigersberg verdeutlicht, dass eine Haltung der Auflehnung gegen das Schicksal entscheidend zur Bewältigung des Wandels mit beitrug und sich später als Vorteil für den Übertritt in neue Dienste erwies. Dem zum Zeitpunkt der Auflösung des Reichs erst 49-jährigen Weidenfeld, aber auch dem ein Jahr jüngeren Martini gelang es auch aufgrund ihrer Passivität nicht mehr, eine neue Anstellung zu finden. Sie verblieben bis zu ihrem Tod als Pensionäre in Wetzlar.[238]

3. Erinnerung, Verlust und Zukunftsperspektive

Vielleicht spielte die besondere Situation, in der sich der nicht mehr rechtzeitig zur Aufschwörung gelangte kurbrandenburgische Präsentatus Karl Albert von Kamptz im Sommer 1806 befand, die entscheidende Rolle. Vielleicht war die Tatsache wichtiger, dass er sich selbst als Publizist verstand. Jedenfalls war Kamptz der einzige unter den hier im Mittelpunkt stehenden Personen, der die Auflösung des Reichs und des RKG als Erfüllung einer Prognose darstellte. Kurz nachdem er am 18. August 1806 in Wetzlar eintraf und erfahren musste, dass der Rheinbund gegründet, die Niederlegung der Kaiserkrone erklärt und seine Karrierepläne zerstört waren, griff er in seinem Aufsatz ‚Reminiscenzen bei der Auflösung des kaiserlichen und Reichskammergerichts' jenes Zitat Karl Theodor von Dalbergs auf, mit dem auch im Hamburger ‚Politischen Journal' die Ansicht belegt wurde, dass sich eine Vorahnung erfüllt habe.[239]

Kamptz stellte seine ‚Reminscenzen' unter das Motto, dass die *Erhaltung und der Flor des Kammergerichts* das *Thermometer* sei, *woran die Dauer oder die Auflösung der Reichsverfassung abzunehmen ist.* Damit veranschaulichte er die Tatsache, dass das RKG in einem unlöslichen Zusammenhang mit dem Zustand der Reichsverfassung stand. Unzweifelhaft schien der Merkurius dieses Thermometers für Kamptz anzuzeigen, dass das Gericht aufgelöst sei. Vor diesem Hin-

---

[237] Zu den Biographien: Jahns, Das Reichskammergericht, Tl. II. Hierzu auch Teil IV dieser Arbeit.

[238] Vgl. seine Voten in der Plenarversammlung: BAF, FN 11 Akten 6b, Sitzungen vom 29. Juli bis 26. August 1806.

[239] Ob er diese Zeitschrift gelesen hatte, ist nicht bekannt, jedoch berichtete das ‚Politische Journal' über Ereignisse in Mecklenburg und richtete sich an Funktionäre deutscher Höfe. Als Publizist, der für mehrere Zeitschriften tätig war, musste sich Kamptz auf dem Laufenden halten, weshalb es nicht unwahrscheinlich ist, dass er den Wortlaut der Erklärung, die Karl Theodor von Dalberg am 8. November 1805 durch seinen Staatskanzler Albini dem Reichstag hatte übermitteln lassen, aus dem Hamburger Blatt hatte.

tergrund konnte Kamptz nur ausrufen: *Dalbergs heller Blick in die Zukunft hat auch hier nicht getäuscht: jene Werke der Weisheit unserer Väter sind nicht mehr!*[240] Erst 1814 fand er im Streben *einiger Reichsglieder* aus der *ehrwürdigen Reichsverfassung* Gründe für die Auflösung des Reichs.[241] In der Perspektive der unmittelbaren Betroffenheit konnte oder wollte auch Kamptz keinen Verursacher des Wandels nennen. Demgegenüber reflektierte er die Folgen der Auflösung des Reichs, indem er den Verlust aller in der *deutschen Reichsverfassung* begründeten *Principien und Einrichtungen* beklagte. Keinem Deutschen könne dies gleichgültig sein, schrieb Kamptz. Er wertete die Ereignisse des Sommers 1806 als *Aufhebung all dessen, was uns Deutschen und unserer Verfassung bis jetzt charakteristisch und ausgezeichnend vor allen anderen Nationen war.* Vertilgt worden sei nicht nur die *Wissenschaft des deutschen Staatsrechts, des Reichsprozesses*, sondern auch andere Wissenschaften. Ihr *Anbau, Pflege, Kenntniß und Anwendung* sei sowohl der *Grund des Ruhms und des Wohlstandes* Deutschlands gewesen als auch das Ziel des Bestrebens der *ausgezeichnetsten Rechtsgelehrten.*[242]

Es klingt hier einerseits an, dass für Karl von Kamptz die Auflösung des Reichs eine geradezu traumatische Erfahrung gewesen sein muss. Denn die *Vertilgung* des Reichsstaatsrechtes und des Reichsprozesses, die schon Pütter beschäftigt hatte, bedeutete ja zugleich die Vertilgung jener Wissenschaften, deren Erlernung die Voraussetzung für seine Karriere gebildet hatte.[243] Andererseits wird deutlich, wie tief die Verlusterfahrung war. Als einzige Möglichkeit der Bewältigung dieses Verlustes galt Kamptz die Rückerinnerung:

> *Für keinen Deutschen kann indessen diese Veränderung so gleichgültig seyn, daß seine Gedanken nicht gerne rückerinnernd auf Gegenständen verweilen sollten, die ihn als Jüngling, Mann oder Greis beschäftigten, die bald Gegenstand der Zufriedenheit, bald der des Tadels, die bald für wesentlich nothwendig, nützlich und vortrefflich, bald für überflüssig, gleichgültig, unbrauchbar und nicht mehr passend gehalten wurden.*[244]

---

[240] Kamptz, Reminiscenzen, Zitate S. 466 und 467.

[241] Kamptz, Reminiscenzen bey der Auflösung des kaiserlichen und Reichskammergerichts, in: ders., Beiträge zum Staats- und Völkerrecht, S. 166.

[242] Kamptz, Reminiscenzen, Zitate: S. 467 und 468.

[243] Für eine Datierung des Aufsatzes auf den August 1806: Kamptz, Reminiscenzen, S. 467, wo es heißt, den Worten Dalbergs sei im 9. Monat die Auflösung des Reiches gefolgt. Als datum ante quem, ist der Oktober 1806 sicher. Vgl. ebd. S. 469. *Wo ist der deutsche, der bey einigen nachdenken sich ohne Art der Rührung von diesem erwürdigen Tribunale trennen, der ohne alles Gefühl die Auflösung seine höchsten Gerichtshofes erleben kann, welcher in den dreyhundert und eilf Jahren (im Octobermonate dieses Jahres) zurücklegen wird.* Datum post quem ist der 26. August 1806, an dem die einstweilige Stilllegung des RKG beschlossen wurde. 1814 gibt Kamptz den August 1806 als Zeitpunkt an, an dem er den Aufsatz verfasst hatte. Vgl. den Neuabdruck der ‚Reminiscenzen', in: Kamptz, Beiträge zum Staats- und Völkerrecht, S. 165 Anm.

[244] Kamptz, Reminiscenzen, S. 468.

Wenn Kamptz das RKG, das er im Einklang mit Pütters ‚Patriotischer Abbildung' als *kostbarstes Kleinod* der Reichsverfassung bezeichnete, als besonders geeignetes Objekt der Rückerinnerung empfand, so wird hier ein weiteres Stück im Ensemble der Verlusterfahrung deutlich: *Deutsche Redlichkeit, unerschütterliche Parteilosigkeit, gerade durchgehende Gerechtigkeitspflege, gleiches Richtergefühl für die Rechte des Palastes und die niedrigste Hütte, pünktliche Beobachtung und Handhabung der Gesetze, Unabhängigkeit* und *Reife und Gründlichkeit der theoretischen Grundsätze und Mannigfaltigkeit der Erfahrung* seien seit der Gründung des RKG im Wesentlichen gleiche Grundsätze geblieben. Dem hätten auch die Verfehlungen einzelner nichts anhaben können.[245] Einen großen Teil dessen, was in der Forschung zur Reichsgerichtsbarkeit unter dem Begriff der Verrechtlichung sozialer Konflikte zusammengefasst und in Hinblick auf die Frieden und Recht wahrende Funktion des Reichsverbandes betont wird, empfand der auf Pütter rekurrierende Kamptz als Leistung des Kammergerichts. Darüber hinaus stellte er seine Bedeutung für die Rechtswissenschaft, die Justizverfassung in den Territorien, seine Rolle für die Sicherung des Friedens, der Rechte und der Freiheiten der deutschen Fürsten wie der mittelbaren Untertanen und schließlich auch die Rolle des RKG als *Pflanzschule ausgezeichneter Minister* heraus.[246]

Die hohe Wertschätzung, die Kamptz dem Kammergericht zumaß, lässt es verständlich erscheinen, wenn er für die künftige Verfassung forderte, dass sie entweder *so gesichert vollkommen* begründet werden müsse, dass Deutschland *keines solchen Gerichtshofes* mehr bedürfe, oder ein *vollständiges Surrogat eines solchen Gerichtes* aufgestellt werden müsse.[247] Kamptz hatte damit die erste publizistische Forderung nach einem künftigen Ersatz für das RKG formuliert. Seine ‚Reminiszenzen' markieren deshalb auch den Beginn der sich in der Rheinbundpublizistik entspinnenden Debatte um einen künftigen deutschen Gerichtshof.[248] Der vormalige RKG-Beisitzer Stein zu Lausnitz sprang ihm in dieser Debatte bei, und die Hoffnung auf einen rheinbündischen Ersatz des verlorenen Reichsgerichts bildete für andere Assessoren eine Möglichkeit, die Verlusterfahrung eine Zeit lang zu kompensieren.

---

[245] Kamptz, Reminiscenzen, S. 470.

[246] Kamptz, Reminiscenzen, S. 470; Vahlkampf, Biographische und literarische Notizen, S. 487.

[247] Kamptz, Reminiscenzen, Zitat: S. 486.

[248] Zu dieser Diskussion: Schuck, Rheinbundpatriotismus, S. 256-264; Müller-Kinet, Die höchste Gerichtsbarkeit, S. 9-43.

VI. Interpretamente der Gegenwart

1. Die Unfassbarkeit des Zustandes

Die hohe Wichtigkeit der Auflösung der bisherigen Reichsverfassung, der tiefe Eindruck, den sie auf uns Deutsche machte, verkündigt sich schon durch das tiefe Stillschweigen der deutschen Schriftsteller. Die Erscheinung einer minder wichtigen, doch was kann mit ihr verglichen werden?, einer an sich unerheblichen Begebenheit, wollte ich sagen, war sonst das Signal zu Dutzenden von historischen und staatsrechtlichen Bearbeitungen; eine Schrift drängte die andere; die geringste Veränderung im Kameralprocesse, eine kleine Veränderung im kurfürstlichen Collegium, ein unbedeutender Vorfall in der Verfassung einer kammergerichtlichen Präsentation, ein Ceremonielstreit am Reichstage, eine Begebenheit des Reichshofrats, ja ein dunkler Buchstabe im Besatze des Kaisermantels, – all dieses ergriff und beschäftigte die deutschen Publicisten; jetzt ist Deutschlands Reichsverfassung aufgehoben, es giebt kein Kammergericht, kein Kurfürstencollegium, kein Reichstag, kein Reichshofrat, kein deutscher Kaisermantel mehr, und Deutschlands Publicisten haben diese merkwürdige Erscheinung noch nicht zum Gegenstand ihrer Feder gemacht![249]

Joseph Anton von Vahlkampf, der dies im Vorwort seines im Herbst 1806 publizierten Sammelbandes ‚Politische und historische Ansichten bey Veränderung der bisherigen teutschen Verfassung‘ schrieb, lag im Wesentlichen richtig. Tatsächlich wurden die Erklärungen der Rheinbundstaaten und des Kaisers zwar durch Zeitungen übermittelt, die Ereignisse selbst jedoch wurden zu Anfang nur spärlich kommentiert. Ein Großteil der deutschen Publizistik hielt für kurze Zeit den Atem an und begann sich erst im Herbst 1806 mit dem tiefgreifenden Wandel auseinander zu setzen.[250]

Dies hatte verschiedene Gründe. Zum einen lag es sicherlich an der verzögerten Kommunikation der kaiserlichen Erklärungen, zum anderen befanden sich die Reichsinstitutionen, an denen viele der Publizisten arbeiteten, in den Sommerferien.[251] Vahlkampf jedoch gab noch einen weit gewichtigeren Grund für die Diskrepanz zwischen der einstigen Thematisierung jeder kleinen Veränderung der Reichsverfassung und der Atempause der Schriftsteller im Sommer 1806 an:

Dieser Widerspruch mit dem bisherigen Vorgange erklärt sich nur psychologisch: das Factum ist so neu, so unerwartet, so hochwichtig, so durchgreifend

[249] Vahlkampf, Politische und historische Ansichten, Vorwort, S. 3-4.

[250] Hier ist vor allem die im Herbst 1806 erstmals erschienene Zeitschrift ‚Der Rheinische Bund‘ zu nennen, die Peter A. Winkopp herausgab.

[251] So neben dem RKG auch der Reichstag, wo nur noch wenige Gesandte anwesend waren. Vgl. dazu künftig: Burgdorf, Ein Weltbild verliert seine Welt.

– so alles was war, was seit ein Jahrtausend war, erschütternd, daß der Geist das Ganze noch nicht fassen kann. Der Geist kann die Frage: wie ist es jetzt? noch weniger fassen, als die Frage: wie wird es künftig seyn? was wird jetzt unsere Verfassung seyn? Puncte, woran er sich jetzt hängen kann, Momente, aus welchen er die Beantwortung dieser Fragen ableitet, suchend, ruht er sich nur an Punkte der Ansicht: wie war es bey Deinen Vorältern? Wie war es bey Dir? Ansichten und unvollständige Vergleichung der reminiscierten Gegenstände mit ihren künftigen Surrogaten, – dies ist das, was er jetzt vermag.[252]

2. Eine psychologische Deutung der Zäsur

Kein Publizist hat in dieser Art die psychologischen Wirkungen der Zäsur von 1806 thematisiert. Die Ungeheuerlichkeit der Ereignisse, die plötzliche Entwertung historisch gewachsener Tradition und die Neuheit der Verhältnisse waren nach Vahlkampfs Auffassung Ursache für die Entstehung eines Zustandes geistiger Verunsicherung, in dem die Gegenwart noch weniger fassbar schien als die Zukunft. Was früher verbindlich war, konnte in dieser Situation keine unhinterfragbare Gültigkeit mehr beanspruchen. Lediglich mittels Ansichten über die Vergangenheit und unvollständiger Projektionen in die Zukunft, schien es dem Protonotar möglich, dieser Situation zu entkommen. Allein Betrachtungen, Meinungen und Eindrücke schienen Halt in dieser unsicheren Situation zu bieten – und veranlassten die Publizisten zu schweigen.

Worauf baute diese zweifellos modern anmutende sozialpsychologische Deutung aus dem Jahr 1806 auf? Hier ist zunächst auf den spezifischen Erfahrungshintergrund des Protonotars zu verweisen. Sicherlich war das Erlebnis der direkten Konfrontation mit dem Wandel und das existenzbedrohende Ausmaß, das er für die Kameralen annahm, der geistigen Präsenz Vahlkampfs förderlich, die für die Ausformulierung einer solchen Einsicht notwendig ist. Einen maßgeblichen Anteil an der Entwicklung dieser Position hatte andererseits die genaue Kenntnis einer Reihe von nicht öffentlichen Versuchen der Auseinandersetzung mit der entstandenen Situation im Umfeld des RKG-Personals. Als Protokollant der Sitzungen des Kameralkollegiums und als Angehöriger des Kanzleipersonals kannte Vahlkampf die Situation genau.

Entscheidend jedoch waren zwei Komponenten, die etwas ausführlicher erläutert werden müssen. Zum einen arbeitete Vahlkampf eng zusammen mit Karl von Kamptz, der drei Beiträge für jenen Sammelband beisteuerte, für den Vahlkampf das hier zu analysierende Vorwort schrieb.[253] Zum anderen verweist Vahlkampfs Deutung auf eine Mitte des 18. Jahrhunderts ausformulierte psychologische Lehre zurück, die sich in der Schule der ‚Erfahrungsseelenkunde' manifestierte und um

[252] Vahlkampf, Politische und historische Ansichten, Vorwort.
[253] Kamptz, Reminiscenzen; ders., Chronologische Übersicht; Kamptz, Auch ein Scherflein.

1800 große Popularität erlangte.[254] Während die Aufsätze Kamptz' eine direkte Anregung für Vahlkampfs Interpretation der Zustände bildeten, stimmte seine psychologische Deutung mit der zeitgenössischen Erfahrungsseelenkunde überein.[255] Genau wurde im Rahmen dieser Lehre zwischen einer rationalen Psychologie, welche die Eigenschaften der Seele untersucht, und der empirischen Psychologie unterschieden, innerhalb derer die Seele als Gegenstand der Erfahrung betrachtet wurde.[256] Für Vahlkampfs psychologische Deutung entscheidend ist die in der Erfahrungsseelenkunde vorgenommene Unterscheidung zweier verschiedener *contemplativer Gefühle* nach dem Ort ihrer Hervorbringung: Es gab solche, die dem *oberen Vorstellungsvermögen*, dem Verstand entsprangen, während andere in der *Einbildungskraft* entstanden.[257] In Vahlkampfs Interpretation schien der Verstand durch das unfassbare Ereignis der Auflösung des Reichs erschüttert. Was tausend Jahre währte, ist nicht mehr, der Geist kann das Ganze noch nicht fassen. Eben weil der Verstand erschüttert war, ging die Verarbeitung der Ereignisse auf eine andere Instanz über, die *Einbildungskraft.* Diese bringt nicht mehr klare Gedanken, sondern nur noch unvollständige Ansichten hervor. Dies ist die psychologische Wirkung der Zäsur. Nach der zeitgenössischen Erfahrungsseelenkunde war die *Einbildungskraft* auch der Ort, der die Träume hervorbringt. Damit sind die Ansichten eher im Reich des Traumes als im Reich der Vernunft anzusiedeln: Das Ende des Reichs wird zu einer irrationalen Situation, die in einem tranceartigen Zustand erlebt wird.

3. Selektive Rückschau und offene Zukunft

Dass Vahlkampf mit seiner Zustandsbeschreibung der Gegenwart unmittelbar an die ‚Reminiscenzen' Karls von Kamptz anknüpfte, ist unübersehbar. Nicht nur hat er den Begriff der *Vorältern* von ihm übernommen, seine Deutung war auch eine Beschreibung des Seelenzustandes des kurbrandenburgischen Präsentatus. Dieser nämlich sah sich außer Stande, *Grund*, *Geschichte* und *Folgen* der gegenwärtigen *Erscheinungen* zu thematisieren. Doch nicht nur deshalb erklärte Kamptz die Darstellung der gegenwärtigen Geschichte zur Aufgabe einer *geschickteren Feder*, vielmehr schien ihm die unfassbare Gegenwart mit einer Geschichtsauffassung wie sie in Göttingen August Ludwig Schlözer vertreten hatte, nicht mehr in Einklang gebracht werden zu können. Während Schlözer eine Systematisierung der Einzelerkenntnisse in einem System forderte, konnte Kamptz 1806 nur noch Rahmenbedingungen formulieren, musste aber der Nachwelt eine adäquate The-

---

254 Kiesewetter, Erfahrungsseelenkunde.

255 Zur Erfahrungsseelenkunde: Bezold, Polpularphilosophie und Erfahrungsseelenkunde, insb. S. 167-180; Schings, Melancholie und Aufklärung.

256 Kiesewetter, Erfahrungsseelenkunde, S. 8.

257 Kiesewetter, Erfahrungsseelenkunde, S. 222ff. (*Von den contemplativen Gefühlen, welche durch die Einbildungskraft gegeben werden*) und S. 226ff. (*Von den Contemplativen Gefühlen, welche aus dem oberen Vorstellungsvermögen, dem Verstand entspringen*).

matisierung der Geschehnisse überlassen. Diese dürfe weder *dem Alten unabbittlich* ankleben, noch *dem Neuen sich leichtsinnig* anhängen. Erst ein Vergleich *jenes mit diesem nach Theorie und Erfahrung* und eine Würdigung von Letzterem *nicht ohne Rücksicht auf ersteres* ermögliche ein *ganz treffendes* und *erschöpfendes* Urteil.[258]

Ihm selbst blieb demgegenüber nur der Vorgang des Innehaltens und Rückerinnerns. Kamptz verband damit die Vorstellung einer kritischen Auseinandersetzung mit der Vergangenheit, die Einfluss auf die künftige Entwicklung und damit auch auf die künftige Bewertung der eigenen Zeit durch die Nachwelt nehmen sollte. Auch hier wird der Einfluss eines Geschichtskonzeptes deutlich, wie es Schlözer postulierte. Den *allgemeinen Blick, der das Ganzes umfasset,* mit dem Willen suchend, zu einem systematischen *Aggregat* der Einzelheiten zu kommen, bemerkte Kamptz, dass die obwaltenden Umstände eine Einordnung des Geschehens in ein System nicht zuließen.[259] Der mittels der Geschichte aufzuspürende Erfahrungshorizont war mit den erlebten Veränderungen nicht mehr in Einklang zu bringen. Erst in der Zukunft könne man sich einen Überblick über die Ereignisse schaffen.

Ganz ähnlich argumentierte Vahlkampf, wenn er forderte, die aus der selektiven Rückschau in die eigene und in die Vergangenheit der Vorfahren gewonnenen *Ansichten* und ihre Projektion auf die Zukunft mit einer Strategie der Bewältigung zu vereinen. Die gewonnenen *Ansichten*, die den Status des nicht mehr Verbindlichen hatten, sollten einerseits dazu dienen, den *Leitern der Reorganisation* Deutschlands – den Fürsten und ihren leitenden Funktionären – die Vorzüge der vorherigen Verfassung vorzustellen.[260] Dabei sah Vahlkampf ähnlich wie Kamptz klar, dass die alte Verfassung nicht nur Vorzüge, sondern auch Nachteile gehabt hatte. Gerade deshalb jedoch konzipierten beide die Betrachtung der Vergangenheit als selektive Rückschau. Der Reminiszenz war gleichsam ein Filter eingebaut, der es ermöglichte, veraltetes und unvollständiges von dem abzusondern, was künftig brauchbar erschien. Vahlkampf wie Kamptz hegten darüber hinaus die Hoffnung, die künftige Verfassung Deutschlands werde eine verbesserte Alternative zur Reichsverfassung darstellen – eine Hoffnung, die sich weder für Vahlkampf noch für Kamptz erfüllte, wie ein Blick auf Äußerungen nach der Auflösung des Rheinbundes zeigt.

Der frühere Protonotar beschrieb 1815 die Phase nach 1806 als Zeit, *wo der französische Dreck /Code/ Deutschlands herrliche Literatur* [...] *überschüttete.* Er formulierte dies im Zusammenhang mit einer Bestandsaufnahme der in der Wetz-

---

[258] Kamptz, Reminiscenzen, S. 467f.

[259] Schlözer, Vorstellung der Universal-Historie, Zitate Tl. X, S. 234 und S. 249f. Schlözer knüpfte in seiner Universalhistorie an ein Wissenschaftskonzept an, das Karl Philipp Moritz, der Herausgeber des Magazins für Erfahrungsseelenkunde in seinem Roman ‚Anton Reiser' vertrat. Hierauf weist hin: Bezold, Popularphilosophie und Erfahrungsseelenkunde, S. 178f.

[260] Vahlkampf, Politische und historische Ansichten, Vorwort, S. 5.

larer Rechtsschule vorhandenen Reichspublizistik und betonte, dass er sich verpflichtet fühle, *Teutschlands Litteratur, zum Behuf der unsterblichen Geschichte, retten zu müssen*. Überdies hatte Vahlkampf aus eigenem Antrieb und ohne Auftrag des Großherzogs von Frankfurt bereits im Jahre 1812 damit begonnen, einen 24-bändigen Katalog über reichsstaatsrechtliche Abhandlungen anzulegen, ein Bestand, der zum Teil aus dem Ankauf von Disputationen aus Privatsammlungen stammte, die Makulatur geworden waren.[261] Hier wird nicht nur die Rolle des Sammelns, Bewahrens und Ordnens als Kompensationsstrategie für den 1806 erlittenen Verlust deutlich, sondern es zeigt sich zugleich eine Auffassung, die das Wissen um die eigene politische Tradition für notwendig hält, um die Zukunft zu gestalten.

Wenn Vahlkampf dies noch 1815 betonte, so knüpfte er an Vorstellungen an, die er 1806 im Zusammenhang mit seiner Reflexion über die Wirkung der ‚Ansichten' über die Vergangenheit entwickelte. Denn sie sollten *Ruhepuncte* bilden, für den, der den Gang der neuen Verfassung studieren wollte. Im Wege der Beschäftigung mit der eigenen Verfassungstradition sollte Distanz zu den Ereignissen geschaffen werden, sollte ein besseres Urteil über die neue Situation möglich werden: Das Wissen um die Verdienste der alten Verfassung könne demjenigen, der mit *pragmatischem Geiste* die neue Verfassung erklären wolle, dabei helfen Irrtümer zu berichtigen.[262]

Kamptz veröffentlichte 1814 in einer umgearbeiteten Fassung noch einmal seine ‚Reminiscenzen'. Hier kommentierte er nun einerseits, dass das RKG noch nicht aufgelöst gewesen sei, als er diese Gedanken niederschrieb und distanzierte sich damit von seiner ursprünglichen Haltung. Andererseits betonte er, dass die Idee eines *deutschen Vaterlandes* ein neues Interesse gefunden habe, nachdem der Rheinbund aus den Angeln gehoben worden sei. Wenn er darüber hinaus die Neupublikation mit der *Nützlichkeit eines höchsten Nationalgerichtshofes* rechtfertigte, so kann dies als Beleg dafür gelten, dass auch Kamptz nach der Auflösung des Rheinbundes wieder an die Vorstellungen anknüpfte, die er im Zuge der Auflösung des Reichs formuliert hatte.[263]

Ähnlich wie es Kamptz 1814 darum ging, mit seiner Publikation auf die Gestaltung der politischen Zukunft Deutschlands einzuwirken, dienten schon die Veröffentlichungen von 1806 dazu, das Schweigen der Schriftsteller zu überwinden. Mehr noch war sogar geplant, dem Sammelband vom Herbst 1806 weitere ‚Ansichten' folgen zu lassen. Wie der letzte Band der ‚Reichskammergerichtlichen Miscellen' gehört dieser Sammelband zu den ersten Stellungnahmen der mit ähnlichem Programm und zur gleichen Zeit einsetzenden Rheinbund-

[261] HHStA-Wiesbaden, Abt. 372, 208, Vahlkampf an N. N., Wetzlar, den 15. Dez. 1815. Zu seiner Tätigkeit an der Wetzlarer Rechtsschule vgl. Scheurmann, Die Wetzlarer Rechtsschule, S. 381-391

[262] Vahlkampf, Politische und historische Ansichten, Vorwort, S. 5.

[263] Kamptz: Reminiscenzen bey der Auflösung des kaiserlichen und Reichskammergerichts, in: ders., Beiträge zum Staats- und Völkerrecht, S. 165-180, hier: S. 165 Anm.

publizistik. Er steht damit am Beginn jener Flut von Veröffentlichungen, die das Schweigen der Schriftsteller angesichts der Auflösung des Reichs überwunden haben.[264]

Vor diesem Hintergrund kann einerseits nicht von einer bruchlosen Fortsetzung der Reichspublizistik durch die Rheinbundpublizistik gesprochen werden. Zwar gab es personelle Kontinuitäten, auch konnte Wesentliches aus dem Alten Reich in den Rheinbund überführt werden. Gleichwohl zeigen die Beispiele Kamptz und Vahlkampf, dass die Kenntnisnahme des Bruches von 1806 nötig war, um über eine selektive Rückschau in die Vergangenheit die Zukunft zu beeinflussen. Damit haben wir einen Typus der Auseinandersetzung mit dem Ende des Reichs vorliegen, in der die Zäsur von 1806 durch ein Denken bewältigt wurde, das nicht einfach den Bruch durch ein Kontinuitätsdenken bewältigte.[265] Denn die rückversichernde Denkbewegung, die Kamptz wie Vahlkampf vollzogen, beinhaltete ein Werturteil über das Vergangene. In die Rückschau waren Selektionskriterien eingebaut, die bei der Aussonderung dessen helfen sollten, was auch künftig Geltungsanspruch behaupten sollte. Die Folie, vor der Kamptz und Vahlkampf ihre Überlegungen entfalteten, war die Annahme einer Kontinuität des deutschen Vaterlandes. Kamptz war davon überzeugt, dass Deutschland *auch nach der Trennung seiner Staatenmassen unser aller gemeinsames Vaterland bleibt und ewig bleiben* werde.[266] Vahlkampf wandte sich mit seiner Veröffentlichung an den *Deutschen*, der die Vorzüge seiner alten gegenüber denen seiner neuen Verfassung mittels der ‚Ansichten' abwägen sollte. Trotz der Klage über die Entwertung der bisherigen Verfassung wird bei beiden die Hoffnung sichtbar, dass die künftige Entwicklung zu einer Verbesserung der Zustände führen werde.

In der Zukunftsorientiertheit wird eine über die engere Gruppe der Angehörigen des Kameralkollegiums hinausgehende Bedeutung des hier zum Ausdruck kommenden Typs der Bewältigung des dramatischen Wandels des Sommers 1806 sichtbar. Nicht nur orientierte sich eine Gruppe „konservativer" Rheinbundpublizisten an der Tradition, suchte Erfahrungen und Errungenschaften aus dem Reich in die „neue Ordnung der Dinge" einzubringen und so den Bruch von 1806 zu bewältigen.[267] Auch in der Literatur und der Malerei der Romantik lässt sich nach 1806 eine verstärkte Auseinandersetzung mit der deutschen Vergangenheit,

---

264 Auch Peter A. Winkopp ging davon aus, dass das Reich aufgelöst sei und auch er wollte das Schweigen der Zeitgenossen überwinden, wenn er formulierte, das Ziel seiner Zeitschrift sei es, den Mitgliedern des Rheinischen Bundes und den übrigen Deutschen Reichsständen Nachricht darüber zu geben, *was aus der alten deutschen Eidgenossenschaft geworden ist.* Der Rheinische Bund, 1. Bd. 1806, S. 44.

265 In dieser Hinsicht scheint mir die These Gerhard Schucks, der Kamptz in die Reihe derjenigen Rheinbundpublizisten einreiht, die mittels eines Kontinuitätsdenken die Diskontinuitäten bewältigten, modifiziert werden zu müssen. Vgl.: Schuck, Rheinbundpatriotismus, S. 256-264, 279.

266 Kamptz, Reminiscenzen, S. 486

267 Schuck, Rheinbundpatriotismus, insb. S. 256-278.

eine Unsicherheit im Umgang mit dem Wandel und die Vision einer Zukunft feststellen, in der die deutsche Vergangenheit eine maßgebliche Rolle spielte. Caspar David Friedrich hat mit seinen gotischen Ruinen, den Domen in nebligen Wäldern, den Wanderern und Schiffen im Nebel und den Visionen von Städten der Vergangenheit am Horizont des Meeres künftiger Geschichte eindrucksvolle Bilder hierfür geschaffen.[268]

VII. Ist das Reich aufgelöst? – Staatsrechtliche Einordnung der Gründung des Rheinbundes und der Abdankung des Kaisers

Die Annahme, das Reich und mit ihm das RKG sei aufgelöst, die bei Vahlkampf und Kamptz den Ausgangspunkt der Auseinandersetzung mit dem Wandel bildete, wurde gegen Ende des Sommers 1806 nicht von allen Richtern des RKG geteilt. Vielmehr bestanden Probleme, mit den Veränderungen der deutschen Verfassung umzugehen und sie auf ihre staatsrechtliche Bedeutung hin einzuordnen. Dies hing zum einen damit zusammen, dass es die Note des österreichischen Außenministers Graf von Stadion dem Kammergericht überließ, *die den Umständen angemessene Verfügung zu treffen.*[269] Damit hatte man gleichsam freie Hand in der Interpretation der Ereignisse, auch wenn ein politischer Druck bestand, dem auch die Richter des RKG ausgesetzt waren. Zum anderen hatten zwar die Rheinbundstaaten und der Kaiser, jedoch nicht alle Stände ihren Austritt aus dem Reich erklärt. Damit verblieben die Staaten des nördlichen Deutschlands zunächst im vormaligen Reichsverband. Sie hatten in dem hier fraglichen Zeitraum noch keine Stellung zu den Geschehnissen in Paris, Regensburg und Wien bezogen. Vor diesem Hintergrund verhandelten die Angehörigen des Kameralkollegiums Ende August und im September in der Plenarversammlung darüber, welche Maßnahmen zu ergreifen seien.[270]

Sind die *gerichtlichen Funktionen* des RKG für *ganz beendiget anzusehen*? Bin ich noch *Assessor* des Reichskammergerichts? So lauteten die Formulierungen, die die Unsicherheit in der Beurteilung der Situation widerspiegeln.[271]

[268] Die ausgezeichnete Retrospektive zu Friedrich im Wiener Kunsthistorischen Museum 1998 ist dokumentiert bei Kellein, Caspar David Friedrich. Zu seinem Werk: Börsch-Supan, Gemälde, Druckgrafik und bildmäßige Zeichnungen (Werkverzeichnis); ferner: ders., Caspar David Friedrich; Hinz/Kunst, Bürgerliche Revolution und Romantik; Schneider, Natur und Religiosität. Eine konzise Auseinandersetzung der Forschung mit der Rolle des Endes des Alten Reiches in Friedrichs Werk stellt ein Desiderat dar.

[269] Die Note in: Vahlkampf, Politische und historische Ansichten, S. 16.

[270] BAF, FN 11 Akten 6a, Nr. 22 und Nr. 26 Akten 6b, Sitzungsprotokolle vom 26.August und 16. September 1806.

[271] BAF, FN 11 Akten 6a, Referat von der Becke/Hohnhorst; ebd., Votum Leutsch.

Tatsächlich konnte auf konkrete Erfahrungen im Umgang mit einer derart fundamentalen Zäsur nicht zurückgegriffen werden. Zwar waren die Ereignisse vor 1806 von den Angehörigen der letzten Richtergeneration des RKG durchaus als Zeichen der Aushöhlung der Reichsverfassung wahrgenommen worden. Gleichwohl konnten die Veränderungen immer im Rahmen einer Interpretation aufgefangen werden, die bei aller Bedrohung dennoch von der Existenz des Reichs ausgehen konnte. Auf dieser Basis war es den Angehörigen des Kameralkollegiums noch im Frühjahr 1806 möglich gewesen, die Mediatisierung der fränkischen Ritterschaft als Verletzung der Reichsverfassung zu deuten und die Fortexistenz des Reichsverbandes zu behaupten.

Dies änderte sich nach dem Austritt der Rheinbundstaaten aus dem Reich und der Abdankung des Kaisers. Deshalb können diese Vorgänge nicht allein durch den Hinweis auf die offensichtlichen Verstöße gegen das geltende Reichsrecht interpretiert werden, wenn es um eine Analyse der Reaktionen der Richter hierauf geht.[272] Charakteristisch ist vielmehr, dass im Sommer 1806 der gesamte Interpretationszusammenhang, den die Zeitgenossen zur Deutung des Reichs heranzogen, auf den Prüfstand gestellt wurde. Die staatsrechtliche Einordnung des Reichs nach dem System des naturrechtlichen Reichsstaatsrechtes Pütter'scher Prägung bzw. dem jüngeren Naturrecht musste dem Druck der Ereignisse standhalten und so verändert werden, dass die neu entstandene Situation erklärt werden konnte.

Die Denkkonzepte, auf die die Kameralen hierbei zurückgreifen konnten, wurden allgemein bereits geschildert. Nun steht die Frage nach der Rolle des politischen Denkens für die Interpretation der Auflösung des Reichs im Vordergrund. Dazu werden zunächst konkrete Stellungnahmen der Angehörigen des Kameralkollegiums zu den Vorgängen untersucht. Dies geschieht vor allem anhand von zwei Gutachten, die einerseits von den Referenten von der Becke und Hohnhorst, die während Reigersbergs Abwesenheit in Wien ernannt worden waren, und andererseits von dem kursächsischen Assessor Leutsch ausgearbeitet wurden. Sodann geht es um die Zuordnung der in diesen Gutachten zum Ausdruck kommenden Ideen zu Feldern politischer Theorie und schließlich steht die Frage im Vordergrund, welche Verfügungen das Kameralkollegium in Hinsicht auf die künftige Existenz des Gerichts getroffen hat.

1. Gutachten im Spätsommer 1806

Man schrieb den 26. August 1806. Der Kammerrichter Heinrich Aloys von Reigersberg war aus Wien zurückgekehrt und berief an diesem ersten Tag nach dem Ende der Gerichtsferien, an dem unter normalen Umständen der Gerichtsbetrieb wieder aufgenommen hätte werden sollen, die Plenarversammlung ein: Die Richter hörten den Vortrag der Assessoren Franz Arnold von der Beckes und Karl

[272] Kleinheyer, Die Abdankung des Kaisers; G. Walter, Der Zusammenbruch; Neuhaus, Das Ende des alten Reiches.

Levin von Hohnhorsts, die während Reigersbergs Abwesenheit zu Referenten ernannt worden waren und nun die Folgen der Erklärungen der konföderierten Staaten und des Kaisers für das Kammergericht zu bestimmen suchten.

1.1 Das Referat von der Beckes und Hohnhorsts

Von der Becke und Hohnhorst waren entschlossen, einen entscheidenden Schritt zu tun und die Ferien des Gerichts nicht weiter zu verlängern.[273] Dies hielten sie einerseits deshalb für nötig, weil das Gericht infolge der Erklärungen des Kaisers nicht mehr wie bisher in seinem Namen Recht sprechen könne. Anderseits müsse man nun reagieren, weil *im nördlichen Deutschlande mehrere beträchtliche Länder* seien, *die bislang keine andere obere Gerichtsstelle* außer dem RKG hätten[274] und weder von dem *Handbillet* des Kaisers vom 7. August 1806 noch von der Note des Grafen von Stadion unterrichtet seien. Hinzu kam, dass eine Erklärung darüber abgegeben werden musste, ob das RKG aufgehört habe zu existieren, damit die *Entschädigung* des RKG-Personals auf dem Rheinischen Bundestag in Frankfurt geregelt werden konnte, dessen baldige Eröffnung man erwartete.[275]

Die Referenten von der Becke und Hohnhorst entschieden sich dafür, das RKG *in Hinsicht auf seine gerichtlichen Funktionen der Form nach für aufgelöst, wenigstens für ganz suspendiert zu halten.* Sie führten dafür sechs Gründe an: Erstens habe der Kaiser nicht nur die *deutsche Krone* niedergelegt, *sondern zugleich Amt und Würde eines Kaisers für erloschen erklärt, sich der oberhauptlichen Pflichten und Rechte* entledigt. Zugleich habe er *das Band*, womit er und seine deutschen Provinzen an *den Staatskörper des deutschen Reichs gebunden waren*, für aufgelöst angesehen. Mehr noch habe Franz II. *alle Kurfürsten, Fürsten und Stände, namentlich die höchsten Reichsgerichte von den Pflichten*, womit sie ihm *durch die vormalige deutsche Constitution* verbunden waren, für erloschen erklärt. Zweitens sei die Erklärung auf *hinreichende Art dem ganzen deutschen Reiche* bekannt gemacht und drittens im *Handbillett* dem Kammerrichter mit der Auflage *notifiziert* worden, das Kameralkollegium zu informieren. Da dabei viertens keine Vertraulichkeit vorgeschrieben war, hielten die beiden Referenten das *legale Wissen* über die Geschehnisse für hinreichend. Als fünften Punkt führten sie an, dass sich auch die im Rheinbund konföderierten Staaten vom Reich getrennt und die Reichsgesetze für aufgehoben erklärt hätten. Schließlich sei weder ein Reichserzkanzler noch ein Reichstag mehr anzutreffen, weshalb *das deutsche Reich, die Reichsverfassung, Reichsgesetze und Reichs Gerichte zu existieren aufgehört* hätten.[276]

---

273 BAF, FN 11 Akten 6a, Nr. 22, Referat Hohnhorst/von der Becke.

274 Dies betraf vor allem Mecklenburg. Hierzu der treffliche Aufsatz von Stein-Stegemann: Das Schicksal der unerledigten Mecklenburger Reichskammergerichtsprozesse, in: Diestelkamp, Das Reichskammergericht am Ende des Alten Reiches, S. 217-249.

275 BAF, FN 11 Akten 6a, Nr. 22.

276 BAF, FN 11 Akten 6a, Nr. 22.

1.2 Das Votum Leutschs

Diese Auffassung fand am 26. August 1806 die Mehrheit im Kameralkollegium. Gleichwohl wurde ihr widersprochen. Als der kursächsische RKG-Beisitzer Leutsch nach längerer Abwesenheit nach Wetzlar zurückgekehrt war, stellte er sich am 16. September 1806 die gleiche Frage wie Becke und Hohnhorst.[277] Er war über ihr Referat informiert, da er sich die Akten der Sitzung vom 26. August hatte kommen lassen. Leutsch entwickelte seine Argumentation entlang des Referats von der Beckes und Hohnhorsts und suchte ihre Auffassung und den darauf basierenden Entschluss der Angehörigen des Kameralkollegiums Punkt für Punkt zu widerlegen.

Zwar sei es wahr, betonte Leutsch, dass *kaiserliche Majestät* nicht nur die *teutsche Krone* niedergelegt, sondern zugleich das Amt und die Würde eines Kaisers für erloschen erklärte habe. Auch habe er das Band, das ihn *bis jetzt an den Staatskörper des teutschen Reichs gebunden habe, als gelöst* angesehen. Darüber hinaus halte der Kaiser das *Reichsoberhauptliche Amt* und die damit verbundene Würde durch die Vereinigung der konföderierten Staaten für erloschen und sich aller Pflichten dem Reich gegenüber für enthoben. Dennoch hielt Leutsch die Reichsverfassung nicht für aufgelöst.

Nach der Auffassung des kursächsischen Assessors hatten die kaiserlichen Erklärungen keine andere Wirkung als die *Erledigung des kaiserlichen Thrones* bis zu seiner Wiederbesetzung.[278] Er argumentierte mit dem Reichsrecht, nachdem entweder der römische König die Regierung übernehmen müsse oder, wenn keiner gewählt sei, der Reichsverweser auf den Plan trete. Das Reich sei schließlich ein Wahlreich. Überdies gebe es mit der Abdankung Kaiser Karls V. einen Präzedenzfall.[279] Insgesamt hielt es Leutsch zwar für eine *starke Sprache*, wenn der abtretende Kaiser die Würde und das Amt des Reichsoberhauptes für erloschen erkläre. Im *staatsrechtlichen Sinne* jedoch sei dies nichts anderes als die Sprache *eines sterbenden Kaisers*, da die Ursachen für die Niederlegung der Kaiserkrone *nur aus seiner individuellen Ansicht und Lage* entsprungen seien. Dies allein bilde jedoch noch keinen Beweis dafür, *daß ein anderer Kaiser unter gleichen Umständen eben so verzagt* gedacht haben würde. Leutsch erinnerte an die Fürstenbundzeit – daran, dass Joseph II. einer mindestens ebenso *furchtbaren* Bedrohung Österreichs und der Kaiserwürde durch den preußischen König Friedrich II. widerstanden habe. Er rekurrierte damit implizit auf das klassische Argument der

---

277 BAF, FN 11 Akten 6a, Nr. 31, Leutsch: Votum die gegenwärtige Lage des Reichs Kammer Gerichts betreffend. Siehe den Anhang, S. 391.

278 BAF, FN 11 Akten 6a, Nr. 31, Votum Leutsch.

279 Die Abdankung Karls V. als Vorbild für die Abdankung Franz' II. ist auch von der rechtshistorischen Forschung betont worden. Kleinheyer, Die Abdankung des Kaisers.

Idoneität, der persönlichen Eignung des Kandidaten, dem die Kaiserwürde übertragen wurde.[280]

Für seine Argumentation entscheidend war die Vorstellung, dass die Reichsverfassung auf dem gemeinsamen Willen von Kaiser und Reichsständen gründete. Wenn der Kaiser einseitig die Erlöschung des *reichsoberhauptlichen Amtes* erkläre, so müsse erst eine gleiche Erklärung der übrigen Stände abgewartet werden, um die Reichsverfassung als *aufgelöst* und *erloschen* betrachten zu können. Konsequent folgerte Leutsch daraus, dass auch das von Kaiser und Reichsständen gemeinschaftlich konstituierte RKG nicht für aufgelöst zu halten sei. Er unterstrich seine Auffassung, indem er auf den reichsständischen Charakter des Gerichts verwies und an den Eid erinnerte, den die Angehörigen des Kameralkollegiums auf Kaiser und Reich geschworen hatten:[281]

> *Es ist ausgemachten Rechtens, daß der einseitige Wille des Kaisers von diesem höchsten Reichs Gerichte niemals für eine verbindende Richtschnur angesehen worden ist, und daß es einen Befehl des Kaisers, der ohne Zustimmung der Stände ergangen wäre, gewiss für kein Reichs Gesetz angenommen und befolgt haben würde.*

Auch die Wahlkapitulation Franz' II. diente ihm als Beleg für seine These.[282] Hier habe der Kaiser versprochen, einseitig kein *altes Reichsgericht zu verändern, noch das Kammergericht von seiner Schuldigkeit gegen das Reich abzuziehen.*[283]

Anders als von der Becke und Hohnhorst kam Leutsch zu dem Schluss, dass die Reichsverfassung durch die kaiserlichen Erklärungen zwar gebrochen, jedoch nicht aufgelöst sei. Er dachte dabei in den Bahnen der bisher verbindlichen Normen des Reichsrechts und argumentierte historisch. Leutsch ging in seinem Gutachten davon aus, dass der Reichsverband eine Gesellschaft sei, die auf der *mutua obligatio* aller darin begriffenen Glieder beruhe. Das Reich konkretisierte sich für ihn auf dem Reichstag. Es sei nichts anderes als das *gesammte Corpus der Stände* mit Sitz und Stimme auf dem Reichstag.[284] Leutschs Betonung lag also auf der ständischen Komponente der dualistischen Reichsverfassung. Zu seinem Urteil, dass das Reich nicht aufgelöst, sondern ein Interregnum eingetreten sei, kam er vor allem auf der Basis der kaiserlichen Erklärung.

---

280 Dieses Argument taucht bereits im deutschen Thronstreit um 1200 auf. Vgl. dazu die Bulle ‚Ad venerabilem' Innozenz' III. Hierzu: Laufs, Politik und Recht bei Innocenz III.

281 Zur Formel, welche die Angehörigen des Kameralkollegiums bei ihrer Aufschwörung zu sprechen hatten vgl. KGO 1555.

282 Konkret sprach er Art. 16, §§ 3 und 7 an.

283 BAF, FN 11 Akten 6a, Nr. 31, Votum Leutsch.

284 BAF, FN 11 Akten 6a, Nr. 31, Gutachten Leutsch.

2. Unterschiedliche Staatskonzepte

Mit diesen beiden Gutachten standen sich zwei grundsätzlich verschiedene Interpretationen der Folgen der Erklärungen der konföderierten Staaten und des Kaisers für das Reich und das RKG gegenüber. Dass die Referenten zu unterschiedlichen Auffassungen kamen, hing mit verschiedenen politischen Konzepten zusammen, mit denen sie das Reich deuteten. Geradezu paradigmatisch gerann in beiden Positionen die Diskussion über das Reich während des 18. Jahrhunderts. Um dies zu verdeutlichen wird zunächst die Begründung genauer betrachtet, die von der Becke und Hohnhorst auf der einen und Leutsch auf der anderen Seite für ihre Einordnung anführten. Dreh- und Angelpunkt sind dabei die unterschiedlich formulierten Staatsbegriffe, denn der Staatsbegriff war der systematische Ort, an dem sich die unterschiedlichen Auffassungen zu unterschiedlichen Interpretamenten der Gegenwart verdichteten.

2.1 Das Reich als unteilbarer Staatskörper

Aufgrund der Staatsdienertheorie, die Franz Arnold von der Becke 1797 verfasst hatte, kann man annehmen, dass im Wesentlichen er das Staatskonzept formulierte, auf dessen Basis die beiden Referenten am 26. August 1806 das Reich für aufgelöst erklärten. Deshalb sprechen wir von der Interpretation der Auflösung des Reichs durch Franz Arnold von der Becke. Sie lautet folgendermaßen:

> *Der alte deutsche Staatskörper bestand aus und in seinem Ganzen, haben sich die Stände des südlichen Theils davon losgesagt, so sind dadurch auch die Stände im Norden davon getrennt. Wenn das Ganze aufgelöst ist, so hört es auf zu seyn, sowohl für die, welche die Auflösung bewürkt haben, als für diejenigen, welche, obschon sie dazu nicht beygetragen haben, dennoch außer den alten Verband gesetzt worden sind. Diese letzteren können keine Verfassung fortsetzen, die nicht mehr vorhanden ist, und wollen sie unter sich eine der bisherigen ähnliche beybehalten, so muß dieses durch eine besondere Ueber-einkunft geschehen, sie bilden eine ganz neue Verfassung, und stiften ein ganz neues Reich. Daß mithin der gegenwärtige Fall mit dem eines Zwischenreichs nicht die entfernteste Aehnlichkeit habe, ist klar, da letzteres die Fortdauer der Verfassung, und eine Veränderung in der Person des Oberhauptes voraussetzt.*[285]

In dieser Denkfigur ist einerseits vom Reich als *unteilbaren Staatskörper* die Rede. Dies bedeutet, dass das Reich für von der Becke bereits mit dem Austritt der Rheinbundstaaten als aufgelöst gilt, da sich ja Teile vom unteilbaren Staatskörper gelöst haben. Die Abdankung Franz II. und ihre rechtliche Prüfung sind damit für das Gutachten von der Beckes überhaupt nicht mehr relevant. Das

---

[285] BAF, FN 11 Akten 6a, Nr. 22.

zugrunde gelegte Staatskonzept verweist auf eine organologische Staatsauffassung, in der einzelne Organe zusammenwirken und zu einem übergeordneten Ganzen vereinigt sind. Dies war eine Staatsauffassung, die sich im 19. Jahrhundert in der Figur des Staates als ‚juristischer Person' verdichten sollte. Es war auch die Theorie, die Franz Arnold von der Becke bereits 1797 in seiner Abhandlung über die Staatsämter und Staatsdiener vortrug, und in der die Bestimmung der Rechte des Kameralkollegiums als *unteilbares Corpus* von 1803 eine Rolle spielte. Da im Hinblick auf die Frage, ob das Reich und damit auch das RKG aufgelöst sei, entscheidend ist, dass der Unwillen eines Einzelnen am Staat teilzunehmen genügt, um den gesamten Staatskörper aufzulösen, verweist dieses Staatskonzept darüber hinaus auf die „dogmatischen Grundpositionen" des deutschen Staatsrechts, wie sie im Vormärz vertreten wurden.[286]

Von der Becke argumentierte in seinem Gutachten entlang der Vertragstheorie der Naturrechtslehre, wobei sich, wie schon in seinem Staatsdienertraktat von 1797, Elemente der Volkssouveränitätslehre beobachten lassen. Seine Argumentation geht von der Annahme aus, dass eine neue Übereinkunft geschlossen und eine ganz neue Verfassung gebildet werden müsse, weil der unteilbare Staatskörper nach dem Austritt der Rheinbundstaaten aufgelöst sei. Dies gelte auch dann, wenn die bisherigen Glieder des Staates eine der alten ähnliche Verfassung konstituieren würden. Der Bruch mit der alten Verfassung ist nach dieser Vorstellung am 1. August 1806 vollständig vollzogen. Das Recht, eine neue Verfassung zu bilden, fällt den aufgelösten Gliedern wieder zu. Wenn er in diesem Zusammenhang das Wort *beibehalten* verwendet, so verweist dies auf die Kontinuitäten, die in den Rheinbund projiziert wurden, widerspricht der Annahme vom vollzogenen Bruch jedoch nicht.

2.2 Das Reich als ‚persona moralis composita'

Vergleicht man diese Denkfigur mit derjenigen des Assessors Leutsch, so scheinen sich eine ‚moderne' Staatsauffassung und eine ältere Vorstellung des Staates als ‚persona moralis composita' gegenüberzustehen. In der Tat wandte sich Leutsch direkt gegen von der Beckes Deutung:

> *Wenn der teutsche Staatskörper ein physischer Körper oder ein Skelett wäre, das man nach Gefallen auseinandernehmen und wieder zusammensetzen kann, oder wenn die Existenz des teutschen Reichs mit seinem geographischen Umfange unzertrennlich verbunden wäre, so würde ich gegen jenes Argument nichts einzuwenden wissen. Da aber der teutsche Staatskörper eine moralische Person ist, und man diese nicht so zerstückelt, wie einen physischen Körper, so*

---

[286] Ein Überblick zum Gesamtzusammenhang: Stolleis, Geschichte des öffentlichen Rechts, Bd. 2, S. 96-120; zum Staat als juristische Person: Häfelin, Die Rechtspersönlichkeit des Staates; Jellinek, Allgemeine Staatslehre, S. 169f.; Diesselhorst, Zur Theorie der juristischen Person.

> *kann mich dasselbe nicht überzeugen. Ein Staat höret nicht auf zu seyn, wenn 16 Individua emigriren, oder 16 Provinzen desselben verloren gehen. Selbst in dem Falle, wenn die 16 confoederirten Stände Gründe haben sollten, die sie berechtigen könnten, sich mit ihren Reichslehen von dem teutschen Reiche abzusondern, so kann doch diese Absonderung nicht das Reich selbst aufheben, weil der teutsche Staat eine unabhängige Gesellschaft ist, und eine solche nur dann zu seyn aufhören kann, wenn der Wille sämtlicher Interessenten sie aufhebt.*[287]

Für Leutsch war der Staat eine *moralische Person*, die nicht so zerstückelt werden könne wie ein physischer Körper. Er betrachtete den Staat als rückgebunden an den Willen aller und verstand das Staatsoberhaupt, den Kaiser, als Primus inter pares. Seine Vorstellung orientierte sich am älteren Naturrecht und namentlich an der Pufendorf'schen Konzeption des Staates als ‚persona moralis composita'. Pufendorf hatte seine Naturrechtstheorie an Hobbes geschärft, vertrat jedoch eine andere Konzeption des Kontraktualismus, eine weichere Form, die für die deutsche Naturrechtsdiskussion entscheidend wurde.[288] Er hatte einen Restaristotelismus in das Naturrechtsdenken hinübergerettet, identifizierte den Staat mit der Gesellschaft und erklärte seine Entstehung, gänzlich anders als Hobbes, über verschiedene Formen der Vergesellschaftung, die bereits im Naturzustand angesiedelt waren. Von da aus führte die *recta ratio*, die von Gott im Menschen angelegte Vernunft dazu, sich zur sichersten Form der Vergesellschaftung, dem Staat, zu vereinigen. In der Konsequenz des im Vergleich zu Hobbes weicheren Kontraktualismus des älteren deutschen Naturrechts lag es, dass die aus verschiedenen Gliedern zusammengesetzte ‚persona moralis composita' durch den Austritt einzelner nicht aufhörte, sondern in einer anderen, verkleinerten Form weiterexistierte. Der kursächsische Assessor Leutsch orientierte sich hieran und ging also von unterschiedlichen möglichen Zusammensetzungen des als Reich gedachten Staates aus.[289]

Dass eine solche Position damals nicht völlig realitätsfremd und lediglich theoretisch fundiert war, lässt sich einerseits vor dem Hintergrund des politischen Kontextes im Sommer 1806 erklären: Kursachen war damals ebenso wie die Stände des Nordens weder dem Rheinbund beigetreten noch hatte es sich zur Abdankung des Kaisers erklärt. Zum anderen war Leutschs Präsentant, der Kurfürst von Sachsen, Reichsvikar und hätte damit, so war es reichsrechtlich fest-

---

[287] BAF, FN 11 Akten 6a, Gutachten Leutsch, § 9.

[288] Hammerstein, Samuel Pufendorf; zum Naturzustand bei Pufendorf: Denzer, Moralphilosophie und Naturrecht, S. 99ff.; Röd, Geometrischer Geist, S. 81ff.; Kersting, Der Kontraktualismus im deutschen Naturrecht, S. 90-110. Zur Monzambanoschrift aus der Fülle der Darstellungen stellvertretend: Stolleis, Textor und Pufendorf, S. 106-133; Burgdorf, Reichskonstitution und Nation, S. 68-77.

[289] Von dieser Konzeption geht auch Christian Wolff aus, vgl. H. Steiger, Völkerrecht und Naturrecht, S. 46f.

gelegt, im Fall eines Interregnums auf den Plan treten müssen. Möglicherweise hatte Leutsch in Sachsen, wo er sich in den Ferien aufgehalten hatte, Pläne einer Übernahme der Reichsregierung durch Sachsen diskutiert. Darüber hinaus vertrat Leutsch eine stärker ständische Interpretation des Reichs als von der Becke, mit einem starken Akzent auf dem Reichstag, auf dem das Reich repräsentiert war. Der Kaiser spielte für ihn eine untergeordnete Rolle.

Damit führte er Positionen fort, die bereits seit der Gründung des RKG eine Rolle gespielt hatten und in verschiedenen, sich religions- und machtpolitisch überlagernden Variationen während der gesamten Geschichte des Reichs immer wieder zu Tage traten. Vor der Folie der politischen Lage, des Reichsrechts und der Tradition einer reichsständischen Interpretation des Reichs konnte es im Sommer 1806 durchaus noch als möglich erscheinen, dass auch diesmal die noch im Reich verbliebenen Stände auf den Plan treten würden. Hier spielten Erfahrungen eine Rolle, wie sie im Zuge der letzten Visitation des RKG und im Fürstenbund gemacht worden waren. So hatte Pütter etwa die Position vertreten, dass reichsständische Visitationsschlüsse auch ohne Ratifikation des Kaisers verbindlich sein müssten. Die Verfassungskrise der Fürstenbundzeit, die Leutsch explizit ansprach, schien ihm direktes Vorbild für die Situation von 1806 zu sein.[290] Dass diese Spekulationen demgegenüber nicht aufgingen und sich die noch im Reich verbliebenen Stände nicht intensiver gegen die Abdankung des Kaisers und den Austritt der Rheinbundstaaten wandten, ist zweifellos der Präsenz Napoleons geschuldet, der sich immer intensiver nun auch gegen den Norden Deutschlands wandte. Allein Hannover und Schweden protestierten ja gegen die Auflösung des Reichs, ohne dass dies Konsequenzen zeitigte.

Obgleich die beiden Gutachten keine Autoritäten zitierten, zeigen die Formulierungen deutlich, dass sie im Naturrechtsdiskurs zu verorten sind. Als entscheidend erweist sich dabei die Fassung des Staates als moralische Person. Sie ist bei Leutsch auf Pufendorf und das ältere Naturrechtsdenken zurückzuführen und mit der Denkfigur der ‚Persona moralis comoposita' verbunden. Im Unterschied dazu liegt von der Beckes Vorstellung näher an einer Position, die das Konzept einer ‚Persona moralis simplex' vertritt, wie sie Jean Jacques Rousseau entwickelte.

Rousseau definierte in seiner ‚Économie Politique' den Staat folgendermaßen: *Le Corps politique est donc aussi un être moral qui a une volunté; et cette volunté général.* Zwar erscheint hier der Staatskörper, anders als bei von der Becke, gerade nicht als physische Gestalt, vielmehr wird seine geistig sittliche Struktur be-

[290] Pütter, Versuch einer richtigen Bestimmung, S. IV. Zum Gesamtzusammenhang: Burgdorf, Reichskonstitution und Nation, S. 242, 256-351; zum Fürstenbund: Wangermann, Deutscher Patriotismus; Stievermann, Der Fürstenbund von 1785; Duchhardt, Altes Reich und europäische Staatenwelt, S. 89f.; Gagliardo, Reich und Nation; Aretin, Heiliges Römisches Reich, S. 162-240.

tont, die an den allgemeinen Willen zurückgebunden sei.[291] Gleichwohl denkt Rousseau die Konsequenzen für den Staat, wenn der Wille eines Einzelnen für seine Fortexistenz fehlt, ähnlich wie von der Becke. Während in der ‚Économie' der *volunté général* den politischen Körper bestimmte, führte im ‚Contrat Social' die Abweichung einzelner Menschen vom allgemeinen Willen zum Untergang des Staates:

> *In der Tat kann jeder einzelne als Mensch einen besonderen Willen haben, der dem allgemeinen Willen, den er als Staatsbürger hat, zuwiderläuft oder mit dem er doch nicht überall in Einklang steht.* [...] *Das Individuum würde die moralische Person, die den Staat ausmacht, nur als eine Idee auffassen können, weil sie eben kein Mensch ist, und die Rechte des Staatsbürgers genießen, ohne die Pflichten des Untertans erfüllen zu wollen, eine Ungerechtigkeit, deren Umsichgreifen den Untergang des Staatskörpers herbeiführen würde.*[292]

Dies ist eine gänzlich andere Argumentationsweise als die Leutschs, und sie wich auch etwas von der Konzeption von der Beckes ab. Bei Rousseau war der Staat *Persona moralis simplex*, die jedoch nicht, wie in der Theorie des RKG-Referenten vom 26. August 1806, sofort nach den Austritt der Glieder als zerstört gedacht wird, sondern deren Untergang sich langsam und erst dann vollzieht, wenn mehrere sich vom allgemeinen Willen lösen und sich nicht mehr mit dem Staat identifizieren. Vor diesem Hintergrund kann man von der Beckes Auffassung als Radikalisierung und dogmatische Verkürzung der Rousseau'schen Untergangslehre begreifen, die auf die organologischen Staatsauffassungen verweist, wie sie in der politischen Theorie des Vormärz prägend wurden.[293]

Es ist herausgearbeitet worden, dass in den beiden Interpretationen der Erklärungen von Rheinbund und Kaiser zwei unterschiedliche Auffassungen vertreten wurden: Erstens diejenige von Leutsch, die man als eine historisch-positivistische Interpretation der Vorgänge des Sommers 1806 charakterisieren kann, die ihren staatstheoretischen Rahmen aus dem älteren Naturrecht bezog und einer ständischen Interpretation der Reichsverfassung verpflichtet war. Zweitens diejenige, die von der Becke und Hohnhorst in ihrem Gutachten vertraten. Letztere verweist auf Theorien des jüngeren Naturrechts und Rousseaus, zeichnet sich jedoch dadurch aus, dass diese Vorstellungen in Richtung auf einen dogmatischen Staatsbegriff fortgebildet wurden. Dies wird in der Vorstellung des physischen Staatskörpers deutlich, der unmittelbar nach dem Austritt eines Gliedes aufgelöst ist und auf der Grundlage eines Staatsvertrages neu gebildet werden muss, auch wenn die Glieder des neuen Staates weitgehend identisch mit denen des aufgelösten sind.

---

[291] Jean Jacques Rousseau: Économie Politique, I, 241, zitiert nach: Vossler, Rousseaus Freiheitslehre, S. 104 Anm. 12; Fischer, Jean Jacques Rousseau.
[292] Rousseau, Du contrat sociale, I, Kap. VII.
[293] Stolleis, Geschichte des öffentlichen Rechts, Bd. 2, S. 121-130.

Es gilt festzuhalten, dass das Reich in den Denkkonstrukten der Zeitgenossen niemals mehr Staat war, als kurz vor seinem Ende. Dies ist freilich ein die These der „komplementären Staatlichkeit" deutlich relativierender Befund,[294] die ja gerade an den zeitgenössischen Konstruktionen ihre Begrifflichkeit entwickelt hat und diese nun mit empirischen Befunden zu belegen sucht. Freilich muss dabei in Erwägung des Verhältnisses von zeitgenössischen ‚Reichs-Staats-Konstrukten' und Befunden der historischen Forschung auffallen, dass die Deckungsgleichheit zwischen diesen beiden Ebenen niemals geringer war als gerade im Sommer 1806.

Interessant am Verhältnis dieser Positionen zueinander ist, dass die beiden Referenten wie auch Kamptz und Vahlkampf die Auflösung begreifen konnten, indem sie den Kontraktualismus umkehrten, während Leutsch im Rückgriff auf die ‚Persona moralis composita'-Interpretation Pufendorfs Schwierigkeiten hatte. Während sich damit auf der Ebene der Theorie zwei divergierende Staatskonzepte gegenüberstanden und die Vorgänge des Sommers 1806 im Kameralkollegium nicht eindeutig geklärt werden konnten, wurde in der Praxis eine vermittelnde Position vertreten. Die Lage erschien dabei wesentlich diffuser.

3. Aufschub der vollständigen Auflösung

Wenden wir uns zunächst den Vorschlägen der Referenten von der Becke und Hohnhorst zu, so gilt es zu betonen, dass sie das RKG zwar hinsichtlich seiner Rechtsprechungskompetenzen als *sistiert* betrachteten, gleichwohl aber die vollständige Auflösung des Gerichts noch eine Weile dahingestellt lassen wollten. Der Grund dafür lag darin, dass sich die Staaten des nördlichen Deutschlands zur Lage des Gerichts noch nicht erklärt hatten und man ihr Votum abwarten wollte.[295] Es ist offensichtlich, dass dieser pragmatische Vorschlag mit der Idee des *unteilbaren Staatskörpers*, der bereits mit dem Austritt der Rheinbundstaaten aufgelöst worden sei, nicht in Einklang gebracht werden kann.

Demgegenüber waren es politische Motive, die zu dieser zwiespältigen Haltung führten. Man wollte die Stände des Nordens, die sich über die Fortzahlung der Kammerzieler noch nicht erklärt hatten, nicht brüskieren und nahm Rücksicht auf andere Angehörige des Kameralkollegiums. Zudem war am 26. August 1806 noch nicht klar, ob das Kammergericht anhängige Prozesse nicht doch noch aburteilen werde. Die Entscheidung, dies nicht zu tun, fiel erst im September 1806.[296]

Sich an dieser vermittelnden Position orientierend, sollten nun Schreiben an alle deutschen Fürsten erlassen werden, die sich *blos auf eine Notifikation unserer gegenwärtigen Lage in Hinsicht der Justizpflege* beschränkten und einer künf-

---

[294] Schmidt, Geschichte des alten Reiches, S. 33-54.
[295] BAF, FN 11 Akten 6a, Votum von der Becke/Hohnhorst, Anlage Nr. 22.
[296] Vgl. Teil IV in dieser Studie.

tigen Regelung nicht vorgriffen.[297] Ein solche Regelung, hieß es, könne nur Gegenstand einer *Vereinbarung* aller dem Rheinischen Bund nicht beigetretenen Fürsten sein, die sich ihrerseits zuerst vertraglich mit den konföderierten Staaten vereinbaren müssten. Zwar glaubte man, der Beschluss sei vor dem Hintergrund der Ereignisse nur eine Formalität, da die politischen Veränderungen die *Sache bald aufklären* und der Rheinische Bundestag mit den Fürsten des Nordens wegen der *Entschädigung* der Kameralen bald in Verbindung treten würde. Gleichwohl sah man die bisher gültigen Vereinbarungen und Verträge durch die Auflösung des Staatskörpers nicht tangiert. Die Referenten betonten, dass noch dieselben Rechte und Pflichten galten wie bisher, sofern sie nicht ausdrücklich durch die Erklärungen der Rheinbundstaaten und des Kaisers außer Kraft gesetzt worden seien. Dies war eine Formulierung von der Beckes, die vor dem Hintergrund seiner Staatsdienerschrift verständlich wird. Sie bedeutete zum einen konkret, dass der am 29. Juli 1806 gefasste Beschluss, sich so lange als unaufgelöst zu betrachten, bis alle Angelegenheiten geregelt seien, auch unter den veränderten Bedingungen zunächst noch galt. Zum anderen leiteten von der Becke und Hohnhorst hiervon ab, dass das Kammergericht nach wie vor berechtigt sei Maßnahmen für die künftige Justizpflege zu treffen. Zwar hielten sie das RKG nicht für befugt, anhängige und bereits spruchreife Rechtssachen ohne eine Entscheidung des jeweiligen Landesherren weiter zu verhandeln. Hinsichtlich der Ordnung und Aufbewahrung der Akten jedoch, die Aufgabe der Leserei gewesen war, sollte entsprechend den *vorigen Grundsätzen* verfahren werden. Das hieß, dass in Zukunft keine Prozessakten an die Reichsstände versandt werden und auch die Gerichts-

[297] Die entsprechenden Entwürfe der Schreiben, in: BAF, FN 11 Akten 6b, Nr. 26 (b) Oesterreichischen Kaiser, Exp. d. 26. Aug. 1806; Nr. 26 (c) An Fürstprimas, Exped. 26. Aug. 1806; Nr. 26 (d) An Kurfürst von Würzburg; Nr. 26 (e) An Kurfürst von Hessen, Exped. 26. August 1806; Nr. 26 (f) An König von Preußen und mutatis mutandis an den König von Sachsen, (Exped., 26. August 1806); Nr. 26 (g), An Großherzog v. Kleve und Berg (Exp. 26. Aug. 1806); Nr. 26 (h) An Großherzog von Hessen, Herzog von Nassau, Fürsten v. Nassau-Weilburg, Herzog v. Aremberg, Fürsten v. Salm Salm, die Vormundschaft v. Salm Kyrburg, die Fürsten von Hohenzollern-Hechingen und Sigmaringen, den Fürsten von Lichtenstein, von der Leyen, von Ysenburg (Exp. 26 Aug. 1806); Nr. 26 (i) An Ihre königlichen Majestäten von Bayern und Württemberg und an Se[ine] königl[iche] Hoheit von Baden (Exp. 27 Aug. 1806); Nr. 26 (j) An sämtliche Stände des nördlichen Deutschlands außer dem Rheinischen Bunde, ausgenommen: Preußen, K[ur]Sachsen, K[ur]Hessen; Würzburg, Kur Hannover, wie im Vortrag nämlich 1.) Herzog von Mecklenburg-Schwerin, 2.) Mecklenburg Strelitz, 3.) Herzog von Oldenburg 4.) Herzog von Braunschweig 5.) König v. Dänemark, als Herzog zu Holstein. 6.) König von Schweden, als Herzog von Pommern 7.) Herzog v. Sachsen Gotha 8.) S. Hildburghausen, 9.) S. Coburg- Meinungen, 10.) S. Coburg-Saalfeld 11.) S. Weimar 12.) Lübeck 13.) Fürst von Fulda 14.) Fürst von Schwarzburg-Rudolstadt, 15.) Schwarzburg-Sondershausen 16.) Deutschmeister 17.) Fürst von Waldeck 18.) Fürst von Anhalt-Dessau 19.) Bernburg 20.) Cöthen 21.) Fürst von Reuß zu Graitz 22.) Plaunen zu Cobenstein 23.) Fürsten Heinrich XLIII. und Fürst Heinrich XLII., Reuß-Plauen, 25.) Fürst von Lippe-Detmold 26.) Graf von Lippe-Schaumburg, 27-29.) Lübeck, Hamburg, Bremen.

protokolle in Wetzlar verbleiben sollten. Obgleich keine genaue Übersicht über die Kassen des Kammergerichts vorlag, war darüber hinaus klar, dass man die bisher angeordnete Verwaltung aller Kassen provisorisch fortdauern lassen könne. Was die bisherige Gerichtshoheit und Polizeigewalt des Kammergerichts über die Kameralpersonen betraf, so wollten die Referenten eine Verfügung des Gerichtsherrn von Wetzlar, des Fürstprimas, abwarten und zuvor Kollissionen mit der städtischen Behörde vermeiden.[298]

Diese Vorschläge fanden die Zustimmung aller zehn anwesenden Assessoren und der beiden Präsidenten.[299] Der Widerspruch, den der kursächsische Assessor Leutsch formulierte, schien der Lage nicht angemessen. Der katholische Präsident des RKG Adam Friedrich von Schenk zu Stauffenberg brachte dies auf den Punkt, wenn er betonte, er ehre zwar die Darstellung des kursächsischen Assessors, aber zugleich meinte, man solle *durch das Schwimmen gegen den Strohm das Gericht nicht einem seiner unwürdigen Untergang* aussetzen.[300] Dennoch beurteilte der evangelische Präsident des RKG Franz Paul Christoph von Seckendorff die Lage ganz ähnlich. Nicht nur sah er sich bei der Abstimmung über den Vortrag Leutschs dazu veranlasst zu Protokoll zu geben, dass er *beständig die Meinung geäußert* habe, dass *dieses Gericht fortbestehe und nur in seinen ihm obliegenden Verpflichtungen gehemmt* sei. Noch am 8. Oktober 1806 betonte er, dass er sich *aller Prüfung ungeachtet* noch immer nicht überzeugen lasse, dass das Kammergericht aufgelöst sei.[301] Eine vergleichbare Stimme war am Reichstag vernehmbar: die des kursächsischen Gesandten Hans Ernst von Globig.[302] Im September 1806 schrieb er an Reigersberg:

> *Es schmerzt mich sehr, zu hören, daß der Herr Fürstprimas dem ehrwürdigen Reichstribunal, dessen Schutzherr er seyn sollte, so einseitig allen Collegialischen Wirkungskreys genommen, und daßselbe seinem dasigen für die Wetzlarer Bürger geeigneten Appellations Gericht untergeordnet hat!! – Gleich als wenn das Reichsgericht nicht der übrigen, gesunden Hälfte Deutschlands zugehörte!*[303]

Dass Globig und Seckendorff die Lage ganz ähnlich wie Leutsch beurteilten, verweist darauf, dass es auch im kursächsischen Umfeld und am Wiener Reichshof-

---

298 BAF, FN 11 Akten 6a, Votum von der Becke/Hohnhorst, Anlage Nr. 22

299 Im Einzelnen waren dies neben von der Becke und Hohnhorst, Hueber, Martini, Stein, Ullheimer, Schmitz, Cramer, Neurath sen., Ditfurth, Balemann und Hommer. BAF, FN 11 Akten 6b, Protokoll der Sitzung v. 26. August 1806. Bei der Abstimmung nicht anwesend waren: Leutsch, Weidenfeld, Branca, Neurath (jun.), Gruben und Riedesel (Kamptz war noch nicht zugelassen).

300 BAF, FN 11 Akten 6a, Nr. ad 32 Votum Stauffenberg 16. September 1806.

301 BAF, FN 11 Akten 6b, Sitzung vom 16. September 1806, Votum F. P. Ch. von Seckendorff; Sitzung vom 8. Oktober 1806, Votum F. P. Chr. von Seckendorff.

302 Zu seiner Biographie: Jahns, Das Reichskammergericht, Tl. II, Biogr. 48.

303 BAF, FN 11 Korrespondenz, Globig an Reigersberg, Regensburg, den 14. September 1806.

rat Positionen geben konnte, die im Herbst 1806 nicht unbedingt von einer vollständigen Auflösung des Reichs überzeugt waren.

4. Zusammenfassung

Während man bei der Gründung des Deutschen Bundes selbstverständlich den 12. Juli 1806 als Stichtag für die Auflösung des Reichs heranzog,[304] zeigt also eine Analyse der unmittelbaren Reaktionen von Zeitgenossen, dass über die Folgen der Gründung des Rheinbundes und der Abdankung des Kaisers keineswegs Klarheit bestand. Im Gegenteil herrschte vor allem, aber nicht nur unter den Angehörigen des RKG eine tiefe Verunsicherung über den politischen Zustand Deutschlands. Dies hing zusammen mit der ungeklärten Situation im Sommer 1806, damit, dass der Konsens, auf dem die Reichsverfassung beruhte, nur einseitig von den 16 konföderierten Staaten und vom Kaiser aufgekündigt wurde und damit, dass in Bezug auf das gemeinschaftlich konstituierte Kammergericht die Lage alles andere als eindeutig war.

Die noch während der Reise des Kammerrichters nach Regensburg und Wien den Ferienbetrieb aufrecht erhaltenden Angehörigen der letzten Richtergeneration des RKG standen unter einem besonderen Bewältigungsdruck: Aufgrund des am 29. Juli 1806 herbeigeführten Beschlusses, so lange zusammenzubleiben, bis das Gericht durch die Reichsversammlung gehörig aufgelöst sei, mussten sie eine für alle verbindliche Lösung finden. Da die reichsrechtliche Lage unklar war, griffen sie auf erlernte und im Kontext ihrer Tätigkeit immer wieder angewandte politisch-reichsrechtliche Wissensbestände zurück, die zum Instrument für die Klärung des Zustandes wurden. Die Heranziehung unterschiedlicher Theoriekonzepte, die in der organologischen Staatsauffassung im Referat von der Beckes und Hohnhorsts einerseits und in der ‚Persona moralis composita'-Interpretation Leutschs ihren Ausdruck fanden, führten dabei zu grundverschiedenen Einschätzungen. In reichsrechtlicher Hinsicht bestand dabei allseits kein Zweifel, dass sowohl die Erklärungen der konföderierten Staaten als auch das Abdikationspatent des Kaisers Verstöße gegen die Reichsverfassung darstellten. Während die stark am Reichsrecht orientierte Argumentation Leutschs jedoch nicht geeignet war die politische Bedeutung der Erklärungen zu erfassen, erlaubte die organologisch verdichtete Interpretation des Reichs das eindeutige Fazit, das Reich und mit ihm das RKG sei aufgelöst. Wenn die Plenarversammlung dann die vollständige Auflösung des Gerichts nicht beschloss, sondern lediglich die Gerichtstätigkeit für eingestellt erklärte, so verweist dies auf eine Diskrepanz zwischen Theorie und Praxis. Der theoretischen Einordnung der Geschehnisse kommt dabei eine orientierungsleitende Funktion zu: Die Auffassung, dass das Reich aufgelöst sei, war dem situationsgerechten Handeln vorgeschaltet, das der Beschluss und das

[304] Vgl. etwa die Dokumente in: Treichel, Die Entstehung des Deutschen Bundes, Nr. 25, S. 134-151; Nr. 33, S. 194-201; Nr. 34, S. 201-214; Nr. 45, S. 243-256; Nr. 49, S. 262-266.

Schreiben an den Kaiser vom 26. August 1806 zweifellos darstellte. Wer wie Leutsch das Reich für nicht aufgelöst hielt, erwies sich demgegenüber als unfähig, adäquat auf die Situation zu reagieren.

Das Reich für aufgelöst zu halten war die Voraussetzung auch für die Deutung der psychologischen Wirkung des entstandenen Zustands und des erinnernden Gestus', den Vahlkampf und Kamptz einnahmen. Zwar sind die Veröffentlichungen beider charakterisiert sowohl durch eine Unsicherheit über die Gegenwart als auch über die Zukunft, allerdings verbindet sie der Versuch, Elemente des Alten in die *neue Ordnung der Dinge* einzubringen. Die Ansichten über die Vorzüge der bisherigen deutschen Verfassung sollten den Regenten als Anleitung für die künftige Gestaltung dienen – oder wie im Falle Kamptz' konkreter: die deutschen Souveräne wurden aufgefordert, sich künftig an der Verfassung des Kammergerichts zu orientieren.

Diese Beispiele verdeutlichen, wie das Auseinandertreten von Erfahrungs- und Erwartungshorizont in einer Perspektive der Verzeitlichung, der Überantwortung des Geschehens an einen nicht mehr vorhersehbaren Geschichtsprozess, bewältigt werden konnte. Die Vorsehung, die noch im Schreiben des Kameralkollegiums als Verursacher der Zäsur von 1806 galt und wie bei Pufendorf und Pütter den naturrechtlich gedachten Prozess des Zusammenschlusses zum Reich motiviert hatte, verlor ihre Funktion als Triebfeder künftiger politischer Entwicklungen. Den künftigen Weg der Staaten des Alten Reichs, der vielen Zeitgenossen als abhängig von der Person Napoleons erschien, hielten viele der Angehörigen des Kameralkollegiums in dieser Zeit der unmittelbaren Auseinandersetzung mit dem Wandel für weitgehend offen. Sie dachten die eigene und die Zukunft Deutschlands durch Publikationen und geeignete Maßnahmen mitgestalten zu können. Andere Assessoren wie Weidenfeld sahen sich dagegen ohnmächtig dem Schicksal ausgeliefert, wurden wie Martini überhaupt nicht tätig oder waren sich aufgrund ihres Alters bewusst, dass sie in der veränderten Gestalt eines Deutschlands ohne das RKG keine aktive Rolle mehr spielen würden.

Im Zusammenhang mit dem so charakterisierbaren unmittelbaren Umgang mit dem Wandel formten sich drei Ebenen heraus, die es näher zu betrachten gilt. Zum einen nährten die von den Angehörigen des Kameralkollegiums selbst forcierten Pläne zur Gründung eines Rheinischen Bundesgerichts als Ersatz für das Kammergericht Hoffnungen, die es ermöglichten, die Suspendierung vom Richteramt mental zu bewältigen. Diese Hoffnungen jedoch waren vage und sollten spätestens im Herbst 1807 enttäuscht werden. Zum anderen wurde vielen bereits im Sommer 1806 klar, dass sie sich eine neue Stelle suchen mussten. Schließlich ergab sich aus dem Regelungsdefizit ein Bewältigungsbedarf auf einer materiellen Ebene: die Pensionsansprüche des Gerichtspersonals und die Frage nach der Verfügungsgewalt über die Kassen des Kammergerichts.

Teil III: Unvollständig entlassene Pensionäre – Die Abwicklung der Wetzlarer Reichsjustizdiener

I. Das Problem der Pensionen der vormaligen Reichsrichter

1. Streit um die Gerichtskasse

Ungewöhnliches konnte man im Haus des Kammerrichters vernehmen, als sich dort am 8. Oktober 1806 die ehemaligen Richter des Kammergerichts versammelten: *Das Gericht müsse* [...] *jede, auch die äußerste Gewalt, über sich ergehen lassen, ohne sich dadurch zur Nachgiebigkeit vermögen zu lassen*, forderte der katholische RKG-Präsident Adam Friedrich von Schenk zu Stauffenberg. Unter den Assessoren erwog man, die deutschen Staaten einzuschalten und die Öffentlichkeit mit Publikationen auf geschehene Rechtsverstöße hinzuweisen.[1]

Konkreter Anlass hierfür war eine Anordnung des Fürstprimas Karl Theodors von Dalberg, der versuchte, den Unterhalt der entlassenen Gerichtsangehörigen sicherzustellen. Einerseits ordnete er an, dass ein Drittel der Gelder, die sich in der Sustentationskasse des Kammergerichts befanden, zur Unterstützung der *subalternen* Kameralen herangezogen werden müssten. Andererseits forderte er den Wetzlarer Stadtdirektor Adam von Mulzer auf, sämtliche Kassen ab sofort in *Mitbeschluss* zu nehmen.[2] Die Mitglieder des Kameralkollegiums verwahrten sich dagegen nicht nur, weil der Fürstprimas hierdurch gegen die Anordnung des Grafen Stadion vom 8. August 1806 verstoßen hatte, die Kassen unter der Aufsicht des Kameralkollegiums zu belassen. Die Verordnung Karl Theodors bedeutete auch eine Einschränkung der Pensionsansprüche der vormaligen Richter des RKG. Darüber hinaus entbehrte die Anweisung der *subalternen* Kameralen auf die Sustentationskasse jeglicher reichsrechtlicher Grundlage, da bis 1806 aus

[1] BAF, FN 11 Akten 6b, Protokoll der Sitzung vom 8. Oktober 1806, Zitat: Votum Stauffenberg. Vgl. auch BAF, FN 11, Akten 6a, Anlage Nr. 44, Votum von der Becke.

[2] HHStA-Wiesbaden, Abt. 371, 128, fol. 40, Weisung Karl Theodors, 7. Oktober 1806, fol. 41. Ebd., Reskript Karl Theodors, 7. Oktober 1806. Auch in: BAF, DB 2, 36 (Original) und BAF, FN 11 Akten 6a, Anlagen Nr. 44 und post Nr. 44.

dieser Kasse immer nur die besoldeten Kameralen bezahlt worden waren. Hierzu gehörten die Anwälte und ihre Schreiber nicht, zu deren Gunsten Karl Theodor das Drittel aus der Sustentationskasse vor allem bestimmt hatte.[3]

Wie massiv das Aufbäumen des Kameralkollegiums gegen diese Verletzung der bisherigen Zustände war, zeigte sich, als der Stadtdirektor Mulzer versuchte, Karl Theodors Weisungen durchzusetzen. Es blieb nicht bei der Widerstandsrhetorik, vielmehr kam es zu einer Machtprobe zwischen der Wetzlarer Obrigkeit und den vormaligen Reichsrichtern. Zunächst verweigerte, vom Kollegium instruiert, der Pfennigmeister Hötzendorff dem Stadtdirektor den Gehorsam. Er zeigte eine von den Mitgliedern des Kameralkollegiums unterschriebene Anordnung vor, auf der zu lesen stand: Das Gericht sei bereit, *alle in seinen Kräften liegenden Mittel* anzuwenden, *um zu verhindern, dass nicht das mindeste von diesen Geldern unter die Disposition einer anderen Person, als der verfassungsmäßigen Kassenadministration komme. Nur mit Gewalt*, so fügte der Pfennigmeister hinzu, könne er gezwungen werden, *etwas anderes zu tun als den Inhalt dieser Weisung wiederzugeben.*[4]

Mulzer war verunsichert, gab jedoch nicht klein bei. Er wusste, es würde Probleme geben, wenn er die Kassengelder einfach beschlagnahmte. Deshalb unterließ er es. Gleichwohl wollte er die Kasse in Mitbeschluss nehmen lassen. Da sich der Pfennigmeister auch hiergegen verwahrte, ließ er den Kassenkontrolleur des RKG herbeirufen, den Leser Marks, einen Angehörigen des Kanzleipersonals. Auf dessen Gehorsam konnte er zählen, weil dieser dem früheren Kurfürsterzkanzler seine Anstellung zu verdanken hatte und wie die übrigen Kanzleipersonen seit dem 30. Juli 1806 seine Pension aus dessen Staatsetat bezog.[5] Wie zu erwarten war, führte Marks den erteilten Auftrag aus, versiegelte das Kassenzimmer und nahm das Kassenkontrollbuch in Verwahrung.

Als die Richterversammlung von diesem Vorfall erfuhr, reagierte sie schnell – und im Bewusstsein, noch die oberste Kompetenz in allen Personal- und Kassenangelegenheiten zu haben: Zuerst ließ der Kammerrichter den Leser herbei zitieren und in ein Nebenzimmer seines Hauses führen. Sodann musste sich Marks nicht nur *heftige Ausdrücke* und Zurechtweisungen von zwei Assessoren gefallen lassen, sondern auch den Vorwurf, seine Dienstpflichten verletzt zu haben.

---

3 Zu den Anwälten Baumann, Das Reichskammergericht in Wetzlar und seine Prokuratoren; Weitzel, Anwälte am Reichskammergericht; ders., Damian Ferdinand Haas; Jahns, Brandenburg-Preußen im System; Klass, Standes- oder Leistungselite? Zu den Schreibern in den Schreibstuben der Advokaten und Prokuratoren, die zugleich kaiserliche Notare waren: Mader, Soldateske des Reichskammergerichts, insb. S. 279f.

4 BAF, FN 11 Akten 6a, Protokoll der Sitzung vom 8. Oktober 1806, Votum Stauffenberg. HHStA-Wiesbaden, Abt. 371, 128, fol. 43r-44v, Protokoll der Vorfälle v. 8. Okt. 1806. Vgl. dazu auch: Protokoll der Vernehmung Hötzendorffs, in: BAF, FN 11 Akten, Konvolut Varia.

5 BAF, FN 11 Akten 6a, Anlage, Nr. 10. Karl Theodor an Kammerrichter, Wörth bei Regensburg, 30. Juli 1806.

Schließlich wurde er aufgefordert, die Schlüssel zum Kassengewölbe und das Kassenkontrollbuch herauszugeben. Da der Leser gehorchte, war dem Griff des Souveräns nach den Kassen des Kammergerichts einstweilen ein Riegel vorgeschoben.[6] Die alten Machtverhältnisse waren noch einmal behauptet.

2. Regelungsdefizite nach der Auflösung des Reichs

In diesem Streit konkurrierten Kompetenzansprüche des Kameralkollegiums mit denen des Fürstprimas als Souverän der Stadt Wetzlar. Er war eine Folge des nach den Erklärungen der konföderierten Staaten und des Kaisers bestehenden Regelungsdefizits in Bezug auf die Pension der Kammergerichtsangehörigen. Damit ist der eine Problemkreis angesprochen, den es zu berücksichtigen gilt, wenn sich im Kontext der Abwicklung des RKG-Personals jenes weitgehend homogene Selbstverständnis herauskristallisiert, das die Gruppe nach der Auflösung des Reichs maßgeblich prägte. Obgleich viele Wetzlar schon 1807 verließen, spielte die Definition des Kameralkollegiums als Genossenschaft mit besonderen Rechten zunächst für alle Richterpensionäre eine Rolle. Es wird gezeigt, wie sich in der Auseinandersetzung mit der Auflösung des Reichs und ihren Folgen ein spezifisches Gruppenverständnis der Pensionäre im Rückgriff auf die besondere Stellung des Kameralkollegiums im Verfassungsgefüge des Alten Reichs ausformte, transformierte und in unterschiedlichen Kontexten behaupten musste.

Die Analyse erfolgt in chronologischen Schritten und in Abhängigkeit von der Pensionsproblematik, die aus den Quellen zu rekonstruieren ist, da diese Thematik von der Forschung bisher nicht explizit behandelt wurde. Die stadtgeschichtliche Perspektive sowie erste Auseinandersetzungen mit einer Nachgeschichte des RKG,[7] aber auch die Erforschung des Rheinbundes unter dem Gesichtspunkt der Rezeption des Code Napoleon[8] sowie das im Zusammenhang mit dem 250. To-

---

6 Zitate: Ebd., fol. 43r-44v.

7 Die Erwähnungen bei Scheurmann, Die Wetzlarer Rechtsschule und Helm, Das Reichskammergericht und Aschaffenburg sind spärlich und beruhen im Wesentlichen auf Vermutungen. Bei Hahn, Altständisches Bürgertum, ders., Reichskammergericht und Stadtentwicklung sowie ders., Aufbruchsversuche und Krise wird das Problem der Abwicklung des RKG-Personals nur ansatzweise in die Betrachtung mit einbezogen (einschlägige Quellen wurden nicht ausgewertet). Einiges ist aus den Einzelbiographien der hier behandelten Assessoren entnehmbar bei Jahns, Das Reichskammergericht, Tl. II. Ferner: Mader, Heilige Schulden.

8 Wohlfeil, Untersuchungen zur Geschichte des Rheinbundes; Weis, Bayern und Frankreich; ders., Rheinbund; ders., Reformen im Rheinbündischen Deutschland; ders., I reflessi della Rivoluzione francese; Fehrenbach, Traditionale Gesellschaft; dies., Ancien Régime; dies., Der Einfluß des napoleonischen Frankreich; Berding, Napoleonische Herrschafts- und Gesellschaftspolitik; ders., Privatkapital, Staatsfinanzen und Reformpolitik; ders./Ullmann, Deutschland zwischen Revolution und Restauration; Dufraisse, Revolution und Gegenrevolution; W. Schubert, Das französische Recht in Deutschland; vgl. auch die bei der Historischen Kommission der Bayerischen Akademie der Wissenschaften edierten Quellen zu

destag Karl Theodors von Dalberg[9] wieder erwachte Interesse an der Person des letzten Kurerzkanzlers, Fürstprimas und späteren Großherzogs von Frankfurt[10], haben den Blick auf die mit der Abwicklung des Kammergerichts verbundenen Probleme eher verstellt. Dies ist im Wesentlichen eine Konsequenz aus der eingangs geschilderten Untergangsperspektive, in der das Ende des Alte Reichs gesehen wurde und noch wird.

Der diachrone Ansatz erlaubt es, Verhaltensmuster und Denkweisen nach den Kriterien von Stabilität oder Transformation zu überprüfen. Im Rückgriff auf unterschiedliche Denktraditionen, auf naturrechtliche Staatskonzepte verschiedener Prägung und Staatsdienertheorien, wie sie sich in den 1790er Jahren ausbildeten, wurde zunächst ein Verständnis des RKG als moderne Behörde etabliert. Die Theorien flossen dann im Rahmen eines ersten Planes zu einer künftigen Pensionsregelung im Begriff des *Reichsdieners* zusammen, der in verschiedenen Kontexten instrumentalisiert und zur Rechtfertigung der Pensionsansprüche unterschiedlicher Kameralgruppen herangezogen wurde. Für das Richterpersonal war er wesentlich und wurde mit der verfassungsmäßigen Konstruktion des Kameralkollegiums aus Kaiser und Reichsständen inhaltlich gefüllt, wie sie sich im Präsentationssystem und in der Finanzierung durch die Kammerzieler vor allem abbildete. Die Angehörigen des Kameralkollegiums rechtfertigten im Rückgriff hierauf ihren Rechtsanspruch auf Pension sowie ihren Status als Gruppe entlassener Reichsdiener im aufgelösten Reich.

Der bestehende Überhang, der mit der Tatsache bezeichnet ist, dass die Pensionsfrage im Rahmen der Erklärungen des Sommer 1806 ungelöst geblieben war, hatte entscheidende Konsequenzen für die spätere Abwicklung des Kameralen. Die Regelung des Pensionsproblems erfolgte immer nur provisorisch und blieb bis in die Zeit des Deutschen Bundes auch ein gesamtdeutsches Problem.[11] Zu

---

den Reformen in den Rheinbundstaaten, hier insb. Rob, Regierungsakten des Primatialstaates und des Großherzogtums Frankfurt.

9 Beaulieu-Marconnay, Karl Theodor von Dalberg; Färber, Kaiser und Erzkanzler; Hausberger, Carl von Dalberg; Spies, Carl von Dalberg.

10 Darmstädter, Das Großherzogtum Frankfurt; Bilz, Die Großherzogtümer Würzburg und Frankfurt.

11 Eine Geschichte der Abwicklung des Alten Reiches muss als Desiderat betrachtet werden. Ansätze hierzu bisher: Burgdorf, Untergang der Reichskirche; Mader, Das Alte Reich in neuem Licht; ders., Heilige Schulden. Dieses Thema spielt auch in den Forschungen zum Deutschen Bund bisher keine Rolle: Schieder: Vom Deutschen Bund zum Deutschen Reich; Nipperdey, Deutsche Geschichte, Bd. 1; Siemann, Vom Staatenbund zum Nationalsstaat; Seier, Der Deutsche Bund als Forschungsproblem; Fellner, Perspektiven für eine historiographische Neubewertung; Duchhardt, Gleichgewicht der Kräfte; Doering-Manteuffel, Die deutsche Frage und das europäische Staatensystem; Gall, Der Deutsche Bund als Institution; Rumpler, Deutscher Bund und deutsche Frage; Burg, Die deutsche Trias; Duchhardt/Kunz, Reich oder Nation? Eine Thematisierung der Probleme, die mit der Abwicklung des Reiches verbunden waren, fehlt auch in den beiden von Eckhardt Treichel bearbeiteten Bänden aus der Reihe Quellen zur Geschichte des deutschen Bundes. Treichel, Die Entstehung des Deutschen Bundes, S. XI-CXXXVII.

behandeln ist es deshalb auf verschiedenen Ebenen: Bildeten der Souverän der Stadt Wetzlar und die vormaligen Reichsstände beziehungsweise ihre Nachfolgestaaten das äußere Umfeld, in dem die Richter wechselseitig agierten, so war die Pensionsproblematik im Inneren durch die Personalstruktur am RKG mitbestimmt. Die unterschiedliche Finanzierung, die verschiedenen reichsgesetzlichen Grundlagen für die einzelnen Kameralgruppen, die hierarchische Struktur der Personalverfassung, an deren Spitze bisher die entscheidungsbefugten Richter gestanden hatten, spielten eine wichtige Rolle. Eine Rolle spielte auch der Habitus der Richter, der sich in Abgrenzung zum Stadtbürgertum und zu den subalternen Kameralen und insbesondere den Prokuratoren und Advokaten ausgebildet hatte. Diese konkreten Kontexte erlauben es, eine größere bewältigungsgeschichtliche Perspektive auf das Problem der Entschädigung der Kameralen für den Verlust ihrer Stellen zu entwickeln.

Da Anwälte die gleichen Pensionsansprüche wie die Richter geltend zu machen versuchten, entspann sich in Wetzlar eine erbitterte Kontroverse, die in unterschiedlichen Foren ausgetragen wurde. Zahlreiche offizielle und informelle Vorstellungen, Unterhaltspläne in schriftlicher und mündlicher Form wurden von Richtern und Anwälten verfasst. Es entwickelte sich im Laufe der Zeit eine öffentliche Diskussion mit zum Teil beachtlicher Resonanz, die in den Medien der Rheinbundpublizistik ihren Niederschlag fand.[12] Für den in dieser Studie mit verfolgten Zusammenhang des Gruppenbewusstseins der Angehörigen des Kameralkollegiums kommt es darauf an, die Konfrontationslinien der Kontroverse der Richter mit den Anwälten zu vermessen. Denn hier lässt sich die Mentalität der Gruppe am klarsten fassen.

II. Reigersbergs Pensionierungsplan

Inzwischen ist noch die Hoffnung nicht verschwunden, daß die alte ehrwürdige deutsche Verfassung (...) und mit ihr die Reichsgerichte aufrecht erhalten werden dürften hatte Heinrich Aloys von Reigersberg im März des Jahres 1806 in seiner anonym veröffentlichten Druckschrift zur Lage des Gerichts nach dem Pressburger Frieden geschrieben.[13] Er hoffte damals noch, dass *Deutschlands Verfassung*, solange das *Staatsgebäude nicht ganz umgeworfen* sei, eine Monarchie bleibe. Seine Überlegungen entwickelte er im Wesentlichen auf der Basis des Pütter'schen Systems und vor dem Hintergrund der Annahme, dass der Buchstabe des Friedens von Pressburg keineswegs den neuen *Souveränen* die volle Souve-

---

[12] Siemann, Die französische Revolution in der Publizistik, thematisiert dies nicht. Zur Rheinbundpublizistik auch, allerdings problematisch: Fratzke-Weiß, Europäische und nationale Konzeptionen; Schuck, Rheinbundpatriotismus, S. 256-263.

[13] N. N. [Reigersberg], Ein Wort über die Lage, S. 15.

ränität zusprach, sondern nur diejenigen Rechte, die Preußen und Österreich für ihre deutschen Gebiete beanspruchten.[14]

Der zeitgenössische Kontext, in dem dies zu verorten ist, wurde bereits aufgezeigt. Es wurde betont, dass Reigersbergs Hoffnung auf Erhalt der Reichsverfassung das Wissen gegenüberstand, dass eine neue Zeit heraufgezogen war: *Wir leben in einer Periode,* schrieb er, *wo durch gewaltsame Erschütterung vielleicht manches ehrwürdige und gemeinnützige Gebäude zusammen stürzt* [...] *und Deutschlands glückliche Konstitution, und mit ihr auch die Reichsgerichte* verfallen könnten.[15] Offensichtlich hielt der Kammerrichter die Auflösung des Reichs im März 1806 bereits für denkbar.

1. Die Konstruktion einer Behörde von Dienern des Reichs

Vor dem Hintergrund dieser Befürchtung formulierte Reigersberg einen Plan, wie alle am Gericht tätigen Personen im Falle des Verlustes ihrer Stellen zu entschädigen seien. Da sich der Kammerrichter keine Illusionen darüber machte, dass die Kameralen bei einer Auflösung des Reichs ihren Wirkungskreis verlieren würden, erwartete er von den Reichsständen, dass sie bereits im Vorfeld Verfügungen über ihren Unterhalt treffen würden. Er hoffte, der Reichstag würde sich dieser Sache annehmen, und sah es als Aufgabe von Kaiser und Reichsständen an, das gesamte RKG-Personal schadlos zu halten. Die Kameralen seien ansonsten *dem drückendsten Mangel blos gestellt*, und würden *Opfer der gewaltsamen Erschütterung Deutschlands*.[16]

Welche Lösung schlug Reigersberg vor? Er musste zwei Problemen Rechnung tragen: Einerseits standen die unbesoldeten Kameralen nicht in den Diensten von Kaiser und Reich, sondern nur die Mitglieder des Kameralkollegiums und die übrigen aus der Sustentationskasse besoldeten Kameralen. Andererseits existierten die Präsentanten vieler Assessoren nicht mehr. Sie waren entweder der Abtretung des linken Rheinufers zum Opfer gefallen, wie die ‚burgundische Kreispräsentation',[17] oder den Verfügungen im Reichsdeputationshauptschluss, wie die Kurfürstentümer Köln und Trier. Darüber hinaus fehlten seit 1803 bereits die katholischen Inhaber der Kreisausschreibeämter. Für Reigersberg schien es absehbar, dass im Falle des *Einsturzes* der Reichsverfassung auch die letzten Reste

[14] Teil II, Kap. 2 dieser Arbeit.

[15] N. N. [Reigersberg], Ein Wort über die Lage, v. a. S. 17-25, Zitat: S. 17.

[16] N. N. [Reigersberg], Ein Wort über die Lage, Zitat: S. 21.

[17] Der Begriff wurde von den Zeitgenossen verwendet, tatsächlich handelte es sich bei dieser Präsentation ebenso wie bei der österreichischen Kreispräsentation um ein viriles Präsentationsrecht und nicht um eine echte Kreispräsentation. Hierzu: Jahns, Das Reichskammergericht, Tl. I, Kap. II, 3.1.

der Verfassungsstruktur des Reichs, soweit sie im südlichen Deutschland noch vorhanden war, zerstört werden würden.[18]

Reigersberg dachte im März 1806 an eine Lösung, die den unterschiedlichen finanziellen Abhängigkeiten und der komplexen Struktur der Kameralverfassung nur bedingt Rechnung trug. Sein Plan ging dahin, die Sustentationskasse des RKG im Falle seiner Auflösung in den *gegenwärtigen Verhältnissen* zu belassen. Wie bisher sollten die eingehenden Kammerzieler dem Kameralkollegium als Pension angewiesen werden.[19] Dies lief auf ein Einfrieren des Zustandes der nicht mehr erfolgten Angleichung von Präsentationssystem und Besetzungsstruktur des Kollegiums hinaus, wobei alle Assessoren, Präsidenten und Kammerrichter als Reichsdiener gleiche Ansprüche auf eine lebenslängliche Pension haben sollten.

Der Kammerrichter forderte aber darüber hinaus, dass den übrigen Gerichtsangehörigen ein lebenslanger unverkürzter Unterhalt zu gewähren sei. Um die Finanzierung der Pensionen aller zu sichern, sollten die Reichsstände nicht nur wie bisher ihre Kammerzieler in die Sustentationskasse entrichten, sondern ihre Zahlungen zugunsten der unbesoldeten Kameralen um ein Drittel erhöhen. In Zahlen ausgedrückt handelte es sich dabei alles in allem um Forderungen von jährlich rund 195 000 fl., eine im ganzen geringe Summe, von der ein Betrag von rund 48 500 fl. auf die unbesoldeten Kameralen entfallen sollte.[20] Da der jährlich eingehende Betrag die bisherigen Einkommen nicht voll gedeckt hätte, schlug Reigersberg vor, den unbesoldeten Kameralen zusätzlich die seit langem rückständig gebliebenen Kammerzieler anzuweisen. Damit sie tatsächlich gezahlt würden, sollten Österreich und Preußen mit Exekutionen gegen säumige Zahler vorgehen.[21]

Diese Forderung erklärt sich teils vor dem Hintergrund, dass Reigersberg nach dem Frieden von Pressburg auf die Vorbildfunktion Österreichs für die übrigen Reichsstände gesetzt hatte. Teils flossen hier die Erfahrungen mit ein, die seit dem Frieden von Rastatt gemacht wurden, als das RKG zunehmend unter Anpassungsdruck geriet. Darüber hinaus war die Überlegung, die rückständigen Kam-

---

[18] N. N. [Reigersberg], Ein Wort über die Lage, S. 18. *Die einzelnen Mitglieder des Kammergerichts der Willkür ihrer Präsentations-Höfe zu überlassen, würde aber kein hinreichender Ersatz für den Verlust ihrer Aemter, ihrer Würde, der im Dienste des Reiches aufgeopferten Kräften und Vermögens seyn. Ohnehin haben manche dieser Höfe eine ganz veränderte Gestalt erhalten, so daß es bey mehreren Kammergerichts-Assessoren schwer auszumitteln seyn würde, wem sie für die Zukunft angehören sollten* [...] *Trier und Köln haben ganz aufgehört, Burgund ist an Frankreich abgetreten. Ein Theil desselben wurde mehreren Fürsten als Entschädigung angewiesen, und der Ueberreste zu Dotation des Kurfürsten Erzkanzlers verwendet.* Ähnliches stellte Reigersberg auch für Kurpfalz fest. Auch betonte er, dass in fast allen Reichskreisen Veränderungen eingetreten seien, die Anlass zu Streitigkeiten über die zu reichenden Pensionen oder deren Quoten geben würden.

[19] N. N. [Reigersberg], Ein Wort über die Lage, S. 19-20.

[20] BAF, DB 2, 36, Plan zur provisorischen Verteilung der kammergerichtlichen Sustentations-Gelder nach der Verfügung Se. Hoheit des Herrn Fürsten Primas vom 7. October 1806, § 6.

[21] N. N. [Reigersberg], Ein Wort über die Lage, S. 18.

merzieler für die unbesoldeten Kameralen heranzuziehen, eine pragmatische Erwägung, welche die Abwicklung der Pensionen des Kammergerichts erleichtert hätte.

Mit seinem Vorschlag verließ Reigersberg den Boden der bisher geltenden Reichsgesetze. Zwar trug er der Unterscheidung zwischen den Angehörigen des Kameralkollegiums, den unbesoldeten Kameralen und dem Kanzleipersonal Rechnung, auch sprach er von Rechtsansprüchen für das Richterpersonal und Billigkeitsansprüchen, welche die Advokaten und Prokuratoren geltend machen könnten. Gleichwohl changierte die Begrifflichkeit. Sie war wohl bewusst unscharf gehalten, um allen am RKG tätigen Personen als ‚Reichsdienern' eine Entschädigung durch Kaiser und Reich zu verschaffen.[22] Reigersbergs Plan war offensichtlich als Vorlage für einen Beschluss des Reichstages gedacht.

Der Kammerrichter griff bei seiner Argumentation auf einen theoretischen Rahmen zurück, den er nicht explizit entwickelte, sondern durch den Bezug auf die *Denkungsart unseres Zeitalters* zum Ausdruck brachte. Er verwies damit auf das theoretisch am weitesten gehende Konzept einer modernen Staatsdienerlehre, die Franz Arnold von der Becke in seiner bereits angesprochenen Abhandlung 1797 veröffentlichte.[23] Der dort entwickelte systematische Rahmen ermöglichte es, die Dinge neu anzuordnen und die Komplexität der Personalverhältnisse am Kammergericht auf den Begriff des ‚Reichsdieners' zu reduzieren.[24]

Unterfüttert war Reigersbergs Plan auch durch den Verweis auf ein Reichsgrundgesetz, nach dem analog verfahren werden sollte. Der Kammerrichter führte den § 59 des Reichsdeputationshauptschlusses an, der Staatsdienern und Geistlichen, die im Zuge von Säkularisierung und Mediatisierung ihre Stellen verloren hatten, den unverminderten Genuss von Titel, Rang, Besoldung und Vergünstigungen zusprach.[25] Tatsächlich bildete dieser Paragraph die Grundlage, auf der die im Rahmen der Subdelegation des transrhenanischen Sustentationswesens zu leistende Entschädigung der Staatsdiener und Domherren der an Frankreich gefallenen geistlichen Gebiete beruhte.[26] Zum anderen führte er das Beispiel der Ent-

[22] Reigersberg bezeichnet nicht durchgängig nur die Angehörigen des Kameralkollegiums als *Reichsdiener* und die anderen Gruppen als *Reichsjustizdiener*. War dies schon eine Verkürzung nur auf das Reich unter Fortlassung des Kaisers, so wurde auch das gesamte Personal als Diener des Reiches bezeichnet: etwa N. N. [Reigersberg], Ein Wort über die Lage, S. 25 Anm.: *Das deutsche Reich wird wegen einer im Ganzen unbedeutenden Summe sich den bleibenden Vorwurf nicht aufladen, einen seiner Diener auch um einen Heller verkürzt zu haben.*

[23] Von der Becke, Von Staatsämtern und Staatsdienern. Vgl. Teil I, Kap. 5 dieser Studie.

[24] N. N. [Reigersberg], Ein Wort über die Lage, S. 23.

[25] Leicht zugänglich bei Hufeld, Der Reichsdeputationshauptschluss, S. 69-119 (Reichsdeputationshauptschluss), S. 122-125 (Kaiserliches Ratifications-Commissions-Dekret zu vorstehendem Reichsgutachten). N. N. [Reigersberg], Ein Wort über die Lage, S. 17, 22. Reigersberg wollte die anderen *Klassen von Reichsdienern* aufgrund der Billigkeit entschädigt wissen.

[26] Burgdorf, Der Untergang der Reichskirche.

schädigung von Advokaten und Prokuratoren bei der Säkularisation des Bistums Münster an.[27] Insgesamt jedoch bestand weder eine fixierte Rechtsgrundlage, noch konnte er auf Gewohnheitsrechte verweisen. Reigersbergs Begründung ruhte auf Billigkeitsgrundsätzen, den Rechten des Einzelfalls, auf der Gleichbehandlung mit den jüngst von den Staatsauflösungen betroffenen und versorgten Personengruppen. Deshalb appellierte er in seiner Denkschrift an die *Billigkeitsliebe*, den *Biedersinn* und die *Gerechtigkeitsliebe* der deutschen Fürsten.

Die so vollzogene Verdichtung der komplexen Struktur der Kameralverfassung zu dem vereinfachenden Begriff ‚Reichsdiener' war für die gesamte Diskussion um die Entschädigung entscheidend. Denn es ließen sich mit Bezug auf Reigersbergs Schrift unterschiedliche Ansprüche rechtfertigen. Einerseits konnten die unbesoldeten Kameralen und das Kanzleipersonal sich hierauf beziehen und ihren Status als ‚Reichsdiener' begründen. Andererseits war es aufgrund der klaren Unterschiede zwischen den einzelnen Kameralgruppen möglich, mit Verweis auf dieselbe Schrift die Ansprüche nach Rechtmäßigkeit und Billigkeit abzustufen.

Entlang der Frage der Qualität der Ansprüche sollte sich später entscheiden, auf welche der Kassen die unterschiedlichen Kameralgruppen verwiesen wurden. Darüber hinaus bildeten sich um den Begriff des ‚Reichsdieners' die Konfrontationslinien aus, um die sich Ideen zur Abwicklung des Kammergerichtspersonals gruppierten. Zugleich schärften die Angehörigen des Kameralkollegiums hieran ihr Gruppenbewusstsein. Man kann deshalb die Debatte um die Sustentation der Kameralen auch als einen Kampf unterschiedlicher Deutungsmuster thematisieren, mit denen versucht wurde, den Status verschiedener Kameralgruppen als ‚Reichsdiener' zu belegen.

2. Vorstöße im Sommer 1806

Die Bedeutung, die Reigersbergs Vorschlag in der Phase der unmittelbaren Auseinandersetzung mit den Erklärungen der Rheinbundsstaaten zukam, zeigt die Verbreitung der Ideen seiner im März 1806 verfassten Schrift. Der Kammerrichter informierte die Regenten der wichtigsten Fürsten Deutschlands und ihre Funktionäre selbst durch persönliche Vorstellung während seiner Reise nach Regensburg und Wien. Darüber hinaus begann er im Juli 1806 intensiv zu korrespondieren. Offenbar hoffte Reigersberg, der Reichstag würde noch eine Vereinbarung über die Abwicklung des Kammergerichtspersonals treffen. Karl Theodor und den Fürstenratsdirektorialgesandten Albini informierte er bereits im Juli 1806 von seinem Plan. Reigersberg sprach in Regensburg mit dem erzherzoglich österreichischen Fürstenratsgesandten Aegid von Fahnenberg, dem kursächsischen Gesandten am Reichstag Hans Ernst von Globig, mit Franz Xaver von Rechberg, dem bayerischen Gesandten am Reichstag und seinem Schwiegervater Johann Eustachius Graf Goertz genannt von Schlitz, der neben Brandenburg auch Sach-

---

[27] N. N. [Reigersberg], Ein Wort über die Lage, S. 21.

sen-Weimar und Nassau bis zum August 1806 am Reichstag vertrat. Schriftlich informierte er den Richter am Reichshofrat Ockel und den Präsidenten des Wiener Reichsgerichts Karl Philipp von Öttingen-Wallerstein. Mit Graf Stadion, dem Reichsvizekanzler Colloredo sowie Hügel dürfte er sich während seines Aufenthaltes in Wien besprochen haben. Zusätzlich wurden Franz Xaver von Zwackh und Maximilian von Montgelas, der württembergische Minister Graf Normann-Ehrenfels, der würzburgische Minister Wolltenstein und der mit der Bearbeitung und Leitung der Reichsangelegenheiten in Preußen beauftragte Legationsrat Küster über den Entschädigungsplan informiert. Manchen hatte der Kammerrichter seine Schrift vom März 1806 zukommen lassen.[28]

Die einflussreichsten Politiker der wichtigsten deutschen Staaten für seinen Plan zu gewinnen, war nicht Reigersbergs einziges Ziel. Dies war gleichsam die Maximalforderung. Demgegenüber hoffte er den deutschen Fürsten zumindest die Zusage abzuringen, die laufenden Kammerzieler vorerst weiter zu bezahlen. Entsprechende Kameralschreiben, die seit Ende Juli aus Wetzlar an die vormaligen Reichsstände bzw. ihre Nachfolgestaaten gesendet wurden, unterstützten dieses Vorhaben.[29] Während eine Reihe von vormaligen Reichsständen die Fortzahlung der Kammerzieler im Herbst 1806 zugesichert hatte, konnte ein Reichstagsbeschluss zur Entschädigung der Kameralen nicht mehr herbeigeführt werden. Dies hing auch damit zusammen, dass sich der Reichstag zu dem Zeitpunkt, als die Erklärungen der konföderierten Staaten und des Kaisers verlesen wurden, in den Ferien befand. Der kursächsische Gesandte Hans Ernst von Globig musste Reigersberg im September mitteilen, dass die Versorgung der Prokuratoren in Regensburg, *wo alle Geschäfte aufhören, und alles abreist,* nicht geschehen könne. Er konnte nur in Aussicht stellen, dass dieses Thema zwischen dem Rheinischen Bund und den *nordischen Fürsten* eingeleitet werden könnte.[30] Der bayerische Gesandte Rechberg war weniger hoffnungsvoll. Er schrieb am 21. September aus Regensburg, dass sich zwar die Aufmerksamkeit seines Hofes auf das *Schicksal*

---

[28] BAF, FN 11 Korrespondenz mit Karl Theodor von Dalberg; BAF, FN 1, Entwurf Albini an Reigersberg, Aschaffenburg 2. Sept. 1806; BAF, FN 11 Korrespondenz mit Fahnenberg, Fahnenberg an Reigersberg, Regensburg 2. Oktober 1806; ebd.: Ockel an Reigersberg, Wien 6. Oktober 1806 (Reigersberg sandte Ockel seinen Aufsatz zu); ebd.: Öttingen-Wallerstein an Reigersberg, Wien, den 27. August 1806; ebd.: Rechberg an Reigersberg, Regensburg, den 21. September 1806; ebd.: Korrespondenz mit Zwackh; ebd.: Entwurf Reigersberg an Montgelas und Normann-Ehrenfels, Wetzlar, den 13. September 1806. Ein gegenüber dem Schreiben an Montgelas nur leicht verändertes Schreiben, ging am gleichen Tag auch an Graf Normann-Ehrenfels; ebd.: Korrespondenz mit Globig. Globig an Reigersberg, Regensburg, den 14. Sept. 1806; ebd.: Woltenstein an Reigersberg, Würzburg, den 6. Oktober 1806, BAF, FN 11 Korrespondenz. ebd.: [Entwurf] Reigersberg an Küster, Wetzlar, Exp., den 2. Sept. 1806. BAF, FN 11 Korrespondenz; ebd.: Goertz an Reigersberg, Regensburg, 13. September 1806.

[29] BAF, FN 11 Akten 6b, Anlagen Nr. 26a-h, Schreiben an die deutschen Fürsten v. 26. und 27. August 1806.

[30] BAF, FN 11 Korrespondenz mit Globig. Globig an Reigersberg, Regensburg, den 14. Sept. 1806.

der unglücklich Leidenden richte und er auch jede Gelegenheit ergreifen wolle, um eine günstige Entscheidung zu erwirken. Eine Lösung der Pensionsfrage aber schien unter den gegenwärtigen Umständen, aufgrund des enorm beschleunigten Wandels nicht in Sicht: *Kann man wohl in dem Sturm des Augenblicks mit einiger Zuversicht Entschlüsse auf fernere Jahre fassen?*[31]

Rechberg sollte recht behalten. Nicht nur der Reichstag befasste sich mit der Angelegenheit nicht mehr, sondern weder die konföderierten noch die norddeutschen Staaten fanden eine Lösung des Pensionsproblems. Nachdem die Rheinbundstaaten alle Reichsgesetze für erloschen erklärt und lediglich die aus dem Reichsdeputationshauptschluss resultierenden Verpflichtungen gegenüber den pensionierten Staatsdienern und Geistlichen davon ausgenommen hatten, existierte überhaupt keine gesetzliche Grundlage zur Regelung des Unterhaltes der Kameralpersonen.[32] Wie es in der Zeit nach dem Westfälischen Frieden zur Tradition gehört hatte, die Probleme des Kammergerichts nicht zu lösen, sondern zu verschieben,[33] gelang auch im Angesicht der Auflösung des Reichs keine Einigung.

Vor dem Hintergrund des Regelungsdefizits, das bei der Auflösung des Reichs bestand, nahm der anonyme Verfasser des Aufsatzes *Ueber die Reichsdienerschaft und das Reichsschuldenwesen* die Probleme in den Blick, welche hieraus für die an den Reichsinstitutionen beschäftigten Personen entstanden waren:

> *Bekanntlich hat das Reich Reichsdiener, welche durch Aufhebung der Reichsgerichte ihre Gehalte und die mit ihrem Dienste verknüpften Emolumente verlieren, und von denen manche im hohen Alter einer ungewissen Zukunft trostlos entgegen sehen. Sie stehen im nämlichen Verhältnisse gegen Kaiser und Reich, wie die Beamten und Diener der einzelnen Staaten gegen ihre Landesherrn. Ja bei den höhern sowohl wie bei den niedern Reichsdienern tritt noch der besondere Umstand ein, daß die meisten aus einer oft glänzenden vaterländischen Laufbahn herausgerissen wurden, und mit manchem Kostenaufwande oder titulo oneroso in Reichsdienste kamen.*[34]

Der Verfasser wandte hier das Wort *Beamte* und *Diener* gleichsam selbstverständlich auf alle an den Reichsinstitutionen tätigen Personen an und verglich sie mit den Staatsdienern einzelner Territorien. Dies und der Begriff *vaterländische*

---

[31] BAF, FN 11 Korrespondenz mit Rechberg. Rechberg an Reigersberg, Regensburg, den 21. September 1806.

[32] Huber, Dokumente, S. 26-32 (Rheinbundakte), S. 36-39 (Austrittserklärung der Rheinbundstaaten am 1. August 1806); Hufeld, Der Reichsdeputationshauptschluss, S. 134-137 und 138-140.

[33] Jahns, Das Reichskammergericht, Tl. I, Kap. IV, insb. Kap. IV, 3.

[34] N. N.: Über die Reichsdienerschaft und das Reichsschuldenwesen, in: Der Rheinische Bund, Bd. I, Heft 1, Frankfurt a. M. 1806, S. 109-115.

Laufbahn deutet darauf hin, dass der Umdefinitionsprozess vom Fürstendiener zum Berufsbeamten in der Theorie bereits vollzogen war.[35]

Die vormaligen Reichsglieder, so der anonyme Verfasser, hätten eine gesetzliche Verpflichtung gegenüber ihren *Reichsdienern*. Dieser Anspruch wurde ähnlich wie bei Reigersberg durch einen Analogieschluss begründet, bei dem die Verhältnisse der einzelnen Staaten auf das Reich übertragen wurden. Es zeigt sich hier, dass die im Kontext mit der Bedrohung des Reichs entwickelte Staatsdienerlehre für das Gruppenbewusstsein der Kameralen in der Auseinandersetzung mit den Folgen der Auflösung des Reichs konkretere Konturen annahm. Sie stand den Theorien über den modernen Staatsbeamten der Reformzeit in nichts nach. Mehr noch wurde hier sogar der Versuch unternommen, die Anwaltschaft in die Gruppe der zu entschädigenden Reichsdiener hineinzudefinieren – ein Versuch, der sich auf der Ebene der Territorialgesetzgebung, in der damals vorbildlichen bayerischen Staatsdienerpragmatik von 1805, nicht beobachten lässt.[36]

Der anonyme Verfasser des Aufsatzes im ‚Rheinischen Bund' sprach aber noch ein weiteres Problem an:

> *Schulden vieler Landesherren! Kann hier ein Wort allein genügen? Wer garantiert für den Nachfolger? Muß es nicht Mittel geben, um den im doch möglich denkbaren Falle Wortbrüchigen zu zwingen zur Erfüllung des gegebenen Wortes? Der Fälle, wo Staatsklugheit selbst die Beschränkung der Souverainität, wenn man hierunter selbst die unumschränkte Herrschergewalt verstehen sollte, erfordert, gibt es doch mehrere. Und welche Beschränkungen? – nur die – gerecht seyn zu müssen, was ja ohnehin der Wunsch aller guten Souverains ist, die ihren Unterthanen, ihr Volk lieben.*[37]

Diese Bemerkungen trafen den Kern des Entschädigungswesens. Denn was half die Formulierung und Anerkennung aller Rechtsansprüche, wenn die Mittel zu ihrer Durchsetzung fehlten? An eine Exekution gegen säumige Zahler, wie sie die Reichsverfassung und Reigersbergs Plan vorsah, war unter den Bedingungen der *neuen Ordnung* nicht zu denken. Dazu hätte die Souveränität der deutschen Fürsten deutlicher eingeschränkt werden müssen, als dies die Rheinbundakte vorsah. Die Ursache dieses Problems lag in dem Regelungsdefizit, darin, wie der Verfasser treffend analysierte, dass im Zuge der *großen Veränderungen und Um-*

---

35 Hierzu am Beispiel Niederhessens: Brakensiek, Fürstendiener; ferner: B. Wunder, Privilegierung und Disziplinierung. Vgl. auch Teil I, Kap. 5 dieser Arbeit.

36 Schimke, Regierungsakten Bayern, Nr. 76, S. 400-410 (Auszug aus der sog. Staatsdienerpragmatik). Zeitgenössisch in: Churpfalz-baierisches Regierungs- und Intelligenzblatt 1805, (1. Januar1805), S. 225-241. Zusammenfassend dazu: Schimke, Das Ansbacher Mémoire, S. 53f.

37 N. N.: Ueber die Reichsdienerschaft, S. 111.

wälzungen, welche Deutschland seit vier Jahren erlitt,[38] nichts von dem zur Sprache gekommen sei, *was die Gesamtheit des Reiches betrifft.*[39]

III. Differenzierung der Pensionsansprüche

Während sich der Kammerrichter zunächst auch zur Wahrung der Interessen der übrigen Kameralen verpflichtet gefühlt hatte und das Kameralkollegium dies stillschweigend und offensichtlich in der Hoffnung billigte, dass der Reichstag noch eine Entscheidung herbeiführen würde, erwies sich dies im September 1806 als nicht durchführbar. Es kristallisierte sich demgegenüber heraus, dass nicht genügend Kammerzieler eingehen würden, um auch die Prokuratoren und Advokaten zu entschädigen.

1. Das ,Scherflein' Karl von Kamptz'

Der erste Aufsatz zur Unterhaltssituation, der von Seiten der Richterschaft nach der Abdankung des Kaisers erschien, verdeutlich, dass man sich von der Idee einer Solidargemeinschaft der Wetzlarer Reichspensionäre zu verabschieden begann. Die Schrift stammte von dem kurbrandenburgischen Präsentatus Karl Albert von Kamptz. Dieser nahm zwar im Titel Bezug auf Reigersbergs Vorschläge vom März des Jahres 1806. Gleichwohl aber hatte er nur die *zur Entscheidung angeordneten Gerichtsglieder* vor Augen.[40] Er wollte sein ,Scherflein' zur Pensionsfrage nur für die *Männer* beitragen, welche die *ersten Richterstellen in Deutschland* verloren hatten.[41]

Der Aufsatz brachte nichts wesentlich Neues und spielte auch für die Pensionsdebatte keine entscheidende Rolle. Kamptz meinte, es sei nach den Schriften von der Beckes, Seufferts, Malacords, Rönnebergs und anderer eine *Illiade post Homerum*, die These der Entschädigungsberechtigung noch einmal zu belegen. Gleichwohl ist sein Aufsatz deshalb interessant, weil er eine Übergangsposition markiert: die beginnende Abwendung der Angehörigen des Kameralkollegiums von Reigersbergs Überlegung, dass allen Angehörigen des Kammergerichts ein lebenslängliches Recht auf Pension zustehe. Methodisch orientierte sich Kamptz am Vorgehen Reigersbergs. Er verband die Staatsdienertheorie mit Beispielen aus der Praxis,[42] die er für diejenigen anführte, welche die Welt mehr durch *exemplis*

[38] N. N., Ueber die Reichsdienerschaft, S. 110.
[39] N. N., Ueber die Reichsdienerschaft, S. 113.
[40] Kamptz, Auch ein Scherflein, Zitat aus der Note des Herausgebers, also Vahlkampfs, die nachträglich hinzugefügt wurde: S. 39.
[41] Kamptz, Auch ein Scherflein, S. 26.
[42] Seuffert, Von dem Verhältnisse des Staats; Von der Becke, Von Staatsämtern und Staatsdienern; Rönneberg, Über Dienstentlassungen und Dienstaufkündigungen; Malacord, Dissertationes de publicis officiis.

als durch *rationibus* regiert sähen.[43] Dies war zweifellos ein Reflex auf die unterschiedlichen Richtungen, welche die Staatslehre des Reichs dominierten.

Kamptz führte sowohl Fälle von Entschädigungen entlassener Staatsdiener aus dem vormaligen Kernreich als auch aus dem ehemaligen Reichslehensverband an. Er verwies auf die Grundsätze, mit denen Leopold II. seine Staatsverwaltung in der Toskana aufgerichtet hatte, nach denen kein Staatsdiener Opfer einer nützlichen Reform werden dürfe. Er zog die Erklärungen Kaiser Franz' II. vom 6. August 1806 heran, wonach die Pensionen der Richter des Reichshofrats aus der österreichischen Staatskasse bezahlt werden sollten. Weitere Beispiele waren die Grundsätze Preußens bei der Pensionierung von RKG-Prokuratoren, welche die übernommenen Länder vertreten hatten, die Grundsätze des Fürstprimas, der sich am 30. Juli 1806 für die Billigkeit der Zahlung von Pensionen an die vormaligen RKG-Angehörigen ausgesprochen hatte, und ähnliche Verfügungen des schwedischen Königs Gustav Adolf für Pommern sowie König Friedrichs von Württemberg.[44]

Obgleich hier Beispiele herangezogen wurden, die einen Pensionsanspruch der Prokuratoren des Kammergerichts hätten rechtfertigen können, argumentierte Kamptz als Interessenvertreter des Kameralkollegiums. Von den Anwälten war nicht die Rede. Allerdings fügte der Protonotar Vahlkampf dem Aufsatz eine Fußnote hinzu, in der er deutlich machte, dass die für das Kameralkollegium entwickelten Grundsätze auch auf die anderen Angehörigen des Kammergerichts angewendet werden könnten. Vahlkampf qualifizierte alle Kameralen als pensionsberechtigt, unterschied aber zwischen *Reichsdienern* und *Reichsjustiz-Bedienten*. Der Protonotar betonte, dass die *Reichsjustiz-Bedienten*, also die unbesoldeten Kameralen, auf keinen Fall auf Kosten der *Reichsdiener*, der besoldeten Kameralen, entschädigt werden dürften.[45] Damit sprach sich auch Vahlkampf für einen höherwertigen Pensionsanspruch der besoldeten gegenüber den unbesoldeten Kameralen aus und positionierte sich in der unterdessen entbrennenden Kontroverse um die Pensionsansprüche zwischen Anwälten und Angehörigen des Kameralkollegiums.

2. Die Forderungen der Anwaltschaft

Die Anwaltschaft des Kammergerichts begann Anfang August 1806 ihrerseits Pensionsansprüche anzumelden. Die insgesamt 34 am RKG noch tätigen Prokuratoren und Advokaten hatten sich in Reaktion auf die Nachricht der Gründung des Rheinbundes in einem Ausschuss zusammengeschlossen. Vor dem Hintergrund ihrer bisherigen Stellung in der Kameralverfassung war dies ein Novum, hatte

43 Kamptz, Auch ein Scherflein, S. 20.
44 Kamptz, Auch ein Scherflein, S. 20-25.
45 Kamptz, Auch ein Scherflein, S. 39-41 Anm.

doch die Anwaltschaft keine korporative Vertretung am RKG[46] und war den Beschlüssen der Richter, der Gerichtsbarkeit und Polizeigewalt des RKG,[47] die vom Kameralkollegium ausgeübt wurde, unterworfen.

Der Ausschuss der Anwälte stand unter der Leitung der wohl bestverdienenden Prokuratoren Zwierlein und Hofmann und hatte am 9. August 1806 eine gemeinschaftlich unterzeichnete Denkschrift an die deutschen Regenten gesandt. Diese enthielt neben einer Begründung des Pensionsanspruchs der Parteivertreter drei Vorschläge zur Gestaltung ihrer künftigen Versorgung.[48] Im ersten Vorschlag wurde das Konzept des Kammerrichters vom März 1806 aufgegriffen: Die Anwälte sollten auf die Sustentationskasse angewiesen und die Kammerzieler um ein Drittel erhöht werden. Allerdings scheinen die Anwälte bereits Anfang August befürchtet zu haben, dass diese Regelung nicht durchsetzbar sein würde. Sie wussten, dass die Kammerzieler schon bisher kaum regelmäßig in Wetzlar eingetroffen waren, und vor diesem Hintergrund war ihre Erhöhung um ein Drittel nur schwer vorstellbar. Deshalb schlugen sie alternativ vor, zur Ergänzung ihrer Pensionen Gelder aus der Depositenkasse heranzuziehen. In dieser Kasse, die ebenfalls der Verwaltung des Pfennigmeisters und der Oberaufsicht des Kameralkollegiums unterstellt war, befanden sich Fonds, deren Zinsen bisher zur Ergänzung der Gehälter der besoldeten Kameralen herangezogen worden waren. Die Anwälte argumentierten, wie die besoldeten Kameralen *Reichsdiener* zu sein, und untermauerten ihren Anspruch auf die Kapitalien mit dem Argument, dass diese Kapitalien zweckentfremdet worden wären und eigentlich dem gesamten Gerichtspersonal zustünden.

Tatsächlich handelte es sich hierbei zum Teil um verliehene Gelder, die nach der Visitation von 1766–1776 eingegangen waren, als bereits erhöhte Kammerzieler für acht neue Beisitzerstellen gezahlt worden waren, jedoch noch keine neuen Assessoren aufgeschworen hatten. Zum anderen war der Überschuss in der Sustentationskasse, der es ermöglichte Fonds zu bilden, dadurch zu Stande gekommen, dass sich die Zahlungsmoral vieler Reichsstände während der Fürsten-

---

46 Weitzel, Anwälte am Reichskammergericht.

47 Die durch den Kammerrichter, die Polizeideputation und die Plenarversammlung ausgeübte Polizeigewalt über die Kameralen ist ein bisher vernachlässigter Aspekt der Kammergerichtsforschung. Zu den Friktionen des Kammergerichts mit der städtischen Policey: BAF, FN 11 Akten, Konvolut, Obs. LXIV, Tom. 3.

48 BAF, DB 2, 36, Darstellung der Verhältnisse der bey dem kaiserlichen Reichs Kammergericht zu Wetzlar angestellten Herrn Procuratoren und Advocaten. Der Text ging bereits am 6. August 1806 dem Kammerrichter zu: BAF, FN 11 Akten 6a, Anlage Nr. 23, Advokaten und Prokuratoren an Reigersberg, Wetzlar 6. August 1806 (Memorial sämtlicher des K. und RKG Advokaten und Prokuratoren, ihren, als solche Personen welche bei dem K. R. K[ammer] Gericht ihre konstitutionelle Existenz bisher gehabt haben, künftigen anständigen Unterhalt betr.); vgl. auch BAF, FN 11 Akten 6a, Anlage Nr. 24.

bundzeit verbessert hatte.[49] Während diese Gelder mit Einwilligung von Kaiser und Reichstag verliehen worden waren und bis zur Auflösung des Reichs nicht vollständig flüssig gemacht werden konnten, existierten noch andere Fonds, von denen nur bekannt war, dass sie im 17. Jahrhundert in die Kassen des Gerichts gekommen waren.[50] Doch auch auf dieses Geld konnten die Anwälte keinen rechtlich gegründeten Anspruch erheben.

Für den Fall, dass auch dieses Kapital nicht zureichen würde, entwickelten die Prokuratoren und Advokaten ihren dritten Vorschlag. Er ging dahin, die Sachwalter direkt an den einkommenden Kammerzielern zu beteiligen und auf die Sustentationskasse zu verweisen.[51] Damit wurde eine gegenüber Vahlkampfs Anmerkung konträre Auffassung vertreten. Denn die Prokuratoren und Advokaten wollten an der Sustentationskasse auch dann beteiligt werden, wenn die Kammerzieler nicht um ein Drittel zu ihren Gunsten erhöht würden. Darüber hinaus war dies freilich eine einseitige Verkürzung der Argumentation Reigersbergs. Die Anwälte eigneten sich also den von Reigersberg unscharf gehaltenen Reichsdienerbegriff an und instrumentalisierten ihn zur Rechtfertigung ihrer Ansprüche. Obgleich sie dabei denselben systematischen Rahmen heranzogen, lag ein deutlicher Unterschied darin, dass die Angehörigen des Kameralkollegiums strikt auf die richtige Interpretation der reichsgesetzlichen Vorschriften achteten. Sie stülpten gleichsam den systematischen Rahmen über die reichsgesetzlichen Normen. Die Anwaltschaft hingegen verstieß gegen dieses Prinzip. Sie setzten die Prinzipien der Staatsdienerlehre absolut und entwerteten dabei die reichsgesetzlichen Vorgaben.

3. Erste Reaktionen der Richter

Die Forderungen der Anwälte provozierten einen Meinungsumschwung im Kameralkollegium. Mehr und mehr begann man sich nun von Seiten der Richterschaft von den Vorschlägen Reigersbergs zu distanzieren und schärfte die eigene Position, indem die bisher geltenden reichsrechtlichen Normen eine Aufwertung erfuhren. Nachdem sich die Richter mit der Denkschrift der Anwälte vom 9. August 1806 zunächst kaum beschäftigt hatten, wurden die Gegensätze deutlicher, als die Prokuratoren ihre Pensionspläne zu Ungunsten der besoldeten Kameralen

---

49 Vgl. etwa: HHStA-Wien, RK, RKG Visit. 381, Maurer an Reichsvizekanzler, o. J. [1787]: *Die Reichsstände zahlen mit solchem Eifer, daß die erste Messwoche bey 11000 fl. eingegangen seyn sollen.*.

50 Hierzu auch: HHStA-Wiesbaden, Abt. 371, 128, fol. 51r-54r, Gruben an Karl Theodor, Wetzlar, den 9. Oktober 1806.

51 BAF, DB 2, 36, Abdruck Bittschreibens sämmtlicher Reichskammergerichts-Advocaten und Procuratoren an die Allerhöchsten und höchsten Regenten des südlichen und nördlichen Deutschlands, Wetzlar, den 9. August 1806. Während den 15 Jahren und länger am Gericht tätigen Anwälten eine Pension von 1 800 fl. (24 fl. Fuß) zufließen sollte, beanspruchte die Gruppe, die seit zehn Jahren am RKG arbeitete, zwei Drittel davon. Den jüngsten Anwälten sollte nur die Hälfte zur Verfügung stehen, also 900 fl.

fortspannen und zum Gegenstand mehrerer Suppliken an Karl Theodor machten. Die dürftige Kassenlage und die schwindende Aussicht, dass die vormaligen Reichsstände eine Erhöhung der Kammerzieler beschließen würden, bildeten zusätzliche Motive dafür, dass sich das Kameralkollegium Ende August 1806 vehement gegen die Ansprüche der Anwälte zu wehren begann.

Bereits in der Sitzung vom 26. August 1806, in der die Entscheidung fiel, die Tätigkeit des RKG einzustellen, dachten die Richter über ihr Verhältnis zu den Prokuratoren und Advokaten nach. Damals schlugen die Referenten die Ernennung eines Deputierten am Rheinischen Bundestag vor, um zu verhindern, dass die Pläne der Prokuratoren die eigene Entschädigung hintertrieben. Darüber hinaus wollte man Karl Theodor die Grundlagen des kammergerichtlichen Sustentationswesens noch einmal vorstellen.[52] Zwar schätzten die Assessoren den *edlen* Zweck, den der Kammerrichter bisher verfolgt habe, hielten es aber nicht für tunlich, *gemeinschaftliche Sache* mit den Prokuratoren zu machen. Sie forderten Reigersberg auf, das Kameralkollegium künftig über seine Schritte zu informieren und nicht mehr eigenständig zu handeln. Begründet wurde dies zum einem mit den gegensätzlichen Interessen von Richtern und Anwälten:

> *Das Interesse der Prokuratoren ist gewissermaßen von dem unsrigen verschieden; ihr Hauptentschädigungsfond soll aus einer Erhöhung der Kammerzieler bestehen. Dieses wird bei mehreren Reichsständen, welche die alten Zieler vielleicht fortbezahlt hätten, Bedencken erregen; so wird Bayern, welches die beträchtlichsten Beiträge zahlt, sich schwerlich darauf einlassen. Unterstützen wir dieses Gesuch, so setzt dieses unserm eigenem Schwierigkeiten in den Weg; wollen aber die Prokuratoren, wie solches sehr wahrscheinlich, auf unsere vorräthlichen Kapitalien Entschädigungsansprüche machen, so müssen wir für unser eigenes Heil trachten, und unser Zweck steht dem ihrigen dann gerad entgegen.*[53]

Zum anderen machten von der Becke und Hohnhorst geltend, daß sich die Prokuratoren freiwillig vom Kameralkollegium getrennt hätten und alle Schritte geheim hielten, die nach der Supplik vom 9. August 1806 eingeleitet worden waren. Dass sie vom Erfolg ihrer mündlichen Vorstellungen beim Fürstprimas in

---

[52] Die Anwälte hatten zunächst Reigersberg von ihrem Vorhaben berichtet (BAF, FN 11 Akten 6a, Anlagen Nr. 23 und 24). Die Angehörigen des Kameralkollegiums dürften bereits vor Karl Theodor von den Plänen der Parteivertreter gewusst haben, reagierten aber erst, nachdem Reigersberg von seiner Reise aus Regensburg und Wien zurück war. Erstmals zum Gegenstand eines Schreibens des Kammerrichters an den Fürstprimas wurde die Angelegenheit nach einer Vorstellung der Notare am 30. August 1806 (BAF, FN 11 Akten 6a, Anlagen, Nr. 27a, Jüngere Protokollisten und Notare in den Schreibstuben der Prokuratoren an Reigersberg. Ebd., Nr. 27b, Reigersberg an Fürstprimas, Wetzlar, den 30. August 1806.) Die Plenarversammlung beschäftigte sich mit den Forderungen der Anwälte intensiv seit dem 2. September 1806 (Ebd., Akten 6b, Sitzungsprotokoll v. 2. September 1806 mit der hohen Direktorialsproposition, in: ebd., Akten 6a, Nr. 27).

[53] BAF, FN 11 Akten 6 a, Nr. 23, Votum Becke/Hohnhorst, insb. Abschnitt VII.

Aschaffenburg keine Nachricht gegeben hätten, schien darüber hinaus ein Zeichen dafür zu sein, dass sie *im Trüben zu fischen*[54] gedächten und ihre Entschädigung auf Kosten der Richter betrieben. Dennoch wollte man zunächst Vorsicht walten lassen, da einige Prokuratoren über Einfluss an verschiedenen Höfen verfügten.

4. Die ‚Beherzigung' Karl Theodors

Die Abhandlung, die der Fürstprimas unter dem Titel ‚Beherzigung über das Schicksal verdienstvoller Männer' veröffentlicht hatte, brachte das Fass zum Überlaufen.[55] Für die Angehörigen des Kameralkollegiums wurde deutlich, was die mit einer übertriebenen Darstellung der Notlage der Anwaltschaft gewürzten Vorstellungen bei Karl Theodor vermochten.[56] Die Überlegungen Karl Theodors waren in einen weiteren Kontext eingespannt. Es ging ihm darum, eine Lösung für alle *Männer* zu finden, die mit der Auflösung des Reichs ihre Einkünfte verloren hatten. Er verwies auf die Regelungen des Reichsdeputationshauptschlusses zugunsten der Staatsdiener und Geistlichen, die er selbst mit herbeigeführt hatte.[57] Er appellierte wie Reigersberg an die Rechtschaffenheit, den Biedersinn und die Gerechtigkeitsliebe, die den deutschen *Nationalcharakter* seiner Meinung nach auszeichneten. Die Trennung der politischen Verbindung des Reichs habe dies nicht vernichtet.[58] Ein ganze Reihe von Amtsträgern des Reichs waren seiner Ansicht nach entschädigungswürdig: die Richter des Reichshofrats, die Angehörigen der Reichskanzlei, die Richter des RKG und die Kanzleipersonen, die Reichshofratsagenten in Wien, die Prokuratoren und Advokaten am Kammergericht, ihre Schreiber sowie die am Kammergericht immatrikulierten kaiserlichen Notare. Hinzu kamen die Kanzleipersonen der Reichstagsgesandten in Regensburg.[59]

Karl Theodors Schrift merkte man an, dass er über die Personalverfassung des RKG nicht genau Bescheid wusste. Der § 6 seiner ‚Beherzigung', der zum Kernpunkt der Kontroverse um die Pensionsansprüche wurde, unterteilte die Kameralpersonen in drei Klassen. Zur ersten Klasse zählte der Fürstprimas das Kameralkollegium mit Kammerrichter, Präsidenten und Assessoren. Die zweite Klasse bildete er aus der Anwaltschaft und den kaiserlichen Notaren. Zur dritten Klasse

---

54 Zitat: BAF, FN 11 Akten 6 a, Nr. 23, Votum Becke/Hohnhorst.

55 Dalberg, Beherzigung des Schicksals (Die Schrift ist auf den 14. September 1806 datiert).

56 Zu den Vorstellungen der Prokuratoren beim Fürstprimas: HHStA-Wiesbaden, Abt. 371, 128; BAF, DB 2, 36. Hier befinden sich die Vorstellungen der Prokuratoren und eine Übersicht über das jährliche Durchschnittseinkommen der Advokaten und Prokuratoren, das die zum Teil drastischen Schilderungen der entstandenen Notlage deutlich relativiert. Die Anwälte baten die deutschen Fürsten zur gleichen Zeit um Pensionen. Vgl. dazu etwa: BayHStA, MA 4051 und 4047.

57 Burgdorf, Untergang der Reichskirche.

58 Dalberg, Beherzigung des Schicksals, S. 4.

59 Dalberg, Beherzigung des Schicksals, S. 4.

rechnete er die Schreiber der Anwälte. Karl Theodors Unkenntnis sprang jedem Zeitgenossen, der mit der Personalverfassung des RKG nur einigermaßen vertraut war, sofort ins Auge. Sie resultierte aus der einseitigen Information durch die Prokuratoren und trat auf dreierlei Weise zu Tage: Zum einen bestand eine personelle Identität von kaiserlichen Notaren und Schreibern in den Schreibstuben der Prokuratoren und Advokaten. Alle der insgesamt 16 kaiserlichen Notare am RKG waren zugleich Schreiber bei Anwälten und verdienten sich mit dem Notariat einen Nebenerwerb.[60] Deshalb konnten sie unmöglich zugleich zur Klasse der Prokuratoren und Advokaten gerechnet werden und eine eigene Klasse von Kameralen bilden. Zum anderen argumentierte Karl Theodor nicht entlang der bisher gültigen Unterscheidung zwischen besoldeten und unbesoldeten Kameralen. Darüber hinaus hatte er die Boten bei seiner Aufzählung vergessen, die im Gegensatz zu den Notaren von den Angehörigen des Kameralkollegiums abhängig waren.

Doch nicht nur hierin schlug sich der Einfluss der Anwaltschaft auf Karl Theodor nieder. Er äußert sich auch darin, dass er die Advokaten und Prokuratoren auf die Sustentationskasse anweisen wollte. Ganz den Vorschlägen der Anwaltschaft gemäß sollten zwei Drittel der eingehenden Kammerzieler für die Angehörigen des Kameralkollegiums verwendet werden, während ein Drittel auf die zweite und dritte von ihm gebildete Klasse verteilt werden sollte. Schließlich sah der Plan vor, die gemeinschaftliche Kasse durch eine von allen Kameralpersonen zu wählende Kommission zu verwalten. Wenn Karl Theodor überdies an die Reichsstände appellierte, die Kammerzieler in erhöhtem Beitrag abzuführen, so zeigt dies, dass der Fürstprimas den Vorschlag Reigersbergs gelesen hatte. Gleichwohl war es zweifelhaft, ob eine Erhöhung der Kammerzieler um ein Drittel durchsetzbar sein würde.[61]

Der bayerische Agent Franz Xaver von Zwackh wusste die Reaktionen einzuschätzen, die sein Plan bei den Kameralen hervorrufen würde – und er kannte die Verhältnisse am RKG besser als der Fürstprimas. Er wies Karl Theodor auf seinen Fehler hin und betonte, dass er die in Wetzlar wohnenden kaiserlichen Notare, weil sie alle Schreiberdienste versahen, nicht zur zweiten, sondern zur dritten Klasse rechnen müsse. Zusätzlich warnte er ihn vor der Reaktion der Angehörigen des Kameralkollegiums:

> *So vergnügt die zweite und dritte Klasse der Kameralen ist, so stark äußern die Assessoren ihren Unwillen, einen Theil ihres vorigen Gehalts zu verlieren. Hätten Sie den Reichsfiskal noch zugewiesen, so würden sie gegen den Verfasser emittiren!*[62]

---

60 Mader, Soldateske des Reichskammergerichts.

61 Dalberg, Beherzigung des Schicksals, S. 6, § 6.

62 HHStA-Wiesbaden, Abt. 371, 128, fol. 4. Zwackh an Fürstprimas, Wetzlar, den 23. September 1806.

5. Ansprüche des Kameralkollegiums

Diese Einschätzung entsprach den tatsächlichen Reaktionen im Kameralkollegium. Als *Leute*, die daran gewöhnt seien, *von Raub und Beutemachen zu leben*, charakterisierte Assessor Franz Joseph von Stein zu Lausnitz die Advokaten und Prokuratoren, als er von der Schrift des Fürstprimas Kenntnis erlangte.[63] Die Referenten von der Becke und Hohnhorst quittierten den Vorschlag mit der Bemerkung, dass sie auf keinen Fall der *vermischten Societät* angehören wollten, die der Fürstprimas zur Verwaltung der Kassen aus allen Kameralen wählen lassen wollte. Sie würde *gar bald in eine sogenannte Löwengesellschaft ausarten.*[64] Die Assessoren waren sichtlich aufgebracht und das Referat von der Beckes und Hohnhorsts kam der Entschlossenheit des Kollegiums entgegen, gegen diesen Plan vorzugehen:

> *Es ist heilige Pflicht, in diesem entscheidenden Augenblicke als Mann zu sprechen. Als Mann, der alle Rücksichten auf sein eigenes Interesse jetzt vergißt, dem es gleich gilt, ob er künftig sein Brod in Wein oder Wasser tunken wird, kurz der von jeder Privatperson lieber nothgedrungen ein Almosen annehmen würde, als von einem Fürsten, dem er nicht dient, und mit dem er in Verhältnissen zu stehen nicht das Glück hat.*[65]

Ullheimer forderte, die Ideen des Fürstprimas müssten *rectifiziert* werden. Fast alle anwesenden Assessoren stimmten dafür.[66] Der Kern der Erregung, die Dalbergs ‚Beherzigung' im Kameralkollegium verursachte, war die darin zum Ausdruck gebrachte völlige Missachtung aller bisher gültigen Prinzipien und Verhältnisse am Kammergericht. Die Vorschläge des Fürstprimas verstießen nicht nur gegen die Rechtsansprüche auf Entschädigung der wahren ‚Reichsdiener' für den Verlust ihrer Stellen. Mehr noch stellte sein Vorschlag, andere Kameralen an der Kassenverwaltung zu beteiligen, die bisherigen Machtverhältnisse auf den Kopf, war doch das Kameralkollegium mit dem Kammerrichter an der Spitze bisher das entscheidungsbefugte Gremium in allen Gerichtsangelegenheiten gewesen, dem sich die subalternen Kameralen zu fügen hatten.

Darüber hinaus missachtete Karl Theodor die letzte Verfügung des Kaisers, nach der es dem *höchsten Reichsgerichte* überlassen sein sollte, auch wegen der Kassen *die den Umständen angemessenen Verfügungen zu treffen.*[67] Insgesamt verletzte er damit nicht nur den Geldbeutel, sondern das Ehrgefühl der vormaligen Reichsrichter.[68] Auch in sachlicher Hinsicht wurde der Plan als problematisch eingestuft. Die Angehörigen des Kameralkollegiums glaubten, es schade dem

---

63 BAF, FN 11 Akten 6b, 22. September 1806, Votum Stein.
64 BAF, FN 11 Akten 6a, Nr. 39, Referat von der Becke und Hohnhorst.
65 BAF, FN 11 Akten 6a, Nr. 39, Referat von der Becke und Hohnhorst.
66 BAF, FN 11 Akten 6b, 22. September 1806.
67 Vahlkampf, Politische und historische Ansichten, S. 16
68 BAF, FN 11 Akten 6a, Nr. 39.

Pensionsgeschäft, wenn die Kammerzieler, welche die vormaligen Reichsstände lediglich zur Subsistenz der besoldeten Kameralen zahlten, einfach umgewidmet würden. Die deutschen Fürsten hätten vor diesem Hintergrund einen Vorwand, ihre Gelder nicht weiter zu entrichten. Ein letztes Ärgernis schließlich war des Fürstprimas Unkenntnis der Kameralverfassung, die polemisch quittiert wurde:

> *Wenn in die 2te Klasse der zu entschädigenden beym Kammergericht auch die Notarien zugleich mit den Advokaten und Procuratoren gerechnet werden, so dürfen sie sich Glück wünschen, sie werden für den Verlust ihrer Vidimationsgebühren reichlich bezahlet. Eben so wenig maaßt Referent sich darüber eine Recension an, daß aus den Schreibern eine eigene 3te Klasse der zu entschädigenden gebildet ist. Ob sie vorzüglicher dahin gehören, als jeder entlassene Diener eines Kameral-Mitgliedes will Referens nicht entscheiden, so viel weiß er aber, daß sie nicht gleich den ersten beiden Klassen zu den Reichsdienern gerechnet werden können.*[69]

Um dem Plan des Fürstprimas entgegenzuwirken, beschloss das Kameralkollegium eine Denkschrift einzusetzen, die von der Becke bereits vorher ausgearbeitet hatte.[70] Sie klärte in sachlichem Ton die für verbindlich erachtete Rechtslage. Dieser Aufsatz war von den Angehörigen des Kameralkollegiums bereits Mitte September 1806 intensiv diskutiert, an einigen Stellen verändert und schließlich per Mehrheitsbeschluss zum Druck gebracht worden. Er lag nun als fertiges Produkt vor, um auch zur Verteidigung der Rechte des Kameralkollegiums eingesetzt werden zu können.[71]

6. ‚Ueber den künftigen Unterhalt'

Zwar könne die Reichsverfassung aufhören und die alten Gesetze als nicht mehr bindend betrachtet werden, allein seien dadurch die *in Kraft der alten Verfassung übernommenen Verpflichtungen nicht sogleich aufgehoben*, konnte man in der anonym veröffentlichten Denkschrift von der Beckes lesen.[72] Hier wurde noch

---

69 BAF, FN 11 Akten 6a, Nr. 39.

70 BAF, FN 11 Akten 6b, Sitzung v. 22. September 1806, Votum Ullheimer: *Die Ideen des Fürsten Primas müssen rectifiziert werden; dies könne am besten durch mündliche Beredung und Sollicitatur geschehen. D. Votanti seien die schon älteren Verbindungen des He. Präsidenten Frhr. v. Stauffenberg und dessen Freunden mit dem Domherren Grafen von Stadion und Weihbischofe Kellborn* [...] *bekannt, und D. V. ersuche daher Se. Excellenz, sich nach Aschaffenburg mit der gedruckten Druckschrift des Assessors von der Becke zu dem Herrn Fürsten Primas* [zu begeben] [...] *und ihm bessere Ideen für unseren Unterhaltung nach den Vorschlägen der Herren Referenten, beyzubringen.*

71 Zu dieser Druckschrift und ihrem Entstehungskontext vgl. auch Teil IV dieser Studie.

72 N. N., Ueber den künftigen Unterhalt, Zitat: § 2, S. 1. Den Entwurf zu dieser Schrift erarbeitete von der Becke, die Mitglieder des Kameralkollegiums diskutierten ihn, schlugen Verbesserungen vor und stimmten über die Veröffentlichung ab. Dazu: BAF, FN 11 Akten 6b, Sitzungsprotokoll v. 15. Sept. 1806; BAF, FN 11 Akten 6a, Anlagen, Nr. 29, 30, 30a.

einmal die am 26. August 1806 formulierte Auffassung unterstrichen, dass die Auflösung des Reichs keinen Rückfall in einen Zustand der Anarchie zur Folge haben könne:

> *Diejenigen höchst- und hohen Stände, welche sich unter dem Schutze Frankreichs zuerst von dem Reichsverbande losgesagt haben, um einen neuen Bund unter sich zu errichten, – und eben so die übrigen Stände, welche die Trennung geschehen ließen, um etwa gleichfalls eine besondere Verbindung zu schließen, konnten wohl sagen: Für die Zukunft erkennen wir keinen Kayser für unser Oberhaupt, für die Zukunft binden uns die alten Gesetze nicht mehr, und kein Reichsgericht soll künftig weder uns noch unseren Unterthanen Recht sprechen.* [...] *Allein die Verbindlichkeiten, die sie vorhin eingegangen hatten und nicht blos die aus der Verfassung scheidenden Stände unter sich betrafen, konnten sie nicht entsagen, und haben es zuverlässig nicht gewollt.*[73]

Diese Formulierung war zweifellos eine konsequente Fortsetzung der Positionen, die von der Becke in seiner Staatsdienerlehre von 1797 und in dem Gutachten zur Auflösung des Reichs vertreten hatte. Auch zeigt sie deutlich, dass die Verbindlichkeit zur Entrichtung der 1803 zuletzt reichsgesetzlich gesicherten Kammerzieler mit der Auflösung des Reichs nicht als erloschen betrachtet wurde.

Von der Becke entwickelte seine Argumentation entlang einer Auffassung, die einen direkten Übergang vom naturrechtlichen Denken zu einer dogmatischen Staatsauffassung kennzeichnet.[74] Dies wird deutlich, obgleich die Angehörigen des Kameralkollegiums die in der Schrift bezogenen Positionen mit Rücksicht auf ihre Adressaten, die vormaligen Reichsstände, abgemildert hatten.[75] Inhaltlich definierte von der Becke den Anspruch der Mitglieder des Kameralkollegiums auf ein lebenslänglich unverkürztes Gehalt als einen Rechtsanspruch von dritten Personen und Körperschaften an ein Ganzes, den unteilbaren Staatskörper des Reichs:

> *Dritte Personen und Körperschaften, welche an dem Ganzen vor seiner Auflösung Forderungen hatten, konnten durch die Trennung vom Ganzen nicht um ihr Recht gebracht werden. Giebt es daher auch* [...] *künftig kein Kammergericht, keine Kammerzieler mehr, so muß doch den Gliedern des Gerichts der Anspruch auf ihre vorherige Subsistenz unverletzt bleiben. Das ist im Natur- und Völkerrecht, in der Natur der Sache gegründet; zum Beweise braucht man keine gelehrten Citate aus den Schriften der Rechtslehrer hervorzusuchen.*[76]

---

[73] N. N., Ueber den künftigen Unterhalt, § 2, S. 2f.

[74] Dogmatische Staatsauffassung: Stolleis, Geschichte des öffentlichen Rechts, Bd. 2, S. 121-130

[75] Zur Diskussion hierüber: BAF, FN 11 Akten 6b, Sitzungen vom 15., 16., 19., 22. September 1806; BAF, FN 11 Akten 6a, Anlagen Nr. 30c, 32-36b, 39.

[76] N. N., Ueber den künftigen Unterhalt, § 2, S. 2.

Diese Wendung hin zu einer Auffassung, wie sie sich in dieser Zeit in der Formel des Staates als *juristischer Person* verdichtete, verdeutlicht, dass von der Beckes Konzept von dem Karl Friedrich von Savignys nicht so weit entfernt war. Denn dieser ging ganz ähnlich von einer Rechtsfähigkeit aus, die über die natürlichen Personen hinauswies und sich auf *künstliche durch bloße Fiktion angenommene Subjekte* ausdehnte.[77] Von der Beckes Argumentation war gleichsam eine historisch begründete Fiktionstheorie unterlegt: Hier war auf der einen Seite das aufgelöste Reich, dessen Glieder nur mehr als Fiktion bestanden, die jedoch noch Verbindlichkeiten hatten. Auf der anderen Seite existierte der stillgelegte *Amtskörper*, das Kameralkollegium, nur noch deshalb weiter, weil seine Rechte mit der Auflösung des Reichs nicht befriedigt worden waren. Damit ist belegt, dass sich im Kontext der Auseinandersetzung mit der Auflösung des Reichs und damit in einem öffentlich-rechtlichen Kontext Theorien ausbildeten, von denen die rechtshistorische Forschung bisher annahm, sie hätten sich zunächst nur auf das Privatrecht bezogen.[78]

Es ist geradezu erstaunlich, mit welcher Selbstverständlichkeit und welchem theoretischen Selbstbewusstsein von der Becke seine Position formulierte. Er hielt es ja nicht einmal für nötig, gelehrte Zitate und Rechtslehrer hervorzusuchen – und dies war die abgeschwächte Form der Denkschrift, die ursprünglich den Titel trug: *Ueber Verbindlichkeiten der ehemaligen Stände des deutschen Reichs den Gliedern des Kayserlichen und Reichs Kammer Gerichts ihre Besoldungen fortzuzahlen.*[79] In der ursprünglichen Form war von *Rechtsberaubung* die Rede. Ferner wurden die Verbindlichkeiten und Rechte des Kameralkollegiums noch klarer vorgetragen. Auch wurde die Kontinuität der Pflichten der Regenten noch deutlicher betont, die nicht an die *äußere alte Form* gebunden seien.[80] Sicherlich war dies auch eine Argumentationsstrategie, mit der eventuelle Widersprüche ausgeschaltet werden sollten. Gleichwohl ist vorauszusetzen, dass ein weitgehender Konsens über die dahinter stehenden Sätze des Natur- und Völkerrechts bestand, damit diese Theorie nicht ins Leere lief.

Der Schlüsselbegriff war die Fassung des Staates als *moralische Person* entsprechend der Vorstellung des von Pufendorf ausgehenden Kontraktualismus. Die Wendung hin zu einer dogmatischen Staatsauffassung, in der die souveränen Staaten als Träger von Verbindlichkeiten und Rechten galten, kommt zum Ausdruck, als von der Becke versuchte, den Unterschied zwischen der Situation vor der Auflösung des Reichs und danach zu erklären:

77 Savigny, System des heutigen Römischen Rechts, Bd. II, § 85. Dazu: Flume, Savigny und die Lehre der juristischen Person; Wieacker, Zur Theorie der juristischen Person; Diesselhorst, Zur Theorie der juristischen Person.

78 So zusammenfassend Stolleis, Geschichte des öffentlichen Rechts, Bd. 2, S. 106-109.

79 BAF, FN 11 Akten 6a, Anlagen Nr. 32 (Votum Stauffenberg).

80 BAF, FN 11 Akten 6a, Anlagen Nr. 32, Verbesserungen Stauffenbergs zu § 1.

Jetzt geschieht nicht einmal die Uebertragung der aus dem Dienstkontrakt für den Dienstherrn fließenden Verbindlichkeiten auf einen oder mehrere Nachfolger, sondern die nämlichen Fürsten und Stände bleiben ganz in dem nämlichen Verhältnisse zu dem Personale des Kammergerichts, welche sie bestellt haben. Die einzige Veränderung, welche mit diesen vor sich geht, besteht darin, daß die einzelnen Glieder nun keinen Körper mehr bilden, nicht mehr Recht sprechen. Die Verhältnisse zu den einzelnen physischen Personen des durch den Bund aufgelösten moralischen Körpers stehen unverändert da, – so auch die Pflichten gegen dieselben.[81]

Der hier aufscheinende Begriff des Staates als *moralische Person* verweist zurück auf den diskursiven Zusammenhang, in dem von der Becke und Leutsch ihre Auffassung von den Folgen der Erklärung des Kaisers darlegten. Leutsch hatte sein Votum genau in der Zeit abgegeben, als diese Denkschrift im Kameralkollegium debattiert wurde. Von der Becke dürfte dessen Kritik an seiner Theorie des *untrennbaren Staatskörpers* in diesem etwas anderen Konzept berücksichtigt haben. Er konkretisierte seine am 26. August 1806 formulierte Position. Die einzelnen physischen Personen des aufgelösten Körpers sind nun einerseits die Angehörigen des Kameralkollegiums selbst und andererseits die vormaligen Glieder des Reichs, die nunmehr souveränen deutschen Fürsten.

Mit dieser Darlegung war Karl Theodors Grundsatz, alle Ansprüche vormaliger Kameralen für gleich *billig* zu erklären, theoretisch widerlegt. Die besondere Konstruktion des Kammergerichts als ein von Kaiser und Reich gemeinschaftlich errichtetes Gericht bot dabei den Anknüpfungspunkt, um dieser Rechtsposition Evidenz zu verschaffen. Die komplizierten Bestimmungen des Präsentationssystems, an dem Kaiser, Kurfürsten und Reich beteiligt waren, wurden dabei als *gewisse* zwischen den Gliedern des Reichs *festgesetzte Normen* der Ernennung und Bestellung der Angehörigen des Kameralkollegiums bezeichnet. Die im Matrikelverzeichnis der Kammerzieler aufgeführten Reichsstände galten als Staatskörper, der den Unterhalt des Richterpersonals in *gesetzlich bestimmten Raten* zusammengebracht habe.[82] Darüber hinaus wurde auf die Beschaffenheit der Stellen von Kammerrichter, Präsidenten und Assessoren verwiesen, die nach dem Reichsrecht lebenslänglich waren und nur durch Verbrechen, Tod oder Resignation verwirkt werden konnten. Deshalb müsse, da jeder *Stand mit jedem einzelnen Gliede* hierauf *kontrahiert* hätte, die Verbindlichkeit der Stände gegenüber ihren ‚Reichsdienern' auch nach der Auflösung des Reichs weitergelten: *Der Kontrakt ist ebenso feyerlich und verbindend, und ebenso unverletzlich, als es der eines*

[81] N. N., Ueber den künftigen Unterhalt, § 4, S. 3.
[82] N. N., Ueber den künftigen Unterhalt, § 4, S. 2.

jeden Standes mit seinen eigenen Dienern ist.[83] In dieser Hinsicht dauere der alte Verband fort, es müsse *Recht bleiben, was bisher Recht war.*[84]

Wenn in der Denkschrift die Anwaltschaft ebenso wenig auftauchte wie die Überlegung, von den vormaligen Reichsständen eine Erhöhung ihrer Kammerzielerbeiträge um ein Drittel zu verlangen, überrascht dies vor dem Hintergrund der Kontroverse nicht, an der die Schrift sich mit entzündete. Im Gegenteil sollte es ja darum gehen, nur das Weiterwirken der Rechte und die Fortzahlung der Kammerzieler für die besoldeten *Reichsdiener* zu erwirken.[85] Die Position Reigersbergs war damit endgültig aufgegeben. Es ging nun nicht mehr darum, die Interessen der *Solidargemeinschaft* aller Reichsgerichtspensionäre zu vertreten. Gegen die ‚Beherzigung' Karl Theodors wiesen die vormaligen Reichsrichter nun auch darauf hin, dass das Kameralkollegium nur Willens sei, eine Lösung zu akzeptieren, die von allen vormaligen Reichsständen bzw. ihren Nachfolgestaaten getragen würde.

Um nicht gewünschten Verfügungen der deutschen Fürsten zuvorzukommen, war in der gemeinschaftlich abgesegneten Denkschrift ein neuer Pensionsplan entwickelt und in einem Vierpunkteprogramm festgeschrieben worden. Erstens sollte allseits unverminderter und ununterbrochener Beitrag zur Sustentationskasse geleistet werden. Zweitens wurde der Verbleib dieser Kasse in der Verwaltung des Pfennigmeisters gefordert, der unter einer durch die Stände anzuordnenden Aufsicht weiterhin jährlich die Rechnung führen sollte. Dies implizierte, dass, solange diese Anordnung nicht getroffen war, die Note Stadions die Rechtsgrundlage blieb und das Kameralkollegium auch weiterhin die Oberaufsicht über die Kassen ausübte. Drittens sollte jeder Abgang eines Angehörigen des Kameralkollegiums der Kassenaufsicht angezeigt werden. Im Falle der Übernahme eines Angehörigen des Kameralkollegiums in neue Dienste waren die übernehmenden Fürsten dazu berechtigt, eine Rate von 2½ kr. pro Reichstaler der in der Kammerzielermatrikel festgehaltenen jährlich zu bezahlenden Rate einzubehalten. Viertens wurde vorgeschlagen, dass jeder *Stand*, der ein *Kammergerichts-Mitglied* in seine Dienste nehme, so viel von den Kammerzielern abziehen könne, als er der Person an Besoldung bewillige. Für den Fall, dass die Besoldung geringer ausfiel als bisher, sollte die Differenz aus der Sustentationskasse bezahlt werden. Dies bedeutete, dass auch die übernommenen vormaligen Reichsrichter die volle Höhe ihrer bisherigen Besoldung von jeweils 4 800 fl. für einen Assessor, 6 580 fl. 48

---

83 N. N., Ueber den künftigen Unterhalt, § 4, S. 2.

84 N. N., Ueber den künftigen Unterhalt, § 4, S. 2. Die ursprüngliche Fassung sah vor: *Die Reichsverfassung hat aufgehört, zu seyn.* Die Unterscheidung von materiellem Recht und Form der Verfassung kam hier also noch schärfer zum Ausdruck. Vgl.: BAF, FN 11 Akten 6a, Anlagen Nr. 32 (Votum Stauffenberg).

85 N. N., Ueber den künftigen Unterhalt, § 4, S. 2, § 11, S. 8.

kr. für einen Präsidenten und 21 120 fl. für den Kammerrichter lebenslänglich behalten sollten.[86]

Dieses Vierpunkteprogramm sollte sich später als folgenreich erweisen, denn mit dem Aufsatz war öffentlich eine Position formuliert worden, hinter die man nicht mehr zurückgehen konnte. Die Übernahmemodalitäten für die meisten kammergerichtlichen Pensionäre, die in neue Dienste traten, sollten hierdurch eine maßgebliche Richtschnur erhalten. Davon wird noch die Rede sein. In diesem Kontext ist entscheidend, dass die Abzüge, welche die übernehmenden Fürsten an ihren Kammerzielern vornahmen, auf die in Wetzlar verbleibenden Pensionäre zurückwirkten und das Sustentationsgeschäft erschwerten. Ingesamt war mit der Denkschrift die Position formuliert, die sich in den Widerständen des Kameralkollegiums gegen die Weisungen des Landesherrn vom Oktober 1806 entlud.[87]

7. Zwischen Kontroverse und Ausgleich

Bevor es zu dem eingangs geschilderten Streit mit der Wetzlarer Obrigkeit kam, hoffte man die Situation durch eine mündliche Vorstellung beim Fürstprimas zu entschärfen. Vom Kollegium entsprechend instruiert sollte Adam Friedrich von Schenk zu Stauffenberg vorsichtig vorgehen. Man wollte die Gewährung der Ansprüche nicht durch unvorsichtiges Verhalten aufs Spiel setzen. Karl Theodor sollte zunächst für seine Verwendung in der Entschädigungsangelegenheit und dafür gedankt werden, dass er die Ansprüche der Kanzleiangehörigen bereits am 30. Juli 1806 anerkannt habe und sie aus seiner Staatskasse versorgte.[88] Dennoch wurde Stauffenberg instruiert, Karl Theodor den wesentlichen Gesichtspunkt der Sustentation darzulegen, den bestehenden Rechtsanspruch der besoldeten Kameralen. Ziel war es zu verhindern, dass sich die ehemaligen Reichsstände ihrer Unterhaltspflicht mit dem Hinweis auf eine Zweckentfremdung der Kammerzieler entzogen. Der Plan Reigersbergs, die Kammerzieler um ein Drittel zu erhöhen, wurde hier noch einmal in dem Sinne aufgegriffen, dass den Prokuratoren nur auf einen entsprechenden Beschluss der vormaligen Reichsstände eine milde Gabe von einem Drittel gegeben werden könne. Dies war freilich kein Rechtsanspruch. Die Durchführung eines solchen Planes war auch wenig wahrscheinlich.[89] Dass man keine Vermischung der unterschiedlichen Ansprüche wünschte, äußerte sich darin, dass Stauffenberg Karl Theodors Zustimmung zu einer Trennung der Un-

86 N. N., Ueber den künftigen Unterhalt, § 11, S. 7-8. Zu den Einkommen der Angehörigen des Kameralkollegiums: DB 2, 36, Plan zur provisorischen Verteilung der kammergerichtlichen Sustentations-Gelder. Die angegebenen Summen entsprechend dem 24 fl. Münzfuß.

87 BAF, FN 11 Akten 6b, Sitzungsprotokoll vom 8. Oktober 1806.

88 BAF, FN 11 Akten 6a, Anlage Nr. 10.

89 BAF, FN 11 Akten 6b, Sitzungsprotokoll v. 29. September 1806.

terstützungsfonds für Prokuratoren und andere subalterne Kameralen *für immer* von der kammergerichtlichen Sustentationskasse abfordern sollte.[90]

Der Präsident des Kollegiums traf am 24. September 1806 in Frankfurt ein. Da der Fürstprimas abwesend war, konnte sich Stauffenberg zunächst nur mit dessen Staatsminister Albini besprechen. Er legte ihm die gemeinschaftlich abgesegnete Druckschrift vor. Albini bemerkte sofort, dass hier keine Rede von den Prokuratoren sei. Erfolglos versuchte Stauffenberg, ihm den Unterschied zwischen den Rechtsgrundsätzen, auf denen die Ansprüche des Kameralkollegiums beruhten, und den Billigkeitsgrundsätzen, wonach auch die Prokuratoren hätten entschädigt werden können, zu verdeutlichen. Er spielte auf Albinis frühere Tätigkeit als Kammergerichtsassessor an. Der Staatsminister jedoch war hierfür nicht empfänglich, sondern verglich den Charakter der Dienste der Angehörigen des Kameralkollegiums mit dem von Gesandten. Die Richter könnten, nachdem sie aus ihrem Richteramt entlassen wurden, nach *Belieben abberufen werden* und hätten keinen Anspruch auf ihr bisheriges volles Gehalt. Ganz offensichtlich argumentierte Albini hier vor dem Hintergrund eines anderen Verständnisses des Kammergerichts. Den Karrieristen interessierte seine *Pflanzschule* nicht mehr. Stauffenberg hielt es für entschieden, dass hier *für das Recht kein Sinn anzutreffen* sei.[91]

Die Unterredung mit dem Fürstprimas verlief nicht viel besser. Karl Theodor war bereits von seinem Staatsminister unterrichtet worden, als Stauffenberg am 25. September 1806 in Aschaffenburg zur Audienz gebeten wurde. Derselbe zog sich auf seine Position als Landesherr zurück und bemerkte, er müsse sich um die Prokuratoren kümmern. Darüber hinaus verwies Karl Theodor darauf, dass es nicht *billig* sei, wenn die *Einen alles*, die *Anderen* aber nichts bekämen. Die reichsgesetzlich und staatstheoretisch begründeten Einreden des Abgesandten des Kameralkollegiums zeigten keine Wirkung, der Fürstprimas orientierte sich weiterhin an Billigkeitsgrundsätzen. Dies scheint gleich zu Beginn des Gesprächs deutlich geworden zu sein. Stauffenberg berichtete, Karl Theodor habe ihm eröffnet, alles was er ihm *in diesem Betracht sagen* könne, ändere seine Meinung nicht, so *gewiß* er *Carl von Dalberg* heiße.[92]

Wenn der Fürstprimas zugleich betont haben soll, *und sagen sie mir hierüber nichts mehr, ich ändere mich nicht*, so kann dies als Hinweis auf eine Unsicherheit in seinen Grundsätzen gedeutet werden. Tatsächlich gelang es Stauffenberg, ihn zu überzeugen, dass er sich auf dem künftigen Bundestag für den Rechtsanspruch des Kameralkollegiums auf Pension einsetzte. Darüber hinaus erklärte Karl Theodor, dass er die Disposition des Kameralkollegiums über die Kapitalien der Sustentationskasse nicht antasten wolle. Albini, mit dem sich Stauffenberg am folgenden Tag noch einmal besprach, machte kein derartiges Versprechen. Der

---

90 Die wohlüberlegte Instruktion an Stauffenberg, in: BAF, FN 11 Akten 6a, Nr. 41.

91 BAF, FN 11 Akten 6a, Nr. 42.

92 BAF, FN 11 Akten 6a, Nr. 42.

Staatsminister zweifelte sogar, dass der Bundestag überhaupt eröffnet werden würde und betonte, selbst im gegenteiligen Fall nicht zu wissen, ob er bei seinen vielen Geschäften das Direktorialamt am Bundestag auf sich nehmen könne.[93] Während sich Karl Theodor trotz der klaren Stellungnahme zugunsten der Prokuratoren in dieser Unterredung nicht gegen die Beibehaltung der Oberaufsicht des Kameralkollegiums über die Kassen ausgesprochen hatte, änderte sich dies unter dem Eindruck der immer dringlicher vorgebrachten Petitionen der Anwaltschaft. Die Zusicherungen des wankelmütigen Fürsten erwiesen sich als problematisch. Karl Theodor sollte wieder zu seinen Billigkeitsgrundsätzen zurückkehren.

Bereits Anfang September hatten die Prokuratoren und Advokaten erstmals jene provisorische Maßregel vorgeschlagen, die der Fürstprimas in dem eingangs geschilderten Streit um die Sustentationskasse umzusetzen versuchte. Man sei, so gaben die Anwälte einen Monat nach dem Stillstand des Gerichts vor, jetzt schon dem *äußersten Elend* preisgegeben. Mit dieser Begründung forderten sie die sofortige Liquidation der Fonds aus der Depositenkasse und ihre unverzügliche Anweisung auf die Sustentationskasse.[94] Am 28. September 1806 folgte ein neuer Vorschlag der Anwaltschaft zur provisorischen Verteilung der Sustentationskassengelder. Hier wurde nicht mit einem Rechtsanspruch auf Unterstützung argumentiert, sondern vielmehr betont, dass alle vormals am RKG angestellten Personen *jetzt in die gleiche Cathegorie der Supplicanten um notdürftigen und standesmäßigen Lebensunterhalt* gehörten.[95] Damit bestritten die Anwälte den höherwertigen Anspruch des Kameralkollegiums. Sie sahen die vormaligen Richter ebenfalls auf die Stufe von Bittstellern gestellt. Zugleich wurde die Notlage der Parteivertreter noch dringlicher geschildert, um endlich die Zuweisung des Drittels aus der Sustentationskasse zu erreichen. Der Fürstprimas solle nun nicht mehr länger zögern, sondern die Aufsicht über die Kassen des RKG übernehmen und mit der Auszahlung der Pensionen an die Anwälte beginnen.[96]

Die Petition der Anwälte überzeichnete ihre tatsächliche Lage nicht nur vollkommen, sondern verkannte auch den Zustand der Sustentationskasse. Die in der Kasse vorhandenen Gelder reichten kaum hin, um die Gehälter der besoldeten Kameralen zu bezahlen. Trotz der Versprechen einiger Reichsstände, die Kammerzieler weiterhin zu entrichten, war bis zur Herbstmesse 1806 nur eine unzureichende Summe eingegangen. Dabei handelte es sich, einschließlich der von Österreich geleisteten Zahlung der rückständigen böhmischen Zieler, gerade um so viel, dass die besoldeten Kameralen ihr unverkürztes Gehalt kaum für ein Vier-

---

93 BAF, FN 11 Akten 6a, Nr. 42.

94 BAF, DB 2, 36. Bittschreiben sämtlicher Reichskammergerichts-Advokaten und Prokuratoren an die deutschen Regenten, Wetzlar, den 5. September 1806.

95 HHStA-Wiesbaden, Abt. 371, 128, fol. 11r-18r, Einige rhapsodische Ideen über die künftige Pensionierung des zum vormaligen Reichskammergerichte gehörenden Personals (Hss.), § 1.

96 Ebd.

teljahr hätten weiter beziehen können.[97] Lediglich die angelegten Gelder, die Depositen, über welche die Anwaltschaft jedoch nicht genau Bescheid wusste, hätten eine zureichende Unterstützung geboten.[98]

Der Umgang mit dem Pensionsproblem nahm seit der Anordnung des Mitbeschlusses der Gerichtskassen einen ambivalenten Verlauf. Auf der einen Seite entspann sich eine heftige Kontroverse zwischen Richtern und Anwälten, die in einer Reihe von Druckschriften und Aufsätzen ihren Niederschlag fand.[99] Auf der anderen Seite wich die erste Empörung, wonach man es lieber auf Gewalt ankommen lassen wollte als sich der Anordnung des Fürstprimas zu fügen, bei vielen vormaligen Richtern bald der Einsicht, man müsse den Prokuratoren etwas anbieten und zu einem Ausgleich mit dem Fürstprimas kommen.

Zunächst jedoch teilte das Kameralkollegium Karl Theodor die Bestürzung mit, die seine Einmischung in *fremde Angelegenheiten* hervorgerufen habe. Man warf ihm Wortbruch vor, da er versprochen habe, die Kassen des RKG nicht anrühren zu wollen. Überdies verdeutlichte man ihm, dass sein Vorgehen nicht nur von den Richtern, sondern auch von dem *ganzen Reiche* als eine *Entsetzung von Eigentumsrechten* betrachtet werden würde. Dann verwies das Kameralkollegium auf die Stockung der Kammerzielerbeiträge in Folge des ausgebrochenen Krieges zwischen Frankreich und Preußen und rückte die überzogenen Klagen der Prokuratoren und den falschen Verteilungsmodus zurecht:

> *Mehrere Procuratoren besitzen ein ansehnliches – von ihren Vätern mit der Prokuratur erworbenes Vermögen, wozu kein Assessor Gelegenheit hatte; mehrere beziehen von den Ständen des Reiches ansehnliche Gehälter, welche bey einigen die Besoldung eines Assessors übersteigen oder erreichen dürfte; und deren Fortdauer auch von den mehrsten bereits zugesichert worden ist; andere haben in ihren ganzen Leben oder doch in den letzten Jahren nicht* [...] *den vierten Theil dessen verdient, was ihnen jetzt von unserem Gelde zugewendet werden soll. Alle, die noch einige Parthien zu bedienen hatten, kassieren jetzt ihre rückständigen Deserviten ein, welche ihnen die augenblickliche Aushülfe gewährt.*[100]

---

97 BAF, FN 11 Akten 6a, Nr. 45.

98 Zur Kassenlage: Gruben an Karl Theodor von Dalberg, Frankfurt, den 9. Oktober 1806. HHStA-Wiesbaden, Abt. 371, 128, fol. 51r-54r.

99 N. N., Ueber den künftigen Unterhalt der Glieder des kaiserlichen und Reichs- Kammergerichts; N. N., Ueber die Berechtigung der Advokaten und Prokuratoren des ehemaligen Reichs-Kammergerichts zu einem Entschädigungsanspruch nach dessen Auflösung. Eine Prüfung des unlängst erschienen Nachtrags zur Druckschrift: Ueber den künftigen Unterhalt der Glieder des kaiserlichen Reichskammergerichts, März 1807, in: BAF, DB 2, 38, auch in: BAF, DB 1, 343; Nachtrag zu der Druckschrift: Ueber den künftigen Unterhalt der Glieder des K. und R. K. Gerichts (1806), in: BAF, DB 2 36. Den Diskussionsstand im Jahre 1808 zeitgenössisch zusammenfassend mit Berücksichtigung der wichtigsten Literatur: Kamptz/Stein zu Lausnitz, Ueber die Entschädigungs-Berechtigung.

100 BAF FN 11 Akten 6a, Nr. 45.

Im Anschluss daran wurde der Ton sachlicher: Die Angehörigen des Kameralkollegiums versprachen, dort, wo wirklich Not bestehe, helfen zu wollen. Sie boten an, das beim Ritterkanton Odenwald angelegte Kapital für die Notleidenden unter den Prokuratoren und Advokaten zu verwenden.[101] Damit entsprachen sie der Forderung der Advokaten und Prokuratoren teilweise, behielten sich allerdings die Rückforderung der Kapitalien vor. Der Fürstprimas war über das Schreiben des Kameralkollegiums höchst aufgebracht. Ignaz von Gruben, der seine Abwesenheit von Wetzlar für eine Audienz bei Karl Theodor nutzte, berichtete, ihn kurz nach Eintreffen der Antwort des Kammergerichts *in zurückgehaltener Lebhaftigkeit, fast blaß* angetroffen zu haben. Karl Theodor habe ihn das Schreiben des Kollegiums lesen lassen und gefragt, ob er dies *verdient* habe. Er hätte ihm den Entwurf einer Antwort an die vormaligen Richter gezeigt, in dem unter anderem zu lesen gestanden habe:

> *Die Herren behaupten, sie seyen nur zufällig in meinem Staat, so mögen sie nach Norden wandern, ich werde den Procuratoren rathen, sie zu begleiten, es können die Assessoren eher mit 3 200 fl. auskommen, als die andern verhungern; ich werde solang jener Zufall dauert nicht leiden, daß jemand hungere.*[102]

Nach einem Bericht Grubens an das Kameralkollegium war es sein Verdienst, Karl Theodor milder gestimmt und für den Vorschlag, das Odenwälder Kapital zur Entschädigung der Prokuratoren zu verwenden, zugänglich gemacht zu haben. Offensichtlich hatte der Fürstprimas das Angebot zunächst unterschätzt und betont, er wolle für bleibende Fonds sorgen. Gruben berichtete, Karl Theodor habe gedroht, notfalls die Kassen durch einen Schlosser erbrechen zu lassen und betont, eine Antwort der Stände nicht abwarten zu wollen. Daraufhin habe er dem Fürstprimas verdeutlicht, dass das Odenwälder Kapital immerhin 100 000 Reichstaler bzw. 180 000 fl.[103] betrage und die Zinsen dieses Kapitals durchaus einen bedeutenden Beitrag zur Entschädigung der subalternen Kameralen darstellen könnten.

Grubens Schilderungen entsprachen nicht der Realität. Tatsächlich hatte er Karl Theodor einen ausführlichen Vortrag über die Lage am RKG gehalten, von dem er gegenüber dem Kameralkollegium nichts erwähnte. In diesem Vortrag

---

101 Kammerrichter, Präsidenten und Assessoren an Fürstprimas, Wetzlar, den 9. Oktober 1806, in: BAF, FN 11 Akten 6a, Nr. 45 (Abschrift). HHStA-Wiesbaden, Abt. 371, 128, fol. 47r-49v. (Originalschreiben). Zur Diskussion hierüber im Kameralkollegium: BAF, FN 11 Akten 6b, Sitzungsprotokoll vom 9. Oktober 1806. Conclusum: *Per unanima et majora auf Erlassung des von denen Herrn Referenten [...] entworfenen Schreiben.*

102 BAF, FN 11 Akten 6a, Nr. 47 (admentum), Abschrift eines Schreibens des Assessors von Gruben an den Assessor von Riedesel, o. O., o. D. [wohl 9. Oktober 1806]. Gruben war bereits am 9. Oktober bei Karl Theodor, vgl. hierzu: HHStA-Wiesbaden, Abt. 371, 128, fol. 51r-54r, Gruben an Fürstprimas, Frankfurt, den 9. Oktober 1806.

103 Die 100 000 fl. entsprechen der Summe im 20 fl. Münzfuß, die 180 000 fl. dem 24 fl. Münzfuß.

war zwar von reichsgesetzlich verankerten Ansprüchen der Richter auf lebenslangen Fortgenuss ihres Gehaltes die Rede, jedoch gab Gruben dem Fürstprimas auch einen genauen Bericht über die Kassenlage am RKG. Er legte ihm die Einkünfte und Ausgaben aus der Sustentationskasse vor, berichtete davon, dass die nördlichen Stände den von ihnen präsentierten Assessoren Nachricht gegeben hätten, ihr Gehalt unverkürzt weiter beziehen zu können. Er bestätigte zwar, dass aufgrund der geringen Kammerzielereinnahmen zur Herbstmesse zu befürchten sei, die Angehörigen des Kameralkollegiums würden nur noch auf zwei Monate ihr Gehalt beziehen können. Auch er suchte Karl Theodor zu überzeugen, dass er von der angeordneten Verfügung abrücke, ein Drittel der Sustentationskassegelder für die Prokuratoren zu verwenden. Sein Argument war jedoch nicht der höherwertige Rechtsanspruch, sondern der Vorteil, den die Prokuratoren aus einer anderen Regelung ziehen würden. Während die Prokuratoren, wenn sie aus der Sustentationskasse bezahlt würden, nur einen Betrag von rund 8 000 fl. erhielten, verfüge das Kammergericht über Depositen in Höhe von 44 059 fl. 5 kr., die verteilt werden könnten. Dies überzeugte den Fürstprimas, seine Anordnung zurückzunehmen und lieber auf die Depositen zurückzugreifen.[104]

Dem Kameralkollegium gegenüber, das durch ein Schreiben an Assessor Riedesel von der Sache informiert worden war, gab Gruben an, er habe Karl Theodor bedeutet, dass erst eine Bewilligung der vormaligen Stände abgewartet werden müsse, um die angebotenen Kapitalien in Höhe von 10 000 fl. zu verwenden. Als andere Möglichkeit habe er ihm angeboten, sich zum Ersatz der Gelder zu verpflichten. Da Gruben jedoch als Privatmann in Frankfurt war, habe er keine verbindlichen Abmachungen treffen können, weshalb er nun eine Vollmacht des Kameralkollegiums forderte.[105] Als sein Schreiben an Riedesel am 12. Oktober im Kameralkollegium vorgelesen wurde, stimmte man per majora für die Erteilung der Vollmacht. Die Assessoren hielten daran fest, dass eine endgültige Regelung nur von allen vormaligen Reichsgliedern gemeinsam getroffen werden könne, bewilligten aber zugleich, dass zur provisorischen Unterstützung die Zinsen des Odenwälder Kapitals herangezogen werden könnten. Darüber hinaus kam man überein, einem unparteiischen Prokuratoren den Zutritt zu einer Kommission zu gestatten, die sich mit der Bestimmung der bedürftigeren Personen beschäftigen sollte.[106] Damit entsprach man einem Vorschlag Grubens, den er sowohl in dem Schreiben an Riedesel als auch gegenüber dem Fürstprimas gemacht hatte. Zugleich beschlossen die Angehörigen des Kameralkollegiums, dem Abgesandten

[104] HHStA-Wiesbaden, Abt. 371, 128, fol. 51r-54r, Gruben an Fürstprimas, Frankfurt, den 9. Oktober 1806.

[105] BAF, FN 11 Akten 6a, Nr. 47 (admentum), Abschrift eines Schreibens des Assessors von Gruben an den Assessor von Riedesel, o. O., o. D. [wohl 10. oder 11. Oktober 1806].

[106] BAF, FN 11 Akten 6a, Nr. 47. Zur Diskussion im Kameralkollegium hierüber: BAF, FN 11 Akten 6b, Sitzung v. 12. Oktober 1806. Conclusum: *Per majora auf eine Legitimation an Assessor von Gruben nach Antrag des Referenten und in Abweichung nach dem Korreferenten.*

privat mitzuteilen, dass er die Ratifikation der erreichten Einigung mit dem Fürstprimas abzuwarten habe und mit der *Sollicitatur* der Erhöhung der Kammerzieler am Bundestag beauftragt sei.[107]

Mit diesem Beschluss war die Möglichkeit eines Ausgleichs geschaffen, der schon bald erzielt werden konnte. Allerdings sprach sich eine Reihe von Angehörigen des Kameralkollegiums dagegen aus. So betonte der Präsident Stauffenberg, er könne keinen Anteil an der Unterstützung der Prokuratoren aus Mitteln des Sustentations- und Depositenfonds nehmen und wolle sämtlichen *Constituenten* des Kammergerichts die Gewalthandlungen des Fürstprimas darstellen. Assessor Hueber pflichtete ihm bei. Er wollte *zum Angriff auf die alten Depositen, dieses zu treuen Händen anvetrauten fremden Gutes* [...] *auf keine Weise stimmen*. Ebenso votierten Martini, Stein zu Lausnitz, Weidenfeld und der Präsident Seckendorff, der ebenfalls eine Anzeige an die bisherigen Konstitutenten des RKG, an alle vormaligen Reichsstände wünschte. Eine Ausnahme bildete der in dieser Sitzung erstmals als Votant zugelassene Karl Albert von Kamptz. Er betonte, dass er *in Zeiten der Verfassung* gegen eine Belastung der Kassen gestimmt haben würde, nun aber für den Vorschlag stimme, Gruben mit der Mission zu betrauen. Allerdings forderte auch Kamptz, den vormaligen Ständen und Präsentationshöfen die Gewalthandlungen des Fürstprimas darzustellen.[108]

Zu den Kritikern des Ausgleichs gehörten viele, die später auf Konfrontationskurs gegen die Anwaltschaft gingen. Vor allem Franz Joseph von Stein zu Lausnitz sollte mit Artikeln in Journalen der Rheinbundpublizistik dazu beitragen, dass sich die Kontroverse um die konkurrierenden Ansprüche auf Pensionen noch einmal verschärfte. Später trat ihm Kamptz zur Seite. Dass die Gruppe der Kritiker im Kameralkollegium die Entscheidungen seit Ende 1807 bestimmte, hing vor allem damit zusammen, dass viele der auf Ausgleich bedachten Assessoren Wetzlar verließen, um neue Stellen bei verschiedenen deutschen Souveränen anzunehmen. Der Kammerrichter Reigersberg, die Assessoren von der Becke, Branca, Ullheimer, Carl August von Seckendorff, die alle 1807 in königlich bayerischen Diensten unterkamen, gehörten hierzu, ebenso wie Riedesel, der als erster Assessor das RKG verließ, um in württembergische Dienste zu treten. Linden und Leutsch gelang der Absprung vom Pensionärsdasein ebenfalls noch 1807.[109] Mit Gruben, der seine Mission bei Karl Theodor auch dazu nutzte, sich eine neue

[107] BAF, FN 11 Akten 6b, Sitzung v. 12. Oktober 1806, Antrag des Referenten Hohnhorst. Das Korreferat von der Becke BAF, FN 11 Akten 6a, Nr. 46.

[108] BAF, FN 11 Akten 6b, Sitzung vom 12. Oktober 1806. Nach der Rangfolge der Votierordnung: Votum des Präsidenten Stauffenberg, Votum Assessor Hueber, Votum Assessor [!] Kamptz, Votum Assessor Martini, Votum Assessor Stein, Votum Assessor Weidenfeld, Votum Präsident von Seckendorff.

[109] Zum Übertritt vormaliger Reichsrichter in bayerische und württembergische Dienste: Teil IV in dieser Arbeit.

Stelle zu besorgen, dem jüngeren und älteren Neurath verließen drei weitere eher moderat gestimmte Assessoren Wetzlar im gleichen Jahr.[110]

Zwar schafften auch die beiden Publizisten Stein und Kamptz den Übergang in neue Dienste, doch gelang ihnen dies erst später. Insgesamt bestand das vormalige Kameralkollegium seit Ende des Jahres 1807 mehrheitlich aus solchen Assessoren, die in der Sustentationsfrage keinen Angriff der Prokuratoren auf die Sustentationskasse dulden wollten und auf den alten Prinzipien beharrten.[111] Es sollte sich im Frühjahr 1808 aus der Kontroverse mit den Anwälten ein erbittert geführter Ehrkonflikt entwickeln.

8. Das erste Provisorium

Durch das Wirken Grubens konnte zunächst ein Ausgleich mit dem Fürstprimas geschaffen werden, auch wenn sich die Liquidation der Kapitalien als schwierig erwies.[112] Karl Theodor hatte bereits am 12. Oktober 1806 den Mitbeschluss der Kasse zurückgenommen, jedoch die Assessoren Branca und Hohnhorst wegen ihrer Ausfälle gegen den Leser Marks durch den Wetzlarer Stadtdirektor Mulzer rügen lassen.[113] Am 17. Oktober 1806 folgten zwei Reskripte, in denen er erklärte, sich für den Ersatz der Odenwälder Obligation im Falle einer Notlage der Angehörigen des Kameralkollegiums zu verbürgen und ihnen die *rechtliche Befugnis* zusprach, unvermindert ihr Gehalt fortzubeziehen. Er versprach zugleich, sich dafür bei den übrigen Fürsten Deutschlands einsetzen zu wollen. Darüber hinaus erteilte er Mulzer die Weisung, die Personen der zweiten und dritten Klasse der Kameralen zu bestimmen, die in den Genuss von insgesamt 18 000 fl., also etwas mehr als die vom Kameralkollegium zunächst bewilligte Summe, kommen sollten. Dabei sei auf die Bedürftigkeit zu achten und in einem Verzeichnis alle zur Unterstützung geeigneten Kameralen entsprechend ihres vorherigen Verdienstes aufzulisten.[114]

Mulzer fertigte Übersichtstabellen, in denen jeweils das jährliche Durchschnittseinkommen der 34 am RKG tätigen Prokuratoren und Advokaten, der 36 Schreiber, von denen 17 zugleich kaiserlichen Notare waren, sowie der 12 reitenden Boten und der 12 Fußboten während der letzten zehn Jahre festgehalten wur-

[110] Zu Gruben und Neurath (sen.) siehe weiter unten.

[111] Zum Übergang der Assessoren in neue Dienste insgesamt: Teil IV dieser Arbeit.

[112] Zur Diskussion über die Verwendung der Obligationen: BAF, FN 11 Akten 6a, Nr. Post 50 Gruben an Plenum des RKG, 16. Oktober 1806, Nr. 51, 53a und b Reskripte Karl Theodors in dieser Angelegenheit Nr. 54, 55, 56. Vgl. auch: BAF, DB 2, 36 und HHStA-Wiesbaden, Abt. 371, 128, fol. 51r- 54r. Gruben an Fürstprimas, 9. Oktober 1806.

[113] HHStA-Wiesbaden, Abt. 371, 128, fol. 63rv Karl Theodor an Kammerrichter, Präsidenten und Assessoren, Frankfurt, den 12. Oktober 1806. Abschrift in: BAF, FN 11 Akten 6a, Nr. 49. Zur Rüge des Fürstprimas: Mulzer an Reigersberg, Wetzlar, den 19. Oktober 1806. Ebd., Nr. 53.

[114] Die beiden Reskripte Karl Theodors, Frankfurt, den 17. Oktober 1806 in: BAF, FN 11 Akten 6a, Nr. 52, Nr. 53.

de.[115] Aus den unterschiedlichen Klassen von Kameralen bildete man Gruppen entsprechend der Bedürftigkeit. Tatsächlich zeigte sich hierbei, dass viele der Prokuratoren und Advokaten in den letzten zehn Jahren der Existenz des RKG durchaus auf ein höheres Einkommen als ein Assessor kommen konnten. Hofmann und Zwierlein, die sicherlich die beiden Spitzenverdiener unter den Anwälten am RKG waren, machten dabei keine Angaben zu ihren Einkünften und verzichteten auf eine Entschädigung.[116] Beide dürften von den vielen Reichsständen, bei denen sie als geheime Räte ein fixes Gehalt genossen hatten, genug Pension erhalten haben, um ein gesichertes Auskommen zu haben.[117]

Insgesamt bedeuteten die Reskripte eine Zurückweisung der Ansprüche der Anwälte auf die Sustentationskasse und die Anerkennung des höherwertigen Rechtsanspruches der Angehörigen des Kameralkollegiums auf ungeschmälerten Fortbezug ihrer Besoldung. In dieser Situation verfasste der Ausschuss der Anwaltschaft eine neue Petition an Karl Theodor, in der die Parteivertreter sich nicht gewillt zeigten, diese Lösung hinzunehmen.[118]

War es im September und Oktober 1806 das Argument der Existenzkrise der Anwaltschaft gewesen, das den Fürstprimas dazu veranlasste, seine ‚Beherzigung‘ zu schreiben und die Kassen des Kammergerichts zu beschlagnahmen, so hob die Anwaltschaft nun vor allem ihren Rechtsanspruch auf Entschädigung hervor. Die Prokuratoren griffen die Grundsätze an, auf denen die Verfügungen Karl Theodors von 17. Oktober 1806 beruhten. Den Vertretern der Anwaltschaft, namentlich den Prokuratoren Buchholz, Goll, Abel, Bostell, Flach und Schickh,[119] ging es darum die Beliebigkeit auszuschalten, die *Wohltätigkeiten* zu Grunde liege. Dies war eine Argumentation, die der Begründung, die im September gegeben wurde, gerade entgegenstand. Hatte der Prokurator Hoffman damals doch alle früher am RKG beschäftigten Personen gleichermaßen als Supplikanten ohne Rechtsanspruch auf Entschädigung bezeichnet.[120]

In den Begründungszusammenhang wurden nun die Vorschläge der ‚Beherzigung‘ Karl Theodors eingewoben, deren Inhalt die Prokuratoren gründlich verdrehten. Karl Theodor, so meinten sie, habe ihnen hier einen lebenslangen

---

115 BAF, DB 2, 36, Übersicht über die Advokaten und Prokuratoren (1806); Übersicht über die reitenden Boten und Fußboten (1806); Verzeichnis der Notarien und Schreiber (1806).

116 BAF, DB 2, 36, Übersicht über die Anwälte.

117 Gruben an Fürstprimas, Wetzlar, den 21. November 1806. HHStA-Wiesbaden, Abt. 371, 128, fol. 101r.

118 BAF, DB 2, 36, An Seine Hoheit den [...] Fürsten Primas der rheinischen Conföderation [...] Untherthänigstes Memorial und Bitte sämtlicher Advocaten und Procuratoren [...]. Die Bestimmung des Betrags der denselben Huldvollst zuzuwendenden provisorischen Pension und des Zeitpunctes ihres Anfanges betreffend [handschriftlicher Zusatz:] erstattet, den 18. Nov. 1806.

119 Ebd. Nicht alle Anwälte vertraten die hier vorgetragene Auffassung. Hierzu etwa: HHStA-Wiesbaden, Abt. 371,128, Gruben an Karl Theodor, 19. November 1806.

120 HHStA-Wiesbaden, Abt. 371, 128, fol. 11r-18r, Einige rhapsodische Ideen über die künftige Pensionierung des zum vormaligen Reichskammergerichte gehörenden Personals (Hss.).

Rechtsanspruch auf Entschädigung für den Verlust ihrer Stellen zugesichert. Nun aber hätten die Reskripte vom 17. Oktober gezeigt, dass der Fürstprimas sie nur aus Wohltätigkeit unterstütze und ihnen keine Pension erteilt habe, die auf einer anerkannten Berechtigung beruhe. Zugleich forderten sie einen anderen Verteilungsschlüssel der Gelder. Bisher sei nicht nach Bedürftigkeit entschädigt worden, sondern die seit längerem in Wetzlar ansässigen und reicheren Prokuratoren hätten mehr Geld erhalten. Außerdem betonten sie, der Fürstprimas sei zu dem am 17. Oktober 1806 erlassenen Provisorium nicht ermächtigt gewesen. Tatsächlich war Karl Theodor weder in seiner ‚Beherzigung' noch der Weisung vom 7. Oktober 1806 von einem Rechtsanspruch der Anwaltschaft ausgegangen. Die Entscheidung des Fürstprimas, die Prokuratoren und Advokaten zu unterstützen, beruhte, wie gezeigt wurde, auf dem Grundsatz der Billigkeit.[121] Es ist von daher auch nicht verwunderlich, dass Karl Theodor die Reskripte vom 17. Oktober 1806, in denen er nur den Rechtsanspruch der Angehörigen des Kameralkollegiums anerkannte, nicht abänderte. Dass er bei der Verteilung der Gelder auf dem gewählten Grundsatz beharrte und die Anordnung nicht zurücknahm, dafür sorgten nicht zuletzt auch die Angehörigen des Kameralkollegiums. Gruben etwa legte dem Fürstprimas seine Ansicht über die Denkschrift dar, indem er die Verfasser als *Querulanten* geißelte.[122] Allerdings war Karl Theodors Entschluss halbherzig, denn er ließ dem Ausschuss der Anwälte mitteilen, dass er ihnen zwar gerne mehr Pension verschaffen und sich auch um eine *billige* Art der Entschädigung bemühen wolle, zur Zeit jedoch nur eine provisorische Lösung herbeiführen könne.[123] Er machte den Anwälten dadurch Hoffnung, dass weitere Vorstellungen erfolgreich sein könnten.

Am 4. Dezember 1806 wurde die provisorische Regelung des Sustentationswesens der Kameralen verfügt. Sie beruhte auf einem dreigliedrigen System, das der Struktur der Personalverfassung des RKG und den Ansprüchen der Angehörigen des Kameralkollegiums weitgehend Rechnung trug.[124] Die besoldeten Kameralen erhielten die Kammerzieler, über die sie nicht nur Buch führten, sondern für deren Eintreibung sie selber durch offizielle Zahlungserinnerungen wie informelle Kanäle sorgten.[125] Der Fürstprimas half dabei mit entsprechenden Noten an die Rheinbundstaaten. Die Kanzleipersonen wurden seit dem 31. Juli 1806 aus der Staatskasse des Fürstprimas bezahlt. Die unbesoldeten Kameralen und darunter die Anwaltschaft schließlich erhielten die erhöhten Kammerzielerbeiträge Karl Theodors, die er noch im Juli 1806 versprochen hatte, sowie einen Teil der Gelder aus der Depositenkasse. Karl Theodor legte in seinem Provisorium auch die Höhe

[121] Dalberg, Beherzigung des Schicksals, § 2, § 6.
[122] HHStA-Wiesbaden, Abt. 371, 128, fol. 101r-102v, hier: 102r. Gruben an Karl Theodor, Wetzlar, den 21. November 1806.
[123] BAF, FN 11 Akten 6a, Nr. 77.
[124] BAF, FN 11 Akten 6a, Nr. 77, 78. Zu den der Regelung vorausgehenden Erhebungen durch Mulzers Kommission vgl. das Konvolut DB 2, 36.
[125] Die Serie BAF, DB 2. Früher RKG in Liqu.

der Pensionen und die Verteilungssätze für die Anwaltschaft und ihre Schreiber sowie der Boten und des Buchbinders fest.

Demnach sollten die Prokuratoren, die zugleich Räte eines vormaligen Reichsstandes waren, vorläufig keine Unterstützung erhalten. Hierzu gehörten neben dem Prokurator Caspar von Hofmann[126] und Hans Carl von Zwierlein[127] die Prokuratoren Sachs (sen.), Hert, Friedrich von Bostell, Helfrich, Bissing, Sipmann und Schickh. Die übrigen wurden in vier weitere Klassen eingeteilt: Die Prokuratoren Dietz (sen.), Abel, Gombel, Flach (sen.), Phillipp von Bostell und Brandt erhielten jährlich 650 fl. Mit 500 fl. wurden Lange, Emmerich, Buchholz, Fürstenau, Frech, Tils und Buff unterstützt, während Goll, Mainone, Flach (jun.) und Dietz (jun.) nur 400 fl. empfingen. Für die Prokuratoren mit dem bisher geringsten Einkommen (Niederer, Feller und Andreas von Bostell) hingegen waren nur 300 fl. vorgesehen.[128]

Damit entfielen von 18 000 fl., die zur Verteilung in Frage standen, 9 900 fl. auf die Anwaltschaft. Auf die Schreiber, die in vier Klassen mit je 72 fl., 54 fl., 40 fl. und 30 fl. Entschädigung eingeteilt wurden, entfielen insgesamt 1 060 fl., während die Boten je 140 fl. erhielten.[129] Der Buchbinder, auf dessen Entschädigung der Fürstprimas besonderen Wert legte, erhielt 100 fl.[130] Insgesamt kamen nur 14 600 fl. zur Verteilung – und damit ein Betrag, der die ursprünglich zur Verteilung geplante Summe deshalb unterschritt, weil sich nicht alle Kapitalien als liquidierbar erwiesen.[131] Die Verwaltung der Kassen für alle Kameralgruppen außer den besoldeten Kameralen übernahm der Souverän der Stadt Wetzlar bzw. der Stadtdirektor Adam von Mulzer unter Beteiligung ausgewählter Vertreter der Anwaltschaft. Die Sustentationskasse blieb zunächst in der Hand des Kameralkollegiums.

---

126 Hierzu jetzt: Baumann, Anwälte am Reichskammergericht.

127 BAF, DB 2, 36, Übersicht über die Prokuratoren und Advokaten (1806).

128 BAF, DB 2, 36, Reigersberg an Mulzer, Wetzlar, den 20. November 1806; BAF, DB 2, 36, Bericht Mulzers die Bestimmung einer provisorischen Sustentationskasse [...] für das reichskammergerichtliche Dienstpersonale II. und III. Klasse betreffend, Wetzlar 18. November 1806, Anlage 1 (Prokuratoren und Advokaten).

129 BAF, DB 2, 36, Bericht Mulzers [...], 18. November 1806, Anlage 1 (Prokuratoren und Advokaten), Anlage 2 (Notarien und Schreiber). Ferner die tabellarischen Übersichten über die Notarien und Schreiber sowie über die reitenden Boten und Fußboten ebd.

130 HHStA-Wiesbaden, Abt. 371, 128, Anweisung des Fürstprimas an Stadtdirektor Mulzer.

131 Zur Liquidation der Gelder: HHStA-Wiesbaden, fol. 69r-84r; BAF, FN 11 Akten 6a, Anlagen Nr. 47-53 b.

IV. Von der publizistischen Kontroverse zum Ehrkonflikt

1. Verschärfung des Tones

Ich verarge es Ihnen nicht, daß sie Ihren hiesigen Aufenthalt solange meiden, schrieb Heinrich Aloys von Reigersberg im Dezember 1806 an Franz Xaver von Zwackh, der inzwischen bayerischer Gesandter am Hof des Fürstprimas geworden war. Er schilderte die schlimme Situation in Wetzlar, die es ihm kaum mehr ermögliche, sich des *Anstandes wegen in Gesellschaft* zu begeben. Der heiteren Menschen sah Reigersberg nur noch wenige, glaubte *trübe Ahndungen* für die Zukunft in jedem Gesicht zu lesen und den Satz bestätigt zu finden, daß *das Unglück die Menschen nicht besser mache*. Nur zu Hause könne er sich *wohl befinden*.[132] Zu einer Scharlachepedemie, an der mehr als 200 Menschen erkrankten und täglich Kinder starben,[133] kam im Winter 1806/07 der Streit zwischen Anwälten und Richtern, der die Zustände in Wetzlar zunehmend verschlimmerte. Reigersberg spielte vor allem auf die Kontroverse mit den Anwälten an, die trotz des Ausgleichs mit Dalberg an Heftigkeit zunahm.

Den Anlass hierzu bildete ein in Winkopps Zeitschrift ‚Der Rheinische Bund' veröffentlichter Aufsatz Steins zu Lausnitz, der an einen ‚Nachtrag zu der Druckschrift: Ueber den künftigen Unterhalt' anknüpfte, den von der Becke und Hohnhorst verfasst hatten.[134] Diese zweite Denkschrift war ebenfalls mit Billigung des Kameralkollegiums veröffentlicht worden. Sie zielte auf die Widerlegung der Ansprüche der Anwälte und der Vorschläge, die Karl Theodor in seiner ‚Beherzigung' entwickelt hatte. Zwar wurden der Anwaltschaft Entschädigungsansprüche nicht grundsätzlich aberkannt, gleichwohl stellten von der Becke und Hohnhorst heraus, dass die Entschädigung der Sachwalter nicht auf Kosten des Richterpersonals geschehen könne:

> *Jeder ohne sein Verschulden Unglückliche ist der Unterstützung des Menschenfreundes würdig, aber ob er diese Hülfe von Rechtswegen fordern kann? – wer sie zu leisten hat? – ob ein Dritter, der auch zur leidenden Classe gehört, gezwungen ihm ein Opfer bringen muß? – dies sind Fragen, welche nie*

---

[132] BAF, FN 11 Korrespondenz, Entwurf Reigersberg an Zwackh, Wetzlar, den 5. Dez. 1806.

[133] Hierüber: HStAS, Q 3/11, Bü. 43. Constantin Franz Fürchtegott von Neurath an seine Frau Lolo, Donnerstag um die Kaffeezeit, Winter 1806/07: *täglich sterben mehrere Kinder an dieser pestartigen Krankheit, mehr als 200 liegen krank*. Vgl. zu der Scharlachepedemie auch: Landesarchiv Speyer, V 29, 59, Ullheimer an Zwackh, Wetzlar, den 11. Januar 1807 sowie von der Becke an Zwackh, Wetzlar, den 18. Januar 1807. Die Tochter Franz Arnold von der Beckes erlag am 18. Januar 1807 dem Scharlachfieber.

[134] [von der Becke/Hohnhorst]: Nachtrag zu der Druckschrift über den künftigen Unterhalt der Glieder des K. und R. K. Gerichts, etwa in: BAF, DB 2, 36.

> *die Billigkeit, die Großmuth allein entscheiden sollte, ohne mit der strengsten Gerechtigkeit Hand in Hand zu gehen.*[135]

Deutlich wiesen die Verfasser auf den Unterschied zwischen den mit einem *fixen Gehalt* besoldeten Richtern und den von zufälligen Erträgen lebenden Prokuratoren und Advokaten ebenso hin wie auf die Tatsache, dass die Sachwalter nicht durch Nomination und Präsentation wie die Assessoren in ihr Amt gekommen waren. Sie seien mit *Commercianten* zu vergleichen, hätten jedoch aufgrund des öffentlichen Charakters ihres Amtes gegründetere Ansprüche auf eine Pension als mancher der 1803 entschädigten Territorialdiener.[136] Der nur vorgetäuschte Notstand und die im Vergleich zum Verdienst der meisten Prokuratoren unverhältnismäßig hohen Pensionsforderungen waren weitere Kritikpunkte. Gegen Karl Theodors Billigkeitsgrundsätze wandte sich vor allem § 10 der Druckschrift, in dem ein höherwertiger Entschädigungsanspruch der Richter gegenüber den im Reichsdeputationshauptschluss entschädigten Gruppen begründet wurde. Während Kurfürsten, Fürsten und die teils doppelt präbendierten Domherren ledig und mit reichen Pfründen versehen gewesen seien, hätten die Richter nur eine und zwar eine *mit Anstrengung verdiente Besoldung* gehabt.[137]

Obgleich der ‚Nachtrag' die Ansprüche der Anwälte auf die Sustentationskasse grundlegend widerlegte, geschah dies in ruhigem Ton. Die Referenten legten den Anwälten sogar nahe, ihren Zweck zu verfolgen, doch solle dies nicht auf Kosten von Kammerrichter, Präsidenten und Assessoren geschehen.[138] Demgegenüber betonte Franz Joseph von Stein zu Lausnitz in seinem Aufsatz nicht nur, dass die gerechten Verfügungen des Fürstprimas vom 17. Oktober 1806 durch die deutschen Fürsten anerkannt werden müssten.[139] Vielmehr veröffentlichte er im Anhang Argumente zur Widerlegung des Rechtsanspruches der Anwaltschaft auf Unterhalt und verschärfte damit die Kontroverse. Zwar wurde Stein zu Lausnitz in einem weiteren Aufsatz, den er im März 1807 in der Zeitschrift ‚Minerva' veröffentlichte,[140] nicht mehr so deutlich, doch die erste Schrift hatte genügt, um die Anwälte in Rage zu bringen und eine öffentliche Kontroverse der Pensionäre

[135] Ebd., § 3, S. 3.
[136] Ebd. § 5, S. 4.
[137] Ebd. § 10.
[138] Ebd. § 6, S. 5.
[139] N. N. [Stein zu Lausnitz], Ueber die Unterhaltung. Dies war bisher noch nicht geschehen, lediglich von Wolkenstein hatte man günstige Nachrichten.
[140] N. N. [wohl Stein zu Lausnitz], Der fernere Unterhalt des Reichs-Kammergerichts Personals. Dass Stein zu Lausnitz der Verfasser war, kann aus Strieder, Hessische Gelehrten- und Schriftsteller-Geschichte, S. 642-644 erschlossen werden: *auch lieferte Fr. v. St. Mehrere anonymische Beiträge in Archenholtzen's Minvera, zu Hartlebens Blätter für die Justiz und Polizey u. a. m.*, Zitat S. 644.

des Kammergerichts zu entfachen, zu der sich nach und nach auch andere Autoren in deutschen Zeitschriften äußerten.[141]

Im März 1807 reagierte der Ausschuss der Anwälte mit einer anonymen Druckschrift auf Stein von Lausnitz Veröffentlichungen. Es ging in erster Linie um eine Widerlegung seiner Ansichten in den ‚Prinzipien und Folgerungen'. In zweiter Linie sollten mit der Druckschrift auch die Thesen überprüft werden, welche in dem Nachtrag zur Denkschrift von der Beckes vorgetragen worden waren.[142] Mit dem vorgeschützten Ziel, zu einer Versachlichung der Diskussion beitragen zu wollen, kritisierten die Verfasser die Schriften der Assessoren, die nur den *Partheygeist* geweckt hätten, rückten aber von ihren eigenen Ansprüchen nicht ab. Tatsächlich trug die Schrift dazu bei, dass sich die Gegensätze noch mehr aufluden, obgleich eine direkte Reaktion des Kameralkollegiums zunächst ausblieb. Die Druckschrift fand weite Verbreitung und diente zuletzt auch dazu, der Anwaltschaft einen besseren Status in dem für Juli 1807 anstehenden zweiten Provisorium zu verschaffen.[143]

Ausgangspunkt der Darstellung war die These, dass auch die Advokaten und Prokuratoren als ‚Reichsdiener' zu gelten hätten und über Rechte verfügten, die in die gleiche Kategorie gehörten wie die der Richter. Die Grundanlage der Argumentation folgte dem jüngeren Naturrecht. Man knüpfte an die in den 1790er Jahren erschienen Werke Seufferts und von der Beckes an, aber auch an den Entschädigungsplan Reigersbergs. Die Anwälte argumentierten auf der gleichen systematischen Basis wie die Richter.[144] Ihr Kernargument beruhte darauf, dass der reichsgesetzlich fixierte Unterschied zwischen Richtern und Anwälten für die Qualifizierung des Kammergerichtspersonals als ‚Reichsdiener' keine Bedeutung habe. Das Reich sei eine gesellschaftliche Verbindung gewesen, die den Zweck der Sicherung des Eigentums und der Rechte des Einzelnen verfolgt habe. Die Justizpflege im Reich sei zur Erfüllung des Staatszwecks unabdingbar gewesen und von der *höchsten Staatsgewalt* eingerichtet worden. Dabei hätten die Reichsgesetze dem Kammergericht eine Verfahrensart vorgeschrieben, bei der Prokuratoren notwendig gewesen wären. Daher seien sie wie das gesamte RKG-Personal als ‚Reichsdiener' zu qualifizieren. Da ein gemeinsames Eingreifen aller für die geordnete Gerichtspflege nötig sei, mache es keinen Unterschied, ob es

---

141 Vgl. die positive Rezension des Aufsatzes des Assessors Stein zu Lausnitz durch Johann von Müller, in: Jenaer Literatur-Zeitung 57 (1807), S. 450. Dagegen die Besprechungen von Zintel und Crispin, hierzu: N. N. [Stein zu Lausnitz], Karl von Dalberg.

142 N. N., Ueber die Berechtigung [...] eine Prüfung, S. 6-7.

143 N. N., Ueber die Berechtigung [...] eine Prüfung. Ein klares Bekenntnis des Ausschusses zur Verfasserschaft: S. 6. Vgl. auch: HHStA-Wiesbaden, Abt. 371, 128, fol. 161r-164v, Prokuratoren Abel, Flach, Schick und Bostell namens des Ausschusses der Advocaten und Prokuratoren an Fürstprimas. Wetzlar, den 13. April 1807. Als Anlage wird die Schrift übermittelt.

144 N. N., Ueber die Berechtigung [...] eine Prüfung. Die wichtigsten Titel: S. 10-11, S. 14-23.

sich bei den Staatsdienern um das zur Entscheidung oder zur Vertretung der Parteien angeordnete Personal handle. Alle stünden im gleichen Dienstvertrag.

Hieraus wurde gefolgert, das gesamte RKG-Personal hätte nach Auflösung ihrer Stellen das gleiche Recht auf Entschädigung. Diesen Anspruch hätten sowohl der Kammerrichter Reigersberg als auch Karl Theodor in ihren Schriften anerkannt. Daher sei nicht einzusehen, dass die Richter einen höherwertigen Anspruch auf Pension geltend machen könnten.[145] Noch einmal forderten die Prokuratoren und Advokaten ihre Anweisung auf die Sustentationskasse, beanspruchten aber neben dem Drittel der eingehenden Gelder zusätzlich ein Drittel des baren Kassenvorrats.[146]

Mit dieser Schrift hatten die Anwälte mit den Richtern gleichgezogen. Sie verfügten nun über ein systematisch ausformuliertes Konzept, mit dem sie ihre Rechtsansprüche begründen konnten. Obgleich sich die Argumente auf der formalen Ebene glichen, kommt hier der grundlegende Unterschied der Argumentationsweise deutlich zum Ausdruck, da die Anwälte zwar die Reichsgesetze ansprachen, die Unterschiede jedoch nivellierten. Sie nutzten die im System des Naturrechts angelegte Tendenz zur Reduktion der Komplexität der Reichsverfassung für ihre Belange aus.

Damit ist auf die Denkbewegungen zurückverwiesen, die bereits früher angesprochen wurden. Es zeigt sich dabei, dass das Naturrecht ein universell einsetzbares Deutungssystem war, mit dem sich die unterschiedlichsten Staatsvorstellungen und Ansprüche rechtfertigen ließen. Zugleich wird deutlich, dass die Verbindung von Reichsstaatsrecht und Naturrecht auch für die Anwälte prägend war. Dies hing auch bei ihnen damit zusammen, dass ein Grossteil an Reformuniversitäten oder bei Pütter studiert und anschließend Praktika am RKG absolviert hatte. Manche wie die Prokuratoren Bostell und Zwierlein bildeten sogar selbst Praktikanten aus.[147]

2. Rangunterschiede

Mit den unterschiedlichen Vorstellungen von den Rechten des RKG-Personals stießen nicht nur zwei unvereinbare Auffassungen zusammen, die bereits in Kontroversen zwischen Anwaltschaft und Richterschaft vor 1806 eine Rolle gespielt

[145] N. N., Ueber die Berechtigung [...] eine Prüfung, insb. § 4, S. 8-11; § 6, S. 12f., § 9, S. 24-30.

[146] N. N., Ueber die Berechtigung [...] eine Prüfung, § 20.

[147] Dies geht auch aus den im Anhang der Dissertation von Andreas Klass, Standes- oder Leistungselite?, S. 209-362 veröffentlichten Kurzbiographien der Advokaten und Prokuratoren hervor. Hier wäre allerdings noch einmal eine tiefer gehende Studie nötig, da Klass über die Informationen der Zettelkartei im Bundesarchiv nicht hinauskommt und die Generalexamina der Anwälte zwar zitiert, jedoch offenbar nicht ausgewertet hat. Die Karteikarten, welche die biographischen Daten der Anwälte verzeichnen, in: BAF jetzt Bundesarchiv Koblenz. Zu den Ausbildungsschriften vgl. Stein, Advokaten und Prokuratoren, S. 10-98.

haben dürften.[148] Zugleich widersprach der von den Anwälten geltend gemachte Gleichheitsanspruch den früheren Verhältnissen am RKG. Diese hatte ihre Grundlage in der Kammergerichtsordnung, die einerseits dem Umgang der Richter mit den Anwälten Schranken setzte und andererseits festsetzte, dass die Angehörigen des Kameralkollegiums den Prokuratoren und Advokaten vorstanden.[149]

Auch in der Endphase des Reichs lässt sich in vielerlei Hinsicht ein Distinktionsbedürfnis der ersten Klasse der Kameralen gegenüber den Anwälten feststellen, das gerade auch dann auf den Plan trat, wenn sich die Prokuratoren in Belange der Gerichtsverwaltung einmischten. Gewiss kam es gerade im Zusammenhang mit den aufgeklärten Gesellschaften und im Zuge eines am RKG beobachtbaren Reformstrebens zur Zusammenarbeit und auch zu gesellschaftlichen Kontakten von Assessoren und Prokuratoren. Allerdings waren die Richter den Anwälten immer übergeordnet. Wie im bereits erwähnten Fall des Prokurators Haas konnte man einen Prädeliberationssenat unter dem Vorsitz des Kammerrichters einberufen, wenn sich die Anwälte allzu weit aus dem Fenster lehnten, sich zu sehr in die Gerichtsangelegenheiten einmischten oder die Richterschaft beleidigten. In diesem Senat diskutierte man dann die Vorfälle und entschied, ob sie vor die Plenarversammlung zu bringen seien.[150] Dort entschied dann die erste Klasse der Kameralen, die Richter, ob etwaiges Fehlverhalten zu sanktionieren sei. Somit bestimmten die Richter bis 1806 die Grenzen der Einmischung der Prokuratoren in Gerichtsangelegenheiten.

Wenn die Prokuratoren und Advokaten in ihrer Druckschrift vom März 1807 das Drittel aus der Sustentationskasse beanspruchten, so war damit nicht nur eine mehrhundertjährige Geschichte der Distinktion dieser beiden Gruppen nivelliert und die Rechtsansprüche der Richter verletzt.[151] Es zeigte sich auch, wie schwierig es nun für die Richter geworden war, die eigene Position zu behaupten, die man in der Verfügung des Fürstprimas vom 17. Oktober 1806 mühsam durchgesetzt hatte. Die Vorwürfe an Stein zu Lausnitz, den Parteigeist zu wecken, forderten auch den obrigkeitlichen Habitus der vormaligen Reichsrichter heraus. In Zeiten der Existenz des Gerichts hätten die Angehörigen des Kameralkollegiums bei

---

148 Eine systematische Untersuchung zum Verhältnis von Anwälten und Angehörigen des Kameralkollegium stellt ein Desiderat der RKG-Forschung dar.

149 Ein knapper und präziser Überblick auch zum Verhältnis der Kameralen gegenüber den Wetzlarer Stadtbürgern bei Hahn, Altständisches Bürgertum, S. 61-68; zeitgenössisch: Becker, Fragmente aus dem Tagebuch eines reisenden Neu-Franken, S. 13ff.; vgl. auch Gloël, Goethes Wetzlarer Zeit. In der Endphase des Reiches wurde dieses Verbot diskutiert und eine Interpretation durch die künftige Visitation verlangt. HHStA-Wien, RK, RKG Visit. 374.

150 Haas wurde nach fast einjähriger Untersuchung seines Falles durch die Plenarversammlung am 22. Oktober 1787 vom Prokuratorenamt entfernt und zum Advokaten zurückgestuft. Weitzel, Damian Ferdinand Haas, S. 6. Vgl. den Bericht des Assessors Maurer von Kronegg über die *Haasenjagd* nach Wien: HHStA, RK, RKG Visit. 381, Maurer von Kronegg an N. N. [wohl Reichsvizekanzler], Wetzlar, den 23. Dezember 1786.

151 HHStA-Wiesbaden, Abt. 371, 128, fol. 161r-164v. Prokuratoren Abel, Flach, Schick und Bostell. Wetzlar, den 13. April 1807.

Erscheinen von Schriften, wie sie die Anwaltschaft verfasst hatte, sicherlich einen Prädeliberationssenat einberufen und wären gegen die dort vorgetragenen Angriffe vorgegangen. Nun jedoch hatte man keine der reichsrechtlich garantierten Machtmittel mehr, um Beleidigungen der Anwaltschaft zu unterbinden. Zwar konnte die Sustentationskonferenz hierauf reagieren, allerdings waren die Mittel keine wesentlich anderen als die der Anwaltschaft, nämlich Druckschriften, in denen ein höherwertiger Anspruch auf Pension geltend gemacht werden konnte.

3. Das Selbstverständnis der Sustentationskonferenz

Welchen Status maßen die früheren Assessoren dieser Versammlung 1807 im unmittelbaren Kontext des nun zur öffentlichen Kontroverse mutierenden Streites zwischen den Kameralgruppen zu? Diese Frage stellte sich erstaunlicher Weise nicht in direktem Zusammenhang der Kontroverse mit den Prokuratoren, sondern in der Diskussion um die Verlängerung eines Urlaubsgesuchs des mit der Pension eines Assessors nachträglich ins Kameralkollegium aufgerückten kurbrandenburgischen Präsentatus Karl von Kamptz. Schon dies weist darauf hin, dass dieses Problem ungeheuer schwer zu fassen war. Es setzte die Interpretation der Ereignisse des Sommers und die Formulierung der Pensionsansprüche voraus. Vor dem Hintergrund der von wenigen vorgenommenen Interpretationen, denen die meisten der Angehörigen des Kameralkollegiums zustimmten ohne ihre eigene Ansicht kundzutun, war nun eine Neupositionierung nötig. Hätte man sich der Problematik in unmittelbarer Auseinandersetzung mit der Auflösung des Reichs bewusst gezeigt, wäre diese Frage als eigenes Verhandlungsthema auf die Tagesordnung gesetzt worden. Auch Vahlkampf, der Protokollant der Sitzungen der Konferenz, war offensichtlich von der Thematik überfordert, denn er überschrieb sie: *des Assessors von Kamptz begehrte venia, in specie die Frage: ob dermalen die Gerichtsglieder sich willkührlich von hier entfernen dürfen? Betreffend.*[152]

Tatsächlich wurde im Zusammenhang mit dem Urlaubsgesuch Kamptz' eine Grundsatzdiskussion geführt, die nicht nur für den späteren Verlauf der Kontroverse mit der Anwaltschaft und das Sustentationsgeschäft von Bedeutung war, sondern die Folgen der Auflösung des Reichs für die Angehörigen des Kameralkollegiums noch einmal in anderer Perspektive verdeutlicht. Es ist die Perspektive einer ungeheueren gedanklichen Produktivität dieser Spitzenjuristen. Vor dem Hintergrund der Überzeugung, dass eine weitere Existenz der gemeinsamen Konferenz notwendig sei, bestimmten die vormaligen Reichsrichter die Stellung des ehemaligen Kameralkollegiums in der *neuen Ordnung der Dinge*.[153] In der Diskussion wurde eine noch größere Bandbreite von Positionen bezogen als bisher. Sie reichte von privatrechtlichen Erklärungsansätzen über staatstheoretisch und

[152] BAF, FN 11 Akten 6b, Konferenzprotokolle, Sitzungen v. 12., 15. und 19. Januar 1807.

[153] Dies ist der verbreitetste Quellenbegriff zur abstrakten Beschreibung der Verhältnisse nach der Gründung des Rheinbundes.

reichsrechtlich reflektierte Deutungen bis hin zu eigenen Findungen. Vor allem wird deutlich, dass zwar die unterschiedlichen Positionen von der Beckes und Hohnhorsts in ein gemeinsames Referat zusammenfließen und Konsens unter den Richtern stiften konnten, dass beide jedoch verschiedene Konzepte heranzogen, um den Status des Kameralkollegiums nach der Auflösung des Reichs zu bestimmen. Die Diskussion über das Urlaubsgesuch des Karl von Kamptz ist auch deshalb für den Gesamtzusammenhang dieser Untersuchung von besonderer Bedeutung, weil sie zugleich eine letzte Momentaufnahme von den meisten Angehörigen der letzten Richtergeneration erlaubt, bevor die ersten Wetzlar verließen, ihre Resignation einreichten und andere Stellen antraten.

Kaum war Kamptz in Wetzlar angekommen, waren seine Aufsätze geschrieben und einige Voten im Kameralkollegium abgegeben, verließ er die Stadt Ende Oktober 1806 wieder. Er wollte zwei Monate in sein Vaterland nach Mecklenburg reisen, um einige Privatgeschäfte zu erledigen. Als seine Urlaubsbewilligung abzulaufen drohte, bat er am 22. Dezember 1806 um eine Verlängerung von einigen Monaten, ohne sich näher über sein Fernbleiben zu erklären. Im Kameralkollegium vermuteten einige, er wolle überhaupt nicht mehr nach Wetzlar zurückkehren. Dann beriet man am 12., 15. und 19. Januar 1807 über sein Urlaubsgesuch.[154]

Wie bisher referierten Hohnhorst und von der Becke. Abwesend waren neben Karl von Kamptz bei allen drei Sitzungen Constantin Franz Fürchtegott von Neurath und Christian von Weidenfeld. Letzterer ließ sich, obgleich der Kammerrichter eigens nach ihm geschickt hatte, wegen Unpässlichkeit entschuldigen. Es fehlte darüber hinaus Ignatz von Gruben. Franz Dietrich von Ditfurth wohnte nur der Sitzung am 15. Januar bei, während Karl Georg von Riedesel nur die Sitzungen des 12. und 19. Januar besuchte.[155]

Die meisten waren sich darüber im Klaren, dass mit dem Urlaubsgesuch eine Grundsatzfrage aufgeworfen war. Nicht zuletzt deshalb wollte Reigersberg auch Weidenfeld mit hinzuziehen. Der Ausgangspunkt, an dem sich die Diskussion über den Status entzündete, kann mit einer Frage, die im Raum stand, am besten zusammengefasst werden: Kann ein in der Auflösung befindliches Kollegium vormaliger Reichsrichter, die den Gliedern des aufgelösten Reichs gegenüber einen Rechtsanspruch auf Pension geltend machten, über das Urlaubsgesuch eines nachträglich hinzugestoßenen Pensionärs entscheiden, der überhaupt nicht als Richter am RKG tätig gewesen war? Während die verspätete Annahme des kurbrandenburgischen Präsentatus ein geringes Problem darstellte – sie wurde so behandelt, als ob er vollständig zum Kollegium gehört hätte – diskutierte man den Status und die Befugnisse des vormaligen Kameralkollegiums kontrovers.

Das Gutachten des Referenten Hohnhorst entfernte sich am weitesten von der Stellung, die das Kameralkollegium zu Zeiten der Existenz des Reichs genoss. Er

154 BAF, FN 11 Akten 6a, Anlage Nr. 87, Kamptz an Kammerrichter und Plenum, Güstrow 22. Dezember 1806 (hierin Abschrift und Original).

155 BAF, FN 11 Akten 6b, Konferenzprotokolle, Sitzungen v. 12., 15. und 19. Januar 1807.

sah zunächst überhaupt kein Problem darin, Kamptz den Urlaub zu gewähren, denn er ging grundsätzlich davon aus, dass alle Mitglieder der Konferenz *verabschiedete Reichsdiener* seien, die nach Erlöschung ihres Amts an den vormaligen Sitz des Gerichts nicht weiter gebunden seien. Deshalb könnten alle hingehen, wo sie wollten. Durch die Begründung dieser Auffassung bestimmte er den Status der vormaligen Plenarversammlung. Er entwickelte sie entlang einer zivilrechtlichen Argumentation, die auf der Vorannahme der gemeinsam mit von der Becke entwickelten Interpretation der Erklärungen der konföderierten Staaten und des Kaisers vom Sommer 1806 aufbaute.

Der Staat, dem das RKG angehörte, sei erloschen. Damit habe zugleich auch die *collegialische Verbindung* von Assessoren, Präsidenten und Kammerrichter zu bestehen aufgehört. Den Kontraktualismus umkehrend, betrachtete Hohnhorst die Konferenz als *Gesellschaft von Privatpersonen*, welche an *collegialische Einmüthigkeit gewohnt* nach Art der bisherigen Plenarversammlung und unter der Leitung eines Oberhauptes berate. Der eindeutige Beleg für diese Annahme schien ihm darin zu liegen, dass keine öffentliche Autorität diese Verbindung sanktioniert habe. Weil die Gesellschaft ein Zusammenschluss von privaten Individuuen zum Zweck der Erwirkung von Entschädigungen für den Verlust der Stellen sei, verglich er sie mit einer Handelsgesellschaft. Alle für solche *privaten Gesellschaften* geltenden Grundsätze seien auf die Konferenz anwendbar. Da nun bei der Gründung dieser Gesellschaft am 29. Juli 1806 nicht explizit darauf kontrahiert wurde, dass die Anwesenheit aller Mitglieder erforderlich sei, könne sich jeder aufhalten, wo er wolle.[156]

Hohnhorst reflektierte wohl, dass der Beschluss der Plenarversammlung, zusammen zu bleiben, noch unter den Bedingungen der Existenz des Reichs gefasst worden war. Doch wies er demgegenüber auf die inzwischen vollkommen veränderte Lage hin. Die Fürsten hätten durch ihre *nachherigen Factam* gezeigt, dass der Vorbehalt vom 26. August 1806, die einstweilige Auflösung des Gerichts noch eine Weile stillschweigend dahingestellt sein zu lassen, nicht mehr zutreffe. Dies habe auch den Beschluss vom 29. Juli 1806 tangiert. Die reichsgesetzlich angeordnete Versammlung sei so in eine Privatgesellschaft umgewandelt worden. Dennoch hielt Hohnhorst an der Notwendigkeit der Konferenz fest und betonte die Wichtigkeit solidarischen Verhaltens: *So lange wir sämmtlich zusammenbleiben, stellen wir gewissermaßen das ehemalige Reichsgericht dar.*

Da Hohnhorst nicht mehr auf der Basis einer bindenden Rechtsgrundlage argumentieren konnte, bemühte er die Vernunft: Zwar könne keiner gezwungen werden in Wetzlar zu bleiben, doch erfordere die Klugheit einen weiteren Zusammenhalt. Den Zusammenhalt hielt er einerseits deshalb für nötig, weil die Stimme des Einzelnen verhalle und die vormaligen Reichsrichter in Vergessenheit geraten könnten, wenn sie auseinander liefen. Anderseits verwies er auf die bereits erzielten Erfolge: die von den vormaligen Reichsständen erwirkten Erklärungen, die

[156] Zitat: Referat Hohnhorst, BAF, FN 11 Akten 6a, Anlagen, Nr. 89 auch im Folgenden.

Kammerzieler fortzuzahlen, die bisher weitgehend gelungene Verteidigung der Sustentationskasse gegen die Angriffe der Anwaltschaft.[157]

Hohnhorst machte als einziger Vorschläge über die künftige Organisation der *Gesellschaft*: Sie sollte ihre Form dergestalt verändern, dass ein ständiger Ausschuss von sechs Mitgliedern ernannt werde, der immer vollzählig anwesend sein müsse. Dies ermögliche ihre Kontinuität bei dem zu erwartenden Einrücken von vormaligen ‚Reichsdienern' in neue Stellen oder ihrem längeren Fernbleiben. Die jeweiligen Mitglieder sollten im dreimonatigen Turnus nach der Rangordnung in der Plenarversammlung wechseln, ohne dass dabei jedoch auf Religionsparität Rücksicht genommen werden müsse. Für den Fall der Verhinderung eines *Turnarius* müsse ihn der Nächste in der Ordnung vertreten. Darüber hinaus sei es Aufgabe der Abwesenden, die der Turnus treffe, für Ersatz zu sorgen.

Hohnhorsts privatrechtliche Argumentation fand wenig Anklang. Bis auf Carl Ludwig von Branca, der wegen des bayerischen Kreises als Assessor ans RKG gelangt war, votierte kein einziger der Angehörigen des Kameralkollegiums für diesen Vorschlag.[158] Deshalb erklärte Hohnhorst noch einmal, dass er in Wetzlar bleiben wolle, jedoch bedauere, dass dies aus Zwang geschehen müsse und nicht freiwillig, weil er sein Wort gegeben habe.[159]

Mehrheitsfähig wurde eine andere Auffassung, die im Anschluss an das Korreferat Franz Arnold von der Beckes entwickelt wurde und in den ausführlichen Voten des früheren katholischen Präsidenten Adam Friedrich von Schenk zu Stauffenberg sowie der vormaligen Assessoren Carl August Maximilian von Seckendorff, Joseph von Ullheimer und Johann Friedrich von Neurath ablesbar ist.[160] Zwei Assessoren enthielten sich des Votums: Joseph Franz von Linden mit der Begründung, er erwarte seinen Eintritt in württembergische Dienste, und Karl Georg von Riedesel, der am 19. Januar 1807 resignierte, um württembergischer Titularrat zu werden.[161] Auch Brancas Zustimmung zum Vorschlag Hohnhorsts dürfte bereits vor dem Hintergrund der Aussicht erfolgt sein, in bayerische Dienste übertreten zu können.

Wie Hohnhorst kam von der Becke in seinem Referat schnell zum entscheidenden Punkt und legte die Verhältnisse der vormaligen Plenarversammlung zu Grunde um die Frage nach dem Urlaubsgesuch zu beantworten. Auch er knüpfte an die Überlegungen vom 26. August 1806 an und betonte zunächst, dass kein Zweifel herrsche, dass das Reichskammergericht aufgelöst sei. Er spann seine in

---

157 BAF, FN 11 Akten 6b, Konferenzprotokolle, Sitzung v. 15. Januar 1807, Votum Hohnhorst.

158 BAF, FN 11 Akten 6b, Konferenzprotokolle, Sitzung v. 12. Januar 1807, Votum Branca

159 BAF, FN 11 Akten 6b, Konferenzprotokolle, Sitzung v. 15. Januar 1807, Votum Hohnhorst.

160 BAF, FN 11 Akten 6a und b, Anlage, Nr. 90, Koreferat von der Becke; BAF, FN 11 Akten 6b, Konferenzprotokolle, Sitzung v. 12. Januar 1807, Votum Schenk von Stauffenberg; BAF, FN 11 Akten 6a, Anlage, Nr. 91, Votum Assessor von Seckendorff und Nr. 92, Votum Ullheimer.

161 BAF, FN 11 Akten 6b, Sitzung v. 15. Januar 1807, Votum Linden.

Bezug auf das Kameralkollegium geprägte Metapher des Amtskörpers fort und fand eine präzise Formulierung:

> *Der Körper ist todt aber nur als dienstleistender Amtskörper. In seinen Gliedern lebt er noch fort und zwar solange, bis einem jeden ein anderes Loos bestimmt, d. h. bis ein allgemeines Regulativ darüber getroffen ist. Das alte Corpus sucht seine Ansprüche auf lebenslänglichen Fortgenuss der ganzen Besoldung für ein jedes seiner bisherigen Glieder geltend zu machen. Das nämliche Corpus ist im Besitz seiner Kasse und deren Verwaltung geblieben. Dasselbe hat fortwährend seinen Sitz in Wetzlar und wird um so gewisser als dort residierend allgemein angesehen, als weder ein ehemaliger Reichsstand noch sonst Jemand ein Mitglied des Kammergerichts anderswo als hier suchen wird. Was künftig für uns geschehen wird, wird für die Gesamtheit geschehen, nicht für diesen oder jenen Einzelnen. Man betrachtet uns als eine moralische Person, die sich gegen den Hungertod sträubt, womit sie bedroht ist, und die in eine andere Lage versetzt sein will, damit sie sich auflösen kann.*[162]

Noch deutlicher als in der Denkschrift vom September 1806 wird hier das Kameralkollegium als Organ verstanden, als *dienstleistender Amtskörper*, dessen Dienste nur ruhen. Als abstrakt gedachte *moralische Person* konnte dieser *Amtskörper* als Gesamtheit Ansprüche an die vormaligen Reichsstände bzw. ihre Nachfolgestaaten geltend machen. Erstaunlicher Weise kamen also die beiden Referenten zu unterschiedlichen Schlüssen. Während Hohnhorst mit dem Reich auch die *kollegialische Verbindung* als aufgelöst betrachtete, hielt von der Becke an der Fortexistenz des *Amtskörpers* fest; und zwar so lange als sich *das Reich oder die ehemaligen Reichsstände* nicht über seine Auflösung erklärt hätten. Für ihn schien noch nicht absehbar, wie die Verfügungen aussehen würden, welche die vormaligen Reichsstände dem *Ganzen* geben würden. Möglich schien ihm eine Entlassung bei Gewährung einer Pension oder Entschädigung für alle in voller Besoldungshöhe. Möglich schien auch eine *anderweite Bestimmung*, womit von der Becke auf die Eröffnung eines rheinischen Bundesgerichts anspielte. Den Zustand, in dem sich das bisherige Kameralkollegium befand, bezeichnete er als *interimistisch*. Die Konsequenz der Fortdauer der Existenz war, dass jeder, der die Gesamtheit verlasse, damit auf sein Recht verzichte, an den Vorteilen teilzunehmen, die sich aus dem Status des Kollegiums ergeben würden.

Damit hafteten die Rechte also eindeutig nicht auf den einzelnen Gliedern, sondern auf dem gesamten Körper. Um die bestehenden Ansprüche des *Amtskörpers* an die vormaligen Stände des Reichs nicht preis zu geben, dürfe nichts unternommen werden, was die Lage verändere, betonte von der Becke. Andernfalls könnten die vormaligen Reichsstände mit Grund darauf verweisen, dass man seinen Posten verlassen und seine Pensionsansprüche aufgegeben habe. Die Konsequenz hinsichtlich des Urlaubsgesuches war vor diesem Hintergrund eindeutig:

---

[162] BAF, FN 11 Akten 6a, Anlagen, Nr. 90, Korreferat von der Becke.

Kamptz konnte seiner Auffassung nach zwar Urlaub nehmen, musste jedoch angehalten werden, wieder nach Wetzlar auf seinen *Posten* zurückkehren.

Wie bereits angedeutet, stimmten die meisten der vormaligen Reichsrichter für die Fortexistenz des Kollegiums und votierten mit dem Korreferenten von der Becke. Interessant sind jedoch die unterschiedlichen Auffassungen, die hierbei zugrunde gelegt wurden. Sie ermöglichen einen differenzierten Einblick in unterschiedliche Konzeptualisierungen des Kameralkollegiums und in das damit zusammenhängende Amtsverständnis der vormaligen Reichsrichter.

Der dienstleistende *Amtskörper*, dessen Tätigkeit ruhte, war nicht die Begrifflichkeit, mit der die meisten Votanten den Status des vormaligen Kameralkollegiums beschrieben. Gleichwohl vertraten sie in der Sache die gleiche Ansicht wie von der Becke. Präsident Stauffenberg erkannte zwar mit Hohnhorst an, dass das Kameralkollegium kein Gericht mehr darstelle, meinte aber, um eine Versammlung förmlich verabschiedeter *Reichsdiener* handle es sich bei der Konferenz dennoch nicht. Auch habe sich die *societas indemnisatorum* nicht erst mit dem Beschluss vom 29. Juli 1806 gebildet. Stauffenberg hielt die damals angenommene Direktorialproposition lediglich für die Erneuerung, aber nicht den *Ursprung der primär Constitution des Kammergerichts*. Vielmehr sei man immer schon ein eigener *Genossenschafts-Verband* mit besonderen Rechten gewesen.[163]

Stauffenberg vertrat eine ähnliche Position wie Leutsch, der nun auch die Auflösung des Reichs anerkannte. Für seine Interpretation konnte er die ‚genossenschaftlichen' Elemente im deutschen Naturrechtsdenken heranziehen, die er mit historisch-empirischem Gehalt füllte:

> *Das Heil der Gesamtheit des richteramtlichen Personals hänge offenbar von dem Zusammenseyn und Zusammenarbeiten der sämtlichen Gerichtsglieder ab. Jedem der in der Gesammtheit seinen Vortheil gesucht und gefunden habe, noch mehr aber dem, welcher solche noch suche, gebiete die natürliche Pflicht, bey der Gesammtheit auszuharren, und für diese zu arbeiten, bis das allgemeine Ziel der Sicherstellung des allen gemeinschaftlich gebührenden und allerseitig zu erlangen gesuchten Unterhalts erreicht sey. Diese in der Natur des Verbandes liegende Verbindlichkeit sey an sich wohl schon dermaßen Gegenstand jedes richtigen Gefühls, daß hierzu ein gebietendes Gesetz für entbehrlich gehalten werden sollte. Indessen schienen doch die Gesetzgeber den etwa sich äußernden Mangel dieses Gefühls vorgesehen, daher zum allgemeinen Besten einer der Beyhilfe eines Gesellschafters nicht versicherten Gesellschaft das positive Recht zu solcher Legislation ertheilt zu haben.*

Für Stauffenberg hatte das vormalige Kameralkollegium also ein positivrechtlich gegründetes Legislationsrecht, einen gemeinsamen Zweck in der Sicherung des

[163] BAF, FN 11 Akten 6b, Sitzung v. 12. Januar 1807, Votum Schenk von Stauffenberg. Der Begriff ‚Kammergericht' wurde von den Zeitgenossen häufig mit dem Kameralkollegium gleichgesetzt.

Unterhalts und einen Gesellschaftsvertrag, auf den die Menschen zum Zwecke ihrer Unterhaltssicherung kontrahiert hätten und damit Gesellschafter geworden seien.[164] Im Grunde vertrat Stauffenberg eine Position, die zwischen der Amtsköperthese von der Beckes und Hohnhorsts Überlegungen zum privatrechtlichen Status des Kollegiums lag. Aus der legislativen Kompetenz der *Gesellschaft* folgerte er, dass man Genossen, die sich ihrer Verbindlichkeit entziehen wollten, per *Societätsklage* belangen könne, um den Zweck der Gesellschaft zu erreichen. Auch seiner Auffassung nach schien die Gesellschaft als Gesamtheit rechtsfähig.

Vor diesem Hintergrund konnte der Präsident trotz einer anderen formalen Bestimmung des Status des vormaligen Kameralkollegiums den Anträgen von der Beckes zustimmen. Hueber, Martini und Stein zu Lausnitz, Leutsch, Schmitz, Balemann und Hommer stimmten ebenfalls mit von der Becke, wobei Stein zu Lausnitz sich ausdrücklich auf den Vortrag Stauffenbergs berief.[165] Franz Dietrich von Ditfurth, welcher der Diskussion nicht folgen konnte, weil er nur einen Tag anwesend war, äußerte sich nur zum Urlaubsgesuch. Die anderen anwesenden Assessoren Carl August von Seckendorff und Joseph von Ullheimer, Johann Friedrich von Neurath und der ehemalige evangelische Präsident Franz Paul Christoph von Seckendorff votierten ausführlich und entwickelten ihrerseits noch einmal andere Vorstellungen.

Votans verkenne die *Schwierigkeiten gar nicht*, die darin lägen, einen *festen rechtlichen Gesichtspunkt zu finden*, um die *collegialische Wirksamkeit* des Kameralkollegiums *fort zu behaupten*, äußerte der Assessor Carl August von Seckendorff. Er war sich gleichwohl sicher, dass er keinem *zufällig* zusammengelaufenen *Corps zudringlicher Bettler angehöre*. Vielmehr verfüge man über einen Rechtstitel, in dem die Entschädigungsansprüche gegründet seien. Diese Ansprüche beruhten auf der Form der bisherigen Existenz des Kollegiums. Auch Seckendorff glaubte, dass man auf eine Verfügung der *höchsten und hohen Committenten* warten müsse, bevor man sich auflösen könne. Der Reichsverband schien ihm ebenfalls durch die Ereignisse im Norden Deutschlands gänzlich aufgehoben: *es giebt kein Reich mehr, als dessen Gericht wir uns darstellen könnten.*[166]

Gleichwohl sei damit dem Kammergericht nur die Gerichtskompetenz genommen, während die Aufsicht über die bisher anvertrauten Gegenstände entsprechend der Note Graf Stadions vom 8. August 1806 beibehalten worden sei.

---

[164] BAF, FN 11 Akten 6b, Sitzung v. 12. Januar 1807, Votum Schenk von Stauffenberg. Vgl. ebd.: *so sey kein Zweifel, daß in Absicht auf die allen Gliedern des Collegiums obliegende Verbindlichkeit, durch Aufwand der individuellen Thatkraft die Erlangung und Erhaltung der Sustentation zu bewirken, ein wahrer Gesellschaftsvertrag ursprünglich und fortwährend unter ihnen constituiert sey, der es mit sich bringe, daß die durch gemeinsames Interesse zur Beförderung des allgemeinen Endzwecks verbundenen Genossen, gemeinsam der Gesellschaft ihre Dienste in der nothwendigen Anwesenheit zu leisten, verpflichtet seyen, bis der Zweck erlangt sey.*

[165] BAF, FN 11 Akten 6b, Sitzung v. 12. Januar 1807 und 15. Januar 1807.

[166] BAF, FN 11 Akten 6a, Anlage Nr. 91, Votum Seckendorff.

Zwar habe der Fürstprimas dem Kammergericht die Aufsicht über die Akten entzogen, jedoch könne auf eine Mitwirkung des Kollegiums nicht verzichtet werden. Wichtiger noch sei die Verwaltung der Kassen, die nach wie vor unter der Disposition des Kollegiums stünde. Hinzu komme, dass die hierin deponierten Kapitalien auf den Namen des Reichskammergerichts lauteten. Schon dies erlaube es nicht, dass sich das Kollegium ohne Verfügung der vormaligen Reichsstände auflöse. Darüber hinaus aber könnten die Konstituenten mit Grund auf eine Verwirkung der Pensionsansprüche verweisen, wenn sich das Kollegium als ein *Haufen abgedankter Reichsdiener* erweise, der jeden Moment drohe auseinander zu laufen. Aus politischen Gründen sei es daher nötig zusammenzubleiben und die Ansprüche bis zu einer allgemeinen Entscheidung der vormaligen Reichsstände gemeinschaftlich zu vertreten.

Obgleich Seckendorff die entstandene Lage gleichsam ohne eine politische Theorie heranzuziehen lediglich mit Rücksicht auf die rechtliche Situation und die politische Opportunität rechtfertigte, votierte auch er für von der Beckes Vorschlag. Ullheimer, der früher Staatsrechtslehrer an der Universität Bamberg gewesen war,[167] betonte demgegenüber, weder aus *rechtlichen* wie von der Becke noch aus *politischen* Gründen wie Seckendorff gegen die Entfernung eines Mitgliedes des Kameralkollegiums zu stimmen: *Votans kann sich einfach nicht überreden, daß das Kammergericht förmlich und gehörig aufgehoben sey*, erklärte er.[168] Er führte an, dass das Kammergericht in Deutschland als *Staatskörper* existiert habe, der nicht vom Kaiser allein, sondern auch von den Reichsständen aufgerichtet worden sei.[169] Deshalb müsse es auch von beiden Seiten gehörig aufgehoben werden, was bisher zwar von Seiten des Kaisers und des Fürstprimas, nicht jedoch von den konföderierten Staaten und dem restlichen Deutschland geschehen sei. Ullheimer erkannte weder die Konföderationsakte der Rheinbundstaaten noch die Erklärungen des Kaisers als förmliche Aufhebung des Gerichts an.

Ullheimer argumentierte mit dem römischen Recht: *so sagt Justinian: Nihil tamen naturale est quam actum eo modo dissolvi quo modo colligatur.*[170] Als Konsequenz aus diesem Satz folgerte er, dass man auf der bisherigen Form des Verbandes beharren müsse. Dies war eine Forderung, die er zugleich mit einer politischen Verurteilung des Rheinbundes aussprach:

> *Wir müssen also als deutscher Staatkörper vereint bleiben und vereint dahin arbeiten, daß seine Auflösung förmlich und in der Art geschehe, daß zu*

---

167 Jahns, Das Reichskammergericht, Tl. II, Biogr. 76. Zur Universität Bamberg: Hammerstein, Aufklärung und katholisches Reich.

168 BAF, FN 11 Akten 6a, Anlage, Nr. 92, Votum Ullheimer.

169 Die Staatskörpermetapher wurde hier freilich in einem anderen Sinne als in dem von der Beckes verwendet. Zur unterschiedlichen Verwendung der Staatskörpermetapher im öffentlich rechtlichen Kontext: Stolleis, Geschichte des öffentlichen Rechts, Bd. 2, S. 121f.; ders., Die Allgemeine Staatslehre, S. 6-8.

170 BAF, FN 11 Akten 6a, Anlage, Nr. 92, Votum Ullheimer.

> *Deutschlands Schande wir nicht das Opfer des Conföderativ Systems werden, und man uns nicht ohne Entschädigung hinlaufen läßt, wo jeder will und kann.*

Vor diesem Hintergrund wollte Ullheimer ebenso wie Johann Friedrich von Neurath mit dem Korreferenten stimmen. Letzterer betonte in seinem Votum, dass der Fürstprimas die Verfügung über die Akten nicht aus landesherrlicher Machtvollkommenheit, sondern gleichsam *aus provisorischer Continuation* des Erzkanzleramtes getroffen habe. Er verwies darüber hinaus darauf, dass die Beibehaltung der Kameralfreiheiten, der Schatzungsfreiheit, der Chaussée- und Postfreiheit für eine Fortexistenz des Kollegiums spreche. Dabei hoffte er auf eine künftige Anstellung bei einem Bundesgericht und wollte schon deshalb *vor der Hand* nicht für eine Auflösung votieren. Als weiteren Grund gab er die eingegangenen Verpflichtungen gegenüber den vormaligen Reichsständen zum Erhalt der Kassen an und schloss:

> *Ich halte mich nicht als ein Glied einer willkürlichen Societät, sondern halte mich verbunden, bis zur definitiven Entscheidung unserer Obern, sämmtlicher ehemaliger höchster und hoher Reichsstände, die Schlüsse der Gesamtheit sive corporis certo respectu oder des grösseren Theils derselben zu respectieren.*[171]

Der vormalige evangelische Präsident Franz Paul Christoph von Seckendorff, der nach der Votierordnung das letzte Wort hatte, hielt das Kollegium ebenfalls für nur gelähmt und nicht für aufgelöst.[172] Er unterstrich noch einmal nachdrücklich die Notwendigkeit, dass das Kollegium zusammenbleiben müsse, um die Ansprüche nicht zu verwirken. Darüber hinaus wies er darauf hin, dass auch andere Pensionsreglements den Pensionären keine freie Wah' des Ortes erlaubten.[173]

Fast einstimmig wurde also beschlossen, dass kein *Gerichtsmitglied* vor einer Entscheidung der deutschen Fürsten Wetzlar als den Sitz des *bisherigen Reichskammergerichts* für immer verlassen dürfe und von den anwesenden Mitglieder hierzu autorisiert werden könne. Wer diesem Beschluss entgegen handle, verwirke seinen Pensionsanspruch, sein Besoldungsanteil müsse einbehalten werden. Allerdings dürfe einem Gerichtsmitglied eine Abwesenheit von vier bis fünf Monaten als Urlaub gestattet werden. Dies teilte man Kamptz mit, dessen Urlaub auf weitere zwei Monate verlängert wurde.[174]

Eine wichtige Konsequenz dieses vor dem Hintergrund verschiedener reichsrechtlicher und römisch-rechtlicher, politiktheoretischer, politischer und pragmatischer Erwägungen gefassten Beschlusses, dass man weiterhin eine untrennbare

---

[171] BAF, FN 11 Akten 6a, Anlage, Nr. 93, Votum Neurath.

[172] Zur Votierordnung im Plenum, die von der Rangordnung der Präsentationen etwas abwich: Bostell, Grundsätze der kammergerichtlichen Praxis, S. 36; Malblanc, Anleitung zur Kenntniß, S. 294f.; Danz, Grundsäze, S. 216; Vahlkampf: Übersicht über der Senatseinrichtungen 1803 und 1806, in: BAF, AR 1 Misc. 613.

[173] BAF, FN 11 Akten 6a, Anlage, Nr. 94, Votum F. P. Chr. von Seckendorff.

[174] BAF, FN 11 Akten 6b, Sitzungsprotokoll 19. Januar 1807, Gesamtbeschluss.

Gesellschaft bilde, innerhalb derer die Majorität entscheide, zeigte sich noch am gleichen Tag. Karl Georg von Riedesel, der als wirklicher geheimer Rat und Präsident des Titularrats in die Dienste des Königs von Württemberg getreten war, reichte seinen Abschied ein.[175] Er musste wie alle anderen Assessoren vor und nach ihm förmlich von seinem Amt resignieren. Vom Nachdienst, den es früher gegeben hatte, war er freilich befreit.

Das Kollegium hielt sich also für befugt, frühere Rechte und Pflichten wahrzunehmen. Es musste lediglich auf die Rechte verzichten, die ihm explizit genommen worden waren. Dies bedeutete auch, dass das Kollegium für die mit Riedesels neuer Anstellung verbundenen Auflagen das entscheidungskompetente Gremium war. Man wollte es in *reife Überlegung* [...] *ziehen*,[176] ob ihm zusätzlich zu seinem geringeren Gehalt, das ihm der König von Württemberg gewährte, die fehlenden 800 fl. aus der Sustentationskasse zugeschossen würden.[177]

Wenn in der Diskussion über den Status des Kameralkollegiums das Verhältnis gegenüber den anderen Kameralen überhaupt nicht angesprochen wurde, sondern die Begriffe *Amtskörper*, *Gesellschaft*, *Verband* und *Genossenschaft* sich immer nur auf das vormalige Kameralkollegium bezogen, so zeigt sich deutlich, dass das Kammergericht nicht die Behörde war, zu der Reigersberg sie vielleicht gerne hätte ausbauen wollen. Es war keine Institution des Reichs im modernen Sinne, auch wenn Zeitgenossen um 1800 dem Kammergericht und seinen Kameralen einen gleichsam reichsunmittelbaren Status zuschrieben.[178] Die Straf- und Justizgewalt ging vom Kammerrichter, dem Repräsentanten der oberrichterlichen Gewalt des Kaisers, aus, der sie in Abhängigkeit von den Beschlüssen der Plenarversammlung, der Prädeliberationssenate bzw. den zu den Deputationen abgeordneten Assessoren ausübte.[179] Nach den Erklärungen des Kaisers war die Ausübung der Justizgewalt über die subalternen Kameralen kein Thema der Versammlung mehr. Ihr neuer Zweck und ihre Kompetenzen waren mit der Note Stadions klar ausgesprochen worden. Die anderen Kameralen waren durch die Erklärungen des Kaisers, nachdem Karl Theodor bereits 1802 die Herrschaft über Wetzlar übernommen hatte, sofort als Untertanen dem mit der Konföderationsakte Souverän gewordenen vormaligen Kurfürsterzkanzler unterstellt worden.[180] Hinsichtlich der Kontroverse mit den Anwälten resultierte hieraus, dass man au-

[175] BAF, FN 11 Akten 6a, Anlage Nr. 96. Resignation Riedesel, Wetzlar, den 19. Januar 1807.

[176] BAF, FN 11 Akten 6b, Sitzungsprotokoll 19. Januar 1807, Resignation Riedesel. Vgl. auch BAF, FN 11 Akten 6a, Anlage Nr. 97.

[177] Dies hätte dem Vorschlag der Denkschrift von der Beckes entsprochen. Vgl. N. N., Ueber den künftigen Unterhalt, S. 8, § 11, Nr. 4.

[178] Mit dem Begriff der Reichsunmittelbarkeit wurden die Rechtsverhältnisse während der Zeit der Existenz des Gerichtes zusammengefasst. Hierzu mit ausführlichen Nachweisen: Jahns, Das Reichskammergericht, Tl. I, Kap. II, 2.1

[179] BAF, AR 1 Misc. 613, Übersicht [...] der Senatseinrichtungen (1803 und 1806). Die Akten der Deputationen des RKG seit 1801 im Nachlass Reigersberg: BAF, FN 11 Konvolut. Obs. Politia. Hier auch die Dokumentation der seit 1801 einberufenen Prädeliberationssenate.

[180] Hierzu: BAF, FN 11 Akten Oberservationes Politiae 1802–1803.

ßer öffentlichen Reaktionen oder Beschwerden beim Fürstprimas oder den vormaligen Reichsständen keinerlei Sanktionsmittel mehr gegen die vormals subalternen Anwälte in der Hand hatte.

Die Prokuratoren wiederum hatten ihre Schrift nicht zuletzt vor dem Hintergrund verfasst, dass die im Rahmen des ersten Provisoriums liquidierten Gelder des Kameralkollegiums auszugehen drohten. Sie versuchten Karl Theodor mit ihren Vorschlägen ganz ähnlich wie im Sommer 1806 dafür zu gewinnen, ihre Belange bei einer künftigen Regelung der Entschädigungsfrage zu berücksichtigen. Deshalb baten sie darum, die Vorschläge den mitkonföderierten Souveränen zu empfehlen. Die Angehörigen des Kameralkollegiums blieben demgegenüber, obgleich sie sich in einer besonderen Sitzung mit der Schrift der Anwälte befassten, ruhig und antworteten zunächst nicht öffentlich. Dies hing wesentlich damit zusammen, dass jene Assessoren, die bereits im Oktober 1806 der Öffentlichkeit die Verfehlungen des Fürstprimas mitteilen wollten, noch nicht die Mehrheit im Kameralkollegium hatten. Noch überwogen die besonnenen Kräfte.

4. Das zweite Provisorium

In der Situation von 1807 war nicht daran zu denken, die Prokuratoren und Advokaten aus der Sustentationskasse zu besolden und zugleich dem Richterpersonal auch nur annähernd ihr volles Gehalt auszubezahlen. Einige der Assessoren hatten damals bereits neue Stellen angetreten. Andere standen kurz davor. Dies schuf jedoch insofern keine Verbesserung der Lage der Sustentationskasse des Kammergerichts, als die übernehmenden Staaten ihre Kammerzielerbeiträge mit dem Gehalt der angestellten Staatsdiener verrechneten, wie es der Plan vom September 1806 vorsah. Hinzu kam, dass viele deutsche Staaten ihre Kammerzieler nicht bezahlen wollten, was die Situation gegenüber dem Herbst 1806 noch verschlechterte.[181]

Vor diesem Hintergrund konnte Karl Theodor, selbst wenn er gewollt hätte, den Anwälten ihr Drittel aus der Sustentationskasse nicht anweisen. Der Fürstprimas jedoch spekulierte immer noch, dass die vormaligen Reichsstände ihre Beiträge um ein Drittel zugunsten der unbesoldeten Kameralen erhöhen würden.[182] Karl Theodor von Dalberg erwies sich in der Sustentationsangelegenheit des Kammergerichts ähnlich wie in anderen Bereichen seiner Politik als Idealist.[183]

Da die bisher bereitgestellten Gelder für die unbesoldeten Kameralen auszugehen drohten, musste eine neue Regelung gefunden werden. Nach längerer Diskussion, in der sowohl die Angehörigen des Kameralkollegiums als auch die Vertre-

---

[181] BAF, FN 11 Akten 6a, Anlagen, Nr. 71, Vortrag Balemann über die rückständigen Kammerzieler, 27. November 1806.

[182] HHStA-Wiesbaden, Abt. 371, 128.

[183] So übereinstimmend die Dalberg-Forschung. Treffend auf den Punkt gebracht durch Karl Otmar von Aretin: Carl Theodor von Dalberg. Staatsmann und Bischof in schwierigen Zeiten, in: Spies, Carl von Dalberg, S. 9-20.

ter der Anwaltschaft ihre Ansprüche geltend zu machen versuchten, und einer Reihe von Gutachten des Wetzlarer Stadtdirektors Mulzer kam es am 4. Juli 1807 zu einer zweiten Verfügung in Bezug auf die Sustentationskasse. Sie wurde dadurch erleichtert, dass der frühere Kammerrichter, der am 1. Juli 1807 zusammen mit vier Assessoren in bayerische Dienste trat, ein Drittel seines früheren Gehaltes für die subalternen Kameralen zu Verfügung stellte.[184] Dies war aufgrund des Gehaltes des Kammerrichters nicht wenig, die Summe belief sich auf 6 666 fl. Es war Reigersbergs Wunsch, dass das Drittel seiner Pension zusammen mit den Geldern aus der früheren Armenkasse des Gerichts und aus der Depositenkasse für die ärmeren der unbesoldeten Kameralen herangezogen werden sollte, während die Boten auf die Sustentationskasse angewiesen werden sollten.[185] Dies entsprach insofern dem Herkommen, als die reitenden Boten schon immer den Teil ihres Soldes aus dieser Kasse empfingen, der für den Unterhalt des Pferdes gedacht war. Zusätzlich wurden dem Fonds der unbesoldeten Kameralen die Zinsen der ausgeliehenen Kapitalien des Kammergerichts angewiesen. Dabei handelte es sich einerseits um die Erträge des Odenwälder Kapital in Höhe von 180 000 fl., das 3 ½ % Zinsen jährlich abwarf. Hinzu kamen zum anderen 16 666 fl. 60 kr.,[186] welche an die Fürstin vom Solms-Lich gegen den gleichen Zinssatz verliehen worden waren, sowie ein vormals beim schwäbischen Kreis stehendes Kapital in Höhe von 18 000 fl. mit 4 % jährlicher Verzinsung.[187]

Die Anwälte gewannen in diesem bis zum Juli 1808 gültigen Provisorium gegenüber der Regelung von 1806: Die Pensionshöchstsumme wurde von vormals 650 fl. auf nunmehr 1 000 fl. jährlich angehoben. Dabei sollten jedoch diejenigen Pensionen und rückständigen Gelder abgezogen werden, die manche Prokuratoren bezogen, die als geheime Räte in den Diensten vormaliger Reichsstände standen. Weiterhin sah das Provisorium vor, dass die besser bemittelten Prokuratoren, falls zu wenig Geld in der Kasse war, auf den Bezug der Unterstützungssumme länger warten mussten als bedürftige Anwälte. Die Pension der Kammerboten blieb unverändert, während unter die Protokollisten insgesamt eine Summe von 1 000 fl. nach Bedürftigkeit und Kassenvorrat verteilt wurde.[188]

---

[184] BAF, FN 11 Akten 6a, Anlagen, Karl Theodor an Kameralkollegium, 30. Juni 1807; BAF, DB 2, 37; HHStA-Wiesbaden, Abt. 371, 128. Hierzu auch: J. Kittel: Die Grafen und Freiherrn von Reigersberg, in: StA Aschaffenburg; Völderndorff, Harmlose Plaudereinen.

[185] So Reigersberg im Februar 1807, in: BAF, FN 11, Korrespondenz mit Linden, Entwurf Reigersberg an Linden, Wetzlar, den 28. Februar 1807; HHStA-Wiesbaden, Abt. 371, 128.

[186] Diese Summe entspricht dem 20 fl. Münzfuß, während die 180 000 fl. im 24 fl. Münzfuß angegeben sind.

[187] BAF, FN 11 Akten 6a, Anlagen, Nr. 87. Normann-Ehrenfels an Reigersberg wegen des Kanton Odenwälder Kapitals, 29. Dez. 1806.

[188] BAF, FN 11 Akten, Konvolut Abschriften an den vormaligen Kammerrichter Reigersberg. Von mir im Rahmen einer vorläufigen Ordnung des Nachlasses Reigersberg dem Konvolut Akten 6b zugeschlagen. Abschrift der weiteren provisorischen Verfügung des Durchlauchtigsten Fürstprimas der Rheinischen Konföderation, die Sustentation der Kammer Gerichts

5. Der Streit mit Gülich

Hatten die Vertreter der Richterschaft diese Regelung gebilligt und auf die Druckschrift der Anwälte vom März 1807 zunächst nicht reagiert, so änderte sich dies, nachdem die Anwälte ihre Ansprüche auf die Sustentationskasse im Herbst 1807 noch einmal zu erweitern versuchten. Mit dem Hinweis auf die Praxis des Abzuges von Kammerzielerbeiträgen durch einige der Reichsstände, welche Assessoren in ihre Dienste genommen hatten, machten nun Prokuratoren das gleiche für sich geltend.[189] Karl Theodor widersprach am 10. November und 10. Dezember 1807 diesem Plan ausdrücklich. Er bezeichnete ihn als *widerrechtlich* und erklärte, dass er diesen *Eingriff in den kammergerichtlichen Fonds* nicht *zugeben* werde.[190] Freilich widersprachen auch die vormaligen Reichsrichter diesem Plan. Mit der Anstellung des vormaligen RKG-Prokurators Gülich als Mecklenburg-Schwerinischer Justizrat schien sogar ein konkreter Fall des Missbrauches vorzuliegen.

Das Kameralkollegium hatte bereits ein Reskript erhalten, in dem der Herzog Friedrich Franz von Mecklenburg-Schwerin verfügt hatte, er wolle sich für den Fall, dass die Fortzahlung der Kammerzieler beschlossen werde, vorbehalten, das Gehalt des in mecklenburgische Dienste getretenen vormaligen Prokurators davon abzuziehen.[191] Dies war auch für die Rheinbundpublizisten unter den Assessoren, Karl von Kamptz, der inzwischen wieder von seinem Urlaub zurückgekehrt war, und Franz Joseph von Stein zu Lausnitz, Grund genug, sich vehement gegen diesen Angriff auf die Gelder der wahren ‚Reichsdiener' zu wehren. Beide verfassten neben einer Reihe von Aufsätzen in den Journalen der Rheinbundpublizistik eine Druckschrift, die noch einmal aus ihrer Perspektive die Geschichte der Sustentation und die Ansprüche auf Entschädigung klären sollte.[192] Die publizistische

---

Advokaten und Prokuratoren, ihrer Schreiber und der Kammerboten betreffend, Wetzlar, den 4. Juli 1807. Vgl. auch: BAF, DB 2, 37.

189 Zusammenfassend und für die Rechte der Richter eintretend: N. N., Eine dem Princip und den Folgen nach für alle deutsche Staatsdiener wichtige Angelegenheit (Der Artikel ist mit *D.* – gezeichnet. Möglicherweise war der vormalige RKG-Assessor Dalwigk der Autor.)

190 Vgl.: N. N., Eine dem Princip und den Folgen nach für alle deutsche Staatsdiener wichtige Angelegenheit, S. 74f.; BAF, DB 2, 37,

191 BAF, AR 1 Misc. 168, Erklärung der Verfasser der Abhandlung: über die Entschädigungs-Berechtigung der Staatsdiener bey Aufhebung ihrer Stellen [...], Anlage 2.

192 Rückblick auf die von E. H. dem Fürst Primas [...] für die Sustentation der Reichsjustizdiener huldreichst bezeigten Sorgfalt [...], in: Der Rheinische Bund, Bd. 4, 1807, Heft 12, Nr. 34, S. 442-454; Neue Wünsche und Hoffnungen sämmtlicher Advokaten und Prokuratoren des vormaligen Reichskammergerichts, in: Der Rheinische Bund, Bd. 4, 1807, Heft 12, Nr. 35, S.445-457. Der Rheinische Bund, Bd. 4, 1807, Heft 14, Nr. 24; N. N. [Stein zu Lausnitz], Karl von Dalberg; Kamptz/Stein zu Lausnitz, Ueber die Entschädigungs-Berechtigung.

Kontroverse näherte sich ihrem Höhepunkt, der in öffentlichen Schmähschriften seinen Ausdruck fand.[193]

Konkreter Anlass für die Reaktionen Steins zu Lausnitz und Kamptz' war Gülichs Versuch, sich auf Kammerzieler eine Anstellung zu verschaffen. Kamptz hatte davon erfahren, als er in Güstrow war. Er verfügte über gute Kontakte zu Funktionären beider Mecklenburgs: Einerseits aufgrund der eigenen Tätigkeit in mecklenburg-strelitzschen Diensten, andererseits aufgrund seiner familiären Anbindung. Kamptz entstammte einem ritterbürtigen Geschlecht Mecklenburgs und war seit dem 30. Dezember 1802 standesgemäß mit Hedwig Susanne Lucie geborene von Bülow verheiratet, deren Vater Herr über kleine, nordwestlich und nordöstlich der Mecklenburger Seenplatte gelegene Güter war und seit 1780 großherzoglich mecklenburgischer Drost. Kamptz' Vater Christoph Albrecht war herzoglich mecklenburgisch-schwerinischer Kammerjunker sowie Kammerauditor, Kammerrat und Kammerherr in Schwerin gewesen, bevor er in mecklenburg-strelitzsche Dienste als wirklicher geheimer Rat und Minister für das Finanz-, Kameral- und Forstdepartment in Neustrelitz wechselte. Karl von Kamptz begann unmittelbar nach seinem Studium in Göttingen 1790 als Assessor bei der herzoglich strelitzschen Justizkanzlei (1790–92), wurde dann zum Rat befördert (1792–1794) und schließlich Referent des geheimen Regierungskollegiums (1793–1794). Nach vierjähriger Pause, die er für Publikationen nutzte, stieg er 1798 zum ritterschaftlich präsentierten Assessor des mecklenburgischen Land- und Hofgerichts in Güstrow auf.[194]

Durch seine Verbindungen hatte Kamptz Beweise gegen Gülich erlangt: Er verfügte über ein Schreiben vom 18. November 1807, dessen Verfasser er nicht nennen wollte. Dabei dürfte es sich um einen hohen Mecklenburger Staatsdiener, vielleicht sogar um den Herzog selbst gehandelt haben. Hier stand zu lesen, dass Gülich *seinem Antrag mehr Eingang verschaffen wollte, indem er aufstellte, man könne seine Besoldung bey den Kammerzielern wieder in Abzug bringen.*[195] Zum anderen hatte Kamptz das Reskript des Herzogs Friedrich Franz als Beweis und schließlich verfügte er über einen Brief des Prokurators Bostell, der den Sachverhalt der versuchten Erschleichung von Kammerzielern bestätigte.[196]

Dass Gülich nicht gerade als angesehener Vertreter seiner Zunft galt, dürfte den Ärger über den Vorfall noch erhöht haben. Bereits kurz nach der Auflösung betitelte ihn Stein zu Lausnitz als den *langen Gülich, dessen Function im Spazierengehen auf dem Stappelberg* bestehe. Er rechnete ihn zu den Anwälten, die

---

[193] StAS, Dep. 38, I. Ac. 59, Zwei Schreiben Adam Friedrich Schenk von Stauffenbergs an den großherzoglich würzburgischen Staatsminister Schenk von Stauffenberg, Wetzlar, den 26. und 27. März 1808.

[194] Grundlegend: Jahns, Das Reichskammergericht, Tl. II, Biogr. 37 mit weiterer Literatur. Fehlerhaft dagegen die Biographie von Buchholz, Karl von Kamptz.

[195] BAF, AR 1 Misc. 168, Erklärung der Verfasser der Abhandlung: über die Entschädigungs-Berechtigung der Staatsdiener bey Aufhebung ihrer Stellen [...], Anlage 1.

[196] Ebd., Anlagen 2 und 3.

nichts gearbeitet, nichts verdient und deshalb überhaupt keinen Anspruch auf eine Pension hätten.[197] Es bestand also schon ein Vorurteil gegen Gülich, das durch sein Verhalten bestätigt wurde. Im Frühjahr 1808 machten Stein zu Lausnitz und Kamptz in einer gemeinsam verfassten Druckschrift ihrer Empörung Luft.

Die neuerliche Begründung des höherwertigen Rechtsanspruches der Richter auf lebenslange Pension und die Zurückweisung aller von der Anwaltschaft auf die Kammerzieler geltend gemachten Ansprüche entzündete sich am Fall Gülich. Die Argumente änderten sich gegenüber früheren Schriften nicht, allerdings verschärfte sich der Ton noch einmal erheblich. Insbesondere wurden Kamptz und Stein gegen Gülich persönlich ausfällig. Sie ziehen ihn einen *hinterlistigen* und *unbesonnenen* Genossen des Planes, Prokuratoren auf Kosten der Kammerzieler in neue Anstellungen zu bringen.[198]

6. Gefangen im Pensionärsdasein

Dass gerade diese beiden Pensionäre so scharf über die Wahrung der Ansprüche des vormaligen Kameralkollegiums wachten, dürfte neben den Vorurteilen gegen den *Spaziergänger auf dem Stappelberg* mit zwei weiteren Faktoren zusammenhängen, die etwas ausführlicher dargestellt werden müssen. Zum einen musste Gülichs Versuch, sich auf die Kammerzieler anstellen zu lassen, Karl von Kamptz aufgrund seiner individuellen Situation besonders aufbringen. Eine Rolle spielte hier, dass er im Januar 1807 mit der Drohung nach Wetzlar zurückbeordert wurde, seine Besoldungsansprüche zu verlieren. Wichtiger aber war noch sein Versuch, sich durch Gesuche an den König von Preußen, an den Erbprinzen von Mecklenburg-Strelitz und die preußischen Minister Hardenberg und vom Stein eine Stelle im preußischen Justizdienst zu verschaffen, die ebenfalls durch Kammerzieler finanziert werden sollte.[199]

Nun hätte Kamptz 1807 eigentlich eine Stelle antreten sollen. Noch während seiner Abwesenheit von Wetzlar erreichte ihn am 28. Februar 1807 ein Ruf des Königs von Württemberg zum Vizepräsidenten des zweiten Senats der obersten Justizstelle.[200] Kamptz jedoch lehnte diese Stelle ab. Er wollte unbedingt in preu-

---

[197] BAF, FN 11 Akten 6b, Sitzung v. 22. September 1806. Votum Stein zu Lausnitz.

[198] Kamptz/Stein zu Lausnitz, Ueber die Entschädigungs-Berechtigung, Zitate S. 121, vgl. auch S. 59.

[199] GStA-PK, I. HA, Rep. 84a, (2.5.1), Nr. 26, [Abschriften], Kamptz an König von Preußen, Güstrow 28. Februar 1807; Friedrich Wilhelm König von Preußen an Kamptz, Memel, den 2. April 1807; Kamptz an den Geheimen Staats- und Justizminister Hardenberg, Wetzlar, den 24. Mai 1807. Originale: Hardenberg an Kamptz, Berlin, den 16. Juni 1807; Kamptz an Hardenberg, Wetzlar, den 27. Juni 1807; Kamptz an Hardenberg, Wetzlar, den 2. Juli 1807. Zu Stein jetzt der Sammelband: Duchhardt/Teppe, Karl von und zum Stein.

[200] GStA-PK, I. HA, Rep. 84a, (2.5.1), Nr. 26, Carl Albert Heinrich von Kamptz an König von Preußen, Wetzlar, den 28. August 1807. Hier vor allem die Anlagen zu diesem Schreiben: (Abschrift) Normann-Ehrenfels an Kamptz, Stuttgart, den 23. April 1807; Kamptz an Normann-Ehrenfels, Neu-Strelitz, den 9. Mai 1807; Kamptz an Normann-Ehrenfels, Wetzlar,

ßische Dienste treten. Seine Ablehnung fädelte er geschickt ein. Während er auf der einen Seite dem württembergischen Staatsminister Graf Normann-Ehrenfels mitteilte, er müsse die Annahme der Stelle von der Erlaubnis des Königs von Preußen abhängig machen, da dieser ihn ans Kammergericht präsentiert habe, schrieb er auf der anderen Seite dem König von Preußen und unterbreitete ihm den Vorschlag, ihn auf Kammerzieler in den preußische Dienst zu nehmen.[201] Normann-Ehrenfels verstand es nicht, dass Kamptz die Erlaubnis seines Präsentanten abwarten wollte, wurde doch vom Kameralkollegium die Linie vertreten, dass man Diener von Kaiser und Reich gewesen sei und von den vormaligen Präsentationshöfen mit der Aufschwörung nicht mehr abhängig sei. Kamptz entgegnete ihm hierauf, dass zwar der *Repräsentations-Charakter* mit dem Assessoreneid aufhöre, dies jedoch nur hinsichtlich der Gegenstände gelte, welche die richterlichen Pflichten betrafen:

> *In allen übrigen und persönlichen Verhältnissen blieb aber jenes Verhältniß ungeschwächt und insonderheit blieb ihnen die Verbindlichkeit bey der Resignation auf ihre Präsentationshöfe eine ehrerbietige Rücksicht zu nehmen.*[202]

Diese Interpretation war eine eigennützige Variante, den Status eines Assessors zu bestimmen, die höchst problematisch war. Kamptz fügte hier eine Unterscheidung nach den verschiedenen Kontexten ein, in denen die Abhängigkeiten des Kameralkollegiums von Kaiser und Reich wurzelten.[203] Zusätzlich führte er an, dass er erst nachträglich zum Assessor angenommen worden sei, als die Rechtsprechungskompetenz des Kammergerichts bereits darniedergelegen habe. Der König von Preußen, so argumentierte er, habe ja auch seiner Aufnahme in die Gruppe der besoldeten Kameralen zustimmen müssen. Deshalb fühle er sich ihm besonders verpflichtet.

Als Kamptz Ende Mai 1807 wieder in Wetzlar war und sich schon Hoffnungen machte, als Rat bei dem Berliner Obertribunal angestellt zu werden, lehnte er das

---

den 22. Juni 1807. Verzeichnis derjenigen Souverains, welche bisherige Assessoren des kaiserlichen Reichs Kammergerichts auf deren bisherigen reichskammergerichtlichen Gehalt in Ihre Dienste genommen haben. Zur vermeintlichen Anstellung des von Kamptz in württembergische Dienste, vgl. auch: Der Rheinische Bund, Bd. 2, Heft 4, 1807, S. 135; Der Rheinische Bund, Bd. 2, Heft 5, 1807, S. 296, hier: *Die Nachricht von der Anstellung des Herrn Kammerrichters Freiherrn von Kamptz hat sich bestätigt. Derselbe ist vom Könige von Würtemberg zum Vicepräsidenten bei dem zweiten Senate des Ober-Justizkollegiums ernannt worden*; Der Rheinische Bund, Bd. 2, Heft 6, 1807, S. 399-408, Nr. 38. Ideen zur Errichtung eines Bundesgerichts, hier: S. 400. [...] *der ehemalige RKG Beisitzer Kamptz, jetziger Regierungs-Vicepräsident in Stuttgard.*

201 GStA-PK, I. HA, Rep. 84a, (2.5.1), Nr. 26, Kamptz an König von Preußen, Güstrow, den 28. Februar 1807 [Abschrift]; Normann-Ehrenfels an Kamptz, Stuttgart, den 23. April 1807; Kamptz an Normann-Ehrenfels, Neu-Strelitz, den 9. Mai 1807 [Abschrift].

202 GStA-PK, I. HA, Rep. 84a, (2.5.1), Nr. 26, Kamptz an Normann-Ehrenfels, Neu-Strelitz, den 9. Mai 1807.

203 Konkret ging es um die präsentationsrechtlichen wie finanziellen Abhängigkeiten des Kammergerichts.

Angebot Württembergs endgültig ab. *Ich würde*, schrieb Kamptz an den württembergischen Staatsminister Norman-Ehrenfels:

> *Euer Excellenz hohes Vertrauen täuschen und mich der Gnade sowohl der, von mir als den allerhöchsten Begründer meines bisherigen Glücks so über jeden Ausdruck tief verehrten Preußischen Monarchen, als des, mich so vertrauensvoll in Seine allerhöchsten Dienste berufenen, erhabenen Souverains wenig würdig bezeigen, wenn ich fähig wäre, in dieser Collission der Pflicht die entscheidende Stimme zu versagen. Erlauben daher Euer Hochgräfliche Excellenz, da es mir nicht zugestanden seyn soll, den Posten eines Oberjustiz-Vicepräsidenten mit der Beobachtung und Erfüllung meiner Seiner königlichen preußischen Majestät so heilig gewidmeten Pflichten anzunehmen, ich den an mich ergangenen, allerhöchsten Ruf, so ehrenvoll für mich und so dankbar von mir verehrt derselbe auch ist, hiemit in Eurerer Excellenze Hände ehrerbietigst zu resignieren.*[204]

Inzwischen wartete er auf die Antwort des Königs von Preußen und Hardenbergs, bei dem er gleich nach der Entlassung des Freiherrn Karl vom und zum Stein nachgesucht hatte,[205] er möge ihn bei der Besetzung der Justizstellen berücksichtigen.[206] Die Gesuche des Taktierers zeitigten keinen Erfolg. Der König zeigte sich zwar erfreut *über seine Anhänglichkeit* an seinen Staat und äußerte, dass er von seinen *Kenntnissen und Talenten* eine *gute Meinung* habe. Auch versprach er ihn in seine Dienste zu nehmen. Gleichwohl vertröstete er Kamptz auf die Zeit nach Abschluss des Friedens.[207] Hardenberg hielt die Wünsche Kamptz' für *gerecht und billig*, sah sich aber bis zu einer Verfügung des Königs außer Stande ihm eine Stelle zu verschaffen. Er bot ihm an, ihn interimistisch bei einem Landesjustizkollegium ohne Einkünfte anzustellen. Hardenberg hielt es für nötig, dass sich Kamptz zunächst mit der preußischen Gerichtsverfassung und den Gesetzen vertraut mache und schlug ihm vor, er solle nach Magdeburg gehen.[208] Dies hätte bedeutet, dass der Mecklenburger ein Praktikum hätte absolvieren müssen, bevor er in preußische Dienste treten konnte.

---

[204] GStA-PK, I. HA, Rep. 84a, (2.5.1), Nr. 26, Abschrift: Kamptz an Normann-Ehrenfels, Wetzlar, den 22. Juni 1807.

[205] Hierzu grundlegend Koselleck, Preußen zwischen Reform und Revolution, hier S. 163-216; überblicksartig: Schnabel, Deutsche Geschichte im 19. Jahrhundert, Bd. 1, S. 316-364; Wehler, Deutsche Gesellschaftsgeschichte, Bd. 1, S. 397-485 mit einer Kritik gegenüber der Überbewertung des Freiherrn vom Stein; Nipperdey, Deutsche Geschichte, Bd. 1, S. 33-69. Die Stein-Forschung zuletzt weiterführend und die Grundlinien einer Rezeptionsgeschichte aufweisend: Duchhardt/Teppe, Karl von und zum Stein.

[206] GStA-PK, I. HA, Rep. 84a, (2.5.1), Nr. 26, Kamptz an Hardenberg, Wetzlar, den 24. Mai 1807.

[207] GStA-PK, I. HA, Rep. 84a, (2.5.1), Nr. 26, König von Preußen an Kamptz, Memel, den 2. April 1807. Empfangen Wetzlar, den 28. Juni 1807.

[208] GStA-PK, I. HA, Rep. 84a, (2.5.1), Nr. 26, Hardenberg an Kamptz, Berlin, den 16. Juni 1807.

Kamptz wollte dies nicht. Er wies nun darauf hin, dass diejenigen seiner Kollegen, die in neue Dienste getreten seien, allesamt hohe Stellen in der Justizverwaltung erhalten hätten.[209] Seine Befähigung suchte er einerseits durch die Ablehnung des Rufes aus Württemberg nachzuweisen. Zum anderen sandte er seine Biographie ein und hob seine Veröffentlichungen zum mecklenburgischen Zivilrecht hervor.[210] Darüber hinaus betonte Kamptz, sich seit der Auflösung des Reichs vornehmlich mit der preußischen Justizverfassung beschäftigt zu haben. Er hatte in der Zwischenzeit eine Abhandlung zur preußischen Rechtsliteratur verfasst, die er Hardenberg sandte. Dieser nahm seine Arbeit zwar positiv auf und machte ihm Hoffnung, dass sein Studium des preußischen Rechts zu einer Laufbahn führe.[211] Allerdings entzog ihm König Friedrich Wilhelm III. kurz darauf die oberste Leitung und berief den Freiherrn vom Stein wieder zum Premierminister.

Für Kamptz war dies Anlass, sich um seine Protektion zu bemühen.[212] Der Freiherr vom Stein jedoch teilte ihm am 31. November 1807 mit, dass er *wenigstens für jetzt* in den *hiesigen Staaten* nicht angestellt werden könne. Als Grund gab er an, dass der König in der Kabinettsbestimmung vom 9. Oktober 1807 hierüber schon Verfügungen erlassen habe, welche *die jetzige Lage der Dinge gewiss allein nur veranlasst habe*.[213] Dahinter standen die Folgen des Friedens von Tilsit, in dem Preußen die Hälfte seines Staatsgebiets verlor, und das sogenannte Oktoberedikt, in dem die Erbuntertänigkeit aufgehoben wurde.[214] Die Behördenreform kam zum Stocken und vom Stein konnte in dieser Situation lediglich versprechen, dem König die Anstellung Kamptz' bei Gelegenheit vorzuschlagen.[215]

Kamptz hatte seine besondere Situation als nachträglich angenommener Assessor weidlich ausgenutzt, um seine Karrierewünsche durchzusetzen. Allerdings war er mit seinem Wunsch gescheitert, in Preußen eine Anstellung zu finden, dem er die Stelle in Württemberg geopfert hatte. Er war nun wieder Pensionär in Wetzlar mit unsicheren Zukunftsaussichten und musste nicht nur zusehen, wie andere Assessoren auf Kammerzieler in bayerische, württembergische, badische und fürstprimatische Dienste traten, sondern erfuhr zur gleichen Zeit, als sich

---

[209] GStA-PK, I. HA, Rep. 84a, (2.5.1), Nr. 26, Hardenberg an den Erbprinzen zu Mecklenburg-Strelitz, 17. August 1807; Kamptz an Hardenberg, Wetzlar, den 23. Juli 1807; ferner die Schreiben von Kamptz am 13. August 1807, 28. August 1807 und 9. Oktober 1807.

[210] Kamptz, Beiträge zum Mecklenburgischen Staats- und Privatrechte, Neustrelitz 1805; ders., Civilrecht der Herzogthümer Mecklenburg, 2 Th., Schwerin 1805–1806.

[211] GStA-PK, I. HA, Rep. 84a, (2.5.1), Nr. 26, Hardenberg an Kamptz, Berlin, den 30. Oktober 1807. Vgl. auch: Kamptz an Hardenberg, 9. Oktober 1807.

[212] GStA-PK, I. HA, Rep. 84a, (2.5.1), Nr. 26, Kamptz an Stein, den 9. Oktober 1807. Auch hier führte er seine Beschäftigung mit dem preußischen Justizwesen an und übersandte seine Schriften.

[213] GStA-PK, I. HA, Rep. 84a, (2.5.1), Nr. 26, Stein an Kamptz, Königsberg, den 31. Oktober 1807.

[214] Wehler, Deutsche Gesellschaftsgeschichte, Bd. 1, S. 406f., 409.

[215] GStA-PK, I. HA, Rep. 84a, (2.5.1), Nr. 26 Stein an Kamptz, Königsberg, den 31. Oktober 1807.

seine Perspektive zerschlug, das der *lange Gülich* auf Kosten der Sustentationskasse Justizrat in seiner Heimat werden sollte. Dies dürfte dem standesbewussten und ehrgeizigen Juristen Kamptz arg zugesetzt haben.

Zur Motivlage Steins zu Lausnitz dürften andere Enttäuschungen beigetragen haben. Zum einen scheiterten im Herbst 1807 die Pläne zur Errichtung eines rheinischen Bundesgerichtes. Gewiss betraf dies alle noch in Wetzlar verbliebenen Assessoren, die darauf hofften, hier wieder Anstellung zu finden. Stein zu Lausnitz traf dies jedoch besonders hart, denn er setzte wohl die größten Hoffnungen auf die Errichtung eines zentralen Gerichtshofes der Konföderation. Während Kamptz bereits in seinen Reminiszenzen 1806 ein *Surrogat* für das Kammergericht gefordert hatte, unterstrich Stein zu Lausnitz diese Forderung seit Beginn des Jahres 1807 mit einer Reihe von Aufsätzen in den Journalen des rheinbündischen Deutschlands.[216] Die theoretische Position glich der, die in den ‚Ansichten' Vahlkampfs und den ‚Reminiscenzen' Kamptz entwickelten worden war, die Ideen wurden einer breiteren Öffentlichkeit unterbreitet. Ähnlich wie im Kontext der Pensionsdebatte dienten Stein zu Lausnitz also bereits ausformulierte Theorien als direkte Vorlage. Er bezeichnete das Kammergericht wie Kamptz als *Palladium* der Freiheit und sprach wie Vahlkampf von den *erhabenen Leitern der Reorganisation Deutschlands*.

Inhaltlich lief sein Plan auf eine Wiedererrichtung des Kammergerichts in veränderter Form hinaus. Seine Aufgabe sollte nun die Schlichtung von Streitigkeiten der Souveräne untereinander sein, der Rechtsschutz der Untertanen fiel weg. Hinsichtlich der Organisation dachte Stein an ein verkleinertes Kollegium, zu dem ein Bundesrichter, zwei Bundesgerichtsdirektoren und 14 Bundesräte gehören sollten. Nicht mehr drei Senate wie am Kammergericht, sondern nur zwei sollte es künftig geben. Je einem der beiden Direktoren wies Stein zu Lausnitz den Vorsitz zu. Die Richter sollten den Status von Staatsbeamten erhalten, was vor dem Hintergrund der Pensionsdebatte leicht verständlich ist. Die 14 Bundesräte sollten zunächst aus den vormaligen RKG-Assessoren rekrutiert werden, später war an ein Präsentationssystem gedacht. Zur Finanzierung griff Stein zu Lausnitz die Vorschläge seines Kollegen Ullheimers auf, der 1797 gefordert hatte, ein *Ländchen* für das Kammergericht zu säkularisieren. Eine Reform des Kammerzielersystems hielt er dagegen nur für schwer durchführbar. Er wollte es abgeschafft sehen. Das Kanzleipersonal sollte aus drei Sekretären, zwei Archivaren und dazu gehörenden Schreibern bestehen. Die Oberaufsicht über das Gericht sprach er wie früher dem Richterkollegium zu. Der Sold für die Kanzleipersonen sollte wie bisher aus einer Taxkasse fließen. Die Sachwalter seien auf zehn An-

---

[216] N. N. [Stein zu Lausnitz], Ideen zur Errichtung eines Bundesgerichts; N. N. [Stein zu Lausnitz], Ideen zur Organisation eines Rheinischen Bundesgerichtes; Historischer Unterstützungsgrund des Aufsatzes im sechsten Hefte S. 399: Über die Nothwendigkeit der Errichtung eines Bundesgerichtes, in: Der Rheinisch Bund, Bd. 3, Heft 7, 1807, S. 173-175; Kamptz/Stein zu Launitz, Gedanken über die Kabinettsjustiz.

wälte zu verringern, die vor der Zulassung ein strenges Examen abzulegen hätten. Allein die Kammerboten fielen ganz weg. Stattdessen sollten Gerichtsdiener die Insinuation vollziehen und dafür Gehalt beziehen. Als Gerichtsort bestimmte Stein zu Lausnitz Wetzlar, er wollte sogar die alten Kameralgebäude wieder in Betrieb nehmen. Hinsichtlich des Geschäftsgangs hielt er es für nötig, eine neue Ordnung auszuarbeiten.[217] Insgesamt diente seine Argumentation auch dazu, die arbeitslosen Richter wieder zu beschäftigen.[218]

Es ist verständlich, dass die Richter auch angesichts solcher Hoffnungen an ihrem Status festhalten wollten. Tatsächlich standen Sommer und Frühherbst 1807 ganz im Zeichen der Erwartung, dass ein rheinisches Bundesgericht eröffnet würde. Der Friedenschluss im Juli 1807 mit Preußen und ein Besuch des Fürstprimas in Paris nährte diese Hoffnungen.[219] Johann Friedrich von Neurath wusste dem *Vernehmen* nach, dass der Fürstprimas deshalb nach Paris gereist sei, weil er Napoleon einen Plan zur Errichtung eines Gerichts übergeben wollte, das die Streitigkeiten zwischen den Konföderierten schlichten sollte. Vor diesem Hintergrund zögerte er, den Ruf auf eine Hofrichterstelle anzunehmen, der ihn aus Baden erreicht hatte. Er machte es zur Bedingung abzuwarten, bis geklärt sei, ob ein rheinisches Föderationsgericht eröffnet werde.[220] Bei Karl von Kamptz lassen sich konkrete Spuren einer solchen Erwartung nicht nachweisen, obgleich auch er öffentlich die Errichtung eines rheinischen Bundesgerichts forderte. Demgegenüber schrieb Stein zu Lausnitz sowohl an den König von Bayern als auch an dessen leitenden Minister Montgelas und bat darum, vom Königreich ans künftige Bundesgericht, falls es eröffnet werden sollte, präsentiert zu werden.[221] Sein Gesuch blieb ohne Antwort. Die Hoffnung, dass ein rheinisches Föderationsgericht eröffnet würde, zerschlug sich noch im Oktober 1807 – und damit zur gleichen

---

[217] N. N. [Stein zu Lausnitz], Ideen zur Organisation eines Rheinischen Bundesgerichtes.

[218] N. N. [Stein zu Lausnitz], Ideen zur Errichtung eines Bundesgerichts, S. 407f.

[219] Wohlfeil, Untersuchungen zur Geschichte des Rheinbundes, S. 99-102. Zur Reise Dalbergs nach Paris: Bockenheimer, Carl Theodor von Dalbergs Aufenthalt in Paris; Beaulieu-Marconnay, Karl Theodor von Dalberg, Bd. 2, S. 146.

[220] GLAK, 76, 5610, Neurath (sen.) an einen badischen geheimen Rat [möglicherweise Drais], Wetzlar, den 30. August 1807; GLAK, 76, 5610, Neurath (sen.) an einen badischen Rat, 6. September 1806; vgl. auch GLAK, 76, 5610, Extract aus dem Geheimrathsprotocoll, den 19. September 1807. Ferner: HStAS, Q 3/11, Bü. 17, Entwürfe Neuraths an Marschall, o. J. [August/September 1807], Marschall an Neurath, Karlsruhe, den 29. August 1807, ders., Karlsruhe, den 4. September 1807.

[221] BayHStA, MA 4069, Stein zu Lausnitz an den Staatsminister von Bayern, Montgelas, Wetzlar, den 18. Oktober 1807; BayHStA, MA 4069, Stein zu Lausnitz an König Max I. Joseph von Bayern, Wetzlar, 18. Oktober 1807: *Sollte Euer königliche Majestät allerhöchstderselben entscheidende Beistimmung zur Errichtung eines obersten Bundes-Tribunals gegeben haben, und hernach, wie die örtlichen Nachrichten besagen, die Eröffnung eines solchen Gerichtes nicht mehr fern seyn, und sollten hiebei nicht alle noch in Wetzlar anwesenden Reichskammergerichts Beisitzer von der Gesamtheit des Bundes ernannt werden, so wäre gewiß mein Loos alsdann das glücklichste, wenn ich mich der Praesentation an dieses Gericht von Seiten Eurer königlichen Majestät erfreuen dürfte.*

Zeit, als Kamptz herausfand, dass Gülich sich auf Kammerzieler habe anstellen lassen wollen.

Als weitere Enttäuschung kam für Stein zu Lausnitz hinzu, dass sein Antrag abgelehnt wurde, in badische Dienste übernommen zu werden. Er unterlag dem 68-jährigen Neurath, dem die Stelle des Hofrichters und der Rang eines geheimes Rates übertragen wurde.[222] In Karlsruhe wollte man diese Stelle durch einen vormaligen Kammergerichtsassessor besetzen, weil dafür einerseits Kammerzieler abgezogen werden konnten und andererseits das *Publikum* erwarte, dass die Angehörigen des Kameralkollegiums versorgt würden. Die Angelegenheit wurde im geheimen Rat unter dem Vorwand diskutiert, dass man Erkundigungen über die Assessoren eingezogen habe und nur Neurath und Stein zu Lausnitz brauchbar schienen.[223] Tatsächlich wusste man einerseits nicht genau Bescheid. Andererseits hatte Neurath mit dem geheimen Rat Marschall einen Verbündeten, der ihm einen Gefallen schuldig war und der vorsichtig taktierte, um Neurath die Stelle zu vermitteln: *Ueber den Gang der Sache schreibe ich nichts, da – glauben Sie meinen Worten, die Wände hören, und auch diese von nichts wissen dürfen.*[224]

In der Sitzung des geheimen Rates in Karlsruhe wurde Neurath um acht Jahre jünger gehandelt als er war. Stein zu Lausnitz galt als kinderlos und ledig, obgleich er tatsächlich verheiratet war und zu diesem Zeitpunkt bereits drei Kinder hatte.[225] Um die Fähigkeiten des älteren, aber noch im Besitz der vollen *Tätigkeits-, Geistes- und Körperkräfte* stehenden Neurath gegen den jüngeren Bewerber ins rechte Licht zu setzen, spielte Marschall die Leistungen Steins zu Lausnitz herunter. Zwar sei er ein Mann von *großer Thätigkeit*, allerdings wären sein *Charakter* und seine Kenntnisse nur mittelmäßig und sein *Urtheil* [...] *öfters nicht ganz solid.* Darüber hinaus stellte Marschall Mängel im *äußeren Benehmen* Steins zu Lausnitz fest. Es fehle ihm an *Würde*, *Festigkeit* und *imposantem Ton*. Deshalb sei er besser als fleißiger Rat geeignet, denn als Kollegialvorsteher.[226]

Vor dem Hintergrund der Enttäuschungen und des Verlustes von Karriereperspektiven ist es kein Wunder, dass sich gerade Stein zu Lausnitz und Kamptz besonders in der Kontroverse mit den Anwälten engagierten. Der Eifer, mit dem

---

[222] Das Ernennungsdekret Carl Friedrich Großherzogs von Baden, 19. Oktober 1807, in: HStAS, Q 3/11, Bü. 17. Zur Anstellung Neuraths vgl. auch: GLAK, 76, 5609, 5610, 5611.

[223] GLA Karlsruhe, 76, 5610, Anzeige des Geheimen Rates, 21. August 1807.

[224] HStAS, Q 3/11, Bü. 17. F. von Marschall an Neurath, den 29. August 1807. Hier: *Wie sehr mich der Ausdruck des Danks, den Sie mir für mein schwaches Bestreben, eine alte Schuld abzutragen, gerührt hat* [...].

[225] GLAK, 76, 5610, Anzeige des Geheimen Rath an den Großherzog von Baden, Karlsruhe, den 21. August 1807; Marschall, der sich für Neurath einsetzte, wusste über sein tatsächliches Alter wohl wirklich nicht bescheid. Neurath sah sich deshalb zu einer Berichtigung veranlasst. HStAS, Q 3/11 [Entwurf] Neurath an Marschall, September 1807. GLAK, 76, 5610, Neurath an Marschall, Wetzlar, den 6. September 1807. Vgl. auch: Jahns, Das Reichskammergericht, Tl. II, Biogr. 62 (Stein) und Biogr. 104 (Neurath sen.).

[226] GLAK, 76, 5610, Anzeige des Geheimen Raths an den Großherzog von Baden, Karlsruhe, den 21. August 1807.

Gülich verfolgt wurde, – ein Eifer, der sich bei Kamptz während seiner späteren Tätigkeit in Preußen noch stärker ausprägen sollte – kann damit auch als Sublimierung erlittener Frustrationen charakterisiert werden.

7. Eskalation und Ehrkonflikt

Die Beschuldigungen, die Stein zu Lausnitz und Kamptz in ihrer Druckschrift vom März 1808 gegen den vormaligen Prokurator Gülich öffentlich aussprachen, waren zuvor bereits anonym in deutschen Zeitungen verbreitet und durch zwei von den Präsidenten und Assessoren des Kammergerichts gezeichnete Vorstellungen an den Herzog von Mecklenburg unterstrichen worden.[227] Bereits dies sollte Folgen zeitigen. Gülich trat den kompromittierenden Äußerungen entgegen. Er brachte ein Zeugnis des Herzogs Friedrich Franz zu Mecklenburg bei, das seine Unschuld bestätigen und die Beschuldiger als Lügner entlarven sollte. Gülich wusste noch nichts von der Druckschrift, die Stein zu Lausnitz und Kamptz im März 1808 veröffentlicht hatten, und hatte als konkreten Anhaltspunkt der Urheberschaft nur die veröffentlichten Vorstellungen des Kameralkollegiums. Gleichwohl beschimpfte er seinerseits die Verfasser als *Urheber* von *elenden* und *bösen* Verleumdungen.

Das Zeugnis des Herzogs ließ er durch seinen Bruder Christian zum Druck bringen, der in Wetzlar wohnte. Obgleich dieser inzwischen die im März erschienene Abhandlung zur Kenntnis genommen hatte, beschimpfte er nicht nur Stein zu Lausnitz und Kamptz, sondern griff auch die übrigen Angehörigen des Kameralkollegiums an, weil sie ihr an den Herzog von Mecklenburg gerichtetes Kollegialschreiben im ‚Rheinischen Bund' hätten einrücken lassen.[228] Tatsächlich schien das Schreiben des Herzogs zu Mecklenburgs die Unschuld Gülichs zu belegen. Wörtlich bestätigte er seinem Justizrat, dass er *weder auf die Cammerzieler angestellt zu werden, submissest angetragen* habe noch durch seine Person dem *vormaligen Cammer-Gerichts-Personale* erklärt worden sei, dass Gülich *hieselbst auf die Cammerzieler angestellt werden* sollte.[229] Damit schienen nicht nur Stein und Kamptz, sondern auch das Richterpersonal als Lügner überführt.

---

[227] Rheinische Bundes Zeitung, Nr. 30, 30. Januar 1808. Der Rheinische Bund, Heft 14, Nr. 24, S. 284 und 287. Zur Verbreitung vgl. die durch Christian von Gülich erwähnte Bamberger und Neuwieder Zeitung. BAF, AR 1 Misc. 168, Christian von Gülich an Fürstprimas, Wetzlar, den 26. März 1806.

[228] BAF, AR 1 Misc. 168. Das Flugblatt trägt keinen Titel. Gülichs Erklärung ist auf den 8. März 1808 datiert, das Zeugnis des Herzogs auf den 26. Februar 1808. Der ‚Nachtrag zu der Erklärung meines Bruders' von Christian von Gülich, den 8. März 1808. Das Kollegialschreiben, in: Der Rheinische Bund, Heft 14, Nr. 24.

[229] BAF, AR 1 Misc. 168, Zeugnis des Herzogs von Mecklenburg für Gülich, Schwerin, den 28. Februar 1808.

Dies wollten die beiden Assessoren nicht auf sich und dem Kollegium sitzen lassen. Sie veröffentlichten eine Gegenschrift.[230] *Si tacuisses!!* war sie überschrieben. Die Schrift hatte ein einziges Ziel, nämlich das Zeugnis des Herzogs von Mecklenburg in ein anderes Licht zu rücken und damit zugleich Gülichs Behauptung zu widerlegen. Mit keiner Silbe habe der Herzog behauptet, dass Gülich unschuldig sei, hieß es hier. Vielmehr sei nur bezeugt, dass dieser nicht darauf *angetragen* habe auf Kammerzieler angestellt werden zu wollen. An dem Wort *antragen* hing die gesamte Widerlegung. Stein zu Lausnitz und Kamptz versuchten zu verdeutlichen, dass Gülichs Rechtfertigung nur darauf beruhe, dass er diesem Begriff eine bestimmte Bedeutung verlieh:

> *Wir kennen nicht die Relevanz, welche der Herr von Gülich auf den Unterschied zwischen antragen, aufstellen, vorschlagen, anführen, vorlegen, beilegen u[nd] dergl[eichen] setzt. Wenn wir daher in Ehrfurcht glauben, daß derselbe darauf nicht angetragen habe; so hat er doch erwiesener- und gegenständlichermaßen seine Anstellung auf die Kammerzieler vorgeschlagen, aufgestellt, proponiert etc. Und hat von dem, in der Folge bekannt gewordenen desfallsigen Plan der Prokuratoren Gebrauch gemacht, wie er ja selbst eingestanden hat. Wie ist es möglich, dies zu läugnen, öffentlich zu läugnen?*[231]

Kamptz und Stein zu Lausnitz waren überzeugt, dass sich Gülich trotz seiner gegenteiligen Behauptung an den Kammerzielern bereichern wollte. Ihr Pamphlet provozierte weitere Schmähschriften, die in Wetzlarer Wirtshäusern ausgelegt und öffentlich in der Stadt verteilt wurden. Auch die anderen pensionierten Richter reagierten nun. Zwar betonte der Präsident Stauffenberg, dass Kamptz *die Lärmtrommel* etwas zu laut gerührt habe[232] und distanzierte sich damit von ihm. Gleichwohl verfasste das vormalige Kameralkollegium ein Schreiben an Karl Theodor. In dieser Eskalationsstufe blieb der Ehrkonflikt weitgehend auf die Stadt Wetzlar begrenzt, doch erwogen Vertreter der Richterschaft sie auf ein breiteres Forum zu verlagern.[233]

---

[230] BAF, AR 1 Misc. 168, Erklärung der Verfasser der Abhandlung: Über die Entschädigungs-Berechtigung der Staatsdiener bey Aufhebung ihrer Stellen über eine ungegründete, nur zur Verläumdung hingeschriebene, Aeusserung, Wetzlar, den 26. März 1808.

[231] BAF, AR 1 Misc. 168, Erklärung der Verfasser der Abhandlung [...], S. 6.

[232] StAS, Dep. 38, I. Ac 59, Adam Friedrich Schenk von Stauffenbergs an den großherzoglich würzburgischen Staatsminister Schenk von Stauffenberg, Wetzlar, den 26. März 1808.

[233] StAS, Dep. 38, I. Ac 59, Adam Friedrich Schenk von Stauffenberg an den großherzoglich würzburgischen Staatsminister Schenk von Stauffenberg, Wetzlar, den 31. März 1808: *Von den unangenehmen Streitigkeiten der Gebrüder v. Gülich mit den Herrn Aß. v. Kamptz und Stein, so mir von dem schmählichen Ausfall Christians v. Gülich in der Nachschrift auf das Kameral-Collegium, wegen des im rhein*[ischen] *Bunde 14. Heft Nr. 24 abgedruckten Kollegialschreibens an den Herrn Herzog zu Mecklenburg Schwerin* [...] *unterrichten die Anlagen, von welchen ich jedoch nur Gebrauch zu machen Bitte, wenn Du bemerkst, daß die ärgerliche Geschichte in Würzburg bekannt ist.*

Zu seiner Rechtfertigung schrieb das Kameralkollegium, die Prokuratoren hätten zuerst die Publizität gesucht, während man selbst beinahe ein Jahr geschwiegen habe, obschon die Anwälte unrechtmäßige Ansprüche öffentlich geltend gemacht hätten. Dies war ein Verweis auf die Schrift der Prokuratoren vom März 1807, der ja zunächst keine publizistische Reaktion von Seiten des Kameralkollegiums gefolgt war. Die Veröffentlichung des Kameralschreibens an den Herzog von Mecklenburg in Winkopps Zeitschrift, die Aufsätze in den Journalen des Rheinbundes und die Druckschrift Steins zu Lausnitz' und Kamptz' hätten demgegenüber dazu gedient, das Publikum vor *Misleitungen* zu schützen. Auch wenn viele Vertreter des Kameralkollegiums die scharfe Wendung nicht begrüßten, welche die Kontroverse inzwischen angenommen hatte, fühlten sich die Richter durch die Ausfälle, die sich Christian von Gülich gegen die Gesamtheit erlaubte, doch tief in ihrer Ehre gekränkt.[234] Der vormalige RKG-Präsident Adam Friedrich von Schenk zu Stauffenberg schrieb an seinen Bruder, wie unzumutbar die Situation in Wetzlar für ihn geworden sei: *Mit Stein und Kamptz – und Gülich andererseits, werden jetzt die Verhältnisse so arg, daß auch diese wieder neue Ursache zu Verwünschung des hiesigen Aufenthaltes werden.*[235]

In einem an den Fürstprimas erlassenen Kameralschreiben forderten die vormaligen Reichsrichter nun den *höchsten Schutz* gegen die öffentlichen Ausfälle. Nur der *materielle Inhalt*, die Rechtsfragen also, dürfte in solchen Schriften zur Sustentationssache eine Rolle spielen. Alle *Persönlichkeiten* müssten vermieden werden.[236] Dies war gleichsam ein Antrag auf Zensur der Schmähschriften. Nur so könne die Würde des Richterstandes geschützt werden. Auf der anderen Seite rechtfertigte sich Christian von Gülich gegenüber dem Fürstprimas nicht nur durch den Hinweis auf die Notwehrsituation, welche die Verletzung der Ehre seines Bruders herbeigeführt habe, sondern er brachte zugleich die Ehre des Prokuratorenstandes ins Spiel. Er verwies darauf, dass die Angehörigen des Kameralkollegiums seinem Bruder *besondere Rechtskenntnisse* und *Talente* aberkannt hätten, die sie ihm als früheren Prokurator bei der Prüfung seiner Aufnahmewürdigkeit bescheinigt hätten. Er hielt dies gerade vor dem Hintergrund, dass sein Bruder einstimmig für rezeptionsfähig erklärt worden war, für ein besonderes Zeichen des *übergroßen Eifers* der Richterschaft für den Kassenbestand.[237]

Die Reaktionen zeigen, dass aus der Kontroverse um die Entschädigungsansprüche von Anwälten und Richtern ein öffentlich ausgetragener Kampf um die Standesehre geworden war, in dem die Anwälte wie Richter auf ein Notwehrrecht zur Verteidigung ihrer Würde rekurrierten. Nachdem der höherwertige Rechts-

---

[234] BAF, AR 1 Misc. 168, Präsidenten und Assessoren des bisherigen Kammergerichts an Fürstprimas. Wetzlar, den 30. März 1808.

[235] StAS, Dep. 38, I. Ac 59, Adam Friedrich von Schenk zu Stauffenberg an den großherzoglich würzburgischen Staatsminister Schenk von Stauffenberg, Wetzlar, den 27. März 1806.

[236] BAF, AR 1 Misc. 168, Präsidenten und Assessoren des bisherigen Kammergerichts an Fürstprimas, Wetzlar, den 30. März 1808.

[237] BAF, AR 1 Misc. 168, Christian von Gülich an Fürstprimas, Wetzlar, den 26. März 1806.

anspruch der Angehörigen des Kameralkollegiums auf Entschädigung bereits massiv in Frage gestellt worden war, verlief jetzt die Konfrontation entlang der vormals gültigen Standesdistinktionen zwischen beiden Kameralgruppen. Karl Theodor und seinen Funktionären, dem Stadtdirektor Mulzer sowie dem Staatsminister Eberstein, wurde nun sowohl von der Anwaltschaft als auch von den Richtern die Rolle des Schiedsrichters zugedacht.

Zunächst versuchte die Obrigkeit die Sache unter der Hand zu regeln. Kein Wort gegen die eine oder andere Partei wollte man verlieren. Durch vorsichtiges Taktieren sollte der Konflikt beigelegt werden, die Rädelsführer waren besonders zu behandeln. Karl Theodor wies den Stadtdirektor Mulzer an, den Kameralen erst bei passender Gelegenheit das *Allerhöchste Missfallen über die Vorfälle zum Ausdruck zu bringen* und dafür zu sorgen, dass man sich *wechselseitig* besser betrage und nicht durch *dergleichen Zänkereyen* und *heimliche Insinuationen* den Höfen Anlass gebe, dass *am Ende* keine Beiträge mehr in die Sustentationskasse geleistet würden. Darüber hinaus sollte Mulzer Karl von Kamptz verdeutlichen, dass seine Anweisung auf die Sustentationskasse keineswegs auf strengem Rechte beruhe, sondern nur aus Billigkeit geschehen sei, weil er als Assessor nicht mehr aufgeschworen habe. Gerade er habe deshalb weniger als alle anderen Grund, seine Stimme so laut gegen die provisorische Unterstützung der Prokuratoren zu erheben.[238]

Mulzer korrespondierte daraufhin mit den beiden vormaligen Präsidenten des RKG. Er schickte ihnen eine vertrauliche Note und ließ sie wissen, der Fürstprimas sei wegen der *Fehde* indigniert und davon überzeugt, dass sich auch die übrigen Angehörigen des Kameralkollegiums nicht über die Händel freuten. Dann forderte er die beiden vormaligen Präsidenten auf, Stein zu Lausnitz und Kamptz das Publizieren zu verbieten. Eine entsprechende Anweisung Karl Theodors legte Mulzer als Anlage bei.[239] Seckendorff und Stauffenberg hielten dies für einen Affront gegen die Angehörigen des Kameralkollegiums. Sie wollten Widerstand leisten. Gekleidet in medizinische Metaphern schrieb der kränkelnde Stauffenberg von seinen Eindrücken und den in Vorbereitung befindlichen Entgegnungen an seinen Bruder in Würzburg:

> *Der Herr Fürst Primas hat aus Anlaß der gülichschen Fehde der Gesundheit wieder eine herbe, nicht zu verdauende Pille zugedacht, die aber pro nunc nur den unschuldigen Präsidenten zu schlucken gegeben ist, die nur darüber brüten, wie sie solche wahr umwickelt mit bitteren Magenschleim aber vergoldet zurückgeben können, nur sie frohnen* [...] *College Seckendorff hat bereits ein wohl gerathenes etwas verdicktes Digestiv an Mulzer gekocht, und ich laboriere ein die Pille wieder umwickelndes Decret von kräftigen Kräutern, indessen von nicht unangenehmen Geschmack, dessen Wirkung entweder Schutz für die*

---

238 BAF, DB 2, 38, Eberstein an Mulzer, Frankfurt, den 5. April 1808.

239 BAF, AR 1 Misc. 168, Abschrift der Note des He[rrn] Directors von Mulzer an den Präsidenten von Seckendorff.

> *unschuldige Gesamtseite gegen die Injurien oder von dem keinen Schutz gereichenden Wetzlar von Seite der Präsidenten mit öffentlicher Drohung der Motive an die Constituenten seyn zu müssen – erkläret wird.*[240]

Das *Digestiv*, das der Präsident Seckendorff Mulzer bereitete, war zugleich entgegenkommend und die Anwaltschaft anklagend. Er versprach Stein und Kamptz ruhig zu stellen, verwies aber zugleich auf die bereits seit 1806 vor sich gehende Kränkung von Recht und Ehre des Richterstandes durch die öffentlichen Publikationen der Prokuratoren: *Existiert wohl ein privat Mann, ein Stand, ein Staat, der seiner gesetzlichen Rechte jahrelang, ungeahndet angreiffen, sich seinen Unterhalt ruhig wegschreiben und dabei noch beschiffeln lassen kann?* Darüber hinaus forderte Seckendorff den Fürstprimas auf, den Prokuratoren endlich das Schreiben der Schmähschriften, das *Colportieren* und das Auflegen derselben zu verbieten. Sonst wäre es *einzelnen Menschen, ohne Scheu* möglich *öffentlich und namentlich zu injuriren.* Wenn die Schmähungen nicht eingestellt würden, sei es unmöglich, die Gesamtheit von einer Antwort abzuhalten. Demgegenüber müsse man das auf Tatsachen gestützte kaltblütige Antworten billigen, weil es den einzigen Schutz gegen die Ehrverletzungen biete.[241]

Während Seckendorff auf den fehlenden Schutz des Staates vor Injurien nur anspielte, baute Stauffenberg dies zum Hauptargument seines mit *Kräutern umwickelten* Dekrets aus. Er betonte, wenn dem *noch bestehenden Verein* der Kammergerichtsglieder der Schutz entzogen werde, so sei der letzte feste Punkt der öffentlichen Einigung verloren. Noch immer könnten ohne Hinderung der Wetzlarer *Polizey* die Schmähschriften der Gülichs, welche die Ehre des gesamten Kollegiums verletzten, öffentlich in den Häusern *umgetragen* und in *Trinkstuben* wochenlang auf den Tischen aufgelegt werden. Er verwies auf die mangelnde Kompetenz der Wetzlarer Polizei, die sich bereits früher als unfähig erwiesen habe, als eine Schrift verteilt wurde, in der die Richter als Frösche und die Advokaten und Prokuratoren als Fische bezeichnet wurden. Stauffenberg drang darauf, dass die Polizei angewiesen würde, solche Schmähungen in Zukunft zu verhindern. Außerdem sollte den Anwälten eine Rüge erteilt werden. Schließlich drohte er, die Angehörigen des Kameralkollegiums würden Wetzlar verlassen, wenn ihnen nicht Genugtuung widerfahre.

Stauffenbergs Schreiben machte deutlich, dass der Konflikt nur durch eine einseitige Parteinahme zugunsten der vormaligen Richter geklärt werden konnte. Wenn den Anwälten keine Rüge erteilt werde, wollte er die vormaligen Konstituenten des Kammergerichts über geschehene Ehrkränkungen informieren und darauf hinweisen, dass der Schutz der Persönlichkeit für die Inhaber des noch *fortwährenden öffentlichen Amtes nicht mehr gewährleistet sei.* Noch einmal kam

---

240 StAS, Dep. 38, I. Ac 59, Adam Friedrich von Schenk zu Stauffenberg an seinen Bruder, Wetzlar, den 7. April 1808.

241 BAF, DB 2, 38, Note Seckendorffs an Mulzer, Wetzlar, den 7. April 1808. Abschrift in: BAF, AR 1 Misc. 168.

hier also seine Auffassung zum Ausdruck, dass das Kammergericht als *Genossenschaft* fortbestehe und nur durch eine gemeinsame Verfügung aller vormaligen Konstituenten aufgelöst werden könne. Der Souverän von Wetzlar habe dafür zu sorgen, dass dieses Amt ausgeübt werden könne.[242]

Der Fürstprimas sah dies anders. Das kam in seiner Reaktion deutlich zum Ausdruck. Er machte nun das gesamte *Corpus* der vormaligen Richter und insbesondere die Präsidenten für die Entstehung des Ehrkonfliktes mitverantwortlich. Sie hätten es versäumt, den Streithähnen Kamptz und Stein ein Publikationsverbot zu erteilen.[243] Zugleich verordnete er, nachdem eine weitere Schmähschrift der Anwälte in Wetzlar kursiert war,[244] ein Publikationsverbot. Die Anordnung bezog sich jedoch nicht nur auf Schmähschriften der Anwaltschaft, wie es das Kameralkollegium forderte, sondern auf Veröffentlichungen in der Sustentationsangelegenheit schlechthin.[245] Er versuchte damit, den vormaligen ‚Reichsdienern' zu verbieten, öffentlich für ihre Rechte einzutreten.

Der Staatsminister Eberstein hatte die unangenehme Aufgabe, den beiden Präsidenten dies mitzuteilen. Er rechtfertigte Karl Theodors Entscheidung, indem er betonte, der Primas habe darauf hingewiesen, dass es ganz überflüssig sei zu untersuchen, wer in diesem Konflikt der sich *vertheidigende* und wer der *angreifende* Teil sei. Beiderseits seien die Schranken der *weisen Mäßigung* überschritten und die Gegner öffentlich unter den *ungünstigsten Farben* dargestellt worden.[246]

---

242 BAF, AR 1 Misc. 168, Stauffenberg und Seckendorff an Eberstein, Wetzlar, den 15. April 1808.

243 BAF, AR 1 Misc. 168, Eberstein an Stauffenberg und Seckendorff, Frankfurt, den 18. April 1808: *Wenn auch nicht die Gesamtheit des ehrwürdigen ehemaligen Richter Personals an der Fehde teilgenommen hat* [...] *so musste es jedoch auffallen, daß jene Einzelnen davon, welche als Re- und Correferenten in dem Sustentationswesen bekannt waren, gerade die, anonym oder sich nennenden Schriftsteller waren, welche das behauptete Recht der Procuratoren und Advocaten, so dann aber selbst die Personen der Einzelnen unter diesem sehr unglimpflich angriffen; und daß, wenn anderst das aufgelöste Reichsgericht noch als ein bestehendes Corpus sich geriren zu können glaubt, jenen gehässigen Schreibereyen nicht durch ein Verbot der Herrn Präsidenten und übrigen Assessoren Einhalt geschehen seye. Da endlich einmal so laut in dem Wald geschrien war, so war nicht zu verwundern, daß es ebenso daraus wiederhallte, so sehr auch das Gegentheil zu wünschen gewesen wäre!*

244 Gegen die Widerlegung der Schmähschrift der Brüder Gülich durch von Stein zu Lausnitz und Kamptz, hatten die Prokuratoren abermals eine Widerlegung verfasst: BAF, DB 2, 38, Eberstein an Mulzer, Frankfurt, den 16. April 1808. BAF, DB 2, 38, Präsident Seckendorff an Mulzer, Wetzlar, den 7. April 1808.

245 Vgl. auch: BAF, AR 1 Misc. 168, Mulzer an den Ausschuss der RKG-Advocaten und Procuratoren, 20. April 1808. Mulzer äußerte hier ausdrücklich das Missfallen des Fürstprimas über den *Federkrieg* und erteilte die Anweisung, dass *jeder Schriftwechsel über die reichskammergerichtliche Sustentationssache unterbleiben möge* und aller *Druck, Verkauf oder Austheilung solcher die gedachte Sustentationssache direkt oder indirekt berührenden Schriften für die Zukunft durchaus verboten* sei.

246 BAF, AR 1 Misc. 168, Eberstein an Seckendorff und Stauffenberg, Frankfurt, den 18. April 1808.

Dies brachte die Präsidenten noch mehr in Rage, da Richter und Anwälte vollends in einen Topf geworfen wurden. Unmittelbar nach Empfang der Mitteilung des Staatsministers Eberstein schrieb Stauffenberg seinem Bruder, dem Würzburger Minister, im Vertrauen: *Dadurch, daß der Primas den Schutzreklamationen des Collegiums gegen die gülich'sche Nachschrift nicht entspricht, lässt er die Beleidigung auf uns ruhen, und nimmt Parthey gegen uns.*[247] Die Genugtuung, welche die Schmähung erfordere, werde so nicht gegeben. Die Antwort an Eberstein folgte auf dem Fuß. Nachdrücklich wies Stauffenberg in der von beiden Präsidenten unterzeichneten vertraulichen Note auf die Notwendigkeit des Schutzes gegen die Schmähungen hin: Die *Unverletzbarkeit* der äußeren Würde und die *gebührende Sicherheit* sei nicht mehr gewährleistet. Wenn das Collegium keine Genugtuung erfahre und Christian von Gülich nicht gerügt werde, sei es die *Pflicht* aller vormaligen Reichsrichter und in Sonderheit der Präsidenten, sich aus einem solchen Zustand der *Unsicherheit* zu begeben und Wetzlar zu verlassen. Wäre dies erforderlich, so müsse das Kameralkollegium gleichzeitig öffentlich über die Motive ihres Wegganges Rechenschaft ablegen.[248] Ein weiteres Mal wurde versucht, den Fürstprimas zu einer Stellungnahme zugunsten der Richter zu bewegen.

Auch dies blieb erfolglos. In seiner Antwort ließ Eberstein die beiden Präsidenten wissen, dass es bei der gegebenen Weisung bleibe. Der Fürstprimas halte sich für nicht befugt, Christian von Gülich einen Verweis zu erteilen, bevor ein Rechtsspruch ergangen sei. Eine gerichtliche Entscheidung könne jedoch nur dann erfolgen, wenn die dirigierenden und beisitzenden Angehörigen des Kameralkollegium individuell und nicht als Korpus gegen die Verletzung ihrer Ehre klagten.

Damit sprach Karl Theodor dem vormaligen Kameralkollegium die Rechtsfähigkeit ab, die von seinen Angehörigen behauptet wurde. Erläuternd fügte Eberstein hinzu, dass ein gesamtes Korpus, das nach der Niederlegung der deutschen Kaiserkrone nicht mehr bestehe, keine Klage vor Gericht einreichen könne. Weil das Reich aufgelöst sei, könne *das dirigierende sowohl als beysizende würdige Personal des nicht mehr bestehenden Reichsgerichts auch nicht weiter als Corpus betrachtet werden*, noch könne *von Pflichten gegen Seine K. K. apostolische Majestät und das Reich die Rede* sein.[249]

Im Zuge dieses Ehrkonfliktes war dem Kollegium deutlich gezeigt worden, dass es sich als vollständig aufgelöst zu betrachten habe. Wie die Prokuratoren und Advokaten galten die Richter als einzelne Personen, die Ansprüche auf Ent-

---

[247] StAS, Dep. 38, I. Ac 59, Schenk von Stauffenberg an seinen Bruder, Wetzlar, den 13. April 1808. Hierzu, allerdings ohne die Vorgänge in Wetzlar zu kennen und von dem Ehrkonflikt zu wissen: G. Wunder, Die Schenken von Stauffenberg, S. 305-306.

[248] BAF, AR 1 Misc. 168, Stauffenberg und Seckendorff an Eberstein, Wetzlar, den 15. April 1808.

[249] BAF, AR 1 Misc. 168, Eberstein an Stauffenberg und Seckendorff, Frankfurt, den 29. April 1808.

schädigung geltend machen konnten. Ein besondere Standesehre gedachte ihnen der Fürstprimas dabei nicht zu. Die Tatsache, dass die vormaligen Reichsrichter noch in einer Verbindung standen, schien ihm dazu nicht im Widerspruch zu stehen. Vielmehr bestehe die Verbindung des Kameralkollegiums allein zum Zweck der Beratung über die Sustentation. Dies war eine Auffassung, die unter den vormaligen Reichsrichtern nur Hohnhorst vertreten hatte.

Die beiden Präsidenten sahen dies anders. Stauffenberg wollte nun sein Amt als Vorstand der Gesamtheit, das er als älterer Präsident nach dem Weggang Reigersbergs übernommen hatte, niederlegen – und zwar *so lange* diese Gesellschaft *im primatischen Staat* angesiedelt sei. Zugleich wollte er dem Fürstprimas zeigen, wie die früheren Angehörigen des Kameralkollegiums *noch einen Verein bilden, wenn sie auch kein Gericht mehr bilden.* Man hänge, schrieb er seinem Bruder, mit den früheren Konstituenten immer noch zusammen.[250] Auch Seckendorff war gewillt, am Sustentationsgeschäft keinen Anteil mehr zu nehmen. Beide teilten Mulzer und Eberstein ihren Entschluss Anfang Mai 1808 mit.[251] Von den zunächst vertraulichen Eröffnungen an die beiden Präsidenten inzwischen informiert, wollten auch die noch in Wetzlar verbliebenen vormaligen Assessoren die Stadt verlassen und den deutschen Fürsten die Vorfälle mitteilen.

Man begann schon Vorbereitungen zu treffen: Schreiben an die deutschen Höfe und Aufsätze wurden vorbereitet, sogar Ebersteins Korrespondenz an die beiden Präsidenten sollte gedruckt werden.[252] Mehrere Assessoren wurden nun beim Wetzlarer Stadtdirektor vorstellig. Manche, vor allem die Älteren, sannen auf eine friedliche Beilegung und wollten vor allem beruhigen. Sie wussten, dass sie ihren Lebensabend in Wetzlar verbringen würden. Karl von Kamptz dagegen wollte unter Drohungen eine Beilegung des Konfliktes erzwingen. Sollte nun der Angelegenheit keine Wendung gegeben werden und Mulzer nicht zumindest eine mündliche Erklärung zugunsten der Richter abgeben, dann würde ein Schritt erfolgen, *der an Aufsehen und Publicität alles, was bisher geschah*, übertreffe.[253]

Dieses letzte Aufbäumen verhallte ohne Wirkung zu zeigen. Weder der Fürstprimas noch Mulzer und Eberstein waren gewillt einzulenken. Im Gegenteil hielt es die Wetzlarer Obrigkeit trotz der Widerlegungen, die Kamptz und Stein zu Lausnitz gegen die ‚Pasquille‘ der Brüder Gülich verfasst hatten, für erwiesen,

---

[250] StAS, Dep. 38, I. Ac 59, Schenk von Stauffenberg an seinen Bruder, Wetzlar, den 1. Mai 1808.

[251] BAF, AR 1 Misc. 168, Mulzer an Eberstein, Wetzlar, den 12. May 1808. BAF, AR 1 Misc. 168, Seckendorff an Mulzer, Wetzlar, den 11. Mai 1808. BAF, DB 2, 38, Eberstein an Mulzer, den 14. Mai 1808.

[252] BAF, DB 2, 38, Eberstein an Mulzer, Aschaffenburg, den 14. Mai 1808; BAF, DB 2, 38, Karl Theodor an Stadtdirektor Mulzer, Aschaffenburg, den 12. Mai 1808.

[253] BAF, DB 2, 38, Kamptz an Mulzer, Wetzlar, den 12. Mai 1808; Seckendorff legte Mulzer die Korrespondenz vor, die man plante in Druck zu geben. BAF, AR 1 Misc. 168, Seckendorff an Mulzer, Wetzlar, den 11. Mai 1808. BAF, AR 1 Misc. 168, Mulzer an Eberstein, Wetzlar, den 12. Mai 1808.

dass die Anschuldigungen falsch waren und die Verteidigung der Brüder Gülich zumindest sachlich gerechtfertigt sei. Beide hätten sich lediglich im Ton vergriffen. Dieses Argument war auch der Grund, weshalb sich Mulzer zu einer mündlichen Beilegung des Konfliktes nicht für befugt hielt.[254] Er nahm eindeutig Partei für die Anwälte, was später noch zu weiteren Konflikten führen sollte. Karl Theodor dagegen vertrat nach wie vor die Linie, dass ohne Gerichtsbeschluss Christian von Gülich keine Rüge erteilt werden könne, da dies einen Akt der Kabinettsjustiz darstellen würde.[255] Er ließ dies den vormaligen Reichsrichtern noch einmal zu ihrer *Beruhigung* mitteilen und glaubte überdies nicht, dass man ihr Wegziehen aus Wetzlar verhindern könne. Auch Eberstein wollte die Angehörigen des Kameralkollegiums nach ihrem Gutdünken verfahren lassen und den Erfolg *ruhig* abwarten. Er wusste ohnehin keinen Rat und konnte sich über das Verhalten der Richter nur wundern. An Mulzer schrieb er: *Man sollte würklich glauben, diese Herrn alle hätten die Köpfe verlassen! Was ist allein zu machen?*[256]

In der Tat war damit das Problem aufgeworfen, wer die Leitung der Sustentationskonferenz übernehmen sollte, wenn die beiden Präsidenten ihr Amt niederlegen würden. Karl Theodor sann über einer pragmatischen Lösung und ließ prüfen, ob Stadtdirektor Mulzer das Direktorium der Kammergerichts-Konferenz im Namen des Souveräns übernehmen könne. Mulzer jedoch, der die Lage richtig einschätzte, reagierte ablehnend. Er befürchtete einerseits, dass weniger *zahlungslustige Kabinette* die Übernahme des Direktoriums durch seine Person zum Anlass nehmen würden, noch weniger Kammerzieler zu bezahlen. Sie hätten dann einen Grund, auf die Fürsorge des Fürstprimas für die alten Kameralen zu hoffen. Andererseits wusste er, dass aufgrund der Votierordnung im Falle des Rückzugs der Präsidenten das Direktorium auf den von Kurtrier ans RKG präsentierten vormaligen Assessor Hommer fallen würde, der zugleich sein Schwiegervater war.[257] Dieser *allgemein hochgeschätzte Mann*, der sich überdies mehrmals gegen die Streithändel ausgesprochen habe, sei zwar gebrechlich, doch würde durch sein Direktorium das Geschäft, das im Wesentlichen in der Beitreibung der Kammerzieler bestehe, nichts verlieren.[258] Karl Theodor ließ sich von diesem Argumenten überzeugen und verfügte am 16. Mai 1808, dass die Konferenz der Kameralen so belassen würde, wie sie sei.[259]

Die Tatsache, dass der Streit um die Pensionsansprüche zwischen Anwälten und Angehörigen des Kameralkollegiums in einen Ehrkonflikt ausarten konnte, verweist auf die prägende Bedeutung und Identität stiftende Wirkung von Gruppenkonzepten unter den Kameralen auch nach 1806. Weder Kamptz und Stein zu

---

254 BAF, AR 1 Misc. 168, Mulzer an Eberstein, Wetzlar, den 12. Mai 1808.
255 BAF, DB 38, Eberstein an Mulzer, Frankfurt, den 14. Mai 1808.
256 BAF, DB 38, Eberstein an Mulzer, Frankfurt, den 14. Mai 1808.
257 Zu Hommer: Jahns, Das Reichkammergericht, Tl. II, Biogr. 13.
258 BAF, DB 38, Mulzer an Fürstprimas, Wetzlar, den 14. Mai 1808.
259 BAF, DB 38, Mulzer an Fürstprimas, Wetzlar, den 14. Mai 1808. Randnotiz Karl Theodors, Aschaffenburg, den 16. Mai 1808.

Lausnitz auf der einen noch die Brüder Gülich auf der anderen Seite handelten in dem Streit ausschließlich auf einer individuellen Ebene. Die Verfehlung Gülichs, welche die Assessoren anprangerten, stand als Beispiel für den Versuch der Anwälte, den Richtern ihre Pension streitig zu machen. Umgekehrt griff Christian von Gülich in Reaktion auf die Ausfälle Kamptz' und Steins zu Lausnitz zugleich das gesamte Richterkollegium an. Mit der Definition des Status des vormaligen Kameralkollegiums als *unaufgelöste Gesellschaft* mit Rechtsansprüchen an die Glieder eines aufgelösten Staates, hing die Ehre der pensionierten Richter aufs engste zusammen. Ähnlich wie der Rechtsanspruch auf Pension wurde die Ehre überindividuell von der Gruppe her definiert. Der Fürstprimas erkannte dies nicht an, indem er nur einzelne Individuen für berechtigt hielt gegen die Ehrverletzungen zu klagen. Seine Auffassung stand dem im Frühjahr 1808 in seiner stärksten Aufladung sichtbar werdenden Gruppenbewusstsein der vormaligen Glieder des Kameralkollegiums diametral gegenüber. Dies trug insgesamt zu einer zusätzlichen Verschärfung der Situation bei.

V. Vom Ausgleich zur Entmachtung

1. Die Beilegung des Ehrkonflikts

Sieht man von einigen Artikeln ab, die noch im April 1808 verfasst worden waren, so blieb die von der Richterschaft angekündigte publizistische Offensive aus. Auch der Ehrkonflikt nahm ein abruptes Ende. Dies hing mit mehreren Faktoren zusammen. Zum einen war der gesamte Konflikt davon überschattet, dass die Hauptprotagonisten Kamptz, Stein zu Lausnitz und Stauffenberg sich im Zuge des Streites intensiv auf die Suche nach neuen Anstellungen machten. Ende April 1808 hatten sich neue Möglichkeiten aufgetan: So erreichte den früheren katholischen Präsidenten, der sich seit längerem darum bemühte, in würzburgische Dienste zu treten, am 13. Mai 1808 der Ruf des Großherzogs von Würzburg auf die Stelle des leitenden Ministers.[260] Dies war das Ergebnis der Vermittlung seines Bruders sowie einer Reihe von Standesgenossen und Verwandten.[261] Dazu gehörte etwa der österreichische Staatsminister Graf Stadion, mit dem Stauffenberg nicht nur verwandtschaftlich verbunden war, sondern dessen Familie ihm zugleich noch einen Gefallen schuldig war, da er 1789 zu Gunsten eines Stadi-

---

[260] StAS, Dep. 38, I. Ac 24. Ernennung zum dirigierenden Staatsminister des Großherzogtums Würzburg rückwirkend zum 1. Mai 1808 mit einem Gehalt von 8 000 fl., Würzburg, den 13. Mai 1808.

[261] StAS, Dep. 38, I. Ac 59. Die Namen der vermittelnden Personen werden in dem Briefwechsel Adam Friedrichs von Schenk zu Stauffenberg mit seinem Bruder abgekürzt und konnten nicht vollständig ermittelt werden.

on[262] von einer bereits angetretenen Domherrenstelle resigniert hatte, um in Göttingen zu studieren und sich zum *Geschäftsmann* zu bilden.[263] Der seit längerem erkrankte Stauffenberg konnte seine Stelle jedoch nicht mehr antreten. Mitten unter den Händeln mit den Anwälten und der fürstprimatischen Regierung starb er am 14. Mai 1808, am Tag nach seiner Ernennung zum dirigierenden Staatsminister von Würzburg.[264] Damit war der aktivere Part der beiden Präsidenten ausgefallen.

Nur einen Tag später reichte Stein zu Lausnitz seine Resignation ein. Er hatte sich nach der Enttäuschung im Herbst 1807 unter dem Eindruck des sich verschärfenden Konfliktes mit den Anwälten intensiv um eine neue Anstellung bemüht. Ende April 1808 erhielt er seine Ernennung zum geheimen Rat und zweiten Direktor des großherzoglich hessischen Hofgerichts in Gießen.[265] Stein zu Lausnitz hatte damit einen beruflichen Abstieg und massive Probleme bei der Finanzierung seines Gehalts in Kauf genommen. Eine Regelung wie bei Souveränen, die hohe Kammerzielerbeiträge bezahlten, war für das Großherzogtum Hessen nicht möglich.[266] Kurz nach dem Streit ließ sich auch Karl von Kamptz *venia pleni* erteilen.[267] Zwar hatte er noch keine Anstellung gefunden, auch hatten sich die Aussichten in Preußen kaum verbessert, doch zog er erst einmal mit dem Vorwand nach Neustrelitz, rückständige mecklenburgische und pommernsche Kammerzieler einzutreiben. Tatsächlich betrieb er dieses Geschäft höchstens in

---

262 Hierzu: G. Wunder, Die Schenken von Stauffenberg, S. 297f.

263 Zitat: Vahlkampf, Biographische und literarische Notizen, S. 440.

264 G. Wunder, Die Schenken von Stauffenberg, S. 306. Zu seiner Krankheit der Briefwechsel mit seinem Bruder, StAS, Dep. 38, I. Ac 59. Insbesondere die Briefe vom März bis Mai 1808. Vgl. auch StAS, Dep. 38, I. Ac 24, Allerunterthänigste Anzeige des großherzoglichen Geheimraths u. H. k. Directors Schenk v. Stauffenberg das Ableben des großherzogl. Dirigierenden Staatsministers von Stauffenberg betreffend. *E*[uer] *H*[och] *W*[ohlgeborn] *erstatte ich die Pflichtschuldigste Anzeige, daß mein Bruder der zur Seite bemerkte dirigierend Staatsminister den 14ten Abends gegen 8 Uhr verstorben ist. Wetzlar, den 16.5. 08;* StAS, Dep. 38, I. At 21, Trauerrede bey den feyerlichen Exequien weiland Ihro Excellenz des hochwohlgebohrnen Herrn, Herrn Adam Fridrich Schenk Freyherrn von Stauffenberg, gehalten den 14ten Junius in der würdigen Schlosskapelle zu Burggrub. Vgl. auch: BAF, DB 2, 38, Mulzer an Fürstprimas, Wetzlar, den 15. Mai 1808.

265 StAS, Dep. 38, I. Ac 59, Schenk von Stauffenberg an seinen Bruder, Wetzlar, den 30. April 1808: *K*[ammer] *G*[erichts] *Aß*[essor] *von Stein empfiehlt sich mit der Notification, daß S*[eine] *k*[önigliche] *H*[oheit] *der Großherzog von Hessen Ihm zum würklichen Geheimrath und Director des Hofgerichts in Gießen, mit dem geeigneten Gehalt und Vorbehalt der Ergänzung der Cassa Camerale ernannt habe. Unter dem elenden Drucke der primatischen Souverainität verfolgt, hatte er 2 mal Recht, besonders bey dem Mangel an anderer Aussicht, auszutreten.* Vgl. auch: Der Rheinische Bund, Heft 49, S. 451-453.

266 Jahns, Das Reichkammergericht, Tl. II, Bio. 62, Abs. IV. Hier bereits die zur Resignation einschlägigen Quellen im BAF und HHStA-Wien. BAF, RKG in Liqu., Anlagen IV, Nr. 577. Ferner: HHStA-Wien, StaK, dipl. Korrespondenz, Kleinere Betreffe, Karton 15, Präsident und Assessoren des ehem. RKG an Kaiser Franz I., Wetzlar, den 18. Mai 1808.

267 Kamptz nahm am 20. Juni 1808 *Venia pleni*, das heißt, er ließ sich von den Plenarversammlungen beurlauben. BAF, DB 35. Vgl. auch: BAF, RKG in Liqu. Band II, Anlage 74v.

der ersten Zeit. Bereits im Dezember 1808 versuchte Kamptz wieder verstärkt seine Karriere voranzutreiben. Es gelang ihm, sich auf Kosten der Sustentationskasse am Berliner Kammergericht mit der preußischen Justizverfassung vertraut zu machen.[268] Tatsächlich sollte Karl von Kamptz nicht mehr nach Wetzlar zurückkehren, bis er 1811 in zunächst unbezahlte preußische Dienste trat.

Von den Angehörigen des Kameralkollegiums waren nach dem Ehrkonflikt neben dem Präsidenten Seckendorff, der am 18. Juni 1808 ebenfalls *venia pleni* genommen hatte um Wetzlar einstweilen zu verlassen,[269] nur noch Hueber, Schmitz, Cramer, Ditfurth, Balemann, Hommer, Martini, Weidenfeld und Hohnhorst in Wetzlar. Damit war das Kollegium mit untätigen Assessoren wie Weidenfeld und Martini, mit Greisen wie Ditfurth, Balemann, Hueber und Schmitz und mit solchen Assessoren besetzt, die in dem Ehrkonflikt kaum in Erscheinung getreten waren.

Hinzu kam, dass die Assessoren Hueber und Cramer seit Mai 1808 nicht mehr ausschließlich von der Sustentationskasse abhingen. Infolge der Umsetzung der bayerischen Reformen, die in der Konstitution von 1808 und im organischen Edikt Gestalt annahmen und darüber hinaus in der Neueinteilung des *bayerischen Reiches*, wie das souveräne Königreich nunmehr bezeichnet wurde, sowie in der Reorganisation der Behörden ihren Ausdruck fanden, wurden sie zu je 4 000 fl. auf die königliche Zentralstaatskasse in München angewiesen.[270] Damit ging es diesen beiden Pensionären ebenso wie denjenigen Assessoren, die einen Zuschuss zu ihrem Gehalt aus der Sustentationskasse zu fordern hatten, weil die Stelle in Bayern bzw. Württemberg weniger abwarf, als das vormalige Beisitzeramt am Kammergericht. Dies war zwar nicht unbedingt ein Vorteil – gerade Hueber sollte in den Jahren 1809 bis 1811 erfahren, dass seine Pensionsrückstände höher waren als die der vollständig aus der Sustentationskasse finanzierten *Reichsdiener*.[271] Gleichwohl hatten die beiden Pensionäre dadurch ein geringeres Interesse an der Einwerbung von Kammerzielern als die anderen und kämpften mit weniger Energie um die Aufrechterhaltung der bisherigen Verhältnisse.

Wenn das Kollegium von einem Konfrontationskurs mit der fürstprimatischen Obrigkeit und der Auswanderung aus Wetzlar Abstand nahm, so spielten noch zwei weitere Faktoren eine Rolle: zum einen der vorsichtige Kurs, den der Stadtdirektor Mulzer im Mai 1808 eingeschlagen hatte. Obgleich ihm die Vertreter der Anwaltschaft mehrfach Verstöße gegen das Publikationsverbot durch Kamptz und

---

[268] Zu seiner Abwesenheit von Wetzlar BAF, DB 2, 38, Karl von Kamptz an Fürstprimas, Berlin, den 27. Juni 1811; BAF, DB 2, 38, Etwein an Eberstein, den 8. Juli 1811; BAF, DB 2, 35.

[269] BAF, DB 2, 35; BAF, RKG in Liqu., Protokolle Band II, 77v, Anlage Nr. 686.

[270] Zu Cramer: BayHStA, MF 54098; MF 54099; MF 38348. Zu Hueber: BayHStA, MF 54301. Hueber wurde wegen der 5. Kur von Bayern ans RKG präsentiert. Dazu vgl. Teil I dieser Arbeit; Jahns, Das Reichskammergericht, Tl. II, Biogr. 24.

[271] Vgl. dazu den Beiakt in: BayHStA, MF 38348, Schreiben Nr. 1-8.

Stein anzeigten, verzichtete er darauf, sie zu verfolgen.[272] Er wirkte demgegenüber indirekt, um die Zensur durchzusetzen, und ging gegen den Buchdrucker Winkler in Wetzlar vor, als Ende Juni 1808 immer noch Streitschriften öffentlich kursierten. Mulzer ließ dessen Rechnungslegung überprüfen und erteilte ihm einen Verweis wegen des Verstoßes gegen die Zensurmaßnahmen.[273]

Der andere Faktor war, dass die Angehörigen des Kameralkollegiums hofften, die Pension des Präsidenten Stauffenberg in Höhe von 6 580 fl. 48 kr. würde nicht von den Kammerzielern abgezogen. Ein solches Verfahren war in der gemeinschaftlich verabschiedeten Denkschrift von der Beckes vom September 1806 in Vorschlag gebracht worden,[274] jetzt jedoch hofften die Richterpensionäre, Mulzer und der Fürstprimas würden durch entsprechende Vorstellungen bei den deutschen Fürsten helfen, dies zu verhindern.

Dazu war ein neuer Ausgleich nötig, der bald gelang. In einer vertraulichen Note versprach Mulzer im nächsten Provisorium, das für den Juli 1808 anstand, keine für die besoldeten Kameralen nachteiligen Regelungen vorzuschlagen.[275] Dies gab zu der Hoffnung Anlass, dass sich der Wetzlarer Stadtdirektor bei Karl Theodor dafür verwenden würde, die Pension des verstorbenen Präsidenten Stauffenberg künftig in ihrer Gesamtheit für die Subsistenz der Richter heranzuziehen. Denn es stand zu befürchten, dass die Präsidentenpension, auch wenn sie nicht von den Kammerzielern abgezogen werden sollte, zur Unterstützung der unbesoldeten Kameralen herangezogen würde. Dies lag deshalb im Bereich des Möglichen, weil mit dem Opfer Reigersbergs schon einmal ein Drittel der Pension eines früheren Mitgliedes des Direktoriums den unbesoldeten Kameralen zugesprochen worden war.[276] Da die Kammerzielereinnahmen insgesamt zurückgegangen waren

---

[272] Die Anzeigen in: BAF, DB 2, 38, Ausschuss der Advokaten und Prokuratoren an von Mulzer, Wetzlar, den 21. Mai 1808. (Hier auch die Notiz, die Sache auf sich beruhen zu lassen.); BAF, DB 2, 38, Ausschuss der Advokaten und Prokuratoren an von Mulzer, Wetzlar, den 4. Juni 1808; BAF, DB 2, 38, Ausschuss der Advokaten und Prokuratoren an von Mulzer, Wetzlar, den 22. Juni 1808. Kamptz und Stein hatten einen kurzen Artikel in den ‚Allgemeinen Anzeiger der Deutschen' mit dem Titel ‚Berichtigungen und Streitigkeiten' einrücken lassen. Er wurde am 25. April 1808 eingesendet und erschien am 7. May 1808, in: ebd.: Nr. 122. Ein weiterer Artikel erschien anonym unter dem Titel ‚Berichtigungen und Streitigkeiten ueber Entschädigung der Advocaten', in: ebd. am 12. Mai 1808 (Nr. 127). Ferner: Zeitung für die Elegante Welt, Nr. 83, 24. Mai 1808; Hallische allgemeine Literaturzeitung, Nr. 152, 25. Mai 1808; Der Rheinische Bund, 18. Heft, Nr. 40, S. 363ff. Der Artikel von Stein und Kamptz, der zuerst im ‚Allgemeinen Anzeiger der Deutschen' erschien, muss von mehreren Zeitungen übernommen worden sein. Vgl. dazu: BAF, DB 2, 38, Ausschuss der Prokuratoren und Advokaten an Mulzer, Wetzlar, den 22. Juni 1808.

[273] BAF, DB 2, 38, Gehorsamster Stadtherrlicher Bericht das Verbot der literarischen Streitigkeiten über die reichskammergerichtliche Sustentations-Sache [...] betr., 4. Juli 1808.

[274] N. N., Ueber den künftigen Unterhalt, § 11, Nr. 1. Jeder Reichstaler sollte bei dem Ableben eines Mitgliedes des bisherigen Reichskammergerichts um 2½ kr. gekürzt werden können.

[275] BAF, DB 2, 38, Präsident und Assessoren an Mulzer, Wetzlar, den 1. Juni 1808.

[276] BAF, DB 2, 38, Präsident und Assessoren an Fürstprimas, Wetzlar, den 1. Juni 1808.

und die Richter ihre Pensionen nicht mehr in voller Höhe beziehen konnten, versprach der Fürstprimas eine solche Kürzung zu vermeiden.[277]

2. Sustentationsprobleme

Obschon damit ein Ausgleich geschaffen war, barg das im Juli 1808 erlassene dritte Provisorium eine Fülle von Problemen für die vormaligen Reichsrichter. Unumstritten war zunächst der Unterhalt, den die unbesoldeten Kameralen aus dem Drittel der Pension erhielten, auf das der Kammerrichter verzichtet hatte. Auf die Liquidierung weiterer Kapitalien aus der Depositenkasse konnte man sich ebenfalls einigen.[278] Anlass zu Beschwerden gab demgegenüber die Tatsache, dass den unbesoldeten Kameralen die Zinsen der Obligationen des vormaligen RKG überwiesen werden sollten. Dies stand im Widerspruch zur Verfügung des Fürstprimas, nach der diese Zinsen *zum ferneren Unterhalt* der nicht mehr in andere Diensten gelangten *Reichsdiener* herangezogen werden sollten.[279]

Während der Eingang an Kammerzielern zurückging, beschränkten sich die Bemühungen der Angehörigen des Kameralkollegiums immer mehr darauf, Außenstände einzutreiben, Ansprüche der unbesoldeten Kameralen auf die Zinsen abzuwehren und mit den ungeheuer verwickelten Abrechnungsproblemen zurechtzukommen. Vor allem die Regelung des Abzugs der Gelder für diejenigen, die seit Riedesels Anstellung 1807 resigniert hatten, sowie für die auf die Staatskasse Bayerns übernommenen Pensionäre erschwerten die Rechnungslegung. Konnte man hier immerhin einen Modus finden und verursachten auch die Übernahme Neuraths (sen.) in badische Dienste sowie die Anstellung Grubens durch den Fürstprimas nur ein vergleichsweise geringes Problem,[280] so brachten der Dienstvertrag Steins zu Lausnitz, das Fernbleiben Kamptz', der weiterhin Pensionen bezog, sowie die 1810 erfolgte Anstellung Hohnhorsts als zweiter Kanzler beim Oberhofgericht in Mannheim und badischer Staatsrat[281] weitaus größere

---

[277] BAF, DB 2, 38, Mulzer an Assessoren, Wetzlar, den 22. Juni 1808.

[278] Hierbei handelte es sich um ‚K. K. bethmännische Obligationen', österreichische Staatspapiere, die im Wert aufgrund der Schulden Habsburgs enorm gesunken waren, und um 1 000 fl., die aus einem Kapital rührten, das an Solms-Wildenfels ausgeliehen worden war. BAF, DB 2, 38, Reigersberg an Mulzer, Wetzlar, den 3. Juni 1808. Mulzer an Assessoren, Wetzlar, den 22. Juni 1808; Mulzer an Ausschuss der Advokaten und Prokuratoren, Wetzlar, den 22. Juni 1808.

[279] BAF, DB 2, 40, Bemerkungen der Assessoren dazu: Der Rheinische Bund, Heft 33 (1809), Nr. 30.

[280] Zur Finanzierung des Gehalts des in fürstprimatische Dienste getretenen von Gruben aus Kammerzielern: BAF, DB 2, 46.

[281] Jahns, Das Reichskammergericht, Tl. II, Biogr. 47; F. Walter, Hohnhorsts Schrift, S. 118; GLAK, 76, 3728, Ernennungsdekret, Carlsruhe, 23. Juli 1810. Hohnhorst erhielt 3 600 fl. als Gehalt von Baden. Baden glaubte 3 599 fl. aus den Kammerzielerbeiträgen abziehen zu können. Der Pfennigmeister Hötzendorff errechnete jedoch, dass Baden nach Abzug der Rate für Neurath jährlich nur 2 915 fl. 31 kr. zu zahlen habe. Deshalb forderte Baden die zu viel bezahlten Beträge aus der Sustentationskasse zurück bzw. wollte das Gehalt Hohn-

Schwierigkeiten mit sich. Mit dem Tod jedes Angehörigen des Kameralkollegiums kamen weitere Probleme hinzu. Für die Konferenz stellten sich jeweils von neuem die Fragen, wie viel an Kammerzielern abzuziehen der jeweilige Souverän berechtigt sei, wie hoch die Zuschüsse aus der Sustentationskasse zum Gehalt der vormaligen Reichsrichter seien, ob die Kammerzieler für die verstorbenen Assessoren weiter bezahlt werden müssten und wie das Sterbequartal für die Witwen anteilig auszurechnen sei.

Gleichzeitig zeigten die meisten Souveräne immer weniger Bereitschaft Kammerzieler abzuführen. Dazu trugen nicht zuletzt die immer noch fortschreitenden Gebietsveränderungen in Deutschland bei, denen das im 16. Jahrhundert wurzelnde Kammerzielersystem jeweils angepasst werden musste. Bald schon gelang es weder den Angehörigen der Sustentationskonferenz noch den deutschen Souveränen, bei all den Veränderungen noch den Überblick über die Summen zu behalten, die von den unterschiedlichen Kontribuenten zu bezahlen waren. Die Souveräne nutzen dies, um ihre Beiträge noch weiter zu reduzieren.[282] Als die aus der Sustentationskasse bezahlten pensionierten Richter im Sommer 1809 einen Rückstand von jeweils 500 fl. zu beklagen hatten, versuchte der damalige Referent der Konferenz Hohnhorst, die Zinsen der verliehenen Kapitalien für das frühere Kameralkollegium zu nutzen. Er wollte beim nächsten Provisorium nicht für die Überweisung der Zinsen in den Fonds der unbesoldeten Kameralen stimmen, sondern bei den Souveränen anfragen, für welche der Kassen die Gelder bestimmt seien.[283]

Solange Hohnhorst noch in Wetzlar war, kümmerte er sich vor allem um die Geschäfte der Konferenz. Als die zwölf Souveräne, die früher zum fränkischen Kreis gehört hatten, in Nürnberg einen Vertrag zur Regulierung der Schulden und Obliegenheiten des Kreises geschlossen hatten,[284] hoffte er darauf, dass eine vergleichbare Regelung für die vormaligen Gerichtsangehörigen gefunden würde. Er entwickelte konkrete Vorschläge und veröffentlichte sie in Winkopps Zeitschrift ‚Der Rheinische Bund'. Hohnhorsts Aufsatz war ein Reflex auf die Verwicklungen, die sich in der Entschädigungsfrage ergeben hatten. Um den Problemen der bisherigen Regelung abzuhelfen, forderte er die Gründung einer sicheren *Versorgungsanstalt* für die Kameralen. Er wollte die Pensionsverbindlichkeiten der deutschen Souveräne gegenüber dem früheren Gerichtspersonal aufgeteilt

---

horsts entsprechend kürzen. Hohnhorst schlug vor, die Zinsen des teilweise von Baden übernommenen Kapitals des Kammergerichts für sein Gehalt zu verwenden. Hierzu ausführlich: GLAK, 76, 3728.

282 Vgl. Etwa BAF, DB 2, 40, Vortrag Balemann über die Pfennigmeister Rechnung, 1810.

283 BAF, DB 2, 39, Das Provisorium für die unbesoldeten Cameralen, in so weit die Sustentationskasse dabei interessiert ist, betreffend, Vortrag Hohnhorst, Wetzlar, den 21. Juni 1809.

284 Zur Abwicklung des fränkischen Kreises: BayHStA, MA 4225.

wissen. Jeder vormalige Reichsstand sollte einen fixen Anteil an den Pensionen übernehmen.[285]

So zweckmäßig die Sustentationskasse früher gewesen sei um die unabhängige Justizpflege des RKG zu sichern, so unzweckmäßig erweise sie sich nun als Pensionsanstalt, argumentierte er. Unmöglich könne es für den einzelnen Pensionisten von Interesse sein, ob er nun von einem oder mehreren *Souverains* übernommen werde oder seine Rate aus allgemeinen Beiträgen beziehe, die in die Sustentationskasse flössen. Er unterstützte seine Argumentation mit dem Hinweis darauf, dass durch die bisherige Verwaltung der Pensionskassen Geld verschwendet würde. So seien im Jahr 1808 allein rund 811 fl. an Reisegeldern, Porto, Druckkosten und dergleichen angefallen. Zusätzlich müsse dem Pfennigmeister jährlich ein Betrag von 611 fl. als Besoldung angewiesen werden – ein Betrag, für den allein die bayerische Staatskasse aufkommen müsse, die Hötzendorff bis zu einer Anstellung eine Pension auszahle. All dies würde wegfallen, wenn die Souveräne die noch verbleibenden Pensionisten unter sich aufteilten. Deshalb sei eine verbindliche Regelung der Abwicklung des RKG-Personals allseits von Vorteil.[286]

Weder der Versuch, alle eingehenden Zinsen der ausgeliehen Kapitalien in der Sustentationskasse zu behalten, noch der Vorschlag, eine neue Regelung zu schaffen, fand Gehör. Obgleich die pensionieren Richter Ende 1809 zwei Distributionen mit ihrer Pension im Rückstand waren, die Kammerzielereinnahmen weiter abnahmen und nur ein geringer Teil der Zinsen der verliehenen Kapitalien einging, musste ein Teil der Zinsen den unbesoldeten Kameralen angewiesen werden.[287] Das Sustentationsgeschäft geriet unterdessen zunehmend in die Hand Mulzers, bis er im Zuge der Gründung des Großherzogtums Frankfurt am 17. September 1810 die Anordnung erhielt, die Oberaufsicht über die Konferenz der Richter zu übernehmen.[288] Kurz zuvor hatte Hohnhorst den Absprung noch ge-

---

285 BAF, DB 2, 40. Abschrift: N. N. [wohl Hohnhorst, gezeichnet mit H.]: Vergleichende Ansicht des Unterhaltungswesens.

286 Ebd., § 2 und 3.

287 BAF, DB 2, 40, Präsident und Assessoren des vormaligen Reichs-Kammergerichts an Mulzer, Wetzlar 22. Januar 1810. Bayern und Württemberg zahlten nur einen Teil der Zinsen und Kammerzielerrückstände, während Baden überhaupt keine Gelder entrichtete. BAF, DB 2, 40, Präsident und Assessoren des vormaligen Reichs-Kammergerichts an Mulzer, Wetzlar, 30. Januar 1810.

288 Zum Großherzogtum Frankfurt: Darmstädter, Das Großherzogtum Frankfurt; Bilz, Die Großherzogtümer Würzburg und Frankfurt; Klueting, Dalbergs Großherzogtum Frankfurt; Rob, Regierungsakten des Primatialstaates und des Großherzogtums Frankfurt, insb. S. 1-10. Vgl. auch: BAF, DB 2, 40, hier das Gratulationsschreiben Reigersbergs zur Beförderung Mulzers, München, den 23. September 1810: *So sehr es mich freut, Sie so ehrenvoll befördert zu wissen, so leid ist es mir, die Angelegenheit der vormaligen Mitglieder des Kammergerichts ihrer besonderen Leitung entzogen zu wissen. Indessen bin ich überzeugt, daß Sie ihre wohlwollende Verwendung bey Seiner Hoheit den Herrn Großherzogen von Frankfurt, in dessen Händen ich das Schicksal dieser Individuen mit voller Beruhigung weiß, fortsetzen werden.*

schafft. Er hatte die Erlaubnis des Königreichs Westfalen erwirken können, in badische Dienste zu treten.[289]

3. Das Sustentationswesen im Großherzogtum Frankfurt

Die Entmachtung der Richterpensionäre bedeutete nicht, dass sie völlig untätig wurden. Zwar hatten sie nun den gleichen rechtlichen Status wie die Angehörigen des Ausschusses der Advokaten und waren nicht mehr zur Entscheidung befugt. Gleichwohl wurde das Geschäft – beinahe so, als ob nichts geschehen wäre – weiterbetrieben. Auch unter den veränderten Bedingungen überlebten die Rudimente der früheren Plenarversammlung und mit ihnen die Mentalität des Beharrens der in Wetzlar verbliebenen Pensionäre auf ihren gegründeten Rechten. Man kam weiterhin zusammen, hörte einen Referenten Relationen vorlesen, votierte darüber nach der Rangfolge der ehemaligen Präsentationshöfe und fasste Entscheidungen nach dem Mehrheitsprinzip. Verändert hatte sich nur, dass man jetzt nicht mehr dem vormaligen Präsidenten Seckendorff, sondern dem Stadtdirektor Mulzer die getroffenen Entscheidungen zur weiteren Beförderung vorlegte. Dies betraf jedoch nicht alle Entscheidungen. Nach wie vor verfassten die Angehörigen der Konferenz selbständige Schreiben im Namen des Präsidenten und der Assessoren des vormaligen ‚Kaiserlichen und Reichskammergerichts'.[290] Freilich lässt sich dabei insgesamt nicht übersehen, dass die Handlungsspielräume jetzt deutlich eingeschränkt waren, da Mulzer im Konfliktfall eher den Interessen der pensionierten Anwälte als denen der vormaligen Reichsrichter zuneigte.

Da die eingehenden Kammerzieler und Zinsen der verliehenen Kapitalien nicht hinreichten, um die Pensionen der besoldeten Kameralen vollständig zu bezahlen, begann sich das Kollegium nun auch zunehmend gegen jene vormaligen Kollegen zu wenden, die auf Kosten der Kammerzieler in fremde Dienste eingetreten waren. So empfand man es als Anmaßung des großherzoglich hessischen Minis-

---

[289] GLAK, 76, 3728, Abschrift Kabinettsministerium, Nr. 605 (Drais, 23. Juli 1810). Im Auszug des badischen Finanzministeriums vom gleichen Tag ist die Erlaubnis nicht erwähnt. GLAK, 76, 3728, Auszug, Nr. 605 Kabinettsministerium. Reitzenstein an Finanzministerium, Karlsruhe, den 23. Juli 1810. Karl Philipp Kaspar von Reitzenstein, der 1801/02 als obersächsischer Kreispräsentatus zur gleichen Zeit in Wetzlar weilte wie Karl Levin von Hohnhorst als kurbraunschweigischer Präsentatus, dürfte bei seiner Übernahme eine Rolle gespielt haben. Das Ernennungsdekret vom 23. Juli 1810 trägt die Unterschrift eines Reitzenstein, bei dem es sich allerdings um Karl Sigismund von Reitzenstein, den badischen Minister, handelte. Zu Karl Philipp von Reitzenstein: Jahns, Das Reichskammergericht, Tl. II, Biogr. 119. Zu Sigismund von Reitzenstein: Schnabel, Sigismund von Reitzenstein; Wichtiger noch ist, dass Karl Levin von Hohnhorst mit einer geborenen Reitzenstein verheiratet war. Vgl. dazu: HStAS, Q 3/11, Bü. 42. Wilhelme von Hohnhorst an Charlotte von Neurath, Mannheim, den 14. Dezember 1817. Dieses Schreiben anlässlich des Todes von Constantin von Neurath ist gezeichnet mit *geborene von Reitzenstein*.

[290] BAF, DB 2, 40 und 41.

teriums und des früheren Kollegen Stein zu Lausnitz, als dieser 1811 die Zinsen des Solms-Lichischen Kapitals zur Ergänzung seines Gehalts zu beanspruchen versuchte.[291] Da das Kapital weder zu seiner noch der großherzoglich hessischen Disposition stehe und auch die Fürstin vom Solms darüber nicht frei verfügen könne, ersuchten die Richter Mulzer ein Ministerialschreiben des Großherzogtums Frankfurt an das hessische Ministerium zu erlassen. Eigenmächtig, ohne vorherige Anfrage beim Wetzlarer Stadtdirektor Mulzer, drückte man in einem Schreiben an Fürstin von Solms-Lich sein *Befremden* darüber aus, dass Stein zu Lausnitz die Zinsen angewiesen worden seien. Sie wisse doch gewiss, wurde sie namens des vormaligen Kameralkollegiums belehrt, wer die rechtmäßigen Gläubiger seien. Die Pensionäre forderten die Fürstin auf, künftige Überweisungen nur noch direkt an die Sustentationskasse gelangen zu lassen. Den Pfennigmeister wiesen sie an, keine Quittung von Stein zu Lausnitz entgegenzunehmen.[292] Dieser müsse auf sein rückständiges Gehalt genau so lange warten wie die anderen, die ebenfalls Rückstände zu erdulden hätten, lautete der Majoritätsbeschluss. Tatsächlich hatte Stein von den Zinsen des Kapitals nichts empfangen, sondern nur versuchsweise eine Quittung ausgestellt, um eine künftige Regelung vorzubereiten.[293]

Etwas anders gelagert war der Fall des kurbrandenburgischen Präsentatus Kamptz, der seit 1808 von Wetzlar abwesend war. Die vormaligen Reichsrichter enthielten ihm seit dem 30. September 1810 seine Pension mit der Begründung vor, er müsse sich nach Wetzlar zurückverfügen und sein Amt als Referent in der Sustentationsangelegenheit wahrnehmen. Man berief sich hier auf die Beschlüsse vom Januar 1807. Anfang Januar 1811 wusste man in Wetzlar, dass Kamptz inzwischen in königlich preußische Dienste getreten sei und erst dann zurückkehren würde, wenn er Pensionszahlungen erhalte. Tatsächlich spielte Kamptz auf Zeit. Er wollte seine Rückkehr so lange hinauszögern bis er endlich eine feste Anstellung in preußische Dienste erlangen würde.[294]

Ein zusätzliches Problem verursachte der mecklenburgische Adelige dadurch, dass Württemberg von seinen Zahlungen an die Sustentationskasse die Rate für die Stelle abzog, die Kamptz angeboten worden war, die er jedoch niemals angetreten hatte. Alles in allem, so rechnete man in der Konferenz, gingen dadurch der Kasse Kammerzieler in Höhe von 3 385 fl. 57 kr. jährlich für immer verloren.

---

291 BAF, DB 2, 42, Präsident und Assessoren des vormaligen RKG an Mulzer, Wetzlar, den 16. Juli 1811.

292 BAF, DB 2, 42, Anlagen, Abschrift des Schreibens von Präsident und Assessoren an Frau Fürstin zu Solms-Lich, Wetzlar, den 16. Juli 1811.

293 BAF, DB 2, 42, Präsident und Assessoren an Mulzer, Wetzlar, den 23. Juli 1810.

294 GStA-PK, I. HA, Rep. 84a, (2.5.1), Nr. 267, Kamptz an preußischen Justizminister, Neustrelitz, den 7. August 1810. Von der Golz an N. N., Berlin, den 18. August 1810; ein weiteres Anstellungsgesuch von Kamptz, den 11. September 1810; vgl. zu den Ansprüchen an die Wetzlarer Kasse auch: ebd.: Küster an Kircheisen, Berlin, den 8. September 1810.

Schon deshalb habe Kamptz keinen begründeten Anspruch auf eine Pension.[295] Kamptz jedoch wollte auf seine Ansprüche, die er für begründet hielt, nicht verzichten. Es gelang ihm 1812, als er bereits am Oberappellationssenat des Berliner Kammergerichts tätig war, 900 fl. aus der Sustentationskasse loszueisen.[296] In Erinnerung an seinen Auftritt als Verfasser von Schmähschriften und an die Drohungen, die er im Mai 1808 ihm gegenüber ausgestoßen hatte, befürchtete Mulzer, es könne sich wieder eine ähnliche Situation ergeben.

Vor diesem Hintergrund, aber auch weil die Resignation Kamptz' und sein Eintritt in preußische Dienste bereits absehbar schienen, bewilligte Karl Theodor den Vorschlag Mulzers, ihm die fragliche Summe zukommen zu lassen.[297] Mulzer machte sich keine Illusion darüber, dass Kamptz künftig von den preußischen Kammerzielern besoldet würde. Die pensionierten ‚Reichsdiener' wollten dies verhindern. Doch stellte der Stadtdirektor klar:

> *Dass der Herr von Kamptz auf Rechnung der k[öniglich] Preußischen Kammerzieler angestellt werde, ist sehr glaublich. Dieses zu bestreiten würde wahrscheinlich eine in das gehässige fallende Korrespondenz mit dem preußischen Ministerium verursachen, und ganz ohne allen Erfolg sein.*[298]

Da Preußen zu denjenigen Ständen gehörte, die keine Kammerzieler an die Sustentationskasse zahlten, hielt der Unterpräfekt von Wetzlar – dies war der nun napoleonisierte Titel des früheren Stadtdirektors – die Anweisung Kamptz' auf die preußischen Zieler sogar für einen Gewinn für die Pensionäre, da sie ihm nun aus der Sustentationskasse nichts mehr bezahlen mussten.

Knapp ein Jahr nachdem Mulzer die Leitung der Angelegenheiten der besoldeten wie unbesoldeten Kameralen übernommen hatte, hatte sich die finanzielle Lage zugespitzt. Nur wenige vormalige Reichsstände hatten Kammerzielerbeiträge in voller Höhe entrichtet,[299] andere Fürsten hatten unvollständige bzw. über-

---

[295] BAF, DB 2, 40. Zum Fall Kamptz auch: HHStA-Wiesbaden, Abt. 372, 128, fol. 228r-235v. Zu seiner Anstellung Baumgart, Artikel Kamptz; Wippermann, Artikel Kamptz; danach auch: Buchholz, Karl von Kamptz, S. 133; Jahns, Das Reichskammergericht, Tl. II, Biogr. 37, mit weiterer Literatur. Vgl. auch G. Steiger, Das Phantom der Wartburgverschwörung, S. 186.

[296] BAF, DB 2, 43, Kamptz an Fürstprimas, Berlin, den 16. September 1811 und Kamptz an Fürstprimas, Berlin, den 2. November 1811.

[297] BAF, DB 2, 43, Mulzer an Karl Theodor, Wetzlar, den 17. Januar 1812. BAF, DB 2, 43, Bewilligung des Fürstprimas am 18. Januar 1812.

[298] BAF, DB 2, 43, Mulzer an die Assessoren des ehemaligen Reichskammergerichts, Wetzlar, den 21. Januar 1812.

[299] Die vollständige Rate an Kammerzielern hatten bis 1810 bezahlt: Anhalt, Ahremberg, Hessen-Darmstadt, Lippe-Detmold, Lippe-Bückeburg, Schaumburg, Lichtenstein, Mecklenburg-Strelitz, Nassau, der Fürstprimas, Reuß-Plauen, Sachsen, Schwarzburg-Rudolstadt, Salm-Salm, Salm-Kyrburg und Würzburg. Bericht des Stadtdirektors von Mulzer als Kommisarius in den Sustentationsgeschäften des Personals des ehemaligen R[eichs] Kammergerichts zu Wetzlar, vom 1. Juli 1810–1. Juli 1811. BAF, DB 2, 42, § 5.

haupt keine Zahlungen geleistet.[300] Alles in allem waren 3½ Distributionsraten oder zwei Quartalszahlungen an Pensionen für die besoldeten Kameralen aus dem Jahr 1810 rückständig. Für das Jahr 1811 konnte sogar nur eine halbe Distribution bezahlt werden.

Die Zukunftsaussichten waren noch schlechter. Man wusste, dass von Bayern, Baden, Hessen und Württemberg keine Zieler eingehen würden, weil diese die Gehälter der in Dienste genommenen Assessoren in Abzug brachten. Besonders problematisch war, dass die Hansestädte, die ihre Beiträge bisher immer vollständig abgeführt hatten, und andere Gebiete im Norden Deutschlands von Frankreich besetzt worden waren. Frankreich hatte eine Verfügung erlassen, dass keine Schulden ans Ausland bezahlt würden. Der einzige Lichtblick war eine vom König von Sachsen ergangene Anweisung, künftig die Kammerzieler zahlen zu wollen, die vorher für den Assessor Leutsch, der 1807 königlich sächsischer Gesandter in Frankfurt geworden war, abgezogen worden waren.[301] Hinsichtlich Kamptz' hatte Mulzer auf Antrag der Assessoren damals noch verfügt, keine Distribution verabfolgen zu lassen. Er müsse sich selbst um seine Rate kümmern, die Württemberg für seine vermeintliche Anstellung einbehalte.[302]

Da die eingehenden Kammerzieler für die besoldeten Kameralen nicht hinreichten, setzte sich Mulzer nun auch dafür ein, dass die früheren Richter und nicht mehr die unbesoldeten Kameralen einen Großteil der Zinsen der ausgeliehenen Kapitalien erhalten sollten. Mulzer verwies auf die Pensionsrückstände bei den besoldeten Kameralen und fürchtete die Reaktion der vormaligen Reichsstände. In seinem Gutachten zum Stand der Sustentationsfrage teilte er dem Fürstprimas mit, dass die deutschen Fürsten *bei dem Nothstande der ersten Klasse* die Verwendung der Zinsen für die unbesoldeten Kameralen nicht billigen würden.[303] Zugleich hoffte er auf den Erfolg einer Mission Grubens, der seit Herbst 1807 in den Diensten Karl Theodors stand. Er war nach Württemberg mit dem Auftrag gereist, die Zinsen des schwäbischen Kreiskapitals für die unbesoldeten Kamera-

[300] Unvollständige Zahlungen leisteten: Bayern, Isenburg, Hohenzollern-Sigmaringen, Mecklenburg-Schwerin, Sachsen-Weimar, Sachsen-Meinungen, Schwarzburg-Sondershausen, Schweden wegen Pommern, Waldeck und das Königreich Westphalen. Überhaupt keine Beiträge leisteten Berg, Holland wegen Ostfriesland, Hohenzollern-Hechingen, Leyen, Oesterreich, Oldenburg, Preußen, Sachsen Gotha, Hildburghausen und Koburg-Saalfeld. BAF, DB 2, 42, § 5.

[301] Vgl. Teil IV, Kap. VI dieser Studie.

[302] BAF, DB 2, 42. Bericht des Stadtdirektors von Mulzer als Kommisarius in den Sustentationsgeschäften des Personals des ehemaligen R. Kammergerichts zu Wetzlar, vom 1. Juli 1810–1. Juli 1811, die §§ 1-10 betreffen die vormaligen Reichsrichter.

[303] BAF, DB 2, 42, Bericht des Stadtdirektors von Mulzer als Kommisarius in den Sustentationsgeschäften des Personals des ehemaligen R. Kammergerichts zu Wetzlar, vom 1. Juli 1810–1. Juli 1811, § 16 Bestimmungen eines neuen Provisoriums zur Sustentation der unbesoldeten Kameralen.

len einzutreiben, die überdies die Erträge des Solms-Licher Kapitals erhalten sollten.[304]

Dies führte zu neuen Beschwerden der pensionierten Richter, aber auch der Prokuratoren und Advokaten. Der ehemalige Prokurator Abel, der als Professor in der Wetzlarer Rechtsschule untergekommen war,[305] reiste zu Karl Theodor, um ihn zur weiteren Auszahlung der gesamten Zinsen zu bewegen, während der Pensionär Schmitz zu Grollenburg, der nach dem Abzug Karl Levin von Hohnhorsts im Alter von fast 80 Jahren das Referat in der Konferenz übernommen hatte, bei Eberstein um die Belassung aller Erträge in der Sustentationskasse bat.[306] Zwar trat Eberstein für die Belange der besoldeten Kameralen ein, Karl Theodor jedoch konnte er hiervon nicht überzeugen. Dieser legte noch einmal Zeugnis über seine Grundsätze ab. Zwar bedankte er sich für das Gutachten Ebersteins, das ihn als *rechtschaffenen und einsichtsvollen* Mann ausweise. Gleichwohl habe sich seine Überzeugung nicht verändert. Alle Kameralen *ohne Ausnahme* hätten einen gleichen Anspruch auf *Edelmuth*, *Billigkeit* und *Ehre der teutschen Nation*. Dieser gründe sich nicht auf *strenges Recht*, sondern folge dem Grundsatz: *Tröste den Unglücklichen, den unverschuldet ein hartes Schicksal drückt*. Der Reichsdeputationshauptschluss von 1803, der im § 59 die Entschädigung der Staatsdiener und Geistlichen regele, könne aufgrund der immer noch ausstehenden Regelung der Entschädigung der Kameralen nur analog angewendet werden. Damit begründe er lediglich Billigkeit, aber keinen Rechtsanspruch. Vor diesem Hintergrund genehmigte Karl Theodor die Petition der Anwälte, die auch Mulzer überzeugt hatte.[307]

Die weiteren Einsprüche des nunmehr allein für die gemeinsame Sache kämpfenden Ältesten Schmitz zu Grollenburg brachten wenig. Doch wenigstens blieb die Aussicht, dass Mulzer den besoldeten Kameralen nicht die gesamten Zinsen absprechen würde.[308] Unterdessen verschlimmerte sich die Lage weiter. Bis zum Ende des Jahres 1811 konnte nicht eine Distribution mehr bezahlt werden. Nun waren die Pensionen allein für das abgelaufene Jahr 10 Monate im Rückstand.[309]

Während der vormalige Präsident Seckendorff offenbar über erheblichen Reichtum verfügte und auch Weidenfeld ein beträchtliches Vermögen sein Eigen nannte, für Ditfurth und Balemann offenbar kein Grund zur Beschwerde vorlag, waren Schmitz zu Grollenburg und Martini aus unterschiedlichen Gründen in finanzielle Schwierigkeiten geraten. Offenbar um seinen Kindern unter die Arme zu greifen, hatte Schmitz Kapital aufgenommen, das er nun, da die Pensionen ausblieben, nicht zurückzahlen konnte. Völlig verzweifelt wandte er sich deshalb

---

304 Karl Theodor billigte diesen Plan am 13. August 1811. BAF, DB 2, 42.

305 Scheurmann, Die Wetzlarer Rechtsschule; Scherg, Das Schulwesen unter Karl Theodor, Tl. 2, S. 449-557.

306 BAF, DB 2, 42, Schreiben vom Oktober 1811.

307 HHStA-Wiesbaden, Abt. 372, 128, fol. 247r-251, Gutachten Eberstein, Frankfurt, den 13. August 1811. Hierauf die Anweisung Karl Theodors, Aschaffenburg, den 15. August 1811.

308 HHStA-Wiesbaden, Abt. 372, 128, Eberstein an Schmitz, Ende 1811.

309 HHStA-Wiesbaden, Abt. 372, 128, Schmitz an Eberstein, 1811.

mit einer Petition an den Fürstprimas, ihm doch jährlich 1 000 fl. zur Frankfurter Messe aus der Staatskasse anzuweisen, damit er seinen Gläubigern einen festen Zahlungstermin nennen könne. Er schlug vor, Karl Theodor könne das Geld von den fürstprimatischen Kammerzielern abziehen. Um seine Bitte zu unterstreichen, wies Schmitz nicht nur darauf hin, dass Karl Theodor als ehemaliger Fürstbischof von Worms gleichsam in die Nachfolge seines Präsentanten eingetreten sei.[310] Darüber hinaus machte er geltend, dass er vor seiner Präsentation an das RKG 15 Jahre lang dem Kurstaat Mainz gedient habe.[311] Zugleich verwies er auf seine 38 Dienstjahre am RKG sowie die zweijährige Tätigkeit als Referent in der Sustentationsangelegenheit unter der Leitung Mulzers.[312] Eberstein erhielt die Petition und besprach sich mit Mulzer sowie dem Finanzminister des Großherzogtums Frankfurt Graf von Benzel-Sternau. Alle stimmten aufgrund des Alters, der früheren Verdienste um den Kurstaat Mainz sowie des Einsatzes, den Schmitz in der Sustentationskonferenz gezeigt habe, für die Bewilligung eines Vorschusses von 1 000 fl.[313]

Diese Entscheidung ließ Martini hoffen. Auch er bat Ende April 1812 um einen Vorschuss, weil er Gläubiger zu befriedigen hatte. Während Schmitz jedoch an das Herz des Fürsten appelliert hatte, argumentierte Martini vor dem Hintergrund eines vermeintlichen Rechtsanspruches. Auch seine Ehre brachte er ins Spiel. Er forderte einen Vorschuss von 800 bis 1 000 fl., damit der *Kränkung* abgeholfen werde, die es verursache von der *Güte* seiner Gläubiger abzuhängen.[314] Mulzer begutachtete diese Petition negativ. Er beurteilte Martini als den unwürdigsten unter den noch lebenden Assessoren des ehemaligen Reichsgerichts. Er sei *ein bekannter Verschwender, welcher in den besten Zeiten nicht genug hatte, und dessen Distributionen stetshin im voraus verpfändet und voraus verzehrt waren*, schrieb er an Karl Theodor. Ein Vorschuss würde die Lage Martinis nicht bessern, sondern seine Verschwendungssucht noch verstärken. Geholfen könne ihm nur werden, wenn er in den *Zustand der Interdiktion* versetzt würde, empfahl Mulzer. Davon sei schon in Zeiten die Rede gewesen, als das Kammergericht noch bestand.[315]

---

310 Vgl. hierzu: Teil I, Übersicht 3.

311 Zur Präsentation und Vorkarriere von Schmitz zu Grollenburg: Jahns, Das Reichskammergericht, Tl. II, Biogr. 103.

312 HHStA-Wiesbaden, Abt. 372, 128, fol. 322rv. Schmitz Grollenburg an Großherzog und Fürstprimas, Wetzlar, den 19. März 1812.

313 Zu Benzel-Sternau: Rob, Regierungsakten des Primatialstaates und des Großherzogtums Frankfurt, S. 96, 116f., 193, 198 Anm. Der Vorgang in: HHStA-Wiesbaden, Abt. 371, 128, fol. 324r-329v; DB 2, 43, Benzel an Mulzer, Franfurt, den 10. April 1812; Mulzer an die Assessoren des ehemaligen Reichskammergerichts, Wetzlar, Frankfurt, den 10. April 1812; Mulzer an Hötzendorf, Frankfurt, den 10. April 1812; Mulzer an Benzel, Frankfurt, den 11. April 1812.

314 BAF, DB 2, 43, Martini an Fürstprimas, Wetzlar, den 30. April 1812.

315 BAF, DB 43, Mulzer an Fürstprimas, den 5. Mai 1812; Einverständnis Karl Theodors das Gesuch abschlägig zu bescheiden, Aschaffenburg, den 6. Mai 1806.

Mulzers Gutachten bestätigt nicht nur die Außenseiterrolle Martinis im Kameralkollegium und seinen problematischen Charakter. Zugleich verdeutlichen die Petitionen von Schmitz zu Grollenburg und Martini, wie sehr sich die Situation seit 1808 gewandelt hatte. Von einer Durchsetzbarkeit eines Rechtsanspruches auf lebenslanges Gehalt, wie es bis 1808 weitgehend möglich war, konnte nun nicht mehr die Rede sein. Die Mangelverwaltung seit 1810, aber auch der Entzug der Oberaufsicht über die Sustentationskasse hatten deutliche Spuren hinterlassen. Nachdem Mulzer die Leitung des Geschäfts übernommen hatte, waren die früheren Richter mehr und mehr auf seinen guten Willen angewiesen. Er gutachtete über die Sustentationsangelegenheit und Karl Theodor billigte seine Vorschläge fast ausnahmslos. Das einzige Gegengewicht in der großherzoglichen Regierung war Eberstein, mit dem Schmitz zu Grollenburg in einem engen Verhältnis stand. Allerdings konnte sich Eberstein im Konfliktfall bei Karl Theodor kaum durchsetzen.

4. Zwischen Pragmatismus und Beharren

In den Jahren 1812 und 1813 sollte sich die Konferenz der Richter zunehmend als unfähig erweisen, mit den politischen Veränderungen zurechtzukommen und ihre Ansprüche zu behaupten. Einerseits verhärtete sich bei einigen der noch lebenden vormaligen Assessoren die Grundhaltung des Beharrens auf den alten Ansprüchen und wurde geradezu ins Absurde gesteigert. Dabei erwies sich, nachdem Johann von Cramer[316] 1811 gestorben war, Franz Dietrich von Ditfurth an den Abwicklungsgeschäften keinen Anteil nahm[317] und sich der frühere Präsident Franz Paul Christoph von Seckendorff ebenfalls zurückgezogen hatte,[318] das Majoritätsprinzip, das man beibehalten hatte, zunehmend als Problem. Schmitz zu Grollenburg und sein nur fünf Jahre jüngerer Schwiegersohn Hueber von der Wildau,[319] die vor dem Hintergrund der ausbleibenden Kammerzieler und der sich aufhäufenden Pensionsrückstände auf eine diplomatische Linie einschwenkten, hatten große Schwierigkeiten sich durchzusetzen.

---

[316] BAF, DB 2, 35, mit Verweis auf RKG in Liqu. (jetzt DB 2), Protokolle Band IV, 28. Juli 1812, Anlage Band 10, Nr. 891. Vorstellung der Witwe Cramers wegen Auszahlung des Sterbequartals. BayHStA, MF 38348, fol. 1, Zwackh an König Max I. Joseph, Wetzlar 16. August 1811. *Der von Seiner Majestät mit 4 000 fl. Pension auf die Zentral-Staats Kasse übernommene Assessor des vormaligen Kais. Reichs Kammergerichts Freyherrn von Cramer ist diese Nacht gestorben.* Vgl. das ganze Konvolut für die Pensionsgesuche der Wittwe und der Töchter Cramers. Sie versuchten nach dem Tod der Mutter 1851 eine jährliche Pension von 100 fl. vom bayerischen König zu erwirken, die zunächst abgelehnt und dann am 14. Januar 1852 bewilligt wurde. Die Bewilligung ebd. Nr. 18/5.

[317] Zu Ditfurth: Jahns, Das Reichskammergericht, Tl. II, Bio.123.

[318] BAF, DB 2, 35.

[319] Jahns, Das Reichskammergericht, Tl. II, Biogr. 24, Kap. II. Maria Anna Theresia von Schmitz zu Grollenburg, eine Tochter des dienstältesten vormaligen Assessors, war Huebers zweite Ehefrau.

Als die Kammerzielerbeiträge 1812 noch spärlicher flossen als bisher und die Substanz der angelegten Kapitalien angegriffen werden musste, zeitigte dies zunächst noch keine großen Wirkungen. Schmitz zu Grollenburg kümmerte sich weiterhin um das Hauptgeschäft, bei dem ihm sein Schwiegersohn half. Weidenfeld erschien nun zwar ab und an zur Konferenz, arbeitete auch gelegentlich mit, war insgesamt aber zunächst weitgehend gleichgültig. Der im Ruf *gewohnter Untätigkeit* stehende Martini hatte sich Anfang 1813 völlig aus den Geschäften zurückgezogen. Martini betrieb die Errichtung eines *bürgerlichen Casinos* im Saalhof des Wetzlarer Wirtes Hinkel.[320] Die Gründung dieses Casinos war keineswegs typisch für die soziokulturellen Wandlungsprozesse und den Aufstieg des Bürgertums in Wetzlar. Sie hing auch nicht mit dem Scheitern des napoleonischen Russlandfeldzuges zusammen, wie Hans-Werner Hahn vermutet.[321] Vielmehr war eine politische Zusammenkunft des Bürgertums überhaupt nicht intendiert. Martini, der das Gründungsstatut verfasst hatte, betonte ausdrücklich, dass man sich einmal am Sonntag im Monat mit subskribierten Mitgliedern der Gesellschaft zur *anständigen* und *unschuldigen Erholung* treffen wolle.[322] Zwar wollte der Wetzlarer Polizeikommissar Bostell diese Treffen verbieten, aber nicht deshalb, weil hier unter einem Vorwand politisch agitiert wurde. Vielmehr erklärt sich der Versuch des Verbots vor dem Hintergrund, dass Bostell als vormaliger Prokurator den problematischen Charakter Martinis genau kannte. Martini gründete das Casino, um den Wetzlarer Gastwirt Schmitt zu schädigen, mit dem er sich entzweit hatte. Schmitz zu Grollenburg bemerkte, dass er dies als unehrenhaft für einen früheren Assessor erachte, er verteile aus Rachsucht gegen den Gastwirt Schmitt *eigenhändig Billets* für einen Ball im Saalhof. Martinis Verhalten schien ihm umso verwerflicher, als dieser sich für sein Fernbleiben von der Konferenz dann wegen *rheumatischer Umstände* entschuldigen ließ.[323]

Mit Balemann lebte noch ein weiterer Senior der vormaligen Richterschaft in Wetzlar, der zwar guten Willens war, an den Geschäften der Konferenz teilzunehmen. Wie bisher leitete er auch die Revision der Kasse, brauchte jedoch für

---

[320] Mit anderer Bewertung: Hahn, Altständisches Bürgertum, S. 270f.

[321] Hahn, Altständische Bürgertum, S. 269-271. Hier auch eine Übersicht über die soziale Zusammensetzung der Mitglieder des *bürgerlichen Casinos*.

[322] HHStA-Wiesbaden, Abt. 372, 65, Circulare um ein bürgerliches Casino zu gründen, Martini, Wetzlar, im Januar 1813. Liste der Saalfest Gesellschaft, 24. Jan. 1813.

[323] BAF, DB 2, 45, Schmitz an Mulzer, o. J. (April 1813). *Weidenfeld entschuldigte sich, ohne eine Ursache anzuführen, und Martini wegen rheumatischer Umständen und gieng nemlichen Tags zu Schuster und Schneidegg um sie zu seinem Bal im Saalhof auf Oster Montag zu vermögen, des Endes er eigenhändig mit eigener Unterschrift Billets herumschickt, deren ich mehrere geleßen habe. Ist das nicht eine entehrende Handlung für einen Assessore und doch gestatten der Herr Präfekt ihm solches, dießes ist um so mehr dadurch verwerflich, alß solche aus Rachsucht gegen den Gastwirt Schmitt geschieht, mit dem er sich entzweit hat, um dießen zu schaden.* Dazu auch: HHStA-Wiesbaden, Abt. 372, 65, Wetzlarer Wirte an Polizeipräfekten Bostell, Wetzlar, den 27. Mai 1813; Hinkel an Polizeipräfekten, Wetzlar, den 1. April 1813.

das Geschäft, das er früher in wenigen Tagen erledigt hatte, über ein halbes Jahr.[324] Die Ursache hierfür war neben einem allgemeinen Nachlassen der Kräfte im Alter – Balemann war nur drei Jahre jünger als Schmitz –, dass er kränklich war und sich von Herbst 1812 bis April 1813 bei der Konferenz entschuldigen ließ.

Als zu den Versuchen, die Fonds abzutragen, das Problem kam, dass die Finanzierung des in großherzoglich hessische Dienste getretenen Stein zu Lausnitz auf eine neue Grundlage gestellt werden sollte, begann sich die Lage im Kameralkollegium zuzuspitzen.[325] Es wurde immer deutlicher, dass Weidenfeld, Martini und Balemann, die ungeachtet der veränderten Lage weiterhin auf ihren Rechtspositionen beharrten, mit ihrer Mehrheit nicht nur die Beschlüsse der Konferenz blockierten, sondern auch ihren vormaligen Kollegen schadeten.[326]

Die verliehenen Kapitalien zu liquidieren war kompliziert. 1812 standen noch drei größere Beträge aus, die vor 1806 vom Kammergericht verliehen worden waren; zum einen die 180 000 fl. des Ritterkantons Odenwald. Dieses Kapital war im Zuge der Mediatisierung zu unterschiedlichen Teilen von Bayern, Württemberg, Baden und Würzburg als Landesschuld übernommen worden.[327] Die Souveräne konnten sich nicht einigen, beanspruchten zum Teil ein Heimfallrecht der Gelder oder verrechneten es mit den Kammerzielern, die sie für übernommene Assessoren einsparen zu dürfen glaubten. Während hier 3½ % Erträge jährlich hätten ausbezahlt werden müssen, waren schon seit 1808 kaum mehr Zinsen eingegangen. Eine Liquidation war deshalb schwierig, weil die Schuldner zuerst zu einer Einigung gebracht hätten werden müssen. Der zweite Posten an Außenständen war ein vormals an den schwäbischen Kreis ausgeliehenes Kapital in Höhe von 13 888 Reichstalern 80 kr., das 4 % Zinsen bringen sollte. Hier waren Württemberg und Bayern als Schuldner zu unterschiedlichen Teilen eingetreten. Doch auch hierfür wurden keine Zinsen bezahlt. In Stuttgart argumentierte man, berechtigt zu sein, Gelder für Kamptz abzuziehen, der die ihm angebotene Stellte abgelehnt hatte. Überdies machte Württemberg bei diesen beiden Kapitalien ein Heimfallsrecht geltend. Das dritte noch nicht abgetragene Kapital war das sogenannte Solms-Licher Kapital in Höhe von 30 000 fl. Die Fürstin von Solms-Lich hatte es zu 3½ % ausgeliehen. Sie blieb zwar auch nach 1806 Schuldnerin, doch stand es um das fürstliche Haus so schlecht, dass hier einerseits kaum Zinsen eingegangen

---

[324] BAF, DB 2, 45, Schmitz an Mulzer, o. J. (April 1813): *Balemann ist forthin krank und in dießen Jahr nicht bei der Conferenz gewesen. Er hat im 4. Monat einen starken Katharre, als dießer sich besserte, bekahm er einen geschwollenen Fuß, wie dieses Übel behoben war, ließ er Hötzendorff sagen, er sollte Ihm die Rechnungen schicken, so geschah. Nun hat er wieder einen starken Husten.*

[325] Hierzu die Konvolute BAF, DB 2, 44 und 45; BAF, AR 1 Misc. 616.

[326] BAF, AR 1 Misc. 616, Gruben an Mulzer, Aschaffenburg 4. August 1813.

[327] Bayern hatte 30 000 fl. dieses Kapitals übernommen, Württemberg 89 228 fl. 18 kr., Baden 46 612 fl. 49 kr., Würzburg 14 158 fl. 53 kr. DB 2, 40, Abschrift: N. N. [wohl Hohnhorst, gezeichnet mit H.]: Der Rheinische Bund, Heft 33 (1809), Nr. 30, § 5.

waren, andererseits an eine Liquidation nicht zu denken war. Das Kernproblem lag darin, dass die Schulden zwar durch Unterpfänder gedeckt waren, es sich hierbei aber um Waldungen handelte, die unter die Souveränität Hessen-Nassaus gekommen waren. Demgegenüber war das Fürstentum Solms-Lich durch die rheinische Bundesakte teils unter hessen-darmstädtische, teils unter hessen-naussauische Souveränität gefallen. Weil das Haus Solms-Lich in Finanznöten war, versuchte es sich unter dem Schutz Hessen-Darmstadts der Rückzahlung der Kapitalien zu entziehen.[328]

Seit dem Sommer 1812 wurden Vorstellungen an die Souveräne verfasst. Schmitz sollizitierte über frühere Kollegen und Freunde. Die Funktionäre des Großherzogtums Frankfurt, Mulzer, Eberstein und Gruben, kümmerten sich ebenfalls darum. Weidenfeld hatte die Abfassung der Schreiben an Bayern und Württemberg übernommen, benötigte jedoch acht Monate, um sie auszufertigen. Die Antworten Bayerns, Badens, Württembergs und Würzburgs waren vage, die Souveräne zielten auf Verzögerung. Man wolle hinsichtlich der Schulden nach dem Vorbild der anderen Rheinbundstaaten verfahren, hieß es etwa aus Baden und Würzburg.[329] Noch im Frühjahr 1813 bestand wenig Hoffnung, diese Gelder flüssig machen zu können.

Demgegenüber zeichnete sich hinsichtlich des Solms-Licher Kapitals ein Hoffnungsschimmer ab. Stein zu Lausnitz hatte Anfang des Jahres 1813 einen Plan entwickelt, wie mit Hilfe Hessen-Darmstadts die Schulden abgetragen werden könnten.[330] Die Idee des inzwischen zum Regierungspräsidenten der Provinz Oberhessen aufgestiegenen vormaligen Assessors bestand darin, das Kapital nur teilweise abzutragen und so viel davon stehen zu lassen, dass genug Zinserträge anfielen, um den Teil seines Gehaltes bezahlen zu können, der bisher aus der Sustentationskasse finanziert worden war. Stein schlug dies nicht nur aus Eigennutz vor, sondern auch, weil das hessen-darmstädtische Ministerium auf die Modi der Übernahme anderer vormaliger Assessoren verwies, die auf Kammerzieler angestellt worden waren. Bei den Geldern, die ihm direkt zufließen sollten, handelte es sich um eine vergleichsweise geringe Summe, um 353 fl. 15½ kr. jährlich. Demnach hätten die ehemaligen Richter rund ein Drittel des Solms-Licher Kapitals stehen lassen müssen, um aus den 3½ % Verzinsung den Besoldungsanteil Steins zu Lausnitz zu finanzieren. Sie selbst wären dabei in den Genuss von 20 000 fl. gekommen. Das Defizit in der Sustentationskasse in Höhe von etwas mehr als 24 000 fl. hätte damit fast gedeckt werden können. Zugleich bestand die Hoffnung, dass von einem Erfolg bei der Liquidation der Solms-Licher Kapitalien

[328] BAF, DB 2, 45, Gutachten Mulzer, Wetzlar, den 17. Juni 1813; BAF, DB 2, 45, Schmitz zu Grollenburg an Mulzer, Wetzlar, den 30. Juni 1813.
[329] BAF, DB 2, 45; HHStA-Wiesbaden, Abt. 372, 128.
[330] DB 2, 45, Vortrag Weidenfeld, den 21. Mai 1813.

eine Vorbildfunktion für die in Würzburg und Baden liegenden Kapitalien ausgehen könne.[331]

Am 21. Mai 1813 trug Schmitz diesen Plan in der Konferenz vor. Außer ihm waren jedoch nur Hueber und Balemann anwesend. Hueber stimmte dafür, Balemann wünschte jedoch, dass Weidenfeld und Martini der ihm an sich *einleuchtende Vortrag* mitgeteilt werde.[332] Daraufhin kamen alle fünf noch in Wetzlar verbliebenen Pensionäre zusammen und hörten ein Referat Weidenfelds, der mit dem Vorschlag Steins zu Lausnitz ganz und gar nicht einverstanden war: Er kanzelte ihn als *Blendwerk* ab, wodurch die Sustentationskasse nichts gewinne. Im Gegenteil würde die Annahme eines solchen Planes das *drückende Mißverhältnis* der in Wetzlar verbliebenen Pensionäre gegenüber denen, die auf die Kammerzieler neue Anstellungen gefunden hatten, nur vergrößern. Während die Pensionäre *über Jahr und Tag* auf den *Bezug ihres Gehaltes* warten müssten, bezögen die anderen das *ihrige aus Kammerzielern und Zinsen zur Verfallszeit.*

Weidenfeld hielt Steins Vorschlag für einen Verstoß gegen alle bisherigen *Grundsätze.* Mehr noch glaubte er, die vormaligen Assessoren würden sich kompromittieren, wenn sie von ihrer bisherigen Standhaftigkeit abwichen.[333] Die Pflicht der Pensionäre in Wetzlar, sich selbst zu erhalten, gebiete es, gegen diesen Plan zu stimmen. Weidenfeld war entschlossen, alles in seinen Kräften stehende zu tun, um die Ausführung des Vorschlags zu verhindern. Er ging davon aus, dass das vormalige Kameralkollegium immer noch eine Einheit bilde, zu der auch die in fremde Dienste übergetretenen früheren Kollegen gehörten, weil sie an der gemeinsamen Sustentationskasse, deren Sachwalter die Wetzlarer Pensionäre seien, teilnähmen. Die Kammerzieler charakterisierte er im Rückgriff auf den Reichsabschied von 1654, auf den Reichsdeputationshauptschluss und die Rheinische Bundesakte als Schulden, die auf den Ländern hafteten:

> *Was sind denn unsere Kammerzieler! Man wird mir diese Frage vergeben, da man jetzt so willkürlich damit verfahren siehet. Sind sie vielleicht Gnadenpensionen, worüber der Souverän nach höchstem Wohlgefallen verfügen, und begünstigen kann, wen er will?*[334]

In völliger Verkennung der Situation fiel Weidenfeld hier sogar hinter den 1806 formulierten Vorschlag zurück, dass die übernehmenden Staaten zum Abzug von Kammerzielern berechtigt seien. Er wollte selbst auf die Gefahr hin, dass die Kapitalien nicht liquidiert würden, keine weiteren Rechte der vormaligen *Reichsdiener* mehr preisgeben. Demgegenüber plante er den Pfennigmeister Hötzendorff anweisen zu lassen, dem Großherzog von Hessen ein Kameralschreiben des In-

---

[331] BAF, DB 2, 45, Schreiben Schmitz an Mulzer, Wetzlar, den 21. Mai 1813.

[332] BAF, DB 2, 45, Abschrift Sitzungsprotokoll v. 21. Mai 1813 (Anlage 1: Vortrag Schmitz).

[333] BAF, DB 2, 45, Anlage zu Konferenzprotokoll 3. Juni 1813, Nr. 2 und 3 (Vorträge Weidenfeld).

[334] Ebd.

halts zu schicken, dass Stein zu Lausnitz eine neue Bestallung auszustellen sei, da für seine Besoldung 90 fl. 25 kr. zu viel an Kammerzielern abgezogen worden wären.

Das Beharren auf Positionen wie sie vor der Auflösung des Reichs Gültigkeit beanspruchen konnten, das 1806 mit dazu beigetragen hatte, dass viele der vormaligen Reichsstände die Fortzahlung der Kammerzieler als Schuld gegenüber den Angehörigen des Kameralkollegiums anerkannten, war unter den veränderten Bedingungen des Jahres 1813 untragbar geworden. Das auf dem Kammerzielerwesen und den Kapitalien ruhende Pensionssystem war derart ausgehöhlt, dass sich ein solches Verhalten, das 1808 noch einen gewissen Schutz vor den Ansprüchen der Anwälte darstellte, nunmehr vollkommen nachteilig für die besoldeten Kameralen auswirkte. Weidenfeld war unfähig dies zu reflektieren, ja er hielt geradezu starrsinnig an den alten Verhältnissen fest. Den Nachteil, der sich aus der Brüskierung des Großherzogs von Hessen-Darmstadt bzw. seinen Ministern ergeben würde, die Abhängigkeit vom guten Willen der Souveräne sah er nicht oder nahm sie billigend in Kauf. Die Behauptung der Rechtsansprüche war ihm wichtiger. Da Weidenfeld über ein ansehnliches Vermögen verfügte, konnte er sich eine derart kompromisslos rückwärts gewandte Position leisten. Sie gipfelte darin, dass er ungeachtet der tatsächlichen Verhältnisse immer noch davon ausging, dass den vormaligen Angehörigen des Kameralkollegiums die Verwaltung des Sustentationsfonds obliege,[335] obgleich Mulzer die Leitung bereits drei Jahre zuvor übernommen hatte.

Doch nicht nur damit knüpfte er direkt an die Zustände während der Existenz des Reichs an, sondern auch, wenn er betonte:

> *Hätte unser Sustentationsfond jenen Rechtsbruch und unsere Kasse dieses Defizit zu der Zeit erlitten, wo noch die teutsche Reichs Verfassung und das kaiserliche R[eichs] K[ammer] Gericht bestanden, Niemanden wäre es eingefallen, daran zu zweifeln, daß die Reichsstände verbunden wären, den Fond zu ergänzen und das Defizit der Kasse zu decken. Alle ohne Ausnahme würden unbedenklich dafür gestimmt haben, zur einstweiligen Deckung dieses Defizits die Activkassekapitalien vor und nach zu verwenden. Aber jetzt, da nicht die gemeinschaftliche Verbindlichkeit zum Beitrage sich geändert hat, sondern nur das particulaire Interesse derjenigen Souveraine, deren Rentkammern die Activkassekapitalien als eine Fundgrube ansehen, ihre Finanzen zu vermehren oder zu verbessern, jetzt wollen dieß letztere, statt den Fond herzustellen, sich von aller Verbindlichkeit zum Beitrage lossagen, und eventuell schon die Kammerzieler zur Staatskasse einziehen!*

Weidenfeld wertete es als Erfolg der Standhaftigkeit der pensionierten ‚Reichsdiener', die Angriffe auf die Sustentationskasse seit 1806 verhindert zu haben. Er

[335] BAF, DB 2, 45, Abschrift des Sitzungsprotokolls vom 3. Juni 1813, Anlagen zum Konferenzprotokoll, Nr. 2 und 3 (Vorträge Weidenfeld).

war sich sicher, dass sich auch in diesem Fall die Tugend der Standhaftigkeit gegen den Versuch der Entfremdung der Rechtsansprüche bewähren würde. Tatsächlich war Weidenfelds Votum geeignet, in der Konferenz eine Mehrheit von drei zu zwei Stimmen gegen eine Annahme des Stein'schen Planes zu schaffen. Martini betonte, er könne *auf den Antrag des Freiherrn von Stein, der auf eine Concession, zum Nachteile der Sustentationskasse hinauslaufe nicht stimmen.*[336] Er schloss sich dem Vortrag Weidenfelds an. Balemann betonte ganz in der alten Diktion am RKG, Weidenfeld habe seinen Vortrag *mit vielem Scharfsinn abgefasst.* Darüber hinaus meinte er, der Antrag des vormaligen Assessors Stein stehe mit *vielem im Widerspruch*, was bisher behauptet worden sei. Deshalb stimme auch er mit Weidenfeld.[337]

Während auch diese beiden Voten eine Haltung der Beharrung zum Ausdruck brachten, reflektierten Schmitz und Hueber die veränderten Bedingungen. In einem Nachtrag zu dieser Abstimmung wies Schmitz den Referenten in seine Schranken und versuchte ihn zurück auf den Boden der Realität zu holen. Schmitz teilte ihm mit, dass der Staatsrat Mulzer *wohl* wisse, wie dieses Geschäft zu betreiben sei und man es ihm *ruhig* überlassen könne. Die Einleitungen zur Liquidierung des Solms-Licher Kapitals nach dem Vorschlag Steins zu Lausnitz habe er schon getroffen.[338] Tatsächlich war Gruben damit beauftragt worden, die Aufkündigung und Rückzahlung des Kapitals beim hessischen Ministerium nach diesem Modus einzuleiten. Er hatte die Abstimmung und das Referat Weidenfelds gelesen und betonte, er hätte *wenn hier von strengem Recht und der Möglichkeit einer Execution die Rede* gewesen wäre, keine Bedenken getragen, diesem Gutachten beizutreten. Unter den veränderten Bedingungen jedoch könne er nur für eine Liquidierung des Kapitals nach dem Vorschlag Steins zu Lausnitz plädieren. Es sei vorauszusehen, dass Hessen eher seinen Präsidenten als die zurückgebliebenen Kameralen protegiere. Deshalb könne man nicht auf Rechtspositionen beharren, sondern es sei *die politick zu hülfe zu nehmen*, wenn die Kameralen nicht alles verlieren wollten.[339] Tatsächlich gelang es Gruben mit dem großherzoglich-hessischen Hof eine Entschließung auszuhandeln. Einem Abtrag des Kapitals schien nun nichts mehr im Wege zu stehen.[340]

Weidenfeld kümmerte dies wenig. Auf der Grundlage des Majoritätsbeschlusses verfasste er am 19. Juli 1813 ein Schreiben an den Großherzog, in dem er seine Überlegungen darlegte. Nachdrücklich verwies er darauf, dass die Assessoren die *verordnete*[n] *pflichtmässige*[n] *Administratoren* der Sustentationskasse wären, sprach von den unbilligen Abzügen, die Hessen für die Besoldung Steins

---

[336] BAF, DB 2, 45, Mitschrift, Sitzung 3. Juni 1813 (Votum Martini).

[337] BAF, DB 2, 45; BAF, DB 2, 45 Mitschrift, Sitzung v. 3. Juni 1813, Votum Balemann.

[338] BAF, DB 2, 45; BAF, DB 2, 45 Mitschrift Sitzung v. 3. Juni 1813, Anlage Nr. 4 (Votum Schmitz).

[339] BAF, AR 1 Misc. 616, Gruben an Mulzer, Aschaffenburg, den 22. Jun. 1813.

[340] BAF, DB 2, Mulzer an Eberstein, Wetzlar, den 1. Juli 1813; BAF, DB 2, Eberstein an Mulzer, Frankfurt a. Main, 7. Juli 1813.

aus der gemeinsamen Kasse vorgenommen habe, und versuchte die Rechte der Interessenten an der Kasse klarzustellen. Sie erstreckten sich nicht nur auf *die Totalität des Sustentationsfonds*. Auch sei den Angehörigen des Kameralkollegiums bei der Aufschwörung vertraglich eine vollkommene *Gleichheit in der Perception oder Verteilung der Gehalte* zugesichert worden. Darüber hinaus wies er den Großherzog darauf hin, dass allein die reichskammergerichtliche Pfennigmeistereikasse zur Einnahme von Zinsen aus den auf das Kammergericht lautenden Kapitalien berechtigt sei. Daher könne das Kameralkollegium die Anweisung eines zedierten Kapitals zugunsten Steins zu Launitz unmöglich gestatten.[341]

Nicht nur Schmitz zu Grollenburg und Hueber reagierten empört auf dieses Schreiben, für das sich Weidenfeld einen Postschein ausstellen hatte lassen, um sicher zu gehen, dass es auch abgegangen sei.[342] Auch die an dem Geschäft beteiligten großherzoglich frankfurtischen Funktionäre Mulzer, Eberstein und Gruben gaben ihrem Missfallen Ausdruck. Sie befürchteten, dass die Sache nun scheitern könne.[343] Daraufhin wurden die Angehörigen der Konferenz zurechtgewiesen, sich solcher Vorstellungen *ohne vorherige Anfrage und erhaltene Genehmigung künftig* zu enthalten, da sie von den Grundsätzen des Ministeriums abwichen. Darüber hinaus sei der Ton derart unangemessen, dass zu befürchten sei, die Sache könne verdorben werden.[344] Die Konferenz ließ daraufhin bis zum Eintreffen einer Antwort aus Darmstadt alles Weitere auf sich beruhen, erhielt aber bis Oktober 1813, als der Rheinbund und das Großherzogtum Frankfurt aufgelöst wurden, keine Antwort.[345]

Vor der Auflösung des Großherzogtums hatte Mulzer noch einmal Schreiben an alle deutschen Souveräne geschickt, hatte die Jahresrechungen der Sustentationskasse übersandt und die Notlage der vormaligen Reichsrichter geschildert, deren Pensionsrückstände nunmehr bei 24 000 fl. lagen. Darüber hinaus konnte er zwar bekannt geben, dass die Aufkündigung der Kapitalien erfolgt sei, musste jedoch darauf hinweisen, dass sich bisher noch kein Erfolg eingestellt habe. Zusätzlich hatte er rückständige Kammerzieler angemahnt.[346] Tatsächlich trafen

---

341 BAF, DB 2, 45, Assessoren des RKG an Großherzog von Hessen, Wetzlar, den 19. Juli 1813 (Abschrift).

342 BAF, DB 2, 45, Schmitz Grollenburg an Mulzer, o. O. o. J. (Juli 1813).

343 BAF, DB 2, 45.

344 BAF, DB 2, 45, Eberstein an Mulzer, Frankfurt 2. August 1813 (Zitat); Eberstein an Mulzer, Frankfurt 7. August 1813; Mulzer an die Assessoren des ehemaligen Reichskammergerichts, Frankfurt, den 7. August 1813; BAF, AR 1 Misc. 616, Eberstein an Mulzer, Frankfurt, den 2. August 1813; Eberstein an Mulzer, Frankfurt, den 6. August 1813.

345 BAF, DB 2, 45. Zuletzt erwähnt bei: Schmitz Grollenburg an Mulzer, Wetzlar 5. Sep. 1813. *Wegen den anhaftenden 15 fl. von Solms Licher Capital, muß ein neuer Vorfall sich ergeben haben, da Se. E. der Herr Minister, auf mein Schreiben, gegen Gewohnheit, keine, Antwort geben, und Euer Hochwohlgebohrn, meine gleiche Erinnerung mit Stillschweigen übergehen. Hie ruhet die Sache vi conclusi per majora, biß die Antwort aus Darmstadt eintrifft.*

346 HHStA-Wiesbaden, Abt. 371, 128, 379rv, Entwurf [Mulzer] eines Zirkularschreibens an sämtliche deutsche Souveräne.

daraufhin noch eine Reihe von Antworten und Zusicherungen einiger deutscher Souveräne ein, die Kammerzieler weiterhin bezahlen zu wollen. Es waren die Fürsten, die auch bisher ihre Kontributionen geleistet hatten: Sachsen-Weimar, Sachsen-Gotha, Würzburg, Waldeck-Pyrmont, Hohenzollern-Sigmaringen, Schwarzburg-Rudolstadt, Anhalt, Lippe-Schaumburg, Sachsen-Meinungen und Schwarzburg-Sondershausen. Manche machten vor dem Hintergrund des am 12. August 1813 ausgebrochenen Krieges den Vorbehalt, erst dann zahlen zu können, wenn es die Militärausgaben erlaubten.[347]

Der Beginn des Befreiungskrieges bedeutete das Ende der fürstprimatischen Kontrolle des Sustentationswesens. Karl Theodor hatte sich bereits am 30. September 1813 nach Konstanz begeben und seinem ersten Minister Albini die Regierungsgeschäfte übertragen.[348] Bayern verließ nach längeren Verhandlungen mit Österreich am 8. Oktober 1813 den Rheinbund und beteiligte sich gegen Zusicherung der Souveränität am Krieg gegen Frankreich.[349] Napoleon wurde in der verlustreichen Völkerschlacht bei Leipzig geschlagen. Graf von Wrede nahm Würzburg ein, stieß nach Westen vor und brachte Württemberg, Baden, Hessen-Darmstadt und Naussau zum Anschluss an die Verbündeten.[350] Der Rheinbund löste sich auf. Adam von Mulzer hatte Wetzlar spätestens im November 1813 verlassen.[351]

Das Sustentationswesen war nach 1808 zunehmend größeren Schwierigkeiten ausgesetzt. Während die letzte Initiative Hohnhorsts eine endgültige Regelung herbeizuführen scheiterte, vermehrten sich die Rückstände. Dies war weniger auf die Übernahme der Oberaufsicht über die Sustentationskonferenz durch Adam Mulzer zurückzuführen, als vielmehr auf das Ausbleiben der Kammerzieler aus den von Frankreich besetzten Gebieten und die Probleme der Liquidation der verliehenen Kapitalien. Hinzu kamen die Probleme, die aus der Bindung der Gruppe an Mehrheitsbeschlüsse resultierten und schließlich dazu führten, dass Weidenfeld, Martini und Balemann die pragmatischer denkenden Hueber und

---

[347] HHStA-Wiesbaden, Abt. 371, 128. Das letzte Schreiben datierte Hechingen, den 20. Oktober 1813, unmittelbar nach der Völkerschlacht bei Leipzig.

[348] Spies, Dalbergs letzte Reise, S. 227-250.

[349] Der Vertrag von Ried vom 8. Oktober 1813 ist ediert in: Hundt, Quellen zur kleinstaatlichen Verfassungspolitik, Nr. 4, S. 6-11. Grundlegend hierzu immer noch: Schwarz, Vorgeschichte des Vertrags von Ried; Winter, Karl Philipp Fürst von Wrede, S. 29-53.

[350] Hierzu: Weis, Die Begründung des modernen bayerischen Staates, insb. S. 35-37; zu den Verhandlungen mit Österreich: ders., Bayern und Frankreich; Dufraisse, Napoleon und Bayern. Zum Gesamtzusammenhang: Schnabel, Deutsche Geschichte im 19. Jahrhundert, Bd. 1, Buch IV, S. 479-568, insb. S. 523-528; Weis, Der Durchbruch des Bürgertums, S. 325-341; Nipperdey, Deutsche Geschichte, Bd. 1, S. 82-101; Hundt, Quellen zur kleinstaatlichen Verfassungspolitik, Einleitung, VII-IXL. Hier auch der Abdruck des in Fulda am 2. November 1813 geschlossenen Allianzvertrags zwischen Österreich und Württemberg, Nr. 5, S. 111-115. Der Akzessionsvertrag mit Hessen-Darmstadt, am 23. November 1813, ebd., Nr. 7, S. 17f.

[351] BAF, DB 2, 45, Schmitz an Mulzer, Wetzlar, den 13. November 1813.

Schmitz zu Grollenburg majorisierten. Vor diesem Hintergrund kann die Übernahme der Leitung der Sustentationskonferenz durch Mulzer als Vorteil charakterisiert werden.

VI. Im Vorfeld des Wiener Kongresses

Der Fürst Primas hat seine Regierung niedergelegt. Wir sind alles verlassene Weiße, wir bedürfen Hilfe, und wissen nicht, wohin wir uns wenden sollen, schrieb Schmitz am 13. November 1813 an Mulzer. Er bat ihn als *Freund und Gönner* um seinen Rat. Mehrere der vormaligen Reichsrichter hätten ihn angegangen, eine Vorstellung an die Krone von Österreich zu senden. Schmitz hielt dies noch für zu früh. Solange sich *Kaiser Franz die teutsche Krone nicht wieder* aufsetze, könne er keine Hilfe leisten. Ein Empfehlungsschreiben an Metternich, damit die Pensionsangelegenheit nicht in Vergessenheit gerate, wurde erwogen. Darüber hinaus erhoffte Schmitz, ob man nicht bei einem künftigen Frieden die Rückstände der *reoccupierten* Länder in Anschlag bringen könne, die Napoleon besetzt hatte.[352]

Auf das erste Schreiben von Schmitz zu Grollenburg antwortete Mulzer noch. Als dieser ihm jedoch einen Monat später um die Namen der Mitglieder der Zentralbehörde bat, welche die Auflösungsgeschäfte des Großherzogtums leitete, blieb eine Antwort aus. Die dramatische Schilderung der Hoffnungslosigkeit der Lage, in der sich die Kameralen befanden, hatte nicht geholfen: *Wir gehen hier alle zu Grund, schreckliche Theuerung, keine Besoldung, befürchtende Krankheiten, ein irrendes Schaaf ohne Hirt entgehet dem wohl nicht.*[353]

Die noch lebenden Pensionäre waren erneut Opfer des politischen Wandels geworden. Sie sahen sich vor die Aufgabe gestellt, ihre Ansprüche in einem veränderten Umfeld geltend zu machen und dafür zu sorgen, dass das Pensionsgeschäft bei der Neuordnung Deutschlands auf die politische Tagesordnung gesetzt werde. Die Korrespondenz und die Publikationstätigkeit am RKG intensivierten sich wieder, allerdings mit der verminderten Kraft der alt gewordenen Pensionäre. Man setzte vor allem auf Hügel, den österreichischen Minister und Zivilgouverneur des Großherzogtums Frankfurt, und Metternich. Die vormaligen Reichsrichter verfolgten die alte Politik der Anlehnung an Österreich,[354] die auf der Hoffnung aufbaute, dass das Reich wiederhergestellt werde.[355] Den Nachfol-

[352] BAF, DB 2, 45, Schmitz an Mulzer, Wetzlar, den 13. November 1813.

[353] BAF, DB 2, 45, Schmitz an Mulzer, Wetzlar, den 16. Dezember 1813.

[354] BAF, DB 2, 35, Assessoren und Präsident des ehemaligen kaiserlichen und Reichskammergerichts an Hügel, Wetzlar, den 24. Januar 1814 (Regest); BAF, RKG in Liqu. Band IV, 38 (Protokoll), Anlagen Band XII, 1236, 1246.

[355] Auch Eberstein setzte hierauf: BAF, DB 2, 35, Eberstein an Präsident und Assessoren des ehemaligen Reichskammergerichts, Frankfurt, den 1. Januar 1814 (Regest); BAF, RKG in Liqu., Band IV, 38; Anlagen Band XII, Nr. 1236. Jahresbericht der Subdelegation des

gestaaten dieses Reichs teilte die Konferenz nun den verwaisten Zustand der Sustentationskasse mit und sie erinnerte abermals an die rückständigen Kammerzieler.[356] Mit dem Überschreiten der Rheingrenze durch die Alliierten und der Einnahme von Paris im März 1814 stieg die Hoffnung, auch Kammerzieler aus Gebieten wieder *gangbar* zu machen, die seit dem Frieden von Lunéville verloren waren.[357]

Die Lage der Kassen allerdings verschlimmerte sich, solange der Krieg dauerte, noch einmal. In der Sustentationskasse bestand nun ein Rückstand in Höhe von rund 70 000 fl., und auch die unbesoldeten Kameralen hatten erhebliche Einbußen hinzunehmen. Die ausgeliehenen Kapitalien waren noch nicht liquidiert, Zinsen wurden überhaupt nicht mehr bezahlt. Die Zinsrückstände beliefen sich inzwischen auf 10 000 fl.[358]

Zu den konkurrierenden Ansprüchen der Anwälte kamen nun auch die der vormaligen Kanzleipersonen. Sie hatten mit der Auflösung des Großherzogtums Frankfurt ihre aus der Staatskasse des Fürstprimas bezogenen Pensionen verloren. Nachdem das General-Gouvernement seine bisherige Pensionsrate am 1. Juli 1814 noch einmal pünktlich bezahlt hatte, stand eine Neuregelung des Sustentationswesens an.[359]

Von der Notlage der Kameralen, die in einer Fülle von Petitionen zum Ausdruck gebracht wurde, sichtlich ergriffen, bemühte sich der österreichische Zivilgouverneur Hügel, eine sichere Grundlage für das Pensionswesen zu schaffen. Er übernahm, nachdem die Alliierten den pensionierten Kameralen ihren Schutz zugesichert hatten, die oberste Leitung des gesamten kammergerichtlichen Sustentationswesens und arbeitete sich bis Ende September 1814 in die komplizierte Materie ein. Zunächst wollte er dafür sorgen, dass mehr Kammerzieler eingehen und die Kapitalzinsen entrichtet würden.[360] Erste Erfolge stellten sich in Form von Zusicherungen und tatsächlich bezahlten Kammerzielerbeiträgen ein. Im Sommer 1814 konnten die noch lebenden Pensionäre, aber auch die aus der Sustentations-

---

Transrhenanischen Sustentationswesens, BAF, AR 3, 16: *Die Vorsehung hat gewollt, dass dieselben Regenten, die schon damals* [1803] *mit so redlichem und hochherzigen Eifer an der Wiederherstellung des Gebäudes der deutschen Reichsverfassung, der ältesten Reiches der Welt, arbeiteten, nun nach unermüdlichen Anstrengungen und namenlosen eigenen Aufopferungen die Wiederbefreiung Deutschlands von fremden Druck erreichen sollten.* Zur Geschichte der Transrhenanischen Sustentationskommission Burgdorf, Der Untergang der Reichskirche. Zur Hoffnung auf Wiederherstellung des Reiches auch: BAF, DB 2, 45, Schmitz an Mulzer, Wetzlar, den 13. November 1813.

356 BAF, DB 2, 35 (Register für das Jahr 1814). BAF, RKG in Liqu., Anlagen Band XII, Nr. 1236 bis 1244.

357 Vgl. die als Regest in: BAF, DB 2, 35 aufgeführten Schreiben aus diesem Jahr.

358 BAF, AR 1 Misc. 616, Nachricht über die Unterhaltung sämmtlicher, zum ehemaligen kaiserlichen und Reichskammergericht gehörigen Personen.

359 BAF, AR 1 Misc. 616; vgl. die ausführliche Dokumentation in: HHStA-Wiesbaden, Abt. 371, 131 und 132.

360 BAF, DB 2, 35, Schreiben Hügels an Schmitz, 19. März 1814 (Regest). Verweis auf das Originalschreiben [alte Signatur]: BAF, RKG in Liqu., Anlagen Band XII, Nr. 1249-1253.

kasse zum Teil finanzierten abhängigen vormaligen Reichsrichter, die in andere Dienste getreten waren, erstmals seit 1806 die ihnen zugesprochenen Pensionen in voller Höhe beziehen.[361] Auf den Rückständen blieben sie jedoch zunächst sitzen.[362]

Die Konferenz, an deren Geschäften nun neben Schmitz zu Grollenburg sogar Martini Anteil nahm, wurde nun mit Denkschriften am Wiener Kongress vorstellig.[363] Der Zentralgouverneur Hügel legte ebenfalls einen Plan über den künftigen Unterhalt sämtlicher Pensionäre des RKG vor. Er unterteilte, wie es in den meisten Plänen seit 1806 vorgesehen war, die Kameralpersonen in drei Klassen nach ‚besoldeten', ‚unbesoldeten' Kameralen und ‚Kanzleipersonen'.[364] Die Grundüberlegung seines Vorschlags beruhte darauf, dass die Ansprüche aller Angehörigen des ehemaligen kaiserlichen und Reichskammergerichts *einigermaßen* vollständig befriedigt werden sollten. Eine einstweilige Fortentrichtung der Kammerzieler durch alle Länder, die 1806 Bestandteile des deutschen Reichs gebildet hatten, sollte den laufenden Unterhalt sichern. Allerdings nahm Hügel hiervon die österreichischen Staaten aus, für die schon bisher keine Beiträge entrichtet worden waren. Seine Begründung war, dass Franz II. die Pensionen des Personals des RHR übernommen habe. Hügel knüpfte also direkt an die kaiserlichen Erklärungen vom 6. August 1806 an, an deren Ausarbeitung er damals selbst beteiligt war.[365] Zum anderen entsprach sein Vorschlag dem Plan des Kammerrichters vom März 1806, allerdings mit dem Unterschied, dass nun aufgrund der Sterbefälle keine Erhöhung der Kammerzieler um ein Drittel mehr nötig schien.

Auf die Empfindlichkeiten der Richterpensionäre nahm Hügel zwar Rücksicht, sein Pragmatismus aber überwog. Er hatte ausrechnen lassen, dass der jährliche Ertrag der Kammerzieler sich auf 84 795 fl. 54 kr. belaufe und damit ziemlich genau dem Betrag entspreche, der für den Unterhalt aller Kameralen nötig sei. Lediglich 3 185 fl. mussten demnach zusätzlich finanziert werden, was durch die Heranziehung eines Teils der immer noch nicht liquidierten Fonds der Sustentationskasse geschehen sollte. Die entstandenen Besoldungsrückstände sollten teils

---

361 BAF, DB 1, 342 II, C 7, Beylagen zu dem Protokolle der zwölften Sitzung der deutschen Bundesversammlung vom 20. Februar 1817, 22, Nr. 5, Abrechnung mit allen Personen, welche einen ständigen Gehalt aus der Sustentations-Casse und von den Texten bezogen haben mit den Anzeigen aller von Bundesgliedern erhaltenen Zahlungen vom Jahr 1806 bis mit dem Jahre 1816, S. 16-30.

362 BAF, AR 1 Misc. 616, Hügel: Nachricht über die Unterhaltung [...], § 3.

363 Zu den Verhandlungen der Sustentationskonferenz vom 27. Juli bis 3. Oktober 1814, an denen auch der Reichsfiskal von Werner, der 1813 zur Konferenz zugezogen wurde, teilnahm, BAF, DB 2, 35, Sustentation des Kammergerichtspersonals. Verweis auf Original [alte Signatur] RKG in Liqu., Verhandlungsprotokolle Band IV, 40-44 und Anlagen Bd. XII, Nr. 1326-1369.

364 BAF, AR 1 Misc. 616, Hügel: Nachricht über die Unterhaltung [...], §§ 3-6. Vgl. dazu auch: HHStA-Wiesbaden, Abt. 371, 132.

365 BAF, AR 1 Misc. 616, Hügel, 7. Oktober 1814.

durch rückständige Kammerzieler, teils durch die Kapitalien nach und nach abgetragen werden.[366]

Dieser Plan, der nicht zuletzt auch von den Petitionen des Kanzleipersonals beeinflusst war,[367] fand vor den standesbewussten Richterpensionären keine Billigung. Im Gegenteil empfanden sie dies wieder als Entzug von Rechtsansprüchen. Nachdem der Wiener Kongress in der Sustentationsangelegenheit der Angehörigen des vormaligen RKG zu keiner Einigung fand[368] und die Übergabe Wetzlars an Preußen bevorstand, brachten die ehemaligen Angehörigen des Kameralkollegiums ihr Missfallen gegenüber Hügel am 30. August 1815 noch einmal deutlich zum Ausdruck. Sie waren zusätzlich verärgert, dass ihnen durch den vormaligen Prokurator Bissing, einem *Subalternen*, eine anonyme Petition zugunsten einer Anweisung der Kanzleipersonen sowie eine Weisung Hügels überbracht wurde. Es sei *empfindlich* und *befremdend*, zum ersten Mal *eine Weisung durch einen unserer ehemaligen Subalternen* zu erhalten, schrieben sie. Zugleich verdeutlichten sie ihm, welche Schmach es bereitet habe, dass die Prokuratoren seit der Auflösung des Reichs immer wieder die Sustentationskasse und ihre höherwertigen Rechtsansprüche angegriffen hätten. Mit den Beschwerden über die unberechtigten Ansprüche der Kanzleipersonen als einer weiteren Gruppe von subalternen Kameralen, mit der man gleichgesetzt wurde, wollten die gekränkten Richter die Umsetzung des Hügel'schen Planes verhindern.[369]

Nachdem sich Martini 1815 wieder aus den Geschäften zurückgezogen hatte und Weidenfeld abwesend war, können nur Hueber und Schmitz als gemeinsame Autoren dieser Schrift in Frage kommen. Der Reichsfiskal Werner und der Advokatus fisci Schelver gehörten inzwischen zwar ebenfalls zur Konferenz, vor dem Hintergrund jedoch, dass sie selbst dem vormaligen Kameralkollegium subordiniert waren, dürften sie kein Interesse an der Widerlegung der Ansprüche des Kanzleipersonals gehabt haben.[370] Hinzu kam, dass sich 1815 die Zahlungsmoral der deutschen Staaten so verbessert hatte, dass alle Pensionen in voller Höhe des Anspruches ausbezahlt werden konnten.[371]

---

366 BAF, AR 1 Misc. 616, Hügel: Nachricht über die Unterhaltung [...], § 7.

367 BAF, AR 1 Misc. 616, [Personal der Kanzlei des Kammergerichts] Denkschrift I.) Die Sicherung der Pensionen des kaiserlichen Reichskammergerichts Kanzlei-Personals. II.) den Besoldungs-Rückstand derselben betreffend. Geschrieben im August 1814.

368 Die beiden Quellensammlungen zum Wiener Kongress: Treichel, Die Entstehung des deutschen Bundes, Hundt, Die mindermächtigen deutschen Staaten, berücksichtigen die Pensionsangelegenheit nicht.

369 BAF, AR 1 Misc. 616, Präsident und Assessoren des vormaligen Kaiserlichen und Reichs Kammergerichts, Wetzlar, den 30. August 1815.

370 BAF, AR 1 Misc. 616, Bissing an Hügel, Wetzlar, den 23. August 1815.

371 BAF, DB 1 342 II, C 7, Beylagen zu dem Protokolle der zwölften Sitzung der deutschen Bundesversammlung vom 20. Februar 1817, 22, Nr. 5, Abrechnung mit allen Personen, welche einen ständigen Gehalt aus der Sustentations-Casse bezogen haben mit den Anzeigen aller von Bundesgliedern erhaltenen Zahlungen vom Jahr 1806 bis mit dem Jahre 1816, S. 16-30.

Demnach argumentierten auch die beiden Assessoren nicht vor der Folie einer tatsächlich drohenden Verarmung, auch wenn sie nachdrücklich auf ihre Notlage hinwiesen. Im Gegenteil muss man davon ausgehen, dass gerade die verbesserte Situation der Kasse die Hoffnungen auf eine Anerkennung des höherwertigen Rechtsanspruches nährte. Hueber und Schmitz, die in der Zeit der Mangelverwaltung 1812 und 1813 bereit gewesen waren, gegen ihre Kollegen Weidenfeld, Martini und Balemann das strenge Recht aufzuweichen und dem vormaligen Kollegen Stein zu Lausnitz einen Teil der Solms-Licher Kapitalien zu überlassen, reagierten nun in einer Zeit relativen Wohlstandes empfindlich, als die Subalternen Ansprüche am Fonds der Reichsrichter geltend machten.

Es ist eine Unwahrheit, kritisierten sie das Promemorial der Kanzleipersonen, wenn behauptet werde, die Assessoren hätten nur aufgrund ihrer höheren Würde und des höheren Aufwandes, den sie betreiben müssten, eine höhere Besoldung erhalten. Vielmehr sei die höhere Besoldung der Assessoren auch ein Ersatz für die *Opfer*, die jeder Assessor seiner höheren Stelle wegen habe bringen müssen. Fast alle Assessoren hätten die Stelle eines geheimen Rats, Regierungs- oder Hofrats niedergelegt, um in die Dienste von Kaiser und Reich zu treten: *Auf welcher Stufe würde er nach 10, 20, 30 und mehreren Jahren jetzt stehen, wenn er in den nämlichen Diensten geblieben wäre?* Hier taucht abermals der mit der Laufbahn verbundene Staatsdienergedanke auf, der auch in dem Hinweis seine Äußerung fand, dass man mit der Aufschwörung am RKG die sichere Versorgung der Witwen und Kinder aufgegeben habe, die jeder Regent in den vorigen Diensten als gegründetes Recht angesehen hätte.[372] Auf der einen Seite war dies sicherlich ein Reflex der Verlierer des historischen Prozesses, die am Ende ihres Lebens das Resümee über den unglücklichen Ausklang ihrer Karriere zogen. Andererseits wirkte hier nach, dass das mit einer Reihe von Privilegien gegenüber den subalternen Kameralen verbundene Assessorat durch eigene Leistung erklommen worden war. Dieses letzte Distinktionsmerkmal wollten sich die pensionierten Richter nun nicht auch noch nehmen lassen.

Deutlich wird dies, wenn Hueber und Schmitz zu Grollenburg die von Kanzleipersonen vertretene Ansicht widerlegten, dass die Assessoren 1 000 fl. jährlich hätten einsparen können, wenn sie ihren Aufwand reduziert hätten. Denn der Aufwand war nach ihrer Auffassung nicht das Entscheidende. Die von den Kanzleipersonen vorgetragene Ansicht entspreche der Unwahrheit, denn tatsächlich hätten nur drei oder vier Assessoren Equipage halten können und dies auch nur, weil sie eigenes Vermögen zusetzten. Vielmehr sei seit 1720 die Besoldung nicht erhöht worden, weshalb die überwiegende Mehrheit der Assessoren bei der Teuerung im 18. Jahrhundert weit davon entfernt gewesen sei, einen aufwändigen

372 BAF, AR 1 Misc. 616, Präsident und Assessoren des vormaligen Kaiserlichen und Reichs Kammergerichts, Wetzlar, den 30. August 1815.

Lebensstil zu pflegen.[373] Für kleinlich hielten Schmitz und Hueber die Zumutung der Kanzleipersonen, die Richter sollten ihre Bedienten abschaffen. Sie sei keiner Erwähnung nötig, zumal sie nun bei ihrem hohen Alter die Domestiken nötiger denn je hätten. Wenn sie betonten, dass mit der Entlassung der Bedienten eine weitere Gruppe von Kameralen unschuldig dem Nahrungsmangel und Notstand ausgesetzt würde, so kam hier eine bereits vor 1806 bestehende Fürsorgepflicht zum Ausdruck. Sie fand vor allem in der Tatsache Niederschlag, dass viele der Fußboten des RKG zugleich auch Bediente in einem Assessorenhaushalt gewesen waren und nach 1806 auch blieben.[374]

Demgegenüber sei die einzige Ersparnis, welche die Assessoren seit der Auflösung des Reichs tatsächlich gemacht hätten, durch die gefallenen Mietpreise in Wetzlar verursacht worden. Doch habe dies auf der anderen Seite dazu geführt, dass die Immobilienbesitzer herbe Einbußen hinnehmen mussten. Die Preise, die beim Verkauf von Kameralhäusern erzielt wurden, lagen zwei Drittel unter dem Einstandspreis.[375] Auch auf den Wertverlust der Mobilien, der teueren Einrichtungen, die seit der Auflösung des Reichs weit unter den Kaufpreis wieder abgegeben werden mussten, wiesen sie hin. Wenn jedoch betont wurde, dass die zahlreichen und teueren Bibliotheken der Assessoren einen noch größeren Verlust darstellten, war damit sicherlich nicht nur der materielle Wert gemeint. Zugleich spielten Hueber und Schmitz auf die Statussymbole der obersten Klasse an. Denn das Wissen, das in den Büchersammlungen gespeichert war, ermöglichte erst den Aufstieg in die Funktionselite des Alten Reichs – ein Aufstieg, den die Kanzleipersonen in gleicher Weise nicht vollzogen hatten. Anders als die Assessoren mussten sie sich ja nicht dem selektiven Verfahren des Präsentationssystems unterziehen, sondern wurden direkt vom Kurfürsterzkanzler ernannt, der sie als Fürstprimas auch auf seine Kasse übernommen hatte. An letztere Tatsache knüpften Schmitz zu Grollenburg und Hueber mit der Forderung an, die Kanzleipersonen ebenso wie großherzoglich frankfurtische Staatsdiener zu behandeln, die entsprechend der Grundsätze des § 59 des Reichsdeputationshauptschlusses für den Verlust ihrer Stellen durch die Souveräne entschädigt werden sollten, die Teile des Großherzogtums übernommen hatten.[376]

---

[373] Hierzu: BAF, AR 1 Misc. 616, [Personal der Kanzlei des Kammergerichts] Denkschrift I.) Die Sicherung der Pensionen des kaiserlichen Reichskammergerichts Kanzlei-Personals, II.) den Besoldungs-Rückstand derselben betreffend. Geschrieben im August 1814, § 14. S. 5.

[374] Mader, Soldateske des Reichskammergerichts.

[375] Zu den Versteigerungen: Scheurmann, Die Wetzlarer Rechtsschule. Ferner die Annoncen im Wetzlarer Gemeinnützen Wochenblatt, 1806ff.

[376] BAF, AR 1 Misc. 616, Präsident und Assessoren des vormaligen Kaiserlichen und Reichs Kammergerichts, Wetzlar, den 30. August 1815: *Es ist also wohl kein Zweifel, dass die Kanzleipersonen in mehr als einer Rücksicht als Staatsdiener des Grosherzogthums Frankfurt zu betrachten seyen; Da* [...] *in den Wiener Congress Beschlüssen § 45, wo die Sustentation des Herrn Fürsten Primas reguliert worden ist, vestgesetzt worden, daß sämtlich Diener des Grosherzogthums Frankfurt nach den Grundsätzen des 59ten Artikels des Reichsschlusses von 1803 behandelt, und ihre Pensionen nach den Verhältnissen der Lan-*

Wenn die vormaligen Reichsrichter Hügel das Angebot unterbreiteten, die Kanzleipersonen könnten für den Fall, dass dieser Weg zu lange dauern sollte, einstweilen durch das Solms-Licher Kapital versorgt werden, so zeigt dies deutlich, dass hier nicht die Angst im Vordergrund stand, Besoldungen einzubüßen. Vielmehr ging es um die Wahrung des letzten noch verbliebenen Restes des einstmals mit dem Assessorat verbundenen Ansehens. Es ging um die fernere Behauptung der reichsgesetzlich festgelegten Sonderstellung der Richter innerhalb der Personalverfassung des RKG und die damit verbundenen Privilegien. Die als Pensionäre in Wetzlar verbliebenen Angehörigen des Kameralkollegiums konnten sich von der früher herrschenden Mentalität nicht lösen, die sich im Kontext der Richterschaft ausgebildet hatte. Die Haltung des Beharrens auf den ‚feinen Unterschieden' gegenüber den anderen Kameralen überdauerte die Zäsur von 1806. Dabei spielte nicht zuletzt das Bedürfnis eine wichtige Rolle, dass die besonderen Verdienste der letzten Priester der Gerechtigkeit um das Heilige Römische Reich Deutscher Nation durch die Nachfolgestaaten anerkannt würden.

Mit Ausnahme des vormaligen Assessors Gruben stellte diese Haltung schon für diejenigen ein Problem dar, die mit der Abwicklung der Pensionen des Kammergerichtspersonals während der Rheinbundzeit beschäftigt waren. Selbst Albini, der vormalige Assessor, wollte von den besonderen Rechten, welche die Richter beanspruchten, nichts mehr wissen. Von Anfang an standen das Gruppenbewusstsein der Angehörigen des Kameralkollegiums und die damit verbundene Ehre des Richterstandes sowie die Rechtsansprüche, die man in den fortexistierenden Amtskörper hineindefinierte, im Widerspruch zu den Billigkeitsgrundsätzen, nach denen die Entschädigung durchgeführt werden sollte. Zwar waren die Angehörigen des Kameralkollegiums durchaus bereit andere Kameralgruppen zu unterstützen, doch nur unter der Bedingung, dass ihre Rechte, zu denen auch die Oberaufsicht über das Sustentationswesen gehörte, dadurch nicht tangiert würden. Eine Ausnahme bildete hier sicherlich Reigersberg, der seine Verantwortung als ‚Chef' des Kammergerichts über die Dünkel des Richterstandes gestellt hatte. Vor diesem Hintergrund ist es wenig erstaunlich, dass die noch lebenden Richterpensionäre 1815 auch mit dem Wiener Staatsminister Hügel zu streiten begannen.

Hügel war zunächst sogar den Wünschen der vormaligen Assessoren Hueber von der Wildau und Schmitz zu Grollenburg entgegengekommen. Trotz seiner bereits im September 1814 vorgetragenen Überlegung, die Kanzleipersonen auf die Kammerzieler anzuweisen, suchte er nach anderen Geldquellen und wollte die solms-lichischen Kapitalien liquidieren. Als ihm dies bei der Übergabe Wetzlars an Preußen noch nicht gelungen war und er den vormaligen Prokurator Bissing zum Interimsvorstand des kammergerichtlichen Kanzleipersonals bestellt hatte, wies er diesen an, zwar den Mitgliedern der Konferenz den Plan der Anweisung

---

destheile, welche andere Souveraine von dem Grosherzogthum Frankfurt erhalten haben, vom 1. Juni vorigen Jahres an, beziehen sollen, so ist nicht zu zweifeln, daß auch die Kanzleipersonen in diese Kategorie gehören.

des Kanzleipersonals noch einmal zu unterbreiten; allerdings versah er diese Anweisung mit dem Vorbehalt, dass weiterhin nach anderen Geldquelle gesucht werden müsse. Darüber hinaus zeigt sich die Rücksichtnahme Hügels auf die vormaligen Assessoren darin, dass er die Sustentationskonferenz um eine Stellungnahme zu seinen Vorschlägen bat.[377]

Daraus geht deutlich hervor, dass allein die Tatsache, dass die Assessoren durch Bissing von der Angelegenheit informiert wurden, genügte um ihren Widerstand zu provozieren. Als Hügel das Schreiben der Assessoren erhalten und mit Schmitz zu Grollenburg die Angelegenheit noch einmal kontrovers diskutiert hatte, schrieb er an den Kanzleidirektor Karl Ludwig Boehmer, den Vater des späteren Direktors der Monumenta Germaniae Historica Johann Friedrich Boehmer:[378]

> *Ich finde es unter mir, über eine allgemeine Unterredung mit Herrn Kammer Gerichts Assessor von Schmitz – und was dabei gesagt und nicht gesagt worden – Rede und Antwort zu geben. Ich verdiene das Zutrauen, daß ich weder eine Albernheit – noch eine Unwahrheit gesagt habe* [...] *weder in alte noch in neue Zwiste der Herrn Assessoren und Prokuratoren will ich verwickelt werden.*[379]

Ganz offensichtlich war Hügel über den Auftritt der Pensionäre verärgert. Für die Streitereien der verschiedenen Kameralgruppen hatte er wenig Verständnis. Er verdeutlichte Boehmer, dass er die Anweisung der Kanzleipersonen notfalls auch gegen Widerstände durchsetzen werde und betonte, ihm sei die Vollmacht erteilt worden, die Kanzleipersonen zusammen mit der ersten Klasse der Kameralen auch ohne Vorwissen der Stände zu entschädigen.

In der Person Karl Ludwig Boehmers, der mit der Tochter des vormaligen Prokurators Hofmann verheiratet war,[380] fand Hügel einen Gesinnungsgenossen. Als Boehmer bei der Übergabe der Stadt Wetzlar an Preußen die Bestandsaufnahme über die Angelegenheiten des Bundesverbandes durchführte, zu denen die Abwicklung des RKG nun gehörte, zeigte er sich tief beeindruckt von dem Fleiß, mit dem das greise Kanzleipersonal des ehemaligen Gerichts versuchte, der wilden *Acten-Zerstreuung* Herr zu werden. Die Akten des RKG waren, als das

---

[377] BAF, AR 1, Misc. 616, Hügel, Frankfurt, den 17. August 1814.

[378] Zu Johann Friedrich Boehmer: Jannsen, Johann Friedrich Boehmer; Kleinstück, Johann Friedrich Boehmer. Zur Gründung der Monumenta: Fuhrmann, Sind eben alles nur Menschen gewesen.

[379] BAF, AR 1 Misc. 616, Hügel an Boehmer, Frankfurt, den 6. Oktober 1815.

[380] Karl Ludwig Boehmer war zunächst Advokat in Zweibrücken gewesen, wurde dann rhein- und wildgräflicher Hofrat und war auf der Flucht vor der französischen Revolutionsarmee zunächst nach Wetzlar und später nach Frankfurt gelangt. Er war mit einer Tochter des RKG-Prokurators von Hofmann verheiratet, die vier Kinder gebar: Johann Friedrich (1795), Charlotte Frederike (1796), Frederike (1798), Johann Friedrich Georg (1799). Vgl.: Schembs/Nordmeyer, Großer Hirschgraben, S. 16f. (Im Internet abrufbar unter: www.stadtgeschichte-ffm.de/download/hirschg.pdf).

Kameralhaus und das Archiv während der Rheinbundzeit in ein Lazarett und später zu einer Heilanstalt für Nervenkranke umfunktioniert wurden, ungeordnet und in größter Eile in das Franziskanerkloster gebracht worden. 1815 wurden sie wieder in das Kameralgebäude transportiert und vom Kanzleipersonal sortiert. Boehmer, der in den Akten einen Wert für das *Wohl so vieler Familien sämtlicher Bundesstaaten* erkannte, hegte zugleich ein tiefes Mitgefühl für das *Elend* der Kanzleipersonen. Deshalb teilte er den Plan Hügels, den seiner Ansicht nach die Notwendigkeit zur Erhaltung des Lebens rechtfertigte:

> *Stehen sie* [die Kanzleipersonen, EOM] *gleich in Würden und Ehren dem erhabenen Amt eines vormaligen Kammergerichts-Assessors bey weitem nach, so stehen sie doch in gleicher Linie, wenn von Erhaltung ihres Lebens die Rede ist.*[381]

Während die noch lebenden Assessoren gleichsam die Not der anderen dem Interesse der Bewahrung der eigenen Würde unterordneten, orientierten sich Hügel und Boehmer an der Bedürftigkeit, wie schon die Funktionäre während der Rheinbundzeit. Die gesamte Entschädigungsdebatte lässt sich damit wesentlich vor dem Hintergrund dieser gegensätzlichen Auffassungen mit ihren unterschiedlichen Schattierungen diskutieren. Dabei wirft es ein deutliches Licht auf die Mentalität derjenigen Richter, die als Pensionäre in Wetzlar verblieben, wenn selbst die im Vergleich zum Triumvirat Weidenfeld, Balemann und Martini moderaten Vertreter der Assessorenschaft Schmitz und Hueber auf ihren Vorrechten beharrten. Offenbar war diese Mentalität ein stabiles Element, dem alle Veränderungen nicht nur nichts anhaben konnten, sondern sie im Gegenteil noch umso deutlicher hervortreten ließen. Insgesamt gilt es jedoch festzuhalten, dass die von den Pensionären vertretene Ansicht nicht etwa dadurch in ständigen Widerstreit mit den Positionen der mit der Abwicklung betrauten Funktionäre geriet, weil sie eine rückwärts gewandte Vorstellung war. Im Gegenteil konnten in den Diskussionen 1806 und 1807 enorm fortschrittliche Elemente entdeckt werden, die von einem Status der Richter als entlassene Beamte des vormaligen Reichs ausgingen. Diese Position war bis 1816 die Grundlage, mit der die höherwertigen Ansprüche der Richter gerechtfertigt wurden. Wenn der Anwaltschaft, aber auch dem Kanzleipersonal nicht die gleichen Rechte eingeräumt wurden, so erklärt sich dies vor dem Hintergrund der Personal- und Finanzverfassung des vormaligen Kammergerichts. Dabei war es nichts Besonderes, dass die Richter gerade den Anwälten nicht den gleichen Anspruch einräumen wollten. Anwälte waren auch durch zeitgenössische Beamtengesetze, etwa die bayerische Staatsdienerpragmatik, nicht erfasst.[382]

---

[381] BAF, AR 1 Misc. 616, Boehmer: Die bei der Übergabe der Stadt Wetzlar in Ansehung des vorhinigen Reichs-Kammer-Gerichts vorbehaltenen Verhältnisse, und die sich bey näherer Untersuchung ergebenden Befund betreffend, Frankfurt, den 7. August 1815.

[382] Schimke, Regierungsakten Bayern, Dok. 76.

Das grundsätzliche Problem, mit dem das Pensionswesen des Kammergerichts von Anfang an behaftet war, bestand darin, dass die vormaligen Reichsstände keinen Beschluss über das Kammergericht und das Schicksal der Kammergerichtsangehörigen fassten. Da Einkünfte der unbesoldeten Kameralen mit dem Aufhören der Rechtsprechung wegfielen, beruhte das ganze System der provisorischen Versorgung im Wesentlichen auf Mitteln, über die vorher allein das Kameralkollegium verfügt hatte. Vor diesem Hintergrund musste den vormaligen Richtern die Abwicklung als ständige Entfremdung von ihren vorherigen Rechten erscheinen. Hinzu kam, dass sowohl die fürstprimatische Obrigkeit als auch Hügel auf die Belange der Richter kaum eingingen und sich letztlich an Billigkeitsgrundsätzen orientierten. Dies führte vor dem Hintergrund der Selbsteinschätzung der Richter als ‚Reichsdiener' mit einem höheren Anspruch auf Entschädigung als die übrigen Kameralen fast zwangsläufig zur Kontroverse. Dass sich diese 1808 in einem Ehrkonflikt entlud, dazu trugen die ungerechtfertigten Ansprüche der Anwälte auf die Sustentationskasse entscheidend bei, aber auch die enttäuschten Hoffnungen Steins zu Lausnitz und Kamptz', die Ende 1807 sehen mussten, wie sich ihre Karriereaussichten zerschlugen. Die Geschichte der provisorischen Entschädigung der Angehörigen des RKG mit ihren mehrmaligen Versuchen, die deutschen Fürsten zu einer grundlegenden Klärung zu bewegen, fand bis zur Eröffnung der deutschen Bundesversammlung in Frankfurt am Main ihre Fortsetzung. Dort fand sie auch ihre endgültige Lösung.

VII. Entschädigung durch die deutsche Bundesversammlung

1. Ignatz von Gruben

Bezeichnenderweise war es der vormalige RKG-Assessor Ignaz von Gruben, der die Sustentationsfrage des Kammergerichts auf die Tagesordnung der deutschen Bundesversammlung setzte, nachdem eine Fülle von Petitionen seiner vormaligen Kollegen und der subalternen Kameralen in Frankfurt eingetroffen waren. Das Entschädigungsproblem wurde erstmals auf der siebten Sitzung der Bundesversammlung am 28. November 1816 zum Gegenstand der Verhandlungen.[383] Gruben vertrat Bayern als Interimsgesandter in Frankfurt, nachdem er bei der Auflösung des Großherzogtums Frankfurt in königlich bayerische Dienste getre-

[383] Zu Grubens Wirken als bayerischer Gesandter bei der Deutschen Bundesversammlung Aretin, Die deutsche Politik Bayerns, v. a. S. 1-5, 73-90; Quint, Souveränitätsbegriff und Souveränitätspolitik, S. 428-446. Die umfassendste Biographie bisher bei: Jahns, Das Reichskammergericht, Tl. II, Biogr. 5.

ten war.[384] Franz Xaver von Zwackh, dessen Rolle für die Übernahme von vormaligen Reichsrichtern in bayerische Dienste noch genauer zu betrachten sein wird, spielte hier eine wichtige Rolle. Als königlich bayerischer Gesandter in Frankfurt und beim niemals eröffneten rheinischen Bundestag war Zwackh auch mit den Verhältnissen des Großherzogtums Frankfurt bestens vertraut. Er erstellte Gutachten über die Verwendbarkeit der vormaligen Staatsdiener des Fürstprimas im Königreich Bayern. So fand auch der frühere Wetzlarer Stadtdirektor Mulzer zu einer Anstellung,[385] während Albini eine Übernahme in bayerische Dienste zwar wünschte, jedoch zu Bedingungen, auf die man in Bayern nicht einging.[386]

Gruben, der auch Montgelas um eine Stelle bat, hatte nach der Auflösung des Großherzogtums auf eine Stelle als bayerischer Gesandter angetragen. Zwar konnte er sich auf seine Funktion als *äusserer Staatsgesandter und bevollmächtigter Minister* des Großherzogs von Frankfurt in Württemberg, Baden und Hessen berufen. Seine Tätigkeiten als Gesandter jedoch dürften sich im Wesentlichen auf die genannten Missionen zur Liquidation der Kapitalien des Kammergerichts in Württemberg, Baden und im Großherzogtum Hessen beschränkt haben.[387] Dass Gruben gegenüber Montgelas bluffte und auf einen möglichst hohen Einstieg in bayerische Dienste hoffte, zeigt das gesamte Anstellungsgesuch. So

---

[384] BayHStA, MA 7935/6 Gruben an Montgelas, Frankfurt, den 15. Juni 1814; vgl. auch: BayHStA, MA 5847, Zwackh an Montgelas, Frankfurt 16. März 1814; ferner: Protocolle der deutschen Bundes-Versammlung, Bd. 1, S. 6 Anm. 4.

[385] BayHStA, MA 5847, Zwackh an Montgelas, Frankfurt 16. März 1814. Hier: Liste der Bediensteten des Großherzogtums Frankfurt, Nr. No. 6, *Staatsrat von Mulzer, Gehalt 5 000 Gratification Wetzlar 150f., Bureau Gelder 5 000f. als General Sekretair des Staatsrats.* BayHStA, MA 5847, Zwackh über Mulzer: *Er ist mir genau bekannt, und ich kann ihm das Zeignüsse eines adlichen, fähigen und sehr thätigen Staatsdieners geben. Die Polizey, welche er in Wetzlar, wo sie bey der Reichs Stadt ganz vernachlässiget war, und die Armen Anstalten, welche er dort eingeführet hat, kann ein Muster für viele Städte seyen. Euer Exzellenz ist aus seinem Brief bekannt, welche verschiedenen Dienste dieser Mann bereits verwaltet habe. Ich bringe ihn bey der provisorischen Verwaltung als gouvernial Rat und bey der definitiven Organisation als Kreis Director in Vorschlag.* Zu seinem Übertritt in bayerische Dienste vgl. auch die zwei Gesuche Mulzers (an Montgelas, Frankfurt, den 11. Mai 1814) sowie Reigersberg, Frankfurt, den 10. Mai 1814. Ferner: Reigersberg an Montgelas, München 22. Mai 1814, ebd.

[386] BayHStA, MA 5847, Zwackh an Montgelas, Frankfurt, den 16. März 1814, Liste der Bediensteten des Großherzogtums Frankfurt, Nr. 7. BayHStA, MA 5847, Albini an König Max I. Joseph, Hanau, den 19. Juni 1814; Albini an Montgelas, Hanau, 14. Juni 1814.

[387] BayHStA, MA 7935/6, Gruben an Montgelas, Frankfurt, den 15. Juni 1814. § 4. *Bei der neuen Organisation des Großfürstentums Frankfurt teilten sich meine, in den Cabinetts-Diensten älteren Collegen, die Frhr. von Albini – v. Eberstein und Gr. Beust in die vorfindenden Ministerien ein, da ich dem Großherzog bestimmt den Wunsch geäußert hatte, an der neuen Administration des innern durchaus keinen theil zu nehmen so ernannten mich höchstdieselbe /: um mich nicht zurückzusetzen:/ zu höchst ihrem äusseren Staatsgesandten, und bevollmächtigten Minister an den 3 Höfen von Württemberg, Baden und Hessen.* Zu seiner Funktion im Großherzogtum Frankfurt auch: Rob, Regierungsakten des Primatialstaates und des Großherzogtums Frankfurt, S. 4.

verwies Gruben auf die persönliche Wertschätzung, die ihm Kurfürst Maximilian von Österreich schon während seiner Tätigkeit als kurkölnischer Hofrat von 1782–89 entgegengebracht habe. Er hob besonders hervor, dass er als kurkölnischer Legationssekretär bei der Krönung Leopolds II. das Wahlprotokoll geführt hatte. Darüber hinaus verwies er auf eine besondere Funktion, die er als vorsitzender Assessor am Kammergericht inne gehabt haben soll. Tatsächlich war er nur unter Bedenken als Assessor am RKG angenommen worden[388] und konnte zwar die ranghöchste Stellung unter den Assessoren beanspruchen, doch war dies nicht sein Verdienst, sondern hing damit zusammen, dass er vom Kurfürsten von Mainz präsentiert worden war. Dies freilich überging Gruben in seinem Anstellungsgesuch. Ganz ähnlich verfuhr er, wenn er die besondere Ehre herausstellte, die ihm zuteil geworden war, als er den Kammerrichter Öttingen-Wallerstein 1797 in sein Amt eingeführt hatte.[389] Dies war ebenfalls nicht sein Verdienst, sondern resultierte daraus, dass er aufgrund der Rangordnung das Direktorium führte, wenn die Präsidenten verhindert waren: Der evangelische Präsident Thüngen, der eigentlich die Einführung des Kammerrichters hätte leiten müssen, konnte von einer Reise nicht nach Wetzlar zurückkehren, da er krank war.[390]

Gruben versuchte seinen Wunsch, Gesandter des Königreichs Bayern zu werden, auch damit zu begründen, dass ihm am Kammergericht mehrere auswärtige Sendungen anvertraut worden waren. Demgegenüber hatte sich bereits vor 1806 gezeigt, dass er für eine Gesandtenstelle nicht der geeignete Kandidat war. Als er sich 1802 um die Stelle des Kurfürstenratsdirektorialgesandten beim Kurfürsterzkanzler beworben hatte, der ihn ans RKG präsentierte hatte, wurde er nicht angestellt.[391] Tatsächlich erhielt Franz Joseph von Albini diese Stelle, bei der es sich um die Nachfolge eines anderen vormaligen Beisitzers des Kammergerichts, Andreas von Steigentesch, handelte.[392] Gruben hatte sich damals nicht nur überschätzt, sondern auch verspekuliert. Er hatte sich ausgerechnet auf Albinis Zeugnis berufen, in dessen Schreibstube er als Praktikant am Kammergericht tätig gewesen war.

Die Haltung, mit welcher der Sohn des vormaligen Direktors der Bonner Hochschule seine Karriere betrieb, grenzte an Hochstapelei. Deutlich wurde dies, als sich Gruben Anfang 1807 um eine Stelle im Königreich Württemberg bewarb.

---

388 Zu seiner bereits 1788 erfolgten Präsentation, die er seinem Vater zu verdanken hatte, und der Beurteilung seines Examens: Jahns, Das Reichskammergericht, Tl. II, Biogr. 5. Kap. V. Zur Proberelation Grubens: Sailer, Richterliches Selbstverständnis, S. 7-14.

389 BayHStA, MA 7935/6, Gruben an Montgelas, Frankfurt, den 15. Juni 1814.

390 Vgl. hierzu: HHStA-Wien, MEKA, RKG 254, Konvolut Öttingen-Wallerstein; HHStA-Wien, RK, RKG Visit. 378, Konvolut Öttingen-Wallerstein.

391 Zu Grubens Präsentation: Duchhardt, Die kurmainzischen Reichskammergerichtsassessoren, S. 112f. Grundlegend: Jahns, Das Reichskammergericht, Tl. II, Biogr. 5. HHStA-Wien, MEKA, RKG 89 (Gruben). Zum Versuch der Bewerbung als Konkommissar am Reichstag auch Jahns, Durchgangsposten oder Lebensstellung?; dies., Das Reichskammergericht, Tl. II, Biogr. 75 (Albini).

392 Zu Steigentesch: Jahns, Das Reichskammergericht, Tl. II, Biogr. 105.

Der vormalige Assessor Linden schilderte Reigersberg, welchen Eindruck Gruben in Stuttgart hinterlassen hatte:

> *Die Geschichte von G[ruben] und S[eckendorff] ist Euer Excellenz bekannt. Schon beim zweiten Briefe des Ersten schüttelte man den Kopf und äußerte, dies scheint kein Mann fürs Geschäft. Uiber die Bedingniß, daß seine Frau und Tochter an Hof gezogen werden lachte man, da dies einen Kleinigkeitskopf verrät und es gar nicht gefehlt hätte. Seine Großsprecherey und übrigen Bedingniße, besonders daß er nicht verleiten wollte, schreckte ab.*[393]

Während man für Grubens Verhalten in Württemberg kein Verständnis hatte, stellte ihn Karl Theodor nicht zuletzt deshalb ein, weil er im Herbst 1806 den Ausgleich mit den Assessoren zustande gebracht hatte und im drohenden Konfliktfall dem Souverän und nicht seinen Kollegen gegenüber loyal war.[394] Zwackh, der die Wetzlarer Verhältnisse genau kannte, wusste den Neuadeligen zweifellos einzuschätzen. Dies signalisierte er dem leitenden Minister des Königreichs Bayerns 1814, wenn er betonte, dass Gruben als *Gouvernialrat* oder als *Generalkommissär* bei der Organisation eines Kreises geeignet sei, während er es der Beurteilung Montgelas' überließ, ob er als *Gesandter* angestellt werden könne.[395]

Tatsächlich wurde Gruben zunächst auch entsprechend seiner vorherigen Funktion als Generalkommissar in Aschaffenburg eingesetzt. Er arbeitete an der Organisation der Landgerichte in Unterfranken und Aschaffenburg mit. Erst als Rechberg, der vormalige Reichstagsgesandte, der Bayern in Frankfurt vertreten sollte, kurz vor der Eröffnung der Bundesversammlung nach Wien abberufen worden war, wurde Gruben durch Montgelas zum Interimsgesandten bestellt.[396] Der vormalige Assessor betonte damals, dass er zwar *in der diplomatischen Karriere* nicht *ganz fremd* sei, sich aber dem neuen Geschäft gleichwohl nicht *ohne Schüchternheit* widmen könne.[397] Er bestätigte damit also selbst, dass ihm die

---

[393] BAF, FN 11 Korrespondenz, Linden an Reigersberg, Stuttgart, den 23. Februar 1807.

[394] Gruben vermittelte seit Oktober 1806 zwischen dem Kameralkollegium und dem Souverän: vgl. etwa kurz vor dem 2. Provisorium 1807: HHStA-Wiesbaden, Abt. 371, 128, fol. 197rv, Gruben an Mulzer, Wetzlar, den 13. Juni 1807.

[395] BayHStA, MA 5847, Zwackh an Grafen Montgelas, Frankfurt 16. März 1814, Liste der Bediensteten des Großherzogtums Frankfurt, Nr. 7. Vgl. auch das Anstellungsgesuch Grubens bei Montgelas: BayHStA, MA 7935/6, Gruben an Montgelas, Frankfurt, den 15. Juni 1814. Zur Beurteilung Grubens, auch der bei Aretin, Die deutsche Politik Bayerns, S. 73, zitierte Briefwechsel zwischen Adam von Aretin und Gruben (Familienarchiv der Freiherrn von Aretin Haidenburg) der nach K. O. v. Aretin den Eindruck der „Gestalt eines sehr eitlen Mannes" entstehen lasse, „der in etwas peinlicher Geschwätzigkeit keine Gelegenheit verstreichen ließ, ohne die eigenen Verdienste hervorzuheben".

[396] BayHStA, MA 1219, Montgelas an Gruben, München, den 30. September 1816. Vgl. auch: BayHStA, MA 7935/6, fol. 3, Gruben an Montgelas, Aschaffenburg, den 3. Oktober 1816.

[397] BayHStA, MA 7935/6, fol. 3, Gruben an Montgelas, Aschaffenburg, 3. Oktober 1816. Sein Wirken im Wesentlichen richtig eingeschätzt, allerdings ohne Kenntnis der Vorkarriere bei

Erfahrung für eine solche Stelle fehlte. Montgelas musste dies wissen, hatte er doch mit Reigersberg, der inzwischen zum bayerischen Justizminister aufgestiegen war, einen Kollegen, der ihm noch genauere Auskünfte über Gruben geben konnte als Zwackh.[398]

Zwackh, der aufgrund seiner Vorkarriere für die Vertretung Rechbergs am Besten geeignet gewesen wäre, konnte sie nicht wahrnehmen: er leitete die Eingliederung der Pfalz in das Königreich Bayern.[399] Andere Möglichkeiten hätte es aber etwa mit Lerchenfeld, dem späteren Finanzminister, und Aretin gegeben, der 1817 tatsächlich die Bundesgeschäfte übernahm. Dass Montgelas mit Gruben zu einer Verlegenheitslösung griff, zeigt deutlich, dass er die Bundespolitik unterschätzte, was ja letztlich auch mit zu seiner Entlassung aus der Ministerverantwortung beitrug. Auch wenn Gruben durch seine mangelnde Erfahrung für die Isolation Bayerns im Bund mitverantwortlich war, so handelte er dabei strikt nach der Instruktion Montgelas', der kein Stück der Souveränität Bayerns aufgeben wollte.

Trotz allem muss Gruben das Verdienst zugeschrieben werden, die Abwicklung des Kammergerichtspersonals eingeleitet zu haben. Er hatte ein Gutachten zur Sustentationsfrage des Kammergerichtspersonals verfasst, in dem es hieß, es dürfe wohl *niemand zweifelhaft scheinen*, dass die endgültige Regelung der Entschädigungsfrage, *ohngeachtet sie nicht speciell in der Bundesacte angesprochen* sei, in die Kompetenz der Bundesversammlung gehöre:

> *Zwar ist kein deutscher Kaiser, kein Deutsches Reich mehr, doch leben noch und herrschen noch die nämlichen erhabenen Fürsten, die früher Deutschland im Verein beglückten, und den neuen Staatenbund, wenn gleich in veränderter Form, auch ferner beglücken werden.*[400]

Deutlich war damit eine Kontinuitätslinie vom Alten Reich über den Rheinbund zum Deutschen Bund gezogen, die viele Zeitgenossen ähnlich empfanden. Tatsächlich wurde auf Grubens Gutachten hin eine Kommission einberufen, in der die Entschädigungsfrage erörtert und endlich gelöst wurde. Gruben konnte aufgrund seiner Erfahrungen bereits am 9. Dezember 1816 in einer vertraulichen Sitzung des Bundestages über die bisher getroffenen Maßnahmen berichten. Er schlug vor, das System wie bisher beizubehalten und nur leicht zu modifizieren: Die besoldeten Kameralen und die Kanzleipersonen sollten aus der Sustentationskasse bezahlt werden. Drei Klassen von Anwälten sollten eine jährliche Pension von je 1 500 fl., 800 fl. und 600 fl. erhalten. Den Boten sprach er neben den 57 fl., die sie bisher erhalten hatten, eine Zulage von jährlich 200 fl. zu. Die vor-

---

Aretin, Die deutsche Politik Bayerns, S. 1-5, 73-90; nach ihm: Quint, Souveränitätsbegriff und Souveränitätspolitik, S. 428-446; Jahns, Das Reichskammergericht, Tl. II, Biogr. 5.

398 BayHStA, MJu 19005. Vgl. Teil IV.

399 A. Becker, Die Wiedererstehung der Pfalz; Haan, Hauptstaat – Nebenstaat; ders., Kontinuität und Diskontinuität in der pfälzischen Beamtenschaft (mit Fortsetzungen).

400 BAF, DB 1, 343, fol. 116, § 13.

maligen Protokollisten der Prokuratoren sollten die gleiche Summe erhalten sowie eine einmalige Gratifikation. Dem Kanzleipersonal sprach er neben dem Recht auf volle Besoldung zusätzlich zwei Drittel der noch aus dem 18. Jahrhundert rührenden Besoldungsrückstände zu. Die Pensionen und Besoldungsrückstände sollten aus laufenden Kammerzielern bezahlt werden, wenn nötig wollte man die Zinsen aus den Sustentationskassekapitalien hinzu nehmen. Wie bisher wären nach diesem Vorschlag die Gehälter für die in neue Dienste übernommenen Richter von den Kammerzielern abzuziehen gewesen, während die Kapitalien als Eigentum des vormaligen Reichs allen Bundesgliedern pro rata zugewiesen werden sollten.[401]

Die Gesandten Österreichs, Preußens und Sachsens stimmten mit leichten Modifikationen für Grubens Vorschlag. Die Vertreter Hannovers und Württembergs und in Anschluss hieran auch die anderer Kompetenten hielten das Kammerzielersystem für veraltet. Sie forderten die Einrichtung einer neuen Matrikel, die *subsidiarisch durch Beitragsquoten nach den Kräften der jetzigen Bundesstaaten* ausgerichtet werden sollte.[402] Insgesamt aber betonten fast alle Gesandte nach *liberalen Grundsätzen* zu stimmen. Was liberal im Sinne der Zeitgenossen hieß, war offen. Auch Gruben stellte sich diese Frage. Er zog zur Deutung dieses Begriffes eine Stelle aus der Zeitschrift *Neue Allemania* heran, wo es hieß:

> *Im Deutschen nähern sich zwar manche Worte dem Begriff des Lateinischen, keines aber läßt sich finden, das nicht entweder mehr oder weniger sagte. Edel, sagt zu viel; nachsichtig, mild, zu wenig; großmüthig, wenn man will, zu viel und zu wenig. Die Begriffe von Billigkeit, Menschenfreundlichkeit, Wohlwollen, Uneigennützigkeit, Großherzigkeit liegen alle in dem Wort Liberalität; jedes einzeln genommen, ist unzureichend.*[403]

Diese Definition konnte inhaltlich direkt an jene Vorstellungen anknüpfen, wie sie um 1800 und nach der Auflösung des Reichs mit den Begriffen der Billigkeitsliebe, den menschenfreundlichen oder wohlwollenden Gesinnungen zum Ausdruck gebracht wurden, wenn es darum ging, die Fürsten zum Einsatz für das Kammergericht bzw. dazu zu bewegen, ihre Kammerzieler nach der Auflösung des Reichs weiter zu bezahlen. Vor diesem Hintergrund rechnete Gruben alle Stimmen, die sich auf *liberale Grundsätze* beriefen als Bestätigung seiner Anträge und fasste demnach die einzelnen Voten zusammen. Das Ergebnis war die weitgehende Annahme seiner Vorschläge, die jedoch nur ein Provisorium darstellten. Über die endgültige Verteilung und die Abschaffung des alten Kammerzielersystems sollte erst im Februar 1817 abgestimmt werden. Gruben konnte

---

[401] BAF, DB 1, 343, C 3.
[402] Zitat BAF, DB 1, 343, C 3, § 7 Abstimmung des Gesandten Hannovers.
[403] BAF, DB 1, 343, C 3, § 19. Das Zitat aus: Neue Allemania, Bd. 2, Heft VIII, S. 163.

hieran nicht mehr teilnehmen, denn er wurde seiner Interimsgesandtschaft wieder enthoben und durch Aretin ersetzt.[404]

2. Beschlüsse der Bundesversammlung

Bereits am 17. und am 20. Februar 1817 sah sich der kurhessische Gesandte Carlshausen, der die Leitung der Bundestagskommission inne hatte, die sich mit der *kammergerichtlichen Sustentations-Sache* beschäftigte, im Stande, eine umfassende Bilanz der Sustentations- und Depositenkasse, der eingegangenen und rückständigen Kammerzieler sowie der individuellen Forderungen jedes einzelnen vormaligen RKG-Angehörigen bis zum 31. Dezember 1816 zu erstellen.[405] Kurz darauf wurde beschlossen, allen Kammergerichtsmitgliedern einstweilen monatliche Raten aus der Sustentationskasse zu bezahlen, in welche die Bundesglieder ihre Matrikelbeiträge vorläufig entrichteten.[406] Ob dem alten Kammerzielersystem oder einer gleichmäßigen Verteilung der Kameralen auf die Bundesglieder die Zukunft gehören sollte, war noch nicht beschlossen. Da jedoch sofortige Hilfe für die vormaligen Kameralen nötig schien und alle Pensionsansprüche als gegründet anerkannt wurden, behielt man das alte System vorerst noch ein halbes Jahr bei.

In der 43. Sitzung der deutschen Bundesversammlung am 17. Juli 1817 wurde ein Beschluss gefasst, der die komplizierte Sustentations-Angelegenheit definitiv regelte. Rückwirkend zum 1. Januar 1817 sprachen die Gesandten den Kameralen ihre Pension zu. Sie bewilligten den vormaligen Angehörigen des Kameralkollegiums ihr volles Gehalt. Dies hatte nicht nur für die vormaligen Reichsrichter Auswirkungen, die wie der vormalige Präsident Seckendorff, Martini, Schmitz und Hueber keine neue Anstellung mehr gefunden hatten, sondern auch für jene, welchen es gelungen war wieder angestellt zu werden. Demnach wurde dem vormaligen Kammerrichter Reigersberg eine Zuschusspension von 7 040 fl. bewilligt. Branca, Carl August von Seckendorff, von der Becke, die allesamt ebenfalls in bayerische Dienste getreten waren, sowie Linden, Riedesel und Neurath (jun.), die in Württemberg Anstellung gefunden hatten, erhielten jeweils 800 fl. Zuschuss zu ihren Gehältern. Hohnhorst erhielt einen Gehaltszuschlag von 1 200 fl., während Stein zu Lausnitz zusätzlich zu seiner Besoldung 353 fl. 15 kr. zugesprochen wurden.[407] Karl von Kamptz war deshalb nicht pensionsberechtigt, weil er

[404] Zu Grubens Tätigkeit als Gesandter am Deutschen Bund die Berichte in: BayHStA, MA 7935/6 und BayHStA, MA 1219. Aretin, Die deutsche Politik Bayerns, S. 1-5 und S. 73-90. Aretin hat nur die Berichte MA 1219 ausgewertet.

[405] BAF, DB 1, 343, C 6, 11. Sitzung 17. Februar 1817; BAF, DB 1, 343, C 7, Beylagen zu dem Protokolle der zwölften Sitzung vom 20. Februar 1817.

[406] BAF, DB 1, 243, C8, C9.

[407] BAF, DB 1, 343, ad C22, Auszug Protokolls der drei und vierzigsten Sitzung der deutschen Bundesversammlung vom 14. Juli 1817: Die Kammergerichtliche Sustentations-Angelegenheit betreffend, § 1.

freiwillig auf seine Ansprüche verzichtet hatte, nachdem er 1812 eine Restzahlung von 900 fl. aus der Sustentationskasse erkämpft hatte.

Damit waren im ersten Paragraphen dieses Beschlusses nachträglich die während der gesamten Rheinbundzeit vertretenen Ansprüche der Kameralen anerkannt. Einschließlich Karl von Kamptz' erlebten dies immerhin noch 15 vormalige Angehörige des Kameralkollegiums. Der zweite Paragraph legte die Zahlungsmodalitäten fest:

> *Vom 1. Juli dieses Jahres an werden keine Zahlungen pro futuro aus der Pfennigmeisterei geleistet, sondern es werden diese Pensionen den einzelnen Pensionären nach einer zwischen den beitragenden Staaten getroffenen Uebereinkunft von dem oder denjenigen Staaten unmittelbar geleistet, welche diese Pensionäre, es sey auf die Tilgung ihrer dem Kammergericht schuldigen Activ-Capitalien oder an die Stelle ihres bisherigen Beitrags zur Sustentation des Kammergerichts übernommen haben.*[408]

Dies erst bedeutete die Auflösung der Sustentationskonferenz, die Preisgabe des alten Finanzierungssystems und damit auch die endgültige Auflösung des Kammergerichts. Die deutschen Staaten waren nach diesem Beschluss nur bis zum Tod der vormaligen Angehörigen des Kameralkollegiums zur Zahlung der Pensionen verpflichtet. Von der Rückzahlung der Zinsen aus den übernommenen Kapitalien des vormaligen Ritterkantons Odenwald und des schwäbischen Kreises wurden die süddeutschen Staaten befreit. Das Solms-Licher Kapital wurde dem Kurfürsten von Hessen zugesprochen. Überwiesen wurden die Pensionen durch Frankfurter Bankiers nach Wetzlar, doch konnte sich jeder Pensionär aufhalten, wo er wollte. Für eine Verpflichtung der Kameralen, in neue Dienste zu treten, sprach sich die Bundesversammlung nicht aus. Den Erben der Pensionäre kürzten die Gesandten das Sterbequartal, das früher aus der Sustentationskasse bezahlt worden war. Zugleich versprachen sie, sich der noch ausstehenden Ansprüche der Kammergerichtspensionäre anzunehmen und auch diese definitiv zu klären. Dazu gehörte etwa das Drittel der Pension, das Reigersberg für die unbesoldeten Kameralen hingegeben hatte, und die noch ausstehenden Besoldungsrückstände der Pensionäre.[409]

Die Bundesversammlung debattierte über dieses Problem während der 1820er Jahre immer wieder und noch in den 1830er Jahren waren Rückstandsforderungen zu erfüllen. Erst am 9. November 1837 wurde das kammergerichtliche Liquidationsgeschäft am Bundestag abgeschlossen. Hohenzollern-Hechingen hatte, nachdem alle Besoldungsrückstände am 24. November 1831 definitiv festgesetzt wor-

---

408 Ebd. § 2.

409 Vgl. dazu die Gesuche Reigersbergs auf Rückzahlung: BayHStA, MF 37218; ferner: BAF, DB 1, 342, III. Auch der mit seiner Proberelation vor der Auflösung des Reiches nicht mehr fertig gewordene niedersächsische Kreispräsentatus Avemann versuchte Ansprüche auf Entschädigung geltend zu machen, die jedoch mit Grund nicht bewilligt wurden: Ebd. Lit. A, Fasc. Reg. XXI. Zu Avemann: Jahns, Das Reichskammergericht, Tl. II, Biogr. 127.

den waren, noch einen Rückstand in Höhe von 166 fl. 5 kr. zu bezahlen. Die Zahlung erfolgte am 4. Dezember 1837.[410] Am 3. Mai 1838 beendete dann die mit der Auszahlung der Rückstände beauftragte *Bundes-Canzleidirection* ihre Tätigkeit.

Viele Auszahlungen waren bereits an die Erben der Pensionäre erfolgt. Die Beilagen der Protokolle der 43. Bundesversammlung von 14. Juli 1817, in denen die Namen und die Höhe der bewilligten Pensionen aller damals noch lebenden vormals am Kammergericht beschäftigten Personen eingetragen worden waren, dienten als Vorlage für die Zahlungsempfänger. Nach und nach wurde meist unter Angabe des Todesjahres bis zum Jahr 1840 der Vermerk *gestorben* eingetragen. Alle nicht mehr in neue Dienste getretenen vormaligen Reichsrichter waren zu diesem Zeitpunkt bereits begraben: Hueber von der Wildau und sein Schwiegervater Schmitz zu Grollenburg verstarben kurz nacheinander im Februar 1818 in Wetzlar.[411] Der Junggeselle Weidenfeld lebte, obgleich er erst 61 Jahre alt war, nicht viel länger und starb ebenda am 8. Juli 1818.[412] Franz Paul Christoph von Seckendorff verbrachte seinen Lebensabend bis 18. August 1823 auf dem Familiengut Unternzenn.[413] Martini scheint bei den Stadtbehörden nicht mehr auffällig geworden zu sein und verstarb als letzter der Wetzlarer Pensionäre am 21. Oktober 1829.[414]

Demgegenüber lebten einige der früheren Reichsrichter noch, die Wetzlar nach der Auflösung des Reichs verlassen hatten um andere Dienste anzutreten. Manche von ihnen hatten erstaunliche Nachkarrieren durchlaufen und wichtige Funktionen in unterschiedlichen deutschen Fürstenstaaten übernommen. Die individuellen Faktoren, welche bei denjenigen zum Tragen kamen, welche ihre Nachkarriere nach der größeren Übertrittswelle in bayerische und badische Dienste antraten,

[410] BAF, DB 1, 343, C 55, 31. Sitzung v. 9. Nov. 1837, § 347.

[411] Jahns, Das Reichskammergericht, Tl. II, Biogr. 24 (Hueber von der Wildau), Biogr. 103 (Schmitz zu Grollenburg).

[412] Jahns, Das Reichskammergericht, Tl. II, Biogr. 17.

[413] Rechter, Die Seckendorff, S. 279f. Franz Paul Christoph von Seckendorff war nicht verheiratet, hatte aber möglicherweise eine illegitime Tochter mit Namen Henriette von Seckendorff.

[414] Jahns, Das Reichskammergericht, Tl. II, Biogr. 56. Bei Hahn, Altständisches Bürgertum, finden sich nach der Gründung des ‚bürgerlichen Casinos‘ keine Angaben über Martini. Eine Recherche im HAWZ blieb erfolglos.

wurden bereits geschildert. Eine Klärung der Modalitäten bei der Übernahme vor allem der von Württemberg und Bayern übernommenen vormaligen Reichsrichter sowie eine Würdigung der Nachkarrieren steht noch aus.

Teil IV: *Keiner von uns erhält seine Wetzlarer Stelle wieder* – Vormalige Reichsrichter im Dienst deutscher Souveräne

I. Karrieren danach

Es sei die Absicht der Jenaer Professoren, schrieb Karl Albert von Kamptz 1817, ihre Katheder *mit der Rolle eines politischen Reformators und den Doktorhut mit der Jakobinermütze* zu vertauschen.[1] Der vormalige kurbrandenburgische Präsentatus reagierte mit dieser Bemerkung auf das Nationalfest auf der thüringischen Wartburg, zu dem die Burschenschaften am 18. Oktober 1817 aufgerufen hatten, um der Taten Luthers und der Befreiung von der Fremdherrschaft in der Völkerschlacht bei Leipzig zu gedenken.[2] Kamptz, dem es 1811 gelungen war auf preußische Kammerzieler am Berliner Kammergericht angestellt zu werden, hatte 1812, vom konservativen Polizeiminister Schuckmann protegiert, die Stelle des vortragenden Rats im Polizeidepartement des Innenministeriums angetreten und fungierte damals als stellvertretender preußischer Polizeiminister.[3] In dieser Funktion berichtete er über die Vorgänge am Wartburgfest, die er für unrechtmäßig und höchst gefährlich hielt. Die *Verhütung einer zweiten Scene dieser Art* schien ihm ein *dringendes Bedürfnis und eigentliche und wahre hohe Nationalangelegenheit Deutschlands*.[4]

Wie schon im Ehrkonflikt mit den Gebrüdern Gülich und bereits vorher während seiner Tätigkeit als Hof- und Landgerichtsassessor am Hofgericht in Güstrow,[5] spielten die empfindlichen Ehrbegriffe des mecklenburgischen Adeligen auch 1817 eine wichtige Rolle: Kamptz war tief gekränkt darüber, dass die Teil-

---

1 Zitat: Kamptz, Rechtliche Erörterung über öffentliche Verbrennung von Druckschriften, S. V. Vgl. auch ders., Wird einem Schriftsteller durch öffentliche Verbrennung seiner Druckschrift eine Injurie zugefügt? Zur Rolle der Ehrverletzung Kamptz' im Prozess gegen den Turnvater Jahn vgl.: GStA-PK, I. HA, Tit. 21, Spec. Lit. J, Nr. 1 adh. 2

2 Zum Wartburgfest: Wehler, Deutsche Gesellschaftsgeschichte, Bd. 2, S. 334-336; W. Schröder, Die Gründung der Jenaer Burschenschaft.

3 Zur Nachkarriere: Jahns, Das Reichskammergericht, Tl. II, Biogr. 37, Kap. III.

4 Zitat nach G. Steiger, Das Phantom der Wartburgverschwörung, S. 184. Der Bericht Karl von Kamptz' an Hardenberg vom 10. November 1817 ist ediert: ebd., S. 198-201.

5 Flugblatt des Hof- und Landgerichts-Assessors beim Hofgericht zu Güstrow, Karl von Kamptz, 1802. Für eine Kopie des Flugblattes danke ich dem Antiquariat Keipp, Hamburg.

nehmer des Wartburgfestes seinen 1815 erschienenen ‚Codex der Gendarmerie' zusammen mit anderen Büchern verbrannten. Dies trug mit dazu bei, dass Kamptz unter den Eindrücken von 1817 vom engagierten Repräsentanten der seit den Befreiungskriegen „erstarkenden Restaurationspartei" in der hohen preußischen Beamtenschaft zur Symbolfigur der Reaktion mutierte.[6] Hatte er in einem 1815 veröffentlichen Aufsatz, froh über das Ende der napoleonischen Fremdherrschaft, dem französischen Kaiser die heftigste *Erschütterung* aller bisher in Europa *geltenden und geachteten Rechtsnormen* und die Zerstörung der Hauptgrundlagen des Völkerrechts vorgeworfen und sich die alten Zustände zurückgewünscht,[7] so begann er sich seit dem Wartburgfest im Preußischen Polizeiministerium und im Rahmen der Mainzer Zentraluntersuchungskommission, die infolge der Karlsbader Beschlüsse als gesamtdeutsches Institut zur Überwachung der ‚revolutionären Umtriebe' gegründet worden war, intensiv für die Reaktion zu engagieren.

Weitere persönliche Anfeindungen ließen Kamptz die Tätigkeit im Polizeiministerium als *Hölle und Jammerthal* empfinden und trugen mit zu seinem 1824 vollzogenen Wechsel ins preußische Justizministerium bei.[8] Konkreter Anlass allerdings war der Prozess gegen den Schriftsteller und Richter am Berliner Kammergericht E. T. A. Hoffmann, dessen Entfernung aus dem Dienst Kamptz so vehement betrieb, dass er für Hardenberg nicht mehr tragbar schien. Von dem Schriftsteller in seinem ‚Meister Floh' als Rat Knarrpanti persifliert,[9] kehrte er dem Polizeiministerium 1824 den Rücken und wurde Direktor des Justizministeriums und Vorsitzender der Justizkommission im Staatsrat, dem er seit 1817 angehörte. Nach dem Tod Heinrich Graf Danckelmanns leitete er das Justizministerium dann stellvertretend, um 1832 zum preußischen Justizminister aufzusteigen. In dieser Funktion war Kamptz, der seit langem die Jahrbücher für preußische Gesetzgebung herausgab, mit der Gesetzesrevision und der Integration der Rheinprovinzen in den preußischen Staat beschäftigt.[10] Als Justizminister beschäftigte er sich auch noch einmal mit dem Reichskammergericht. Kamptz forderte aus Wetzlar Akten über alle Prozesse an, die am RKG wegen Dienstentlassungen geführt worden waren, als in Preußen der Entwurf des Dienstentlassungs-

---

6 Baumgart, Artikel Kamptz, S. 96; vgl. auch Wippermann, Artikel Kamptz.

7 Kamptz, Über die Veränderung des europäischen Völkerrechts, Zitat: S. 97f. und 99. Vgl. hierzu: Burgdorf, Chimäre Europa, S. 137-158, insb. S. 151-153.

8 GStA-PK, BPH Rep. 192, VII K 6b, fol. 14, Kamptz an Wittgenstein, 8. Dec. 1819. *Euer Durchlaucht bitte und flehe ich unterthänigst und angedenkenlichst, haben Sie die einzige Gnade und Barmherzigkeit helfen sie mir aus dem Polizeyministerium!* [...] *Ich bitte Euere Durchlaucht so inständig als man Bitten kann um die Gewährung dieser Gnade, und um meine Erlösung aus dieser Hölle und dem Jammerthal, in welchem nicht einmahl die persönliche Ehre gegen die gröbsten Beschuldigungen gesichert ist.*

9 Hoffmann, Meister Floh.

10 GStA-PK, I. HA, Rep. 84a, 9639-9640 [Materialen zur Rechts- und Gerichtsverfassung der Rheinprovinz].

gesetzes für Staatsbeamte zur Debatte stand.[11] Auch wenn die mehrere Wagenladungen umfassenden Prozessakten Wetzlar niemals verlassen haben,[12] so verweist dies darauf, dass die alte deutsche Rechtspraxis für die preußische Gesetzgebung unter Kamptz zumindest inspirierend wirkte.

Während mit Kamptz, der 1842 von Savigny im Amt des Justizministers abgelöst wurde und noch kurz vor seinem Tod der 1848er Revolution ihre Rechtmäßigkeit bestritt,[13] eine konservative Figur mit einer erstaunlichen Nachkarriere aus dem letzten Kameraljahrgang hervorgegangen ist, erreichten andere Angehörige des Kameralkollegiums ein ähnliches Karriereniveau, ohne jedoch seine politischen Anschauungen zu teilen: Der letzte Kammerrichter, Heinrich Aloys von Reigersberg, wurde bayerischer Justizminister. Constantin Franz Fürchtegott von Neurath erreichte die gleiche Funktion in Württemberg, starb allerdings kurz nach seiner Ernennung.[14] Beide vertraten während ihrer Nachkarriere ausgesprochen liberale Grundsätze.

Demgegenüber stiegen die vormaligen Assessoren Linden und Leutsch in die Funktion von Gesandten auf.[15] Andere Assessoren erreichten nicht ganz dieses Karriereniveau, waren aber wie Franz Arnold von der Becke, Carl August von Seckendorff, Ignatz von Gruben und Karl Ludwig von Branca als bayerische Staatsräte[16] tätig oder gehörten wie Johann Albert von Neurath (sen.) und Karl Levin von Hohnhorst in Baden zur Spitze der Justizdiener.[17] Wenn der in hessendarmstädtische Dienste getretene Franz Joseph von Stein zu Lausnitz von der Position des geheimen Rats und zweiten Hofgerichtsdirektors in Giessen zum Regierungspräsidenten der Provinz Oberhessen aufstieg,[18] so bestätigten insge-

---

[11] Zur Rolle von RKG-Akten für die Gerichtsverfassung der preußischen Rheinprovinz Kordes, Zur Verwendung und Verwertung von Reichskammergerichtsakten.

[12] BAF, DB 1, 342 II, Littera C 2, Sitzungsprotokoll der 16. Sitzung der Deutschen Bundesversammlung vom 25. Juni 1835, fol. 60r-73v [Bericht der RKG-Archivkommission über gewünschte Mitteilungen des preußischen Justizministers, 26. Mai 1835 und Spezifikation der insgesamt 174 Dienstentlassungsprozesse am RKG].

[13] Kamptz, Die deutsche constituirende National-Versammlung. Zur Ablösung durch Savigny im Justizministerium: GStA-PK, BPH Rep. 192, V, 11, 3f., fol. 1r-2v, Kamptz an Wittgenstein, Berlin, den 9. April 1842 und Kamptz an Wittgenstein, Berlin, den 11. April 1842.

[14] HStAS, Q 3/11, Bü. 31 (Kgl. Württemb. Staats- und Reg. Bl., Nr. 70, 25. November 1817), 40 (Notizen über die Verlassenschaft [...] des Justizministers Neurath), 42 (Beileidschreiben an Charlotte v. Neurath, Dezember 1817). Als Constantin Franz Fürchtegott von Neurath starb, gab König Wilhelm I. eine Büste bei dem Bildhauer Johann Heinrich Dannecker in Auftrag, die im Sitzungszimmer des geheimen Rates links neben dem Thron des Königs aufgestellt werden sollte. Vgl. hierzu Holst, Johann Heinrich Dannecker, S. 384.

[15] Jahns, Das Reichskammergericht, Tl. II, Biogr. 20, Kap. III (Linden) und Biogr. 28, Kap. III (Leutsch).

[16] Jahns, Das Reichskammergericht, Tl. II, Biogr. 107, Kap. III (von der Becke), Biogr. 49, Kap. III (K. A. von Seckendorff), Biogr. 81, Kap. III (Branca).

[17] Jahns, Das Reichskammergericht, Tl. II, Biogr. 47, Kap. III (Hohnhorst), Biogr. 104, Kap. III (Neurath sen.).

[18] Jahns, Das Reichskammergericht, Tl. II, Biogr. 63, Kap. III.

samt die Nachkarrieren der Angehörigen der letzten Richtergeneration nachträglich, was Kamptz und Vahlkampf 1806 formuliert hatten: Das Kammergericht war eine *Pflanzschule hoher Minister* auch in der Zeit nach der Auflösung des Reichs.

Unter welchen Umständen aber gelangten die Wetzlarer Richterpensionäre in ihre neuen Stellen? Ausgehend von einer Betrachtung der grundsätzlichen Probleme, die sich bei der Übernahme stellten, wird diese Frage zuerst im Zusammenhang kammergerichtsinterner Debatten und Anstrengungen behandelt, die die Richter seit dem Sommer 1806 unternahmen, um in neue Dienste zu gelangen. Daraufhin werden finanziellen Beiträge vormaliger Reichsstände bzw. ihrer Nachfolgestaaten zur Pension der Wetzlarer Richter thematisiert, um die Handlungsspielräume für die Übernahme zu klären. Wie zu zeigen sein wird, ist es einerseits gelungen einen Modus für die Übernahme zu etablieren, während andererseits die Höhe der Kammerzielerbeiträge für die Anzahl der zu übernehmenden Reichsrichter bestimmend blieb.

Dies waren die Rahmenbedingungen für einen begrenzten Übernahmemarkt, der 1806/7 geschaffen wurde, und auf dem sich vor allem die jüngeren und dienstwillligen Assessoren um eine Stelle bemühten. Da von Anstellungen einzelner Richter, die stark individuell bestimmt waren, bereits die Rede war, stehen in diesem Teil die Strategien und persönlichen Verbindungen im Vordergrund, die für die Anstellung in württembergischen bzw. in bayerischen Diensten eine Rolle spielten.

Mit der abschließenden Frage nach den Nachkarrieren und der Bedeutung von Erfahrungen, die im Umfeld des RKG gemacht wurden, für das spätere Wirken, thematisiert dieser Teil das Mischungsverhältnis zwischen ‚Alt' und ‚Neu'. Es geht vor allem darum, am konkreten Beispiel der von Bayern übernommenen vormaligen Reichsrichter den von der teleologisch auf 1806 hin fokussierten Forschung ausgeblendeten Zusammenhang zwischen dem Alten Reich und der Geschichte der souveränen deutschen Fürstenstaaten des 19. Jahrhunderts aufzuzeigen und damit eine Debatte um die Rolle des ‚Alten' bei der Entstehung der Moderne in Deutschland um 1800 anzuregen.

II. Im Angebot für deutsche Fürsten

1. Erfolglose Stellensuche in Österreich

Die Pflichten gegen meine Frau und Kinder hoffte ich in der Perspective zu erfüllen, daß der Kayser von Österreich mich zu seinen Diensten berufen werde [...] *Allein diese beruhigende Zukunft soll mir nicht werden. Ich bin der Disposition der deutschen Fürsten – und da ich ein ansehnliches Gehalt beziehe –*

vorzüglich jener, welche die beträchtlichsten Beiträge zur Sustentationskasse leisten, überlassen.[19]

Heinrich Aloys von Reigersberg sprach mit diesen Sätzen zwei Gesichtspunkte an, die die Übernahmebedingungen der vormaligen Reichsrichter charakterisierten: Einerseits kommt seine Enttäuschung zum Ausdruck, dass sein Anstellungsgesuch an den Wiener Hof vom 30. August 1806 kein Gehör fand. Andererseits nimmt er Bezug auf die Abhängigkeit seiner Einstellung vom Willen der deutschen Fürsten und der Höhe der jeweils zu entrichtenden Kammerzielerbeiträge. Damit verwies Reigersberg auf die Modi der Übernahme, wie sie sich im Winter 1806/07 ausformten.

Ganz ähnlich wie dem Kammerrichter ging es Franz Paul Christoph von Seckendorff. Der evangelische Präsident wollte den Kaiser von Österreich im September und Dezember 1806 dazu bewegen, dass er seine Präsidentenpension auf den österreichischen Staatsetat übernehme.[20] Auch er erhielt keine Antwort des Wiener Hofes. Dies hing damit zusammen, dass sich Österreich und die in Personalunion regierten Staaten beinahe völlig aus der Abwicklung des Kammergerichts heraushielten. Mit Ausnahme der Kammerzieler für das Großherzogtum Würzburg wurden für die habsburgischen Staaten keine Gelder in die Pensionskasse nach Wetzlar entrichtet, und Würzburg war es auch, das den vormaligen katholischen RKG-Präsidenten Stauffenberg an seinem Todestag als Minister anstellte.[21] Der Kaiser in Wien dagegen übernahm keinen einzigen Assessor in seine Dienste, auch solche nicht, die er kraft unterschiedlicher Präsentationsrechte ans Kammergericht präsentiert hatte.[22]

Während sich also Österreich aus der Diskussion um die Regelung der Pensionen ebenso wie der Übernahme von Assessoren heraushielt, waren für die Etablierung eines Übernahmemodus' zwei Resolutionen Württembergs und Bayerns vom Winter 1806/07 grundlegend, in denen auf unterschiedliche Weise Vorschläge aufgegriffen worden waren, die Franz Arnold von der Becke in seiner im September 1806 veröffentlichten Denkschrift ‚Ueber den künftigen Unterhalt der Glieder des Kaiserlichen und Reichskammer Gerichts' entwickelt hatte.

---

19 BAF, FN 11 Korrespondenz, [Entwurf] Reigersberg an Linden, exp. 20. Feb. 1807 (Rekonstruktion).

20 HHStA-Wien, RK, RKG Visit. 378, Seckendorff an Kaiser Franz von Österreich, Wetzlar, den 22. Dezember 1806. Aus der Bitte um die Übernahme seiner Pension geht hervor, dass sich Seckendorff bereits am 4. September 1806 mit einem ähnlichen Gesuch an den Kaiser gewandt hatte. Die Zusatzerklärung in: Vahlkampf, Politische und Historische Ansichten, S. 13-15, hier S. 15. Vgl. auch Teil II.

21 StAS, Dep. 38, I. Ac. 59, Adam Friedrich von Schenk zu Stauffenberg an seinen Bruder, den würzburgischen Schulkommissionsdirektor Philipp von Schenk zu Stauffenberg, Wetzlar, den 23. Januar 1807; 25. Januar 1807; vgl. auch ebd. Auszug des Schreibens an den K. K. Minister Grafen Friedrich von Stadion, 22. Januar 1808 [mit der Bitte, bei Franz Lothar von Stadion für die Anstellung in würzburgische Dienste zu wirken].

22 Der Kaiser hatte unter den Angehörigen der letzten Richtergeneration Linden, Stein zu Lausnitz und Martini ans RKG präsentiert.

2. Verminderte Gehälter, reduzierte Erwartungen

Es wurde gezeigt, wie von der Becke in diesem Aufsatz den Rechtsanspruch der Angehörigen des Kameralkollegiums auf lebenslangen Fortbezug ihrer Gehälter begründete und diesen mit einem Vierpunkteprogramm verband, das finanzielle Regelungen zur Übernahme der Mitglieder des Kollegiums in die Dienste eines souveränen Fürstenstaates enthielt. Er forderte nicht nur, dass alle vormaligen Reichsstände bzw. ihre Nachfolgestaaten einen unverminderten Beitrag zur Sustentationskasse leisten sollten, die bisherige Kassenverwaltung beizubehalten sei und die Kammerzieler beim Tod eines Assessors um 2½ kr. pro Reichstaler vermindert werden sollten, sondern schlug auch vor, dass diejenigen Fürsten, die Assessoren einstellen würden, so viel an Kammerzieler von ihren Beiträgen abziehen könnten, wie sie den übernommenen Pensionären an Besoldung bewilligten. Überdies hatte von der Becke angeregt, geringer ausfallende Gehälter in neuen Diensten aus der Sustentationskasse zu bezuschussen.[23]

Diese Vorschläge waren Angebote an die deutschen Fürsten, die den Übertritt der vormaligen Reichsrichter in neue Dienste erst ermöglichten. Anders als man vermuten könnte, bestand nämlich auch für die jüngeren und fähigeren Angehörigen des Kameralkollegiums nach der Auflösung des Reichs keine sichere Aussicht auf eine neue Anstellung. Demgegenüber diskutierte man im Sommer 1806 die Frage, ob das Kammergericht die noch anhängigen Prozesse aburteilen solle und die Richter dafür weiterhin ihre Besoldung beziehen könnten.[24]

Vor diesem Hintergrund wird deutlich, dass das Interesse der deutschen Fürsten, vormalige Reichsrichter in ihre Dienste zu nehmen, erst geweckt werden musste. Um dies zu leisten, musste unter anderem der Plan verhindert werden, die Richter des RKG zur Aburteilung noch offener Prozesse heranzuziehen. Es war vor allem der Initiative der jüngeren unter den Betroffenen zuzuschreiben, dass dies im September 1806 gelang. Viele empfanden bereits damals die Aussicht, künftig in Wetzlar bleiben zu müssen, gleich ob als Pensionäre ohne Tätigkeit oder als Urteiler noch anhängiger Prozesse, als Kränkung ihres Berufsethos.[25] Die Referenten von der Becke und Hohnhorst brachten die Ansichten all derer auf den Punkt, die sich Chancen auf eine neue Anstellung ausrechneten. Sie erinnerten an die frühere Bedeutung des Assessorenamtes und projizierten, in scharfem Kontrast dazu, die zu erwartenden Entwicklungen in die Zukunft. Was würde passie-

---

23 N. N., Ueber den künftigen Unterhalt, § 11, S. 7-8.

24 BAF, FN 11 Korrespondenz, Zwackh an Reigersberg Wetzlar, den 8. Aug. 1806; BAF, FN 11 Akten 6a und b, Sitzungsprotokolle und Anlagen vom 26. August 1806; BAF, FN 11 Akten 6a, Anlage Nr. 30b; BAF, FN 11 Akten 6b, Sitzungsprotokolle v. 15. und 16. September 1806.

25 BAF, FN 11 Akten 6a, Anlage Nr. 30b (Referat Hohnhorst und von der Becke). Ähnlich betonte Reigersberg, dass sich sein *Ehrgefühl* empöre, wenn er unter die *Klasse der Pensionäre* gewiesen würde. HHStA-Wien, RK, RKG Visit. 378, Reigersberg an Stadion, Wetzlar, den 30. August 1806.

ren, so lautete die Frage, wenn man sich an den *Karren des Todtreferirens* schmieden und zu einem *blosen Urthelmacher* herabwürdigen lasse?[26]

> *Wir werden aus angesehen Männern Männer ohne Ansehen. – Ein Ehrenposten wird zum Dienste eines Handwerkers oder Fröhners herabgewürdiget – wird unsere Arbeit controllirt, so ist es leicht möglich, daß wir einen ehemaligen Subalternen zum beleidigenden und mit unter wohl auch zum unfähigen so wohl als unbilligen Aufseher erhalten. Welche Erniedrigung, welche Chicane und Kränkungen kann man uns nicht zufügen. War es doch schon bey der alten Verfassung eine in der Geschichte des Kammergerichts nicht unbekannte Erscheinung, daß ein mit dem Gericht unzufriedener größerer Stand mit Vorenthaltung der Kammerzieler drohte, und diese Drohung auch realisierte: Was wird erst geschehen, wenn so viele Souverains von allen Dimensionen sich eben das ungestraft herausnehmen dürfen? – Wird aber auf unsere Arbeit von oben herab gar nicht gesehen, so ist dabey gar keine Ehre und noch weniger Dank als vorhin, aufzuheben. Der nämliche Diensteifer, welcher uns vorhin belebte, kann auch künftig nicht mehr so wirksam seyn, weil jetzt alles Bestreben keine andere Folge haben kann, als daß die bestimmte und geschlossene Anzahl von Processen um ein oder vielleicht ein Paar Jahre früher erlediget werde, eine Wirkung, die keiner besonderen Anstrengung werth ist.*[27]

Die drohende Entwertung des Assessorenamtes gerann hier zum Gegenbild der Motive, welche die Juristen einst bewegten, sich ans RKG präsentieren zu lassen, die selektive Proberelation abzulegen, um die Tätigkeit eines unabhängigen Richters ausüben zu können. Die Bedeutung der Stelle eines Kammergerichtsassessors, das machten von der Becke und Hohnhorst deutlich, wurde nicht ausschließlich nach den Kriterien der Besoldung beurteilt, die Juristen maßen ihr eine andere, eine höhere Dignität als anderen Dienststellen zu:

> *Es war nicht blos die Arbeit des Referirens, nicht blos die Besoldung, wodurch die Stelle eines Assessors sich vor fast allen übrigen Dienststellen auszeichnete und in angesehenen und einträglichen Ämtern stehende Männer bewogen wurden, sie zu suchen. Nein! Der höchste Werth lag in dem Bewußtseyn, in seinem Urtheil, in seinen Arbeiten von allem fremden Einfluß frey, ganz unabhängig zu seyn; in dem Bewußtseyn, den hohen Beruf zu haben, nicht allein einzelne Individuen und Familien, sondern ganze Provinzen gegen Unrecht, Machtsprüche und Bedrückung zu schützen, und selbst Fürsten von der gewaltsamen Verfolgung ihres wirklichen oder vermeintlichen Rechts gegen einander abzuhalten.*[28]

---

[26] Zitate BAF, FN 11 Akten 6a, Anlage Nr. 30b (Referat Hohnhorst und von der Becke).

[27] Ebd.

[28] Ebd.

Was hier zum Ausdruck kam, war die staatstheoretisch aufgeladene Bewertung des Kammergerichts als Instrument zur Verrechtlichung von Konflikten, die für das Richterethos am RKG in der Endphase des Reichs charakteristisch war. Für diejenigen, die in einer Zeit ans RKG kamen, als die Aushöhlung der Reichsverfassung nach dem Frieden von Basel 1795 immer weiter voranschritt, bildeten solche Vorstellungen sicherlich ein wichtiges Motiv um sich auf die Unwägbarkeiten einer Karriere einzulassen, die in ein Assessorat führte. Wie bereits erwähnt hatten Reigersberg, von der Becke, Linden, Stein zu Lausnitz, Hohnhorst, Carl August von Seckendorff, Franz Paul Christoph von Seckendorff, Neurath (jun.), Stauffenberg und Kamptz unter solchen Bedingungen am RKG aufgeschworen. Vor allem diejenigen unter den jüngeren Assessoren, die über die Gesinnungen der deutschen Fürsten am besten informiert waren, sahen keine Möglichkeit, dass der Charakter des Amtes unter den veränderten politischen Bedingungen wiederhergestellt werden könne. Allerdings finden sich im September 1806 unter ihnen einige, ähnlich wie unter den dienstälteren Assessoren, die den Vorschlag befürworteten, die anhängigen Prozesse noch abzuurteilen.

3. Fühlungnahme in Stuttgart

Unterdessen waren zwar Zusagen vieler Souveräne eingetroffen, die Kammerzieler vorerst bis zur Herbstmesse 1806 weiter zu entrichten. Gleichwohl hatten sich nur wenige zu Pensionszahlungen verpflichtet, die über diesen Zeitraum hinausreichten. Im Gegenteil kündigte Baden an, die gewöhnlichen Kammerzielerzahlungen nach der Herbstmesse einzustellen. Der Großherzog hatte lediglich versichert, er sei bereit, an einer künftigen Lösung am rheinischen Bundestag mitzuwirken.[29] Aus Stuttgart wusste man, dass das württembergische Ministerium davon ausgehe:

> *a.) dass das Gericht nicht durch die Konföderation, sondern durch kaiserliche Majestät aufgelöst sey, b.) daß nun kaiserliche Majestät die Folgen dieser Auflösung allein gut machen muß, c.) daß man keine gesezliche Verbindlichkeit kenne, ein nicht existierendes Gericht, dessen Auflösung allein in der Konföderationsakte nicht gelegen, ferner zu unterhalten, d.) daß der König Niemand zahle, der Ihm nicht diene, und e.) man für Niemand als die eigenen Präsentatos zu sorgen habe.* [30]

Diese Nachrichten überbrachte der kurböhmische Assessor Franz Joseph von Linden, von dessen Reise nach Württemberg nur von der Becke und Reigersberg wussten. Seine Informationen waren zuverlässig, denn Linden hatte sich aufgrund seiner ausgezeichneten Verbindungen Zutritt zu höchsten Regierungskreisen ver-

---

[29] BAF, FN 11 Akten 6b, Nr. 37a, Großherzog von Baden an Kammerrichter, Präsidenten und Assessoren, 21. August 1806.

[30] BAF, FN 11 Korrespondenz, Linden an Reigersberg, Sindlingen, den 9. September 1806.

schaffen können. Zum einen war er durch seine ersten beiden Frauen, Maria Anna Geduldt von Jungenfeld (1770–1798) und Maria Anna von Bentzel-Sternau (1769–1805), die beide aus Familien stammten, die der Kurmainzer Führungsschicht angehörten, mit seinem Assessorenkollegen Friedrich Joseph von Schmitz zu Grollenburg versippt.[31] Schmitz von Grollenburg wiederum hatte offenbar gute Verbindungen zu König Friedrich von Württemberg. Ihm war es gelungen, seinem Sohn Philipp Moritz (1765–1849), einen in Mainz, Jülich und Aschaffenburg dreifach präbendierten Domherren, der sich 1799 selbst hatte säkularisieren lassen, durch ein Gesuch beim König eine Anstellung zu verschaffen.[32] Zum anderen war Linden durch seine dritte Gattin Franziska Karoline von Biedenfeld mit der Herzogin Franziska von Württemberg verwandt. Seine Frau war die Großnichte der Herzogin.[33] Darüber hinaus betonte er, alte Bekannte in Stuttgart zu haben. Gesprochen hatte Linden mit dem leitenden Minister Graf Normann-Ehrenfels, zwei weiteren nicht genannten Staatsministern sowie dem Generalsekretär des Inneren Minz.[34]

Lindens Brief zeigt die Probleme, die es im September 1806 zu lösen galt, um die Voraussetzungen für einen Übertritt mehrerer Angehöriger des Kameralkollegiums in andere Dienste zu schaffen. Neben der Verhinderung des Planes, die Präsentati an die jeweiligen Präsentationshöfe zu verweisen, und der Idee, die Angehörigen des Kameralkollegiums mit der Ausarbeitung anhängiger Rechtssachen zu beschäftigen, gehörte hierzu die Abkehr vom Sustentationsplan des Kammerrichters. Linden berichtete, dass Normann-Ehrenfels eine Entschädigung aller Kameralen ablehnte. Es sei ihm erst gelungen seine Aufmerksamkeit für die Probleme der Richter zu erregen, als er betont habe, es handle sich bei Pensionären nicht um den *cumulus von Menschen*, den man sich gewöhnlich *zu denken*

31 Jahns, Das Reichskammergericht, Tl. II, Biogr. 20, Kap. II; HStAS, Q 1/7.

32 HStAS, J 53/12, Bü. 20, Phillip Moritz von Schmitz zu Grollenburg: Kurzer Abriss meines Lebenslaufes. HStAS, J 53/12, Bü. 8, König Friedrich an Assessor von Grollenburg, Ludwigsburg, den 3. April 1806; Normann-Ehrenfels an Schmitz Grollenburg, Stuttgart, 24. April 1806. Zu ihm kurz auch: Jahns, Das Reichskammergericht, Tl. II, Biogr. 103, Kap. IId.

33 Franziska Karoline v. Biedenfeld (1785–1818) war die Tochter von Ernst Heinrich v. Biedenfeld (1751–1826), der hzgl. württembergischer Kammerherr und Amtmann in Hornberg war. Wichtiger war jedoch ihre Mutter, eine Tochter von Luise Erberhardine Freiin von Bernerdin. Diese war die Schwester von Franziska von Hohnheim (1748–1811), der Gemahlin Herzog Carl Eugens von Württemberg. Damit war die Herzogin Franziska von Württemberg die Großtante und wahrscheinlich auch Taufpatin von Lindens Frau. Linden war über die Großmutter seiner Frau auch mit dem Kammergerichtsassessor Carl August von Seckendorff versippt. Hierzu: Jahns, Das Reichskammergericht, Tl. II, Biogr. 20, Kap. II, insb. Anm. 11; HStAS, Q 1/7, Bü. 4, hier v. a. Wilhelm von Linden: Kurzbiographie unserer Vorfahren. Zur Großtante von Lindens dritter Frau: Keppler, Franziska von Hohenheim, S. 157-183. Vgl. auch: BAF, FN 11 Akten 6a, Anlage, Nr. 64, Franziska Herzogin von Württemberg an das Reichskammergericht zu Wetzlar, Sindlingen, den 10. November 1806.

34 BAF, FN 11 Korrespondenz, Linden an Reigersberg, Sindlingen, den 9. September 1806.

pflege, sondern lediglich um die besoldeten Kameralen. Der Minister habe sich daraufhin ein Verzeichnis dieses Personenkreises erbeten, das Linden ihm übersandte.[35]

Diese Bitte war ein Signal für das Interesse Württembergs an der Anstellung von Angehörigen des Kameralkollegiums und zeigte zugleich, dass für subalterne Kameralen keine Verwendung bestand. Ähnliche Zeichen empfing Reigersberg während seines Aufenthaltes in Regensburg Anfang August 1806. Graf Goertz, der Schwiegervater des vormaligen bayerischen Reichstagsgesandten Rechberg, erwähnte ihm gegenüber die Möglichkeit einer Übernahme in königlich bayerische Dienste. Diese Chance wollte Reigersberg aus Rücksicht auf das *allgemeine Beste des Kammergerichtspersonals* zunächst nicht wahrnehmen.[36]

Während die Hoffnung auf neue Anstellungen erklären kann, weshalb sich die Reichsrichter vom Sustentationsplan abwandten, den der Kammerrichter im März 1806 entwickelt hatte, bestanden die größten Schwierigkeiten zunächst darin, dass die Übernahmevorschläge mit den Interessen derjenigen Angehörigen des Kameralkollegiums kollidierten, die sich keine Chancen auf eine künftige Anstellung ausrechneten. Einerseits musste eine Mehrheit für das Vierpunkteprogramm von der Beckes und für die Ablehnung stimmen, in Zukunft noch anhängige Rechtsfälle auszuarbeiten. Andererseits mussten die Vorschläge nicht nur so beschaffen sein, dass sie sich mit den vom Kameralkollegium geltend gemachten Rechtsanspruch auf eine Pension vereinbaren ließen. Es ging darum, eine Kompromissformel mit solchen Fürsten zu schaffen, die die Rechtsansprüche der vormaligen Reichsdiener auf Pensionen nicht anerkannten.

Dies wusste Franz Arnold von der Becke, bevor er den Entwurf zu seiner Denkschrift ausarbeitete. Linden hatte in seinem Schreiben aus Stuttgart unmissverständlich deutlich gemacht, dass Württemberg zu einem Beitrag zur Sustentation nur dann bereit sei, wenn man an den Großmut des Königs appelliere. Rechtsansprüche dagegen wollte man in Stuttgart nicht anerkennen.[37] Als weiterer Faktor kam hinzu, dass ein Übernahmemodus gefunden werden musste, der zu einer allgemeinen Regelung erweiterungsfähig war. Dies hing vor allem damit zusammen, dass die deutschen Fürsten ihre Haltung gegenüber dem aufgelösten Kammergericht von den Grundsätzen anderer Höfe und dem Ausgang des vierten Koalitionskrieges abhängig machten. In Stuttgart sicherte zwar der Generalsekretär des Innern, Minz, Linden unter dem Siegel der Verschwiegenheit zu, die *Wünsche des Kollegiums* zu unterstützen. Hier wolle man zwar auf die Grundsätze Bayerns Rücksicht nehmen, die Eröffnung eines rheinischen Bundestages beurteile man jedoch mit Skepsis und vom Fürstprimas wolle man in Stuttgart

---

35 BAF, FN 11 Korrespondenz, Linden an Reigersberg, Sindlingen, den 9. September 1806.

36 BAF, FN 11 Korrespondenz, Reigersberg an Goerz [Entwurf], den 21. Dezember 1806.

37 BAF, FN 11 Korrespondenz; Linden an Reigersberg, Sindlingen, den 9. September 1806.

nichts hören.[38] In Baden und am Hof Karl Theodors hoffte man demgegenüber auf die Eröffnung des rheinischen Bundestages. Zwackh signalisierte, dass Bayern erst wieder Kammerzieler zahlen wolle, wenn der Krieg gegen Preußen und Sachsen vorbei sei und sich der Rheinbund vergrößert habe.[39]

III. Der Übernahmemodus

1. Diskussionen im Kameralkollegium

Die Schwierigkeiten, den Dienstwilligen unter den Assessoren einen Weg zu neuen Anstellungen zu bahnen, zeigten sich zuerst im Kameralkollegium. Am 15. September 1806 stellte Franz Arnold von der Becke den ersten Entwurf seiner Denkschrift ‚Ueber den künftigen Unterhalt der Glieder des Kaiserlichen und Reichs-Kammergerichts' in der Plenarversammlung zur Debatte,[40] deren Einberufung er selbst bei Reigersberg beantragt hatte. Er wollte dem *täglich mehr Grund fassenden Gedanken von Überweisung der Präsentanten an ihre Präsentationshöfe* entgegen arbeiten und war sich der Brisanz seiner Vorschläge bewusst. Deshalb wies er darauf hin, dass dieses Thema nur gemeinschaftlich angegangen werden könne. Er betonte darüber hinaus, dass sofort verhandelt werden müsse, weil die Zeit dränge.[41] Tatsächlich kam in der Sitzung vom 15. September 1806 nicht nur sein Aufsatzentwurf zum Vortrag. Geschickt hatten von der Becke und Hohnhorst die Debatte hierüber mit der Diskussion des Planes verbunden, die Angehörigen des Kameralkollegiums über die noch anhängigen Rechtssachen entscheiden zu lassen.[42]

Die Ablehnung dieses Vorschlags, die vor allem damit begründet wurde, dass sich keine *Connexionen* suchen könne, wer überhängige Prozesse in Wetzlar ab-

---

38 Zu Württembergs Haltung gegenüber dem geplanten rheinischen Bundestag vgl. Sauer, Napoleons Adler über Württemberg, S. 144; Vgl. auch das Urteil des badischen Rates Brauer bereits am 24. Juli 1806: *Am Ende wird der Bundestag die Scheinform sein, unter welcher der Protektor seine Entscheidungen ins Mittel schiebt.* Erdmannsdörfer, Politische Korrespondenz, S. 717.

39 BAF, FN 11 Korrespondenz, Zwackh an Reigersberg, Wetzlar, den 8. August 1806; Zwackh an Reigersberg, Frankfurt, den 3. November 1806; Rechberg an Reigersberg, Regensburg, den 18. Oktober 1806. Zum Beitritt Sachsens zur rheinischen Konföderation Landesarchiv Speyer V29, Nr. 44, Globig und König Friedrich Augusts von Sachsen an Zwackh, den 4. Januar 1807.

40 Der Entwurf der Druckschrift: BAF, FN 11 Akten 6a, Anlage 30a fehlt im Nachlass Reigersberg. In BAF, RKG in Liqu. (DB 2) ist ebenfalls nur die gedruckte Denkschrift, nicht aber der Entwurf vorhanden. Vgl. DB 2, 35, Eintrag von der Becke.

41 BAF, FN 11 Akten 6a, Anlage Nr. 29, Promemoria von der Beckes an den Kammerrichter, 15. September 1806.

42 BAF, FN 11 Akten 6a, Anlage Num 30. Vorbemerkung zum Referat Hohnhorst und v. der Becke, Nachtrag.

urteilen müsse,[43] war mit dem Vierpunkteprogramm von der Beckes abgestimmt. Der Gedanke geringere Besoldungen übernommener Reichsgerichtspensionäre aus der Sustentationskasse zu bezuschussen, tauchte erneut in der Widerlegung des Planes auf, die Prozesse abzuurteilen:

> *Wer noch Kräfte zum Arbeiten und Neigungen hat, wieder Dienste zu suchen, verliert die Aussicht, sich andernwärts eine Anstellung zu verschaffen. Denn hoffentlich wird es gestattet werden, andere Dienste mit einem geringeren Gehalt dergestalt anzunehmen, daß das aus der bisherigen Besoldung fehlende aus der Sustentationskasse zugeschossen werde. Das fällt weg, sobald wir an den Karren des Todtreferirens geschmiedet sind. Wer denn quittiren will, muß ganz quittiren, und findet er dazu keine ihn hinlänglich entschädigende Gelegenheit, so muß er sein Galeeren-Leben fortschleppen, so lange als sein physischer Körper die Ketten zu tragen im Stande ist.* [44]

Dies waren klare Worte: Es war besser, das kleinere Übel in Kauf zu nehmen und in schlechter besoldete Dienste zu treten, als in Wetzlar unter untragbaren Bedingungen zu bleiben. Sie mündeten in einen Antrag auf Ablehnung des Vorschlages, die anhängigen Fälle noch abzuurteilen, falls dies am rheinischen Bundestag zur Sprache kommen sollte. Die Referenten wollten die Angehörigen des Kameralkollegiums darauf verpflichten, sich gegenüber den deutschen Fürsten nicht zugunsten eines solchen Planes zu äußern. Zugleich tauchte die Forderung auf, dass der Entwurf der Denkschrift von der Beckes gedruckt und an alle Höfe in Deutschland versendet werden sollte.

Man war sich im Kollegium im Klaren darüber, dass der in der Druckschrift verfolgte Plan, Assessoren für ein geringeres Gehalt einzustellen, eine Benachteiligung für die älteren Assessoren mit sich bringen könnte, obgleich von der Becke den Rechtsanspruch des Kollegiums auf lebenslängliche Fortzahlung der Gehälter deutlich herausgearbeitet hatte. Die Anträge der Referenten provozierten deshalb ambivalente Reaktionen, die von Zustimmung über Irritation bis hin zur Ablehnung reichten.

Der katholische Präsident von Stauffenberg lobte von der Becke und Hohnhorst ausdrücklich und votierte für eine baldige Übersendung des Aufsatzes an die deutschen Fürsten. Allerdings forderte er eine ausführliche Diskussion aller Angehörigen des Kameralkollegiums sowie die Berücksichtigung von Veränderungswünschen an der Denkschrift.[45] Er selbst dachte pragmatisch und schlug vor, die Passagen abzumildern, in denen die Rechtsansprüche zu deutlich vorgetragen worden waren. Damit wollte er den Souveränen die Annahme des Übernahmevorschlages erleichtern. Leutsch, der gerade erst wieder nach Wetzlar zurückgekehrt war und dem alles zu schnell ging, bat sich *spatium deliberandi* aus. Seine Reak-

[43] BAF, FN 11 Anlage 6a, Nr. 30b.
[44] BAF, FN 11 Anlage 6a, Nr. 30b.
[45] BAF, FN 11 Akten 6b, Sitzungsprotokoll v. 15. September 1806, Votum Stauffenberg.

tion sollte sich in dem Gutachten vom 16. September äußern, in dem er die Auflösung des Reichs wie des Kammergerichts bestritt. Seine im Rückgriff auf ein historisch-positivistisch geprägtes Verständnis des Reichsstaatsrechtes formulierten Ideen erlaubten es nicht, auf die Vorschläge der Referenten einzugehen.[46] Leutsch forderte die Wiedereinsetzung der Richter des Kammergerichts in ihr Amt.

Obgleich Leutsch in seiner Auffassung durch den Präsidenten Seckendorff und durch Martini unterstützt wurde,[47] stimmten diese mit der Mehrheit für eine Publikation der Denkschrift. Demgegenüber hatten Hueber und Balemann, welche die Rechte der älteren Assessoren vertraten, erhebliche Einwände. Hueber bezweifelte die Zweckmäßigkeit der Vorschläge. Er glaube nicht, dass an den Höfen Überlegungen angestellt würden, die Assessoren wieder an ihre Präsentationshöfe zu verweisen. Vielmehr dachte er, der Plan von der Beckes könnte diese Absicht im Gegenteil erst erwecken. Außerdem hielt er den Aufsatz für zu lang. Er würde von den Ministern nicht gelesen. Schließlich betonte er, das Recht der Angehörigen des Kameralkollegiums auf eine Pension sei so offensichtlich, dass es keiner näheren Begründung bedürfe.[48] Balemann verwarf jenen Punkt des Plans in der Denkschrift ausdrücklich, der den Abzug der Kammerzieler für in Dienst genommene Assessoren vorschlug.[49] Er meinte, dies bringe einen Nachteil für die älteren Assessoren mit sich, die keine Stellen mehr finden würden.

Die Widersprüche hätten beinahe zum Rücktritt der Referenten geführt. Beide stellten ihr Amt zur Disposition.[50] Reigersberg und Stauffenberg wollten dies verhindern. Sie versuchten das Kameralkollegium auf eine gemeinsame Position einzuschwören. Der Kammerrichter verwies darauf, dass in der Plenarversammlung Beschlüsse durch die Mehrheit herbeigeführt würden und entschied, dass die Denkschrift aufgrund der bereits erfolgten Abstimmung gedruckt und anonym veröffentlicht werden könne. Darüber hinaus unterstützte er den Antrag, dass sich die Assessoren mit ihren eigenen Ansichten zurückhalten sollten und die mehrheitlich abgesegnete Meinung zu vertreten hätten. Das hieß, der Wunsch, die noch anhängigen Rechtsfälle abzuurteilen, durfte nicht mehr geäußert werden – und zwar auch dann nicht, wenn einzelne Angehörige des Kameralkollegiums *Staatsmännern* ihre *Privatgedanken* mitteilten.[51] Der ältere Präsident erweiterte die Direktorialproposition ins Grundsätzliche und betonte,

---

[46] BAF, FN 11 Akten 6b, Nr. 31. Vgl. auch Teil II dieser Arbeit.

[47] BAF, FN 11 Akten 6b, Sitzungsprotokoll v. 16. September 1806, Votum Präsident Seckendorff.

[48] BAF, FN 11 Akten 6a, Sitzungsprotokoll v. 16. September 1806, Votum Hueber; vgl. auch den Kommentar von der Becke hierzu: BAF, FN 11 Akten 6a, Nr. 36.

[49] BAF, FN 11 Akten 6b, Sitzungsprotokoll v. 16. September 1806, Votum Balemann. Kommentar von der Becke hierzu ebd., Akten 6a, Anlage Nr. 36.

[50] BAF, FN 11 Akten 6a, Anlage Nr. 35.

[51] BAF, FN 11 Akten 6b, Sitzung vom 16. September 1806, Sondervotum des Kammerrichters aufgrund des Rücktrittsgesuches der Referenten.

> *das gemeinsame Interesse erheische die allerseitige Übereinkunft, sich nicht allein schon jetzt unter allen Beziehungen diese Gedanken der Herren Referenten eigen zu machen, sondern sich auch durch gegenseitiges Versprechen wechselseitig anheischig zu machen, an die über unsere Verhältniße zu disponieren berufenen Höfe und Geschäftsmänner keine andern, als von dem Collegium in seiner Mehrheit adoptierte Ideen gelangen zu lassen, und von jeder in dieser Beziehung unternommenen Handlung der Gesammtheit volle Kenntnis zu geben. Seine Excellenz verpflichten sich, unter Bedingungen der Reciprocität, zu diesem Angelöbniß, und beziehe sich auf hoch Ihre vorhinnen durch die gestern gemachten mündlichen Eröffnungen schon bewirkte Vollziehung dieses Grundsatzes von Ihrer Seite.*[52]

Die generelle Verpflichtung, nur mehrheitlich beschlossene Ideen gegenüber den deutschen Fürsten und Funktionären zu äußern, fand in einer erneuten Abstimmung eine knappe Mehrheit. Unter denjenigen, die mit Reigersbergs und Stauffenbergs Anträgen stimmten und zugleich den Referenten ihr Vertrauen aussprachen, fanden sich Ullheimer, Schmitz, Cramer, Ditfurth und Hommer. Darüber hinaus ließ sich auch Franz Paul Christoph von Seckendorff überzeugen. Demgegenüber weigerten sich Hueber, Martini und Balemann hierüber abzustimmen. Neurath (sen.) und Stein zu Lausnitz, die beide auf die Eröffnung eines rheinischen Bundestages setzten, vertraten eine dritte Position. Sie zeigten sich gegenüber den dienstwilligen Assessoren kollegial und betonten zwar, sie würden gehorchen, wenn die deutschen Fürsten die Ausarbeitung anhängiger Prozesse anordneten. Gleichwohl versprachen sie, sich zuvor weder *pro noch contra* zu äußern. Leutsch vertrat weiterhin seine Außenseiterposition, hielt es jedoch ebenfalls für nötig *dagegen zu arbeiten*, wenn der Bundestag die Aburteilung verfüge. Im *Conclusum* wurden dann nicht nur die Anträge der Referenten und des Kammerrichters gebilligt, sondern ausdrücklich darauf hingewiesen, dass es in *dem collegialischen Verbande liege, daß man seine Privatansicht jener der mehreren Mitglieder unterordne.*[53]

Mit diesem Beschluss hatte die Mehrheit der anwesenden Richter ein Verbot für alle Angehörigen des Kameralkollegiums ausgesprochen, Meinungen öffentlich zu äußern, die von der Mehrheit nicht gebilligt worden waren. Dies war für die Schaffung eines Übertrittsmodus weit wichtiger als für die Pensionsfrage, über die weitgehende Einigkeit bestand. Damit war es möglich, nach außen hin als solidarisch handelnde und denkende Gruppe aufzutreten, während das Prinzip des Referierens, Votierens und Konkludierens nach dem Mehrheitsprinzip die Konflikte innerhalb der Gruppe regelte.

Festgehalten werden muss, dass vor allem von der Becke die älteren Assessoren nicht einfach durch Majoritätsbeschlüsse dominieren wollte. Im Gegenteil

[52] BAF, FN 11 Akten 6b, Sitzung vom 16. September 1806. [2. Votum Stauffenberg].

[53] BAF, FN 11 Akten 6b, Sitzung vom 16. September 1806, zweite Voten von: Hueber, Martini, Balemann, Schmitz, Neurath (sen.), Ullheimer, Ditfurth, Hommer, Seckendorff.

setzte er sich immer wieder nachdrücklich für die Durchsetzung eines lebenslangen Anspruchs auf die vollen Bezüge ein und hoffte, die unter den Kollegen bestehenden Gegensätze ausgleichen zu können. Darüber hinaus war die Tatsache, dass er sein Referentenamt zur Disposition gestellt hatte, den Widersprüchen von Vertretern der älteren Generation, Hueber und Balemann, geschuldet. Um sie nicht zu übervorteilen, hatte er sich *Bedenkzeit* für die Entscheidung über die Beibehaltung des Referentenamtes ausgebeten.[54] Anders als Hohnhorst[55] hegte von der Becke gerade wegen der älteren Assessoren auch große Bedenken, bei der Veröffentlichung des Aufsatzes *Majora* entscheiden zu lassen. Er zeigte ein hohes Maß an Solidarität mit seinen älteren Kollegen, wenn er betonte, sich dem Vorwurf *niemals* aussetzen zu wollen, etwas zu ihrem *Nachteil* eingeleitet zu haben.[56] Erst Reigersberg gelang es, die Bedenken von der Beckes zu zerstreuen. Er nutzte seine Autorität als Gerichtsvorstand und konnte Hueber und Balemann in einem Gespräch davon überzeugen, ihre Zustimmung zur Veröffentlichung der Denkschrift in einer leicht veränderten Fassung nachträglich zu erteilen.

Am 19. September 1806 begann man die Schrift zu publizieren. Ihre Verbreitung wurde durch die fast gleichzeitige Veröffentlichung von Karl Theodors ‚Beherzigung' beschleunigt.[57] Die von Reigersberg bereits überzeugten Skeptiker traten nun bedenkenlos dem Vorschlag Ullheimers bei, die falschen Ansichten Karl Theodors zu *rectifizieren* und dazu die Denkschrift von der Beckes zu verwenden.[58] Tatsächlich dürften die deutschen Fürsten von dieser Schrift Ende September Kenntnis erlangt haben.

2. Angebote Württembergs und Bayerns

Die konföderierten Staaten, zu denen seit dem 11. Dezember 1806 auch das zum Königreich erhobene Sachsen gehörte, waren die ersten, die das Vierpunkteprogramm von der Beckes aufgriffen. Die Hoffnung auf die Eröffnung eines rheinischen Bundestages spielte dabei eine untergeordnete Rolle. Nicht der Fürstprimas

---

[54] BAF, FN 11 Akten 6b, Sitzung vom 16. September 1806, *Herr Assessor von der Becke: Finde sich ebenfalls durch das allgemeine Zutrauen zwar sehr geschmeichelt, müße sich aber jedoch über seine Entschließung einige Bedenkzeit erbitten.*

[55] BAF, FN 11 Akten 6b, Sitzung vom 16. September 1806, *Herr Assessor von Hohnhorst fände sich durch den von mehreren höchst verehrlichen Mitgliedern des Collegiums geäußerten Wunsch, in dieser Sache das Referat ferner beyzubehalten, allerdings bewogen, sein voriges an Se des He Kammerrichters Exc. gestelltes Gesuch zurückzunehmen, und wünsche nichts mehr, als durch künftige Arbeiten sich des ihm geschenkten Vertrauens würdig zu machen; jedoch setzen D. R. als unumgänglich nothwendig, und als conditio sine qua non, voraus, daß auch sein Mitreferent Assessor von der Becke sich diesem Geschäfte für die Zukunft nicht entziehen werde.*

[56] BAF, FN 11 Akten 6a, Anlage, Nr. 36, Promemoria von der Beckes an den Kammerrichter, 19. September 1806.

[57] Hierzu Teil III.

[58] BAF, FN 11 Akten 6b, Sitzung vom 22. September 1806. Das Zitat aus dem Votums Ullheimers.

ergriff die erste Initiative zur Übernahme von Angehörigen des Kameralkollegiums, vielmehr sandte der leitende Minister des Königreichs Württemberg, Normann-Ehrenfels, am 11. Dezember 1806 ein Schreiben an Reigersberg, in dem er ihm mitteilte, der König habe den Entschluss gefasst, *den Betrag der Kammerzieler* für die alten und neuen Länder *in Zukunft* für die Gerichtsangehörigen *mittelst Anstellung einiger Beisitzer des Gerichts in Allerhöchstdero Diensten* zu verwenden.[59] Normann-Ehrenfels ging davon aus, dass das Beispiel Württembergs von anderen Souveränen nachgeahmt würde. Er betonte, sein Vorschlag sei der sicherste und einfachste Weg der Versorgung der Reichsrichter.

Normann-Ehrenfels modifizierte das Vierpunkteprogramm von der Beckes im Sinne Württembergs. Er ließ nicht nur offen, ob Württemberg die gesamten Kammerzieler für die Anstellung von Assessoren verwenden würde, sondern erkannte auch die Rechtsansprüche des Kameralkollegiums auf lebenslangen Unterhalt nicht an. Demgegenüber bezeichnete er das Übernahmeangebot als Ausfluss königlicher Milde. Außerdem bestritt der Stuttgarter Minister dem Kammergericht das Eigentum an den Kapitalien, die dem Kanton Odenwald und dem schwäbischen Kreis ausgeliehen worden waren. Normann-Ehrenfels machte ein Heimfallsrecht geltend, betonte aber, der König habe dank seiner *wohlwollenden Gesinnungen* gegenüber den in Wetzlar verbliebenen Pensionären versprochen, die Zinsen der Fonds auszubezahlen.

Als sich die Angehörigen des Kameralkollegiums mit diesem Vorschlag auseinander setzten, sahen sie sich nicht nur vor das Problem gestellt, wie sie mit einem vormaligen Konstituenten umgehen sollten, der ihre Rechtsansprüche nicht anerkannte. Sie waren auch mit der Tatsache konfrontiert, dass Kollegen für den Vorschlag Württembergs mitverantwortlich waren. Nicht nur hatte Franz Joseph von Linden im September 1806 die Rechtsansprüche des Kameralkollegiums vorzeitig preisgegeben, als er an den *Großmuth* des Königs appellierte, sondern Karl Georg von Riedesel hatte sich, wie Ullheimer wusste, direkt an der Ausarbeitung des dem Württemberger Vorschlag zugrundeliegenden Konzeptes beteiligt.[60]

Riedesel, der dem stiftsfähigen Adel entstammte, verfügte einerseits, ähnlich wie Linden, durch seine Ehefrau über gute Verbindungen in Württemberg. Er war mit Karoline Frederike Luise von Seckendorff verheiratet und damit nicht nur mit dem Präsidenten Franz Paul Christoph von Seckendorff und dem Assessor Carl August von Seckendorff weitläufig versippt,[61] sondern darüber hinaus mit zwei

---

[59] BAF, FN 11 Anlagen, ad Nr. 37, (Abschrift) Normann-Ehrenfels, königlich württembergisches Ministerialschreiben an Heinrich Aloys von Reigersberg, Stuttgart, 11. Dezember 1806. Abschriften auch in: BAF, AR 1 Misc. 616; BAF, RKG in Liqu., Anlagen Bd. 1, ad Nr. 37.

[60] Landesarchiv Speyer, V 29, 53, Ullheimer an Zwackh, Wetzlar, den 11. Januar 1807.

[61] Die beiden Angehörigen des Kameralkollegiums sowie Karoline Frederike von Seckendorff entstammten derselben Hauptlinie (Aberdar), jedoch aus unterschiedlichen Nebenlinien. Die Verwandtschaft der beiden Seckendorffs zueinander und zu Riedesels Frau war weitläufig.

weiteren Mitgliedern dieses Familienverbandes, die in Baden und Württemberg Spitzenpositionen innehatten: Christoph Albrecht und Johann Karl Christoph von Seckendorff. Während Christoph Albrecht von Seckendorff von 1788 bis 1803 die Stimme Württembergs und bis 1806 die Stimmen Anhalts, Sachsen-Coburgs und Badens auf dem Reichstag geführt hatte, wurde er 1806 zunächst für kurze Zeit badischer Finanzminister und erwartete sodann in der Funktion eines Gesandten am Hof Karl Theodors die Eröffnung des Rheinischen Bundestages.[62] Johann Karl Christoph von Seckendorff löste Christoph von Seckendorff 1803 als Gesandter des nunmehr zum Kurfürstentum erhobenen Württemberg in Regensburg ab und wurde nach der Auflösung des Reichstages württembergischer Staatsminister und Staatsrat.[63] Offensichtlich war es die Verbindung zu Johann Karl Christoph von Seckendorff, die Riedesel nutzte, um in Württemberg für die Übernahme von Assessoren zu werben. Denn Riedesel hatte anderseits mit Johann Karl Christoph von Seckendorff in den 1760er Jahren in Tübingen studiert und war anschließend fast gleichzeitig mit ihm zum württembergischen adeligen geheimen Hofrat ernannt worden.[64] Anders als Linden, der bis Oktober 1806 in Württemberg geblieben war und möglicherweise weitere Gespräche mit Stuttgarter Funktionären führte,[65] dürfte Riedesel durch Korrespondenzen zur Ausarbeitung des württembergischen Vorschlages beigetragen haben, über den das Kameralkollegium am 18. Dezember 1806 beriet.

Obgleich also Teile des Kollegiums Rechtsansprüche des Gerichts preisgeben wollten, hielt der Referent von der Becke an der bisherigen Position fest.[66] Zwar schien ihm Württembergs Übernahmevorschlag als nützlich und im Interesse des Kameralkollegiums, gleichwohl wollte er dem König von Württemberg die Zusicherungen eines Rechtsanspruchs des Kollegiums auf Pension und die Anerkennung der Rechte auf die Fonds abringen.[67] So forderte er, das Königreich müsse so viele Assessoren anstellen, wie es an laufenden Kammerzielerbeiträgen zu zahlen habe. Bei einer geringeren als der bisherigen Besoldung würde die Susten-

Sie führte zurück auf den gemeinsamen Stammvater Christoph Sigmund von Seckendorff (1629–1710). Vgl. hierzu: Rechter, Die Seckendorff, Bd. 3, Tl. 1, S. 256, Nr. XIV/21 (Karoline Frederike), S. 279-281, Nr. XIV/49 (Franz Paul Christoph), S. 283, Nr. XV/1 (Carl August Maximilian); Jahns, Das Reichskammergericht, Tl. II, Biogr. 109, Kap. II (Riedesel), Biogr. 49, Kap. II (Carl August Maximilian v. Seckendorff).

62 Härter, Reichstag und Revolution, S. 666 Anm. 19 mit einer Kurzbiographie; Obser, Politische Correspondenz, S. XXV Anm. 1; SHStA, Sächsische Bundestagsgesandtschaft, Nr. 353, Geschäftspapiere des geh. Legationssekretärs Kötteritz, Repertorium über die gesandtschaftlichen Dépeches von 1807–1811, hier: Einträge Baden und Seckendorff. Er war zugleich auch badischer Gesandter zu Kassel (seit 1807).

63 Jahns, Das Reichskammergericht, Tl. II, Biogr. 49 Kap. II; Härter, Reichstag und Revolution, S. 666 Anm. 19.

64 Jahns, Das Reichskammergericht, Tl. II, Biogr. 109, Kap. II und III.

65 Als Votant in der Plenarversammlung taucht Linden erstmals wieder am 21. Oktober 1806 auf. BAF, FN 11 Akten 6b, Sitzungsprotokoll vom 21. Oktober 1806.

66 BAF, FN 11 Akten 6b, Sitzungsprotokoll vom 18. Dezember 1806.

67 BAF, FN 11 Akten 6b, Anlage Nr. 80, I.

tationskasse dann Gehaltszuschüsse bezahlen. Ferner sollten die aufgelaufenen Rückstände an Kammerzielern von dieser Regelung ausgenommen und weiterhin in die Sustentationskasse entrichtet werden. Schließlich wollte er das geltend gemachte Heimfallsrecht der Kapitalien widerlegt wissen.[68] All dies forderte von der Becke dem Minister mitzuteilen – eine Forderung, die aufgrund der württembergischen Ablehnung der geltend gemachten Rechtsansprüche zu einer Rücknahme des Angebotes hätte führen können.

Wie schon im September 1806 war es Stauffenberg, der im Prinzip mit dem Referenten übereinstimmte, jedoch vorschlug, die Widersprüche höchstens in *milden Ausdrücken* in ein Antwortschreiben einfließen zu lassen. Die Frage des verliehenen Kapitals zu deutlich herauszustellen, hielt er für nicht tunlich. Während klar war, dass eine vorsichtige Antwort die Möglichkeit eröffnen würde, sich von der Anerkennung der Rechtsansprüche weiterhin zu distanzieren, schlug Stauffenberg vor, den Fürstprimas um Mitwirkung zu bitten, um mit Bayern und Baden Regelungen zu finden, mittels derer die Ansprüche festgeschrieben werden könnten. Mündliche Vorstellung in dieser Sache begrüßte Stauffenberg zwar, doch wollte er vor dem Hintergrund der eigenen Erfahrungen während seiner Mission bei Karl Theodor keine Abgesandten des Kameralkollegiums bestimmen lassen.[69]

Stauffenbergs diplomatische Lösung fand mehrheitlich Billigung. Abermals waren es vor allem die späteren Pensionäre, die wie Hueber betont sehen wollten, dass man lebenslang am Kammergericht angestellt sei und das Eigentum am Sustentationsfond habe.[70] Ditfurth votierte in diesem Sinne, wenn er darauf hinwies, dass diese Regelung bei

> *ihm und bey 6 bis 7 verehrlichen Mitgliedern, die respective über 30 und mehr Jahre gedient hätten, Altershalber nicht anwendbar sey, und es daher für diese sehr traurig seyn würde, wenn sie durch die Dienstanstellung der jüngeren Herrn Gefahr leiden würden.*[71]

Auch Leutsch wies auf die Nachteile hin, die für die in Wetzlar verbleibenden Assessoren entstehen könnten. Balemann teilte die Ansicht Leutschs und Martini pflichtete dem Referenten bei. Schmitz zu Grollenburg, Cramer und Hommer zeigten sich aufgeschlossen für die Übernahmepläne und votierten für die Lösung, die Stauffenberg vorgeschlagen hatte.[72]

---

68 BAF, FN 11 Akten 6b, Anlage Nr. 80, II.

69 BAF, FN 11 Akten 6a, Sitzungsprotokoll vom 18. September 1806, Votum Stauffenberg.

70 BAF, FN 11 Akten 6a, Sitzungsprotokoll vom 18. September 1806, Votum Hueber.

71 BAF, FN 11 Akten 6a, Sitzungsprotokoll vom 18. September 1806, Votum Ditfurth.

72 BAF, FN 11 Akten 6a, Sitzungsprotokoll vom 18. September 1806, Voten Leutsch, Balemann, Martini, Schmitz, Cramer, Hommer, Franz Paul Christoph von Seckendorff.

Man verabredete ein Kameralschreiben, das direkt an den König von Württemberg gesendet werden sollte[73] und ließ dem Fürstprimas die Korrespondenz mit dem württembergischen Hof zukommen.[74] Karl Theodor bedauerte den Vorschlag des Königs von Württemberg und durchschaute dessen Vorhaben sofort. Der König gedenke offenbar, sich *eines Theils der Fortzahlung der Kammerzieler mittelst Übernahme einiger Assessoren in seine Dienste* zu entziehen, schrieb er an Reigersberg. Er verurteilte auch die Aneignung des württembergischen Teils des Odenwälder Kapitals.[75] Demgegenüber begrüßte er den gemäßigten Widerspruch des Kameralkollegiums ausdrücklich. Da das Ministerialschreiben auch im Sinne der *Gerechtigkeit* gedeutet werden könne, solle man abwarten und auch an die anderen Souveräne keine Schreiben senden. Karl Theodor versprach sich dafür einzusetzen, bei den rheinischen Bundesfürsten *Gesinnungen* für einen Übernahmevorschlag zu wecken, der die Rechte des Kammergerichts anerkenne.[76]

Tatsächlich war er kurz darauf mit Zwackh dem königlich bayerischen Gesandten in Frankfurt Zwackh und dem bayerischen Ministerium des Äußern in Kontakt getreten. Am 2. Januar 1807 traf ein von Montgelas und Max I. Joseph unterzeichnetes Schreiben in Wetzlar mit der Versicherung ein, bis zu einer definitiven Festsetzung eines ausreichenden Sustentationsfonds nicht nur die laufenden Kammerzieler weiter zu entrichten, sondern auch die bayerischen Rückstände zu bezahlen.[77] Am 12. Januar hieß es aus München, dass sich der Vorschlag, die Kammerzieler provisorisch fortzuzahlen, zwar mit der Regelung vereinbaren lasse, *daß* [...] *einige Assessoren von den betheiligten Souverainen in ihre Dienste genommen werden und darnach eine verhältnißmäßige Summe an ihren Beiträgen abgezogen werde.* Gleichwohl sollte die Übernahmeregelung nicht *jetzt schon* definitiv als einzige Versorgungsmaßnahme für die Richter des RKG angewandt werden. Sonst könne es passieren, dass die Pensionäre, die keine neuen Dienste finden, *unversorgt einem verzweiflungsvollen Schicksale überlassen* blieben.[78]

---

[73] BAF, FN 11 Akten 6a, Sitzungsprotokoll vom 18. September 1806, Votum Branca, Conclusum.

[74] HHStA-Wiesbaden, Abt. 371, 128, fol. 113r-116v, (Abschriften) Ministerialschreiben, Stuttgart, den 11. Dezember 1806 und Kameralschreiben an den König von Württemberg, Wetzlar, den 22. Dezember 1806. Das Kameralschreiben als Entwurf von der Beckes, in: BAF, FN 11 Akten 6a, Anlagen, Nr. 81.

[75] Auch die Öffentlichkeit wurde von den Gesinnungen Württembergs informiert. Nachtrag zu der im dritten Hefte abgedruckten Abhandlung: Ueber die Unterhaltung des gesammten Personals des kaiserlichen Reichskammergerichts, in: Der Rheinische Bund, Bd. II, Heft 4 (1807), S. 135.

[76] HHStA-Wiesbaden, Abt. 371, 128, fol. 119r-120r, Karl Theodor an den vormaligen Kammerrichter, Frankfurt, den 26. Dezember 1806.

[77] Etwa HHStA-Wiesbaden, Abt. 371, 128, fol. 132, Abschrift König Max I. Joseph an den Kammerrichter und die Mitglieder des Reichskammergerichts, München, 2. Januar 1807.

[78] HHStA-Wiesbaden, Abt. 371, 128, [Abschrift] Antwortschreiben des königlich bayerischen Ministeriums der auswärtigen Verhältnisse, München, den 12. Januar 1807.

Damit erkannte Bayern nicht nur die Ansprüche des Kameralkollegiums an und ging auf die Übernahmevorschläge ein. Vielmehr wurden auch die verliehenen Kapitalien nicht als heimgefallenes Gut betrachtet. Es wurde ausdrücklich betont, dass die Sustentationskasse Gläubigerin der übernommenen Schulden bleibe. Diese mit der württembergischen kontrastierende Auffassung verweist auf das unter bayerischen Funktionären ausgeprägte Bewusstsein, dass die Angehörigen des RKG mit modernen Staatsbeamten vergleichbar seien. Die in mehreren Schritten durchgeführte bayerische Beamtenreform, die in der sogenannten Staatsdienerpragmatik vom 1. Januar 1805 ihren vorläufigen Abschluss gefunden hatte und die rechtliche und finanzielle Sicherstellung der bayerischen Staatsbeamten fixierte, wurde in ihren Grundsätzen auf die vormaligen Reichsdiener übertragen.[79]

Für die Durchsetzung dieser Regelung spielte vor allem Franz Xaver von Zwackh, der nicht nur mit Karl Theodor und dem Kammerrichter in regem Austausch stand, eine wichtige Rolle. Ullheimer und von der Becke dankten dem bayerischen Gesandten im Januar für seinen Einsatz zugunsten des Kameralkollegiums. Darüber hinaus dürfte auch der vormalige Reichstagsgesandte von Rechberg für die Anerkennung der Ansprüche des Kameralkollegiums einen Beitrag geleistet haben, hatte er dies doch bereits im Sommer 1806 versprochen.[80]

Mit der bayerischen Erklärung war noch kein verbindlicher Übernahmemodus gefunden. Gleichwohl begannen die deutschen Staaten die Möglichkeit einer Anstellung der Richterpensionäre zu prüfen. Was sich in der Folge herausbildete, war ein regelrechter *Übernahmemarkt*, an dem sich die deutschen Souveräne mit unterschiedlichen Strategien und Intentionen ebenso wie die Angehörigen des Kameralkollegiums beteiligten. Der Vorschlag von der Beckes, Kammerzieler im Gegenzug für die Einstellung von vormaligen Reichsrichtern abzuziehen und geringere Gehälter aus der Sustentationskasse zu bezuschussen, spielte bei allen bis 1810 erfolgten Anstellungen von Wetzlarer Reichsrichtern eine Rolle.

Vor diesem Hintergrund können die Rahmenbedingungen entlang der von den deutschen Fürsten jeweils für ihre alten und neuen Länder geforderten Kammerzieler entwickelt werden. Die jeweilige Summe der geforderten Beträge bildete bei fast allen Anstellungen vormaliger Reichsrichter das disponible Finanzvolumen, das zu ihrer Besoldung verwendet werden konnte. Der vorgeschlagene Zuschuss geringer ausfallender Gehälter aus der Sustentationskasse erlaubte es den übernehmenden Staaten nicht nur erfahrene Juristen, die über eine hervorragende Ausbildung verfügten und bereits in Zentralbehörden gearbeitet hatten, unter Wert einzustellen. Hinzu kommt, dass die Reichsstände, welche die höchsten Kammerzielerbeiträge zu entrichten hatten, die neuen Staatsdiener auf Kosten der

[79] Schimke, Das Ansbacher Mémoire, S. 53f.; Teilabdruck der Staatsdienerpragmatik: dies., Regierungsakten Bayern, Nr. 76, S. 400-410, hier: Art. XIII, XVII, XXIV, XXV.

[80] Hierzu BAF, FN 11, Korrespondenz mit Zwackh, Rechberg und Montgelas; Korrespondenz Zwackhs mit Karl Theodor, in: HHSTA-Wiesbaden, Abt. 371, 128.

kleineren deutschen Fürstenstaaten anstellten, die aus ihren Beiträgen kein Assessorengehalt finanzieren konnten. Sie schlugen aus der Verpflichtung, dass die Kammerzieler weiter bezahlt würden, Kapital. Wie bereits betont zahlte die Sustentationskasse und damit die Gesamtheit der beitragenden Staaten auf die Gehälter der meisten übernommenen Assessoren Zuschläge von 800 fl., während der Kammerrichter zumindest in den ersten beiden Jahren seiner neuen Anstellung noch wesentlich höhere Zuschüsse auf sein Gehalt aus der Sustentationskasse bezog.

IV. Auswahlkriterien und Einstiegsniveau

Die im Winter 1806/07 eingehenden Angebote waren noch keine Garantie dafür, dass ein Assessor eine Nachkarriere einschlagen konnte. Allerdings waren damit die Rahmenbedingungen dafür geschaffen, dass sich ein Stellenmarkt der Richterpensionäre ausbilden konnte. Grundlegend für die Spielräume der Souveräne bei der Übernahme der Richter waren einerseits die Höhe der Kammerzieler, welche die vormaligen Reichsstände für ihre alten und neuen Länder zu entrichten hatten. Andererseits prüften nun auch andere deutsche Höfe die Vorschläge von der Beckes. Prägend war weiterhin, dass potentielle Stellenbewerber ein Auswahlverfahren zu durchlaufen hatten. Eine Reihe von vormaligen Reichsrichtern wurde als Übernahmekandidaten verschiedener deutscher Höfe gehandelt.

1. Die Übernahme in Württemberg

Während Bayern noch zögerte, wurde Linden am 26. Dezember 1806 zum Vizepräsidenten des Ersten Senats des Oberjustizkollegiums in Esslingen ernannt.[81] Riedesel, der bereits am 19. Januar 1807 von seinem Assessorenamt resignierte um die Stelle des Präsidenten des württembergischen Titularrats anzutreten, dürfte seine Ernennung ebenfalls im Dezember 1806 erhalten haben.[82] Mit den Assessoren Carl August von Seckendorff, Ignatz von Gruben und Karl von Kamptz verhandelte man Anfang Februar 1807.[83] Für die Auswahl konnte der Stuttgarter

---

[81] Jahns, Das Reichskammergericht, Tl. II, Biogr. 20, Kap. IV. Die Vereidigung Lindens erfolgte am 23. Februar 1807 (BAF, FN 11, Korrespondenz, Linden an Reigersberg, Stuttgart, den 23. Februar 1807), die Resignation am RKG am 5. März 1807 (BAF, FN 11 Akten 6a und b, Sitzungsprotokoll und Anlagen, Nr. 117 und 121). Kurz darauf teilte der vormalige kurböhmische Präsentatus auch dem Kaiser von Österreich seinen Übertritt in württembergische Dienste mit: HHStA-Wien, RK, RKG Visit. 378, Linden an den Kaiser von Österreich, Esslingen, den 15. März 1807.

[82] Jahns, Das Reichskammergericht, Tl. II, Biogr. 109, Kap. IV; BAF, FN 11 Akten 6a und b, Sitzungsprotokoll vom 19. Januar 1807 und Anlage, Nr. 96; BAF, FN 11 Korrespondenz, Riedesel an Reigersberg, Stuttgart, den 2. Februar 1807.

[83] Während die Verhandlungen mit Seckendorff und Gruben nicht öffentlich wurden, wurden die an Riedesel, Linden und Kamptz erfolgten Rufe bekannt gegeben. Vgl.: Ueber die Un-

Hof das Verzeichnis nutzen, das Linden Normann-Ehrenfels im September hatte zukommen lassen und das mit der von Vahlkampf zusammengetragenen Kollektivbiographie der letzten Richtergeneration des RKG identisch war.[84] Eigene Anträge dieser Assessoren an den Stuttgarter Hof scheinen nicht erfolgt zu sein. Darauf weist nicht nur die Ablehnung des an Karl von Kamptz ergangenen Rufes als Vizepräsident des zweiten Senates beim Oberjustizkollegium hin, sondern auch die Tatsache, dass Carl August von Seckendorff und Gruben als Kandidaten um eine Stelle konkurrierten,[85] für die ein Gehalt von 3 200 fl.[86] bezahlt werden sollte. Keiner der beiden hätte sich aus eigenem Wunsch um eine solche Anstellung bemüht. Einerseits war sie um 800 fl. jährlich geringer dotiert als die Präsidentenstellen Riedesels und Lindens. Andererseits sollte sie nur deshalb besetzt werden, weil der König auch die Zinsen des Odenwälder Kapitals mit dem Gehalt für einen vormaligen Reichsrichter verrechnen wollte.[87] Dabei war noch Anfang Februar 1807 unklar, ob die Zuschüsse auf das vormalige Assessorengehalt tatsächlich aus der Sustentationskasse bezahlt würden.[88] Hinzu kam, dass es sich um eine Ratsstelle in demselben Kollegium handelte, dem Linden als Vizepräsident vorstand.[89]

Während sich Gruben, der Stuttgart unangenehm aufgefallen war, vom Fürstprimas, seinem vormaligen Präsentanten, den Anspruch auf volles Gehalt und die Aussicht auf eine Stelle zusichern ließ, lehnte Carl August von Seckendorff das Angebot ab, seinem vormaligen Kollegen untergeordnet zu werden. Er begehrte von König Friedrich ebenfalls eine Präsidentenstelle.[90] Wenn der König dies für eine *unbegreifliche Forderung*[91] hielt, so zeigt dies, dass keine Ausgaben getätigt

terhaltung des gesammten Personals des kaiserlichen Reichskammergerichts, in: Der Rheinische Bund, Bd. II, Heft 4 (1807), S. 135 und Bd. II, Heft 5 (1807), S. 297. Hier: *Die Nachricht von der Anstellung des Herrn Kammerrichters Freiherrn von Kamptz hat sich bestätigt. Derselbe ist vom Könige von Württemberg zum Vicepräsidenten bei dem zweiten Senate des Ober-Justizkollegiums ernannt worden.*

84 Vgl. Teil I dieser Arbeit.

85 BAF, FN 11 Korrespondenz, Riedesel an Reigersberg, Stuttgart, den 2. Februar 1807. *Ob die ferner Wahl auf Gruben oder Seckendorff falle, scheint mir noch unentschieden zu seyn.*

86 BAF, FN 11 Korrespondenz, Linden an Reigersberg, Stuttgart, den 23. Februar 1807.

87 BAF, FN 11 Korrespondenz, Riedesel an Reigersberg, Stuttgart, den 2. Februar 1807.

88 BAF, FN 11 Akten 6b, Sitzungsprotokoll vom 19. Januar 1807. BAF, FN 11 Akten 6b, Korrespondenz, Reigersberg an Zwackh, Wetzlar, den 20. Januar 1807; Zwackh an Reigersberg, Aschaffenburg, den 22. Januar 1807 hier: *Erwartend bin ich was Majora auf das Verlangen des von Riedesel provisoria beschließen, so lange Würtemberg nicht einen Theil seiner Kammerzieler zum allgemeinen Pensionsfond beiträgt, werde ich aus diesem Fond denen von Würtemberg angestellten Assessoren die Besoldung nicht ergänzen;* Riedesel an Reigersberg, Stuttgart, den 2. Februar 1807; Linden an Reigersberg, Aschaffenburg, den 9. Februar 1807.

89 BAF, FN 11 Korrespondenz, Linden an Reigersberg, Stuttgart, 23. Februar 1807.

90 BAF, FN 11 Korrespondenz, Linden an Reigersberg, Stuttgart, 9. Februar 1807. Die Zusicherung geschah mündlich. Der Fürstprimas teilte dies Linden in einer Audienz mit und erbot sich, das gegebene Wort nötigenfalls auch schriftlich auszufertigen.

91 BAF, FN 11 Korrespondenz, Linden an Reigersberg, Stuttgart, 9. Februar 1807.

werden sollten, die die laufenden Kammerzieler bzw. die Zinsen für das Odenwälder Kapital überstiegen.

Offensichtlich wollte man in Württemberg den Sachverstand der erfahrenen Juristen des Reichskammergerichts, an dem konkreter Bedarf bestand, günstig einkaufen. Mit Grund vermutete Riedesel, dass die Absicht ihn als Präsident des Tutelarrats anzustellen, dadurch motiviert worden war, dass bei den *Curatel Angelegenheiten*, die dort verhandelt wurden und die durch die Mediatisierungen sehr vermehrt worden waren, die Grundsätze des vormaligen Reichskammergerichts angewandt werden sollten.[92]

Dass Friedrich von Württemberg für die Kammerzieler und die Zinsen des angeeigneten Kapitals möglichst viele Angehörige des Kameralkollegiums einstellen wollte und nicht bereit war, Besoldungsmittel aus dem württembergischen Staatsetat zuzusetzen, zeigen sowohl die Mitteilung Riedesels an Reigersberg, wonach der König nicht gewillt sei, einem Assessor mehr als die 4000 fl. zu bezahlen,[93] als auch der Versuch Lindens, Reigersberg zu einer Stelle in Württemberg zu verhelfen. Zwar hatte sich Reigersberg bereits anderweitig um eine Anstellung bemüht, Linden jedoch wusste davon nichts und hatte mit Normann-Ehrenfels im Februar die Besetzung einer Stelle *erster Klasse* durch den vormaligen Kammerrichter ausgehandelt. Konkret wurde entweder an eine Gesandtschaft oder eine Ministerstelle gedacht. Linden betonte, man erwäge sogar die Entlassung des gegenwärtigen Justizministers, allerdings stehe die Finanzierung einer Stelle für Reigersberg in Frage. Gerne wolle man dem vormaligen Kammerrichter *8 000, 9 000, 10 000 fl . verwilligen*, weil man so *um 10 000 fl.* sparen könne, man müsse aber wegen des Gehalts entweder einen Ausgleich mit dem Kammergericht treffen oder den König überzeugen, dass er aus seinem *Kammerbeutel* soviel zuschieße, dass der vormalige Kammerrichter, der rund 20 000 fl. verdient habe, auf 16 000 bis 18 000 fl. Gehalt komme.[94]

Für Reigersberg, der inzwischen die Zusage zur Übernahme in bayerische Dienste mit der vagen Aussicht hatte, künftig in eine angemessen Stelle befördert zu werden, bestätigte diese Nachricht nur, dass er in Württemberg keine Perspektive habe. Unmissverständlich machte er Linden deutlich, wie er die württembergische Personalpolitik beurteilte:

> *Daß Ihre wohlwollenden Anträge* [...] *am königlich württembergischen Hofe Eingang finden würden, bezweifelte ich gleich Anfangs. In dieser Erwartung bestättiget mich Ihr letzteres Schreiben. Will ein deutscher Fürst mich in Dienste nehmen, so muß es aus Ueberzeugung, daß ich nützliche Dienste leisten werde geschehen. Ist dieses der Fall, so werden warlich Finanzrücksichten*

[92] BAF, FN 11 Korrespondenz, Riedesel an Reigersberg, Stuttgart, den 2. Februar 1807.

[93] BAF, FN 11 Korrespondenz, Riedesel an Reigersberg, Stuttgart, den 2. Februar 1807.

[94] BAF, FN 11 Korrespondenz, Linden an Reigersberg, den 15. Februar 1807; Reigersberg an Linden, den 20. Februar 1807; Linden an Reigersberg, den 23. Februar 1807; Linden an Reigersberg, Esslingen, den 2. März 1807.

seinen Plan nicht leiten, denn was der Staat auf den besoldeten Stand verwendet, die Summe womit er brauchbare Staatsdiener besoldet, gehöret nach räthigen Staatsmaximen nicht zur Ausgabs Rubrik. Sie ist der schönste Einband über das Einnahms Buch. Wo dieser Grundsatz nicht adoptiert ist, befolget man hinsichtlich meiner am besten das Pensionisten System. Diese Bürde ist ja repartiert unter die Contribuenten unbedeutend![95]

Dieses klare Bekenntnis zum Leistungsprinzip, auf das der Staatsdienervertrag sich zu gründen habe, kam einer Absage an Württemberg gleich, die für Linden beleidigend gewirkt haben mag. Reigersberg jedenfalls sah sich zu einer Entschuldigung genötigt. Gleichwohl hatte der vormalige Kammerrichter mit seinem Vorwurf, Württemberg wolle Angehörige des Kameralkollegiums auf Kosten Dritter anstellen und Besoldungen einsparen, den Kern der dortigen Übernahmepolitik getroffen. Dies kann auch am Beispiel der Anstellung des dritten vormaligen Assessoren Constantin Franz Fürchtegott von Neurath im württembergischen Justizdienst beobachtet werden.

Neurath (jun.) wurde am 4. Oktober 1807 und damit später als alle anderen Assessoren angestellt. Er hatte sich schon im August 1806 an den Nassauischen Kompetenten am Reichstag Gagern gewandt und sich als vormaliger Regierungsrat des Fürstentums Nassau über Anstellungschancen erkundigt.[96] Noch während sich der Kammerrichter auf seiner Reise in Regensburg und Wien befand, schrieb er:

Die letzte Stunde für die deutsche Reichsverfaßung und hiermit auch für die nur durch sie bestehenden Reichsgerichte hat geschlagen, eine neue Ordung der Dinge tritt ein, und wer durch die ältere seine politische Existenz hatte, muß sich eine neue suchen, wenn er nicht als exput mortuum im regenerierten Staat vegetieren will.[97]

Trotz dieses Wissens war Neuraths Priorität nicht die Rückkehr in seine alte Stelle. Zwar machte er Gagern deutlich, dass er Nassau als sein Vaterland betrachte. Gleichwohl wollte er auf keinen Fall zurück auf die Stelle als Rat. Vielmehr schien ihm eine seinen Fähigkeiten angemessene Stelle das *jetzt zu errichtende Bundesgericht* beim Rheinischen Bund zu bieten. Neurath wollte Gagerns Bevollmächtigter werden. Das Gehalt spielte dabei keine Rolle; denn zum einen

95 BAF, FN 11 Korrespondenz, Reigersberg an Linden, Wetzlar, den 4. März 1807.

96 Neurath (jun.) wurde am 18. Februar 1799 durch Carl Wilhelm Fürst zu Naussau-Usingen zum Assessor bei der Regierung und dem Hofgericht ernannt. Am 21. August 1800 wurde er zum wirklichen Regierungsrat befördert, am 16. Dezember 1802 gewährte ihm der Fürst eine Zulage von 400 fl. auf sein bisheriges Gehalt, das aus 400 fl. und Naturalien bestand. Er entband ihn zugleich von seinen Aufgaben am Hofgericht und zog in zu den Geschäften bei der Landesregierung heran. Am 6. Juli 1804 schwor er am Reichskammergericht als obersächsischer Kreispräsentatus auf. Die Nachweise in: HStAS, Q 3/11, Bü. 31.

97 HStAS, Q 3/11, Bü. 31, [Entwurf] Neurath an N.N, o. O. Das Schreiben wurde vor dem 13. August 1806 verfasst.

gehörten die Neuraths zu den reicheren Assessoren am Kammergericht: Johann Friedrich Neurath hatte in zweiter Ehe die Witwe eines reichen Frankfurter Bankiers geheiratet und besaß mehrere Häuser in Wetzlar. Zum anderen aber ging Constantin von Neurath davon aus, dass er die Pension als Assessor weiter erhalten würde.

Nachdem dieser Plan gescheitert war,[98] schlug ihn Karl Georg von Riedesel, der mit Neurath (sen.) eng befreundet war, Anfang 1807 für eine Stelle beim Großherzog von Hessen vor.[99] Auch diesem Vorstoß war kein Erfolg beschieden. Deshalb bat Johann Friedrich von Neurath Riedesel, seinen Sohn in Württemberg unterzubringen. Tatsächlich machte der inzwischen mit der Abwicklung des schwäbischen Reichskreises beschäftige Württemberger Titularrat Riedesel seinen Einfluss geltend, nachdem Karl von Kamptz seinen Ruf nach Stuttgart abgelehnt hatte.[100]

Die Umstände, die zur Anstellung Neuraths in Württemberg führten, zeigen deutlich, dass er nur zweite Wahl[101] unter den in die engere Auswahl genommen Assessoren war. Tatsächlich sollte er auch als Ersatzmann in der gleichen Funktion, die Kamptz zugedacht war, beim zweiten Senat des Oberjustizkollegiums angestellt werden. Zwar wurde ihm mit 4 000 fl. das gleiche Gehalt bewilligt, das dem mecklenburgischen Adeligen zugedacht worden war. Anders als Kamptz jedoch erhielt Neurath nicht den Titel eines Vizepräsidenten, sondern den eines Direktors, der mit der Verpflichtung verbunden war, auch die Arbeiten eines Justizrates zu übernehmen.[102]

---

98 HStAS, Q 3/11, Bü. 36, Gagern an Neurath, den 22. Januar 1807.

99 BAF, FN 11 Korrespondenz, Riedesel an Reigersberg, Stuttgart, den 2. Februar 1807.

100 Riedesel hatte schon bei der Beförderung Neuraths zum Regierungsassessor in Naussau auf Bitte des Vaters mitgewirkt. Auch hier war die Besoldung sekundär, da ihn sein Vater unterstützen wollte. HStAS, Q 3/11, Bü. 36, Fragment eines undatierten Schreibens von Riedesel wohl an den Fürsten von Nassau. Vgl. auch Riedesel an Neurath (jun.), Stuttgart, den 28. Juli 1807. Hier wird sein Wirken für Constantin von Neuraths Anstellung mit der Anhänglichkeit Riedesels an Johann Friedrich von Neurath begründet. Zur Tätigkeit Riedesels bei der Abwicklung des schwäbischen Kreises BayHStA, MA 4129.

101 Neurath, Von der Regredienterbschaft, Vorwort. Die endgültige Ablehnung der Stelle in Württemberg durch Kamptz erfolgte am 22. Juni 1807 und damit kurz vor dem ersten Schreiben Riedesels an Neurath (HStAS, Q 3/11, Bü. 36, Riedesel an Neurath (jun.), Stuttgart, den 28. Juli 1807). Vgl. auch GStA-PK, I. HA, Rep. 84a, (2.5.1), Nr. 26, [Abschrift] Kamptz an Normann-Ehrenfels, Wetzlar, den 22. Juni 1807. Neurath befand sich im August und September 1807 auf einer Reise nach Maastricht, um Familienangelegenheiten zu erledigen, kam erst Mitte September zurück und dürfte wohl erst nach seiner Rückkehr von der Ernennung erfahren haben. HStAS, Q 3/11, Bü. 43, Briefe Neuraths an seine Frau Charlotte (geb. von Erath, 1789–1864), August bis 11. September 1807. HStAS, Q 3/11, Bü. 36, Briefe Riedesels August–Oktober 1807.

102 Jahns, Das Reichskammergericht, Tl. II, Biogr. 118. HStAS, Q 3/11, Bü. 31, Anstellungsdekret, Friedrich, König von Württemberg, Stuttgart, 4. Oktober 1807. Neurath trat seinen Dienst am 14. November 1807 an und wurde am 6. Dezember 1807 zum Geheimen Rat ernannt. Das Ernennungsgesuch Neuraths vom 24. November 1807 sowie die Ernennungsurkunde, HStAS, Q 3/11, Bü. 31. Hier auch: Die Entwürfe der Annahme und Antritts-

Die Umwidmung dieser Stelle hatte taktische Gründe. Die Änderung des Titels ermöglichte es, dass der König für die gleiche Tätigkeit zweimal Kammerzielerbeiträge in Abzug bringen konnte, ohne dass dies sofort aufgefallen wäre. Angesichts einer solchen Interessenlage kann kaum erstaunen, dass auch Neurath die auf seine vorige Besoldung fehlenden 800 fl. aus der Sustentationskasse beziehen sollte und damit der Gesamtheit der Kontribuenten zur Last fiel. Noch 1809, als Neurath zum Nachfolger des zum Justizminister beförderten Präsidenten des Stuttgarter Oberjustizkollegiums von der Lühe ernannt wurde, war König Friedrich weder bereit Neuraths Gehalt zu erhöhen noch die 800 fl. auf die württembergische Staatskasse zu übernehmen.[103] Als sich der Zustand der Sustentationskasse in Wetzlar 1809 verschlechtert hatte und der Gehaltszuschuss auszubleiben drohte, verfügte Friedrich nach Petitionen Lindens, Riedesels und Neuraths, dass fortan die Gelder unmittelbar durch die königliche Generalstaatskasse ausbezahlt würden.[104] Freilich konnten so die gegenüber der Sustentationskasse bestehenden Verpflichtungen noch einmal reduziert werden. Damit hatte man in Württemberg ein Argument an der Hand, die vom Kameralkollegium angemahnten Zinsen für die übernommenen Anteile der kammergerichtlichen Fonds und Kammerzielerrückstände einzubehalten.[105]

Die württembergische Haltung gegenüber den vormaligen Reichsrichtern verweist einerseits darauf, dass man das Potential dieser Juristen zum Zeitpunkt der Anstellung nur teilweise erkannt hatte. Denn einerseits erwiesen sich Neurath und Linden als eine ausgesprochen gute Wahl. Während Riedesel aufgrund seines Alters bis zu seinem Tod Präsident des Titularrates blieb,[106] brachte es Neurath zum württembergischen Staatsrat, wurde 1815 Präsident des gesamten Oberjustizkollegiums und wurde kurz vor seinem Tod 1817 zum Justizminister ernannt.[107] Linden wechselte das Fach und vertrat Württemberg bei verschiedenen Höfen und am Wiener Kongress.[108]

---

schreiben an den König, 13. Oktober 1807, an Justizminister Ende, o. D.; an den Präsident des Oberjustizkollegiums von der Lühe, o. D.; an den Justizrat Wekherlin, o. D. Zu den Umständen der Anstellung, Wohnungssuche und den Eindrücken, die Neurath von den Stuttgarter Verhältnissen hatte, die zahlreichen Briefe Constantin von Neuraths an seine Frau Charlotte genannt ‚Lolo', vom 11. November 1807 bis 8. Januar 1808, HStAS, Q 3/11, Bü. 43.

[103] HStAS, Q 3/11, Bü. 31, Ernennungsdekret vom 30. Juni 1809; Gesuch Neuraths an den König o. D., Ablehnung des Gesuches durch Friedrich v. 30. Juni 1809; Auszug aus den Protokollen der königlichen Oberfinanzkammer, 6. Juli 1809.

[104] HStAS, Q 3/11, Bü. 31. Dekret des Königs von Württemberg, 4. Juni 1807.

[105] Hierzu Teil III, Kap. 5.

[106] Die Karriere bei Jahns, Das Reichskammergericht, Tl. II, Biogr. 109, Kap. IV.

[107] Die äußeren Karrierendaten bei Jahns, Das Reichskammergericht, Tl. II, Biogr. 104, Kap. 4; HStAS, Q 3/11, Bü. 31.

[108] Jahns, Das Reichskammergericht, Tl. II, Biogr. 20, Kap. IV; vgl. auch HStAS, E 50/2, Bü. 6; HStAS, E 50/6, Bü. 4, Bü 6, Bü. 7; HStAS, E 1/9; HStAS, E9, Bü. 4. Zu seinem Wirken am Wiener Kongress kurz: Hundt, Die mindermächtigen deutschen Staaten, S. 133 Anm., S. 268, 272, 276; ders., Quellen zur kleinstaatlichen Verfassungspolitik, S. 386, 455.

Andererseits hatte sich Württemberg durch den Sparkurs sowie den Abzug der Kammerzieler für Kamptz um die Chance gebracht weitere Assessoren anzustellen. Karl Levin von Hohnhorst etwa hätte zur Disposition gestanden, Constantin von Neurath hatte ihn, als er seinen Dienst in Stuttgart antrat, ins Gespräch gebracht.[109] Darüber hinaus zeigt die Haltung Württembergs, dass König Friedrich und Normann-Ehrenfels einer grundlegenden Reform des Justizwesens nicht das gleiche Interesse entgegenbrachten wie Montgelas und Max I. Joseph in Bayern. Sonst hätte man die Chance genutzt und gegen einen geringen finanziellen Aufwand die fähigsten Angehörigen des Kameralkollegiums übernommen.

Schließlich ist die württembergische Übernahmepolitik insgesamt ein Indikator für eine wenig weitsichtige Personalpolitik. Über eine Staatsdienerpragmatik wie Bayern verfügte Württemberg nicht. Auch fehlten in den Führungsetagen auf der einen Seite Männer, die sich wie Zwackh und Rechberg für die Belange des Kameralkollegiums eingesetzt hätten. Auf der anderen Seite mangelte es in Stuttgart an Funktionären mit einer den bayerischen Spitzenbeamten vergleichbaren Reformmentalität. Für Staatsdienerkonzepte, wie sie theoretisch reflektiert ein von der Becke bereits 1797 ausgearbeitet und in der Denkschrift vom September 1806 der Öffentlichkeit präsentierte hatte, fehlte in Württemberg das Verständnis. Der Stuttgarter Hof hinkte also in dieser Hinsicht nicht nur hinter Bayern her, sondern fiel weit hinter Auffassungen zurück, wie sie um 1800 bereits im Umfeld des Kammergerichts entwickelt worden waren.

2. Finanzspielräume

Während man sich in Württemberg beeilen wollte, die Übernahme der Assessoren zu den Konditionen des Vorschlags vom Dezember 1806 abzuschließen, bevor die konföderierten Staaten eine verbindliche Regelung finden würden, nahm sich Bayern etwas mehr Zeit um die Übernahmekonditionen auszuhandeln. Zum einen wünschte Bayern eine definitive Regelung des Übernahmewesens. Zum anderen stand die Anerkennung der Ansprüche der Kameralen auf eine Pension im Vordergrund. Der Münchener Hof ging davon aus, dass die Pensionsangelegenheit des Kameralkollegiums nur durch Einvernehmen aller vormaligen Reichsstände bzw. ihrer Nachfolgestaaten geregelt werden könne. Am 12. Januar 1807 sandte Montgelas der württembergischen Regierung eine entsprechende Note zu, in der er betonte, dass Bayern zwar die angelegten Kapitalien des Kammergerichts nicht als heimgefallenes Gut betrachten würde, gleichwohl aber den Übernahmevorschlag Württembergs damit vereinbar halte, wenn er nicht als definitive Regelung zu verstehen sei.[110]

---

[109] HStAS, Q 3/11, Bü. 31, [Entwurf] Neurath an Justizminister Ende, o. D. 1807.

[110] BAF, FN 11 Korrespondenz, Anlage zu Zwackh an Reigersberg, Frankfurt, den 19. Januar 1807, Antwortschreiben des königlich bayerischen Ministeriums der auswärtigen Verhältnisse an das königlich Württembergische Kabinetts-Ministerium, München, den 12. Januar 1807 [Abschrift].

Die Stellungnahme Bayerns war wichtig, denn durch die vielen Gebietsgewinne war das Königreich zum Hauptbeiträger der Sustentationskasse geworden. Bayern hatte 1807 40 121 fl. 25½ kr. an laufenden Kammerzielern für seine alten und neuen Länder zu bezahlen und damit für knapp 30 % der Gesamtforderungen der Sustentationskasse aufzukommen.[111] Die Zinsforderungen, die Bayern dem Kammergericht zugestanden hatte, kamen noch dazu. Die als rechtmäßige Forderung anerkannte Summe inklusive der Zinsen hätte bei Inanspruchnahme der Zuschussregelung genügt, um mehr als die Hälfte der pensionierten Assessoren anzustellen.

Demgegenüber hätte Württemberg unter Ausnutzung der gebotenen Spielräume vier Beisitzer anstellen können, während das Großherzogtum Baden mit 7 600 fl. jährlichen Kammerzielerbeiträgen beinahe zwei Assessoren übernehmen hätte können und auch tatsächlich übernahm.[112] Das Königreich Sachsen zahlte 4 685 fl., genug um einen Assessor zu übernehmen, während der Primatialstaat mit 3 125 fl., die Großherzogtümer Hessen und Würzburg mit Beiträgen von 2 645 fl. (Hessen) und 2 055 fl. (Würzburg) nicht einmal eine ganze Assessorenstelle aus Kammerzielern hätten finanzieren können.[113] Zwar wurden auch von Berg und Westfalen Kammerzieler eingefordert, allerdings leisteten diese keine laufenden Beiträge an die Sustentationskasse, sondern zahlten lediglich einmal eine Abschlagszahlung auf aufgelaufene Kammerzielerrückstände.[114] Aufgrund von Gebietsveränderungen schwankten die auf den vormaligen Reichsgebieten haftenden Beiträge: Sie betrugen für das am 15. März 1806 durch Napoleon errichtete Großherzogtum Berg 3 733 fl. und 9 306 fl. für das aus Hessen-Kassel, Braunschweig, den westlich der Elbe gelegenen preußischen Gebieten und Teilen Hannovers gebildete Königreich Westfalen.[115] Während dies für die Besoldung von ein bzw. zwei Stellen für Assessoren gereicht hätte, bezahlten die kleineren

---

[111] BAF, FN 11 Korrespondenz, [Entwurf] Reigersberg an Zwackh, Wetzlar, den 11. Februar 1807. Die Summe im 24 fl. Münzfuß.

[112] Die Kammerzielerforderungen an Baden etwa in: GLAK, 76, 5610 und 5611 (Neurath sen.) und GLAK, 76, 3728. Zu den Schwierigkeiten der Berechnung der Kammerzieler: Teil III. Abrechnungen etwa auch in: SHStA, Sächsische Bundestagsgesandtschaft, Nr. 182, Acta das Reichskammergericht, das Personal desselben und die rückständigen Kammerzieler betr. 1807, 1808, 1809.

[113] Etwa: HHStA-Wiesbaden, Abt. 371, 128, hier die Pfennigmeisterabrechungen.

[114] Vgl. Teil III dieser Studie. Zum Großherzogtum Berg: Fehrenbach, Verfassungs- und sozialpolitische Reformen; Fracksen, Staatsrat und Gesetzgebung; Junk, Das Großherzogtum Berg; Rob, Regierungsakten des Großherzogtums Berg, S. 1-24. Zum Königreich Westfalen: Berding, Napoleonische Herrschafts- und Gesellschaftspolitik; ders., Das Königreich Westfalen als Modellstaat, in: ders., Aufklären durch Geschichte, S. 215-230; Wohlfeil, Untersuchungen zur Geschichte des Rheinbundes; Obenaus, Die Reichsstände des Königreichs Westphalen; Rob, Regierungsakten des Königreichs Westphalen, insb. S.1-36.

[115] Etwa: Bericht des Stadtdirektors von Mulzer als Kommisarius in den Sustentationsgeschäften des Personals des ehemaligen R[eichs] Kammergerichts zu Wetzlar, BAF, DB 2, 42.

Rheinbundstaaten gerade so viel, um die ausgehandelten Zuschüsse für übernommene Reichsrichter finanzieren zu können.

Auch unter den nicht zum Rheinbund gehörenden deutschen Staaten hatte Bayern die Hauptleistung zur Sustentationskasse zu tragen: Preußen zahlte nach dem Frieden von Tilsit lediglich 3 337 fl., von den Hansestädten und den Gebieten Norddeutschlands, die bis zum Ende ihrer Selbstständigkeit, mit Ausnahme von Mecklenburg, Kammerzielerbeiträge entrichteten, war weniger zu fordern.[116] Die habsburgischen Länder, die mit der Erklärung Franz II. vom 6. August 1806 vom Reich getrennt worden waren, zahlten keine Kammerzieler, hätten aber ebenfalls die bayerischen Beiträge nicht erreicht – zumal Bayern 1806 Tirol und Brixen erhalten hatte.[117]

Damit ist deutlich, dass ohne Bayern eine allgemeine Übernahmeregelung, wie sie unter den Rheinbundstaaten im Jahr 1807 diskutiert wurde, nicht durchgesetzt werden konnte. Nachdem der Fürstprimas bereits im September 1806 die Ansprüche anerkannt hatte, folgten nach der Zusage Bayerns im Laufe des Jahres 1807 der Großherzog von Baden[118] und der Großherzog von Hessen. Auch Friedrich August von Sachsen hatte sich mit dem Übernahmesystem einverstanden erklärt. Er hatte sich im Januar 1807 bei Leutsch erkundigt, wie viel Kammerzieler er abziehen könne, wenn er ihm ein Gehalt von 11 000 bis 12 000 fl. für die Stelle eines Gesandten am künftig zu eröffnenden rheinischen Bundestag zahlen würde. Als ihm Leutsch darauf hin einen komplizierten verhältnismäßigen Schlüssel vorrechnete, entschied er sich überhaupt keine Kammerzieler für seinen vormaligen Assessor abzuziehen. Der König von Sachsen bildete nicht nur in dieser Hinsicht eine Ausnahme, sondern auch deshalb, weil er Leutsch den ranghöheren Posten des bevollmächtigten Ministers und außerordentlichen Gesandten am Hof des Fürstprimas und am niemals eröffneten rheinischen Bundestag gab.[119] Alle anderen Souveräne stuften übernommene Assessoren im Rang zunächst zurück.

---

[116] Ebd. Zu Preußen vgl. auch: GStA-PK, I. HA, Rep. 84a, (2.5.1).

[117] Zur bayerischen Integration Tirols: Hamm, Die bayerische Integrationspolitik. Auf beiden Gebieten hafteten Rückstände an Kammerzielern: Tirol: 5 233 Rthl. 41 ½ kr., Brixen: 811 Rthl. 58 kr. Vgl. Landesarchiv Speyer, V 29, 53, Ullheimer an Zwackh, Wetzlar, den 8. Januar 1807.

[118] Der Rheinische Bund, Bd. 3 (1807), S. 298, Auszug aus den großherzoglich badischen geheimen Ratsprotokollen vom 27. Februar 1807; vgl. auch: Der Rheinische Bund, Bd. 4 (1807), S. 296-310.

[119] Die Zahlen nach den Bemerkungen von Stauffenberg, in: StAS, Dep. 38, I. Ac 59, Stauffenberg an seinen Bruder in Würzburg, den 25. Januar 1807. Hier auch die Bemerkung, dass der König von Sachsen bei Leutsch angefragt habe, ob und wie viel er berechtigt sei für seine Indienstnahme abzuziehen. In Leutschs Instruktion (SHStA, Sächsische Bundestagsgesandtschaft, Nr. 388, König von Sachsen und Globig, den 27. Mai 1807) ist keine Summe erwähnt. Leutsch wurde zugleich zum bevollmächtigten Minister und außerordentlichen Gesandten am Hof Karl Theodors ernannt. Vgl. auch Friedrich August von Sachsen an Karl Theodor, Dresden, den 27. Mai 1807 und Spezialinstruktion an Leutsch, Dresden, den 24. Juni 1807. Antritt der Gesandtschaft. SHStA, Sächsische Bundestagsgesandtschaft, Nr. 387.

Mit Ausnahme von Württemberg und Bayern lässt sich unter den Rheinbundstaaten die Hoffnung beobachten, zu einer allgemeinen Regelung der Übernahme- und Pensionsfrage auf einem künftigen Bundestag zu kommen. Nicht zuletzt deshalb kamen die kleineren Rheinbundstaaten ähnlich wie Sachsen ihren Zahlungsverpflichtungen nach, auch wenn sie sich keinen Assessor leisten konnten; und die von Baden, dem Fürstprimas und dem Großherzog von Hessen erst verspätet erfolgten Anstellungen vormaliger Assessoren lassen sich teilweise vor dem Hintergrund der Hoffnung auf eine verbindliche Klärung der Pensionsfrage durch die Gesamtheit der Rheinbundstaaten erklären.[120]

In Bayern stimmte man dem zwar grundsätzlich zu, wollte mit der Anstellung von vormaligen Reichsrichtern jedoch nicht bis zur Eröffnung des Rheinischen Bundestages warten. Die Gesuche einiger vormaliger Reichsrichter sowie Empfehlungen von Rechberg und Zwackh hatten deutlich gemacht, dass sich in Wetzlar Kandidaten mit der Fähigkeit befanden, an der Reform des bayerischen Justizwesens mitzuarbeiten. Noch während man in Stuttgart über die Anstellung von Richtern diskutierte, fiel in München die Entscheidung, den vormaligen Kammerrichter und vier Assessoren anzustellen: Branca, von der Becke, Ullheimer und Carl August von Seckendorff. Anders als in Württemberg wurde der aufgrund der disponiblen Finanzmittel sich auftuende Stellenmarkt nicht vollständig ausgeschöpft, sodass 1808 nicht nur Hueber und Cramer als Pensionäre mit jeweils 4 000 fl. auf die bayerische Staatskasse übernommen werden konnten,[121] sondern auch der zur Klasse der besoldeten Kameralen gehörende Pfennigmeister Hötzendorff.[122]

3. Bayerische Mittler: Zwackh und Rechberg

Zwei unterschiedliche Mittelsmänner trugen dazu bei, die vormaligen Reichsrichter in bayerische Dienste zu übernehmen: Aloys von Rechberg und Franz Xaver von Zwackh. Während Rechberg für die Anstellung Brancas und möglicherweise auch für die Carl August von Seckendorffs wirkte, war der Einfluss Zwackhs am bayerischen Hof für die Übernahme Ullheimers und von der Beckes entscheidend. Reigersberg trat mit Rechberg und Zwackh in Kontakt, um aus dem ihm unerträglich scheinenden Pensionsdasein befreit zu werden. Entscheidend war für den Kammerrichter zunächst die Verbindung zu Franz Xaver von Zwackh. Am 5. Dezember 1806 wandte er sich an ihn mit einer indirekten Bitte und beklagte sein Schicksal als Pensionär:

Gesandtschaftsbericht Nr. 1, Frankfurt, den 4. August 1807. Zu seiner Nachkarriere Jahns, Das Reichskammergericht, Tl. II, Biogr. 28, Kap. 4.

[120] Hierzu die Passagen zu Neurath, Hohnhorst und Stein zu Lausnitz in Teil III.

[121] Vgl. Teil III, Kap. 5.

[122] Für die sechs Assessoren konnten 24 000 fl. abgezogen werden, 12 000 fl. für den Kammerrichter und 1 000 fl. für den Pfennigmeister.

> *Wenn mir nicht bald durch die Vermittlung mir wohlwollender Männer ein anderer Würkungskreyß geoeffnet wird, so unterliege ich den mich quälenden Besorgnissen für meine Zukunft, und dem gerechten Kummer über mein durch die Unbilde der Zeit erzeugtes Missgeschick.*[123]

Der frühere Illuminat von Zwackh,[124] der als Flüchtling vor der bayerischen Verfolgung seit 1786 in Wetzlar ansässig war und seit dem 22. Februar 1799 als bayerischer Bevollmächtigter am RKG wirkte,[125] verstand dies sofort; und er hatte ein offenes Auge für die Fähigkeiten der Reichsrichter, die er bestens kannte. Ebenso wie die Angehörigen des Kameralkollegiums war er bis in die Zeit nach dem Frieden von Preßburg davon überzeugt, dass Bayern weiterhin der Reichsgerichtsbarkeit unterworfen sei.[126] Zugleich hatte er dem Kammergericht noch in der Zeit nach dem Frieden von Rastatt eine wichtige Bedeutung für die Sicherung der Rechte der Untertanen zugemessen. Dabei erinnern seine Ideen an Überlegungen, die Pütter in seiner ‚Patriotischen Abbildung' vorgetragen hatte, wobei Zwackh aber ähnlich wie von der Becke dem aktuellen Zeitkontext Rechnung trug. 1799 schrieb er an Montgelas:

> *So lang die deutsche Reichsverfassung noch fortdauert, so wird die Erhaltung des kaiserl*[ichen] *Reichskammer Gerichts immer eine der ersten Angelegenheiten der mächtigen und mindermächtigen Reichstände bleiben. Dieses Tribunal war ihnen von jeher angenehmer als der Reichshofrat* [...]. *Bey der jetzigen kritischen Lage, wo die verschiedenen Klassen von Unterthanen, zumalen der Bauernstand durch den Umlauf neuer Ideen in Gährung gebracht wird, muß den teutschen Fürsten das Ansehen des Reichskammer Gerichts noch mehr als jemals am Herzen liegen. Denn die Erfahrung beweiset, daß manche Revolution schon allein dadurch zurückgehalten worden ist, weil man denen erbitterten Unterthanen den Weg öffnete, ihren Fürsten vor einen unpartheiischen Reichs Richter verklagen zu können. Dieses Mittel kann noch ungleich würksamer benüzt werden wenn die Privilegia de non appellando in Landes Bedrückungs Prozessen mehr eingeschränkt, die Formalia dieser Prozesse abgekürzt, und hierin die Executions Ordnung gebessert wird, welches Gegen-*

---

[123] BAF, FN 11 Korrespondenz, [Entwurf] Reigersberg an Zwackh, Wetzlar, den 5. Dezember 1806.

[124] Landesarchiv Speyer, V 29, 13, 16, 17. Zwackh, der am 7. September 1787 als Lehendirektor in Salm-Kyrnburgische Dienste trat und am RKG Prozesse sollizitierte, war 1789 einer zweiten Verfolgung ausgesetzt. Zwackh sammelte Material über die Illuminatenverfolgungen und plante am RKG einen Prozess gegen seine Verfolgung anzustrengen.

[125] BayHStA, MA 4045, Zwackh an Montgelas, Wetzlar, den 22. Februar 1799; BayHStA, MA 4045, Instruktion Montgelas', 23. März 1799 und die Bestätigung derselben durch Kurfürst Max IV. Joseph, 29. März 1799.

[126] Hierzu: Teil II, Kap. II.

> *stände, der Berathschlagung des Reichtages nach geschlossenem Frieden seyn werden.*[127]

Solche Äußerungen weisen Zwackh als Anhänger Reichsjustizformdenkens aus, wie es am RKG in der Endphase des Reichs verbreitet war. Tatsächlich hatte er sich bereits nach 1790 in dieser Hinsicht geäußert. In einer anonym erschienen Schrift forderte Zwackh die *Ausübung aller kaiserlichen Gerechtsame* durch die Reichsvikare und die Fortsetzung des Reichstages während des damals bestehenden Interregnums, weil er hier die einmalige Chance einer Reform der Reichsjustiz sah.[128] Stellt man darüber hinaus in Rechnung, dass Zwackh anlässlich von Reigersbergs Ernennung zum Kammerrichter seine *Kenntnisse, Justizförderung und Territorial-Talente* würdigte und betonte, dass er diese *Auszeichnung* wirklich verdient habe,[129] so verwundert es nicht, dass sich der bayerische Gesandte in Frankfurt und Nassau über Reigersbergs Bitte erfreut zeigte. Am 9. Dezember 1806 sagte er seine Unterstützung zu:

> *Verehrliches vom 5ten dieses bestärkte meinen Vorsatz, den Gewinn ihrer Talente meinem Vatterland zu verschaffen. Zwar können Sie im Königreich nie eine Stelle erhalten, die der vorigen Würde ganz gleich stehet, und dermalen nicht so viel Gehalt wie Sie beziehen; allein ein neuer Würkungskreis zum Wohl der Menschheit würden Ihrem vortrefflichen Herz und Ihrem thätigen Geist Ersatz für den Verlust seyn und ihre Gesundheit und ihre Familie frommen* [...] *Ich werde mit Ende Februar nach München reisen, vorher aber einige Wochen in Wetzlar zubringen, um über obigen Plan mit Euer Excellenz ausführlich zu sprechen.*[130]

Tatsächlich besprachen sich Reigersberg und Zwackh. Sie verabredeten Rechberg hinzuzuziehen und Reigersbergs Anstellungswünsche Montgelas vorzutragen.[131] Am 21. Dezember 1806 schrieb Reigersberg an Goertz, erinnerte ihn an die im August 1806 geführten Gespräche, beklagte seine mangelnden Verbindungen und erwähnte, dass er Rechberg um seine Verwendung bitten wolle, jedoch vor die-

---

[127] BayHStA, MA 4045, Promemoria von Zwack o. J. [1799].

[128] [Zwackh], Prüfung der jüngst in Mainz erschienenen Schrift, Zitat: S. 43. Eine zweite Auflage dieser Schrift erschien 1791. Zu dieser Schrift Burgdorf, Reichskonstitution und Nation, S. 365f.

[129] Zwackh an den Kurfürsten Max IV. Joseph, Wetzlar 22. Sept. 1803, BayHStA, MA 4073/1, fol. 2. Zur Einschätzung Reigersbergs vgl. Prokurator von Hofmann an Max IV. Joseph, o. O. 14. Sept. 1803, BayHStA, MA 4073/1, fol. 1. Hier: *Der Graf von Reigersberg ist ein Mann von vorzüglichen Kenntnissen, von angestrengtem Fleiße, und ein wahrer Justizfreund. Er hat nichts Angelegeneres als die Gesetze zu studieren, den Geschäftsgang äußerst zu beschleunigen, jedermann rechtsgeneigt anzuhören und jedem, der hier Recht sucht, so viel an ihm ist, dazu zu verhelfen.* Zur Bekanntschaft Zwackhs und Reigersbergs: BayHStA, MA 4045, Zwackh an Kurfürst Max IV. Joseph, Wetzlar, den 5. April 1799.

[130] BAF, FN 11 Korrespondenz, Zwackh an Reigersberg, Frankfurt, den 9. Dezember 1806.

[131] BAF, FN 11 Korrespondenz, Zwackh an Reigersberg, Frankfurt, den 8. Januar 1807.

sem Schritt den *freundschaftlichen Rat* des Schwiegervaters einholen wollte.[132] Zwackh schrieb kurz darauf direkt an Rechberg, der inzwischen bayerischer Gesandter in Wien geworden war.

Nachdem auch Goertz und Rechberg Reigersberg wohlgesonnen waren, dachten sie sogleich über seine Karriereperspektiven in Bayern nach.[133] Sie sannen auf Stellen, die nicht *zu tief unter der Würde* eines Kammerrichters lägen. Ihrer Ansicht nach kamen grundsätzlich drei Funktionen in Frage:

> *1. die des obersten Justiz Ministers, 2. die des Chef Praesidenten des Oberappellationsgerichts, 3. die eines Chefs einer Landesdirektion, in einer oder der anderen Provinz.*[134]

Die Überlegungen Zwackhs, Goertz' und Rechbergs über das Einstellungsniveau verweisen auf die Bedeutung, die dem Kammerrichteramt um 1800 zugemessen wurde. Deutlich kommt zum Ausdruck, dass die an erster Stelle als äquivalent genannte Funktion als Justizminister am ehesten mit dem Kammerrichteramt vergleichbar war. Linden hatte im Zuge seines Wirkens in Württemberg an vergleichbare Funktionen eines Gesandten bzw. des Justizministers gedacht. Auch wenn sie diese Stellen mit der eines Kammerrichters für nicht ganz vergleichbar hielten, so verweist dies auf die bereits weitgehend vollzogene Professionalisierung des Kammerrichteramtes. Auf etwas niedrigerem Niveau galt für das Präsidentenamt ähnliches. Wie der Ruf Stauffenbergs in würzburgische Dienste und die ihm vorausgehenden Verhandlungen belegen, war auch das Präsidentenamt einer Ministerstelle vergleichbar und wurde vom Niveau her über den Stellen eines Reichshofrates in Wien angesiedelt.[135]

Goertz und Rechberg erwogen jedoch nicht nur das Stellenniveau, sondern auch Reigersbergs tatsächliche Einstiegsmöglichkeiten. Dem vormaligen Kammerrichter die Stelle eines Landesdirektors einer bayerischen Provinz zu übertragen, schien kaum ausführbar, da Reformen in Bayern bereits zu weit vorangeschritten waren: *Justiz Männer* in der Verwaltung anzustellen sähe man in Bayern nicht gerne, betonte Rechberg. Die beiden anderen Stellen schienen zwar auf Reigersbergs Profil zu passen, waren aber durch den Hofgerichtspräsidenten La Rosée und den Justizminister Morawitzky besetzt. Auch seien beide würdig und könnten nicht beseitigt werden. Gleichwohl biete sich aufgrund ihres hohen Alters und vor allem der schwachen Gesundheit des Hofgerichtspräsidenten schon bald eine Aussicht für Reigersberg auf eine seiner Vorkarriere angemessene Stelle. Daher solle er sich dringend persönlich an den König und seinen leitenden Minister wenden und Zwackh mit einschalten, da dieser *nicht ohne Einfluß am*

---

132 BAF, FN 11 Korrespondenz, [Entwurf] Reigersberg an Goertz, den 21. Dezember 1806.
133 BAF, FN 11 Korrespondenz, Goertz an Reigersberg, Regensburg, den 6. Januar 1807.
134 BAF, FN 11 Korrespondenz, Goertz an Reigersberg, Regensburg, den 6. Januar 1807.
135 StAS, Dep. 38, I. Ac 59.

Hof sei;[136] dass Reigersberg mit dem Gesandten in Frankfurt bereits in Verhandlung stand, wusste Goertz erst am nächsten Tag, das Schreiben Zwackhs an Rechberg war zum verabredeten Termin eingetroffen.[137]

Tatsächlich sandte Reigersberg kein eigenes Gesuch an den bayerischen Hof, sondern verließ sich auf Zwackh, der Max I. Joseph und Montgelas bereits am 8. Januar 1807 von seinen Anstellungswünschen informiert hatte. Rechberg dürfte gleichzeitig aktiv geworden sein.[138] Beide hatten sich jedoch Anfang Januar nicht nur für die Anstellung des Kammerrichters ausgesprochen, sondern auch für die Übernahme der Assessoren, die gemeinsam abgesprochen worden war. Die erste Verfügung Montgelas' betraf Ullheimer. Am 7. Januar 1807 hatte der König von Bayern ein Reskript erlassen, das seine Übernahme anordnete. Der vormals fränkische Kreisassessor, der durch den Fürstbischof des 1803 an Bayern gefallenen Bamberg präsentiert worden war, bedankte sich bei Zwackh am 11. Januar dafür:

> *Wahrhaft lieber, bester Herr Nachbar* [...] *Dies heisse ich wahre Freundschaft. – unaufgefordert , ehe man noch gebethen war, für einen so herzlich zu sorgen* [...] *Das höchste königliche Rescript an Sie vom 7. dieses, welches sie mir mitzutheilen die Güte hatten, muß mir wegen der frohen Aussichten, die es gewähret, die zeitherige Last meines unthätigen Lebens erträglich machen.*[139]

Die Zusicherung, dass Reigersberg und von der Becke in bayerische Dienste übernommen werden würden, erreichte Wetzlar am 17. Januar 1807. Montgelas teilte von Zwackh in Bezug auf Reigersberg mit:

> *Es soll mich innig freuen, wenn wir diesen braven Mann für unsern Staat erwerben könnten, und gewiß verdient sein Verlange ι sich bey uns nieder zu lassen, besondere Rücksicht. Sie lieber Freund haben durch diese Einleitung und Empfehlung das neue Jahr auf die schönste Art angetreten, möge Ihre gute Handlung mit dem besten Erfolg gekrönt werden.*[140]

Reigersberg war sichtlich enttäuscht über diese wenig verbindliche Antwort auf sein Gesuch. Die Aussichten, die Goertz und Rechberg ihm auf eine vergleichbare Stelle gemacht hatten, schienen sich nicht zu bestätigten. Er antwortete drei Tage lang nicht auf diese Nachricht. Der Gesandte in Frankfurt sah sich daraufhin zu der Nachfrage veranlasst, ob Reigersberg seinen Brief überhaupt erhalten habe und versuchte ihn damit zu beruhigen, dass Reigersbergs *Talenten und Recht-*

---

[136] BAF, FN 11 Korrespondenz, Goertz an Reigersberg, Regensburg, den 6. Januar 1807.
[137] BAF, FN 11 Korrespondenz, Goertz an Reigersberg, Regensburg, den 7. Januar 1807.
[138] BAF, FN 11 Korrespondenz, Zwackh an Reigersberg, Frankfurt, den 8. und 15. Januar 1807.
[139] Landesarchiv Speyer, V 29, 54, Ullheimer an Zwackh, Wetzlar, den 11. Januar 1807.
[140] Zitat: Landesarchiv Speyer, V 29, 54, Zwackh an Reigersberg, Frankfurt, den 17. Januar 1807. Ferner: Zwackh an Reigersberg, 19. Januar 1807 und Anlage: [Abschrift] Königlich bayerisches Ministerium der auswärtigen Verhältnisse an das königlich württembergische Kabinettsministerium, München, den 12. Januar 1807.

schaffenheit schon wieder ein Wirkungskreis eröffnet werden würde. Dies war ein deutliches Signal, dass sich der vormalige Kammerrichter zunächst mit einem vergleichsweise niedrigen Einstiegsniveau abfinden müsste, das lediglich mit einer vagen Aussicht verbunden war, im bayerischen Staatsdienst Karriere zu machen.

Die Konsequenzen konnte sich Reigersberg ausrechnen: Je geringer das künftige Gehalt ausfiel, um so größer war die Summe, die er als Pension aus der Sustentationskasse beanspruchen musste und nicht aufgrund eigener Leistungen verdiente. Dies widersprach nicht nur seinem professionellen Verständnis, vielmehr musste sich Reigersberg mit dem Gedanken abfinden auf Kosten Dritter zu leben, seien es seine vormaligen Assessorenkollegen oder die unbesoldeten Kameralen, die er gerne auf die Kammerzieler angewiesen gesehen hätte. Er begann in dieser Zeit den Verzicht auf ein Drittel seiner vormaligen Besoldung zugunsten der unbesoldeten Kameralen zu erwägen, muss aber mit dieser Entscheidung gerungen haben, da die finanzielle Lage seiner Familie einen Verzicht auf die Einkünfte nicht zuließ.[141]

Das durch den geringen finanziellen Spielraum mit verursachte Ringen Reigersbergs mit seiner Lage wirkte sich auf seinen Gemütszustand nachhaltig aus. In seiner Korrespondenz im Winter 1806/07 weist er immer wieder auf die misslichen Umstände hin, mit denen er sich auch am 20. Januar 1807 bei Zwackh für seinen verspäteten Dank entschuldigte.

---

[141] Die Familie Reigersberg war in die fränkische Ritterschaft Kanton Odenwald inkorporiert gewesen. Sie hatte Herrschaften in Fechenbach und Reistenhausen, darüber hinaus Güter in Randeck bei Mannweiler in der Pfalz und ein im Isenburgischen liegendes Holzlehen. Sie alle brachten nur wenig Ertrag nach den dramatischen Veränderungen im Reich. Randeck war mit dem Frieden von Lunéville an die Franzosen gefallen und für das im Isenburgischen liegende Holzlehen bezahlte der Fürst von Isenburg nach 1806 nicht mehr, sondern machte ein Heimfallsrecht geltend. Bereits 1801 hatte die Familie Reigersberg Wiesen in Aschaffenburg verkaufen müssen. Später folgten bei Aschaffenburg und in der Schweinheimer Markung gelegene Weingärten, die der Kammerrichter noch 1804 in den Erbbestand geben wollte. Das Familienvermögen wurde zusätzlich durch Reigersbergs zahlreiche Geschwister und vor allem durch seinen jüngsten Bruder Friedrich Karl Joseph Franz (1774–1840) geschmälert. Dieser schickte sich zur gleichen Zeit, als Heinrich Aloys seine Stelle verlor, an, die mit hohem Kostenaufwand verbundene Stelle eines außerordentlichen Gesandten des am 25. September 1806 dem Rheinbund beigetretenen Großherzogtums Würzburg in Paris anzutreten (Zu diesem Zusammenhang: Jahns, Das Reichskammergericht, Tl. II, Biogr. 86, Kap. II; J. Kittel: Geschichte der Grafen und Freiherrn von Reigersberg, in: StA Aschaffenburg, insb. S. 135-138. Zu dem Holzlehen, an dem Isenburg ein Heimfallsrecht geltend machte: BayHStA, MA 6161 Abt. II). Hinzu kam, dass sich die Aufwendungen noch nicht amortisiert hatten, die Reigersberg für seine Anstellung als Assessor in Wetzlar und seinen raschen Aufstieg vom Präsidenten zum Kammerrichter aufbringen musste. Die angespannte Finanzlage Reigersbergs war auch der Grund, weshalb er den Plan Lindens, ihm eine Gesandtenstelle in Württemberg zu verschaffen, von vornherein ablehnte. BAF, FN 11 Korrespondenz, [rekonstruierter Entwurf] Reigersberg an Linden, Wetzlar, den 20. Februar 1807.

Wie sehr der vormalige Kammerrichter mit seinem Schicksal haderte, zeigte sich im April 1807, als er krank wurde. Reigersberg, der schon in seinem Diensttagebuch von 1798–1806 genau seine Krankheiten notierte, klagte 1807 nicht nur über seine *Kopfschmerzen* und *fieberhaften Zufälle*, sondern verband dies mit seiner derzeitigen Lebenslage. An Zwack schrieb er: *Die Unruhe, in welcher ich lebe, hat mein Nervensytem zu sehr erschüttert, und ich fange an, die Folgen zu empfinden.*[142] Kurz darauf folgte die medizinische Begründung:

> *Kopf und Magen haben mir den Krieg angekündigt, und da nach allem Eskulapen Ausspruch in einem dieser Theile der Sitz der Seele ist, so ist der Kampff, den die übrigen Theile des Körpers zu bestehen haben, ungleich.*[143]

Erst ein Jahr später, als Reigersberg bereits Präsident des Hofgerichts in München war, scheint seine Krise weitgehend bewältigt gewesen zu sein. Im April 1808 schrieb er an Zwackh, er solle Blumensamen senden, da seine Gartenlust wieder erwacht sei.[144]

Während die Nachrichten aus München für Reigersberg wenig erfreulich schienen, hätte sich von der Becke, den am 17. Januar 1807 ein ähnliches Schreiben Zwackhs erreicht hatte, sicherlich gefreut. Allerdings war am Tag des Eintreffens der Nachricht seine Tochter[145] dem Scharlachfieber erlegen. Die Trauer über ihren Tod überschattete sein Dankschreiben:

> *Ihren Brief vom 17. lieber Freund! erhielt ich in einer der kummervollsten Stunden meines Lebens. Er ward mir um 9 Uhr überliefert, und um 8 Uhr war mein unvergeßliches kleines Nanngen gestorben. Am Tage nach meinem letzten bekam es das Scharlachfieber, und mit Eintritt des 4. Tages war es ein Opfer dieser abscheulichen Krankheit.*[146]

Trotz der Erschütterung, die von der Becke deutlich zum Ausdruck brachte, reagierte er gefasst und entwickelte Zwackh noch einmal seine Übernahmevorschläge und den Abzugsmodus. Der bayerische Gesandte am Hof des Fürstprimas hatte damit eine konkrete Grundlage, um Personalkosten und Einstellungsniveau für die vormaligen Reichsrichter in Bayern zu bestimmen.

---

[142] Landesarchiv Speyer, V 29, 199, Reigersberg an Zwack, Wetzlar, den 17. April 1807. Vgl. zu seinem Gemütszustand auch Reigersbergs Schreiben an Zwackh und Linden in: BAF, FN 11 Korrespondenz.

[143] Landesarchiv Speyer, V 29, 199, Reigersberg an Zwack, Wetzlar, den 20. April 1807.

[144] Landesarchiv Speyer, V 29, 199, Reigersberg an Zwack, Wetzlar, den 17. April 1807.

[145] Zu den Familienverhältnissen von der Beckes: Jahns, Das Reichskammergericht, Tl. II, Biogr. 107, Kap. II.

[146] Landesarchiv Speyer, V 29, 54, von der Becke an Zwackh, Wetzlar, den 18. Januar 1807.

4. Einsatz im bayerischen Justizdienst

Die Verbindungen zu Zwackh und Rechberg waren für die Übernahme Reigersbergs, Brancas, Ullheimers und von der Beckes ausschlaggebend. Gleichwohl waren dies nicht die einzigen Kriterien für ihre Auswahl. Vielmehr konnten alle vier auf einen Erfahrungshintergrund verweisen, der sie als besonders geeignet für eine Karriere im bayerischen Justizdienst erscheinen ließ. So lässt sich Zwackhs Einsatz für den bereits 60-jährigen Ullheimer sicherlich nicht nur durch die langjährige Nachbarschaft erklären und durch den Umstand, dass Ullheimer zu denjenigen Assessoren gehörte, die einem Justizreformdenken anhingen, das auch Zwackh prägte.[147] Ullheimer verfügte auch aufgrund seiner Tätigkeit als Bamberger Hofgerichtsassessor über ein Justizwissen, das man sich in Bayern, an das Bamberg gefallen war, zunutze machen konnte.

Vor diesem Hintergrund ist es leicht erklärbar, dass Zwackh den fränkischen Kreisassessor für den Posten des 2. Direktors der obersten Justizstelle in Bamberg vorschlug. Dieses Gericht wurde 1803 für den fränkischen Gerichtssprengel eingerichtet und gehörte zusammen mit der obersten Justizstelle in Ulm und dem reformierten Münchener Hofgericht in München bis 1808 zu den obersten Berufungsinstanzen Bayerns.[148] Auf Erfahrungen mit der bayerischen Justizadministration konnte auch Karl Ludwig von Branca verweisen, der vor Antritt des bayerischen Kreisassessorats von 1784–1790 kurpfalzbayerischer adeliger Hofrat in München gewesen war. Er erhielt den Rang eines 2. Direktors bei der obersten Justizstelle in Ulm. Zwar erlebte Franz Arnold von Becke seine berufliche Sozialisation nicht in bayerischen Dienste, doch zeichnete er sich durch eine Reformmentalität aus, die ihn für eine bayerische Karriere hervorragend qualifiziert erscheinen ließ. Deshalb war es sicherlich kein Zufall, dass von der Becke ebenfalls zum zweiten Direktor der obersten Justizstelle in Ulm bestellt wurde. Nimmt man die Ernennung des vormaligen Kammerrichters Reigersberg zum Präsidenten des Münchener Hofgerichts hinzu, so waren alle drei damals existierenden höchsten Gerichte Bayerns mit Angehörigen des Kameralkollegiums besetzt.

---

[147] Ullheimer brachte nicht nur in seinen Voten nach der Auflösung des Reichs und in seinen Schreiben vom 11. Januar 1807 eine ähnliche Auffassung wie Zwackh zum Ausdruck, sondern etwa auch in seinen anonym veröffentlichten Druckschriften zur Entschädigungsdebatte nach dem Frieden von Rastatt, die Zwackh, in dessen Nachlass sich eine Sammlung von Entschädigungsschriften befindet, sicherlich gelesen hatte. Die Schriften in Landesarchiv Speyer, V 29, 52.

[148] Die oberste Justizstelle für Franken wurde am 18. März 1803 eingerichtet. Churpfalzbayerisches Regierungs- und Intelligenzblatt (1803), S. 90ff. Die oberste Justizstelle für Schwaben in Ulm wurde eingerichtet durch die Verordnung vom 10. Mai 1803. Ebd., S. 343. Zur Einrichtung dieser Justizstelle im Geist der Trennung von Justiz und Verwaltung: StAA, Regierung 3920 [Gerichtsverfassung in Schwaben. Schaffung der höchsten Justizstelle in Ulm und das Hofgericht zu Memmingen, 2 Teilakte].

Während Reigersberg, von der Becke und Ullheimer zum Direktorium einer der drei obersten Instanzen Bayerns gehörten,[149] musste sich Carl August von Seckendorff mit gleichem Gehalt vorerst mit der Anstellung als Vizepräsident bei einer Mittelbehörde begnügen, dem Appellationsgericht in Bamberg, das der obersten Justizstelle in Franken untergeordnet war.[150] Es muss offen bleiben, ob hierfür die mangelnden Kontakte nach Bayern verantwortlich waren[151] oder eine bereits volle Besetzung der für Franken zuständigen obersten Justizbehörde.

5. Einflüsse des RKG auf die bayerischen Justizreformen vor 1806

Die Direktorenstellen der vormaligen Reichsrichter an den obersten Justizstellen in Franken und Schwaben waren mit der Funktion eines Präsidenten am Kammergericht vergleichbar, auch wenn ihr Geschäftskreis weniger umfangreich war und die Besoldung mit je 4 000 fl. geringer als am Kammergericht ausfiel. Eingerichtet wurden die beiden 1803 geschaffenen Obergerichte für Schwaben und Franken nach dem Vorbild des RKG. Dabei wurden die in Wetzlar nicht mehr durchgesetzten Reformansätze an die bayerischen Verhältnisse angepasst. Dies lässt sich an der bedeutenderen, der obersten Justizstelle in Schwaben, verdeutlichen. Zu ihrem Gerichtssprengel gehörten neben Bayerisch-Schwaben seit 1806 auch die neu hinzugekommene Grafschaft Tirol und die Fürstentümer Trient und Brixen.[152] Damit war schon die Klientel dieser Appellationsinstanzen der des RKG ähnlich, umfassten doch die *schwäbischen Entschädigungslande*, ähnlich wie die Fränkischen, vor allem vormals freie Reichsstädte und reichsunmittelbares Gebiet. Die Anordnungen Max IV. Joseph bei der Gründung dieser Justizstellen erinnern an die Reformabsichten am Kammergericht in der Endphase des Reichs. Am 7. Juli 1803 verkündete der schwäbische Generallandeskommissar Hertling im Namen des bayerischen Königs:

> *Die Absicht dieser höchsten Anordnung* [der obersten Justizstelle, EOM] *ist allein dahin gerichtet, daß allen kurfürstlichen Unterthanen in Schwaben eine*

---

[149] Jahns, Das Reichskammergericht, Tl. II, Biogr. 76 (Ullheimer), Biogr. 107 (von der Becke), Biogr. 86 (Reigersberg), jeweils die Kap. IV. Das Ernennungsdekret Reigersberg: BayHStA, MJu 19005; Der Rheinische Bund, Band 3, Heft 7 (1807), S. 172.

[150] Abschrift des Erenennungsdekrets in: BayHStA, MF 37377, Max I. Joseph, München, den 1. Juli 1807. Zur Resignation auf Grundlage der im BAF befindlichen Quellen: Jahns, Das Reichskammergericht, Tl. II, Biogr. 49, Kap. IV.

[151] Vgl. hierzu BAF, FN 11, Linden an Reigersberg, Stuttgart, den 9. Februar 1807. Linden betonte gegenüber Reigersberg, es habe sich für Seckendorff, nachdem der König von Württemberg auf seine Forderung einer Präsidentenstelle nicht eingegangen war, eine Aussicht auf eine andere Stelle *von einer Hand* erboten, von der er es nicht erwartet habe.

[152] Vgl. StAA, Regierung 3920, Teilakt 2, [Die Erweiterung des Wirkungskreises der obersten Justizstelle in Schwaben [...] die Zuteilung der Grafschaft Tyroll, der Fürstenthümer Trient und Brixen betr.].

> *richtige, schnelle und unpartheyische Gerechtigkeitspflege widerfahre, wie sie jeder Unterthan im Staate, zu Erhaltung des Allgemeinen und besonderen Wohls, und als eine Hauptbedingsniß des geselligen Vereins der Menschen in einem Staat zu födern berechtigt ist, und um deren Willen er so manche Opfer willig darbringt.*[153]

Diese Worte weisen deutliche Parallelen zu Pütters ‚Patriotischer Abbildung‘ und zu den im Rückgriff auf das jüngere Naturrecht fortgebildeten Überlegungen im Umfeld des RKG auf. Wenn der königliche Erlass darüber hinaus die Sicherung der *Eigentumsrechte* und die *Heiligkeit der Verträge* betonte, deren *sicherste Stütze* die oberste Justizstelle bilden sollte, so zeigt sich, dass die bayerische Reformpraxis an denselben naturrechtlich geprägten Ideenpool anknüpfte, aus dem das Reichsjustizreformdenken schöpfte.[154] Hinsichtlich der Zuständigkeit weist die 1803 geschaffene Gerichtsverfassung der obersten Justizstelle in Schwaben weitere Parallelen zum Kammergericht auf: Zuständig waren diese Justizbehörden letztinstanzlich für alle Zivilklagen und sie sollten selbst dann unparteiisch nach der Bestimmung des positiven Gesetzes urteilen, wenn ein Untertan mit seinem Landesherrn in einem Rechtsstreit liege. Wie am RKG wurde eine Appellationssumme festgesetzt, welche die für die Mittelinstanzen, die kurfürstlichen Hofgerichte, bestimmte überstieg.[155] Darüber hinaus sollte das Tribunal mit qualifizierten Männern besetzt werden, von deren *Kenntnissen, Fähigkeiten, rastlosem Eifer und unbescholtenen Karakter sich die genaueste Erfüllung ihrer Pflichten erwarten* lasse.[156] Besondere Bedeutung legte man auf eine schnelle Rechtspflege. Hier hatte man sicherlich die Gebrechen der Reichsjustiz vor Augen, konnte aber auch an die Bemühungen nach der letzten Visitation des RKG anknüpfen.

Als Kollegium wurden 1803 zunächst ein Präsident, ein Direktor, sowie fünf Oberjustizräte und ein Gerichtssekretär angeordnet.[157] Hieraus konnte ein Justizsenat gebildet werden. Als die beiden Direktoren von der Becke und Branca im November ihre Stellen angetreten hatten und Tirol, Brixen und Trient zu Bayern

---

[153] StAA, Regierung 3920, Teilakt 1, fol. 10, Reskript des Königs [verkündet durch Hertling], Ulm, den 7. Juli 1803.

[154] StAA, Regierung 3920, Teilakt 1. Zum Naturrechtsdiskurs und zu Pütter vgl. Teil I dieser Arbeit.

[155] StAA, Regierung 3920, Teilakt 1, fol. 6, Hertling an Regierungen in Dillingen, den 27. Juni 1803; vgl: StAA, Regierung 3920, Teilakt 1, fol. 3, Reskript des General Landeskommissars, Ulm, den 4. Juni 1803.

[156] StAA, Regierung 3920, Teilakt 1, fol. 10, Reskript des Königs [verkündet durch Hertling] Vgl. hierzu auch die Bestimmungen über die Besetzung des Kammergerichts in der KGO von 1555, Tl. I, Tit. 10.

[157] StAA, Regierung 3920, Teilakt 1, fol. 10, Reskript des König [verkündet durch Hertling], Ulm, den 7. Juli 1803. Hierzu gehörten: Frauenberg (Präsident), Werner (Direktor), Miller (Oberjustizrat), Carl Christian Maier (Oberjustizrat), Johann Jakob Schad (Oberjustizrat), Wekberger (Oberjustizrat), Baunwarth (Oberjustizrat) und Michael Maier (Sekretär).

gekommen waren, dürften wie am Kammergericht drei Senate gebildet worden sein.[158]

Während hier deutlich wird, dass Bayern bereits 1803 die ‚Surrogate' für das RKG geschaffen hatte, die den reichsunmittelbaren Ständen nach der Säkularisation und Mediatisierung fehlten, sprach Max IV. Joseph in einer am 31. Juli 1805 für alle drei obersten Justizstellen erlassenen kurfürstlichen Anordnung das reichsgerichtliche Vorbild direkt an. Hier hieß es:

> *In der vollkommenen Ueberzeugung, daß die Verwaltung der Justiz von der Ordnung, Einrichtung und Besetzung der Gerichtsstellen nicht weniger, als von den Gesetzen selbst abhange, und in der besonderen Erwägung, daß die Verfassung und der Geschäftsgang bey der obersten Justizstelle auf die Gerechtigkeitspflege einer jeden Provinz den entscheidendsten Einfluß haben, finden Wir uns bewogen, nach dem Beispiele und der Analogie der bey dem kaiserlichen und Reichs- Kammergerichte selbst, aus gleichen Beweggründen eingeführten Visitationen, gleichmäßige Visitationen bey Unseren obersten Justizstellen zu verordnen, und sie als ordentliches Mittel zu Untersuchung ihrer Gebrechen, und Vorbereitung der erforderlichen Verbesserungen in die Gerichtsverfassung aufzunehmen.*[159]

Man könnte diese hier herausgearbeitete Analogie zwischen dem RKG und der Justizverfassung der bayerischen Obergerichte zu Beginn der Reformzeit für konstruiert halten, gäbe es mit Franz Xaver von Zwackh nicht eine Mittlerfigur von Wetzlar nach Bayern, deren Wirken über die Funktion als Stellenvermittler und Fürsprecher der pensionierten Reichsrichter hinausreichte. In der Tat informierte Zwackh nämlich die bayerische Regierung über die Verhältnisse am Kammergericht und übermittelte dabei vor allem Wissen, dass sich für die Reform des bayerischen Justizwesens seit 1799 nutzen ließ.

Ein Dokument belegt zweifelsfrei, dass sich die bayerischen Justizreformen seit 1799 ohne das RKG nicht adäquat erklären lassen. Franz Xaver von Zwackh hat es Anfang des Jahres 1799 verfasst, nachdem Max IV. Joseph und mit ihm

---

[158] Dies muss offen bleiben, da eine systematische Untersuchung der Entwicklung dieser obersten Justizbehörde durch die Vernichtung einer Fülle von bayerischen Justizadministrationsquellen im II. Weltkrieg erschwert wird.

[159] Schimke, Regierungsakten Bayern, S. 250-252, Dok., Nr. 49, Anordnung regelmäßiger Visitationen bei den obersten Justizstellen. Zu den Justizstellen, ohne den hier herausgestellten Aspekt zu berücksichtigen, sondern in einer auf die bayerische Geschichte begrenzten Perspektive auf Kreittmayer rekurrierend: Schimke, Regierungsakten Bayern, S. 238-244. Die Anlehnung an das Vorbild des RKG nicht berücksichtigend auch die gesamte Literatur zu den bayerischen Reformen, für die stellvertretend auf die Arbeiten von Eberhard Weis und seine Schüler sowie auf die Forschungen verwiesen sei, die einseitig auf französische Einflüsse, auf die Person Montgelas bzw. auf die bayerische Kontinuität fixiert sind. Vgl. früher auch: Doeberl, Rheinbundverfassung; ders., Maximilian von Montgelas; ferner: W. Schubert, Das französische Recht in Deutschland.

Maximilian von Montgelas die Regierung übernommen hatten.[160] Er wies sich hier nicht nur als Kenner und Vertreter des Justizreformgeistes aus, der am Kammergericht nach der letzten Visitation herrschte, sondern bat zugleich um seine Anstellung als Agent am Kammergericht, um die bayerische Regierung über Reformpläne zu informieren, die in Wetzlar kursierten. Der von ihm selbst entworfene und von Montgelas wie dem König gebilligte Instruktionsvorschlag für diese Stelle, die er jeder anderen vorzog, lautet:

> *1.) Die täglichen Gesellschaften zur Kenntnis der Karakter und der verschiedenen Verhältnisse, worin Beysitzer unter sich, und mit Prokuratoren leben, zu benutzen. 2.) Sich vertraute Kommunikation der Relationen und Abstimmungen der Assessoren in wichtigen Prozessen zu verschaffen, um ihre Fähigkeiten und Grundsätze kennen zu lernen. 3.) Durch Cordialen, freundschaftlichen Umgang und mehrerer gelehrter Diskussionen den Einfluß zu bewürken, daß bey Berichten an die gesätzgebende Macht Justiz Verbesserungs Vorschläge angegeben werden, welche der Bevollmächtigte zuvor seinem Hof vorgelegt, und von diesem genehmigt, oder verbessert zurückerhalten hat. 4.) Alle Bemerkungen zu sammeln, welche bey einer künftigen Visitation zum Leitfaden dienen könnte. 5.) Der freundschaftliche Umgang mit Beysitzern und Prokuratoren, wo erstere aus verschiedenen teutschen Landen geschickt werden, mit denen sie ihre Korrespondenz unterhalten, letztere mit so vielen Reichsständen in genauer Verbindung stehen, bieten Stoff mehr als in jeder anderen Stadt der, politische Ereigniße zu erfahren, oft Projekte ein und des anderen Hofs zu entziehen, und indirecte durch die von hier gefordert werdenden Gutachten auf sie zu würken. Die Korrespondenz des Endes Unterzeichneten seit 8 Jahren mit dem Herzoglichen Ministerium gibt darüber mehrere Beweise. 6.) Bey einem Mann, der alle Prozesse seines Reichsstandes kennt, risquirt man, was hier so oft der Fall ist, nicht so leicht, wie bey Abgeordneten zu einzelnen Prozessen, daß Sätze in minder wichtigen Prozessen um zu gewinnen aufgestellt werden, welche in der Folge der Hausverfassung und bey wichtigen Angelegenheiten schaden.*[161]

Mit diesem für den Wissenstransfer von Wetzlar nach Bayern zentralen Dokument ist belegt, dass man in Bayern bereits vor der Einleitung der Justizreformen durch die ‚Verordnung über die praktische Ausbildung der höheren Justiz' vom 25. Juni 1799 über Justizreformpläne am Kammergericht informiert war. Wenn Zwackh diese Informationen, die aus allen Teilen Deutschlands in der früheren Ackerbürgerstadt Wetzlar zusammenflossen, zum Zwecke einer Visitation des

[160] Weis, Der Umbruch von 1799. Die Regierung Max Josephs und ihre Bedeutung für die Geschichte Bayerns, in: ZBLG 62, Heft 2 (1999), S. 467-480.

[161] BayHStA, MA 4045, Acta des auswärtigen geheimen Ministerial Departements Bevollmächtigter am K. Reichskammergericht 1799–1808 Geheimer Rath von Zwackh, Promemoria Zwackhs, o.D [Anfang 1799].

Kammergerichts sammelte, sie aber später in die Justizreformgesetzgebung Bayerns einflossen, so könnte man als Bonmot formulieren, dass die letzte Visitation, die in Wetzlar nicht mehr zustande gebracht wurde, in Bayern durchgeführt wurde. Sicherlich herrschten in Bayern andere Bedingungen, die Reigersberg und die übrigen in bayerische Dienste getretenen Assessoren zu spüren bekamen. Gleichwohl wird die Orientierungsfunktion deutlich, die das Kammergericht für die bayerischen Justizreformen hatte.

Eine ähnliche Rolle wie Zwackh spielte auch der Wetzlarer Prokurator Hoffman, den Bayern wie einige andere Reichsstände als geheimen Rat und Agenten beschäftigte;[162] und dass das Kammergericht in der Endphase des Reichs auch für andere bayerische Reformdenker durchaus noch Anziehungskraft ausüben konnte, zeigt etwa die Person Christoph von Aretins, der sich 1798 für das bayerische Kreisassessorat bewarb, nachdem Heinrich Aloys von Reigersberg zum Präsidenten des Kammergerichts befördert worden war.[163]

V. Vormalige Reichsrichter als bayerische Reformbeamte

1. Justizpolitische Karrieren

Betrachtet man die Übernahme der fünf Wetzlarer Reichsrichter vor diesem Hintergrund, so zeigt sich, dass die bayerische Übernahmepolitik von einer deutlich höheren Kompetenz sowie von der Einsicht geprägt war, dass man die vormaligen Reichsrichter für den Ausbau eines ohnehin schon vom Kammergericht beeinflussten Justizwesens einsetzen könne. Dies unterscheidet die bayerische Übernahmepolitik nicht nur von der Württembergs, sondern auch von der Übernahme anderer Assessoren, die unter jeweils spezifischen Umständen in die Dienste Sachsens, Badens, Hessen-Darmstadts, des Großherzogtums Würzburg und Preußens gelangt waren.

---

[162] Baumann, Anwälte am Reichskammergericht; dies., Die Prokuratoren am Reichskammergericht. Von einer bislang nicht erfolgten systematischen Auswertung solcher Prokuratorenberichte über das RKG, die auch von den Zwierlein, der anderen großen Prokuratorendynastie, überliefert sind, lassen sich wichtige Aufschlüsse für die Bedeutung des Kammergerichts und für die Verbreitung des Wissens über die Funktion und Tätigkeit dieses Reichsgerichts im Alten Reich erwarten.

[163] BayHStA, MA 4073/2, Christoph von Aretin an den Churfürsten, München, den 26. Dezember 1798. Das Präsentationsrecht stand eigentlich dem Erzbischof von Salzburg zu, der Spiegel von Diesenbergs Präsentation hinauszögerte. Deshalb führte Christoph von Aretin den Anfall des Präsentationsrechts an den anderen kreisausschreibenden Fürsten (Kurfürst von Bayern) ins Feld und hierauf sein Präsentationsgesuch. Vgl. hierzu: ebd., Nr. 2 und 3. Zu Spiegel von Diesenberg und seiner Präsentation: Jahns, Das Reichskammergericht, Tl. II, Biogr. 87.

Für Bayern spielte Franz Xaver von Zwackh die entscheidende Rolle. Er legte auf Reigersberg und von der Becke deshalb großen Wert, weil sie zu den begabtesten und reformwillligsten unter den Angehörigen der letzten Richtergeneration des RKG gehörten und beim Aufbau des Justizwesens in Bayern behilflich sein konnten.

Zwackh dürfte auch für die Verteilung der Stellen verantwortlich gewesen sein, die nach der allgemeinen Erklärung des bayerischen Hofes erfolgte, die fünf vormaligen Reichsrichter in bayerische Dienste zu übernehmen. Montgelas konnte sich auf seine Personalpolitik verlassen und brauchte sie nur abzusegnen und dem König zur Unterschrift vorlegen. Wenn Franz Arnold von der Becke zum Mitglied der im April 1808 ins Leben gerufenen bayerischen Gesetzgebungs-Kommission ernannt wurde, so zeigt dies, wie sehr die Qualitäten des konsequentesten und systematischsten Reformdenkers der letzten Richtergeneration in Bayern geschätzt wurden. Reigersberg wurde in dieselbe Kommission berufen.[164] Beide wirkten unmittelbar an der Umsetzung der bayerischen Verfassung von 1808[165] und des organischen Ediktes für die Justizverfassung mit[166] und sind mitverantwortlich für die damals vorangetriebene Reform der Untergerichte. Sie nahmen auch an den kontroversen Diskussionen über die Einführung des Code Napoleon als bayerisches Zivilgesetzbuch teil[167] und debattierten über das Strafgesetzbuch, über das Feuerbach referierte.[168] Mit Ausnahme Ullheimers, der bei der Reorganisation der Gerichtseinteilung 1808 aufgrund seines *Alters* und *mangelnder Energie* in den Ruhestand versetzt wurde,[169] durchliefen alle in Bayern

---

[164] Der Personalakt von der Beckes im MJu-Bestand des BayHStA ist dem Brand im II. Weltkrieg zum Opfer gefallen. Zu seiner Tätigkeit in der Gesetzeskommission etwa: BayHSta, Staatsrat 1908, Bildung der Untergerichte, Sitzung vom 19. September 1808. Seine Ernennung zur Gesetzeskommission dürfte am gleichen Tag wie die Reigersbergs erfolgt sein. Zu Reigersberg: BayHStA, MJu 19005, Ernennung Reigersbergs zum Mitglied der Kommission für Gesetzgebung in Bayern, 25. April 1808. An diesem Tag wurde die Gesetzeskommission konstituiert, welche die Prüfung und Vorbereitung *der ihr vorzulegenden Entwürfe zu dem bayerischen nach den Code Napoleon bearbeiteten bürgerlichen Gesetzbuch, wie auch den Entwurf des Kriminal Gesetz Buches und der bürgerlichen Gerichtsordnung zu ihren Geschäfte hat.* Vgl. auch Landesarchiv Speyer, V 29, 199, Reigersberg an Zwackh, München 11. April 1808. Den Vorsitz der Kommission führt der Justizminister Heinrich Theodor Graf Topor von Morawitzky (1725–1810). Ferner gehörten dieser Kommission an: Stephan Freiherr von Stengel (1750–1822), Paul Anselm von Feuerbach (1775–1833), Johann Nepomuk von Effner (1757–1817), Christian Ritter von Mann (1771–1837), Georg Friedrich Bandel (Regierungsdirektor), Georg Michael Weber (Hofgerichtsdirektor in Bamberg), Kienlein (Hofgerichtsrat).

[165] Möckl, Die bayerische Konstitution von 1808, S. 151-166.

[166] BayHStA, Kurbayern Mandatensammlung (vormals: Staatsverwaltung, 989), Organisches Edikt 1808) und Gerichtsverfassung, Organisches Edikt 24. Juli 1808, fol. 456ff. Ein Auszug in: Schimke, Regierungsakten Bayern, Nr. 50, S. 252-261.

[167] Demel, Der Entwurf eines bürgerlichen Gesetzbuchs.

[168] Schimke, Regierungsakten Bayern, S. 261-316 mit einigen Auszügen aus den Diskussionen.

[169] BayHStA, Staatsrat 8, Sitzung vom 25. August 1808, fol. 16v-r, Vortrag des Justizministers Morawitzky: *Der Director der obersten Justizstelle in Bamberg Joseph von Ullheimer wäre*

untergekommenen vormaligen Reichsrichter eindrucksvolle Karrieren. Im Fall Reigersbergs wurde das vorherige Niveau erreicht, als er 1810 bayerischer Justizminister wurde – die politische Einflussmöglichkeit freilich war größer als am Kammergericht. Die vormaligen Assessoren übertrafen ihr Karriereniveau eindeutig, jedoch erst 1817. Carl August von Seckendorff, der 1808 zunächst als Vizepräsident des Appellationsgerichts des Oberdonau- und Altmühlkreises vorgesehen war, wurde Präsident des für den Rezatkreis zuständigen Appellationsgerichts in Bamberg.[170] Er versah diese Stelle bis 1817, wurde nach dem Sturz Montgelas' als ordentlicher Staatsrat nach München berufen, wo er ein Jahr später zum Präsidenten des evangelischen Oberkonsistoriums avancierte. Diese Stelle war mit einer lebenslangen Ernennung zum Reichsrat der Krone Bayerns verbunden.[171] 1825 versetzte man Seckendorff als Staatsrat temporär in den Ruhestand, während er die Stelle des Präsidenten des Oberkonsistoriums bis 1827 ausfüllte. Nach einer langen Krankheit starb er 1828.[172]

Karl Ludwig von Branca, der 1808 zunächst als Vizepräsident des Appellationsgerichts in Memmingen vorgesehen war,[173] erhielt 1809 die Stelle des Vizepräsidenten des Appellationsgerichts für den Naab- und Regenkreis in Amberg, rückte 1816 in die dortige Präsidentenstelle auf und übernahm 1817 das Präsidium des Appellationsgerichtes des Unterdonaukreises in Straubing.[174] 1822 wurde er außerordentlicher Staatsrat, um am 1. April 1832 zum ordentlichen Staatsrat *extra statum* ernannt zu werden. Branca war damit Mitglied der Kommissionen für gemischte Rechtssachen und der schiedsrichterlichen Staatsratskommission.

---

wegen seinem Alter und mangelnden Energie mit Aussprechung der Quieszenz zwar zu verschonen, ihm aber mit Umgehung seiner Anstellung blos zu eröffnen, daß er in seinem bisherigen Charakter und mit dem Fortbezuge seines bisherigen Gehaltes eine allerhöchste Entschließung für seine künftige Bestimmung zu erwarten habe. Vgl. auch ebd.: 18r: *Seine königliche Majestät haben diese Anträge Allerhöchstdero Justizminister zu Besezung der Präsidenten, Vicepräsidenten und Directoren Stellen bei den Justizstellen im Königreiche ebenso wie die vorgeschlagene Quieszierung einiger langgedienter Individuuen mit Beibehaltung ihrer Besoldungen und den Antrag wegen dem Director in Bamberg von Ullheimer aller gnädigst genehmiget.*

170 BayHStA, Staatsrat 8, Sitzung vom 25. August 1808, fol. 17v, Vorschlag Morawitzkys, Seckendorff mit dem Gehalt von 4 000 fl. zum 1. Direktor des Appellationsgerichts in Neuburg ernennen. Genehmigung des Königs ebd., 18r. Vgl. auch: ebd., 19. November 1808, fol. 2. Die Vizepräsidentenstelle in Neuburg trat stattdessen von der Beckes und Brancas Direktorenkollege in Augsburg von Werner an.

171 Insgesamt auch Jahns, Das Reichskammergericht, Tl. II, Biogr. 49, Kap. IV. BayHStA, Staatsrat 1754; BayHStA, MF 37377, fol. 1, Ernennungsdekret zum Staatsrat der Sektion des Justiz, Max I. Joseph, München, 3. Mai 1817.

172 BayHStA, MF 37377, Nr. 15 und Nr. 23 München, den 20. November 1825. [Quieszierung], Nr. 18ff.

173 BayHStA, Staatsrat 8, Sitzung v. 25. August 1808, fol. 17v.

174 Die Angaben zu Karl Ludwig von Branca in: Staatsministerium der Justiz, Die Kgl. Bayer. Staatsminister der Justiz, Tl. II, S. 1066 und Schärl, Die Zusammensetzung der bayerischen Beamtenschaft, S. 350f. sind nicht korrekt. Jahns, Das Reichskammergericht, Tl. II, Biogr. 81; vgl. auch: BayHSta, Staatsrat 3141, Max I. Joseph an Branca, 31. Oktober 1822.

Diese Funktion sollte er aber nur dann ausüben, wenn einer der Staatsräte der anderen Kommission verhindert sei. Als die Ablösung des bayerischen Justizministers Maximilian von zu Rhein durch Sebastian von Schrenk zu Notzing anstand, sprang Branca als *Ersatzmann* ein und verwaltete das Justizministerium für drei Monate. König Ludwig I. war mit seinen Leistungen so zufrieden, dass er ihn im Alter von knapp 70 Jahren zum *statusmäßigen* Staatsrat ernannte.

2. Ein besonderer Status

Eine Anfang 1835 stattfindende Feier anlässlich Brancas 50-jährigen Dienstjubiläums zeigt, dass seinen Kollegen im Staatsrat die Tatsache, dass Branca für 16 Jahre nicht in bayerischen, sondern als Träger bayerischer Präsentationsrechte in Diensten von Kaiser und Reich gestanden hatte, nicht mehr bewusst war.[175] Für ihn selbst spielte dies aber sehr wohl eine Rolle. Er betonte nicht nur ausdrücklich, dass er vor dem Antritt seines Assessorats aus kurbayerischen Diensten getreten sei, sondern verwies sogar auf die *Abordnungen* in *öffentlichen Angelegenheiten*, die ihm als Polizeideputierter am Kammergericht zuteil geworden seien. Als Zeugen für seine Tätigkeit gab er Reigersberg an. Gleichwohl fertigten die Angehörigen des Staatsrates eine Gratulationsurkunde zum 50-jährigen Dienstjubiläum aus, in der sie die gänzlich andere Stellung des bayerischen Kreisassessors am Kammergericht nivellierten:

> *Von dem Churfürsten Carl Theodor am Schlußе des Jahres 1784 als wirklicher Hofrat auf der Ritterbank ernannt, wurden sie bereits im Jahre 1788 zu der ausgezeichneten Stelle eines Reichskammergerichts Asseßors für den bayerischen Kreis präsentiert, und inzwischen bis zu der im Jahr 1791 erloschenen Einberufung als Oberlandes Regierungsrath angestellt /1789/. Nach der im Jahre 1806 erfolgten Auflösung der teutschen Reichsverfassung geruhten des höchseeligen Königs Majestät Ihre Dienste wieder dem bayerischen Staate vorzubehalten.*[176]

---

[175] BayHSta, Staatsrat 3141, Nr. 31, 32 und Anlagen. Hier auch: [Entwurf] eines Gratulationsschreibens das auf Pergament unter Glas und Rahmen ausgefertigt wurde, München, den 26. Dezember 1834. Als Vorlage diente ein eigenhändiger Lebenslauf Karl Ludwig von Brancas. Vgl. ebd., Entwurf der Biographie Brancas vom 19. Dezember 1834.

[176] Ebd. Demgegenüber in Brancas eigenhändigem Entwurf seiner Vita: *Im Jahr 1791 erhielt er von dem K. Reichs Kammergericht eine Einberufung, welche er, nachdem er aus den Kurbayerischen Dienstverhältnissen getreten war, als bald Folge leistete, worauf er im besagtem Jahr im Monat Junius als Mitglied dieses Reichs Gerichtes in der Plenar Sitzung eingeführt, und nach den gesetzlichen Bestimmungen verpflichtet wurde. Bis zum Jahr 1806 verblieb er an diesem Reichsgerichtshof, als in nemlichen Jahr die ehemalige Reichsverfassung, und damit das R. Kammer Gericht, welches einen vorzüglichen Bestandtheil desselben bildete, aufgelöst wurde. – Im Jahre 1807 kehrte er wieder in königlich bayerische Dienste zurück, wohin er dann als Director der oberste Justizstelle in dem Bezirk Schwaben erhielt.*

Wenn Branca gegen den Versuch, seine Biographie bayerischer erscheinen zu lassen als sie war, auf die Bedeutung seiner Zeit am RKG hinwies, so verweist dies nicht nur auf seine Korrektheit, sondern ist auch Ausdruck der über mehrere Jahre nicht gelungenen Integration der vormaligen Reichsrichter in Bayern. Branca war der Aufstieg in den Staatsrat erst spät gelungen. Dies hing einerseits mit seiner Zugehörigkeit zum konservativen Teil der bayerischen Beamtenschaft um Rechberg zusammen, die nach Montgelas Sturz an Bedeutung gewann. Andererseits wirkte sich aber auch die 1807 geschaffene Regelung aus, die niedrigen Einstiegsgehälter aus der Sustentationskasse zu bezuschussen.

So musste nicht nur Branca bis 1817 mit einem Einstiegsgehalt von 4 000 fl. auskommen. Auch Seckendorff bekam nicht mehr, als er zum Präsidenten des Appellationsgerichts in Bamberg berufen wurde.[177] Seckendorffs 1817 erfolgte Ernennung zum ordentlichen Mitglied des Staatsrats der Justizsektion brachte eine Erhöhung des Soldes. Jedoch war es Seckendorff selbst, der darum bitten musste. Die Gehalterhöhung wurde ihm erst gewährt, als die Bundesversammlung die Sustentationsfrage geregelt hatte, und er musste Einbußen hinnehmen.[178] Obgleich ein Staatsrat eigentlich 8 000 fl. hätte verdienen müssen, bekam Seckendorff nur 6 000 fl. aus der Staatskasse. Begründet wurde diese Zurücksetzung einerseits damit, das er eine Kammergerichtspension von 800 fl. erhalte. Zum anderen zog man ihm Mietzinsen in Höhe von 1 200 fl. für eine Wohnung in München ab. Als Seckendorff 1818 Präsident des evangelischen Oberkonsistoriums wurde, erhöhte man sein Gehalt nur um 2 000 fl., obgleich ihm 2 600 fl. mehr zugestanden hätten. Hier war die Begründung, dass er bereits als Staatsrat verdiene.

Seckendorff wurde damit also gegenüber den von Anfang an nach den Regelungen der bayerischen Staatsdienerpragmatik bezahlten Kollegen zurückgesetzt, die keine RKG-Pension empfingen. Vor dem Hintergrund der Leistungsethik, der man am Kammergericht anhing, musste ein um die Justizverwaltung und später auch die Justizreform in Bayern verdienter Mann wie Seckendorff in seiner Ehre gekränkt gewesen sein. Noch auf seinem Sterbett bangte er, dass seine Witwe aufgrund seiner gebrochenen Karriere Pensionsnachteile erleiden müsse. Er stellte seine Besoldung seit 1817 genau zusammen, damit seine Frau keine Pension verliere und brachte Gutachten über seine Tätigkeit herbei. Seckendorff kam es darauf an, dass die Pension seiner Witwe künftig nicht nur aus den 8 000 fl. jährlichem Gehalt reguliert würde, sondern auch die Kammergerichtspension von 800 fl. und der abgezogene Mietzins mit einbezogen würden. Über seine Leistungen und seinen Charakter gutachtete unter anderem sein vormaliger Kollege Branca, der als einziger der vormaligen Assessoren unter Ludwig I. noch Karriere ge-

[177] BayHSta, Staatsrat 8, Sitzung v. 25. August 1808, 17v.

[178] BayHStA, MF 37377, Nr. 11, Seckendorff an Max I. Joseph, München 10. Oktober 1817.

macht hatte.[179] Tatsächlich gelang die Durchsetzung der Ansprüche nicht, Grundlage für die Pensionsberechnung blieben die 8 000 fl. Gehalt.

Nicht wesentlich anders erging es bis 1817 von der Becke. Trotz seiner Tätigkeit in der Gesetzeskommission und seiner 1808 erfolgten Berufung zum Direktor des Oberappellationsgerichts in München blieb sein Gehalt bis 1817 ebenfalls konstant bei den 4 000 fl., die von den bayerischen Kammerzielern abgezogen wurden und den 800 fl., die aus der Sustentationskasse bezahlt wurden. Es wurde erst aufgebessert, als von der Becke 1817 unter Mitwirkung Reigersbergs zum Generaldirektor des Justizministeriums und zum Staatsrat befördert worden war.[180] Zusammen mit der vom Deutschen Bundestag festgesetzten Pension bezog er nun 8 800 fl., die er behalten durfte, nachdem er 1823 als Vizepräsident wieder zurück ans Oberappellationsgericht versetzt wurde. Zwar behielt von der Becke auch nach seiner auf eigene Bitte erfolgten Versetzung in den Ruhestand am 27. April 1826 sein Gehalt und die Assessorenpension. Allerdings wurde das Gesuch seiner Frau, die ihre Ansprüche auf die 800 fl. mit Bundestagsbeschlüssen rechtfertigen konnte, nach dem Tod von der Beckes 1832 ebenfalls abgelehnt.[181]

Damit ist deutlich, dass die früheren Reichsrichter den anderen bayerischen Staatsdienern nicht vollkommen gleichgestellt waren. Mit Ausnahme Reigersbergs, dessen Besoldung als Justizminister mit 20 000 fl. fast das vormalige Kammerrichtergehalt erreichte, bezogen alle bis 1817 nicht mehr als das Einstiegsgehalt von 4 000 fl. und die 800 fl. Pension aus der Wetzlarer Sustentationskasse, die von den Nachfolgestaaten der vormaligen Reichsstände gemeinsam bezahlt wurden. Darüber hinaus wirkte sich die Sonderrolle der vormaligen Reichsrichter auch auf die Pensionen ihrer Witwen aus. Die Ansprüche auf die Kammergerichtspension, die man als Bestandteil des Gehalts betrachtet hatte, wurden nicht bewilligt, obgleich die Staatsdienerpragmatik von 1805 eine Regulierung der Pensionen aus dem Gesamtverdienst forderte[182] und Beschlüsse der Frankfurter Bundesversammlung die Ansprüche absicherten.

---

179 Zum Gesamtzusammenhang: BayHStA, MF 37377, Nr. 16-32. Nach Seckendorffs Tod wurde über zwei Jahre um die Bewilligung der 800 fl. aus der kammergerichtlichen Pension verhandelt. Seine Witwe erhielt jedoch nur das am Kammergericht früher üblich gewesene Sterbequartal in Höhe von 66 fl. 40 kr.

180 Die Ernennung zum Direktor am Oberappellationsgericht, BayHStA, Staatsrat 8, Sitzung vom v. 25. August 1808. Die Ernennung zum Staatsrat und Generaldirektor des Justizministeriums am 3. Juni 1817, vgl.: BayHSta, Staatsrat 1751, Max I. Joseph, München, 3. Juni 1817. Hier auch die Abschaffung der Direktorenstellen und die Ernennung von der Beckes zum Vizepräsidenten des Oberappellationsgerichts mit Beibehaltung der bisherigen Besoldung. Zum Gehalt und den Pensionsforderungen seiner Witwe auch: BayHStA, MF 36419.

181 BayHStA, MF 36419, Nr. 4, Schreiben Helena von der Beckes an König, München, den 1. September 1832. Hier auch eine Heiratsurkunde der beiden vom 18. November 1778. Vgl. auch Jahns, Das Reichskammergericht, Tl. II, Biogr. 107.

182 Schimke, Regierungsakten Bayern, 76, Art. XXIV, §§ 1-3, S. 406f.

3. Kammergerichtliche Reformmentalität und bayerische Reformen

Wenn man die Nachkarrieren der in bayerische Dienste gelangten vormaligen Reichsrichter betrachtet, so fällt auf, dass von der Becke und Seckendorff nach der Entlassung Montgelas' 1817 eine wichtige justizpolitische Rolle übernahmen: Seckendorff wurde Staatsrat der Justizsektion, während von der Becke Effner als Generaldirektor im Justizministerium ersetzte und ebenfalls in den Staatsrat berufen wurde. Es besteht kein Zweifel, dass Reigersberg, der damals dienstältester Minister war und darüber hinaus großen Einfluss auf König Max I. Joseph hatte, bei der Ernennung beider mitwirkte. Offenbar hoffte er auf die Unterstützung der vormaligen Reichsrichter bei der nun anstehenden Vorbereitung der Verfassung von 1818, der Reform der Gerichtsverfassung sowie der Anpassung des Justizsystem der 1816 zu Bayern gekommenen Pfalz.

Auch die Tatsache, dass die Karrieren von der Beckes, Seckendorffs und Reigersbergs beinahe gleichzeitig endeten, scheint vor diesem Hintergrund kein Zufall zu sein: Vielmehr war die Entmachtung der Gruppe um Reigersberg das Ergebnis einer von der konservativen Partei um Rechberg, Wrede, Arco, Thürheim am bayerischen Hof betrieben Politik, die vor allem von dem ehrgeizigen Zentner ausging, der mit den Konservativen koalierte um seine Karriere zu befördern.[183]

Zwar könnte man hiergegen einwenden, dass sich erstens von der Becke 1826 auf eigenen Wunsch in den Ruhestand versetzen ließ und zweitens damals bereits 72 Jahre alt war. Gleichwohl war er keineswegs altersschwach und zog sich auch nicht vollständig aufs Altenteil zurück. Vielmehr veröffentlichte er 1829 eine 196 Seiten umfassende Schrift zur Justizreform in Bayern und schaltete sich damit durch einen fundierten Beitrag in die 1828 entbrennende publizistische Kontroverse um den revidierten Entwurf der Zivilprozessordnung ein.

Hintergrund für die Veröffentlichung dieser Schrift war, dass Ludwig I. und unter ihm der Innenminister Joseph Ludwig Armansperg der Ständeversammlung 25 ‚liberale' Gesetzesentwürfe vorlegte, zu denen unter anderem die Abschaffung der Patrimonialgerichtsbarkeit, die Trennung von Justiz und Verwaltung auf der Ebene der Landgerichte, die Öffentlichkeit und Mündlichkeit der Prozesse, eine Reform des Notariats sowie die Einführung von Geschworenengerichten gehörten. Wie die Forschung betont, orientierte man sich dabei am Vorbild der 1816 zu Bayern gekommenen linksrheinischen Pfalz.[184]

---

183 Völderndorff, Harmlose Plaudereien, S. 37-40; Vgl. auch: Gollwitzer, Ludwig I. von Bayern, S. 222-228.

184 Spindler, Die Regierungszeit Ludwigs I., S. 134-143; Weis, Die Trennung zwischen Justiz und Verwaltung, S. 758f. Effner war bei der ersten Bildung des Staatsrates noch Generaldirektor im Justizministerium. Schlaich, Staatsrat, S. 472. Von der Becke trat diese Stelle am 3. Juni 1817 an, der die Kompetenzen der Minister erweiterte. Zur Ernennung von der Beckes: Jahns, Das Reichskammergericht, Biogr. 107, Kap. IV mit weiterer Literatur.

Zwar betont die Historiographie im Zusammenhang mit der Eingliederung der linksrheinischen Pfalz neben der Orientierung am französischen Vorbild auch personelle Kontinuitäten.[185] Dennoch muss darauf verwiesen werden, dass die *Gegenstände der Justiz* aus den *überrheinischen Gebieten* durch königliche Entschließung dem Justizministerium unterstellt waren. Damit war Reigersberg zunächst zusammen mit dem Generaldirektor des Justizministeriums Effner hierfür zuständig. Bereits 1817 jedoch wurde jener durch von der Becke abgelöst.[186] Zum anderen waren mit dem ersten Regierungspräsidenten der Pfalz, Franz Xaver von Zwackh, und mit Carl August von Seckendorff, der 1817 Staatsrat der Sektion der Justiz geworden war, zwei weitere Funktionäre mit dem Eingliederungsprozess der Pfalz beschäftigt, die ihre Sozialisierung im Kontext der Reichsgerichtsbarkeit erlebt hatten.[187] Zumindest in Hinsicht auf die Justizverwaltung kann damit also davon gesprochen werden, dass der Nebenstaat Pfalz vom Hauptstaat aus und unter maßgeblichem Einfluss vormaliger RKG-Angehöriger gelenkt wurde. Dabei scheint das französische System vor allem auch deshalb beibehalten worden zu sein, weil es besser als die bayerische Gerichtsverfassung nach der Wiedereinführung der Patrimonialgerichtsbarkeit mit dem Anspruch einer unabhängigen Justizpflege vereinbar war.

Die in dem Gesetzesentwurf des Landtages vertretenen Grundsätze orientierten sich nicht allein am Vorbild der Pfalz, an deren Eingliederung übrigens auch Armansperg beteiligt war.[188] Vielmehr waren alle in dem Gesetzesentwurf vertretenen Forderungen Grundsätze, für die Reigersberg und Franz Arnold von der Becke seit ihrer Berufung in die Gesetzes-Kommission von 1808 eintraten. Sie verweisen zurück auf Gedankengut, das Franz Arnold von der Becke bereits 1797 in seiner Staatsdienertheorie vertreten hatte. Hierzu gehört die Forderung nach der Ministerverantwortlichkeit und die Organisation des Justizwesens nach dem Prinzip der Trennung von Justiz und Verwaltung. In allen ihren Voten und schriftli-

---

185 Zur Reform der Gerichtsverfassung der Pfalz durch Reigersberg, von der Becke und Zwackh: BayHStA, MJu 14648. Der Einfluss von Reformtraditionen aus dem Reich ist von der Forschung bisher nicht gesehen worden. Vielmehr wurden vor allem französische Einflüsse betont, die bei der Eingliederung der Pfalz zum Tragen kamen. Etwa W. Schubert, Das französische Recht in Deutschland; diese Perspektive fehlt auch bei Haan, Hauptstaat – Nebenstaat, und ders., Kontinuität und Diskontinuität (mit Fortsetzungen). Ältere deutsche Traditionen ebenfalls nicht berücksichtigend Piereth, Bayerns Pressepolitik.

186 Haan, Hauptstaat – Nebenstaat, Dok. 66, S. 243-245, Entschließung des Königs von Bayern, die Verfassung und Verwaltung der Pfalz betreffend, hier Art. 4, S. 243; vgl. auch Haan, Hauptstaat – Nebenstaat, Dok. 67, S. 246.

187 Grundlegend zu den Aufgaben des Staatsrates immer noch: Schlaich, Staatsrat. Von dem bei der bayerischen Akademie der Wissenschaften angesiedelten Editionsprojekt, das unter der Leitung von Reinhard Stauber steht, lassen sich wichtige neue Aufschlüsse dieser bisher kaum untersuchten Behörde erwarten.

188 Armansperg wurde zugleich mit Zwackh nach der Entlassung Montgelas seines Postens enthoben. Haan, Die bayerische Personalpolitik, S. 353-356. Zu Armansperg, der die Pfalz als überzeugter Anhänger der rheinischen Institutionen verließ: Armansperg, Joseph Ludwig von Armansperg, S. 23, 108, 228.

chen Äußerungen orientierten sich Reigersberg und von der Becke nicht nur während der Zeit am RKG, sondern auch in bayerischen Diensten durchgängig an diesem Prinzip. Dies wird zunächst sichtbar bei der Diskussion um die Schaffung der Untergerichte nach dem Erlass der Verfassung von 1808 und des organischen Edikts über die Gerichtsverfassung vom 24. Juli 1808. Es zeigt sich etwas später, als Reigersberg gegen Montgelas und die konservative Partei am bayerischen Hof votierte, die den Adel einbinden, ihm weitgehende Rechte zusichern wollte und für eine Wiedereinführung der Patrimonialgerichtsbarkeit in ganz Bayern plädierte.

Ein Beispiel aus dem Vorfeld der Diskussion mag Reigersbergs Haltung verdeutlichen.[189] Als am 6. Juni 1811 im Geheimen Rat über die Rechte des Adels abgestimmt wurde, legte er ein Bekenntnis ab, das an Klarheit nichts zu wünschen übrig ließ und deutlich von den Erfahrungen am RKG geprägt war:

> *Ich beobachtete aus eigener Erfahrung nur zu sehr, wie abhängig der bestellte Justizamtmann, von dem auch die Eigenschaft eines Gutsverwalters begleitenden Justiziars war. Ich habe bey den Reichsgerichten den Unfug in der Art bestellter Untergerichte in vollem Maaße kennengelernt, die Gutsverwaltung wird immer auf die Justizverwaltung den wesentlichen Einfluß haben, wenn beyde Gewalten miteinander vereiniget sind. Geschichte, die bewährte Lehrerin, bezeiget, daß Monarchen, welche den Ruf, weiser und wohltätiger Regierungs-Maximen gefolgt zu seyn, mit sich nahmen, und nicht bloß von den Lebenden ihre Gewalt fürchtenden Generationen als weise und wohlthätige Regenten gepriesen werden, sondern auch in dem Andenken ihrer Unterthanen noch fortleben, bekämpften jederzeit diese unpartl eyische Rechtspflege nie sichernden Privatgerichte, und wenn finanzielle Rücksichten und Widersetzlichkeiten großer Majoratsbesitzer und landständische Verfassung der Errichtung dieser wohlthätigen Staatsreform Schranken zu setzen schienen, tadelte die gerechte Nachwelt ihre Nachgiebigkeit.* [...] *Landstände existiren nicht, und eine nach den Grundzügen der Konstitution organisierte National-Repräsentantenschaft wird der Patrimonialgerichtsbarkeit das Wort nicht führen. Die erste Instanz ist, ich darf es gegen jeden Sachkenner ohne weitschweifige Ausführung behaupten, die wichtigste.* [...] *Entdeckte drückende Mißbräuche nöthigten die Regierung diese Patrimonialgerichtsbarkeit zu vernichten, was zwingt sie den Unterthanen gleich Mißbräuche wieder auszusetzen? Daß ein einzelner von Frankreich in Baiern dotierter Majoratsbesitzer auf eine bestimmte Anzahl von Jahren eine in die Augen fallende Ausnahme darstellt, ist wie ich zwar nicht dafür hielt, eine von der höheren Politik gebothene Nachgiebigkeit. Sie ist als einem Mann Ausnahmsweise gewährt, der dem Vaterlande so wesent-*

[189] Vgl. hierzu das Votum bei Schimke, Regierungsakten Bayern, Dok. 44, München, den 2. Juli 1812. Zu seiner Justizreformhaltung vgl. auch die Abstimmung Reigersbergs bei der Beratschlagung über die Bildung der Untergerichte in der Gesetzeskomission am 19. September 1808, in: BayHSta, Staatsrat 1908, Anlage 2. Hier auch ein Votum von der Beckes.

liche Dienste leistete, minder auffallend. Allein sie rechtfertig nicht die Wiedereinsetzung einer vor kurzem wegen der Regierung kund gewordenen Mißbräuche eingezogen Gerichtsbarkeit. Ich behalte mir vor, alle diese Aspekte mit Belegen darzuthun, wenn die Reviviszenz dieser Pseudo-Rechtspflege bezielende Vortrag vorgelegt wird. Rein, frey von allem Privat-Interesse, muß die Rechtspflege seyn. Wenn der Gerichtshalter zugleich Exequent gutsherrlicher Forderung, dann verliert der Justizbeamte mit Grund alles Zutrauen. Oft wesentlichstes Requisit des Richters, Unbefangenheit. Schon das dem Grundherren in Baiern belassene Recht, der Selbsteintreibung seiner rückständigen Gefälle empöret, ich gestehe es frey, jedes unbefangen rechtliche Gefühl. Es widerstreitet dem ersten Rechts-Prinzip: Niemand darf Richter in eigener Sache seyn – niemand darf sich selbst Recht geben. Mit der Verleihung der Patrimonialgerichtsbarkeit wird dieser Rechtsverletzung noch größerer Spielraum gegeben. Ist die Patrimonialgerichtsbarkeit eine Bürde, so hat man kein Recht, diese Last dem einzelnen Privaten aufzubürden; ist sie eine Wohlthat, so hat die Regierung keine Ursache, derselben auf Gefahr des Unterthans zu entsagen.[190]

Ähnliche Grundsätze vertrat auch von der Becke, der in einer Veröffentlichung von 1812 direkt an Positionen anknüpfte, die er in seinem Staatsdienertraktat vertreten hatte:

Sicherheit des einzelnen Bürgers in allen Rechten seiner Person und seines Eigenthums ist Endzweck des bürgerlichen Vereins im Staate, und deswegen nothwendig. Aus derselben allein geht der inere Frieden hervor, welcher seine Dauer bedingt. Alles was dahin führt, ist Pflicht der obersten Gewalt, und sie erfüllt diese Gewalt durch Anordnung einer richterlichen Gewalt, der sie die Handhabung der Sicherheit anvertraut. Der Umfang all dessen was dazu unentbehrlich ist, bezeichnet man als Justizverfassung. Von ihrer größeren und minderen Vollkommenheit hängt näher das Wohl und Weh der Menschen im Staate, ihre Ruhe, ihre Zufriedenheit ab.[191]

Selbstverständlich fordert von der Becke auch hier eine unabhängige Justizpflege und darüber hinaus ein bürgerliches Gesetzbuch, das den Sitten des Volkes und der *Constitution des Staates* entspricht, eine mit diesen Zielen übereinstimmende Gerichts- und Prozessordnung sowie professionelle Richter. Die bei beiden zum Ausdruck kommende Beharrung auf dem obersten Rechtsprinzip der unabhängigen Justizpflege, die keinen Kompromiss duldet, trug ihnen die Feindschaft der einflussreichen Adelspartei am Hof und des um seiner Karriere willen mit ihnen paktierenden Zentners ein, die letztlich zu Reigersbergs Absetzung und zur Zurückstufung von der Beckes führte.

---

[190] BayHSta, Staatsrat 226, Anlage, Votum Reigersberg.
[191] Von der Becke, Ueber Verminderung und Abkürzung der Prozesse durch Vergleiche, S. 1.

Während von der Becke bisher überhaupt keine Beachtung fand, ist damit klar, dass Reigersberg, anders als dies von der Forschung gesehen wird, nicht zu der konservativen Gruppe bayerischer Funktionäre gerechnet werden kann, die „zwar persönliche Grundherren waren, die aber vor allem als Beamte des modernen Staates in wichtigen Positionen tätig waren.“[192] Im Gegenteil gehörten hierzu gerade diejenigen wie Arco und Thürheim, die im Geheimen Rat oder später im Staatsrat konträre Auffassungen vertraten. Schon 1809 machte Reigersberg klar, was er von Leuten wie Arco hielt und welche Eigenschaften bei Beamten er schätzte:

> [...] *bey dem Hypothekenwesen wurden G. Arco/ ein an Worten und Eigendünkel reichhaltiger Mann/ Geh*[eimer] *Rath Hartmann/ ein Mann von ernsten und festen Sinne und richtiger Denkkraft/ und Referendair von Ritter/ ein heller practischer Geschäftsmann/ beygeordnet. Der Druck der Gesetzbücher gehet sehr zögernd, und drückt vielfach unwillkürlich den Widerwillen aus, womit mancher dieses neue Product begrüßet.*[193]

In diese Jahre reicht die Feindschaft Reigersbergs der Adelspartei und Zentner gegenüber zurück. Letzterer hatte bereits Hoffnungen zum Justizminister ernannt zu werden, als Morawitzky die Nachfolge von Hertling angetreten hatte. Dass Reigersberg und nicht er 1810 Chef des Justizdepartements wurde, weil Montgelas ihn auf Distanz hielt und ihn nur zum geschäftsführenden Direktor im Innenministerium ernannte, dürfte das zentrale Ereignis für die nach der Entlassung Montgelas' beginnenden Versuche gewesen sein, Reigersberg vom Ministerstuhl zu entfernen.

Vergleicht man die Reformvorstellungen beider, so fällt Zentner hinter seinen Rivalen Reigersberg zurück. Dies kommt in den Sitzungen der Verfassungskommission von 1814/15 deutlich zum Ausdruck, als Zentner, der als führender „Kopf der aus dem Bürgertum aufgestiegenen Reformer“ gilt, Arco unterstützte und für die Rechte des Adels eintrat.[194] Diese Haltung scheint mir vor allem vor dem Hintergrund karrieretaktischer Erwägungen erklärbar zu sein. Da Reigersberg aufgrund vielfacher Äußerungen von vorneherein als feststehende Größe der ‚Liberalen‘ gelten musste, zu denen auch Lerchenfeld, Adam von Aretin, Effner und Lang gehörten, ging es Zentner sicherlich auch darum mit der Durchsetzung der Rechte des Adels dem Kommissionsvorsitzenden eine Niederlage zuzufügen.

Das Abstimmungsergebnis in der Sitzung vom 13. Dezember 1814, in der die „streng linientreuen Voten“ der Mehrheit auffallen, fiel gegen die liberale Position aus.[195] Gleichwohl sandte Reigersberg, die Macht des Vorsitzenden ausnutzend, am 14. Februar 1815 einen Abschlussbericht an den König, in dem er den

---

192 Weis, Zur Entstehungsgeschichte, S. 419f.

193 Landesarchiv Speyer, V29, Nr. 199, Reigersberg an Zwackh, München, 8. Januar 1809.

194 Weis, Zur Entstehungsgeschichte, S. 422f.

195 Weis, Zur Entstehungsgeschichte, S. 435 Anm. 49 mit Bezug auf: BayHSta, Staatsrat 1645.

konservativen Verfassungsentwurf der Kommission mit den Voten der liberal gesinnten Minderheit versah. Der Justizminister betonte, man habe die Verfassung mit der Beschränkung der Monarchie in Einklang bringen wollen. Zugleich bekannte sich Reigersberg dazu, dass er „obgleich [...] von ganz anderen Grundsätzen geleitet" den Ansichten der Minderheit(!), mit gewissen Modifikationen nach seiner Überzeugung, den Vorzug einräumen musste.[196] Er vertrat also gegen die Kommissionsmehrheit die liberale Position, wobei seine Bemerkung „von ganz anderen Grundsätzen" geleitet zu sein, dahin gehend zu deuten ist, dass ihm die liberalen Positionen nicht weit genug gingen.

Reigersbergs Schreiben war die Grundlage, auf der Kronprinz Ludwig seine Bemerkungen zum Verfassungsentwurf erarbeitete, die sich mit den liberalen Wünschen weitgehend deckten.[197] Der Justizminister vollzog also keine plötzliche Wendung hin zu einer liberalen Auffassung und formulierte im Anschluss daran seine Kritik an den Vorstellungen der konservativen Minderheit, wie Eberhard Weis meint.[198] Vielmehr stellte er deshalb die Argumente in „wirksamer Weise" zusammen, dass man den Grundholden das passive Wahlrecht nicht verweigern könne und die Stände die Gesetzesinitiative, das Petitionsrecht und das Budgetrecht erhalten sollten, weil dies seiner Grundüberzeugung entsprach. Bedenkt man, dass Reigersberg es als Kammerrichter ohne Stimmrecht im Plenum gelernt hatte durch entsprechende Direktorialpropositionen Entscheidungen in seinem Sinne herbeizuführen, so wird deutlich, dass der Abschlussbericht der Verfassungskommission eine taktische Leistung ersten Ranges war.

Schon zur Endabstimmung in der Verfassungskommission kam es wahrscheinlich, weil Reigersberg und Adam von Aretin[199] beim König auf eine Beschleunigung der Kommissionsarbeit drangen. Am 10. Dezember 1814 erließ Max I. Joseph dann ein Reskript, in dem er die langsame Arbeit der Kommission tadelte.[200] Zwar kann nicht mit letzter Sicherheit geklärt werden, ob Reigersberg hierfür mitverantwortlich war, gleichwohl muss betont werden, dass die Beschleunigung des Verfahrens in anderen Zusammenhängen immer sein Anliegen war. Davon geben schon die Tabellen über die Prozessbeschleunigung am Kammergericht einen Eindruck, aber auch seine Versuche, die Prozessabwicklung an den bayerischen Gerichten zu beschleunigen. Um Beschleunigung ging es Reigersberg jedoch nicht nur in der Justizverwaltung – immer wieder kann sein Drängen beobachtet werden, Gesetzgebungsvorhaben rasch zum Abschluss zu

---

196 Weis, Zur Entstehungsgeschichte, S. 438. Vgl. auch BayHSta, Staatsrat 1654.

197 Körner, Bemerkungen über den Entwurf, S. 423.

198 Weis, Zur Entstehungsgeschichte, S. 438.

199 Völderndorff, Harmlose Plaudereien, S. 36.

200 Es muss hierauf zu Spannungen zwischen Aretin und Reigersberg auf der einen und Lerchenfeld auf der anderen Seite gekommen sein. Lerchenfeld, Aus den Papieren, S. 52, 249. So auch Weis, Zur Entstehungsgeschichte, S. 435f. Die Vermutung, dass Reigersberg hinter der Rüge des Königs steckte, wird durch die allerdings verfälschende Darstellung Hausherr, Die Memoiren des Ritters von Lang, S. 253 genährt.

bringen und nicht zu verschleppen.[201] Es gehörte zu Reigersbergs Mentalität, Entscheidungen rasch gefällt sehen zu wollen. In einer seine Absichten missdeutenden Weise beobachtete Heinrich Ritter von Lang, der Mitglied der Verfassungskommission war, diese Grundhaltung, wenn er schrieb:

> *Der Graf Reigersberg, als Präsident suchte die Verhandlungen soviel als möglich abzukürzen und war ganz unruhig, wenn er majora bereits ersehen zu haben glaubte und jetzt erst die Untensitzenden, wozu auch ich gehörte, zu reden anfingen. Aber mein Gott hieß es da, Sie sehen ja, die Sache ist schon durch die vorausgegangenen Herren entschieden; alle weiteren Abstimmungen von Nummer 9 an führen zu nichts.*[202]

In Hinblick auf die Diskussion um die Entstehung der bayerischen Verfassung ist vor diesem Hintergrund also davon auszugehen, dass Reigersbergs Rolle von der Forschung unterschätzt wird. Demgegenüber gelten Kronprinz Ludwigs ‚Bemerkungen über den Entwurf der Verfassung für Baiern' als das „wichtigste staatspolitische Schriftstück",[203] als „entscheidender Durchbruch"[204] und als „Schlüsseldokument"[205] der Verfassung von 1818. Hier wird jedoch unterschlagen, dass Reigersbergs Stellungnahme zugunsten der liberalen Minderheit den Bemerkungen des Kronprinzen vorausgingen. Zwar muss die genaue Einflussnahme von Reigersbergs Abschlussbericht auf die Bemerkungen des Kronprinzen einer detaillierten Analyse überlassen bleiben. Sicher ist jedoch, dass die ‚Bemerkungen' des Kronprinzen weitgehend mit den Ideen Reigersbergs übereinstimmten. Darüber hinaus kann Reigersberg ein maßgeblicher Anteil nicht nur deshalb zugeschrieben werden, weil die Verfassung von 1818 seine Unterschrift trägt, sondern vor allem deshalb, weil er bei den Beratungen, die der Verfassung von 1818 vorausgingen, den Vorsitz führte. Bei den abschließenden Beratungen über die Ver-

---

[201] BAF, FN 11 Akten. Vgl. auch BAF, FN 11 Diensttagebuch, von 1798 bis 1806. Ferner etwa: BAF, AR 1 Misc. 478 (Sammlung der Distributationen der Assessoren); auch ein Beispiel: HHStA-Wien, RKG, RKG Visit. 374 (Senatsreform am RKG 1788), 378 (Konvolute über Prozessbeschleunigung). Auch die Bemerkungen bei Neurath, Von der Regredienterbschaft, Vorwort; Die Gründung der ‚Reichskammergerichtlichen Miscellen' von Vahlkampf ist Ausdruck des am RKG herrschenden Reformgeistes. In Bayern vgl. beispielsweise: BayHStA, MJu 10274, 10275, 11544, 11555, 11557, 11558, 11560, 12746, 12747, 13534, 13535, 13539, 13553, 13554, 14530, 14648, 16931. Auch die Reorganisation der ‚Advokaten-, Witwen und Waisenkasse' gehört in diesen Kontext. BayHStA, MJu 9681, 9682, 9683; dazu auch: BayHStA., MInn 390073, 39074. Reigersberg, der es als Kammerrichter gewohnt war die Oberaufsicht über die Anwälte zu haben, zog dieses Institut vom Innenministerium ans Justizministerium.

[202] Zitiert nach: Haussherr, Die Memoiren des Ritters von Lang, S. 253. Zu dieser Episode Lang kritisierend: Völderndorff, Harmlose Plaudereien, S. 36; nach ihm auch: Alzheimer/Resch, Reigersberg. Vgl. dazu auch: Lerchenfeld, Aus den Papieren, S. 52.

[203] Spindler, Die Regierungszeit Ludwigs I., S. 100.

[204] Kraus, Geschichte Bayerns, S. 437.

[205] Körner, Bemerkungen über den Entwurf, S. 423.

fassung spielten im übrigen auch Franz Arnold von der Becke und Carl August von Seckendorff eine Rolle, die ähnliche Grundsätze wie Reigersberg vertraten.[206]

Für die Diskussion um die bayerische Verfassung ergibt sich hieraus zweitens, dass sowohl Zentners als auch der Einfluss des Kronprinzen an ihrer Entstehung überschätzt werden. Der Kronprinz weilte in Italien und nahm an den Beratungen nicht teil. Demgegenüber hatte Reigersberg gerade zu diesem Zeitpunkt an Einfluss auf Max I. Joseph gewonnen, saß an dessen Tafel, zu der er auch Constantin von Neurath 1817 Zutritt verschaffen konnte, als dieser 1816 und 1817 zu Verhandlungen in Justizangelegenheit nach München gekommen war.[207] Sicher ist, dass der Kronprinz am 1. März 1815 am Wiener Kongress von Wrede die Aufforderung seines Vaters erhielt, sein Gutachten zu dem vorgelegten Verfassungsentwurf zu verfassen. Dabei hatte er den Abschlussbericht mit den Voten der liberalen Minderheit und Reigersbergs Stellungnahme vorliegen. Da die ‚Bemerkungen' des Kronprinzen vom 9. März 1815 datieren, hatte er demnach nur acht Tage Zeit, um sie zu verfassen. Er änderte nichts Wesentliches an dem von Reigersberg zusammengestellten Konzept mit den liberalen Minderheitsvoten.[208]

Offenbar war es die enge Anlehnung des Kronprinzen an Reigersbergs Abschlussbericht, die dafür verantwortlich war, dass seine Bemerkungen bis zum Ende des Königreichs Bayerns für die Forschung nicht freigegeben wurden. Während die Rolle der vormaligen Reichsrichter in bayerischen Diensten von der Forschung bisher fast überhaupt nicht gewürdigt worden ist, kann es als eine bewusste Verdrängung des Anteils Reigersbergs an der Schaffung der bayerischen Konstitution von 1818 betrachtet werden, wenn das Gesuch Karl Theodor von Heigels die Bemerkungen des Kronprinzen edieren zu dürfen, 1884 abgelehnt wurde, weil es sich hierbei um ein Aktenstück handle, das *zu den sekretesten und wichtigsten der damaligen Zeit* gehöre.[209] Der bayerische Landeshistoriker Heigel war es auch, der in der ADB von 1888 den Eintrag über Heinrich Aloys von Reigersberg verfasste und hier seine liberale Gesinnung betonte.[210] In den 1890er Jahren reagierte der Enkel Reigersbergs, Otto von Völderndorff und Waradein. Er versuchte seinen Großvater in seinen ‚Harmlosen Plaudereien eines alten Müncheners' zu rehabilitieren. Völderndorff forderte, man solle ihm aufgrund seiner

---

[206] Zur Besetzung der Ministerialkonferenz, deren Vorsitz Reigersbergs führte und zu der auch die Generaldirektoren der jeweiligen Ministerien berufen wurden: Schlaich, Staatsrat, S. 480.

[207] HStAS, Q 3/11, Bü. 43, Briefe Neuraths an seine Frau Charlotte, 1816–1817, insb. München, den 12. Oktober 1817. Vgl. auch: Völderndorff, Harmlose Plaudereien; Kobell, Unter den vier ersten Königen Bayerns, S.97f.

[208] Vgl. die Edition von Körner, Bemerkungen über den Entwurf, S. 423, 448.

[209] Zitiert nach Körner, Bemerkungen über den Entwurf, S. 427; zu Heigel: ders., Karl Theodor von Heigel; vgl. auch: Weigand, Der Lehrstuhl für bayerische Landesgeschichte, insb. 315-325.

[210] Trotz der Beschränkung der Zugangsmöglichkeiten zu Archivquellen ist seine Biographie, in der er Reigersberg als Liberalen schildert und Zentners Rolle beim Sturz Reigersbergs betont, im Wesentlichen zutreffend. Heigel, Reigersberg, in: ADB 27, S. 696f.

Verdienste um Bayern ein Denkmal auf dem Münchener Promenadenplatz errichten.[211] Allerdings wurde Reigersberg ähnlich wie die anderen vormaligen Reichsrichter aus dem kollektiven Gedächtnis Bayerns weitgehend verbannt.

Die Grundlage dafür wurde bereits gelegt, als Reigersberg bayerischer Justizminister war. Die Bemühungen der konservativen Partei und Zentners, ihn zu entmachten, verschärften sich nach der Entlassung Montgelas'. Eine Zeit lang war es dem vormaligen Kammerrichter durch die Berufung von der Beckes und Seckendorffs nach München gelungen, seine Machtbasis zu sichern und eine Reihe von Reformprojekten auf den Weg zu bringen. Hierzu gehörten Vorhaben, die die auf dem Landtag von 1827 diskutierten Gesetzesentwürfe mit vorbereiteten – etwa das Gesetz vom 22. Juli 1819 über *einige Verbesserungen der Gerichtsordnung,*[212] das eine Beschleunigung des Zivilprozesses durch Mündlichkeit erreichen wollte; darüber hinaus die Schaffung der Hypothekenordnung und die Reorganisation der Jusitzadministration in der Pfalz, vor allem aber die Beratungen über das Straf- und Zivilgesetzbuch sowie über die Zivilprozessordnung.

Betrachtet man noch einmal die Rolle der Liberalen in Bayern, zu denen die vormaligen Reichsrichter gehörten, so trug seit 1817 auch der vormalige Kammergerichtsassessor Ignatz von Gruben zur Stärkung Reigersbergs und seines Gesinnungsgenossen Lerchenfeld bei: Er wurde nach seiner Entlassung als Interimsgesandter Bayerns bei der Deutschen Bundesversammlung in Frankfurt ebenfalls in den Staatsrat berufen – und zwar in die Sektion des Innern. Anders als in Württemberg, wo die übernommenen Reichsrichter differente Nachkarrieren einschlugen, war in Bayern nach der Ära Montgelas eine Gruppe mit reichskammmergerichtlichem Erfahrungshorizont maßgeblich am politischen Entscheidungsprozeß im Staatsrat direkt beteiligt.

Es muss einer weiteren Studie überlassen bleiben, den jeweiligen Anteil der vormaligen Reichsrichter hierbei noch genauer zu vermessen. Er wird jedenfalls auch vor dem Hintergrund zu beurteilen sein, dass die konservative Partei um Rechberg, mit der Zentner paktierte, seit den Karlsbader Beschlüssen begann die Oberhand zu gewinnen und die Positionen zu bekämpfen, die deutlich gegen die

---

[211] Völderndorff, Harmlose Plaudereien, S. 28.

[212] Vgl. etwa das Gesetz vom 22. Juli 1819 über einige Verbesserungen der Gerichtsordnung betr., BayHStA, MJu 12747, Vorbereitung des Gesetzes durch von der Becke und Reigersberg. BayHStA, MJu 12766 (Landgerichte) und 12767 (Appellationsgerichte). Hier handelte es sich um eine Visitation der Land- und Appellationsgerichte hinsichtlich der Wirkungen des Gesetzes zur Beschleunigung des Gerichtsverfahrens. Eine Untersuchung im Kontext der Reform der Justizordnung stellt ein Desiderat dar, das in diesem Kontext hier nicht behoben werden kann. Sehr knapp dazu Weis, Die Trennung zwischen Justiz und Verwaltung. Zu dieser Thematik zeitgenössisch: Von der Becke, Ueber die Verminderung und Abkürzung der Prozesse durch Vergleiche. Ein anderes Projekt, bei dem von der Becke und Reigersberg mitwirkten, war die Schaffung der Hypothekenverfassung in der Pfalz: BayHStA, MJu 11544. Ferner die Organisation der Landgerichte im Untermainkreis nach der Übernahme Aschaffenburgs, an der zuvor auch Gruben beteiligt gewesen war. Hierzu: BayHStA, MJu 14534.

Demagogenverfolgung gerichtet waren und auf liberale Justiz- und Gesetzesreformen zielten.[213] Verstärkt wurde dies deutlich, als Zentner 1820 zum Minister ohne Portefeuille ernannt wurde. Er begann damals Reigersberg systematisch aus seiner Position zu verdrängen, was zunächst bei der Staatsrats-Kommission für gemischte Rechtssachen gelang, die auf Initiative des vormaligen Kammerrichters am 12. Februar 1820 ins Leben gerufen worden war. In dieser Kommission referierte Gönner über den allgemeinen Teil des von Feuerbach entworfenen Strafgesetzbuches, die vormaligen RKG-Assessoren Gruben, von der Becke und Seckendorff gehörten ihr als Mitglieder an.[214] Die Kommission arbeitete kaum ein halbes Jahr, Gönner war mit seinem Vortrag im Zeitrückstand geblieben und schon wurde Reigersberg des Vorsitzes entsetzt. Stattdessen übernahm ihn am 1. Juni 1820 Zentner.

Kurz darauf entwickelte Zentner bei einer Zusammenkunft im Hause Rechberg,[215] zu der Reigersberg nicht geladen war, den Vorschlag einen Ministerrat zu gründen. Dieser Vorschlag entsprang einer Idee, die Zentner bereits 1817 hegte und der vor allem Reigersberg damals vehement widersprochen hatte.[216] Um die Macht des Staatsrates zu verringern, forderte Zentner eine selbstständige und vom Staatsrat losgelöste Spitzenbehörde der Minister. Der Staatsrat, in dem Reigersberg und Lerchenfeld nicht zuletzt durch die Berufung der vormaligen Reichsrichter über eine starke Machtbasis verfügten, sollte ebenso wie die einzelnen Minister zugunsten des Ministerrats, in dem die Konservativen die Mehrheit hatten, an Macht verlieren.[217]

Reigersberg und Lerchenfeld[218] durchschauten diesen Plan. Lerchenfeld betonte, die Vorschläge seien sowohl gegen den König als auch gegen das Vaterland gerichtet.[219] Reigersberg argumentierte geschickter. Er stimmte zwar grundsätzlich der Schaffung des Ministerrates zu, wenn er die *verfassungsmäßige Verant-*

---

213 So bereits Heigel, Reigersberg, in: ADB 27, S. 696f.

214 BayHStA, Staatsrat 3153, fol. 2, München, 12. Februar 1820. Er war Vorsitzender der so genannten Kommission in gemischten Rechtssachen (hierzu: BayHSta, Staatsrat 1782). Sie sollte *in Uebereinstimmung* mit der Erklärung des Königs an die Stände des *Reiches* vom 22. Juli 1820 die Zivilgerichtordnung, das Strafgesetzbuch und die Gesetze über die Quelle einer Revision unterwerfen. Gönner übernahm das Referat. Die Überarbeitung des von Feuerbach entworfenen Strafgesetzbuchs in dieser Kommission ging auf einen Antrag Reigersbergs zurück, den der König genehmigt hatte. Zu den Mitgliedern gehörten: *die Mitglieder der Justizsektion des Staatsrates* [damit auch von der Becke und Seckendorff, EOM], *als Mitglied der Sektion des Innern Ignatz von Gruben, für die Sektion der Finanzen Hartmann, Gönner als Referent und ferner die Ministerialräte des Staatsministeriums der Justiz sowie des Innenministeriums.* Reigersberg leitete dieses Kommission und führte den Geschäftsbericht.

215 Hierzu: Gollwitzer, Ludwig I. von Bayern, S. 222-228.

216 Schlaich, Staatsrat, S. 473f.

217 BayHStA, Staatsrat 12, 23. Dezember 1820.

218 Zu ihm immer noch Lerchenfeld, Aus den Papieren. Zur Verbindung Reigersbergs mit Lerchenfeld zuerst: Völderndorff, Harmlose Plaudereien, S. 36-40.

219 BayHStA, Staatsrat 13.

wortlichkeit der Minister befördere, betonte aber zugleich, dass einzelne Paragraphen hierzu in offenem Kontrast stünden. Vor allem der Artikel 5 des Paragraphen 18 erregte sein Missfallen. Demnach hätten alle Vorschläge zur Ernennung von Staatsräten, Präsidenten und Direktoren für die obersten Kreisstellen in Verwaltung und Justiz dem Ministerrat vorgetragen werden sollen. Reigersberg reagierte auf diese Passage, die darauf zielte seine Ministergewalt zu beschränken, folgendermaßen:

> *Ich bekenne frey und offen, daß ich nur über die Bestimmung von Männern zu urtheilen vermag, deren Geschäftsführung mir bekannt ist; daß ich daher, wenn ein Kreis Regierungs-Direktor der Sektion des Innern vorzuschlagen, in die Seele des Ministers des Innern – wenn ein Kreisdirektor der Sektion der Finanzen, in die Seele des Ministers der Finanzen und so weiter nur schwören kann. Diese Anordnung dürfte eher als Fortbestehendes von der Regierung genährtes Mißtrauen auf den einzelnen Minister gedeutet werden, und die im Dienst erforderliche Abhängigkeit noch mehr stören. Doch ist hierüber zu verfügen, der Weisheit Seiner Majestät des Königs anheim zu stellen. Ich werde meines Ortes mit Freuden meinen verehrungswürdigen Herrn Kollegen nach vorangegangener Vernehmung der Justizhöfe und im Ministerial Rathe gepflogener Berathung jeden Antrag auf Dienstes Verleihung vorlegen. Daß ich bisher dabey mit der strengsten Gewissenhaftigkeit verfuhr, darf ich mich auf das Zeugnis seiner Majestät mit voller Ruhe und Zuversicht berufen.*[220]

Diese Worte machen deutlich, dass sich die Gründer des Ministerrates nicht nur an der Person Reigersbergs – und wohl auch Lerchenfelds – störten, sondern auch an der Besetzungspolitik der Minister, die ihnen mit Bewilligung des Königs zustand. Konkreter Impetus hinter Zentners Initiative dürfte dabei die Schwächung der Position Reigersbergs gewesen sein, der zumindest an von der Beckes und Seckendorffs Berufung in den Staatsrat direkt beteiligt war.

Die Ziele des ehrgeizigen Zentner gingen jedoch weiter und sind am weiteren Karriereverlauf Reigersbergs, von der Beckes und Seckendorffs ablesbar. Während Zentner 1823 die Stelle des Justizministers übernahm, wurde Reigersberg Minister ohne Portefeuille, mit Sitz und Stimme im Staatsrat, und übernahm für kurze Zeit wieder das Präsidium in der Gesetzgebungskommission. Zugleich wurde auch von der Becke zum Oberappellationsgerichtspräsidenten zurückgestuft. Hatte Max I. Joseph Reigersberg noch nicht ganz fallen lassen,[221] so wurde dieser nach dem Regierungsantritt Ludwigs I. seiner Ministerverantwortung und

---

[220] BayHStA, Staatsrat 13, Votum Reigersberg, 25. Dezember 1820.

[221] Reigersberg war von Anfang an Mitglied des am 2. Februar 1817 angeordneten und am 10. Mai 1817 eröffneten Staatsrats. Zur Eröffnung durch Max I. Joseph: BayHStA, Staatsrat 1782. Reigersberg leitete die sogenannte Kommission in gemischten Rechtssachen. BayHStA, Staatsrat 3153, Act des Königlichen Staats-Raths betreffend den Herrn Staatsminister Grafen von Reigersberg, fol. 1, Verordnung v. 2. Februar 1817.

dem Sitz und der Stimme im Staatsrat enthoben.[222] Zentner übernahm die Verantwortung und stieg zum alleinigen Chef des Justizdepartements auf.[223] Immerhin war es Reigersberg noch gelungen, den Entwurf der Zivilprozessordnung Mitte 1825 als Ergebnis der Gesetzgebungskommission fertig vorzulegen. Solange Reigersberg diese leitete, dürfte von der Becke auch als Oberapellationsgerichtspräsident Einfluss auf den Entwurf der Zivilprozessordnung genommen haben. Die von Reigersberg und von der Becke erarbeiteten Gesetzesentwürfe wurden dann von Armansperg der Ständeversammlung in leicht veränderter Form vorgelegt.

Vor diesem Hintergrund wird deutlich, dass sowohl der 74-jährige Franz Arnold von der Becke als auch Reigersberg großes Interesse an einer weiteren Tätigkeit gehabt haben müssen und zumindest die Früchte ihrer Arbeit in der Ständeversammlung ernten wollten. Dies zeigt sich auch an der bereits erwähnten Abhandlung von der Beckes zur Justizreform von 1829, mit der er sich in die kontrovers geführte Debatte um die Gesetzesvorlagen Armanspergs und Ludwigs I. einschaltete. Hauptvertreter der Kontroverse war auf der einen Seite Leonhardt von Dresch,[224] der Rechtsprofessor und Gründungsrektor der Ludwig-Maximilians-Universität in München. Auf der anderen Seite argumentierte Johann Ernst Ferdinand von Spies.[225] Letzterer war von 1802 bis 1806 erfolgloser fränkischer Kreispräsentatus am RKG gewesen und durchlief anschließend im bayerischen Staatsdienst eine Karriere, die ihn bis zur Stelle des Ministerialrats und Generalsekretärs im Justizministerium führte.[226]

---

[222] Ebd.; ferner: BayHStA, Staatsrat 3153, Zastrow an den König von Preußen, München, den 20. Juni 1823, in: Chroust, Gesandtschaftsberichte, Nr. 199, S. 325.

[223] Zu Zentner: Dobmann, Georg Friedrich Zentner; für die spätere Zeit immer noch grundlegend die Biographie Zentners in: Staatsministerium der Justiz, Die Kgl. Bayer. Staatsminister der Justiz, Tl. I, S. 157-220. Der Zusammenhang im Wesentlichen richtig dargestellt bei Völderndorff, Harmlose Plaudereien, S. 39f.

[224] Erwähnt bei Gollwitzer, Ludwig I. von Bayern, S. 555; Beckenbauer, Die Ludwig-Maximilians-Universität, S. 187, 231. Boehm, Das akademische Bildungswesen, S. 1013.

[225] Zu Spies: Jahns, Das Reichskammergericht, Tl. II, Biogr. 68.

[226] Dresch, Betrachtungen über den revidierten Entwurf der Prozeß-Ordnung; ders., Sendschreiben des Hofrathes von Dresch; Spies, Antwort des Ministerialrathes von Spieß auf das Sendschreiben des Herrn Hofrathes von Dresch; [von der Becke], Ueber die Verbesserung der Rechtspflege im Königreich Bayern. Die anonym veröffentlichte Schrift wurde von der Bibliothek der LMU München mit dem handschriftlichen Vermerk *von der Becke* zugeordnet. Sie könnte daher theoretisch auch der Feder des Sohnes Heinrich Gottfried Arnold von der Becke (1796–1866) stammen, der 1822 Assessor am Appellationsgericht des Isarkreises in München geworden war und 1829 Rat am Appellationsgericht in Amberg wurde (Ausführlichere Karrieredaten bei Schärl, Die Zusammensetzung der bayerischen Beamtenschaft, S. 349, Nr. 683, nach ihm: Jahns, Das Reichskammergericht Tl. II, Biogr. 107, Kap. IId). Angesichts des Inhaltes ist dies jedoch ausgeschlossen, denn von der Becke bringt seine knapp 20-jährigen Erfahrungen im bayerischen Justizdienst mit einer Selbstverständlichkeit hier ein, die ein vergleichsweise unerfahrener Jurist, wie es sein Sohn war, nicht vermocht hätte. Ein deutlicher Hinweis hierauf: etwa S. 6: *Vom Jahr 1812 her war bei*

Von der Becke nahm in seiner Schrift aus der Perspektive des Praktikers zu einem breiten Diskurs über die Öffentlichkeit und Mündlichkeit im Zivilprozess Stellung. Er lobte den Gesetzentwurf, der in weiten Teilen *sehr viel gründlich Durchdachtes* enthalte, jedoch in manchem sich mit den *Grundsätzen des Rechts* nicht vertrage bzw. den *Staatseinwohnern* einen *empfindlichem Nachtheil* bescheren könne.[227] Er überprüfte deshalb den Gesetzesentwurf und wollte auf die *Rechtsunsicherheit* aufmerksam machen, die das Gesetz produzieren könne. Seine Schrift war eine Kritik an falsch verstandener und leichtfertig zum obersten Grundsatz erhobener Öffentlichkeit und Mündlichkeit. Sie verwies zugleich auf Probleme der Umsetzung von Gesetzen, vor denen frühkonstitutionelle Staaten standen, die wie Bayern den Kammern ein Gesetzesbewilligungsrecht zugestanden hatten. Sie bestanden darin, dass Themen, die bisher nur von Fachleuten in den Ministerien diskutiert und ausgearbeitet worden waren, nunmehr von Nichtfachleuten debattiert und bewilligt werden sollten. Die jahrzehntelange Erfahrung in der Justizpraxis, in der Regierungsarbeit und als Teilnehmer des Justizreformdiskurses, über die Franz Arnold von der Becke mehr noch als alle anderen vormaligen RKG-Assessoren in bayerischen Diensten verfügte, fehlte den meisten Vertretern der zweiten bayerischen Kammer. In der Kammer der Reichsräte sah dies anders aus. Hier versammelte sich neben den Geburtsadeligen auch die Kompetenz der adligen Aufsteiger.

Die Kammer der Reichsräte war es auch, in der Reigersberg nach seiner Versetzung in den Ruhestand 1825 weiterhin politisch aktiv war. Auch nachdem alle anderen in bayerischen Dienste übernommen Reichsrichter verstorben waren, trug er hier noch über Gesetzesentwürfe vor.[228] Darüber hinaus trat er mit einer Reihe von Artikeln in den ‚Münchener Neuesten Nachrichten' hervor und debattierte mit den liberal gesinnten Angehörigen des Reichsrats im *Rauchstüblein* seiner Wohnung, dem sogenannten Klenzehaus in der Münchener Fürstenstraße.[229] Friedrich von zu Rhein,[230] Georg Ludwig von Maurer,[231] Friedrich Karl Graf von

der Regierung immer die Rede nur davon, die bayerische Gerichtsordnung in Revision zu nehmen.

[227] [Von der Becke]: Ueber die Verbesserung der Rechtspflege im Königreich Bayern, Vorrede, S. IV-VII.

[228] Hierzu auch der Nachruf zu Reigersberg, in: Neueste Nachrichten aus dem Gebiete der Politik, 18. Jg. Nr. 312, Mittwoch, 8. November 1865.

[229] Völderndorff, Harmlose Plaudereien, S. 46f.; Alzheimer/Resch, Reigersberg. Beide Darstellungen berücksichtigen die Bedeutung der früheren Tätigkeit Reigersbergs als Kammerrichter kaum. Charakterisierungen Reigersbergs durch die landesgeschichtliche Forschung sind problematisch und tragen der Vorkarriere und ihren Auswirkungen ebenfalls nicht Rechung. Etwa Weis, Zur Entstehungsgeschichte; Körner, Bemerkungen über den Entwurf. Am treffendsten Demel, Der bayerische Staatsabsolutismus, S. 11.

[230] Eine Kurzbiographie bei Götschmann, Das bayerische Innenministerium, S. 355-58; vgl. auch Gollwitzer, Ludwig I. von Bayern, S. 702f.

[231] Heigel, Denkwürdigkeiten des bayerischen Staatsrats; Dickkopf, Georg Ludwig von Maurer; Miller, Rhapsodien.

Giech,[232] Hohenlohe, Gustav von Lerchenfeld,[233] Friedrich Immanuel Niethammer[234] gehörten zu den häufigsten Besuchern dieses Zirkels – mithin also jene Partei, die gegen den konservativen Innenminister Carl von Abel opponierte. Abel war der Sohn des Kammergerichtsprokurators Jakob Adam von Abel und ein Enkel des Pfennigmeisters Hötzendorff, dessen Karriere nach der Auflösung des Reichs anfangs durch Karl Ludwig von Branca auf der einen, Zwackh, Gravenreuth und Reigersberg auf der anderen Seite gefördert worden war.[235] Der liberalen Partei gelang es zwar nicht, den ultramontanen Reaktionär aus seinem Amt zu entfernen. Allerdings resignierte der zum Minister aufgestiegene Wetzlarer Prokuratorensohn, als er seinen Einfluss auf Ludwig I. im Zuge der Vorgänge um Lola Montez nicht mehr geltend machen konnte.[236] Der anfangs von den Hoffnungen der Liberalen begleitete König Ludwig I. trat demgegenüber erst während der Revolution im März 1848 zurück. Reigersberg reagierte auf die Revolution mit der Bemerkung, dass es *besser gewesen wäre*, man hätte die notwendigen Reformen rechtzeitig durchgeführt und nicht erst nach Straßentumulten. Er blieb auch nach 1848 ein eifriger Verfechter der Trennung von Justiz und Verwaltung, wie seine Referate in der Kammer der Reichsräte belegen.[237] So vertrat er etwa bei der Beratung des Gesetzes über die Dienstverhältnisse des richterlichen Personals am 22. November 1849 eine Position, die er bereits 1818 vertreten hatte und übernahm die Funktion eines authentischen Interpreten der Verfassung von 1818:

> *Bei der Verfassungsurkunde war nie ein anderer Gedanke als der, daß die erste Anstellung für die ersten drei Jahre provisorisch sein sollte. Allein eine solche Verewigung der provisorischen Anstellung war in der Verfassungsurkunde nicht stattgegeben. Denn die provisorische Anstellung war nur dazu bestimmt, um den angehenden Staatsdiener erst genauer kennen zu lernen, um ihn beurteilen zu können binnen dieser 3 Jahre, zu welchem Fache er am geeignetsten sei und wo er am ersten dem Staate gute Dienste leisten könne und werde. Nach Abschluß von 3 Jahren aber sollte von provisorischen Anstellungen nichts bekannt sein.*[238]

---

[232] Götschmann, Das bayerische Innenministerium, S. 192 Anm. 238, S. 221, 265, 419, 452 545-547.

[233] Götschmann, Das bayerische Innenministerium, S. 254-256.

[234] Götschmann, Das bayerische Innenministerium, S. 335f.

[235] Zu Abel bereits Gollwitzer, Ludwig I. von Bayern, insb. S. 319-322, 413-416, 689-702, hier auch zur Rolle Maurers und zu Rheins im Vorfeld der Abdankung Ludwigs I. Die umfassende Biographie zu Abel: ders., Karl von Abel. Zur Beförderung seiner ersten Karriereschritte: BayHStA, Nachlaß Abel 2, fol. 4, Hötzendorf an Carl von Abel, den 18. Februar 1810, fol. 5, Prokurator Abel (Vater) an Carl von Abel, Wetzlar, den 1. November 1811.

[236] Vgl. zum anschließenden Ministerium der „Morgenröte": Gollwitzer, Ludwig I. von Bayern, S. 695-701.

[237] Zum Gesamtzusammenhang: Alzheimer/Resch, Reigersberg, S. 128-143.

[238] Verhandlungen der Kammer der Reichsräte, 1849/51, Bd. 2, S. 230.

Aussagen wie diese verweisen zurück auf die am Kammergericht in Wetzlar diskutierte Staatsdienerproblematik – eines der Themenfelder, die Reigersberg und von der Becke seit dem Ende der 1790er Jahre durchgehend beschäftigten. Eine Reform der Dienstverhältnisse wurde nicht nur theoretisch gefordert, sondern kam in praktischen Maßnahmen zum Ausdruck, wie beispielsweise im Rahmen einer der ersten Tätigkeiten, die Reigersberg nach seinem Dienstantritt in Bayern übernahm: der Reform der 1788 geschaffenen ‚Advokaten-, Wittwen- und Waisenkasse'. Noch als Präsident des Hofgerichts in München brachte Reigersberg konkrete Umbrucherfahrungen mit ein. Er erinnerte sich an die Zustände der unversorgten Kameralen und ihrer Hinterbliebenen am aufgelösten RKG, als er diese Anstalt auf eine sichere finanzielle Grundlage stellte. Jeder bayerische Anwalt wurde verpflichtet dieser Kasse beizutreten und hatte eine Eintrittsgebühr und jährliche Beiträge zu entrichten. Wenn Reigersberg die Pflichtversicherung der Hinterbliebenen der Anwälte auch als ein Mittel gegen die *Winkeladvokatur* einsetzen wollte,[239] so verweist dies auf den zweiten Zusammenhang, der ihn zeit seines Lebens beschäftigte: die Verbesserung der Justiz.

Damit ist ein jenseits aller Brüche existierendes Element der Kontinuität im justizpolitischen Denken angesprochen, das sich vom Reichsjustizreformdiskurs, wie er in Pütters ‚Patriotischer Abbildung' zum Ausdruck gebracht wurde, über die bayerischen Reformen bis zu Reigersbergs Tod am 4. November 1865 spannte. Dies bedeutet freilich weder, dass der Diskurs sich bruchlos fortsetzte, noch, dass Theorien eins zu eins in die Praxis umgesetzt werden konnten. Im Gegenteil: die Diskussion änderte sich durch den Einfluss des jüngeren Naturrechts in den 1790er Jahren, im Kontext der Auflösung des Reichs und schließlich auch in Auseinandersetzung mit den Verhältnissen Bayerns in der Reformzeit.

Es ist ein Verdienst vor allem Reigersbergs und von der Beckes, zu einem geringeren Teil aber auch der anderen Angehörigen der letzten Richtergeneration, einen wichtigen Beitrag zur Verbesserung des Staatsdienerwesens und der bayerischen Justizverfassung geleistet zu haben. Hinzu kommen die Anteile Reigersbergs an der bayerischen Verfassung von 1818 – und darüber hinaus die Rolle der vormaligen Reichsrichter bei der Schaffung einer Fülle von vorbildlichen Gesetzen wie des Hypothekengesetzes für die Pfalz. Wenn der vormalige Kammerrichter noch in seinem letzten Vortrag in der Kammer der Reichsräte betonte, dass die *Bestimmungen der Verfassungsurkunde* durch die Abgeordneten der Kammer der Reichsräte wie der Kammer der Abgeordneten *in keiner Hinsicht verletzt* werden dürften, so zeigt ihn dies als Verfechter der konstitutionellen Monarchie.[240] Diese Haltung brachte ihn oft in Gegensatz zu Ludwig I. Beide söhnten sich erst an Reigersbergs 90. Geburtstag aus. Der seit seiner Abdankung zurückgezogen lebende König, der 1855 schwer erkrankt war,[241] besuchte Reigersberg und bot ihm

[239] BayHStA, MJu 9681-9683.
[240] Verhandlungen der Kammer der Reichsräte, 1859, S. 257.
[241] Gollwitzer, Ludwig I. von Bayern, S. 723-744.

eine Versöhnung an. Reigersberg muss einer der wenigen in München gewesen sein, die Ludwig I. im Alter noch gesehen haben. Am 1. März 1861 forderte ein Unbekannter ein Gutachten über ein Bildnis des Königs Ludwig von ihm. Reigersberg meinte, er erkenne es zwar als *das ähnlichste*, betonte aber gleichwohl, dass es etwas zu jugendlich sei:

> *Bart ist keiner mehr vorhanden; die 2–3 Haare des ehemaligen Schnurrbarts sind die letzten Reste. An der Stirne hat übrigens König Ludwig eine sehr sichtbare Balggeschwulst – sie fehlt mir auf diesem Bilde.*[242]

Die in dem Gutachten geforderte Genauigkeit der Wiedergabe der Wirklichkeit und die schonungslose Offenheit in der Beschreibung des Zustandes des kranken Monarchen zeigen einen Charakterzug Reigersbergs, der den Zeitgenossen bewusst war. Er wurde in Anekdoten kolportiert, wie sie Luise von Kobell und Reigersbergs Enkel Otto von Völderndorff erzählten. Sie zeichnen das Bild eines auch dem König gegenüber aufrichtigen und nur nach seiner Überzeugung sprechenden Mannes. Auch in einem Nachruf auf ihn ist die Rede davon, dass er nicht nur als Staatsmann, sondern auch als *politischer Charakter* eine *glänzende Stelle in der Geschichte* einnehmen werde.[243]

Unter manchem Zeitgenossen trugen ihm seine Aufrichtigkeit, sein konsequentes Handeln nach den Maximen einer unparteiischen Rechtspflege und sein konstitutionelles Denken das unzutreffende Etikett eines Jakobiners ein.[244] König Ludwig I. fand eine treffendere Bezeichnung für Reigersbergs Charakter, der unter den bayerischen Reformbeamten auffiel. Er sprach von der *reichsunmittelbaren* Art, die ihm missfalle.[245] Diese Art dürfte letztlich auch der Grund gewesen sein, weshalb Ludwig I. auf den ehrgeizigen Zentner hörte und Reigersberg aus seiner Ministerverantwortung entließ. Zugleich ist mit der Beobachtung des König auf die prägende Bedeutung der Tätigkeit Reigersbergs am Kammergericht sowie auf die Unterschiede zwischen der Wetzlarer und der Tätigkeit an einem deutschen Fürstenhof zurückverwiesen.

---

[242] Reigersberg an N. N., 1. März 1861, Autograph in meinem Besitz.

[243] Neueste Nachrichten aus dem Gebiete der Politik, 18 Jg. Nr. 312, Mittwoch, 8. November 1865, S. 5417f.

[244] Völderndorff, Harmlose Plaudereien, S. 29.

[245] Völderndorff, Harmlose Plaudereien, S. 40.

VI. Individuelle Nachkarrieren – strukturelle Gemeinsamkeiten

1. Eine andere Welt

Die *reichsunmittelbare* Art Reigersbergs, die König Ludwig I. auffiel, hing mit seiner Prägung am Kammergericht unmittelbar zusammen: Dort konnten unabhängig von unmittelbaren politischen Zwängen nicht nur Urteile gefasst und verkündet werden, sondern es war, abgesehen von den reichsgesetzlichen Vorschriften und der finanziellen Abhängigkeit von den Kammerzielern, lediglich das Votum der Mehrheit der Angehörigen des Kameralkollegiums entscheidend. Außerdem übte das Kameralkollegium mit dem Kammerrichter an der Spitze bis 1806 über die rund 900 Kameralpersonen direkt die Justiz- und Polizeigewalt aus. Die Kameralgesellschaft hatte, wie schon die Zeitgenossen bemerkten, gleichsam reichsunmittelbaren Status. Dadurch unterschied sich die Atmosphäre am Kammergericht in Wetzlar von der, die bei Hof oder in den Behörden eines deutschen Fürsten oder Königs herrschte.

Dies bemerkten viele der vormaligen Angehörigen des Kameralkollegiums, als sie Wetzlar verließen um ihre neuen Stellen anzutreten. So schrieb Linden kurz nach seiner Anstellung in Stuttgart:

> *In meinen neuen Dienstverhältnissen bin ich zur Zeit zufrieden. Der Stuhl auf dem ich size und die Perspektive gewähren mir Zufriedenheit, sonst ist Esslingen kein Wezlar, ob es gleich 2mal grösser ist und die schönste Lage hat. Der Präsident Strube ist zurückhaltend, und scheint eifersüchtig zu sein – durch zuvorkommende Höflichkeit nötigte ich ihm wenigstens äußerliche Freundschaftsbezeigungen ab.*[246]

Auch Leutsch, der keinen Karrierebruch hinnehmen musste, sondern unmittelbar zum Gesandten in Frankfurt aufstieg, empfand über seine neue Stelle nicht nur Freude. Am 21. Juni 1807, als er sich noch in Dresden befand um seine Spezialinstruktion abzuwarten, bemerkte er in seinem Resignationsschrieben an Reigersberg:

> *Ich bedauere von Herzen, daß es mir nicht mehr vergönnt ist, Euer Excellenz Freundschaft in der Nähe zu genießen. Ich hoffe aber, daß Sie mir dieselbe auch in der Entfernung erhalten werden, und schmeichle mir diesfalls keine Fehlbitte zu thun. Noch bezeige ich Euer Excellenz meine Teilnahme über den von dem König von Bayern Majestät erhaltenen Ruf. Freuen wird es mich wenn derselbe dero Wünschen und Verdiensten entspricht. Wir sind alle in ei-*

[246] BAF, FN 11 Korrespondenz, Linden an Reigersberg, Esslingen, 2. März 1807.

> *ner misslichen Lage, und keiner von uns erhält seine Wetzlarer Stelle wieder.*[247]

In solchen Resignationsschreiben ist gewiss ein hoher Anteil an Höflichkeitsbezeigungen. Gleichwohl fallen bei vielen Angehörigen des Kameralkollegiums die Schwierigkeiten auf, die es mit sich brachte, sich im neuen Umfeld zurechtzufinden. Die Eindrücke, die Gruben und Seckendorff am Stuttgarter Hof hinterließen, wurden bereits aufgezeigt. Johann Friedrich von Neurath, der als Hofrichter in die Dienste Badens trat, dachte, er könne einen Flügel des leer stehenden Schlosses in Rastatt beziehen. Der geheime Rat Marschall, der ihm die Stelle verschafft hatte, musste ihm jedoch mitteilen:

> *Eine Dienstwohnung im Schlosse zu Rastadt kann Euer Hochwohlgebohrn nicht wohl zu Theil werden, da Seine Königliche Majestät die Schlösser so vorbehalten haben, daß niemals einem Diener eine Wohnung in demselben bewilligt wird.*[248]

Dieses Beispiel zeigt, wie fern gerade diejenigen unter den Assessoren der Welt in den deutschen Staaten sein konnten, die wie Riedesel, Ditfurth, Schmitz, Balemann und Neurath seit über 20 Jahren als Assessoren am Kammergericht tätig gewesen waren. Die Tatsache, dass Riedesel, Neurath, aber auch Schmitz ein Netzwerk von Personen aktivieren konnten, um sich selbst oder ihren Verwandten neue Anstellungen zu verschaffen, widerspricht dem nicht. Vielmehr verweist sie auf das Ansehen und den Einfluss der Assessoren am Kammergericht, denen gleichwohl die politische Welt in den deutschen Staaten ferne stand. Mit einem Selbstbewusstsein als unabhängige Richter traten sie nicht nur gegenüber den ‚subalternen' Kameralen auf, über die sie Recht sprachen, sondern auch gegenüber Fürsten, über die sie von politischen Rücksichten frei richteten.

2. Freunde, Verwandte, Fürsprecher

Obgleich die Übernahme der Reichsrichter, die nicht in bayerische oder württembergische Dienste traten, individuellen Mustern folgte, waren die Schwierigkeiten, die mit dem Wechsel vom weitgehend unabhängigen RKG zum Hof eines deutschen Souveräns einhergingen, also eine Erfahrung, die alle übernommenen vormaligen Reichsrichter teilten. Betrachtet man abschließend die individuellen Nachkarrieren noch einmal genauer, so fällt eine weitere Gemeinsamkeit auf, die darin besteht, dass jenseits der Finanzspielräume Verbindungen und der intensive persönliche Einsatz der Pensionäre eine zentrale Rolle für die Übernahme spielten. Der in fürstprimatische Dienste gelangte Gruben konnte sich auf seine durch Kurmainz erfolgte Präsentation berufen, hatte während der Pensionsstreitigkeiten

[247] BAF, FN 11 Korrespondenz, Leutsch an Reigersberg, Dresden, 21. Juni 1807.

[248] HStAS, Q 3/11, Bü 17, Nr. 9, F. v. Marschall an Neurath (sen.), Karlsruhe, den 4. September 1807.

im Herbst und Winter 1806 den Kompromiss mit Karl Theodor zu Stande gebracht und Gelder für die unbesoldeten Kameralen aus dem kammergerichtlichen Fonds losgeeist. Leutsch hatte in seinem zeitweiligen Assessorenkollegen, dem späteren kursächsischen Reichstagsgesandten Hans Ernst von Globig, einen Fürsprecher beim sächsischen König. Leutsch wurde sein Nachfolger als Gesandter am niemals eröffneten rheinischen Bundestag und beim Fürstprimas in Frankfurt, nachdem Globig in Sachsen die Stelle des Staats- und Konferenzministers angetreten hatte und mit der Reorganisation der sächsischen Justiz beschäftigt war.[249] Neurath (sen.) hatte Verbindungen zum badischen Hof und konnte deshalb seinen Mitbewerber Stein zu Lausnitz ausstechen, der aufgrund seines Alters zweifellos besser für die zu besetzende Richterstelle geeignet gewesen wäre.[250] Für Stauffenbergs Einstellung als leitender Minister des Großherzogtums Würzburg kurz vor seinen Tod im Mai 1808 waren die Kontakte zur Familie Stadion und zu seinem Bruder in Würzburg sicherlich ausschlaggebend.[251] Stein zu Lausnitz knüpfte nach dem Scheitern in Baden und seiner erfolglosen Bewerbung als bayerischer Präsentatus am künftigen rheinischen Bundesgericht Kontakte ins hessendarmstädtische Kabinett und konnte sich so, wenn auch unter Gehaltseinbußen, die Stelle des zweiten Hofgerichtsdirektors in Gießen verschaffen.[252] Kamptz, der seit dem Herbst 1806 versuchte in preußischen Diensten unterzukommen, hatte einerseits verwandtschaftliche Kontakte, andererseits suchte er lange Zeit erfolglos mit Publikationen auf sein Talent aufmerksam zu machen. Selbst bei Hohnhorst, der bis 1810 als einziger noch brauchbarer Richterpensionär in Wetzlar verblieb, spielten nicht nur ein Berechnungsfehler bei den badischen Kammerzielern eine Rolle, sondern auch seine Verbindungen. Hohnhorsts Gattin, eine geborene von Reitzenstein, war mit dem badischen Minister verwandt, der bei seiner Ernennung zum Vizepräsidenten des Mannheimer Hofgerichts die Hände im Spiel hatte.[253]

---

249 Zu Globig: Jahns, Das Reichskammergericht, Tl. II, Biogr. 48. SHStA, Sächsische Bundestagsgesandtschaft, Nr. 182.

250 GLAK, 76, 5610, Anzeige des Geheimen Rath an den Großherzog von Baden, Karlsruhe, 21. August 1807; HStAS, Q 3/11 [Entwurf] Neurath an Marschall, September 1807. GLAK 76, 5610, Neurath an Marschall, Wetzlar, den 6. September 1807. Vgl. auch: Jahns, Das Reichskammergericht, Tl. II, Biogr. 62 (Stein) und Biogr. 104 (Neurath sen.).

251 StAS, Dep. 38, I. Ac 59.

252 StAD, D 12, 44/8.

253 HStAS, Q 3/11, Bü. 42, Wilhelme von Hohnhorst an Charlotte von Neurath, Mannheim, den 14. Dezember 1817. GLAK, 76, 3728, Nr. 605, Reitzenstein an Finanzministerium, Karlsruhe, den 23. Juli 1810. Hohnhorsts Ernennungsdekret vom 23. Juli 1810 trägt die Unterschrift eines Reitzenstein, bei dem es sich um Karl Sigismund von Reitzenstein handelte. Zu Sigismund von Reitzenstein: Schnabel, Sigismund von Reitzenstein.

3. Einstellungsniveau und Aufstieg

Hinsichtlich des Einstellungsniveaus hatten sich außer Gruben, Leutsch und Stauffenberg alle anderen nicht nur finanziell, sondern auch hinsichtlich ihrer Position gegenüber dem Assessorenamt verschlechtert. Allerdings verweisen die Nachkarrieren im Justiz-, Verwaltungs-, und Gesandtschaftsdienst der verschiedenen Souveräne auf die besonderen Fähigkeiten der vormaligen Reichsrichter. Mit Ausnahme Joseph Ullheimers und des Hofrichters in Rastatt Johann Albert von Neurath (sen.), denen, wohl aufgrund ihres Alters, kein Aufstieg mehr in den Behörden der souveränen Staaten gelang, brachten es alle zu Spitzenpositionen in den Zentralbehörden der übernehmenden Staaten. Auffallend ist darüber hinaus, dass viele Karriereverläufe an die Spitzen der höchsten Gerichte führten: Bereits erwähnt wurden die Präsidenten der Appellationsinstanzen und des Oberappellationsgerichts in Bayern, Reigersberg, von der Becke, Branca und Seckendorff. Constantin von Neurath stand zeitweise dem Oberjustizkollegium in Württemberg vor und Hohnhorst brachte es zum badischen Oberhofrichter in Mannheim. Auf ein ähnliches Niveau führte die Nachkarriere Steins zu Lausnitz, der vom 2. Hofgerichtsdirektor in Gießen 1810 zum Regierungsdirektor der Provinz Oberhessen aufstieg. Sein Beispiel verweist auf eine andere Auffälligkeit, den damals noch vergleichsweise einfach vollziehbaren Wechsel vom Justiz- ins Verwaltungsfach oder vom Richter zum Gesandten, wie er auch in den Karrieren von Kamptz, Gruben, Linden und Leutsch zum Ausdruck kommt. Dass solche Karrieren möglich waren, hing zweifellos damit zusammen, dass die Ausdifferenzierung von Justiz und Verwaltung auf der einen Seite noch nicht vollzogen war und auf der anderen Seite die Spezialisierung einzelner Staatsämter gerade erst begonnen hatte.

Schließlich fällt auf, dass aus der letzten Richtergeneration des RKG immerhin drei Justizminister hervorgingen. Nimmt man Hans Ernst von Globig, der dem Kammergericht bis 1799 angehörte und nach 1806 die Gesetzesrevision in Sachsen leitete, sowie den vorletzten Kammerrichter Karl Philipp von Öttingen-Wallstein hinzu, der 1801 Präsident des Reichshofrates und nach der Auflösung des Reichs österreichischer Justizminister wurde, so könnte man von einem entscheidenden Einfluss der Reichsgerichtsbarkeit und gerade des RKG und seiner Richter auf die Justizverfassungen der souveränen Fürstenstaaten vor 1848 sprechen. Es könnte die Aufgabe einer Reihe von Individualbiographien zu diesen Personen sein, diesen Zusammenhang ebenso aufzuzeigen wie den, der zwischen dem Reformdenken im Vormärz und den Wertehorizonten besteht, die sich im Kontext der reichsstaatsrechtlichen Ausbildung der meisten Spitzenfunktionäre der deutschen Staaten ausbildeten.

Übersicht 5: Nachkarrieren der Angehörigen der letzten Richtergeneration

Heinrich Aloys v. **Reigersberg**	gest. 4. November 1865 in München
Bayern	1. Juli 1807 kgl. bayer. wirkl. Geh. Rat u. Präsident des Hofgerichts in München 1808 Präsident des OApp.Gerichts ebd., auch Mitglied der Gesetzeskommission 1810–1823 Geh. Staats- u. Konferenzminister des Justizdepartements, seit 1817 Mitglied im Staatsrat 1823–1825 Staatsminister ohne Portefeuille mit Sitz u. Stimme im Staatsrat sowie im Ministerrat 1823 lebenslanger Reichsrat der Krone 1808 ao. Mitglied der bayer. Akademie der Wiss. Bis 1859 Vorträge über Gesetzesvorhaben in der Kammer der Reichsräte.
Adam F. v. **Schenk zu Stauffenberg**	gest. 14. Mai 1808 Wetzlar
Großherzogtum Würzburg	13. Mai 1808 dirigierender Staatsminister d. Ghzgt. Würzburg
Ignatz v. **Gruben**	gest. 30. August 1823 München
Fürstprimatische Staaten	28. August 1808, wirkl. Geh. Staatsrat i. Regensburg, seit 1808 ob. Leiter der Staatsgesch. d. Füst. Aschaffenburg, 1809 Vorsitzender d. Komm. z. Einführung d. Code Naopléon, seit 1810 ghzgl. fkft. Geh. Staatsrat seit 1811 ao. Ges. u. bev. Minister in Baden, Württemberg und Hessen u. Würzburg, seit 1812 ghzgl. fkft. f. d. Dep. Aschaffenburg.
Bayern	seit 1814 Besitzergreifungskommissar Aschaffenburg u. Organisation des Untergerichte, 1816 Interimsgesandter am deutschen Bundestag, 1817 Staatsrat u. ges. in Darmstadt., 1815–1823 auch kgl. bayer. Kämmerer.
Joseph Franz v. **Linden**	gest. 3. Januar 1836 Stuttgart
Württemberg	23. Dezember 1806, Vizepräs. d. 1. Senats d. Oberju.koll. Esslingen, seit 1808 Präs. d. 1. Senats ebd., seit 1807 präs. d. kath. geistl. Rats, seit 1808 kgl. württ. Kammerherr, seit 1811 wirkl. Staatsrat, 1812–1815 wirkl. geh. Rat, 1812–13 a. o. bevoll. Ges. am Sächs. Hof in Dresden, 1814 geh. Mission zu den Aliierten n . Paris u. i. d. Schweiz, 1814 Staatssekr. d. Auswärtigen Ang., 1814–15. ao. Ges. a. Wiener Kongress, 1815–16 ao. Ges. in Hannover, 181 Ges. b. d. Dt. Bundesvers., vor Eröffnung abberufen, 1817–1831 Reg. Präs. d. Jagstkreises, dann d. Schwarzwaldkreises, 1831 Pension.
Friedrich August v. **Leutsch**	gest. 3. Juli 1818 Celle
Sachsen	20. Juni 1807 kgl. sächs. Geh. Rat, bevollm. Minister u. a. o. Ges. beim Fürstprimas, (seit 1810) d Ghzg. von Fft. Karl Theodor v. Dalberg in Frankf. a. M. sowie beim nie einberufenen rheinischen Bundestag.
Karl Albert v. **Kamptz**	gest. 3. November 1849 Berlin
Preußen	1811 Mitgl. des OApp.Senats des Kammergerichts in Berlin, 1812–1817 vortragender Rat i. Polizeidepartement d. Innenministeriums (Geh. Leg. Rat); 1817–24 wirkl. Geh. OReg.Rat u. Direktor i. Polizeiministerium, seit 1817 Mitgl. d. Staatsrats; 1822–24 1. Direktor d. Unterrichtsabteilung i. Kultusministerium, 1824–31 wirkl. Geh. Rat u. Direktor im Justizministerium u. Vorsitzender d. Justizabteilung des Staatsrats, 1831–32 kommissar. Leiter d. Justizministeriums, 1832–42 wirkl. Geh. Staats- u. Justizminister; (Departements Justiz in den Rheinprovinzen (bis Dez. 1838) u. Gesetzesrevision).

Karl Levin v. **Hohnhorst**	gest. 19. März 1836 Mannheim
Baden	23. Juli 1810 ghzgl. bad. Staatsrat u. 2. Kanzler b. Oberhofgericht i. Mannheim, 1816 erster Kanzler ebd., 1819 Vorsitzender d. bad. Spezialuntersuchungskommission im Mordfall Kotzebue, auch ao. Kommissär bei d. Universität Heidelberg, 1830–36 ghzgl. bad. Geh. Rat u. Oberhofrichter i. Mannheim
Carl August v. **Seckendorff**	gest. 5. März 1828 München
Bayern	1. Juli 1807 Vizepräsident des Hofgerichts in Bamberg, 1808–1817 Präsident des App.Ger. in Bamberg, 1817 Staatsrat im ord. Dienst in München, Präs. des ev. Oberkonsistoriums ebd., 1818 Reichsrat der Krone Bayern, 1818 Mitglied d. Verfassungskommission, Referent im Justizministerium, Mitglied der Kommission zur Erarbeitung d. Hypothekengesetzes.
Franz Joseph v. **Stein zu Lausnitz**	gest. 8. Januar 1834 Gießen
Hessen-Darmstadt	Mai 1808 geh. Rat u. 2. Hofger.Direktor in Gießen, 1810–11 Reg.Direktor der Provinz Oberhessen ebd., 1811–32 Reg.Präs. ebd., 1819–32 wirkl. Geh.Rat, 1818–32 ghzgl. Hess. Kammerherr.
Joseph v. **Ullheimer**	gest. 17. März 1810 Bamberg
Bayern	1. Juli 1807–25. August 1808 kgl. bayer. Direktor der Obersten Justizstelle für Franken in Bamberg, 1808 Pension.
Karl Ludwig v. **Branca**	gest. 5. September 1845 Regensburg
Bayern	1. Juli 1807 2. Direktor der Obersten Justizstelle in Ulm, 1808 Vizepräsident des App.Ger. in Amberg, 1810–1816 Vizepräsident des App.Ger. in Ansbach, 1817 Präsident des App.Ger. ebd., 1817–22 Präs. d. App.Ger. i. Straubing, 1822 wirkl. Staatsrat im ao. Dienst, 1832 Verweser des Staatsministeriums d. Justiz, 1832–35 Staatsrat im o. Dienst, Referent im Justizministerium, 1807–1845 kgl. bayer., kurhess. u. ghzgl. bad. Kämmerer, 1835 Pension.
Johann Albert v. **Neurath**	gest. 30. Oktober 1816 Stuttgart
Baden	23. Oktober 1807 ghzgl. bad. wirkl. Geh. Rat u. Hofrichter in Rastatt, 1816 Pension.
Franz Arnold **von der Becke**	gest. 13. August 1832 München
Bayern	1. Juli 1807 2. Direktor der Obersten Justizstelle Ulm, 1808 2. Direktor des OApp.Ger. München u. Mitglied der Gesetzeskommission, 1817–23 Generaldirektor i. Staatsministerium d. Justiz, 1817–26 Staatsrat im ord. Dienst f. d. Sektion d. Justiz, 1818 Mitglied d. Verfassungskommission, 1823–1826 Vizepräs. d. OApp. Ger. München (14. Juni 1823) dann 2. Präs. (2[illegible].Juli 1823) ebd.. 1826 Pension.
Karl Georg v. **Riedesel zu Eisenbach**	gest. 28. Januar 1819 Stuttgart
Württemberg	19. Januar 1807–1819 kgl. württ. Wirkl. adliger Geh. Rat u. Tutelarratspräsident, auch Kammerherr in Stuttgart, 1807 württ. Komm. b. d. Abwicklung des schwäb. Kreises, 1811–1815 Staatsrat.
Constantin Franz v. **Neurath**	gest. 7. November 1817 Stuttgart
Württemberg	4. Oktober 1807 kgl. württ. adliger Geh. Rat, Direktor des 2. Senats d. Oberjustizkoll. i. Stuttgart, 1809 Präs. des 2. Senats des Oberjustizkollegiums, 1815 Präs. d. ges. Oberjusitzkollegiums, 1811–17 Staatsrat, 1817 Chef d. Justizdepartements

VII. Gemeinsame Erfahrungen – Unterschiedliche Anschauungen

1. Das alte Reich in der ‚Neuen Ordnung'

Die Nachkarrieren der Angehörigen des Kameralkollegiums machen deutlich, dass Erfahrungen, die im Kontext vom Alten Reich und seiner Auflösung gemacht wurden, für die deutsche Reformzeit eine Rolle spielten. Die Sozialisierung der letzten Richtergeneration im Alten Reich, die reichsstaatsrechtliche Ausbildung und die oft jahrelange Tätigkeit als unabhängige Richter am RKG war auch während ihres beruflichen Wirkens nach 1806 von Bedeutung: im Kontext der Abwicklungsprobleme des Kammergerichts oder des Reichstages, mit der sich Gruben während seiner Zeit in Regensburg beschäftigte.[254] Das Beispiel des kurbrandenburgischen Präsentatus Kamptz, der nicht einmal als Richter am RKG tätig wurde, jedoch auch auf die Praxis am RKG blickte, als die Reform des Dienstentlassungsgesetzes in der preußischen Rheinprovinz zur Debatte stand, verdeutlicht dies ebenso, wie die Rolle des vormaligen kursächsischen Assessors Leutsch, der als Gesandter in Frankfurt die Eröffnung des deutschen Bundestages erwartete. Für alle Abwicklungstätigkeiten nach der Auflösung des Alten Reichs, mit denen nicht zuletzt auch Angehörige des Kameralkollegiums beschäftigt waren, die neue Anstellungen gefunden hatten, waren Erfahrungen aus dem Alten Reich zentral.

Demgegenüber lässt sich die Rolle von Wissensbeständen, die unter den Bedingungen der Existenz des Reichs erworben wurden, ohne ein tieferes Nachforschen im Wirken all dieser Assessoren, die in den unterschiedlichen deutschen Staaten angestellt wurden, nicht so einfach nachweisen. Dazu müsste man das Verhalten jedes Einzelnen als Richter am RKG und später in den Justizsenaten des jeweils übernehmenden Staates bzw. in den verschiedenen Kontexten justizpolitischen und administrativen Wirkens rekonstruieren. Dies für alle fünfzehn in neue Dienste getretenen Angehörigen der letzten Richtergeneration zu leisten, würde den Rahmen dieser Arbeit sprengen. Es wären mehrere Individualbiographien nötig, um den komplizierten Transfer von Wissensbeständen aus dem Alten Reich in die Politik und Justizadministration der souveränen Staaten des 19. Jahrhunderts nachzuweisen.

Für das Königreich Bayern, das die größte Zahl von vormaligen Reichsrichtern übernahm, kann demgegenüber gezeigt werden, dass neben französischen und altbayerischen Einflüssen auch Denktraditionen aus dem Alten Reich und insbeson-

---

254 SHStA, Sächsische Bundestagsgesandtschaft, Nr. 143, Acta die Auflösung des Corpus Evangelicorum betr. Hier etwa das von Gruben unterzeichnete Fürstprimatische Gouvernial-Rescript vom 10. Dezember 1807.

dere des RKG eine Rolle für die Durchführung der Reformen spielten. Dies verdeutlichen nicht nur die im Zusammenhang mit dem Wissenstransfer von Wetzlar nach Bayern durchgeführten Justizreformen, sondern auch das nachdrückliche Eintreten vor allem Reigersbergs und Franz Arnold von der Beckes für eine unabhängige und von der Verwaltung getrennte Justiz sowie ihre Anstrengungen zur Verbesserung der Gerichtsverfassung.

Dass aus dem letzten Kameraljahrgang nicht nur liberal gesinnte Reformdenker hervorgingen, zu denen auch Constantin von Neurath zu rechnen ist, zeigt die Karriere des preußischen Reaktionärs Karl von Kamptz' ebenso wie die des im Umfeld der bayerischen Konservativen um Rechberg zu verortenden Karl Ludwig von Branca. Dem eher konservativen Spektrum dürfte auch Karl Levin von Hohnhorst aufgrund seiner Stellungnahmen als Pensionär am RKG zuzurechnen sein, ihn als Reaktionär zu bezeichnen wäre jedoch verfehlt. Der 1810 in badische Dienste übernommene Hohnhorst leitete die nach der Ermordung Kotzebues in Mannheim eingerichtete Spezialuntersuchungskommission gegen Carl Ludwig Sand, die einen ungeheueren Berg von Akten produzierte.[255] Darüber hinaus war er mit einer Untersuchung von Umtrieben an der Heidelberger Universität befasst.[256] Damit war er zwar ein Protagonist der in zahlreichen Spezialkommissionen agierenden Reaktion, allerdings hielt er sich mit seinen eigenen politischen Anschauungen zurück und fühlte sich stets der Wahrheitsfindung verpflichtet. Dies zeigt sich im Vorwort seiner in Anschluss an die Ermittlungen im Fall Sand veröffentlichten Quellenpublikation. Hohnhorst betonte hier auf der einen Seite, trotz umfangreicher Untersuchungsarbeit zu keiner vollkommenen Aufklärung der *politisch-demagogischen* Umtriebe gekommen zu sein. Auf der anderen Seite hielt er Sands Verbrechen für einen einfachen *Meuchelmord* und attestierte ihm, dass er aus individuellen Motiven gehandelt und keine *politische Revolution* beabsichtigt habe. Wenn er darüber hinaus beanspruchte, mit seiner Aktenpublikation die *Wahrheit* ans Licht bringen zu wollen und sich eines politischen Urteils zu enthalten, so verweist dies nicht nur zurück auf das richterliche Selbstverständnis eines RKG-Assessors, sondern auch auf einen weitaus unbefangeneren Umgang mit den politischen Umtrieben jener Zeit, als er sich bei dem ehrsüchtigen Kamptz beobachten lässt. Dennoch war Hohnhorst an einer möglichst umfassenden Übersicht über die demagogischen Verbindungen gelegen, die er sich von weiteren Untersuchungskommissionen erhoffte.[257]

2. Umbrucherfahrung und politische Anschauung

Insgesamt lässt sich also in Hinblick der politischen Anschauungen, die die vormaligen Reichsrichter während ihrer Nachkarrieren im Dienst unterschiedlicher

---

[255] Etwa: GLAK, 213, 3195, 3514, 3515, 3519-3521; 314, 1693; 240, 2227 und 2228.
[256] UAH, 392, 149 VIII, 1, Nr. 61.
[257] Hohnhorst, Vollständige Übersicht, Zitate: Vorwort. Hierzu: F. Walter, Hohnhorsts Schrift.

deutschen Souveräne vertraten, ein breites Spektrum beobachten. Die äußeren Pole sind zweifellos durch den Reaktionär Kamptz auf der einen und die liberalen Konstitutionalisten Reigersberg und von der Becke auf der anderen Seite markiert. Die Ursachen für die divergierenden Entwicklungen sind so vielfältig wie die Charaktere der Angehörigen der letzten Richtergeneration. Sie lassen sich teils vor dem Hintergrund der sozialen und geographischen Herkunft erklären, teils sicherlich durch individuelle psychische Dispositionen. Ferner spielten die vor und während der Zeit am RKG gemachten Erfahrungen eine Rolle. Während damit jene Faktoren bezeichnet sind, die auch für die Bewältigung des Umbruchs von 1806 Erklärungspotential bergen, kommen neben den Bedingungen in den übernehmenden Staaten vor allem die individuell unterschiedlichen Erfahrungen der Auflösung des Reichs hinzu.

Zunächst bedeutete die Zäsur für alle Angehörigen der letzten Richtergeneration den Verlust der Stelle. In Zusammenhang damit fällt auf, dass diejenigen, die nach 1806 längere Zeit oder für immer als Pensionäre in Wetzlar blieben, später konservativere Auffassungen vertraten als jene, die seit dem Winter 1806 in württembergische oder bayerische Dienste übernommen wurden. Hier zeigte einerseits die intensive Auseinandersetzung der Pensionäre mit dem Alten Reich im Rahmen der Abwicklungsdebatte ihre Wirkung. Hinzu kam die als Kränkung empfundene Gleichstellung der vormaligen Reichsrichter mit den Anwälten, wie sie sich in dem Ehrkonflikt von 1808 entluden. Schließlich dürften auch die Frustrationen, denen vor allem Kamptz, Hohnhorst und Stein zu Lausnitz bei ihrer Stellesuche ausgesetzt waren, ihre Wirkung nicht verfehlt haben.[258] Sie verwiesen die erfolglosen Bewerber immer wieder zurück auf das, was sie mit ihrer Stelle in Wetzlar verloren hatten. Dabei war es eine Erfahrung der besonderen Art, dass Karl von Kamptz just zu jenem Zeitpunkt am RKG eintraf, als es seine Gerichtstätigkeit einstellte. Seine im Moment intensiver Betroffenheit verfassten Aufsätze wiesen ihn deutlich als einen Denker aus, der auf der Reichsverfassung beharrte und ihre Entwertung zutiefst bedauerte.

Während das Alte Reich den Wetzlarer Pensionären gerade auch deshalb dauernd präsent blieb, weil das RKG nur unvollständig aufgelöst worden war, konnten sich diejenigen, die 1806/1807 ihre Stellenzusagen erhielten, relativ schnell von dem in Wetzlar vorherrschenden Denken im Rahmen der alten Strukturen lösen. So findet sich auch kein einziger der frühzeitig übernommenen Reichsrichter unter jenen, die auf den Strukturen des Reichs beharrten. Selbst Branca, der eher dem konservativen Spektrum der bayerischen Spitzenbeamten in der Reformzeit zuzurechnen ist, bildet hier keine Ausnahme.

Obgleich also ein direkter Zusammenhang zwischen der Verweildauer in Wetzlar und einem konservativen, am Reich orientierten Denkstil zu bestehen scheint, bedeutet dies weder, dass der Wechsel vom weitgehend unabhängigen RKG an einen der deutschen Fürstenhöfe problemlos verlief, noch, dass es auf der

[258] Vgl. Teil II, Kapitel IV dieser Studie.

Ebene der Reformvorstellungen und der Mentalität keine Kontinuitäten aus dem Alten Reich geben konnte. Das Beispiel Reigersbergs, an dessen *reichsumittelbarer Art* sich Ludwig I. von Bayern störte, und sein nachdrückliches Eintreten für die Trennung von Justiz und Verwaltung belegen dies. Freilich dürfte nicht nur für den späteren bayerischen Justizminister oder für seinen Generaldirektor von der Becke gelten, dass sie sich in ihrem neuen Wirkungskreis weit weniger mit den Nachwirkungen der alten Verfassung und dem Verlust ihrer vormaligen Stelle auseinandersetzen mussten als die Pensionäre in Wetzlar.

Während sich also die Länge des Aufenthaltes als Pensionär in Wetzlar durchaus auf die Ausprägung politischer Anschauungen auswirken konnte, kann die Wirkung der Zäsur von 1806 auf die Identität verbürgenden Wissensbestände mit der eines Katalysators verglichen werden. Bei denjenigen, die wie von der Becke oder Reigersberg bereits vor 1806 zukunftsweisende Reformvorstellungen vertraten, zeitigte die Auflösung des Reichs eine beschleunigende Wirkung. Während der strukturell veraltete Rahmen, das kompliziert verfasste und auf dem Konsens von Kaiser und Reichsständen beruhende Reich, mit dem das RKG eng verbunden war, allenthalben beobachtbare Reformimpulse bremste, erwiesen sich die neuen Strukturen des ‚modernen Bayern' als weitaus besserer Nährboden. Demgegenüber zeigt sich die umgekehrte Wirkungsweise der Zäsur von 1806 auf den Ideenhaushalt eines Karl von Kamptz, der die Auflösung des Reichs für eine Fehlentwicklung hielt.

Die gänzlich unterschiedlichen Kommentare Reigersbergs und Kamptz' zum Zeitgeschehen nach dem Sieg über Napoleon illustrieren die unterschiedlichen Anschauungen. Reigersberg fühlte sich *hie und da an magische Zauberschläge* erinnert, als die Eroberung von Paris durch die Aliierten bevorstand.[259] Er konnte es aber kaum fassen, wie man die künftige Verfassung Deutschlands diskutierte. Er dachte an das Alte Reich und fühlte sich an die *Aufwärmung alten Sauerteiches* erinnert. *Wie kann ein denkender Staatsmann vermoderte Institute wecken wollen?,*[260] kommentierte er die Diskussion um die Gründung des Deutschen Bundes.

Karl von Kamptz wunderte sich zwar ebenfalls darüber, wie schnell Napoleon vertrieben und der Rheinbund aufgelöst war. Er jedoch begrüßte die *Regeneration des durch den Rheinbund aus seinen edelsten Angeln gehobenen deutschen Vater-*

[259] Landesarchiv Speyer, V 29, 199, Reigersberg an Zwackh, München, den 11. April 1814.

[260] Landesarchiv Speyer, V 29, 199, Reigersberg an Zwackh, München, den 15. Januar 1814.

landes und freute sich über das neu erwachte Interesse an einem *deutschen Nationalgerichtshof*.[261]

[261] Kamptz, Reminiscenzen bey der Auflösung des kaiserlichen und Reichskammergerichts, in: ders., Beiträge zum Staats- und Völkerrecht, S. 164 Anm.

Resümee

Das Berufsethos und die Richterehre, die vor allem in dem Streit mit der Anwaltschaft um die Pensionsansprüche zum Ausdruck gekommen waren, sowie das Reformdenken, das bei von der Becke und Reigersberg seine deutlichste Ausprägung fand, wirkten zusammen mit der unabhängigen und sich allein auf Leistung gründenden Stellung der letzten Generation von Richtern des Reichskammergerichts: Es entstand eine besondere Mentalität, die die hier untersuchte Personengruppe prägte. Anders als der am Rande der Richterehre lebende Martini bildete der kurbrandenburgische Präsentatus Karl von Kamptz hier nur zum Teil eine Ausnahme. Kamptz war durchaus an einer Reform der Reichsverfassung gelegen, hatte er doch 1790 öffentlich nach einer deutschen Verfassung gerufen und 1802 seiner Hoffnung auf eine Angleichung des Präsentationssystems an das veränderte Reich Ausdruck gegeben. Allerdings waren seine Vorstellungen eng mit der Reichsverfassung verbunden und von konservativen Elementen durchzogen, die unter dem Eindruck der Auflösung des Reichs an Bedeutung gewannen und sich transformierten, bis er sich nach dem Wartburgfest als Reaktionär entpuppen sollte. Obgleich der mecklenburgische Adelige nicht mehr zur Aufschwörung gelangte, profitierte er von der unter den Angehörigen des Kameralkollegiums bestehenden Solidarität, die sich durch die Ereignisse von 1806 und die gemeinschaftlichen Strategien zu ihrer Bewältigung noch verstärkte. Damit ging es ihm durchaus ähnlich wie Martini, Weidenfeld und so manchem älteren Assessor, die sich an der Pensionsdebatte zwar nicht beteiligt hatten, aber dennoch die gleichen Rechte wie die anderen genossen.

In Reaktion auf die Veränderungen intensivierte sich auch die Beschäftigung der Angehörigen des Kameralkollegiums mit sich selbst. Vahlkampfs 1806 erschienenen ‚Biographischen Notizen', in denen erstmals in der Geschichte des Kammergerichts alle Karrieren der Angehörigen des Kameralkollegiums zum Gegenstand der Publizistik gemacht wurden, drücken die Folgen der Auflösung des Reichs aus und gingen unmittelbar aus der Diskussion um die Modi der Abwicklung des Kammergerichts hervor. Sie sind als das Produkt des Konfliktes zu verstehen, in dem die Angehörigen des Kameralkollegiums versuchten, den Austritt der Rheinbundstaaten und die Abdankung des Kaisers zu bewältigen. Einerseits unterstützte diese Veröffentlichung diejenigen, die, von der Auflösung des Reichs überzeugt, sich Perspektiven auf eine weitere Karriere ausrechneten und die Rahmenbedingungen für ihre Übernahme in die Dienste eines deutschen Fürsten selbst schufen. Indem sie die Bedeutung des Richteramtes hervorhoben halfen die ‚Biographischen Notizen' andererseits denjenigen, die als Pensionäre in Wetzlar verblieben, ihre Pensionsansprüche durchzusetzen.

Die Konzentration Vahlkampfs auf die Richter des Kammergerichts verweist auf die Kontroverse, die mit dem Scheitern des Entschädigungsplanes Reigersbergs zwischen den Wetzlarer Anwälten und Richtern ausbrach. Der Streit um den Status als ‚Reichsdiener', der 1808 zu einem Ehrkonflikt mutierte und in den sich nach der Auflösung des Großherzogtums Frankfurt auch die unversorgten Kanzleipersonen einschalteten, zeigt deutlich, dass das Kammergericht keine Behörde oder Institution des Reichs mit einem Personal im modernen Sinne war. Wenn es eine Gruppe unter den Kameralpersonen gab, auf die der Begriff des ‚Reichsdieners' zutraf, so waren dies allein die Angehörigen des Kameralkollegiums. Sie wurden von Kaiser, Kurfürsten und Reichsständen nach einem komplizierten und für Direktorial- und Urteilerstellen unterschiedlichen Besetzungsmodus ernannt. Sie schworen ihren Eid auf Kaiser und Reich. Sie waren den Beschlüssen des Reichstags und den Reichsgesetzen unterworfen und wurden von Kommissionen visitiert, die von Kaiser und Reichsständen gebildet wurden. Darüber hinaus erhielten sie ihre Besoldung aus der Sustentationskasse, in die die Kammerzieler flossen, die, in einer Matrikel festgesetzt, auf den Gebieten des Reichs hafteten. Demgegenüber standen die 1806 rund 140 in verschiedenen Funktionen am Kammergericht tätigen Kameralen in anderen und höchst unterschiedlichen Abhängigkeiten.

Die Diskussion hierüber lebte in der Entschädigungspraxis wieder auf. Selbst die Stellung der Schreiber in den Schreibstuben der Prokuratoren, die in keinem Kameralkalender geführt wurden, wurde debattiert. Dabei zeigt der an der Realität vorbei gehende Entschädigungsplan Karl Theodors die Grenzen des Wissens des mit dem Kammergericht eng verbundenen vormaligen Kurfürsterzkanzlers. Denn nach diesem Plan sollten die Protokollisten in den Schreibstuben der Anwälte, die zugleich als kaiserliche Notare am RKG immatrikuliert waren, doppelt entschädigt werden. Dies und die Tatsache, dass sich Karl Theodor auf die Grundsätze der Billigkeit berief, ermöglichten es den Anwälten, auf Kosten der Kapitalien der Sustentationskasse für den Verlust ihrer Stellung entschädigt zu werden. Anders als den besoldeten Kameralen gelang es ihnen jedoch aufgrund ihrer reichsgesetzlich fixierten und grundlegend anderen Stellung in der Personalverfassung des Kammergerichts nicht, einen Rechtsanspruch auf diese Kasse geltend zu machen.

Während vor diesem Hintergrund deutlich ist, dass von d e m Personal des Kammergerichts nicht gesprochen werden kann, zeigt die Debatte des Kammergerichts auch die gänzlich andere Stellung der Wetzlarer Richter gegenüber anderen an den zentralen Institutionen des Reichs tätigen Personen. So wurden Richter am Reichshofrat allein durch den Kaiser ernannt und besoldet, der auch ihre Pensionen übernahm. Für die Angehörigen der Reichshofkanzlei, deren Besetzung das Vorrecht des Kurfürsterzkanzlers war, wurde ein Pensionsfonds gebildet. Die Versorgung der Gesandten und ihrer Legationssekretäre in Regensburg, die von den jeweiligen Kompetenten ernannt und bezahlt wurden, stand – sofern ihnen keine anderen Aufgaben anvertraut wurden – in der Verantwortung der jeweils vertretenen Reichsstände.

Aufgrund der vielfachen Verwobenheit des Kammergerichts mit Kaiser und Reich kann aber auch nicht einfach von ‚Reichsdienern' gesprochen werden. Dies war eine Vereinfachung der Zeitgenossen um 1800. Tatsächlich waren die Assessoren und Präsidenten wie der Kammerrichter immer Diener von Kaiser und Reich zugleich. Die dualistische Konstruktion des Kammergerichts zog sich auch durch das Kameralkollegium: Die Direktorialpersonen waren zugleich kaiserliche Räte, während die Assessoren keine andere Dienstverpflichtung mehr hatten.

Dieser komplexen Struktur der Reichsverfassung, die sich im Kameralkollegium abbildete, muss Rechnung getragen werden, um die Auflösung des Reichs und die Abwicklung des Kammergerichts verstehen und beschreiben zu können. Sie spielte noch in den von Ignatz von Gruben auf die Tagesordnung der deutschen Bundesversammlung gesetzten Debatten um die Entschädigung der Angehörigen des Kammergerichts eine wichtige Rolle.

Während die moderne Forschung die Erklärungen von Rheinbundstaaten und Kaiser vor allem unter Aspekten von Verfassungsbruch und als lediglich „papierenen" Akt thematisierte, versuchten die Zeitgenossen das komplexe Geschehen im Rückgriff auf das gesamte Arsenal der verfügbaren staatstheoretischen und juristischen Konzepte in den Griff zu bekommen. Dazu fassten die Angehörigen des Kameralkollegiums das Reich als Staat auf, wie dies übereinstimmend in den beiden unterschiedlichen Gutachten zur Auflösung des Reichs, derjenigen Leutschs und von der Beckes, zu sehen war. Von der Becke sprach nicht nur vom Staat als *moralischer Person*, sondern sogar vom unteilbaren Staatskörper des Reichs, der schon durch den Austritt eines einzigen Gliedes aufgelöst sei. Dabei griff er in seiner schon auf die organologischen Staatskonzepte des 19. Jahrhunderts verweisenden Theorie einerseits auf eine bereits bei Pütter staatstheoretisch aufgeladene Auffassung zurück, in der das Kammergericht die tragende Rolle für die Herstellung des *bonum commune* und damit für das Erreichen des Staatszweckes spielte. Andererseits knüpfte er an Ideen des jüngeren Naturrechts an, die den Rechtszweck des Staates zusätzlich betonten. Diese Konzeption floss in hohem Maße in die Überprüfung der Erklärungen von Rheinbundstaaten und Kaiser ein. Es galt zu entscheiden, ob das Reich und damit das Reichskammergericht noch existiere oder nicht.

Demgegenüber ging Leutsch im September 1806 nicht davon aus, dass das Reich durch die Gründung des Rheinbundes und die Abdankung des Kaisers aufgelöst sei. Er kam zu dieser Auffassung, indem er auf die auf Pufendorf zurückweisende naturrechtliche Denkfigur des Staates als *moralische Person* zurückgriff. Der Vergleich von der Beckes und Leutschs zeigt, dass der Synkretismus deutschen Staatsdenkens um 1800, obwohl er – was für von der Becke wie Leutsch gilt – Reichshistorie und Naturrecht amalgamierte, dennoch nicht uniformen Charakter hatte. Trotz ihrer Differenzen im Ergebnis betrachteten beide – wie alle anderen Assessoren, deren Konzeptionen herausgearbeitet wurden – das

Reich als Staat. Das deutsche Naturrechtsdenken mit seinem im Vergleich zu Hobbes ‚weicheren' Kontraktualismus erwies sich dabei als erstaunlich integrationsfähig. Altadelige, Neuadelige und bürgerliche Aufsteiger konnten sich dieses System auf ganz unterschiedliche Weise aneignen.

Den Anteil des Naturrechts im Denken und in den Bibliotheken der Assessoren sowie in den Konzepten des Reichsreformdiskurses seit Pufendorf, auf dessen Monzambanoschrift sich der Wolff-Schüler Pütter ausdrücklich berief, sichtbar gemacht zu haben, ist eines der wesentlichen Ergebnisse dieser Studie. Ausgehend von diesen Ergebnissen muss die Erforschung des Zusammenhangs zwischen Naturrecht und Reichsstaatsrecht als Desiderat bezeichnet werden, zumal dieser Zusammenhang in der Untersuchung Wolfgang Burgdorfs, der den breiten Reichsreformdiskurs seit 1648 erstmals ans Tageslicht befördert hat, nicht explizit thematisiert wird.[1] Außerdem wird in den Forschungen zum Naturrecht das Reichsstaatsrecht kaum mitreflektiert. Sie konzentrieren sich auf die ‚reinen' Naturrechtssysteme, wie sie weitgehend abstrakt in den Traktaten der Universitätsprofessoren entwickelt wurden.

Indem die vormaligen Richter des Kammergerichts nach der Auflösung des Reichs als Gruppe Rechtsansprüche an das nicht mehr existente Reich stellten und es deshalb als Staat dachten, trugen sie auch nach 1806 dazu bei, die rechtstheoretische Diskussion in einer Richtung mit zu beeinflussen, die in Savignys Figur des Staates als ‚juristische[r] Person' ihre Formulierung fand. Dass Savigny die in den Journalen der Rheinbundpublizistik breit dokumentierte Kontroverse zwischen den Assessoren und Prokuratoren verfolgte, kann vor dem Hintergrund seiner Verbundenheit mit den beiden Assessoren Neurath, in deren Haus er nach dem Tod seines Vaters aufwuchs, als sicher gelten. Mit der Fülle von anderen ungelösten Problemen aus dem öffentlich-rechtlichen Bereich, die sich aus der Auflösung des Reichs ergeben hatten, bot sich für die zeitgenössische Rechtstheorie der Stoff, um die Theorie abstrakter Rechtsverbindlichkeiten zu formulieren.

Auf einen Zusammenhang zwischen dem Denken am Reichskammergericht und der ‚historischen Rechtsschule' weist auch die Äußerung Johann Caspar David Bluntschlis (1808–1881) hin, der mit Heinrich Aloys von Reigersberg über sein Zivilgesetzbuch sprach:

> *Der alte Graf Reigersberg – letzter Kammerrichter des heiligen Römischen Reiches deutscher Nation, der mir persönlich wohl wollte und den ich zuweilen besuche – ist von der Sprache meines Gesetzbuchs ganz eingenommen. Er sagte mir: Feuerbach war doch auch ein bedeutender Mann, aber seine Sprache war weder so einfach, noch so klar, sie war viel künstlicher und geschraubter als ihre. Er meinte sogar es thäte gut, die bayerische Civilgesetzgebung darauf*

[1] Burgdorf, Reichskonstitution und Nation.

> *zu basieren. Das wird sicher nicht geschehen: aber es freut mich doch, dass ein so sachkundiger bayerischer Jurist eine solche Meinung äusserte.*[2]

Wenn Bluntschli Reigersberg als bayerischen Juristen bezeichnete, jedoch von seiner vorherigen Tätigkeit als Kammerrichter wusste, so deutet dies darauf hin, dass Rechtsdenkern noch 1848 jener Zusammenhang präsent war, der inzwischen verschüttet ist: der Zusammenhang zwischen der Ausbildung der historischen Rechtsschule und dem Reichskammergericht in Wetzlar.

Insgesamt kann für die Angehörigen der letzten Generation von Richtern des RKG von einer überragenden Bedeutung Pütters und des jüngeren Naturrechts ausgegangen werden. Sowohl bei der Deutung der Auflösung des Reichs als auch bei der Bestimmung der Rechtsansprüche auf Pensionen wurden seine Denkfiguren praxisrelevant. Die 1797 formulierte Staatsdienerlehre von Franz Arnold von der Becke, die die erste systematische Beamtentheorie darstellt, die auf der Basis des jüngeren Naturrechts entwickelt wurde, kann als theoretische Grundlage nicht nur für die Abwicklungsdebatte am Kammergericht und die Konstruktion des „Reichsdiener-Begriffes" gelten. Darüber hinaus wurden hier Konzepte formuliert, die Reigersberg und von der Becke im Rahmen ihrer Nachkarriere als Spitzenfunktionäre in Bayern umzusetzen versuchten. Die Schrift ‚Von Staatsämtern und Staatsdienern', die ein Jahr nach dem ‚Ansbacher Mémoire' Montgelas' publiziert wurde, enthielt Forderungen, die dem Gründungsdokument des modernen Bayern vergleichbar sind. Überdies war hier bereits die Ministerverantwortlichkeit und die Ämterlaufbahn festgeschrieben. Die Tatsache, dass sich Reigersberg und von der Becke während ihrer Tätigkeit in Bayern in den Gesetzgebungs- und Verfassungskommissionen, im Justizministerium und im Staatsrat für die Einrichtung eines unabhängigen, von der Verwaltung geschiedenen Justizwesens einsetzten, zeigt den Willen zur praktischen Umsetzung der theoretischen Forderungen.

Gezeigt wurde schließlich auch, dass Reigersberg einen wichtigen Anteil an der Schöpfung der Verfassung von 1818 hatte. Er vertrat durchgängig eine konstitutionell liberale Position, deren Verortung im Kontext des Reichskammergerichts unabdingbar ist. Nicht nur vor diesem Hintergrund kann man davon ausgehen, dass die Entstehung des modernen Bayern nur erklärt werden kann, wenn man das Reichskammergericht und einen Anteil seiner Richter mit in Betracht zieht. Auch die Aufrichtung der obersten Justizstellen, die bereits vor der Übernahme der fünf Assessoren in bayerische Dienste erfolgt war, orientierte sich am Vorbild des Reichskammergerichts. Mit Franz Xaver von Zwackh, der die Angehörigen des Kameralkollegiums nach Bayern vermittelt hatte, ist zugleich die zentrale Figur des Wissenstransfers von Wetzlar nach Bayern angesprochen. Neben den aufgezeigten Parallelen in der bayerischen Gerichtsorganisation belegt seine Person, dass das Umfeld des Kammergerichts tatsächlich eine wichtige

---

2 Bluntschli, Denkwürdiges aus meinem Leben, S. 131, Eintrag vom Februar 1853.

Rolle für die bayerischen Justizreformen seit 1799 spielte. Es muss einer weiteren Darstellung vorbehalten bleiben, diesen Zusammenhang in seinen Einzelheiten aufzudecken. Auch hier konnte nur die Brücke geschlagen und gezeigt werden, dass vom Reichskammergericht vor allem für Bayern wichtige Reformimpulse ausgingen, die bisher unbeachtet geblieben sind, obgleich Reigersbergs Karriere vom letzen Kammerrichter zum bayerischen Justizminister anders als die von der Beckes oder der anderen in bayerische Dienste übernommenen vormaligen Reichsrichter in der Forschung immer präsent war.

In diesem Zusammenhang konnte darüber hinaus aufgewiesen werden, dass sich auch und gerade am Kammergericht in Wetzlar ein Reformdenken ausprägte, das nicht nur für die Durchführung der Reformen im rheinbündischen Deutschland, sondern auch etwa in der Person Reigersbergs als Referent in der Kammer der Reichsräte bis 1859 Bedeutung erlangte. Auch die Ausgestaltung der bayerischen Justizverfassung in der Pfalz kam nicht allein aufgrund französischer Einflüsse zustande. Es muss an anderer Stelle überprüft werden, weshalb Reigersberg, Zwackh, von der Becke und andere an der Eingliederung der linksrheinischen Pfalz beteiligte Reformbeamten zu der Auffassung gelangten, eine Reihe von französischen Einrichtungen in der Pfalz zu übernehmen. Zweifellos ist aber auch bei der Eingliederung der Pfalz mit einem maßgeblichen Anteil spezifischen Reformdenkens kammergerichtlicher Provenienz zu rechnen.

Demgegenüber verweist das Beispiel Karls von Kamptz' darauf, dass aus dem Umfeld des aufgelösten Reichskammergerichts auch Karrieren von Personen mit ausgesprochen konservativer Grundhaltung hervorgehen konnten. Gewiss war der mecklenburgische Adelige, der den Zeitgenossen der 1820er Jahre als Prototyp des Reaktionärs galt, eine Ausnahme. Wenn bei Karl Levin von Hohnhorst und Franz Joseph von Stein zu Lausnitz jedoch auch konservative Tendenzen festgestellt werden konnten, so fällt auf, dass diese drei Wetzlarer Pensionäre im Gegensatz zu den Angehörigen des Kameralkollegiums, die sich später durch liberale Grundhaltungen auszeichneten und vor allem in Bayern oder Württemberg Anstellung fanden, längere Zeit erfolglos nach einer neuen Stelle suchten. Hinzu kam, dass bei den verspäteten Nachkarrieren die Modi der Übernahme weitaus komplizierter und zumindest zunächst mit größeren finanziellen Einbußen verbunden waren als bei der Gruppe von Richtern, die 1807 das Kammergericht verließen. Welche Auswirkungen auf die Befindlichkeit es haben konnte, wenn Karrieren über längere Zeit verhindert wurden, zeigt die Rolle, die Kamptz und Stein zu Lausnitz im Ehrkonflikt mit den Brüdern Gülich einnahmen.

Darüber hinaus fällt auf, dass es gerade die Assessoren waren, die sich längere Zeit in der Lage der Verlierer des historischen Prozesses befanden, die sich seit dem Herbst 1806 publizistisch im Sinne einer modifizierten Wiederherstellung des RKG in Form eines rheinischen Bundesgerichtes äußerten. Wie am Abstimmungsverhalten in der Debatte um die Übernahme der Reichsrichter in neue Dienste nach dem Vorschlag von der Beckes deutlich wurde, fanden sich andere noch unter dem unmittelbaren Eindruck der Ereignisse damit ab, dass ihre Stelle am Reichskammergericht erloschen sei. Für sie schien ein Rheinisches Bundesgericht keine Karriereperspektive mehr zu bieten.

Gerade hier zeigt sich die Bedeutung des am Beispiel der Angehörigen der letzten Generation von Richtern des Kammergerichts exemplarisch behandelten Zusammenhangs zwischen ‚Alt' und ‚Neu' um 1800. Die Verbindung, die zwischen dem Alten Reich über den Rheinbund zum Deutschen Bund bestand, wurde anhand verschiedener Aspekte – Naturrecht, Reformdenken, Abwicklungsproblematik – aufgezeigt. Die Reste der vormaligen Plenarversammlung des Kameralkollegiums lösten sich erst auf, als ihr Rechtsanspruch auf Pension in Frankfurt anerkannt worden war. Ideengeschichtliche Beharrungen mit ihren sozial- und politikgeschichtlichen Entsprechungen machen diese starken Verbindungslinien über die Epochenschwelle von 1806 hinweg aus. Traditionen des Alten Reichs, des neuen liberalen Bayerns, aber auch Württembergs oder Preußens überlagerten sich, nicht nur in den Köpfen einer vom Geschehen verunsicherten Gruppe. Deren Handlungsweisen, Gefühls- und Erfahrungshorizonte sind sicherlich ein besonders aussagekräftiges Indiz. Doch zugleich bilden sie nur einen Indikator für einen zu Unrecht vernachlässigten Sachverhalt, der in vielen und in unterschiedlichsten Bereichen – Mentalitäten, Rechts- und Politikvorstellungen und Institutionen – nachzuweisen war.

> *Am Nachmittag des 26. Mai 1818 begab sich der Reichsherold im prachtvollen Wappenrocke in Begleitung von Militär, Paukern, Trompeten und Bürgern auf sieben verschiedene Plätze der Stadt München, wo er die Verleihung der neuen Konstitution durch die Gnade des Königs ausrief und die Verfassungsurkunde in zahlreichen Exemplaren an das Volk verteilen ließ.*[3]

Heinrich Aloys von Reigersberg hatte großen Anteil an ihrer Schöpfung. In einem Nachruf der Neuesten Nachrichten auf dem Gebiete der Politik vom 8. November 1865 hieß es über ihn:

> *Mit warmem Interesse hing er an der Entwicklung unseres großen Deutschen Vaterlandes und noch in der jüngsten Zeit äußerte er den sehnlichsten Wunsch nur noch den Tag zu erleben, wo durch Wiedererstehung eines allgemeinen deutschen Reichsgerichtes die Rechtskontinuität des Deutschen Reiches gewahrt wäre.*[4]

---

[3] Kobell, Unter den vier ersten Königen Bayerns, Bd. I, S. 101.

[4] Neueste Nachrichten aus dem Gebiete der Politik, 18. Jg., Nr. 312, Mittwoch, 8. November 1865, S. 5418.

Anhang

Gutachten des kursächsischen Assessors Friedrich August von Leutsch zur Auflösung des Reiches und des Reichskammergerichts

Quelle: BAF, FN 11, Akten 6a, Anlage, Nr. 31

Wetzlar, den 16. September 1806

Votum die gegenwärtige Lage des Reichs Kammer Gerichts betreffend

§ 1

In der gegenwärtigen Lage der Angelegenheiten des teutschen Reiches ist bey jedem Schritt, den das kaiserliche Reichs Kammer Gericht so, wie ein jedes Mitglied desselben ins besondere thut, die Frage seiner Existenz ein Stein des Anstoßens. Existiret das kaiserliche Reichs Kammer Gericht noch? Bin ich noch kaiserlicher Reichs Kammer Gerichts Assessor? sind Fragen, über die man sich jetzt, da sie wegen der eingetretenen politischen Verwicklung bezweifelt werden wollen, mit Vorsicht, aber auch ohne den Muth sinken zu lassen, entscheiden muß. Ein jeder von uns hat gelobet und geschworen, Ihro kaiserlicher Majestät und dem Reiche getreu und gehorsam zu seyn. Ihrer Majestät und des Reichs Jurisdiction, so viel an ihm, treulich zu erhalten, und darwider nicht zu thun noch zu rathen.

Ausser den zeitlichen Rücksichten ist es auch Gewissens-Sache eines jeden, sich die Frage zu beantworten, ob er bereits dieses Eides entlassen, quitt und los sey?

Da ich wegen meiner gesetzlichen Abwesenheit meine Ansicht der Sache noch nicht habe öffentlich darlegen können, so wird es mir erlaubt seyn, jetzt bey der ersten Gelegenheit, mein Glaubens Bekenntnis abzulegen. Bey den ersten Nachrichten der Dinge, die da gekommen sind, habe ich nicht geglaubt, daß sie mich von jenem Eide entbinden, folglich auch nicht das Gericht auflösen könnten.

Mit innigster Rührung habe ich aber bey meiner Ankunft das Gericht in einer Lage gefunden, die dessen Auflösung und Untergang, wo nicht ausser Zweifel setzt, doch wenigstens sehr deutlich ankündiget. Ob ich mich in meinem Glauben geirrt haben sollte, darüber habe ich nachgedacht, dieserhalb die während meiner Abwesenheit gehaltenen Deliberationen eines hohen Pleni mit Aufmerksamkeit gelesen, und nach Erwägung aller Gründe mich über die Existenz des Gerichts und meine eigene politische Existenz zu bestimmen gesucht.

§ 2

Unser Gericht glaubt man in Hinsicht auf seine gerichtliche Function der Form nach für aufgelöst, wenigstens für ganz suspendiert halten zu müssen.

1.) um deswillen, weil kaiserliche Majestät nicht blos die teutsche Krone niedergelegt, sondern auch zugleich das Amt und die Würde eines Kaisers für erloschen erklärt hätten.

Es ist wahr, kaiserlicher Majestät erklären allerdings in ihrem Patente vom 6. August, daß sie das Band, welches Sie bis jetzt an den Staatskörper des teutschen Reichs gebunden habe, als gelöst ansähen, das Reichsoberhauptliche Amt und Würde durch die Vereinigung der confoederirten Rheinischen Stände als erloschen, und sich dadurch von allen übernommenen Pflichten gegen das Reich losgezählt betrachteten, und die von wegen desselben bis jetzt getragene Kaiserkrone und geführte kaiserliche Regierung niederlegten.

Allein die Niederlegung der kaiserlichen Regierung und Krone, die von dem Kaiser geschiehet, hebt die Verfassung selbst nicht auf. Sie hat keine andere Würkung, als eine Erledigung des kaiserlichen Thrones, und bis zu dessen Wiederbesetzung, wenn ein Römischer König vorhanden, die Eintretung der königlichen Regierung, oder wenn dies nicht der Fall, die Eintretung der Reichs Verwesung. Dies ist so richtig, daß ich nur zu deßen Beweis auf die Eigenschaft des teutschen Reichs, als eines Wahlreichs, und auf das Beispiel der Abdication Kaisers Carl des V^{ten} hinzuweisen brauche.

Wenn nun aber die abtretende kaiserliche Majestät erkläret, daß sie das Reichs Oberhauptliche Amt und Würde als erloschen ansähe; so ist dies allerdings eine starke Sprache, aber doch im Staatsrechtlichen Sinne nichts anderes, als die Sprache eines sterbenden Kaisers. Jeder Kaiser, der seine teutsche Krone niederlegt, muß Ursachen haben, die ihn zu dieser so wichtigen Entsagung bestimmen. Diese Ursachen kommen aber nur aus seiner individuellen Ansicht und Lage her. Diese kann ihm so verzweifelnd scheinen, daß er dadurch bewogen wird, die ganze Kaiserwürde für erloschen zu halten. Diese Ueberzeugung ist aber nur sein eigenes Werk, und noch lange kein Beweis, daß ein anderer Kaiser unter gleichen Umständen eben so verzagt gedacht haben würde. Als an der Spitze Friedrich II. Königs von Preußen der Fürstenbund, der doch wohl wegen seines weisen, siegreichen und mächtigen Anführers und wegen seiner mächtigen Mitglieder dem Hause Oesterreich und den Gerechtsamen der teutschen Kaiser Würde eben so furchtbar war, als es nur immer die Vereinigung der confoederirten Rheinischen Stände seyn kann, errichtet worden war, so verzweifelte Kaiser Joseph II. nicht an der Erhaltung seines Hauses und den Gerechtsamen des teutschen Kaiserthums. Diese Vergleichung beweiset gewiß wenigstens soviel, daß die Macht des Rheinischen Bundes ohne Nachtheil auf die Existenz des teutschen Kaiserthums schon ihres gleichen gehabt, und daher die Erlöschung desselben, die sie nach der obgedachten kaiserlichen Erklärung bewirken soll, nur in der in der besorglichen Vorstellung des renuntiirenden Kaiser und in der individuellen Lage, in welcher sich seine Staaten befinden, ihren Grund habe. Allerhöchst dessen Erklärung ist einseitig. Die teutschen Reichs Verfaßung gründet sich aber auf den gemeinschaftlichen Willen des Kaisers und der Stände des Reichs. Der entsagende Kaiser hat erklärt, daß das teutsche Reich durch den Rheinischen Bund aufgelöst sey. Eine gleiche Erklärung der Stände des Reichs ist aber bis jetzt nicht erfolgt. Sie ist aber schlechterdings erforderlich, wenn das teutsche Reich wirklich aufgelöset werden soll, weil dasselbe von den Ständen mit abhänget, diese durch ihre Kurfürsten sich einen Kaiser wählen, und dem gewählten nirgends das Befugnis ertheilet haben, ihre teutsche Reichsverfaßung für aufgelöset und erloschen zu erklären.

§ 3

So wenig also die obige kaiserliche Erklärung für die Stände des Reichs von Verbindlichkeit und Gültigkeit seyn kann, so sehr fragt es sich aber doch, ob sie für dieses höchste Reichs Gericht eine gültige Richtschnur abgeben könne?

Eingangs gedachtermaßen haben wir geschworen, kaiserlicher Majestät und dem Reiche getreu und gehorsam zu seyn, Ihro Majestät und des Reichs Jurisdiction, soviel an uns, treulich zu erhalten. Diesen Eid kann ich nicht anderst verstehen, als daß er beyden Theilen, dem Kaiser und dem Reiche geleistet worden, und daß jeder Theil gleichen Anspruch darauf habe. Es ist ausgemachten Rechtens, daß der einseitige Wille des Kaisers von diesem höchsten Reichs Gerichte niemals für eine verbindende Richtschnur angesehen worden ist, und daß es einen Befehl des Kaisers, der ohne Zustimmung der Stände ergangen wäre, gewiß für kein Reichs–Gesetz angenommen und befolgt haben würde. Daß nun aber der einseitige Wille des teutschen Kaisers für dieses höchste Reichs Gericht unverbindlich, so kann auch die obgedachte Erklärung keine gültige Richtschnur für dasselbe abgeben; – Auch dem Reiche haben wir geschworen, getreu und gehorsam zu seyn, und auch dessen Jurisdiction, soviel an uns, treulich zu erhalten. Und der Kaiser hat in der Wahlkapitulation Art. 16 § 3 u. 7 versprochen, einseitig kein altes Reichs Gericht zu veränderen, noch das Kammer Gericht von seiner Schuldigkeit gegen das Reich abzuziehen. Der Ausdruck: „Reich“ zeigt nichts anderes an, als das gesammte Corpus der Stände, die Sitz und Stimme auf einem Reichstage haben. Nicht jedem Individuo bin ich verpflichtet, sondern dem gesammten Corpori, das aus jenen Individuis bestehet. Dieses gesammte Corpus muß daher auch erst seinen Willen in die Zernichtung und Auflösung dieses höchsten Reichsgerichtes erklären, ehe sich dasselbe für aufgelöset ansehen kann. Es ist demnach klar, daß die Eingangs gedachte Erklärung der den kaiserlichen Thron verlassenden Majestät das kaiserliche Reichs Kammer Gericht weder aufzulösen noch zu suspendierten vermögend sey.

§ 4

Doch dieses soll

2.) um des willen zweifellos seyn, weil kaiserliche Majestät das Band, womit Allerhöchst Sie und Ihre teutschen Provinzen an den Staats Körper des teutschen Reichs gebunden waren, für aufgelöset angesehen. Es ist wahr, daß Ihro kaiserliche Majestät ihre sämtlichen teutschen Provinzen von allen Verpflichtungen, die sie bis jetzt gegen das teutsche Reich getragen, loszählen. Einem teutschen Kaiser stehet allezeit frey, sich der Regierung wiederum zu begeben; daß ihm aber dabey auch frey stehen sollte, seine teutschen Provinzen zu eximiren, dazu hat er kein Recht, weil er durch die Erhebung zur Kaiserwürde die Eigenschaft eines Reichsstandes nicht verlohren, mithin auch keine Befugnis erhalten hat, während seiner kaiserlichen Regierung, noch nach Niederlegung derselben sich von den Exemtions–Gesetzen zu dispensiren.

Ueberhaupt hat sich ja aber das Hauß Oesterreich schon längst in dem Genusse ansehnlicher Exemtions–Privilegien befunden. Wenn es nun solche aus billigem Verdruß über eine Behandlung, die es nach großen Aufopferungen gewiss nicht verdient hat, bis zur völligen Absonderung von dem teutschen Reiche ausdehnet und sich vollends völlig losreiset; so kann dieses Verfahren bey mir wohl schmerzhafte Empfindungen über das Schicksaal, durch welches es zu diesem Schritte bewogen worden, und herzliches Bedauern dieser Trennung bewirken, keines weges aber eine Ueberzeugung, daß es Gesetzmäßig sey und zugleich die ganze Reichs Constitution, mithin auch die Existenz des Reichs Kammer Gerichts zernichte, begründen.

§ 5

Wenn

3.) der Umstand, daß kaiserliche Majestät alle Kurfürsten, Fürsten und Stände, namentlich die Reichs Gerichte von den Pflichten, womit sie an Allerhöchst Dieselben durch die Constitution gebunden waren, entbunden habe, als ein Grund für die Auflösung des Reichs Kammer Gerichts angesehen wird, so ist erst zu beweisen, daß diese Entbindung eine rechtliche Wirkung haben könne. Unser obgedachter Eid ist nicht auf die blose Person des Kaisers gerichtet, sondern auf die kaiserliche Würde und das Reich. Da nun, wenn die Person des Kaisers entweder morte naturali oder civili abgehet, doch immer die kaiserliche Würde und das Reich bleibt, und der abgehende Kaiser diese obgedachter massen einseitig nicht zernichten kann; so ist offenbar, daß jene Pflichtentlassung ganz Würkungslos sey. Der bürgerliche Tod eines Kaisers kann keine größere Würkung haben, als der natürliche Tod desselben. – Mit diesem wird aber das kaiserliche Reichs Kammer Gericht seiner Pflichten nicht entlassen, und es ist niemals geschehen, daß es den erwählten neuen Kaiser von neuem verpflichtet worden wäre, dahingegen es sich mehrmalen zugetragen hat, daß bey erledigtem Kaiserthrone Praesentati zu Assessorats–Stellen dieses höchsten Reichs Gerichtes mit dem gewöhnlichen obgedachten Eide verpflichtet worden sind. Auch hat uns kaiserliche Majestät nicht befohlen, die Justiz Pflege ganz und gar zu sistiren, sondern in der Note des dirigirenden Herrn Staatsministers, des Herrn Kammerrichters Excellenz nur soviel zu erkennen geben lassen, daß uns wegen Sistirung der in allerhöchstem Namen bisher geführten Justiz–Pflege Verfügung zu treffen lediglich überlassen bleibe, mithin weiter nichts verlangt, als daß wir nur die Einstellung der Expeditionen unter Allerhöchstdero Namen, wie dieses bey jedem anderen Vikariate gewöhnlich, verfügen sollten. Durch die von dieser kaiser[ichen] Majestät erheilte Pflicht Entlassung kann demnach das kaiserliche Reichs–Kammergericht nicht aufgelöset noch ganz suspendiret seyn.

§ 6

Ein weiterer Grund dieser Auflösung solle aber

4.) der seyn, daß die zum Rheinischen Bunde gehörigen ehemaligen Stände des Reichs sich von demselben getrennt und den Reichsverband und alle Reichs Gesetze für aufgehoben, null und nichtig erkläret haben. Leider ist es freilich wahr, daß die confoederirten Stände sich in ihrer am 1. August am Reichstage übergebenen Erklärung von ihrer bisherigen Verbindung mit dem teutschen Reichskörper losgesagt, und in ihrer Conföderations Acte Art. 2 alle teutsche Reichs Gesetze, die bisher selbige betroffen, in der Folge in Hinsicht auf Sie für nichtig und kraftlos erklärt haben.

Aber muß nicht dieses höchste Reichs Gericht, ehe es sich durch diese Conföderation für aufgelöset ansehen kann, erst die Frage untersuchen und entscheiden, ob dieselbe auch das Befugniß habe, ein Reichsgericht für erloschen erklären zu können? Dieses höchste Reichs Gericht ist kein Gericht der Rheinischen Confoederation, das nur ihren Willen befolgen müße. Es constituiret das Gericht von Teutschland und selbst derjenigen, die sich von der teutschen Verfaßung loszusagen erkühnen. Es ist verpflichtet, des Reichs Jurisdiction treulich zu erhalten. Es darf also keines weges einem Bunde einiger Reichsstände gesetzliche Kraft beilegen, noch auf den ersten Anschein einer möglichen Gefahr den Muth sinken lassen, und gleich einem furchtsamen Miethlinge, der schon, wenn er nur von weitem den Wolf kommen sieht, die Flucht ergreifet, das ihn anvertraute Heiligthum der teutschen Justiz Preiß geben.

Es ist gezwungen, zuvor zu prüfen, ob jene Confoederation rechtlich sey, und in Ansehung seiner die Kraft seiner Auflösung haben könne! Ob sie rechtlich sey, dies wird eine Vergleichung der Confoederations-Acte mit dem Eide, welchen fast alle diese Bundesgenossen bey Empfangung ihrer Lehn Kaiser und Reich geschworen und mit dem Art. 8 § 2 I.P.O. entscheiden müßen, so wie das natürliche Staats Recht, welches aber meines Wissens Misvergnügten mit einer Verfassung nur den freyen Abzug mit ihrem allodio und mit Zurücklassung ihrer Reichslehn, als fremden Eigenthums, verstattet. Das Reichs=Kammer=Gericht aufzuheben, stehet nur dessen Oberen zu. Diese sind nicht einzelne Stände, sondern Kaiser und Reich. Der kaiserliche Thron vaciret, nicht aber so das Reich. Von diesem haben sich nur sechszehn einzelne Stände wider ihren geleisteten Eid losgesagt, und bey dieser Gelegenheit gegen den Landfrieden eine Menge anderer ihrer Mitstände mit fortzureißen versucht. Diese sechszehn einzelne Stände sind bey weitem noch nicht das Reich, dessen Jurisdiction dieses höchste Reichs Gericht treulich zu erhalten verpflichtet ist. Diese 16. einzelne Stände können uns nicht unseres Eides entlassen. Alle ihre Mitstände, die sie sich zu unterwerfen gewagt, haben auch Antheil an diesem Eide, und es ist weit gefehlt, daß wir diese pro tacite consentientibus in die gewaltsame Zerreißung des Bandes, welches sie an das Reich bindet, und also auch in die Auflösung dieses Gerichts, halten könnten. Ihre Stimme gielt noch, wenn sie gleich durch das gewaltsame Schreyen der Confoederirten überschwiegen wird. Das nördliche Deutschland hat sich noch gar nicht erkläret, und durch seine Genehmigung die factischen Vorschritte des Rheinischen Bundes noch nicht legalisieret. Das Reichs=Kammer=Gericht ist mutuo consensu der Stände des Reichs errichtet worden: Wenn es daher wieder aufgelöst werden soll, so muß dieß mutuo dissensu geschehen. Dieser mutuus dissensus ist aber noch lange nicht durch die 16. Stimmen erkläret, die das Band der teutschen Reichs Verfassung zerreißen wollen. Die Erklärung des Rheinischen Bundes kann daher die Kraft und Würkung nicht haben, welche zu Verfassungsmäßiger Auflösung oder Suspension des kais[erlichen] R[eichs] K[ammer] Gerichts erfordert wird.

§ 7

Diese Auflösung oder Suspension sollte sie etwa dadurch bewirket werden, daß die Reichs Vicarien nicht auftreten. Der Rheinische Vicarius wird freilich nicht auftreten, denn er ist Bundesgenosse des Rheinischen Bundes. Er hat auf sein Vicariat verzichtet. Ein Verzicht auf ein Recht hebt aber die Gerechtsame desjenigen nicht auf, von dem der Verzichtende sein Recht, welchem er entsagt, erhalten hat. Die Reichs Vikariats Gerechtsame haben die Reichs Vikarien von Kaiser und Reich erhalten. Entsagen sie diesen erhaltenen Gerechtsamen, so können sie durch diese Entsagung die kaiserliche und Reichs Regierung nicht aufheben. Der Sächsische Herr Reichs Vikarius hat auf seine Reichs Viakariats Gerechtsame noch lange nicht renuntiiret, und es ist bey der gegenwärtigen Verwirrung der Dinge noch viel zu frühzeitig zu verlangen, daß er schon auftreten soll; Ueberhaupt stimmt es nicht mit den Grundsätzen des Reichs Kammer Gerichts über die Verhältnisse der Reichs Vikariats Gerechtsame gegen dasselbe überein, wenn man aus dem Abgange oder dem einstweiligen Zaudern der Reichs–Vicarien eine Auflösung des Gerichts herleiten wollte.

Bekanntlich hat ja dasselbe niemals zugeben wollen, daß es die Reichs Vicarien konfirmiren könnten, sondern hat vielmehr unerwartet einer Erklärung derselben seine Amts Verrichtungen ununterbrochen fortgesetzt. Vielfältig ist es ja auch geschehen, daß die Reichs Vikariats Regierung in Absicht auf das Kammer Gericht nicht so wie es hätte geschehen sollen, zu Stande gekommen ist. Diese Verwirrung hat aber keinen Stillstand des Gerichts, sondern nur einen Aufschub der Expeditionen bey der Kanzley verursacht. Aus dem Abgange oder Stillschweigen der Reichs Vikarien kann daher noch keine Auflösung Des Kammer Gericht begründet werden.

§ 8

Diese soll sich aber

5.) daraus ergeben, daß kein Erzkanzler, kein Reichstag mehr anzutreffen sey. Daß zur Aufrechterhaltung des Reichs Kammer Gerichts weder ein Reichstag, noch ein perpetuirlicher Reichstag erforderlich ist, dieß bewähret die Geschichte klar und deutlich genug. Ob aber dieselbe von der Existenz eines Erzkanzlers abhänge, scheint zweifelhafter. Bis auf den D[eputations] S[chluß] von 1802 hat es drey Reichs Erzkanzler gegeben, die durch die G[oldene] B[ulle] sanctioniret waren. Zween haben durch den gedachten D[eputations] S[chluß] aufgehört. Mit ihrem Aufhören ist aber das Gericht nicht erloschen. Was nun das Aufhören zweyer nicht hat bewirken können, kann auch das Aufhören des Einen nicht. Zwar stehet des teutschen Reichs Erzkanzler durch Germanien die Bestellung der teutschen Reichs Kanzley zu. Allein eben diese Kanzley ist auch dem teutschen Kaiser und an seiner statt dem Kammer Gericht verpflichtet. C.O.C. 1. 29 § 6 u. 12. –

Wenn nun der Herr Kurerzkanzler von dem teutschen Reiche abtritt, so entsagt er dadurch zwar seinem Rechte, welches er vom Kaiser und Reich über deren Reichs Kanzley erhalten hat, vernichtet aber dadurch dieses Recht selbst nicht, sondern dieses kehret wieder auf Kaiser und Reich zurück, und dessen Kammergericht übet nun dasselbe ganz aus, und ist seines bisherigen Mitgehülfen entlediget. Der Mangel eines Erzkanzlers durch Germanien löset also bey weitem nicht das Gericht selbst auf.

§ 9

Endlich soll auch die Treue, mit welcher das Nördliche Teutschland noch dem teutschen Reiche zugethan ist, nicht vermögen, die Auflösung des Reichs Kammer Gerichts zu verhindern, weil der teutsche Staatskörper aus einem Ganzen bestanden, dieses aber durch die Trennung der Stände des südlichen Theils aufgehöret, das nemliche Ganze zu bleiben, folglich auch für die Stände des Nördlichen Theils, ob sie gleich zur Auflösung nichts beigetragen, kein teutscher Staatskörper mehr existire.

Wenn der teutsche Staats Körper ein physischer Körper oder ein Skelet wäre, das man nach Gefallen auseinandernehmen und wieder zusammensetzen kann, oder wenn die Existenz des teutschen Reichs mit seinem geographischen Umfange unzertrennlich verbunden wäre, so würde ich gegen jenes Argument nichts einzuwenden wissen. Da aber der teutsche Staatskörper eine moralische Person ist, und man diese nicht so zerstückelt, wie einen physischen Körper, so kann mich dasselbe nicht überzeugen. Ein Staat höret nicht auf zu seyn, wenn 16. Individua emigriren, oder 16. Provinzen desselben verlohren gehen. Selbst in dem Falle, wenn die 16. confoederirten Stände Gründe haben sollten, die sie berechtigen könnten, sich mit ihren Reichslehen von dem teutschen Reiche abzusonderen; so kann doch diese Absonderung nicht das Reich selbst aufheben, weil der teutsche Staat eine unabhängige Gesellschaft ist, und eine solche nur dann zu seyn aufhören kann, wenn der Wille sämtlicher Interessenten sie aufhebt. Die Gründe, die sie zum Abzuge bestimmen, sind nur vermögend, ihnen den Abzug zu verschaffen, heben aber den Gesellschafts Vertrag selbst nicht auf, auf den sich das ganze Reich gründet. Wenn die Trennung ganzer Provinzen von einem Reiche das Reich selbst auflöste; so müßte das teutsche Reich schon längst zu existiren aufgehört haben, indem ja dasselbe sehr oft das Unglück gehabt, Länder zu verlieren, und bey den neuesten Vorfällen um die ganze geistliche Fürstenbank und die Integrität seiner Kreiß Verfassung gekommen ist.

Die beyden großen traurigen Begebenheiten unserer Tage, die Trennung des Rheinischen Bundes vom Reiche, und die darauf von kaiserlicher Majestät erklärte Niederlegung der teutschen Krone berechtigen demnach keines weges zu dem Schluße, daß das teutsche Reich und dessen Kammer Gericht schon aufgelöset sey, sondern liefern nur einen Beweiß davon, daß ersteres in seiner Verfassung sehr erschüttert worden, und seiner Auflösung nahe sey, letzteres aber gleiches Schicksal mit ihm theile.

§ 10

Da wir nun verpflichtet sind, Ihro kaiserliche Majestät und des Reichs Jurisdiction, soviel an uns, treulich zu erhalten, so ist die Frage eigentlich diese, wieviel bey dieser crisi, in welcher das Reich und dessen Kammer Gericht schwebt, in den Kräften des letzteren stehe, um jenes Jurisdiction treulich zu erhalten?

Unseren diesfallsigen Bemühungen stehen freilich große Schwierigkeiten entgegen. Die Erklärung des französischen Kaisers, des Protectors des Rheinischen Bundes, qu' il ne reconnoit plus l' existence de la constitution germanique, die Hoheit eines Mitgliedes dieses Bundes über die Stadt, in welcher das Reichs Kammer Gericht seinen Sitz hat, die Nähe der französischen Kriegsheere, die Entfernung des Nördlichen Teutschlands und seiner Hülfe, so wie die Schwäche aller derjenigen, die noch die Fortdauer unserer Existenz wünschen, sind deutliche Beweise von der Ohnmacht unserer Kräfte zu Aufrechterhaltung der Jurisdiction des Reichs, wenn solche mit Gewalt zernichtet werden soll. Ist nun aber gleich diese Lage gefahrvoll, so gewähret sie denn doch noch, da wir ganz wehrlos sind, und unsere Gegner zu erhaben denken, als daß sie gegen wehrlose Leute mit Waffen zu Felde ziehen sollten, die Hoffnung, daß unseren Versuchen, die

Existenz des Gerichts zu erhalten, nicht gleich mit gewafneter Hand werde begegnet werden. Bey der Unwahrscheinlichkeit einer solchen Begegnung bleibt uns daher noch das Mittel übrig, daß wir bey demjenigen, in dessen Gewalt wir sind, durch ehrerbietige und standhafte Vorstellungen so lange, als solche einen erwünschten Erfolg erwarten lassen, die Aufrechterhaltung des Gerichts zu bewürken uns bemühen, und darneben die Hülfe und Unterstützung derjenigen unserer Constitutenten, von deren Verwendung am ersten ein gedeihlicher Erfolg zu erwarten, anrufen.

Daß der Aufrechterhaltung des Gerichts von demjenigen Souverain in dessen Stadt dasselbe seinen Sitz hat, schon tödtliche Wunden geschlagen worden, beweiset dessen Schreiben vom 30ten vorigen Monats; daß wir uns aber dabey beruhigen könnten, glaube ich nicht, weil unsere Pflichten erfordern, des Reichs Jurisdiction, soviel an uns, treulich zu erhalten, wir aber noch im Stande sind, diese Erhaltung zu bewirken, indem jenes Schieben nichts weniger, als Drohungen eines ungnädigen Regenten enthält, sondern uns nur Grundsätze eröfnet, welche das eingeschlagene einstweilige Verfahren rechtfertigen sollen, diese Grundsätze aber eine Widerlegung zulaßen, und die humane Denkungsart des Herrn Souverains der hiesigen Stadt dafür bürgt, daß Vorstellungen, die Eid und Pflichten gebieten, nicht ungnädig aufgenommen werden würden, zumal ein zweites Schreiben Ihro Hoheit vom 3ten hujus den Beweiß liefert, daß gegründete Vorstellungen Gehör finden und Beschwerden abgestellet werden.

§ 11

Bey dieser Bewandniß halte ich daher für nöthig, daß unverzüglich das Schreiben Ihro Hoheit des Herrn Fürsten Primas vom 30ten vorigen Monats beantwortet, und in demselben die Wiederverstattung unserer Amts Verrichtungen und der Genuß unserer Privilegien und Immunitäten reklamieret, dabey auch ehrerbietigst aber auch unerschrocken gezeigt werde, daß die uns eröffneten Grundsätze das eingeschlagene Verfahren nicht zu rechtfertigen vermöchten. Daß das letztere leicht sey, will ich noch kürzlich zeigen zu dürfen, um Erlaubniß bitten. Die Grundsätze gedachten Schreibens bestehen in folgenden: daß nemlich das Gericht aufgelöset, und von des letzten Kaisers Majestät seiner Pflichten entlassen worden sey, dem Herrn Fürst Primas, als Souverain der Stadt, sowohl die sorgfältige Verwahrung des Archivs, der Depositen und Kassen, als auch die Gerichtsbarkeit über die sämtlichen Kameral Personen zugestellt sey. Daß das Gericht nicht aufgelöset worden, habe ich oben gezeigt. Ich bemerke nur noch, daß in der am 26. August gehaltenen Deliberation keineswegs für ausgemacht angenommen worden, daß das Gericht gänzlich aufgelöset sey, indem die Herren Referenten in einer Stelle ihres Vortrags sagen, daß wir bis dahin, daß die Nordischen Stände einen entschiedenen Schritt gethan, unsere völlige Auflösung noch eine Weile stillschweigend dahin gestellt seyn lassen könnten.

Diese Aeußerung zeigt deutlich, daß man von einer absoluten und ausgemachten Auflösung noch nicht überzeugt gewesen. Ich bin daher der Meinung, daß in dem zu erlassenden Schreiben der Grundsatz des Herrn Fürsten Primas, als ob das Gericht aufgelöst sey, da S[eine] Hoheit dieserhalb keinen Grund angegeben, kurz und ohne ebenfalls einen Grund anzugeben, negiret, und nur dabey bemerket werde, daß in unserm ersten Schreiben keines weges von einer völligen Auflösung des Gerichts die Rede gewesen.

Der zweite Grundsatz der Herrn Fürst Primas ist, daß das Gericht von des letzteren Kaisers Majestät seiner Pflichten entlassen worden sey. Dieß ist zwar in facto gegründet, kann aber, wie oben gezeigt worden, eine Auflösung des Gerichts nicht bewirken. Dieses würde dem Herrn Fürsten Primas ebenfalls zu erkennen zu geben seyn, allenfalls mit Hinzufügung der Ursache, weil die Aufhebung des Reichs Kammer Gerichts nicht von kaiserlicher Majestät allein, sondern nur communi Caesaris & Statum consensu geschehen könne.

Der dritte Grundsatz des Herrn Fürsten Primas bestehet darin, daß ihm, als Souverain der hiesigen Stadt, die Aufbewahrung des Archivs und der Kassen des kais[erlichen] R[eichs] K[ammer] Gerichts so, wie die Jurisdiction über das kammergerichtliche Personale gebühre. Dieser Grundsatz ist völlig unrichtig. Sein Umgrund folgt schon aus der Verneinung der behaupteten Auflösung des Gerichts. Dann ist das Gericht noch nicht aufgelöset, so ist es noch ein Gericht der teutschen Nation, mithin eben so wenig, als diese der Souverainitaet eines anderen Fürsten unterworfen. Aber ein noch weit wichtigerer Grund widerlegt jenen Grundsatz. Es ist folgender

§ 12

In dem D[eputations] S[chluß] von 1802 ist § 25 die Reichsstadt Wetzlar mit voller Landeshoheit dem Herrn Reichs Erzkanzler zugetheilet, dabey aber derselben eine unbedingte Neutralität um deswillen zugesichert worden, weil sie der Sitz des Reichs Kammer–Gerichts sey. Daß hier das Reichs Kammer Gericht, als ein von der Landeshoheit, mit welcher die Reichsstadt Wetzlar dem damaligen Herrn Reichs Erzkanzler überlassen worden, völlig unabhängiges Gericht anerkannt worden, liegt in der Natur der Sache, weil es ein Reichs Gericht genennet wird, ein solches aber von der Landeshoheit eines Reichs Standes unabhängig ist.

Dieser Deputations Schluß ist unter Vermittlung des ersten Consuls der französischen Republik und seiner kaiserlich Russischen Majestät errichtet worden. Er ist also nicht blos Reichsgesetz, sondern auch ein völkerrechtlicher Vertrag. Denn, was eine unter sich uneinige Nation, wie wir teutsche, unter Vermittlung fremder Nationen über sich beschlieset und verordnet, ist nicht ein bloses Reichs Gesetz, sondern auch ein völkerrechtlicher Vertrag, weil die fremden Nationen in das Beschlossene und Verordnete mit eingewilliget, und dessen Beobachtung garantiert haben.

Wenn nun auch nach dem Grundsatze des Herrn Fürsten Primas die erste Eigenschaft gedachten D[eputations] S[chlusses], die eines Reichs Gesetzes nemlich, hinwegfallen sollte, so muß doch die andere desselben, nemlich eines völkerrechtlichen Vertrags, stehen bleiben, weil theils die neue Eigenschaft des vormaligen Herrn Kur Erzkanzlers, als eines nunmehrigen unabhängigen Souverains, in praejudicium tertii dasjenige nicht aufheben und annullieren kann, was anderen Reichs Ständen und ihren Angehörigen vorhin bereits zugestanden und zugesichert worden war; theils kein Souverain einen völkerrechtlichen Vertrag ohne Einstimmung der anderen mit proiscirt habenden Souverains einseitig aufheben kann. Frankreich und Rußland haben aber noch nicht erklärt, daß dieses Reichs Kammer Gericht seine ihm vorgedachtermassen zugestandene Unabhängigkeit von der Landeshoheit des Regenten von Wetzlar verlohren haben solle. Von Rußland bedarf dieß keines Beweises. Wegen Frankreichs fehlt es an demselben ebenfalls nicht.

Se[ine] Majestät der franzöische Kaiser haben zwar erkläret, qu' il ne reconnois plus l'existence de la constitution germanique, haben aber dabey hinzugefügt, en reconnoissant n'ean moins la Souverainité entiere et absolue de chacun des Princes dout les Etats composent anjourd' hui l'allemagne, et en conservant avec ense les mêmes retations qu' avec les autres puissances indépendentes de l'Europe. Zu dieser Stelle haben gedachte Majestät deutlich genug die übrigen Fürsten Teutschlands, die der Rheinischen Confoederation nicht beigetreten, ebenfalls für Souverains erkläret, und mit ihnen die nemlichen Verhältniße, wie mit anderen Europäischen Mächten, zu unterhalten versprochen. Diese Souverains sind nun unsere Constituenten, und dieses höchste Reichsgericht ihr Gericht. Ihnen gehören wir und das Gericht an, und sie haben noch nicht erkläret, daß das Gericht erloschen seyn soll. Ihnen ist also auch von Seiten Se[iner] Majestät des französischen Kaisers jener Vertrag, nach welchem das Gericht dieser Fürsten von der Landeshoheit und Souveraintität des Souverains von Wetzlar unabhängig seyn soll, zu halten, wenigstens so lange zu halten, als sie sich noch nicht über dieses ihr Gericht erklärt haben.

Ist nun aber diesem k[aiserlichen] R[eichs] K[ammer] Gerichte und dessen Constituenten die Independenz von der Landeshoheit des Souverains der Stadt, in der es seinen Sitz hat, vertragsmäßig ausgewürkt worden, und kann der vormalige Landesherr in seiner neuen Eigenschaft eines Souverains dasjenige, was unter seiner Concurrenz anderen, welche ebenfalls so, wie er, zu Souverains erkläret worden, unter der Garantie fremder Nationen zugestanden worden, einseitig nicht zernichten, so ist es offenbar, daß der Grundsatz des Herrn Fürsten Primas, als ob das Personale, Archiv und Kassen des Reichs Kammer Gerichts schon jetzt seiner Souverainität unterworfen wäre, auf keine rechtlichen Gründe beruhet.

Diese Betrachtung wollte ich dem Herrn Fürsten Primas ebenfalls zu erkennen geben, und dabey demselben noch ans Herz legen, daß durch die bisherige von ihm veranlaßte Einstellung unserer Amtsverrichtungen die Prokuratoren und Advokaten des Gerichts brodlos gemacht, und ein wahres Justitium in dem ganzen teutschen Reiche veranlasset, und besonders Mediat Personen im Nördlichen Teutschland zu ihrer drückendsten Beschwerde die Gerechtigkeit versagt werde, da wir doch unsers Amts Eides noch nicht entlassen worden, und mithin eben so, wie bey jedem anderen Reichs Vikariate geschehen, Dekrete und Urteln zu ertheilen und letztere publiciren zu lassen, vollkommen geeigenschaftet wären, es aber im übrigen mit der Ausfertigung eben so, wie es zu Zeiten der Reichs Vikariate, wo der Reichs Vikariats Siegel bey der Kanzley noch nicht eingegangen gewesen, gehalten worden, gehalten werden, und auf diese Art der Kanzley einiges Verdienst verschafft werden könne, solchemnach aber es zu seinem unsterblichen Ruhme gereichen würde, wenn er der Reichs Justiz, ihren stracken lauf wieder eröfnete, und uns von der betrübten Lage befreiete, unsere zur Justiz Verwaltung bestimmte edle Zeit ihrer Bestimmung zuwider und gleichsam im Müssiggange zu verleben.

Auf diese Gründe wollte ich den Antrag stützen, daß Ihro Hoheit uns so lange, bis wir vom gesammten Reiche für aufgelößt erkläret, und unserer Pflichten entlassen worden, die Vornahme unserer Amts Verrichtungen, und die Ausübung unseres Amtes wieder frey zu geben, zu dem Ende die Kammer wieder eröfnen, auch uns und die sämtlichen Kameralen bey dem Genuße unseres fori und übrigen Privilegien und Immunitäten verbleiben zu lassen, geruhen möchten.

Die Gewährung dieses pflichtmäßigen Antrages wollte ich von der Gerechtigkeit und Gemüthsbilligkeit Ihro Hoheit erwarten, dabey aber auch demselben das Bekenntniß ablegen, daß wir, daferne Ihro Hoheit demselben statt zu geben wider Verhoffen Bedenken tragen sollten, durch die gegenwärtige Vorstellung unseren Pflichten ein völliges Genüge geleistet, und von dem zu besorgenden Vorwurfe einer zu großen Nachgiebigkeit in Sistirung des Gerichts befreiet zu haben glaubten, und alle Verantwortlichkeit Ihro Hoheit überlassen müßten, wie wir denn auch hiervon Ihro königliche Majestät von Preußen und kurfürstl[iche] Durchlaucht zu Sachsen die gebührende Anzeige gethan hätten.

Von diesem Schreiben wollte ich an des Königs von Preußen Maj[estät] und kurfürstl[liche] Durchlaucht zu Sachsen nebst Abschriften der letzten beiden Antwortschreiben Ihro Hoheit übersenden, mit der Bitte, sich bei Ihro Hoheit wegen Gewährung des im ersteren enthaltenen Antrags zu verwenden, und sich überzeugt zu halten, daß wir nunmehro unsere Pflichten gegen das Reich ein völliges Genügen geleistet hätten, ihnen daher überlassen müßten, was Sie bei abfälliger Erklärung Ihro Hoheit zur Vermeidung eines längeren Justitii und zur Sicherheit des Archivs und der Depositenkasse für Maasregeln zur Wahrung der Gerechtsame der unmittelbaren und mittelbaren Reichs Angehörigen zu treffen für nötig finden möchten.

§ 13

Dieses ist meine Ansicht der gegenwärtigen Lage des Gerichts. Sie verbietet mir, auf Anträge einzugehen, die blos Besoldung zum Gegenstande haben, und das hauptsächlichste, die Wiedereinsetzung ins Amt, unberührt lassen. Unsere Pflichten, und unsere Ehre gebiethen, vor allen Dingen zu trachten, das Amt wieder zu erlangen. Wir können auch den gierigen Absichten der Prokuratoren auf unsere Sustentationskasse nicht besser entgegen arbeiten, als wenn wir ihnen die Gelegenheit zu ihrem Verdienste wieder zu verschaffen, uns eifrigst bemühen. Haben wir wegen Wiedererlangung der Ausübung unseres Amts alles, was in unsern Kräften stehet, aufgeboten, so wird die Besoldung nicht fehlen; Wegen dieser ist mir nicht bange. Der östliche und nördlich Theil Teutschlands ist noch reich genug, das Kammergericht zu besolden. Er ist auch darzu verbunden, wenn er die factischen Schritte des süd= und westlichen Theils von Teutschland anerkennet, ohne dabey zu sorgen, daß dieser seine bisherigen Zieler zum Unterhalt eines gemeinschaftlichen Gerichts fortbezahlet. Um sich von dieser Verbindlichkeit zu befreyen, wird er letzteren zu seiner Concurrenz vermögen. Das Gericht wird also besoldet werden durch Nord= und Ost=Teutschland und dessen Verwendung. Es muß aber mittlerweile auch für diese arbeiten, oder wenigstens zeigen können, daß es sich aus allen Kräften bemühet, sein Verlangen, Justiz zu administriren, durchzusetzen, hierunter jedoch der Uebermacht habe weichen müßen. Wenn sich daher ein hohes Plenum mit mir dahin vereinigen will, jetzt gleich mit darauf zu arbeiten, daß uns die Kammer wieder eröfnet, und wir in die völlige Ausübung unseres Amtes und den Genuß unserer Immunitäten wiedereingesetzt werden, so will ich den Antrag der Herrn Referenten wegen der Verbindlichkeit des Reichs zu Fortbezahlung der Besoldung und der unthunlichen Versorgung der Assessoren von ihren Präsentationshöfen auf Kosten der Sustentationskasse in so ferne mit angehen, daß salvis monitis circa stilum die diesfallsige Vorstellung denjenigen Ständen des Reichs, die dem Rheinischen Bunde nicht beygetreten, gedruckt oder schriftlich übersandt werden, indem ich es mit den Pflichten meines Amtes und dessen Würde nicht vereinbaren kann, blos auf Fortbezug der Besoldung zu arbeiten, die Fortsetzung des Amtes aber hintanzusetzen.

Abkürzungsverzeichnis*

ADB Allgemeine Deutsche Biographie
Adv. Advokat
Alt. alternierend
App. Appellation
ARG Archiv für Reformationsgeschichte
Ass. Assessor
Aufl. Auflösung
Bd. Band
Bearb. Bearbeiter
Bfe. Bischöfe
Biogr. Biographie
Bü. Büschel
CJC Corpus juris cameralis
DBA Deutsches Biographisches Archiv
Diss. Dissertation
ebd. ebenda
ev. evangelisch
Fasz. Faszikel
FAZ Frankfurter Allgemeine Zeitung
Fränk. fränkischer
fol. folio
fl. Rheinische Gulden
fstbl. fürstbischöflich
GE Generalexamen
Geh. Geheimer
Ger. Gericht
Ges. Gesandter
GuG Geschichte und Gesellschaft
GG Geschichtliche Grundbegriffe
Habil. Habilitation
HRG Handwörterbuch der Rechtsgeschichte
HZ Historische Zeitschrift
insb. insbesondere
IPO instrumentum Pacis Osnabrugense
JEV Jahrbuch für Europäische Verwaltungsgeschichte
JRA Jüngster Reichsabschied
kais. kaiserlich
KGer. Kammergericht
KGO Kammergerichtsordnung
Kf. Kurfürst
kfl. kurfürstlich
k. k. königlich kaiserlich
kr. Kreuzer
kreisa. kreisausschreibender
KR Kammerrichter
LegSek. Legationssekretär
LGer Landegericht
Mass. maschinenschriftlich
MIÖG Mitteilungen des Instituts für Österreichische Geschichte
ND Neudruck
NDB Neue Deutsche Biographie
Nom. Nomination
N. Ö. Niederösterreich
NPL Neue Politische Literatur
o. D. ohne Datum

* Archivsiglen: vgl. Quellenverzeichnis

o. O.	ohne Ort
Pfgf.	Pfalzgraf
Präs.	Präsident
PS	Präsentationsschema
QIFAB	Quellen und Forschungen aus italienischen Archiven und Bibliotheken
r	recto
RDH	Reichsdeputations-hauptschluss
Reg.	Regierung
Reg.Rat	Regierungsrat
RHR	Reichshofrat
RKG	Reichskammergericht
RVK	Reichsvizekanzler
Rthl.	Reichsthaler
Sächs.	Sächsisches
Subdel.	Subedelegations-kommission
Tl.	Teil
UGer	Untergericht
v	verso
Vgl.	Vergleiche
Visit.	Visitation
wg.	wegen
wirkl.	wirklicher
ZBLG	Zeitschrift für bayerische Landesgeschichte
ZGO	Zeitschrift für die Geschichte des Oberrheins
ZHF	Zeitschrift für Historische Forschung
ZNRG	Zeitschrift für Neuere Rechtsgeschichte
ZRG GA	Zeitschrift der Savigny-Stiftung für Rechtsgeschichte, Germanistische Abteilung
ZRG KA	Zeitschrift der Savigny-Stiftung für Rechtsgeschichte, Kanonistische Abteilung

Abbildungsnachweise

Übersichten

Quellen und Literatur

Ungedruckte Quellen

Stadtarchiv Aschaffenburg

J. Kittel: Geschichte der Grafen und Freiherrn von Reigersberg, 1891.

Staatsarchiv Augsburg (StAA)

Regierung 3920

Geheimes Staatsarchiv Preußischer Kulturbesitz, Berlin Dahlem (GStA-PK)

Innenministerium

I. HA	Rep. 18, 29g1, Fasz. 28 u. 31; 29g 2, Fasz. 22; 29g5, Fasz. 2; 22b, Fasz. 1-3, 19 u. 22, 27
	Tit. 21, Spec. Lit. J, Nr. 1 adh.2
	Rep. 84 a, 9639-9640
	Rep. 92, 17 (Nachlaß Immanuel Kamptz, 1905-1976)
BPH Rep. 192	Wittgenstein, Wilh. Ludwig 1770–1851 (Briefe an Schüler von Sehnden, 1823) VI, 9,3

Staatsarchiv Darmstadt (StAD)

D 12	44/8
G 18	1667/8
G 26a	404/20

Sächsisches Hauptstaatsarchiv Dresden (SHStA)

Acta die Präsentation der Assessorum und Bestellung derer Procuratoren betr.:

Loc. CLXXXIII; Vol. VII; Vol. VIII, 1774–1778, 1779, Vol. X. (jetzt: Loc. 5094)

Sächsische Bundestagsgesandtschaft:

154, 182, 183, 353, 383, 387, 388, 389, 391, 392, Repertorium über die Gesandtschaftlichen Depéches von 1807–1811.

Bundesarchiv Außenstelle Frankfurt (BAF) (inzwischen Bundesarchiv Koblenz)

AR 1, Misc.	34 a, 163, 168, 478, 497, 613 , 616, 647, 712, 726, 791, 805, 872, 891, 909, 982, 993
AR 1, I	401, 405
AR 1, II	440, 441, 443
AR 1,III	116
AR 1, IV B	1/12, 2/29
AR 1, V A	15

FN 1 (Nachlass Albini) Korrespondenz

FN 11 (Nachlass Reigersberg) Akten, Diensttagebuch, Korrespondenz

DB 1	342 II, III; 343, C 1-22, C 55; 348; 356; 363; 368
DB 2	1-46
RKG in Liqu.	inzwischen in DB 2

Universitätsarchiv Heidelberg (UAH)

392, 148; 392, 149 VIII, Nr. 61; A-862 VIII, 1, Nr. 47b

General Landesarchiv Karlsruhe (GLAK)

76	3727, 3728, 5610, 5611
213	3195, 3514, 3515, 3519-21
314	1693
240	2227, 2228

Bayerisches Hauptstaatsarchiv München (BayHStA)

MA	291, 1201, 2074, 2075, 4045, 4047, 4051, 4063, 4064, 4065, 4069, 4073/1, 4073/2, 4225, 5847, 5881, 6161, 7935/6, 7937/1, 7943, 8651, 9464.
MF	36419, 37218, 37377, 38348, 54301, 54098
MInn	390073, 39074
MJu	9681, 9682, 9683, 10274, 10275, 11544, 11555 ,11557, 11558, 11560, 12766, 12767, 12746, 12747, 13534, 13535, 13539, 13553, 13554, 14530, 14534, 14628, 14648, 16931, 19005
Nachlaß Montgelas	89, 95, 105, 149
Nachlaß Abel	2
Staatsrat	8, 12, 13, 16, 18, 19, 47, 156, 157, 190, 226, 1751, 1753, 1754, 1782, 1783, 1908, 2154, 3141, 3153.

Staatsarchiv Sigmaringen (StAS)

Dep. 38 (Familienarchiv der Schenken von Stauffenberg)

I. Ac 24, 59

I. At 021.

Landesarchiv der Pfalz Speyer
V 29 (Nachlaß Zwackh) 13, 14, 16, 17, 44, 48, 52, 53, 147, 155, 199, 209, 244

Hauptstaatsarchiv Stuttgart (HStAS)

E 1/1	Bü. 1, Bü. 9
E 9	Bü. 4
E 50/2	Bü. 2, 300
E 50/6	Bü. 4, 6,7, 26
E 70	Bü. 107
J 53/12	Bü. 8, 20

Q 3/11 (Nachlaß Neurath) Bü. 27-52
Q 1/7 (Nachlaß Linden) Bü. 1

Historisches Archiv der Stadt Wetzlar (HAWZ)
RKG-Baurechnung 19 II, Lit. A.
RKG-Baurechnung 19 II, Lit. B.

Haus- Hof und Staatsarchiv Wien (HHStA-Wien)

MEKA, RKG	89, 234, 254, 410, 413
RK, RKG Visit.	330b, 335, 374, 376c, 378, 381c, 384
RHR und RK	Verf.-A. 31
StaK	diplomat. Korrespondenz, Kleinere Betreffe, Karton 15

Hess. Hauptstaatsarchiv Wiesbaden (HHStA-Wiesbaden)

Abt. 371	65, 127, 128, 131,132 182
Abt. 150	1036

Gedruckte Quellen, zeitgenössische Abhandlungen und Zeitungen

Andreas, Willy (Hg.): Politischer Briefwechsel des Herzogs und Großherzogs Carl August von Wiemar, Bd. 2: Vom Beginn der Revolutionskriege bis in die Rheinbundzeit 1791–1807, bearb. von Hans Tümmler, Stuttgart 1954/58.

Balemann, Georg Gottlob: Beiträge zur Revision und Verbesserung der fünf ersten Titeln des Concepts der kaiserlichen Kammergerichtsordnung, Lemgo 1778.

Ders.: Etwas Vorläufiges von den gesetzlichen persönlichen Eigenschaften eines Reichsständischen Visitators. des Kaiserlichen und Reichs=Kammer=Gerichts, o. O. 1774.

Becke, Franz Arnold von der: Haben die unmittelbaren Reichsritter das Recht, sich eine Appellationsinstanz beyzulegen?, in: Vahlkampf, Miscellen, Bd. 1, S. 218-239.

[Ders.]: Ueber die Verbesserung der Rechtspflege im Königreich Bayern in spezieller Beziehung auf den revidirten Entwurf der Prozeßordnung in bürgerlichen Rechtsstreiten von 1827/28 und auf die Verordnung die Verfassung der Gerichte betreffend, München 1829.
Ders.: Ueber die Verminderung und Abkürzung der Prozesse durch Vergleiche, ein Beitrag zur Verbesserung der Justizverfassung, München 1812.
Ders.: Von Staatsämtern und Staatsdienern, Heilbronn 1797.
Becker, Johann Nikolaus: Fragmente aus dem Tagebuch eines reisenden Neu-Franken, hg. nach der Erstausgabe von 1798 von Wolfgang Griep, Bremen 1985.
Behr, Wihelm Joseph von: Das teutsche Reich und der rheinische Bund. Eine publicistisch- politische Parallele zur Ausmittlung der Vorzüge, welche der rheinische Bund vor dem teutschen Reiche der deutschen Nation darbiethet und darbiethen wird, Frankfurt am Main 1808.
Bergsträßer, Heinrich Wilhelm: Briefe über das Studium eines Praktikanten an dem Reichskammergerichte zu Wetzlar, Frankfurt am Main 1788.
Bluntschli, Johann Caspar: Denkwürdiges aus meinem Leben. Auf Veranlassung der Familie durchges. und veröffentlicht von Rudolf Seyerlen, Bd. 2: Die deutsche Periode. Erste Hälfte, München 1848–1864, Nördlingen 1884.
Bostell, Friedrich Jakob Dietrich von: Grundsätze der kammergerichtlichen Praxis. Zum Gebrauch seiner theoretisch praktischen Vorlesungen entworfen, Tl. 1, Lemgo 1784.
Ders.: Von der Methode die kammergerichtliche Rechtsgelahrtheit zu studiren (Nebst einer der diesjährigen theoretisch-praktischen Wintervorlesungen), Wetzlar 1776.
Bürgel, Johann Philipp Franz von: Der Wetzlarische Praktikant oder Anweisung wie und auf was Art ein auswärtiger Jurist und Practicus sich einen Reichs-Cammer-Gerichtlichen Process am leichtesten vorstellen könne, Frankfurt, Leipzig 1754.

Chroust, Anton (Bearb.): Gesandtschaftsberichte aus München 1814–1848. Dritte Abteilung, Berichte der preußischen Gesandten, Bd. 2, München 1941.
Churpfalz-baierisches Regierungs- und Intelligenzblatt.

Dalberg, Carl von: Beherzigung des Schicksals verdienstvoller Männer, in: Der Rheinische Bund, Bd. I, Heft 1 (1806), S. 153ff.
Danz, Wilhelm August Friedrich: Grundsäze des Reichsgerichts-Prozesses, Stuttgart 1795.
Darjes, Joachim Georg: Discours über sein Natur- und VölkerRecht, 3 Bde., Jena 1762/1763.
[Ditfurth, Franz Dietrich]: Pro-Memoria von Seiten der Hochst. Hessen-Casselischen Gesandtschaft an die Reichsversammlung, in Betreff der gegen das Reichs-Kammergericht in Sachen der Gevettern von Ditfurth super

protracta et denegata, iustitia austregali, d. d. Regensburg 27. November 1783.

Dresch, L. v.: Betrachtungen über den revidierten Entwurf der Prozeß-Ordnung in bürgerlichen Rechts-Streitigkeiten für das Königreich Bayern, München 1828.

Ders.: Letztes Wort des Hofraths von Dresch an den Herrn Ministerial-Rath von Spies, München 1828.

Ders.: Sendschreiben des Hofrathes von Dresch an den Ministerial-Rath von Spies über dessen kritische Beleuchtung usw., München 1828.

Fahnenberg, Aegid Joseph von: Litteratur des kaiserlichen Reichskammergerichts, Wetzlar 1792 (ND Glashütten im Ts. 1972).

Ders.: Privatgedanken über den preiswürdigen Entschluß des K. R. Kammergerichts vom 5. d. Monath, der nahen Gefahr des feindlichen Ueberfalls ungeachtet, standhaft auf seinem erhabenen Posten auszuharren, Regensburg Juni 1796.

Flach, F. A. von: An ein hohes Plenum unterthänigste Vorstellung und Bitte sämmtlicher kaiserlichen Reichskammergerichts Procuratoren, um gnädigst zu verfügende Verminderung der wöchentlichen Audienz auf zwey, und desfalls zu verfügende Anordnungen, in: Vahlkampf, Miscellen, Bd. 1, Heft 6 (1805), S. 517-518.

Germanien. Eine Zeitschrift für Staatsrecht, Politik und Statistik von Deutschland, hrsg. von Friedrich August Crome, Karl Jaup, Gießen 1808–1811. Fortges. unter dem Titel ‚Germanien und Europa', Bd. 1, Gießen 1813.

Goertz, Johann Eustach von: Memoiren eines deutschen Staatsmannes aus den Jahren 1788–1816, Leipzig 1833.

Gönner, Nicolaus Thaddäus: Teutsches Staatsrecht, Landshut 1804.

Gregoire, Pierre [Tholozanus, Petrus Gregorius]: De Republica libri sex et viginti, Straßburg 1596.

Gumpelzhaimer, H. S.: Die Reichs-Matrikel aller Kreise. Nebst den Usual-Matrikeln des kaiserlichen Reichs-Kammergerichts, Ulm 1796.

Gundling, Nicolaus Hieronymus: Abriß zu einer rechten Reichshistorie, Halle 1708.

Haan, Heiner (Bearb.): Hauptstaat – Nebenstaat. Briefe und Akten zum Anschluß der Pfalz an Bayern 1815/17, Koblenz 1977.

Häberlin, Franz: Entwurf einer pragmatischen Teutschen Reichshistorie, Braunschweig, Helmstedt 1775.

Hamberger, Georg Christoph/Meusel, Johann Georg: Das gelehrte Teutschland oder Lexikon der jetztlebenden teutschen Schriftsteller. Angefangen von Georg Christoph Hamberger. Fortges. von Johann Georg Meusel, 5. Aufl. Lemgo 1796–1834 (ND Hildesheim 1965–1966).

Haussherr, Hans (Bearb.): Die Memoiren des Ritters von Lang 1764–1835, Stuttgart 1957.

Heyderhoff, Julius (Hg.): Johann Baptist Fuchs 1757–1827. Erinnerungen aus dem Leben eines Kölner Juristen, Köln 1912.

Hobbes, Thomas: Levithan, or the Matter, Form, & Power of a Common-Wealth Ecclesiastical and Civill, London 1651 (Repr.: with an introd. by C. B. Macpherson, 1968).

Ders.: Vom Menschen. Vom Bürger. Elemente der Philosophie II/III. Eingeleitet und hg. von Günter Gawlick. Neuausgabe aufgrund der Grundlage der Übersetzung von Max Frischeisen-Köhler, die von Günter Gawlick nach dem lat. Original berichtigt wurde, 3. Aufl. Hamburg 1994.

Hoffmann, E. T. A: Meister Floh. Ein Märchen in sieben Abentheuern zweier Freunde, zuerst: Frankfurt am Main 1822.

Hofmann, Caspar Friedrich: Rhapsodien aus der reichskammergerichtlichen Rechte und Processe, Wetzlar 1795.

Hohnhorst, Karl Levin: Vollständige Übersicht der gegen Carl Ludwig Sand wegen Meuchelmord an dem k. Russischen Staatsrath v. Kotzebue geführten Untersuchung, Stuttgart 1820.

[Ders.]: Ob ein von dem K. K. Gerichte zu Abhörung von Zeugen angeordneter Commisair eine Mediatperson unmittelbar vorladen könne?..., in: Vahlkampf, Miscellen, Bd. 1, Heft 2 (1805), S. 135-155.

Huber, Ernst Rudolf (Hg.): Dokumente zur deutschen Verfassungsgeschichte, Bd. 1: Deutsche Verfassungsdokumente 1803–1850, Stuttgart 1961.

Hueber, Johann Daniel: Von dem Unterschied zwischen der jetzigen churpfälz. Präsentation [...] und der ehemaligen [...] zu den Assessorat-Stellen bei dem Reichskammergerichte, o. O. 1781.

Hufeland, Gottlieb: Lehrsätze des Naturrechts und der damit verbundenen Wissenschaften, Jena 1790.

Jannsen, Johannes (Hg.): Johann Friedrich Boehmer's Leben, Briefe und kleinere Schriften. 1. Band: Leben. 1795–1863, Freiburg im Breisgau 1868.

K. auch k. k. priviligierte Wiener Zeitung, Nr. 64., Sonnabend, den 9. August 1806.

Kamptz, Karl Albert Heinrich von: Auch ein Scherflein zu der Schrift: Ein Wort über die Lage des kais. Reichskammergerichts nach dem Preßburger Frieden, besonders die Entschädigung der Staatsdiener, deren Stellen wegen Veränderung der Constitution oder Administrationsgrundsätze aufgehoben worden sind, in: Vahlkampf, Politische und historische Ansichten, S. 19-53.

Ders.: Beiträge zum Mecklenburgischen Staats- und Privatrechte, Neustrelitz 1805.

Ders.: Beiträge zum Staats- und Völkerrecht, Berlin 1815.

Ders.: Civilrecht der Herzogthümer Mecklenburg, 2 Th., Schwerin 1805–1806.

Ders.: Darstellung des Präsentations-Rechts zu den Assessoraten am Kaiserlichen Reichskammergerichte, Göttingen 1802.
Ders.: Die deutsche constituirende National-Versammlung in Frankfurt vor der Kritik des Staatsrechts, Berlin 1849.
Ders.: Kurze chronologische Übersicht der merkwürdigsten Begebenheiten des kais. Reichskammergerichts seit seiner Permanenz-Erklärung (1495) bis zur Resignation des Kaisers Franz II. (311 Jahre), in: Vahlkampf, Miscellen, Bd. 2, Heft 5 (1806), S. 452-465; zugleich in: Vahlkampf, Politische und historische Ansichten, S. 54-67.
Ders.: Neue Literatur des Völkerrechts seit dem Jahre 1784, Berlin 1817.
[Ders.]: Observationes quaedam de legum retractrandarum studio nostris temporibus haud inopportuno. Dissertatio quam pro facultat docendi in academia Georgia Augusta permissu illustris ordinis 21. Mai 1790 d d defendet D. Jo. Ant. Lud. Seidensticker Hannoveranus Adsumto Socio Christoph Carl Henr. De Kamptz, Equite Megapolitano et Neostreliziensis iustitiar cancellariae Assessore, Göttingen.
Ders.: Prüfung der landschaftlichen Rechte der bürgerlichen Grundbesitzer in Mecklenburg, Berlin 1844–1845.
Ders.: Rechtliche Erörterung über öffentliche Verbrennung von Druckschriften. Ein besonderer Abdruck der im XIXten Heft der Jahrbücher der Preußischen Gesetzgebung enthaltenen Abhandlung mit einer Vorrede, Berlin 1817.
Ders.: Reminiscenzen bey der Auflösung des kaiserlichen und Reichskammergerichts, in: Vahlkampf, Miscellen, Bd. 2, Heft 5 (1806), S. 466-486; zugleich in: Vahlkampf, Politische und historische Ansichten, S. 68-88.
Ders.: Revidirte Entwürfe des Provinzial-Rechts von Rheinland und Westfalen, 14 Bde., Berlin 1836–1841.
Ders.: Über die Veränderung des europäischen Völkerrechts unter Napoleons Oberherrschaft, in: ders.: Beiträge zum Staats- und Völkerrecht, S. 95-112.
Ders.: Ueber die Errichtung eines obersten Tribunals für die Staaten des rheinischen Bundes, in: Germanien 1/2 (1808), S. 197-228.
Ders.: Ueber die Rechtskraft eines, in einer Civil-Sache von einem auswärtigen Gerichte gesprochenen Urtheils nach den Grundsätzen des Staatsrechts der rheinischen Bundesstaaten, in Germanien 3/2 (1809), S. 231-246.
Ders.: Wird einem Schriftsteller durch öffentliche Verbrennung seiner Druckschrift eine Injurie zugefügt?, in: Jahrbücher für Preußische Gesetzgebung, Rechtswissenschaft und Rechtsverwaltung, Bd. 10, Heft 19, Berlin 1817, S. 84-99.
[Ders./Stein zu Launitz]: Gedanken über die Kabinettsjustiz besonders in den Staaten des Rheinbundes, in: Der Rheinische Bund, Bd. 4, Heft 12, Nr. 32, S. 402-420.
Ders./Stein zu Lausnitz: Ueber die Entschädigungs-Berechtigung der Staatsdiener bey Aufhebung ihrer Stellen, Frankfurt 1808.
Krauß, J. G.: Über die Sustentation der Cammergerichts-Canzley, Wetzlar 1796.

Kreker, F. P.: Pro Memoria die Sustentation der Kaiserlichen Reichs-Kammergerichts Kanzley betreffend, o. O. 1803.

Kiesewetter: Fassliche Darstellung der Erfahrungsseelenkunde für Nichtstudierende, Hamburg 1806.

Leisler, Johann Philipp Achilles: Populäres Naturrecht, Teil 1: Reines Naturrecht, Frankfurt am Main 1799.

Lerchenfeld, Max von: Aus den Papieren des königlich bayerischen Staatsministers Maximilian von Lerchenfeld, Nördlingen 1887.

Linden, Joseph Franz von: Flüchtige Betrachtungen über die kurbraunschweigische Ministerialnote vom 19. May 1791 in Betreff der Elsässer Angelegenheiten des teutschen Reichs, Frankfurt, Leipzig 1792.

Ders.: Sind die Stände des teutschen Reichs verbunden, an dem gegenwärtigen Kriege Frankreichs gegen den König von Hungarn und Böhmen Teil zu nehmen?, Mainz 1792.

Ludolf, Georg Melchior von: Historia sustentationis Judicii supremi Camerae Imperialis, Frankfurt am Main 1721.

Malacord, Sebastian: Dissertationes de publicis officiis absque justa causa ejusque legali cognitione non aufenderis, Göttingen 1788.

Malblanc, Julius Friedrich von: Anleitung zur Kenntniß der deutschen Reichs- und Provinzial-Gerichts- und Kanzleyverfassung und Praxis, Tl. 1, o. O. 1791.

Maucler, Paul Friedrich Eugen von: Aus meinem Leben: Kindheit, Jugend und frühe Mannesjahre (1783–1816), in: Im Dienst des Fürstenhauses und des Landes Württemberg. Die Lebenserinnerungen der Freiherrn Friedrich und Eugen von Maucler (1735–1816), bearb. v. Paul Sauer, Stuttgart 1985, S. 71-163.

Miller, Joseph von: Rhapsodien über des Kgl. baierischen Staats-Prokurators [...] Herrn Georg Ludwig Maurer mit dem ersten Preise gekrönte Geschichte des altgermanischen und namentlich altbaierischen öffentlich mündlichen Gerichts-Verfahrens in Hinsicht auf die Wiedereinführung desselben bei den Deutschen Gerichten, München 1824.

Moser, Johann Jakob: Erste Grundlehren der teutschen Staatsgeschichte, letzte Aufl. 1776.

Ders.: Gedanken über das neu erfundene vernünftige Staatsrecht des teutschen Reichs, o. O. 1767.

Ders.: Neues Teutsches Staatsrecht. Bd. 1: Von Teutschland und dessen Staats-Verfassung überhaupt, Stuttgart 1767.

Nationalzeitung der Teutschen, 1797.

N. N.: An die hohe Reichsversammlung unterthänigstes Memoriale sämmtlicher des Kaiserl. und Reichs=Kammergerichts Canzleypersonen, den Sustentationsmangel gedachter Canzleypersonen betreffend, Regensburg 1797.

N. N.: An die hohe Reichsversammlung fernerer unterthänigster Nachtrag zu dem unterthänigsten Memoriale sämmtlicher des Kaiserl. und Reichs-Kammergerichts Kanzleypersonen, Regensburg 1797.

N. N.: Eine dem Princip und den Folgen nach für alle deutsche Staatsdiener wichtige Angelegenheit, in: Minerva Heft 1 (1808), S. 73-79.

N. N.: Neue Wünsche und Hoffnungen sämmtlicher Advokaten und Prokuratoren des vormaligen Reichskammergerichts, in: Der Rheinische Bund, Heft 12, Nr. 35, S.445-457.

N. N.: Plan einer billigen Entschädigung der auf der linken Rheinseite verlierenden Fürsten und Grafen, Basel 1798.

N. N.: Politische Gedanken über den jüngst geendeten Krieg und seine Folgen in Hinsicht auf Baiern, o. O. 1806.

N. N.: Reflexionen über die Errichtung eines obersten Bundestribunals für die rheinische Conföderation, in: Germanien 3/2 (1809), S. 187-222.

N. N.: Rückblick auf die von E. H. dem Fürst Primas [...] für die Sustentation der Reichsjustizdiener huldreichst bezeigten Sorgfalt [...], in: Der Rheinische Bund, Heft 12, Nr. 34, S. 442-454.

N. N.: Ueber den künftigen Unterhalt der Glieder des kaiserlichen und Reichs-Kammergerichts, [Wetzlar 1806].

N. N.: Über die Pacification und Indemnisation oder Plan zur Entschädigung der Reichsstände, von einem Teutschen, o. O. 1798.

N. N.: Über die Reichsdienerschaft und das Reichsschuldenwesen, in: Der Rheinische Bund, Bd. 1, Heft 1, Frankfurt am Main 1806, S. 109-115.

N. N.: Unvorgreifliche Fragen dem Verfasser des im May bey Decker erschienen Entschädigungs-Plans zur näheren Prüfung vorgelegt von einem warmen Freunde seines deutschen Vaterlandes, Deutschland 1798.

N. N.: Wie könnte das Kaiserliche und Reichskammergericht für seinen durch die Abtrettung des linken Rheinufers erleidenden Verlust [...] entschädigt werden?, o. O. 1798.

N. N. [Ausschuss der Prokuratoren und Advokaten des vormaligen Kayserlichen und Reichskammergerichts]: Ueber die Berechtigung der Advokaten und Prokuratoren des ehemaligen Reichs-Kammergerichts zu einem Entschädigungsanspruch nach dessen Auflösung, Eine Prüfung des unlängst erschienen Nachtrags zur Druckschrift: Ueber den künftigen Unterhalt der Glieder des kaiserlichen Reichskammergerichts, o. O. März 1807.

N. N. [Görres, Joseph]: Testament und Hinscheiden des heiligen Römischen Reiches am letzten Dezember 1797, Mainz, gedruckt im 6. Jahre der Republik.

N. N. [Hohnhorst, Karl]: Vergleichende Ansicht des Unterhaltungswesens für das ehemalige besoldete Personal des aufgelösten Reichs-Kammergerichts und der Pensionierung der Dienerschaft am vormaligen frankischen Kreise, in: Der Rheinische Bund, Heft 33, 1809.

N. N. [Kayser, Georg]: Von den höchsten Interessen des deutschen Reiches, Heilbronn 1806.

N. N. [Reigersberg, Heinrich Aloys von]: Ein Wort über die Lage des kayßerlichen Reichs-Kammergerichtes nach dem Preßburger Frieden, geschrieben von einem deutschen Patrioten im März 1806, o. O. [1806].

N. N. [wohl Stein zu Lausnitz, Franz Joseph von]: Der fernere Unterhalt des Reichs-Kammergerichts Personals, als Beweis Deutscher Fürstengerechtigkeit, in: Minerva 1, 3 (1807), S. 431-438.

N. N. [Stein zu Lausnitz, Franz Joseph von]: Ideen zur Errichtung eines Bundesgerichts, in: Der Rheinische Bund, Bd. 2, Heft 6 (1807), S. 399-408.

N. N. [ders.]: Ideen zur Organisation eines Rheinischen Bundesgerichtes, in: Der Rheinische Bund, Band 3, Heft 7, S. 97-105.

N. N. [ders.]: Karl von Dalberg ein Beispiel deutsche Fürstengerechtigkeit, in: Germanien 1/1 (1808), S. 70-80.

N. N. [ders.]: Ueber die Unterhaltung des gesamten Personals des kaiserlichen Reichskammergerichts, in: Rheinischer Bund, Heft 3 (1806), S. 390-455.

N. N. [Zwackh, Franz Xaver von]: Prüfung der jüngst in Mainz erschienenen Schrift von dem anmaßlichen Rechte eines Reichsverwesers, o. O. 1790.

Neueste Nachrichten aus dem Gebiete der Politik, 18. Jahrgang, Nr. 312, Mittwoch, 8.11.1865.

Neurath, Johann Friedrich: Von der Regredienterbschaft und den dabey vorkommenden Rechtsfragen, Wetzlar 1808.

Nettelbladt, Daniel: Systema elementare universae jurisprudentiae naturalis in usum praelectionum academicarum adornatum, 3. Aufl. Halle 1767.

Obser, Karl (Hg.): Politische Correspondenz Karl Friedrichs von Baden. 1783–1806, Bd. 5: 1804–1806, Heidelberg 1901.

Politisches Journal, II. Band, 8. Stück, Hamburg 1806.

Pörschke, Karl Ludwig: Vorbereitungen zu einem populären Naturrechte, Königsberg 1795.

Protocolle der deutschen Bundes-Versammlung, Bd. 1, Frankfurt am Main 1816.

Pufendorff, Samuel: De Jure Naturae et Gentium, Libri VIII, London 1672.

Pütter, Johann Stephan: Grundriß der Staatsveränderungen des teutschen Reichs, 5. Aufl. Göttingen 1776.

Ders.: Institutiones Iuris publici Germani, Göttingen 1. Aufl. 1754, (4. Aufl. 1766).

Ders.: Patriotische Abbildung des heutigen Zustandes beyder höchster Reichsgerichte, worin der Verall des Reichsjustizwesens, samt dem daraus bevorstehenden Unheil des ganzen Reiches, und die Mittel, wie demselben vorzubeu-

gen, der Wahrheit gemäß und aus Liebe zu dem Vaterlande erörtert werden, Frankfurt am Main 1749 (ND Göttingen 1766).
Ders.: Selbstbiographie zur dankbaren Jubelfeier seiner 50jährigen Professorstelle, 2 Bde., Göttingen 1798.
Ders.: Uiber das Präsentationswesen am Cammergerichte, insonderheit die jetzige Lage der churpfältzischen Präsentation betreffend, Göttingen 1781.
Ders.: Versuch einer richtigen Bestimmung des Kayserlichen Ratifications-Rechts bey Schlüssen Reichsständischer Versammlungen, insonderheit der Visitation des Cammergerichts, Göttingen 1769.
Ders./Achenwall, Gottfried: Elementa Juris naturae in usum auditorium adornata, 1. Aufl. Göttingen 1750.

Rau, Christian: Abhandlung von den Präsentationen des Obersächsischen Kraises zu den Assessoratsstellen bey dem Kaiserlichen Reichs-Kammergericht, Regensburg 1782.
Reigersberg, Heinrich Aloys von: Bericht über die Justiz-Verwaltung im Königreiche Baiern für das Jahr 1817/18, o. O. 1819.
Ders.: Bericht über die Justiz-Verwaltung im Königreiche Baiern für das Etats-Jahr 1818/19, seiner königlichen Majestät vorgelegt von dem königlichen Staatsminister der Justiz, Grafen v. Reigersberg, München 1820.
Ders.: Haupt-Vortrag des Herrn Reichsraths Grafen von Reigersberg, über den den Ständen des Königreichs Bayern vorgelegten revidierten Entwurf des Straf-Gesetzbuches, München 1828.
Ders.: Präliminar-Vortrag des Herrn Reichsraths Grafen von Reigersberg, über den den Ständen des Königreichs Bayern vorgelegten revidierten Entwurf des Straf-Gesetzbuches, München 1828.
Reinhard, Paul: Einleitung zu den Geschichten der Teutschen, Erlangen 1747.
Reuß, Johann August: Von der durch Erlöschung des wilhelminischen Mannsstamms in Ansehung der churpfälzischen Präsentation an das Kaiserliche und Reichs-Cammergericht vorgegangenen Veränderung und dem dardurch eröfneten evangelische Präsentationsrecht, Ulm 1781.
[Ders.]: Unpartheiische Prüfung der jüngsten Pütterschen Schrift über das Präsentationswesen am Cammergerichte insonderheit die jetzige Lage der Churpfälzischen Präsentation betreffend, o. O. 1781.
Der Rheinische Bund. Eine Zeitschrift historisch-politisch-statistisch-geographischen Inhalts, hrsg. v. Peter A. Winkopp, Frankfurt am Main 1806–1813.
Rheinische Bundes Zeitung, Nr. 30, 30. Januar 1808.
Rob, Klaus (Bearb.): Quellen zu den Reformen in den Rheinbundstaaten, Bd. 1: Regierungsakten des Großherzogtums Berg 1806–1813, München 1992.
Ders. (Bearb.): Quellen zu den Reformen in den Rheinbundstaaten, Bd. 2: Regierungsakten des Königreichs Westphalen 1807–1813, München 1992.

Ders. (Bearb.): Quellen zu den Reformen in den Rheinbundstaaten, Bd. 3: Regierungsakten des Primatialstaates und des Großherzogtums Frankfurt 1806–1813, München 1995.
Rönneberg, Jacob Friedrich: Über Dienstentlassungen und Dienstaufkündigungen, Berlin 1799.
Rousseau, Jean Jacques: Du contrat social. Livres I et II. Hg. v. Florence Khodoss, Paris 1999.

Saavedra Fajardo, Diego: Empresas Políticas: Idea de und Príncipe político-christiano, hg. v. Quintín Aldea Vaquero, 2 Bde., Madrid 1976.
Savigny, Karl Friedrich von: System des heutigen Römischen Rechts. Acht Bände und Register, Berlin 1840–1851 (ND Aalen 1981).
Schimke, Maria (Bearb.): Quellen zu den Reformen in den Rheinbundstaaten, Bd. 4: Regierungsakten des Kurfürstentums und Königreichs Bayern 1799–1815, München 1996.
Schlözer, August Ludwig: Vorstellung der Universal-Historie, 2 Tle., Tl. 1 (1772), 2. Aufl. Göttingen 1775, Tl. 2, Göttingen 1773.
Ders.: Historisches Jus Publicum, Göttingen 1752.
Schmeitzler, Martin: Abriß zu einer vollständigen Reichshistorie, Jena 1728.
Schmidt-Scharff, Werner: Die Matrikel der Praktikanten am Wetzlarer Reichskammergericht 1693–1806, in: Archiv für Sippenforschung Heft 10 (1934), S. 297-317.
Schnaubert, Andreas Joseph: Lehrbuch des teutschen Staatsrechts, Jena 1806.
Selchow, Johann Heinrich: Grundriß der Teutschen Reichsgeschichte, Göttingen 1775.
Seuffert, Johann Michael: Von dem Verhältnisse des Staats und der Diener des Staats gegeneinander im rechtlichen und politischen Verstande, Würzburg 1793.
Solemnel, Riphelius von [Ullheimer, Joseph von]: Antikritik, o. O. o. J.
Ders.: Auch ein Entschädigungsplan an den Friedenskongreß zu Rastadt, o. O. 1798.
Spies, Johann von: Antwort des Ministerialrathes von Spieß auf das Sendschreiben des Herrn Hofraths von Dresch, München 1828.
Ders.: Kritische Beleuchtung der Betrachtungen des Hofrathes von Dresch über den revidierten Entwurf der Proceß-Ordnung in bürgerlichen Rechtsstreitigkeiten des Königreiches Bayern, München 1828.
Stein zu Lausnitz, Franz Joseph: Auch ein Wort zu seiner Zeit, über das Entschädigungswesen weltlicher Fürsten mit geistlichen Landen, o. O. 1798.
Strieder, Friedrich Karl: Grundlage zu einer hessischen Gelehrten- und Schriftsteller-Geschichte, Bd. 19, 1831, hrsg. v. Karl Wilhelm Justi.

Tafinger, Friedrich Wilhelm: Institutiones iurisprudentiae cameralis, Tübingen 1754.

Treichel, Eckhardt (Bearb.): Quellen zur Geschichte des Deutschen Bundes, Abt. 1: Quellen zur Entstehung und Frühgeschichte des Deutschen Bundes 1813–1830, Halbbd. 2: Die Entstehung des Deutschen Bundes 1813–1815, München 2000.

Ulmenstein, Friedrich Wilhelm von: Geschichte und topographische Beschreibung der Stadt Wetzlar, 3 Bde., Wetzlar 1802–1810 (ND Wetzlar 1998).

Vahlkampf, Joseph Anton von: Die Amtseinsetzung des kaiserlichen Kammerrichters, insbesondere jene Sr. Excellenz des Herrn Reichsgrafen Heinrich von Reigersberg, vom 3ten Oct. 1803, Wetzlar o. J.

Ders.: Biographische und literarische Notizen über das, zum hohen Cameral-Collegium gehörige, jetzt lebende Personal, in: ders., Miscellen, Bd. 2, Heft 5 (1806), S. 487-513; zugleich in: ders., Politische und historische Ansichten, Wetzlar 1806, S. 89-114.

Ders. (Hg.): Politische und historische Ansichten bey Veränderung der bisherigen deutschen Reichsverfassung, Wetzlar 1806.

Ders. (Hg.): Reichskammergerichtliche Miscellen, 2 Bde. Wetzlar 1805–1806.

Verhandlungen der Kammer der Reichsräte, 1849/51, Bd. 2.

Voigt, Bernhard: Feldzug von 1806 in Teutschland, Leipzig 1807.

Weidenfeld, Christian: De eo, quod circa decimas novales in Germania ac praecipue in diocesis, et territorio Coloniensis iustum est, Diss. iur. eccl., Bonna 1782.

Ders.: Gründliche Entwicklung der Dispen- und Nuntiatur-Streitigkeiten zur Rechtfertigung der vierdeutschen Erzbischöfe wider die Anmaßung des römischen Hofes, o. O. 1788.

Wekhrlin, Wilhelm Ludwig: Das Triumvirat. Vision, in: Das Graue Ungeheuer 9 (1786), S. 310-320.

Wetzlarer Gemeinnütziges Wochenblatt, 159 St., XVIII. Jahrgang, Mittwoch, den 6. August 1806.

Wetzlarer Zeitung, 14. Stück, 25. Februar 1800.

Literatur

Agethen, Manfred: Geheimbund und Utopie. Illuminaten, Freimaurer und deutsche Spätaufklärung, München 1987.
Alzheimer, Alois/Resch, Alfred: Heinrich Graf von Reigersberg (1810–1823), in: Staatsministerium der Justiz, Die Kgl. Bayer. Staatsminister der Justiz, Bd. 1, S. 5-156.
Angermeier, Heinz: Deutschland zwischen Reichstradition und Nationalstaat. Verfassungspolitische Konzeptionen und nationales Denken zwischen 1801 und 1815, in: ZRG GA 107 (1990), S. 19-101.
Ders.: Gemeiner Pfennig, in: HRG, Bd. I, Sp. 1503-1506, Berlin 1971.
Ders.: Reichsreform und Reformation in der deutschen Geschichte, in: ders.: Säkulare Aspekte der Reformationszeit, München, Wien 1983, S. 1-16.
Aretin, Karl Otmar Freiherr von: Das Alte Reich 1648–1806, 3 Bde., Stuttgart 1997.
Ders.: Bayerns Weg zum souveränen Staat. Landstände und konstitutionelle Monarchie 1714–1818, München 1976.
Ders.: Carl Theodor von Dalberg. Staatsmann und Bischof in schwierigen Zeiten, in: Spies, Carl von Dalberg, S. 9-20.
Ders.: Die deutsche Politik Bayerns in der Zeit der staatlichen Entwicklung des Deutschen Bundes 1814–1820, Mass. Diss. München 1952.
Ders.: Heiliges Römisches Reich 1776–1806. Reichsverfassung und Staatssouveränität, 2 Bde., Wiesbaden 1967.
Ders.: Höhepunkt und Krise des deutschen Fürstenbundes, in: HZ 196 (1963), S. 36-72.
Ders.: Kaiser Joseph II. und die Reichskammergerichtsvisitation 1766–1776, in: ZNRG 13 (1991), S. 129-144.
Ders.: Der Sturz des Grafen Montgelas, in: ZBLG 20 (1957), S. 83-135.
Ders.: Vom Deutschen Reich zum Deutschen Bund, 2. Aufl. Göttingen 1993.
Armansperg, Roswitha Gräfin von: Joseph Ludwig von Armansperg, Mass. Diss München 1949.

Battenberg, J. Friedrich/Ranieri, Filippo (Hg.): Geschichte der Zentraljustiz in Mitteleuropa. Festschrift für Bernhard Diestelkamp zum 65. Geburtstag, Weimar, Köln, Wien 1994.
Baumann, Anette: Anwälte am Reichskammergericht. Die Prokuratorendynastie Hofmann in Wetzlar (1693–1806), Wetzlar 2001.
Dies.: Die Prokuratoren am Reichskammergericht in Speyer und Wetzlar. Stand der Forschungen und Forschungsdesiderate, in: dies. u. a., Reichspersonal, S. 165-179.

Dies.: Das Reichskammergericht in Wetzlar und seine Prokuratoren, in: ZRG GA 115 (1998), S. 474-497.

Dies./Peter Oestmann/Stephan Wendehorst/Siegrid Westphal (Hg.): Reichspersonal. Funktionsträger für Kaiser und Reich, Köln, Weimar, Wien 2003.

Baumgart, Peter: Artikel Kamptz, in: NDB 11 (1977), S. 94-97.

Beaulieu-Marconnay, Karl Freiherr von: Karl Theodor von Dalberg und seine Zeit. Zur Biographie und Charakteristik des Fürsten Primas, 2 Bde., Weimar 1879.

Beckenbauer, Alfons: Die Ludwig-Maximilians-Universität in ihrer Landshuter Epoche 1800–1826, München 1992.

Becker, Albert: Die Wiedererstehung der Pfalz. Zur Erinnerung an die Begründung der bayerischen Herrschaft auf dem linken Rheinufer und deren Begründer Franz Xaver von Zwackh–Holzhausen, Zweibrücken 1916.

Becker, Bernd: Öffentliche Verwaltung. Lehrbuch für Wissenschaft und Praxis, Percha 1989.

Becker, Ernst-Wolfgang: Zeit der Revolution! – Revolution der Zeit. Zeiterfahrungen in Deutschland in der Ära der Revolution 1789–1848, Göttingen 1999.

Becker, Hans-Jürgen: Umbruch in Mitteleuropa. Der Reichsdeputationshauptschluss von 1803, in: Schmid/Unger, Wende in Europas Mitte, S. 17-34.

Becker-Hagendorff, Kurt u. a. (Red.): 225 Jahre Freimaurer in Wetzlar 1761–1986, Wetzlar 1986.

Beinert, Berthold: Geheimer Rat und Kabinett in Baden unter Karl Friedrich: 1738–1811, Vaduz 1965.

Behringer, Wolfgang: Die Veränderung der Raum-Zeit-Relation. Zur Bedeutung des Zeitungs- und Nachrichtenwesens während der Zeit des Dreißigjährigen Krieges, in: H. Medick/B. Krusenstjern (Hg.): Zwischen Alltag und Katastrophe. Der Dreißigjährige Krieg aus der Nähe, Göttingen 1999, S. 39-81.

Ders.: Im Zeichen des Merkur. Reichspost und Kommunikationsrevolution in der Frühen Neuzeit, Göttingen 2003.

Berding, Helmut: Aufklären durch Geschichte. Ausgewählte Aufsätze, Göttingen 1990.

Ders. (Hg.): Napoleonische Herrschaft und Modernisierung, in: GuG 6, Heft 4 (1980), S. 27-58.

Ders.: Napoleonische Herrschafts- und Gesellschaftspolitik im Königreich Westphalen (1807–1813), Göttingen 1973.

Ders.: Privatkapital, Staatsfinanzen und Reformpolitik im Deutschland der Napoleonischen Zeit, Ostfildern 1981.

Ders./ Ullmann, Hans-Peter: Deutschland zwischen Revolution und Restauration, Königstein 1981.

Ders./ Ullmann, Hans-Peter: Veränderungen in Deutschland, in: ders., Aufklären durch Geschichte, S. 179-214.

Berg, Ursula: Niklas Vogt (1756–1834). Weltsicht und politische Ordnungsvorstellungen zwischen Aufklärung und Romantik, Stuttgart 1992.

Berney, Arnold: Reichstradition und Nationalstaatsgedanke (1789–1815), in: HZ 140 (1929), S. 57-86.

Berthier de Sauvigny, Guillaume de: Metternich. Staatsmann und Diplomat im Zeitalter der Restauration. Aus dem Französischen von Elmar Braunbeck, München 1996.

Bezold, Raimund: Popularphilosophie und Erfahrungsseelenkunde im Werk von Karl Philipp Moritz, Würzburg 1984.

Bilz, Werner: Die Großherzogtümer Würzburg und Frankfurt. Ein Vergleich, Diss. Würzburg 1968.

Bireley, Robert S. J.: The Counter-Reformation Prince. Anti-Machiavellianism or Catholic Statescraft in Early modern Europe, London 1990.

Bitterauf, Theodor: Geschichte des Rheinbundes. Bd. I: Die Gründung des Rheinbundes und der Untergang des alten Reiches, München 1905 (mehr nicht erschienen).

Blanning, Timothy C. W.: Reform and Revolution in Mainz 1743–1803, Cambridge 1974.

Blessing, Werner K.: Umbruchkrise und ‚Verstörung'. Die ‚Napoleonische' Erschütterung und ihre sozialpsychologische Bedeutung (Bayern als Beispiel), in: ZBLG 42 (1972), S. 75-102.

Bockenheimer, Karl Georg: Carl Theodor von Dalbergs Aufenthalt in Paris in den Jahren 1807–1808, Mainz 1870.

Boehm, Laetitia: Das akademische Bildungswesen in seiner organisatorischen Entwicklung (1800-1920), in: Max Sindler (Hg.): Handbuch der Bayerischen Geschichte, Bd. IV/2, Müchen 1975, S. 986-1035.

Börsch-Supan, Helmut: Caspar David Friedrich. Gemälde, Druckgrafik und bildmäßige Zeichnungen, München 1973.

Ders.: Caspar David Friedrich, München 1987.

Botzenhart, Manfred: Metternichs Pariser Botschafterzeit, Münster 1967.

Brakensiek, Stefan: Fürstendiener – Staatsbeamte – Bürger. Amtsführung und Lebenswelt der Ortsbeamten in niederhessischen Kleinstädten (1750–1830), Göttingen 1999.

Braubach, Max: Die erste Bonner Hochschule. Maxische Akademie und kurfürstliche Universität 1774/77 bis 1798, Bonn 1968.

Ders.: Von der Französischen Revolution zum Wiener Kongreß, in: Gebhardt, Bruno: Handbuch der Deutschen Geschichte, Bd. 3: Von der Französischen Revolution bis zum Ersten Weltkrieg, 3. Aufl. Stuttgart 1973.

Brendecke, Arndt: Die Jahrhundertwenden. Eine Geschichte ihrer Wahrnehmung und Wirkung, Frankfurt am Main, New York 1999.

Bryce, James: The Holy Roman Empire, 4. Aufl. London 1873 (ND London 1963).

Buchholz, Stephan: Karl von Kamptz. Ein Mecklenburger Jurist im Dienste Preußens, in: Mecklenburgische Jahrbücher 109 (1993), S. 131-139.

Bulst, Neidhart: Zum Gegenstand und zur Methode von Prosopographie, in: ders./Jean-Philippe Genet (Hg.): Medieval Lives and the Historian. Studies in Medieval Prospography, Michigan 1986, S. 1-16.

Burg, Peter: Die deutsche Trias in Idee und Wirklichkeit. Vom Alten Reich zum Deutschen Zollverein, Stuttgart 1989.

Burgdorf, Wolfgang: „Chimäre Europa". Antieuropäische Diskurse in Deutschland (1648–1999), Bochum 1999.

Ders.: Die Geschichte der Versuche die Verfassung des Heiligen Römischen Reiches Deutscher Nation zu reformieren, in Arndt Brendecke/Ders. (Hg.): Wege in die Frühe Neuzeit. Werkstattberichte, eine Linksammlung sowie Bildmaterialien zu München im Dreißigjährigen Krieg und zur Hexenverfolgung auf CD-Rom, Neuried 2001, S. 257-281.

Ders.: „Das Reich geht mich nichts an". Goethes Götz von Berlichingen, das Reich und die Reichspublizistik, in: Schnettger, Imperium Romanum, S. 27-52.

Ders.: Reichskonstitution und Nation. Verfassungsreformprojekte für das Heilige Römische Reich Deutscher Nation im politischen Schrifttum von 1648 bis 1806, Mainz 1998.

Ders.: „Reichsnationalismus" gegen „Territorialnationalismus". Phasen der Intensivierung des nationalen Bewußtseins in Deutschland seit dem Siebenjährigen Krieg, in: Dieter Langewiesche/Georg Schmidt (Hg.): Föderative Nation. Deutschlandkonzepte von der Reformation bis zum Ersten Weltkrieg, München 2000, S. 157-189.

Ders.: Die reichsrechtliche Peregrinatio academica im 18. Jahrhundert, in: Baumann u. a., Reichspersonal, S. 21-58.

Ders.: Der Untergang der Reichskirche und die Subdelegationskommission für das transrhenanische Sustentationswesen, in: Diestelkamp, Das Reichskammergericht am Ende des Alten Reiches, S. 143-188.

Burkhardt, Johannes: Abschied vom Religionskrieg. Der Siebenjährige Krieg und die päpstliche Diplomatie, Tübingen 1985.

Carl, Horst: Der Schwäbische Bund und das Reich – Konkurrenz und Symbiose, in: Press, Alternativen zur Reichsverfassung, S. 43-64.

Carney, T. F.: Prosopography: Payoffs and Pitfalls, in: Phoenix: The Journal of the Classical association of Canada XXVII (1973), S. 156-179.

Dann, Otto/Klippel, Diethelm (Hg.): Naturrecht – Spätaufklärung – Revolution, Hamburg 1995.

Darmstädter, Paul: Das Großherzogtum Frankfurt. Ein Kulturbild aus der Rheinbundzeit, Frankfurt 1901.

Demel, Walter: Der bayerische Staatsabsolutismus, 1806/08–1817. Staats- und gesellschaftspolitische Motivationen und Hintergründe der Reformära in der ersten Phase des Königreichs Bayern, München 1983.
Ders.: Beförderungen und Versetzungen. Zur Personalpolitik Montgelas 1814/16, in: ZBLG 42, Heft 1 (1979), S. 107-125.
Ders. (Hg.): Der Entwurf eines bürgerlichen Gesetzbuchs für das Königreich Bayern von 1811, Ebelsbach 1986.
Ders.: Vom aufgeklärten Reformstaat zum bürokratischen Staatsabsolutismus, München 1993.
Denzer, Heinz: Moralphilosophie und Naturrecht bei Pufendorf. Eine geistes- und wissenschaftsgeschichtliche Untersuchung zur Geburt des Naturrechts aus der praktischen Philosophie, München 1972.
Dick, Bettina: Die Entwicklung des Kameralprozesses nach den Ordnungen von 1495 bis 1555, Köln, Weimar, Wien 1981.
Dickerhoff, Harald: Die katholischen Universitäten im Heiligen Römischen Reich Deutscher Nation des 18. Jahrhunderts, in: Hammerstein, Universitäten und Aufklärung, S. 1-47.
Dickkopf, Karl: Georg Ludwig von Maurer 1790–1872, Kallmünz 1960.
Dickmann, Fritz: Das Problem der Gleichberechtigung der Konfessionen im Reich im 16. und 17. Jahrhundert, in: Heinrich Lutz (Hg.): Zur Geschichte der Toleranz und Religionsfreiheit, Darmstadt 1977, S. 203–251.
Diesselhorst, M.: Zur Theorie der juristischen Person bei Carl Friedrich von Savigny, in: Quaderni Fiorentini 11/12 (1982/83), S. 319-337.
Diestelkamp, Bernhard (Hg.): Die politische Funktion des Reichskammergerichts, Köln 1993.
Ders. (Hg.): Das Reichskammergericht am Ende des Alten Reiches und sein Nachwirken im 19. Jahrhundert, Köln, Weimar, Wien 2002.
Ders. (Hg.): Das Reichskammergericht in der deutschen Geschichte. Stand der Forschung – Forschungsperspektiven, Köln, Weimar, Wien 1990.
Ders.: Reichskammergericht und Reichshofrat im Spannungsfeld zwischen reichsständischer Libertät und habsburgischem Kaisertum, in: Heinz Duchhardt/Matthias Schnettger (Hg.): Reichsständische Libertät und Habsburgisches Kaisertum, Mainz 1999, S. 185-194.
Ders.: Tendenzen und Perspektiven in der Erforschung der Geschichte des Reichskammergerichtes, in: Scheurmann, Frieden durch Recht, S. 453-456.
Ders.: Vom königlichen Hofgericht zum Reichskammergericht. Betrachtungen zu Kontinuität und Wandel der höchsten Gerichtsbarkeit am Übergang zur frühen Neuzeit, in: Gerhard Dilcher/Ders. (Hg.): Recht, Gericht, Genossenschaft und Policey. Studien zu Grundbegriffen der germanistischen Rechtshistorie. Symposion für Adalbert Erler, Berlin 1986, S. 44-64.
Ders.: Zur Krise des Reichsrechts im 16. Jahrhundert, in: Heinz Angermeier (Hg.): Säkulare Aspekte der Reformationszeit, München, Wien 1983, S. 49-64.

Dobman, Franz: Georg Friedrich Frhr. v. Zentner als bayerischer Staatsmann in den Jahren 1799–1821, München 1962.

Doeberl, Ludwig: Maximilian von Montgelas und das Prinzip der Staatssouveränität. München 1925.

Doeberl, Michael: Rheinbundverfassung und bayerische Konstitution, München 1924.

Doering-Manteuffel, Anselm: Die deutsche Frage und das europäische Staatensystem 1815–1871, München 1993.

Dotzauer, Winfried: Die deutschen Reichskreise in der Verfassung des Alten Reiches und ihr Eigenleben (1500–1806), Darmstadt 1989.

Dreitzel, Horst: Absolutismus und ständische Verfassung in Deutschland. Ein Beitrag zur Kontinuität der politischen Theorie in der frühen Neuzeit, Mainz 1992.

Ders.: Monarchiebegriffe in der Fürstengesellschaft. Semantik und Theorie der Einherrschaft in Deutschland von der Reformation bis zum Vormärz, 2 Bde., Köln, Weimar, Wien 1991.

Ders.: Protestantischer Aristotelismus und absoluter Staat. Die „Politica" des Henning Arnisäus (ca. 1575–1636), Wiesbaden 1970.

Duchhardt, Heinz: Altes Reich und europäische Staatenwelt (1648–1806), München 1990.

Ders.: Gleichgewicht der Kräfte, Convenance, europäisches Konzert. Friedenskongresse und Friedensschlüsse vom Zeitalter Ludwigs XIV. bis zum Wiener Kongreß, Darmstadt 1976.

Ders.: Der Kampf um die Parität im Kammerrichteramt zwischen dem Augsburger Religionsfrieden und 30jährigem Krieg, in: ARG 69 (1978), S. 201-218.

Ders: Kurmainz und das Reichskammergericht, in: Blätter für Deutsche Landesgeschichte 110 (1974), S. 181-217.

Ders.: Die kurmainzischen Reichskammergerichtsassessoren, in: ZRG GA 94 (1977), S. 89-128.

Ders.: Nicht-Karrieren. Über das Scheitern von Reichskammergerichtskandidaturen und -präsentationen. Festschrift zum 60. Geburtstag von Bernhard Diestelkamp, Wetzlar 1989.

Ders.: Reichskammerrichter Franz Adolf Dietrich von Ingelheim (1659/1730–1742), in: Nassauische Annalen 81 (1970), S. 173-202.

Ders./Kunz, Andreas (Hg.): Reich oder Nation? Mitteleuropa 1780–1815, Mainz 1998.

Ders./Teppe, Karl (Hg.): Karl von und zum Stein. Der Akteur, der Autor, seine Wirkungs- und Rezeptionsgeschichte, Mainz 2003.

Dufraisse, Roger: Napoleon und Bayern, in: Hubert Glaser (Hg.): Krone und Verfassung. König Max I. Joseph und der neue Staat, München 1980 (Wittelsbach und Bayern Bd. III/1), S. 221-229.

Ders. (Hg.): Revolution und Gegenrevolution 1789–1830, München 1991.

Dülmen, Richard van: Der Geheimbund der Illuminaten. Darstellung – Analyse – Dokumentation, Stuttgart-Bad Canstatt 1975.

Ebel, Wilhelm: Der Göttinger Professor Johann Stephan Pütter aus Iserlohn, Göttingen 1975.

Eberlein, Adolf: Bayerns Anteil an der Mediatisierung der Reichsritterschaft, Mass. Diss. München 1922.

Ebertz, Wilhelm: Geschichte des Orients Wetzlar. Zur fünzigjährigen Jubelfeier der Loge Wilhelm zu den drei Helmen am 22. Oktober 1893, Wetzlar 1893.

Eckrich, Friedrich: Die Idee des Reiches in der nationalsozialistischen Literatur seit Beendigung des Weltkrieges, Diss. Heidelberg 1939.

Ehrenpreis, Stefan: Der Reichshofrat im System der Hofbehörden Rudolfs II. (1576–1612). Organisation, Arbeitsabläufe, Entscheidungsprozesse, in: Mitteilungen des österreichischen Staatsarchivs 45 (1997), S. 187-205.

Ders.: Die Reichshofratagenten. Mittler zwischen Kaiserhof und Territorien, in: Baumann u. a., Reichspersonal, S. 165-177.

Ders./Westphal, Siegrid: Stand und Tendenzen der Reichsgerichtsforschung, in: Anette Baumann u. a. (Hg.): Prozessakten als Quelle. Neuere Forschungen zur höchsten Gerichtsbarkeit im Alten Reich, Köln, Weimar, Wien 2001, S. 1-13.

Eibach, Joachim: Der Staat vor Ort. Amtmänner und Bürger im 19. Jahrhundert am Beispiel Badens, Frankfurt am Main 1992.

Epstein, Klaus: Die Ursprünge des Konservativismus in Deutschland. Der Ausgangspunkt: Die Herausforderung durch die Französische Revolution 1770-1806. Aus dem Englischen von Johann Zischler. Frankfurt am Main, Berlin, 1973.

Faber, Karl Georg: Die Rheinlande zwischen Restauration und Revolution. Probleme der rheinischen Geschichte von 1814 bis 1848 im Spiegel der zeitgenössischen Publizistik, Wiesbaden 1966.

Färber, Konrad Maria: Kaiser und Erzkanzler. Carl von Dalberg und Napoleon am Ende des alten Reiches. Die Biographie des letzten geistlichen Fürsten in Deutschland, Regensburg 1988.

Fehrenbach, Elisabeth: Der Einfluß des napoleonischen Frankreich auf das Rechts- und Verwaltungssystem Deutschlands, in: Armgard von Reden-Dohna (Hg.): Deutschland und Italien im Zeitalter Napoleons, Wiesbaden 1979, S. 23-40.

Dies.: Traditionale Gesellschaft und Revolutionäres Recht. Die Einführung des Code Napoléon in den Rheinbundstaaten, 3. Aufl. Göttingen 1983.

Dies.: Verfassungs- und sozialpolitische Reformen und Reformprojekte in Deutschland unter dem Einfluß des napoleonischen Frankreich, in: HZ 228 (1979), S. 288-315.

Dies.: Vom Ancien Régime zum Wiener Kongress, 3. Aufl. München 1993.

Fellner, Fritz : Perspektiven für eine historiographische Neubewertung des Deutschen Bundes, in: Rumpler, Deutscher Bund und deutsche Frage, S. 21-30.

Fischer, Klaus H. : Jean Jacques Rousseau. Die soziologischen und rechtsphilosophischen Grundlagen seines Denkens, Schutterwald 1991.

Flender, Herbert: Die Auflösung des Reichskammergerichts in Wetzlar (1806), in: ders.: Vom historischen Erbe der Stadt Wetzlar. Reden und Aufsätze aus den Jahren 1951–1985, Wetzlar 1985, S. 279-287.

Flume, Werner: Savigny und die Lehre der juristischen Person, in: Okko Behrends u. a. (Hg.): Festschrift für Franz Wieacker zum 70. Geburtstag, Göttingen 1978, S. 340-360.

Foerster, Rolf Hellmut: Europas Geschichte einer politischen Idee. Mit einer Bibliographie von 182 Einigungsplänen aus den Jahren 1306 bis 1945, München 1967.

Fournier, August: Napoleon I. Eine Bibliographie, 3 Bde., Wien 1902–1913.

Fracksen, Meent W.: Staatsrat und Gesetzgebung im Großherzogtum Berg (1806–1813), Frankfurt, Bern 1982.

Fratzke-Weiß, Birgit: Europäische und nationale Konzeptionen im Rheinbund. Politische Zeitschriften als Medien der politischen Öffentlichkeit, Frankfurt am Main 1997.

Freudenschuss, Werner/Pohlner, Franz: Die Mitglieder der Loge Joseph zu den drey Helmen und der Provinzialloge Joseph zum Reichsadler in Wetzlar 1768 – 1772 – 1776 – 1778 – 1784 mit biographischen Daten, Wetzlar 1986.

Frey, Antje: Karl Theodor von Dalberg. Ein Beitrag zum Verhältnis von politischer Theorie und Regierungspraxis in der Endphase des aufgeklärten Absolutismus, Frankfurt am Main u. a. 1978.

Fuchs, Ralf-Peter: The Supreme Court of the Holy Roman Empire. The State of Research and the Outlook, in: Sixteenth-Century-Journal 34 (2003), S. 9-27.

Fuhrmann, Horst: „Sind eben alles nur Menschen gewesen". Gelehrtenleben im 19. und 20. Jahrhundert, dargestellt am Beispiel der Monumenta Germania Historica und ihrer Mitarbeiter, München 1996.

Gagliardo, John G.: Reich und Nation. The Holy Roman Empire as Idea and Reality, 1763–1806, Bloomington, London 1980.

Gall, Lothar: Der Deutsche Bund als Institution und Epoche der deutschen Geschichte, in: Dieter Albrecht/Karl Otmar Freiherr von Aretin/Winfried Schulze (Hg.): Europa im Umbruch 1750–1850, München 1995, S. 257-266.

Ders. (Hg.): Vom alten zum neuen Bürgertum. Die mitteleuropäische Stadt im Umbruch 1780–1820, München 1991.

Geertz, Clifford: Dichte Beschreibung. Beiträge zum Verstehen kultureller Systeme, Frankfurt am Main 1995.

Landkreis Neustadt an der Weinstraße (Hg.): Georg Ludwig von Maurer, 1790–1872, Gedächtnisveranstaltungen in Bad Dürkheim und Erpolzheim am 29. Oktober 1965, Neustadt an der Weinstraße 1967.

Gesellschaft für Reichskammergerichtsforschung (Hg.): Das Reichskammergerichtsmuseum Wetzlar, Wetzlar 1997.
Gloël, Heinrich: Goethes Wetzlarer Zeit. Bilder aus der Reichskammergerichts- und Wertherstadt, Berlin 1911.
Gollwitzer, Heinz: Europabild und Europagedanke. Beiträge zu einer Geistesgeschichte des 18. und 19. Jahrhunderts, München 1951.
Ders.: Ludwig I. von Bayern. Königtum im Vormärz. Eine politische Biographie, München 1997.
Ders.: Ein Staatsmann des Vormärz. Karl von Abel 1788–1859, Göttingen 1993.
Götschmann: Das bayerische Innenministerium 1825–1864. Organisation und Funktion, Beamtenschaft und politischer Einfluß einer Zentralbehörde in der konstitutionellen Monarchie, Habil. Göttingen 1990.
Götte, Heide Marie: Der jüngste Reichsabschied und die Reform des Reichskammergerichts, Diss. München 1998.
Gotthard, Axel: Protestantische „Union“ und katholische „Liga“ – subsidiäre Strukturelemente oder Alternativentwürfe, in: Press, Alternativen zur Reichsverfassung, S. 81-112.
Grewolls, Grete: Wer war wer in Mecklenburg-Vorpommern? Ein Personenlexikon, Bremen 1995.
Gross, Lothar: Die Geschichte der Deutschen Reichshofkanzlei von 1559 bis 1806, Wien 1933.
Grzeszick, Bernd: Vom Reich zur Bundesstaatsidee. Zur Herausbildung der Föderalismusidee als Element des modernen Staatsrechts, Berlin 1996.
Gschliesser, Oswald von: Der Reichshofrat. Bedeutung und Verfassung, Schicksal und Besetzung einer obersten Reichsbehörde von 1559 bis 1806, Wien 1942.
Gumbrecht, Hans Ulrich/Reichardt, Rolf/Schleich, Thomas: Für eine Sozialgeschichte der Französischen Aufklärung, in: dies.: Sozialgeschichte der Aufklärung in Frankreich, München 1982.
Günther, J. A.: Briefe aus der Wertherstadt 1778–1779, in: Goethe-Jahrbuch 18 (1897), S. 48-61.

Haan, Heiner: Die bayerische Personalpolitik, in: Jahrbuch für deutsche Landesgeschichte 3 (1977), S. 351-394.
Ders.: Die Eingliederung der Pfalz in die bayerische Verwaltungsorganisation, in: Mitteilungen des historischen Vereins der Pfalz 77 (1979), S. 253-267.
Ders.: Kontinuität und Diskontinuität in der pfälzischen Beamtenschaft im Übergang von der französischen zur bayerischen Herrschaft (1814–1818), in: Jahrbuch für westdeutsche Landesgeschichte 2 (1976), S. 285-309; Fortsetzung: Bayerische Personalpolitik in der Pfalz von 1816 bis 1849, in: Jahrbuch für westdeutsche Landesgeschichte 3 (1977), S. 351-394; weitere Fortsetzung: Die Berufung von Pfälzern in die obersten bayerischen Staatsbehör-

den (1816–1870), in: Jahrbuch für westdeutsche Landesgeschichte 4 (1978), S. 271-280.
Habermas, Jürgen: Strukturwandel der Öffentlichkeit, Darmstadt 1984.
Häfelin, Ulrich: Die Rechtspersönlichkeit des Staates, Tübingen 1959.
Hahn, Hans Werner: Altständisches Bürgertum zwischen Beharrung und Wandel. Wetzlar 1689–1870, München 1991.
Ders.: Aufbruchsversuche und Krise. Die Stadt Wetzlar zwischen reichsstädtischen Reformdebatten und wirtschaftlichem Niedergang 1789-1815, in: Gall, Vom alten zum neuen Bürgertum, S. 277-315.
Ders.: Reichskammergericht und Stadtentwicklung. Wetzlar 1689–1806, Wetzlar 1991.
Ders.: Die Stadt Wetzlar im Zeitalter der Französischen Revolution 1789–1803, in: Mitteilungen des Wetzlarer Geschichtsvereins 34 (1989), S. 85-143.
Hamm, Margot: Die bayerische Integrationspolitik in Tirol 1806–1814, München 1996.
Hammerstein, Notker: Aufklärung und katholisches Reich. Untersuchungen zur Universitätsreform und Politik katholischer Territorien des Heiligen Römischen Reiches deutscher Nation im 18. Jahrhundert, Berlin 1977.
Ders.: Jus und Historie. Ein Beitrag zur Geschichte des historischen Denkens an deutschen Universitäten im späten 17. und im 18. Jahrhundert, Göttingen 1972.
Ders.: Samuel Pufendorf, in: Stolleis, Staatsdenker in der Frühen Neuzeit, S. 172-197.
Ders. (Hg.): Universitäten und Aufklärung, Göttingen 1995.
Ders.: Zur Geschichte und Bedeutung der Universitäten im Heiligen Römischen Reich Deutscher Nation, in: HZ 241, Heft 2 (1985), S. 287-328.
Härter, Karl: Der Hauptschluß der außerordentlichen Reichsdeputation vom 25. Februar 1803, in GWU 54 (2003), S. 484-500.
Ders.: Reichstag und Revolution 1789–1806. Die Auseinandersetzung des immerwährenden Reichstags zu Regensburg mit den Auswirkungen der Französischen Revolution auf das Alte Reich, Göttingen 1992.
Ders.: Soziale Unruhen und Revolutionsabwehr. Auswirkungen der Französischen Revolution auf die Rechtsprechung des Reichskammergerichts, in: Diestelkamp, Das Reichskammergericht am Ende des Alten Reiches, S. 43-104.
Hartmann, Anja Victorine: Kontinuitäten oder revolutionärer Bruch? Eliten im Übergang vom Ancien Régime zur Moderne. Eine Standortbestimmung, in: ZHF 25 (1998), S. 389-420.
Dies./Morawiec, Malgorzata/Voss, Peter (Hg.): Eliten um 1800. Erfahrungshorizonte, Verhaltensweisen, Handlungsmöglichkeiten, Mainz 2000.
Hartmann, Peter Claus: Kulturgeschichte des Heiligen Römischen Reiches 1648 bis 1806. Verfassung, Religion und Kultur, Wien, Köln, Graz 2001.

Haug-Moritz, Gabriele: Kaisertum und Parität. Reichspolitik und Konfessionen nach dem Westfälischen Frieden, in: ZHF 19 (1992), S. 445-482.
Hausberger, Karl (Hg.): Carl von Dalberg. Der letzte geistliche Kurfürst, Regensburg 1995.
Hausmann, Jost: Die Geschichte des Kameralbauwesens, in: ders., Fern vom Kaiser, S. 45-76.
Ders. (Hg.): Fern vom Kaiser. Städte und Stätten des Reichskammergerichts, Köln, Weimar, Wien 1995.
Martin Heckel: Staat und Kirche nach den Lehren der evangelischen Juristen Deutschlands in der ersten Hälfte des 17. Jahrhunderts, in: ZRG KA 42 (1956), S. 117-247 und ZRG KA 43 (1957), S. 202-308.
Heigel, Karl von: Denkwürdigkeiten des bayerischen Staatsrats Georg Ludwig von Maurer, München 1903.
Hein, Nils: Der Staat Karl Theodor von Dalberg's: Theoretischer Führungsanspruch und politische Ohnmacht im Alten Reich und im Rheinbund (1802 bis 1813), Diss. Frankfurt am Main 1996.
Hellmuth, Eckhardt: Naturrechtsphilosophie und bürokratischer Werthorizont, Göttingen 1985.
Ders./Immo Meenken/Michael Trauth (Hg.): Zeitenwende? Preußen um 1800. Festgabe für Günther Birtsch zum 70. Geburtstag, Stuttgart-Bad Cannstadt 1999.
Helm, Claudia: Das Reichskammergericht und Aschaffenburg, in: Spies, Carl von Dalberg, S. 280-304.
Henker, Michael: Prosopographie der Pfalz-Neuburgischen Zentralbehörden im 17. Jahrhundert, Phil Diss. München 1984.
Ders. u. a. (Hg.): Bavaria, Germania, Europa – Geschichte auf bayerisch. Katalogbuch zur Landesausstellung des Hauses der Bayerischen Geschichte in Zusammenarbeit mit den Museen der Stadt Regensburg 18. Mai bis 29. Oktober 2000, Augsburg 2000.
Ders. u. a. (Hg.): Bayern entsteht. Montgelas und sein Ansbacher Mémoire 1796. Katalog zur Ausstellung des Hauses der Bayerischen Geschichte in Zusammenarbeit mit dem Bayerischen Hauptstaatsarchiv in Ansbach und München 1996/97, Augsburg 1996.
Henning, Eckhart: Sozialgenealogie und Historische Demographie, Prosopographie und Biographieforschung. Zur Diskussion der Begriffe, in: Genealogie 45 (1996), S. 193-202.
Henning, F.-W.: Kammerzieler, in: HRG, Bd. II, Sp. 590-592, Berlin 1978.
Hermand, Jost: Der alte Traum vom neuen Reich. Völkische Utopien und Nationalsozialismus, Frankfurt a. Main 1988.
Heydenreuther: Der landesherrliche Hofrat unter Herzog und Kurfürst Maximilian I. von Bayern (1598–1651), München 1981.
Hildebrand, Klaus: Das vergangene Reich. Außenpolitik von Bismarck bis Hitler 1871–1945, Darmstadt 1995.

Hillbrandt-Grill, Friederike: Ein neues Forum der Personengeschichte. Österreichisches biographisches Lexikon, Schriftenreihe Heft 2, Wien 1992.

Hinz, Berthold/Kunst, Joachim (Hg.): Bürgerliche Revolution und Romantik. Natur und Gesellschaft bei Caspar David Friedrich, Gießen 1976.

Hofmann, Hanns Hubert: Adelige Herrschaft und souveräner Staat. Studien über Staat und Gesellschaft in Franken und Bayern im 18. und 19. Jahrhundert, München 1962.

Hölscher, Lucian: Die Entdeckung der Zukunft, Frankfurt am Main 1999.

Holst, Christian von: Johann Heinrich Dannecker. Der Bildhauer. Katalog zur Ausstellung „Johann Heinrich Dannecker" in der Staatsgalerie Stuttgart vom 1. Februar bis 31. März 1997, Bd. 1, Stuttgart 1997.

Holthöfer: Die Literatur der Kameraljurisprudenz, in: Diestelkamp, Das Reichskammergericht am Ende des Alten Reiches, S. 189-216.

Hömig, Dieter: Der Reichsdeputationshauptschluß vom 25. Februar 1803 und seine Bedeutung für Staat und Kirche unter besonderer Berücksichtigung württembergischer Verhältnisse, Tübingen 1969.

Hufeld, Ulrich (Hg.): Der Reichsdeputationshauptschluss von 1803. Eine Dokumentation zum Untergang des Alten Reiches, Köln, Weimar, Wien 2003.

Hundt, Michael: Die mindermächtigen deutschen Staaten auf dem Wiener Kongreß, Mainz 1996.

Ders. (Hg.): Quellen zur kleinstaatlichen Verfassungspolitik auf dem Wiener Kongreß. Die mindermächtigen deutschen Staaten und die Entstehung des Deutschen Bundes 1813–1815, Hamburg 1996.

Imhof, Kurt/Romano, Gaetano: Die Diskontinuität der Moderne. Zur Theorie des sozialen Wandels, Frankfurt am Main 1996.

Jahns, Sigrid: Die Assessoren des Reichskammergerichts in Wetzlar, Wetzlar 1986.

Dies.: Der Aufstieg in die juristische Funktionselite des Alten Reiches, in: Winfried Schulze (Hg.): Ständische Gesellschaft und soziale Mobilität, München 1988, S. 353-383.

Dies.: Brandenburg-Preußen im System der Reichskammergerichts-Präsentationen 1648–1806, in: Hermann Weber (Hg.): Politische Ordnungen und soziale Kräfte im Alten Reich, Wiesbaden 1980, S. 169-202.

Dies.: Durchgangsposten oder Lebensstellung? Das Kammergerichtsassessorat in den Karriereverläufen frühneuzeitlicher Juristen, in: Battenberg/Ranieri, Geschichte der Zentraljustiz, S. 271-309.

Dies.: Das Generalexamen der Kammergerichtsassessoren als „Ego-Dokumente"?, in: Winfried Schulze (Hg.): Ego-Dokumente. Annäherungen an den Menschen in der Geschichte?, München 1996, S. 191-205.

Dies.: Juristen im Alten Reich. Das richterliche Personal des Reichskammergerichts 1648–1806, in: Bernhard Diestelkamp (Hg.): Forschungen aus Akten des Reichskammergerichts, Köln, Weimar, Wien 1984, S. 1-40.

Dies.: Die Personalverfassung des Reichskammergerichts unter Anpassungsdruck. Lösungen im Spannungsfeld zwischen Modernität und Überalterung, in: Diestelkamp, Das Reichskammergericht in der deutschen Geschichte, S. 59-110.

Dies.: Die Reichsjustiz als Spiegel der Reichs- und Religionsverfassung, in: Walter Bußmann/Heinz Schilling (Hg.): 1648. Krieg und Frieden in Europa, Münster 1998, S. 455-463.

Dies.: Das Reichskammergericht und seine Richter. Verfassung und Sozialstruktur eines höchsten Gerichtes im Alten Reich, Teil I: Darstellung (Druck in Vorbereitung), Teil II: Biographien, Bd. 1 u. 2, Köln, Wiemar, Wien 2003 (Quellen und Forschungen zur höchsten Gerichtsbarkeit im Alten Reich Bd. 26/I und II).

Dies.: Das Ringen um die Reichsjustiz im Konfessionellen Zeitalter – ein Kampf um die Forma Reipublicae (1555–1648), in: Hartmut Boockmann u. a. (Hg.): Recht und Verfassung im Übergang vom Mittelalter zur Neuzeit, 2. Teil: Bericht über Kolloquien der Kommission zur Erforschung der Kultur des Spätmittelalters 1996 bis 1997, Göttingen 2001, S. 407-472.

Dies.: Die Universität Gießen und das Reichskammergericht, in: Peter Moraw/Volker Press (Hg.): Academia Gissensis. Beiträge zur älteren Gießener Universitätsgeschichte, Marburg 1982, S. 189-219.

Jellinek, Georg: Allgemeine Staatslehre, 3. Aufl. Darmstadt 1959.

Jeserich, Kurt G. A./ Neuhaus, Helmut (Hg.): Persönlichkeiten der Verwaltung. Biographien zur deutschen Verwaltungsgeschichte 1648–1945 (1991).

Jörn, Nils: Gerichtstätigkeit, personelle Strukturen und politisch relevante Rechtsprechung am Wismarer Tribunal 1653–1815, in: Baumann, Anette/Sigrid Westphal/Stephan Wendehorst/Stefan Ehrenpreis (Hg.): Prozessakten als Quelle. Neue Ansätze zur Erforschung der Höchsten Gerichtsbarkeit im Alten Reich, Köln, Weimar, Wien 2001 (Quellen und Forschungen zur höchsten Gerichtsbarkeit im alten Reich Bd. 37), S. 219-257.

Ders.: Johann von Ulmenstein und Christian von Nettelbla. Zwei Assessoren aus Norddeutschland am Wetzlarer Reichskammergericht, in: ders./Michael North (Hg.): Die Integration des südlichen Ostseeraumes in das Alte Reich 1495–1806, Köln, Wien 2000, S. 143-184.

Ders.: Stockholm – Greifswald – Wetzlar. Wichtige Stationen im Leben des schwedischen Reichskammergerichtsassessors Christian von Nettelbladt, in: Stadtgeschichtliches Museum Wismar (Hg.): Schwedenzeit, Wismar 1998, S. 87-103.

Junk, Heinz-K.: Das Großherzogtum Berg. Zur Territorialgeschichte des Rheinlandes und Westfalens in napoleonischer Zeit, in: Westfälische Forschungen 33 (1983), S. 29-83.

Kamptz, C. G. J. v.: Die Familie von Kamptz. Als Manuskript gedruckt, Schwerin 1871, S. 329-335.

Kellein, Thomas: Caspar David Friedrich. Der künstlerische Weg, München 1998.

Keppler, Utta: Franziska von Hohenheim. Gemahlin Carl Eugens von Württemberg 1748–1811, in: Max Miller/Robert Uhland (Hg.): Lebensbilder aus Schwaben und Franken, 10 (1966), S. 157-183.

Kersting, Wolfgang: Der Kontraktualismus im deutschen Naturrecht, in: Dann/Klippel, Naturrecht – Spätaufklärung – Revolution, S. 90-110.

Klass, Andreas: Standes- oder Leistungselite? Eine Untersuchung der Karrieren der Wetzlarer Anwälte des Reichskammergerichts (1693–1806) anhand ihrer juristischen Ausbildung und sonstiger Amtszugangsvoraussetzungen, Frankfurt am Main 2002.

Klein, August: Friedrich Graf zu Solms-Laubach. Preussischer Oberpräsident in Köln 1815 bis 1822. Köln 1936 (Veröffentlichungen des Kölner Geschichtsvereins Bd. 13).

Kleinheyer, Gerd: Die Abdankung des Kaisers, in: Gerhard Köbler (Hg.): Wege europäischer Rechtsgeschichte. Karl Kroeschell zum 60. Geburtstag, Frankfurt am Main u. a. 1987.

Ders.: Deutsche Juristen aus fünf Jahrhunderten. Eine biographische Einführung in die Geschichte der Rechtswissenschaft, 2. Aufl. Heidelberg 1983.

Ders.: Die kaiserlichen Wahlkapitulationen. Geschichte, Wesen und Funktion, Karlsruhe 1968.

Kleinstück, Erwin: Johann Friedrich Boehmer, Frankfurt 1959.

Klemmer, Lieselotte: Aloys von Rechberg als Bayerischer Politiker (1766-1849), München 1975.

Klippel, Diethelm: Das „natürliche Privatrecht“ im 19. Jahrhundert, in: ders. (Hg.): Naturrecht im 19. Jahrhundert. Kontinuität – Inhalt – Funktion – Wirkung, Goldbach 1997, S. 221-250.

Ders.: Politische Freiheit und Freiheitsrechte im deutschen Naturrecht des 18. Jahrhunderts, Paderborn 1976.

Ders.: Staatsamt und bürgerliche Gesellschaft. Die Theorie des Staatsdienstes im aufgeklärten Absolutismus und im Vormärz, in: Hellmuth/Meenken/Trauth, Zeitenwende, S. 77-96.

Klueting, Harm: Dalbergs Großherzogtum Frankfurt – ein Napoleonischer Modellstaat? Zu den rheinbündischen Reformen im Fürstentum Aschaffenburg und im Großherzogtum Frankfurt, in: Aschaffenburger Jahrbuch 11/12 (1988), S. 359-380.

Ders. (Hg.): Katholische Aufklärung – Aufklärung im Katholischen Deutschland, Hamburg 1993.

Ders.: Das Reich und Österreich. 1648–1740, Münster 1999.

Kobell, Luise von: Unter den vier ersten Königen Bayerns. Nach Briefen und eigenen Erinnerungen. Erster Band, München 1894.

Kordes, Matthias: Zur Verwendung und Verwertung von Reichskammergerichtsakten im Rechtsleben der Preußischen Rheinprovinz. Untersuchungen zu den „Acta der Königlichen General-Procuratur des Rheinischen Appellations-Gerichtshofes betreffend das Archiv-Wesen des vormaligen Reichs Cammergerichts zu Wetzlar", in: Diestelkamp, Das Reichskammergericht am Endes des Alten Reiches, S. 251-305.

Körner, Hans-Michael: „Bemerkungen über den Entwurf der Verfassung für Baiern". Das Verfassungsgutachten des Kronprinzen Ludwig von Bayern vom 9. März 1815, in: ZBLG 49, Heft 2 (1986), S. 421-448.

Ders.: Karl Theodor von Heigel und die Benützung der bayerischen Staatsratsprotokolle 1883/84, in: Andreas Kraus (Hg.): Land und Reich. Stamm und Nation. Probleme und Perspektiven bayerischen Geschichte. Festgabe für Max Spindler zum 90. Geburtstag, Bd. III, München 1984, S. 303-319.

Koselleck, Reinhart: Das 18. Jahrhundert als Beginn der Neuzeit, in: Reinhart Herzog/ders. (Hg.): Epochenschwellen und Epochenbewußtsein, München 1987, S. 269-282.

Ders.: „Erfahrungsraum" und „Erwartungshorizont" – zwei historische Kategorien, in: ders., Vergangene Zukunft, S. 349-375.

Ders.: Geschichte, Geschichten und formale Zeitstrukturen, in: ders., Vergangene Zukunft, S. 130-143.

Ders.: Historia Magistra Vitae. Über die Auflösung des Topos im Horizont neuzeitlich bewegter Geschichte, in: ders., Vergangene Zukunft, S. 38-66.

Ders.: Preußen zwischen Reform und Revolution, 2. Aufl. Stuttgart 1975.

Ders.: Standortbindung und Zeitlichkeit. Ein Beitrag zur historiographischen Erschließung der geschichtlichen Welt, in: ders., Vergangene Zukunft, S. 176-210.

Ders.: Vergangene Zukunft. Zur Semantik geschichtlicher Zeiten, 3. Aufl. Frankfurt 1995.

Kraus, Andreas: Geschichte Bayerns. Von den Anfängen bis zur Gegenwart, 2. Aufl. München 1988.

Kreutz, Wilhelm: Die Illuminaten des rheinisch-pfälzischen Raums und anderer außerbayerischer Territorien. Eine ‚wiederentdeckte' Quelle zur Ausbreitung des radikal aufklärerischen Geheimordens in den Jahren 1781 und 1782, in: Francia 18/2 (1991), S.115-149

Langer, Herbert: Der Heilbronner Bund (1633–1635), in: Press, Alternativen zur Reichsverfassung, S. 113-122.

Lanzinner, Maximilian: Fürst, Räte und Landstände. Die Entstehung der Zentralbehörden in Bayern 1511–1598, Göttingen 1980.

Ders.: Das Heilige Römische Reich Deutscher Nation, in: Henker, Bavaria, Germania, Europa, S. 21-33.

Ders.: Der Landsberger Bund und seine Vorläufer, in: Press, Alternativen zur Reichsverfassung, S. 65-80.

Laufs, Adolfs: Johann Jacob Moser, in: Stolleis, Staatsdenker, S. 284-293.

Lechner, K.: Reichshofgericht und königliches Kammergericht im 15. Jahrhundert, in: Mitteilungen des österreichischen Staatsarchivs Erg.Bd. 7 (1910), S. 85-113.

Lefebvre, Charles: Napoléon, 5. Aufl. Paris 1965.

Link, Christoph: Johann Stephan Pütter, in: Stolleis, Staatsdenker, S. 310-331.

Luig, Klaus: Christian Thomasius, in: Stolleis, Staatsdenker, S. 227-256.

Luig, Klaus (Hg): Samuel von Pufendorf. Über die Pflicht des Menschen und des Bürgers nach dem Gesetz der Natur, Frankfurt am Main 1994.

Luttenberger, Albrecht P.: Karl Theodor von Dalberg, das Reich und der Rheinbund, in: Schmid/Unger, Wende in Europas Mitte, S. 53-80.

Mader, Eric-Oliver: Das Alte Reich in neuem Licht. Perspektiven auf sein Ende und sein Nachwirken im frühen 19. Jahrhundert, in: Arndt Brendecke/Wolfgang Burgdorf (Hg.): Wege in die Frühe Neuzeit. Werkstattberichte, eine Linksammlung sowie Bildmaterialien zu München im Dreißigjährigen Krieg und zur Hexenverfolgung auf CD-Rom, Neuried 2001, S. 235-256.

Ders.: „Heilige Schulden" des Alten Reichs. Das Problem der Entschädigung des Reichskammergerichtspersonals für den Verlust ihrer Stellen, in: Diestelkamp, Das Reichskammergericht am Ende des Alten Reiches, S. 105-142.

Ders.: Heinrich Aloys von Reigersberg, in: NDB 21 (2003), S. 329-330.

Ders.: „Soldateske" des Reichskammergerichts, in: Baumann u. a., Reichspersonal, S. 265-290.

Maier, Hans: Ältere deutsche Staatslehre und westliche politische Tradition, Tübingen 1966.

Ders.: Die ältere deutsche Staats- und Verwaltungslehre, Neuwied 1966.

Ders.: Die Lehre der Politik an den deutschen Universitäten vornehmlich vom 16.–18. Jahrhundert, in: Dieter Oberndörfer (Hg.): Wissenschaftliche Politik, Freiburg 1962, S. 59-116.

Mees, H.-K.: Karl Friedrich August Philipp Freiherr von Dalwigk. Gründungspräsident der Wiesbadener Casino-Gesellschaft, in: Georg Schmidt-von Rhein (Hg.): 175 Jahre Wiesbadener Casino-Gesellschaft 1816–1991, Wiesbaden 1991, S. 83-89.

Meinecke, Friedrich: Weltbürgertum und Nationalstaat, 2. Aufl. München 1969 (zuerst 1908).

Menzel, Gerhard: Franz Josef von Albini 1748–1815, in: Mainzer Zeitschrift 69 (1974), S. 1-126.

Möckl, Karl: Die bayerische Konstitution von 1808, in: Weis, Reformen im Rheinbündischen Deutschland, S. 151-166.

Moraw, Peter: Bestehende, fehlende und heranwachsende Voraussetzungen, in: Joachim Ehlers (Hg.): Ansätze und Diskontinuität deutscher Nationsbildung im Mittelalter, Sigmaringen 1989, S. 99-120.

Ders.: Die Funktion von Einungen und Bünden im spätmittelalterlichen Reich, in: Press, Alternativen zur Reichsverfassung, S. 1-22.

Ders.: Personenforschung und deutsches Königtum, in: ZHF 2 (1975), S. 7-18.

Ders./Press, Volker: Probleme der Sozial- und Verfassungsgeschichte des Heiligen Römischen Reiches Deutscher Nation im späten Mittelalter und der frühen Neuzeit (13. – 18. Jahrhundert), in: ZHF 2 (1975), S. 95-108.

Müller, Ernst: Die Auflösung des Preußischen Staatsarchivs zu Wetzlar, in: Archivalische Zeitschrift 37 (1928), S. 132-136.

Müller, J.: Veränderungen im Reichsmatrikelwesen um die Mitte des sechzehnten Jahrhunderts, in: Zeitschrift des Historischen Vereins für Schwaben und Neuburg 23 (1896), S. 115ff.

Müller, Winfried: Die Aufklärung, München 2002.

Müller-Kinet, Hartmut: Die höchste Gerichtsbarkeit im deutschen Staatenbund 1806–1866, Bern, Frankfurt am Main 1975.

Mulsow, Martin: Frühneuzeitliche Selbsterhaltung. Telesio und die Naturphilosophie der Renaissance, Tübingen 1998.

Mußgnug, Reinhard (Red.): Wendemarken in der deutschen Verfassungsgeschichte. Tagung der Vereinigung für Verfassungsgeschichte in Hofgeismar 11.3 – 13.3 in Hofgeismar, Berlin 1993.

Neri, Daniela: Graf Anton Freiherr von Cetto (1756–1847). Ein bayerischer Diplomat der napoleonischen Zeit. Eine politische Biographie, Sigmaringen 1993.

Neugebauer-Wölk, Monika: Reichsjustiz und Aufklärung. Das Reichskammergericht im Netzwerk der Illuminaten, Wetzlar 1993.

Dies.: Revolution und Constitution. Die Brüder Cotta. Eine biographische Studie zum Zeitalter der Französischen Revolution und des Vormärz, Berlin 1989.

Neuhaus, Helmut: Das Ende des Alten Reiches, in: Helmut Altrichter/ders. (Hg.): Das Ende von Großreichen, Erlangen, Jena 1996, S. 185-209.

Ders.: Das Reich in der frühen Neuzeit, München 1997.

Neumüller: Liberalismus und Revolution. Das Problem der Revolution in der liberalen Geschichtsschreibung des 19. Jahrhunderts, Düsseldorf 1973.

Nicolet, Claude: Prosopographie et histoire sociale: Rome et l'Italie à l'époque républicaine, in: Annales XXV (1970), S. 1209-1228.

Nipperdey, Thomas: Deutsche Geschichte 1800–1866, Bd. 1: Bürgerwelt und starker Staat, München 1983.

Nolte, Paul: Gibt es noch eine Einheit der Neueren Geschichte?, in: ZHF 24, Heft 2 (1997), S. 1-23.

Nürnberger, Richard: Das Zeitalter der Französischen Revolution und Napoleons, in: Golo Mann (Hg.): Propyläen Weltgeschichte, Band 8, Berlin, Frankfurt, Wien 1960, S. 59-192.

Obenaus, Herbert: Die Reichsstände des Königreichs Westphalen, in: Francia 9 (1981), S. 299-329.
Oer, Rudolfine von: Der Friede von Pressburg. Ein Beitrag zur Diplomatiegeschichte des Napoleonischen Zeitalters, Münster 1965.
Oestreich, Gerhard: Antiker Geist und moderner Staat bei Justus Lipsius (1547–1606). Der Neustoizismus als politische Bewegung, hg. und eingeleitet von Nicolette Mout, Göttingen 1989.
Ders.: Geist und Gestalt des frühmodernen Staates, Berlin 1969.
Ott, Thomas: Das Alte Reich im späten 16. Jahrhundert, in: Arndt Brendecke/Wolfgang Burgdorf (Hg.): Wege in die Frühe Neuzeit. Werkstattberichte, eine Linksammlung sowie Bildmaterialien zu München im Dreißigjährigen Krieg und zur Hexenverfolgung auf CD-Rom, Neuried 2001, S. 187-213.
Ders./Winfried Schulze: Wormser Matrikel, Reichsmatrikel, in: HRG Bd. V, Sp. 1530-1536, Berlin 1998.

Palladini, Fiammetta (Hg.): Samuel Pufendorf und die europäische Frühaufklärung. Werk und Einfluß eines deutschen Bürgers der Gelehrtenrepublik nach 300 Jahren (1694–1994), Berlin 1996.
Peters, Hermann Josef: Niklas Vogt und das rheinische Geistesleben 1792–1834. Ein Beitrag zur Geschichte des politischen und historischen Denkens am Mittelrhein, Mainz 1962.
Piereth, Wolfgang: Bayerns Pressepolitik und die Neuordnung Deutschlands nach den Befreiungskriegen, München 1999.
Press, Volker: Adel im alten Reich. Gesammelte Vorträge und Aufsätze, hg. v. Franz Brendle und Anton Schindling, Tübingen 1998.
Ders. (Hg.): Alternativen zur Reichsverfassung in der Frühen Neuzeit?, München 1995.
Ders.: Altes Reich und Deutscher Bund. Kontinuität in der Diskontinuität, München 1995.
Ders.: Die kaiserliche Stellung im Reich zwischen 1648–1740. Versuch einer Neubewertung, in: Georg Schmidt (Hg.): Stände und Gesellschaft im Alten Reich, Stuttgart 1989, S. 51-80.
Ders.: Der Reichshofrat im System des frühneuzeitlichen Rechts, in: Battenberg/Ranieri, Geschichte der Zentraljustiz, S. 349-365.
Ders.: Das Reichskammergericht in der deutschen Geschichte, Wetzlar 1987.
Ders.: Die Reichsritterschaft im Reich der Frühen Neuzeit, in: ders.: Adel im Alten Reich, S. 205-231.
Ders.: Das römisch-deutsche Reich. Ein politisches System in verfassungs- und sozialgeschichtlicher Fragestellung, in: Grete Klingenstein/Heinrich Lutz (Hg.): Spezialforschung und Gesamtgeschichte. Beispiele und Methodenfragen zur Geschichte der Frühen Neuzeit, München 1982, S. 221-242.
Ders.: Steuern, Kredit und Repräsentation. Zum Problem der Ständebildung ohne Adel, in: ZHF 2 (1975), S. 59-93.

Ders.: Der Untergang des Heiligen Römischen Reiches deutscher Nation, in: Eberhard Müller (Hg.): „...aus der anmuthigen Gelehrsamkeit“. Tübinger Studien zum 18. Jahrhundert. Dietrich Geyer zum 60. Geburtstag, Tübingen 1988, S. 81-97.

Preu, Peter: Polizeibegriff und Staatszwecklehre. Die Entwicklung des Polizeibegriffs durch die Rechts- und Staatswissenschaften des 18. Jahrhunderts, Göttingen 1983.

Prosopographie als Sozialgeschichte? Methoden personengeschichtlicher Erforschung des Mittelalters, in: Bericht über die 32. Versammlung deutscher Historiker in Hamburg 4. bis 8. Oktober 1978. Beiheft zu GWU, Stuttgart 1979, S. 175-198.

Prössler, Friedrich: Friedrich Graf zu Solms-Laubach. Sein Lebensweg von 1769–1806, Darmstadt 1957.

Quint, Wolfgang: Souveränitätsbegriff und Souveränitätspolitik in Bayern. Von der Mitte des 17. bis zur ersten Hälfte des 19. Jahrhunderts, Berlin 1971.

Raab, Heribert: Joseph Görres. Ein Leben für Freiheit und Recht. Auswahl aus seinem Werk. Urteile von Zeitgenossen, Paderborn u. a. 1978.

Ranke, Leopold von: Die deutschen Mächte und der Fürstenbund, 2 Bde., Leipzig 1871, 1872.

Raumer, Kurt von: Deutschland um 1800. Krise und Neugestaltung 1789–1815, in: Handbuch der Deutschen Geschichte. Begründet von Otto Brandt, fortgeführt von Arnold Oskar Meyer, neu hrsg. von Leo Just, Bd. 3/I, 1. Teil, Wiesbaden 1980, S. 3-430.

Ders.: Hügels Gutachten zur Frage der Niederlegung der Kaiserkrone (17. Mai 1806), in: ZBLG 27 (1964), S. 390-408.

Ders.: „Préfecture française“. Montgelas und die Beurteilung der napoleonischen Rheinbundpolitik. Ein Bericht des württembergischen Gesandten Graf Taube, München 5. Juli 1806, in: Konrad Repgen/Stephan Skalweit (Hg.): Spiegel der Geschichte. Festgabe für Max Braubach zum 10. April 1964, Münster 1964, S. 635-661.

Rechter, Gerhard: Die Seckendorff. Quellen und Studien zur Genealogie und Besitzgeschichte, Bd. 3: Die Linien Aberdaer und Hörauf, Teil 1, Neustadt an der Aisch 1997.

Reichardt, Rolf: Zur Sozialgeschichte der französischen Aufklärung, in: Francia 5 (1977), S. 231-249.

Ders./Schmitt, Eberhard: Die Französische Revolution. Umbruch oder Kontinuität?, in: ZHF 7 (1980), S. 257-320.

Reinhard, Wolfgang: Freunde und Kreaturen. „Verflechtung“ als Konzept zur Erforschung historischer Führungsgruppen. Römische Oligarchie um 1600, München 1979.

Ders.: Geschichte der Staatsgewalt. Eine vergleichende Verfassungsgeschichte Europas von den Anfängen bis zur Gegenwart, München 1999.

Renner, Bruno: Die nationalen Einigungsbestrebungen Friedrich Karl von Mosers. 1765–1767, Diss. Königsberg 1920.

Rob, Klaus: Karl Theodor von Dalberg (1744–1817). Eine politische Biographie für die Jahre 1744–1806, Franfurt am Main u. a. 1984.

Röd, W.: Geometrischer Geist und Naturrecht, München 1970.

Rößler, Helmut: Napoleons Griff nach der Karlskrone. Das Ende des alten Reiches 1806, München 1957.

Ders.: Österreichs Kampf um Deutschlands Befreiung. Die deutsche Politik der nationalen Führer Österreichs 1805–1815, 2 Bde., Hamburg 1940.

Rückert, Joachim: Idealismus, Jurisprudenz und Politik bei Friedrich Carl von Savigny, Ebelsbach 1984.

Rumpler, Helmuth (Hg.): Deutscher Bund und deutsche Frage 1815–1866. Europäische Ordnung, deutsche Politik und gesellschaftlicher Wandel im Zeitalter der bürgerlich-nationalen Emanzipation, Wien, München 1990.

Rürup, Reinhard: Johann Jacob Moser. Pietismus und Reform, Wiesbaden 1965.

Sailer, Rita: Richterliches Selbstverständnis und juristische Ordnungsvorstellungen, in: Diestelkamp, Das Reichskammergericht am Ende des Alten Reiches, S. 1-41.

Sauer, Paul: Napoleons Adler über Württemberg, Baden und Hohenzollern. Südwestdeutschland in der Rheinbundzeit, Stuttgart 1987.

Schärl, Walter: Die Zusammensetzung der bayerischen Beamtenschaft von 1806–1919, Kallmünz 1955.

Schelp, Robert: Das Allgemeine Staatsrecht – Staatsrecht der Aufklärung. Eine Untersuchung zu Inhalt, Anspruch und Geltung des naturrechtlichen Staatsrechts im 17. und 18. Jahrhundert, Berlin 2001.

Schembs, Hans Otto/ Nordmeyer, Helmut: Großer Hirschgraben. Geschichte und Geschichten einer Strasse, Frankfurt am Main 2000.

Schenk, Heinz: Archive in Frankfurt am Main, in: Der Achivar 40, Heft 3 (1987), S. 357.

Scherg, Theodor Josef: Das Schulwesen unter Karl Theodor von Dalberg besonders im Fürstentum Aschaffenburg 1803–1813 und im Großherzogtum Frankfurt 1810–1813, 2 Teile, München 1939.

Scheurmann, Ingrid (Hg.): Frieden durch Recht. Das Reichskammergericht von 1495 bis 1806, Mainz 1994.

Dies.: Im Schatten des Reichskammergerichts. Die Wetzlarer Rechtsschule (1808–1816). Eine Bildungseinrichtung der Rheinbundzeit, in: Battenberg/Ranieri (Hg.): Geschichte der Zentraljustiz, S. 377-401.

Dies.: „Mit rothem Sammet und goldenen Borden“. Die Ausstattung des Reichskammergerichtes im 18. Jahrhundert, in: Hausmann, Fern vom Kaiser, S. 77-90.

Dies.: Wetzlarische Beiträge zu einer pragmatischen allgemeinen Rechtsgelehrsamkeit. Die Geschichte der kameralen Bibliothek von der Gelehrtenstube zur Universität, in: Winfried Speitkamp (Hg.): Staat, Gesellschaft, Wissenschaft. Beiträge zur modernen hessischen Geschichte. Festschrift für Hellmut Seier zum 65. Geburtstag, Marburg 1994, S. 229ff.

Schieder, Theodor: Vom Deutschen Bund zum Deutschen Reich. Handbuch der Deutschen Geschichte, Band 15, München 1975.

Schilling, Heinz: Reichs-Staat und frühneuzeitliche Nation der Deutschen oder teilmodernisiertes Reichssystem. Überlegungen zu Charakter und Aktualität des Alten Reiches, in: HZ 272 (2001), S. 377-395.

Schimke, Maria: Das Ansbacher Mémoire und die praktische Umsetzung seiner Reformideen, in: Henker, Bayern entsteht, S. 52-62.

Schindling, Anton: Der erste Rheinbund und das Reich, in: Press, Alternativen zur Reichsverfassung, S. 123-130.

Schings, Hans Jürgen: Melancholie und Aufklärung. Melancholiker und ihre Kritiker in Erfahrungsseelenkunde und Literatur des 18. Jahrhunderts, Stuttgart 1977.

Schlaich, Heinz W.: Der bayerische Staatsrat. Beiträge zu seiner Entwicklung von 1808/09 bis 1918, in: ZBLG 28 (1965), S. 460-522.

Schlumbohm, Jürgen: Freiheit. Die Anfänge der bürgerlichen Emanzipationsbewegung in Deutschland im Spiegel ihres Leitwortes (ca. 1760 – ca. 1800), Düsseldorf 1975.

Schmale, Wolfgang: Das Naturrecht in Frankreich zwischen Prärevolution und Teurreur, in: Dann/ Klippel, Naturrecht – Spätaufklärung – Revolution, S. 5-22.

Schmid, Alois/Weigand, Katharina (Hg.): Schauplätze der Geschichte in Bayern, München 2003.

Ders./Unger, Klemens (Hg.): 1803 – Wende in Europas Mitte. Vom feudalen zum bürgerlichen Zeitalter. Begleitband zur Ausstellung im Historischen Museum Regensburg 29. Mai bis 24. August 2003, Regensburg 2003.

Schmidt, Georg: Geschichte des alten Reiches. Staat und Nation in der Frühen Neuzeit 1495–1806, München 1999.

Ders.: Goethe. Politisches Denken und regional orientierte Praxis im Alten Reich, in: Goethe Jahrbuch 112 (1995), S. 197-212.

Ders.: Der napoleonische Rheinbund – ein erneuertes Altes Reich?, in: Press, Alternativen zur Reichsverfassung, S. 227-246.

Schmidt-von Rhein, Georg (Hg.): Wetzlar. Stadt des Reichskammergerichts, Wetzlar 1998.

Schnabel, Franz: Deutsche Geschichte im 19. Jahrhundert, Bd. 1: Die Grundlagen, München 1987 (unveränderter ND von 1929, mit einer Einl. von Eberhard Weis).

Ders.: Sigismund von Reitzenstein. Der Begründer des badischen Staates, Heidelberg, 1927.

Schneider, Norbert: Natur und Religiosität in der deutschen Frühromantik – zu Kaspar David Friedrichs ‚Teschener Altar', in: Kritische Berichte, Bd. 1, Nr. 4 (1974), S. 60-88.

Schnettger, Matthias (Hg.): Imperium Romanum – Irregulare Corpus – Teutscher Reichs-Staat. Das Alte Reich im Verständnis der Zeitgenossen und der Historiographie, Mainz 2002.

Schnur, Roman (Hg.): Die Rolle der Juristen bei der Entstehung des modernen Staates, Berlin 1986.

Schoenwerk, August: Geschichte von Stadt und Kreis Wetzlar, 2. Aufl. Wetzlar 1975.

Schömbs, Erwin: Das Staatsrecht Johann Jakob Mosers (1701–1785). Zur Entstehung des historischen Positivismus in der deutschen Reichspublizistik des 18. Jahrhunderts, Berlin 1968.

Schröder, Jan: „Naturrecht bricht positives Recht" in der Rechtstheorie des 18. Jahrhunderts?, in: Schwab, Staat, Kirche, Wissenschaft, S. 419-433.

Ders./ Pielemeier, Ines: Naturrecht als Lehrfach an den deutschen Universitäten des 18. und 19. Jahrhunderts, in: Dann/Klippel, Naturrecht – Spätaufklärung – Revolution, S. 255-269.

Schröder, Reinhard: Naturrecht und soziale Reform oder soziale Reform durch Naturrecht?, in: Diethelm Klippel (Hg.): Naturrecht im 19. Jahrhundert. Kontinuität – Inhalt – Funktion – Wirkung, Goldbach 1997, S. 185-220.

Schröder, Willi: Die Gründung der Jenaer Burschenschaft, das Wartburgfest und die Turnbewegung, in: Helmut Asmus (Hg.): Studentische Burschenschaften und bürgerliche Umwälzung, Berlin 1992, S. 70-79.

Schubert, Friedrich Hermann: Die deutschen Reichstage in der Staatslehre der frühen Neuzeit, Göttingen 1966.

Schubert, Gerhard: Der preußische Staatsdiener auf dem Weg zum Laufbahnbeamten. Die Entwicklung im Rheinland und in Westphalen von 1794 bis 1850, Bochum 1982.

Schubert, Werner: Das französische Recht in Deutschland zu Beginn der Restaurationszeit (1814–1820), in: ZNR GA 94 (1977), S. 129-184.

Schuck, Gerhard: Rheinbundpatriotismus und politische Öffentlichkeit zwischen Aufklärung und Frühliberalismus. Kontinuitätsdenken und Diskontinuitätserfahrung in den Staatsrechts- und Verfassungsdebatten der Rheinbundpublizistik, Stuttgart 1994.

Schulin, Ernst: Traditionskritik und Rekonstruktionsversuch. Studien zur Entwicklung der Geschichtswissenschaft und historischem Denken, Göttingen 1979.

Schulze, Winfried: Der 14. Juli 1789. Biographie eines Tages, Stuttgart o. J. [1989].

Ders.: Deutsche Geschichtswissenschaft nach 1945, München 1989.

Ders.: Regensburg. Der Sitz des Immerwährenden Reichstags, in: Alois Schmid/Katharina Weigand (Hg.): Schauplätze der Geschichte in Bayern, München 2003, S. 257-275.

Ders.: Reichskammergericht und Reichsfinanzverfassung im späten 16. und 17. Jahrhundert, Wetzlar 1989.

Ders.: „Von den grossen Anfängen des neuen Welttheaters". Entwicklung neuerer Ansätze und Aufgaben der Frühneuzeitforschung, in: GWU 43 (1993), S. 3-18.

Schüttler, Hermann: Die Mitglieder des Illuminatenordens 1776–1787/93, München 1991.

Schütz, Alfred/ Luckmann, Thomas: Strukturen der Lebenswelt, 4. Aufl. Frankfurt am Main 1994.

Schwab, Dieter (Hg.): Staat, Kirche, Wissenschaft in einer pluralistischen Gesellschaft. Festschrift für Paul Mikat zum 65. Geburtstag, Berlin 1989

Schwarz, Hans: Die Vorgeschichte des Vertrags von Ried, München 1933.

Schweigard, Jörg: Aufklärung und Revolutionsbegeisterung. Die katholischen Universitäten in Mainz, Heidelberg und Würzburg im Zeitalter der Französischen Revolution (1789–1792/93–1803), Bern, Frankfurt am Main 2000.

Seier, Helmut: Der Deutsche Bund als Forschungsproblem 1815–1960, in: Rumpler, Deutscher Bund und deutsche Frage, S. 31-59.

Sellert, Wolfgang: Die Ladung des Beklagten vor Gericht. Eine Auswertung von Kammerbotenberichten, in: ZRG GA 84 (1967), S. 202-235.

Ders. (Hg.): Reichshofrat und Reichskammergericht. Ein Konkurrenzverhältnis, Köln, Weimar, Wien 1999.

Ders.: Über die Zuständigkeitsabgrenzung von Reichshofrat und Reichskammergericht, Aalen 1965.

Ders.: Das Verhältnis von Reichskammergerichts- und Reichshofratsordnungen am Beispiel der Regelungen über die Visitation, in: Diestelkamp, Das Reichskammergericht in der deutschen Geschichte, S. 111-128.

Seyboth, Reinhard: Kontinuität und Wandel. Vom mittelalterlichen Reichshofgericht zum Reichskammergericht von 1495, in: Scheurmann, Frieden durch Recht, S. 68-75.

Sheehan, James J.: Der Ausklang des alten Reiches. Deutschland seit dem Ende des Siebenjährigen Krieges bis zur gescheiterten Revolution. 1763 bis 1850, Berlin 1994.

Ders.: German History 1770–1866, Oxford 1989.

Siemann, Wolfram: Die Französische Revolution in der Publizistik der süddeutschen Rheinbundstaaten, in: Dufraisse, Revolution und Gegenrevolution, S. 121-138.

Ders.: Vom Staatenbund zum Nationalstaat. Deutschland 1806–1871, München 1995.

Smend, Rudolf: Das Reichskammergericht, Weimar 1911.

Sontheimer, Kurt: Antidemokratisches Denken in der Weimarer Republik, 3. Aufl. München 1994.
Spies, Hans-Bernd (Hg.): Carl von Dalberg 1744–1817. Beiträge zu seiner Biographie, Aschaffenburg 1994.
Ders.: Dalbergs letzte Reise von Aschaffenburg nach Regensburg 1813–1814, in: ders., Carl von Dalberg, S. 227-550.
Spindler, Max: Die Regierungszeit Ludwigs I. (1825-1848). Die liberale Reformperiode, in: ders. (Hg.): Handbuch der bayerischen Geschichte, Bd. IV/1, Müchen 1975, S. 105-157.
Srbik, Heinrich Ritter von: Deutsche Einheit. Idee und Wirklichkeit, 4 Bde., München 1935.
Ders.: Goethe und das Reich, Leipzig 1940.
Ders.: Das österreichische Kaisertum und das Ende des Heiligen Römischen Reichs (1804–1806), Wien 1927.
Ders.: Die Schicksalsstunde des alten Reiches, Österreichs Weg 1804–1806, Jena 1937.
Staatsministerium der Justiz (Hg.): Die Kgl. Bayer. Staatsminister der Justiz in der Zeit von 1818 bis 1918. Ihre Herkunft, ihr Werdegang und ihr Wirken. Mit einem Anhang: Die Staatsräte und Referenten dieser Zeit, 2 Tle., München 1931.
Stammen, Theo: „Denkschrift“ als literarische Form, in: Duchhardt/Teppe, Karl von und zum Stein, S. 105-124.
Steiger, Günter: Das „Phantom der Wartburgverschwörung“ 1817, in: Wiss. Zeit. d. Universität Jena (Gesellschafts- und sprachwiss. Reihe), Bd. 15, Heft 2 (1966), S. 183-212.
Steiger, Heinhard: Völkerrecht und Naturrecht zwischen Christian Wolff und Adolf Lasson, in: Diethelm Klippel (Hg.): Naturrecht im 19. Jahrhundert. Kontinuität – Inhalt – Funktion – Wirkung, Goldbach 1997, S. 45-76.
Stein, Anke: Advokaten und Prokuratoren am Reichskammergericht in Wetzlar 1693 bis 1806 als Rechtslehrer und Schriftsteller, Berlin 2002.
Stern, Jacques. (Hg.): Thibaut und Savigny. Ein programmatischer Rechtsstreit aufgrund ihrer Schriften, Berlin 1914.
Stetten, Wolfgang von: Die Rechtsstellung der unmittelbaren freien Reichsritterschaft, ihre Mediatisierung und ihre Stellung in den neuen Landen. Dargestellt am fränkischen Kanton Odenwald, o. O. 1973.
Stievermann, Dieter: Der Fürstenbund von 1785 und das Reich, in: Press, Alternativen zur Reichsverfassung, S. 209-226.
Stiftung des Historischen Kollegs im Stifterverband für die Deutsche Wissenschaft (Hg.): Über die Offenheit der Geschichte. Kolloquium der Mitglieder des Historischen Kollegs 20. und 21. November 1992, München 1996.
Stolleis, Michael: Die Allgemeine Staatslehre im 19. Jahrhundert, in: Diethelm Klippel (Hg.): Naturrecht im 19. Jahrhundert. Kontinuität – Inhalt – Funktion – Wirkung, Goldbach 1997, S. 3-18.

Ders.: Condere leges et interpretari. Gesetzgebungsmacht und Staatsbildung in der frühen Neuzeit, in: ders.: Staat und Staatsräson in der frühen Neuzeit. Studien zur Geschichte des öffentlichen Rechts, Frankfurt am Main 1990, S. 167-196.

Ders.: Geschichte des öffentlichen Rechts, Bd. 1: Reichspublizistik und Policeywissenschaft 1600–1800, Bd. 2: Staatsrechtslehre und Verwaltungswissenschaft 1800–1914, München 1988, 1992.

Ders.: Lipsius-Rezeption in der politisch-juristischen Literatur des 17. Jahrhunderts in Deutschland, in: ders.: Staat und Staatsräson in der frühen Neuzeit. Studien zur Geschichte des öffentlichen Rechts, Frankfurt am Main 1990, S. 232-267.

Ders.: Staatsdenker in der Frühen Neuzeit, 3. Aufl. München 1995.

Ders.: Textor und Pufendorf über die Ratio Status Imperii im Jahre 1667, in: ders.: Staat und Staatsräson in der frühen Neuzeit. Studien zur Geschichte des öffentlichen Rechts, Frankfurt am Main 1990, S. 106-133.

Ders.: Untertan – Bürger – Staatsbürger. Bemerkungen zur juristischen Terminologie im späten 18. Jahrhundert, in: ders. : Staat und Staatsräson in der frühen Neuzeit, Studien zur Geschichte des öffentlichen Rechts, Frankfurt am Main 1990, S. 299-339.

Stone, Lawrence: Prosopographie – englische Erfahrungen, in: Konrad Jarausch (Hg.): Quantifizierung in der Geschichtswissenschaft. Probleme und Möglichkeiten, Düsseldorf 1976, S. 64-97.

Suter, Andreas: Theorien und Methoden für eine Sozialgeschichte historischer Ereignisse, in: ZHF 25, Heft 2 (1998), S. 209-243.

Sybel, Heinrich von: Die Begründung des deutschen Reiches durch Wilhelm I., vornehmlich nach den preußischen Staatsakten, Bd. 1, München, Berlin 1889.

Ders.: Die Deutsche Nation und das Kaiserreich, Düsseldorf 1862.

Tellenbach, Gerd: Zur Bedeutung der Personenforschung für die Erkenntnis des früheren Mittelalters, in: ders.: Ausgewählte Abhandlungen, Bd. 3, Stuttgart 1988.

Thiele, Willi: Die Entwicklung des deutschen Berufsbeamtentums. Preußen als Ausgangspunkt des modernen Beamtentums, Herford 1981.

Thoman, Marcel: Christian Wolff et son temps (1679–1754). Aspects de la pensée morale et juridique, Straßburg 1963.

Thorsten, Oswald: Rîche. Eine geschichtliche Studie über die Entwicklung der Reichsidee, München, Berlin 1943.

Thudichum, Friedrich: Das vormalige Reichskammergericht und seine Schicksale, in: Zeitschrift für deutsches Recht und deutsche Rechtswissenschaft 20 (1861), S. 148-222.

Treichel, Eckhardt: Der Primat der Bürokratie. Bürokratischer Staat und bürokratische Elite im Herzogtum Nassau 1806–1866, Stuttgart 1991.

Treitschke, Heinrich von: Deutsche Geschichte im 19. Jahrhundert, 5 Bde., Leipzig 1879–1894.

Valjavec, Fritz: Die Entstehung der politischen Strömungen in Deutschland 1770–1815, Düsseldorf 1978 (unveränderter ND von 1951, mit einem Nachwort von Jörn Garber).
Völderndorff, Otto von: Harmlose Plaudereien eines alten Münchners. Neue Folge München 1898.
Volkert, Wilhelm: Bayerns Zentral- und Regionalverwaltung zwischen 1799 und 1817, in: Weis, Reformen im Rheinbündischen Deutschland, S. 169-180.
Ders./ Ziegler, Walter (Hg.): Im Dienst der bayerischen Geschichte. 70 Jahre Kommission für bayerische Landesgeschichte, 50 Jahre Institut für Bayerische Geschichte, München 1998.
Vossler, Otto: Rousseaus Freiheitslehre, Göttingen 1963.

Walter, Friedrich: Hohnhorsts Schrift über den Prozeß gegen K. L. Sand, in: Mannheimer Geschichtsblätter, VII. Jg., Heft 6 (1906), S. 117-123 und Heft 7, S. 152-156
Walter, Gero: Der Zusammenbruch des Heiligen Römischen Reiches Deutscher Nation und die Problematik seiner Restauration, Heidelberg-Karlsruhe 1980.
Wangermann, Ernst: Deutscher Patriotismus und österreichischer Reformabsolutismus im Zeitalter Josephs II., in: Heinrich Lutz/Helmut Rumpler (Hg.): Österreich und die deutsche Frage im 19. und 20. Jahrhundert. Probleme der politisch-staatlichen und soziokulturellen Differenzierung im deutschen Mitteleuropa, Wien 1982, S. 60-72.
Weber, Lothar: Die Parität der Konfessionen in der Reichsverfassung von den Anfängen bis zum Untergang des alten Reiches 1806, Diss., Bonn 1961.
Weber, Wolfgang: Prudentia gubernatoria. Studien zur Herrschaftslehre in der deutschen politischen Wissenschaft des 17. Jahrhunderts, Tübingen 1992.
Wehler, Hans-Ulrich: Deutsche Gesellschaftsgeschichte, Bd. 1: Vom Feudalismus des Alten Reiches bis zur Defensiven Modernisierung der Reformära 1700–1815, 3. Aufl. München 1996.
Weigand, Katharina: Der Lehrstuhl für bayerische Landesgeschichte an der Universität München und seiner erster Inhaber Sigmund Riezler, in: Volkert/Ziegler, Im Dienst der bayerischen Geschichte, S 307-350.
Weis, Eberhard: Bayern und Frankreich in der Zeit des Konsulats und des Ersten Empire (1799–1815), München 1984 (Schriften des Historischen Kollegs, Vorträge 4).
Ders.: Die Begründung des modernen bayerischen Staates unter König Max I. (1799–1825), in: Alois Schmid (Hg.): Handbuch der bayerischen Geschichte, Band IV/1, 3.Aufl. München 2003, S. 4-129.

Ders.: Die höfische Gesellschaft in Bayern unter König Max I. Joseph, in: Ferdinand Seibt (Hg.): Gesellschaftsgeschichte. Festschrift für Karl Bosl zum 80. Geburtstag, Band II, München 1988, S. 297-307.

Ders.: Kontinuität und Diskontinuität zwischen den Ständen des 18. Jahrhunderts und den frühkonstitutionellen Parlamenten von 1818/1819 in Bayern und Württemberg, in: Pankraz Fried/Walter Ziegler (Hg.): Festschrift für Andreas Kraus, Kallmünz 1982, S. 337-355.

Ders.: Montgelas. Eine Biographie, Bd. 1: Zwischen Revolution und Reform 1759–1799, 2. Aufl. München 1988.

Ders.: Montgelas' innenpolitisches Reformprogramm. Das Ansbacher Memoire für den Herzog vom 30.9.1796, in: ZBLG 33 (1970), S. 219-256.

Ders.: Napoleon und der Rheinbund, in: Armgard Gräfin von Reden–Dohna (Hg.): Deutschland und Italien im Zeitalter Napoleons, Wiesbaden 1979, S. 57-80.

Ders.: Propyläen Geschichte Europas, Bd. 4: Der Durchbruch des Bürgertums 1776–1847, 2. Aufl. Berlin 1998.

Ders.: I reflessi della Rivoluzione francese e dell'Impero napoleonico in Germania, in: Annali dell'Istituto storico italo-germanico, Quaderno 23. Istituzioni e ideologie in Italia e in Germania tra le rivoluzioni, Bologna 1985.

Ders. (Hg.): Reformen im Rheinbündischen Deutschland, München 1984.

Ders.: Die Trennung zwischen Justiz und Verwaltung bei den bayerischen Unterbehörden. Zur Vorgeschichte des Gerichtsverfassungsgesetzes von 1861, in: ZBLG 50, Heft 3 (1987), S. 749-766.

Ders.: Zur Entstehungsgeschichte der bayerischen Verfassung von 1818. Die Debatten in der Verfassungskommission von 1814/15, in: ZBLG 39, Heft 2 (1976), S. 413-444.

Weitzel, Jürgen: Anwälte am Reichskammergericht, in: Battenberg/Ranieri, Geschichte der Zentraljustiz, S. 253-269.

Ders.: Damian Ferdinand Haas. Ein Wetzlarer Prokuratorenleben, Wetzlar 1996.

Welzel, Hans: Naturrecht und materiale Gerechtigkeit, Göttingen 1962.

Werner, Karl Ferdinand: Problematik und erste Ergebnisse des Forschungsvorhabens „PROL", in: QIFAB 57 (1977), S. 70.

Wernicke, Horst: Zur Prospographie der Hansezeit. Über Wege zu den Trägern der Geschichte, in: Detlef Kattinger/ders. (Hg.): Akteure und Gegner der Hanse. Zur Prosopographie der Hansezeit, Weimar 1998, S. 13-25.

Westphal, Siegrid: Zur Erforschung der obersten Gerichtsbarkeit des Alten Reiches. Eine Zwischenbilanz, in: http://www.ahf-muenchen.de/Forschungsberichte/ Berichte2000/Westphal.shtml (Stand März 2003).

Wieacker, Franz: Zur Theorie der juristischen Person des Privatrechts, in: Ernst Forsthoff u. a.(Hg.): Festschrift für Ernst Rudolf Huber, Göttingen 1973, S. 339-383.

Wierichs, Marion: Napoleon und das „Dritte Deutschland“ 1805/1806. Die Entstehung der Großherzogtümer Baden, Berg und Hessen, Frankfurt am Main, Bern, Las Vegas 1978.

Wiggenhorn, Heinrich: Der Reichskammergerichtsprozeß am Ende des alten Reiches, Diss. Münster 1966.

Willoweit, Dietmar: Artikel Pütter, in: HRG 4 (1990), Sp. 114-117, S. 115

Winkler, Heinrich August: Der lange Weg nach Westen. Bd. 1: Deutsche Geschichte vom Ende des Alten Reiches bis zum Untergang der Weimarer Republik, München 2000.

Winter, Alexander: Karl Philipp Fürst von Wrede als Berater des Königs Max Joseph und des Kronprinzen Ludwig von Bayern (1813–1825), München 1968.

Wippermann: Artikel Kamptz, in: ADB 15 (1882), S.66-75

Wittrock, Wolfgang (Hg.): Christoph Unger – Nachbild, München 2001.

Wohlfeil, Rainer: Untersuchungen zur Geschichte des Rheinbundes 1806–1813. Das Verhältnis Dalbergs zu Napoleon, in ZGO 108 (1961), S. 85-108.

Wunder, Bernd: Die badische Beamtenschaft zwischen Rheinbund und Reichsgründung (1806–1871). Dienstrecht, Pension, Ausbildung, Karriere, soziales Profil und politische Haltung, Stuttgart 1998.

Ders.: Die Entwicklung der Alters- und Hinterbliebenversorgung im öffentlichen Dienst in Deutschland (18. und 19. Jahrhundert), in: JEV 12 (2000): Pensionssystem im öffentlichen Dienst in Westeuropa (19./20. Jh.), S. 1-54.

Ders.: Geschichte der Bürokratie in Deutschland, Frankfurt 1986.

Ders.: Privilegierung und Diziplinierung. Die Entstehung des modernen Berufsbeamtentums in Bayern und Württemberg (1780 -1825), München, Wien 1978.

Ders.: Die Reform der Beamtenschaft in den Rheinbundstaaten, in: Weis, Reformen im Rheinbündischen Deutschland, S. 181-192.

Wunder, Gerd: Die Schenken von Stauffenberg. Eine Familiengeschichte, Stuttgart 1972.

Wüst, Wolfgang (Hg.): Reichskreis und Territorium: die Herrschaft über der Herrschaft? Supraterritoriale Tendenzen in Politik, Kultur, Wirtschaft und Gesellschaft. Ein Vergleich süddeutscher Reichskreise, Sigmaringen 2000.

Zwierlein, Cornel A.: Discorso und Lex. Die Entstehung neuer Denkrahmen im 16. Jahrhundert und die Wahrnehmung der französischen Religionskriege in Italien und Deutschland, 1559–1598, Diss. München 2003.

Zwingmann, Heinrich: Der Kaiser in Reich und Christenheit im Jahrhundert nach dem Westfälischen Frieden. Ein Versuch über die Methode der gegenwärtigen Geschichtsschreibung, Leipzig 1913.

Index der Personennamen

F

G

K

L

S

www.ingramcontent.com/pod-product-compliance
Lightning Source LLC
LaVergne TN
LVHW081357011026
849161LV00013BA/2841
9783050040905